A RESOLUÇÃO DO CONTRATO NO NOVO REGIME DO ARRENDAMENTO URBANO (NRAU):

CAUSAS DE RESOLUÇÃO E QUESTÕES CONEXAS (EM ESPECIAL A CLÁUSULA GERAL RESOLUTIVA DO N.º 2 DO ART. 1083.º DO CC)

FERNANDO BAPTISTA DE OLIVEIRA

Juiz Desembargador

A RESOLUÇÃO DO CONTRATO NO NOVO REGIME DO ARRENDAMENTO URBANO (NRAU):

CAUSAS DE RESOLUÇÃO E QUESTÕES CONEXAS
(EM ESPECIAL A CLÁUSULA GERAL RESOLUTIVA
DO N.º 2 DO ART. 1083.º DO CC)

APÊNDICE:
- **Estudo de Direito Comparado**
- **Jurisprudência (ordenada, por temas)**
- **Legislação mais relevante (nacional e estrangeira) no domínio do Arrendamento Urbano**

Prefácio do Professor Doutor Henrique Mesquita

A RESOLUÇÃO DO CONTRATO NO NOVO REGIME
DO ARRENDAMENTO URBANO (NRAU):
CAUSAS DE RESOLUÇÃO E QUESTÕES CONEXAS
EM ESPECIAL A CLÁUSULA GERAL RESOLUTIVA
DO N.º 2 DO ART. 1083.º DO CC

AUTOR
FERNANDO BAPTISTA DE OLIVEIRA

EDITOR
EDIÇÕES ALMEDINA, SA
Avenida Fernão de Magalhães, n.º 584, 5.º Andar
3000-174 Coimbra
Tel.: 239 851 904
Fax: 239 851 901
www.almedina.net
editora@almedina.net

PRÉ-IMPRESSÃO • IMPRESSÃO • ACABAMENTO
G.C. – GRÁFICA DE COIMBRA, LDA.
Palheira – Assafarge
3001-453 Coimbra
producao@graficadecoimbra.pt

Novembro, 2007

DEPÓSITO LEGAL
267185/07

Os dados e as opiniões inseridos na presente publicação
são da exclusiva responsabilidade do(s) seu(s) autor(es).

Toda a reprodução desta obra, por fotocópia ou outro qualquer processo,
sem prévia autorização escrita do Editor,
é ilícita e passível de procedimento judicial contra o infractor.

*À Paula Cristina
e ao
Alexandre Fernando,*

    *meus filhos,
pelas muitas horas de renúncia
que este trabalho implicou.*

PREFÁCIO

O Centro de Direito do Consumo sediado na Faculdade de Direito de Coimbra e eficientemente dirigido pelo Professor Doutor António Joaquim de Matos Pinto Monteiro, vem ministrando, com regularidade, cursos de pós-graduação, fundamentalmente dirigidos a leccionar, em cadeiras anuais ou em módulos de duração mais curta, matérias onde se suscitam problemas de protecção do consumidor.

No último ano lectivo, o elenco dos alunos incluía dois magistrados brasileiros e um magistrado português – o Juiz Desembargador Fernando Baptista de Oliveira –, que acompanharam as aulas com grande assiduidade e cumpriram empenhadamente, com vista à sua avaliação final, todas as obrigações a que, como alunos, se encontravam sujeitos.

No cumprimento de uma dessas obrigações, o Senhor Juiz Desembargador Fernando Baptista apresentou, em matéria de arrendamento urbano, um extenso trabalho onde se ocupou do actual regime da **resolução do contrato locativo**, analisando-o com minúcia e confrontando-o – para o que muito contribuiu a sua rica experiência de julgador – com o que vigorava anteriormente.

Como é sabido, nos vários regimes sobre o arrendamento urbano que, ao longo de várias décadas, se foram sucedendo entre nós, os fundamentos de resolução do contrato por iniciativa do senhorio encontravam-se taxativamente fixados na lei.

No regime actualmente em vigor, instituído pela Lei n.º 6/2006, de 27 de Fevereiro, foi abolido o regime da taxatividade das causas resolutivas, estatuindo-se, no n.º 2 do artigo 1083.º do Código Civil – ao qual a disciplina nuclear do arrendamento urbano em boa hora regressou –, que constitui fundamento de resolução «*o incumprimento que, pela sua gravidade ou consequências, torne inexigível à outra parte a manutenção do arrendamento, designadamente, quanto à resolução pelo senhorio*».

Estamos, agora, portanto, **perante uma norma aberta ou de conteúdo indefinido**, que atribui ao aplicador da lei, com vista à procura da solução justa para cada caso concreto, um papel muito mais activo na delimitação dos comportamentos que podem fundamentar a resolução.

O trabalho elaborado, com grande ponderação, pelo Senhor Juiz Desembargador Fernando Baptista de Oliveira (em que o autor veio a incluir, a título informativo, referências de direito comparado e de jurisprudência estrangeira) **representa um importante contributo para a interpretação do novo regime legal**, pelo que nenhuma dúvida tivemos em apoiar a decisão, que amavelmente nos comunicou, de lhe dar publicidade.

Coimbra, 31 de Julho de 2007

M. Henrique Mesquita

NOTA INTRODUTÓRIA

Esta monografia tem por base um dos trabalhos que apresentei no âmbito da Pós-Graduação em Direito dos Contratos e do Consumo pela Faculdade de Direito da Universidade de Coimbra.

Escrever sobre a relação locatícia era algo que me acompanhava desde os tempos da faculdade, a que seguramente não é alheio o facto de ter tido o privilégio de ter o Senhor Professor Doutor PEREIRA COELHO como Docente da cadeira de Direito Civil – onde a matéria do arrendamento absorveu a maior parte do programa.

É, sem dúvida alguma, àquele Jurista de *"primeira água"* que devo o especial *gosto* por esta área do Direito Civil.

Escolhi a *Resolução do Contrato*. E fi-lo, não apenas pela especial motivação que sempre senti para este segmento do direito – daí que se imponha reconhecer a razão de VIRGÍLIO (Eneida, VI, 727) quando afirmava que *mens agitat molem* (o espírito anima a matéria) –, mas, também, e desde logo, porque, como é óbvio, se trata de um segmento de extrema importância no regime do arrendamento urbano, onde deve haver um conhecimento profundo, não só da lei (e da *mens legis*), mas, também, dos valores e interesses que lhe estão subjacentes.

E, por isso, também, se nos afigura que assume especial relevo um bom conhecimento da doutrina e da jurisprudência. E também, certamente, do que se faz e *pensa* nos demais países, em especial naqueles com quem temos maiores afinidades geográficas e sócio-políticas e culturais.

Mas também não foi alheio à escolha da *Resolução do Contrato de Arrendamento* o facto de o NRAU ter aqui introduzido **substancial modificação**, em específico através da introdução da *cláusula resolutiva geral* do art. 1083.º, n.º 2 do CC, assim abrindo "escancaradamente" (?) as portas à resolução do contrato, dada a supressão da taxatividade das causas resolutivas que o anterior RAU continha.

Sobre a bondade ou não dessa opção legislativa falamos no texto. Mas uma coisa parece certa: com a abolição daquela taxatividade, se, por um lado, se procurou uma maior *humanização da lei* – permitindo a poderação das mais diversas situações como fundamento da resolução do contrato de arrendamento (dando, assim, maior campo de manobra à ponderação e aplicação **efectivas** de princípios de actualidade e importância cada vez maiores, como é o da *boa fé*) –, por outro lado, a posição do locatário passou a ficar bem mais instável.

É certo que a decisão última cabe sempre aos tribunais – únicos órgãos (de soberania) a quem, *em nome do povo*, cabe a administração da *justiça* (*ut* art. 202.° CRP). Mas parece não haver dúvidas que o novo regime da locação **vai exigir uma maior preparação, ponderação e responsabilidade de todos os que participam no processo de aplicação da lei**. Basta ver que por vezes a manutenção da relação locatícia vive paredes meias com o próprio direito à vida ou à sobrevivência. O que torna o tema ainda mais relevante numa época de crise, mesmo à escala global, onde por vezes a dignidade da pessoa humana é, ou simplesmente esquecida, ou, pelo menos, pouco considerada.

Veja-se que a própria Constituição da República Portuguesa eleva (*ut* art. 65.°) ao estatuto de direito fundamental o direito que todos têm – *para si e para a sua família* – a uma... *habitação*.

Por tudo isto se vê, portanto, o grande interesse e actualidade – designadamente na vida jurídica portuguesa – do tema que nos propomos abordar.

Procurámos, não só, seleccionar a doutrina e jurisprudência – portuguesa e alguma estrangeira (Espanhola e Italiana) – que reputámos de maior interesse sobre o tema, como, ainda, fazer uma selecção da legislação (nacional **e europeia** – bem assim do Brasil) que se nos afigurou de maior relevo **e interesse prático**.

Desde já nos penitenciamos por eventuais gralhas, esperando, humildemente, a compreensão do leitor.

Uma última palavra, que é de **sincero e profundo agradecimento ao Senhor Professor Doutor Henrique Mesquita**, não só pelos ensinamentos que me transmitiu como Professor da disciplina (o NRAU), mas, também, pelas valiosas observações e sugestões que fez ao presente trabalho e pelo empenho e estímulo que me deu.

Resta agradecer ao Amigo Leitor, a quem competirá ajuizar da qualidade e utilidade deste trabalho.

ABREVIATURAS

Ac	– Acórdão
Ac TRL	– Acórdão do Tribunal da Relação de Lisboa
Ac TRP	– Acórdão do Tribunal da Relação do Porto
Ac TRC	– Acórdão do Tribunal da Relação de Coimbra
Ac TRE	– Acórdão do Tribunal da Relação de Évora
Art.	– Artigo
BFD	– Boletim da Faculdade de Direito da Univ. de Coimbra
BMJ	– Boletim do Ministério da justiça
BOA	– Boletim da ordem dos Advogados
Bol. Sum.	– Boletim dos sumários dos acórdãos do Supremo Tribunal de justiça
CAM	– Comissão Arbitral Municipal
CAP	– Capítulo
Cit.	– Citado
CC	– Código Civil
CCom	– Código Comercial
CGD	– Caixa Geral de Depósitos
CIMI	– Código do Imposto Municipal sobre Imóveis
CIRE	– Código da Insolvência e Recuperação de Empresas
CIVA	– Código do Imposto sobre o Valor Acrescentado
CJ	– Colectânea de jurisprudência
CN	– Código do Notariado
CPC	– Código de Processo Civil
CRgP	– Código do Registo Predial
CRP	– Constituição da República Portuguesa
CSC	– Código das Sociedades Comerciais
Dec. Reg.	– Decreto Regulamentar
DL	– Decreto-Lei
DR	– Diário da República
Ed.	– Edição
Esp.	– Especialmente
IMI	– Imposto Municipal sobre Imóveis

IMT	– Imposto Municipal sobre as Transmissões Onerosas de Imóveis
IRC	– Imposto sobre o Rendimento das Pessoas Colectivas
IRS	– Imposto sobre o Rendimento das Pessoas Singulares
IVA	– Imposto sobre o Valor Acrescentado
JR	– Jurisprudência das Relações
Loc.	– Local
NRAU	– Novo Regime do Arrendamento Urbano
Ob.	– Obra
p. (pp.)	– Página(s)
RGEU	– Regime Geral das Edificações Urbanas
RAU	– Regime do Arrendamento Urbano
RDE	– Revista de Direito e Economia
RDES	– Revista de Direito e Estudos Sociais
Reimp.	– Reipressão
RFDUL	– Revista da Faculdade de Direito da Univ. de Lisboa
RLJ	– Revista de Legislação e de Jurisprudência
ROA	– Revista da Ordem dos Advogados
RT	– Revista dos Tribunais
Sec.	– Secção
SI	– *Stientia Iuridica*
STJ	– Supremo Tribunal de justiça
TC	– Tribunal Constitucional
v.g.	– Verbi gratia
Vol.	– Volume

1. DA FIGURA JURÍDICA DA RESOLUÇÃO

"*O arrendamento urbano cessa por acordo das partes, **resolução**, caducidade, denúncia ou outras causas previstas na lei*" (art. 1079.º, da **Lei n.º 6/2006, de 27.02 (que aprovou o novo regime do arrendamento urbano** – doravante designado simplesmente por NRAU – que sofreu as alterações da Declaração de Rectificação n.º 24/2006, de 17.04)[1-2].

Temos, assim, que uma das formas de cessação da relação de arrendamento é a *resolução* **do contrato**[3].

E – adiante-se já –, foi precisamente no domínio da resolução (e também da denúncia) que ocorreram as alterações mais significa-

---

[1] No que tange à forma da cessação do contrato, temos que não se impõe o cumprimento das condições previstas no art. 221.º, n.º 2 CC. Antes há uma disciplina especial a salvaguardar, variável, que pode manifestar-se por diversos meios: mera comunicação escrita com aviso de recepção (art. 9.º, n.º 1 da L 6/2006); notificação ou em presença, por solicitador ou advogado (art. 1084.º/1 CC e art. 9.º, n.º 7 da Lei 6/2006); execução da cessação por via da acção de despejo (art. 1084.º/2 CC e arts. 14.º ss. da Lei 6/2006).

[2] Note-se que, como emerge da primeira parte do art. 1080.º CC, as normas respeitantes à "cessação" do arrendamento urbano têm, em princípio, natureza imperativa. O que significa que a derrogação de tais normas tem como consequências a nulidade (*ut* art. 294.º do CC) – sem embargo, porém, da existência de "disposição legal em contrário" (parte final do art. 1080.º).

[3] Sobre o regime geral da resolução dos contratos, veja-se ROMANO MARTINEZ, *Cumprimento Defeituoso, em especial na Compra e Venda e na Empreitada*, Coimbra, 1994, págs. 330 ss. e bibliografia ali citada.

tivas do regime da extinção da relação de arrendamento, delas resultando uma aproximação acentuada ao regime geral dos contratos.

Em termos gerais, dir-se-á que a resolução do contrato se traduz na destruição da relação contratual, validamente constituída, operada por um dos contraentes, com base num facto posterior à celebração do contrato, no intuito de fazer regressar as partes à situação anterior à celebração do mesmo, como se não tivesse sido realizado[4]. É equiparada, na falta de disposição especial, quanto aos seus efeitos, à nulidade ou anulabilidade de negócio jurídico (art. 433.º CC).

Sendo esta, no fundo, a essência da resolução, o actual CC usa a expressão nas mais diversas situações (cfr. arts. 270.º, 437.º, 801.º, 1140.º, 1150.º, 2248.º, etc...).

Trata-se de uma figura jurídica que só foi entre nós consagrada com o actual Código Civil, pois o Código de Seabra não continha tal conceito.

Porém, embora falando de tal figura em múltiplos domínios, o certo é que o CC não nos fornece uma noção.

Ora, não será correcto dizer-se simplesmente que a resolução é a mera extinção do contrato, pois o contrato igualmente se extingue por outros meios (revogação, caducidade, dissolução, anulação, etc.).

Assim, vários autores se pronunciaram sobre este conceito de resolução. De entre eles, destacamos VAZ SERRA[5], para quem a resolução seria uma declaração dirigida à parte contrária no sentido de que o contrato se considera como não celebrado. «A parte, que resolve o contrato, declara que tudo se passa como se ele não tivesse sido realizado».

---

[4] ANTUNES VARELA, *Das Obrigações em Geral*, II, 5.ª ed., pág. 273 e AC. do STJ, de 11/04/1991, in *BMJ*, 406.º, 601.

[5] *Resolução do contrato – estudo para a reforma do Código Civil*, in *BMJ*, n.º 68, pág. 195 e, ainda, na RLJ, ano 112.º, pág. 29.

Veja-se a noção dada por GALVÃO TELLES[6], que escreveu: «Procurando estabelecer terminologia clara e fixa, em matéria onde a nomenclatura é vária e causa confusões, dá-se o nome de resolução à cessação dos efeitos de acordo válido, sem distinguir se essa cessação vale no passado ou só no futuro, se é ou não retroactiva, pela dificuldade de encontrar outro termo genérico que compreenda, talvez com maior propriedade, as duas espécies. A resolução subdistingue-se em: revogação, rescisão, caducidade"».

Esta construção de GALVÃO TELLES não foi, porém, adoptada na nossa lei civil substantiva: o termo rescisão não figura no CC e a caducidade não é seguramente uma subespécie da resolução do contrato, tal como o código a configura.

Como vimos, o CC não dá uma noção de resolução, apenas a procura regular (arts. 423.º a 436.º).

Ora, perante o que a lei nos diz e os ensinamentos da doutrina, temos que resolução será um direito, fundado na lei ou em convenção que permite às partes fazer cessar ou inutilizar um contrato validamente constituído, em princípio com efeitos retroactivos – em princípio não o tem nos contratos de execução periódica ou continuada (onde se inclui o **arrendamento**[7]) –, mediante acordo dos intervenientes, declaração judicial ou simples declaração à outra parte[8].

---

[6] *Bol. M.J.*, n.º 83, pág. 150.
[7] *Ob. cit.*, a pág. 212, nota 97.
[8] Sobre a diferença entre resolução e denúncia do contrato, veja-se PIRES DE LIMA e ANTUNES VARELA, *Cód. Civil Anotado*, vol. I, em anotação ao art. 433.º.

Ali se refere que a resolução se distingue da denúncia porque esta apenas impede a continuação do contrato para o futuro, e por isso carece de efeito retroactivo. No entanto, quanto aos contratos duradouros, a resolução acaba por funcionar em regra como uma verdadeira denúncia. Assim sendo, atendendo a que a regra dos contratos duradouros é a não retroactividade (n.º 2 do art. 434.º do CC), até parece mais legítimo dizer que nestes casos é a denúncia que funciona como uma verdadeira resolução!

2. DOS MODOS DE EXERCÍCIO DA RESOLUÇÃO

A resolução do contrato de arrendamento pode ocorrer, tanto por iniciativa do senhorio, como por iniciativa do arrendatário: *"**Qualquer das partes** pode resolver o contrato, nos termos gerais de direito, **com base em incumprimento pela outra parte**"* (1083.º/1 CC).

Numa primeira abordagem, dir-se-á que são aqui aplicáveis as regras gerais atinentes ao incumprimento definitivo do contratos: sempre que **uma das partes** não cumpra definitivamente a sua prestação, à outra cabe o direito de resolver o contrato (*ut* art. 801.º do CC).

Quer o incumprimento seja imputável ao locatário, quer o seja ao locador, valem aqui as regras gerais que permitem a um ou a outro, perante o incumprimento definitivo das obrigações por banda da outra parte, resolver o contrato.

Há, porém, regras especiais a observar.

No anterior RAU (Dec.-Lei n.º 321-B/90, de 15.10) a resolução do contrato de arrendamento tinha sempre de ser decretada judicialmente (arts. 1047.º do CC[9] e 63.º/2 RAU) – o que afastava a resolução da locação do regime geral da resolução dos contratos (ver

---

[9] A redacção desse preceito era a seguinte:
"*A resolução do contrato fundada na falta de cumprimento por parte do locador **tem** de ser decretada pelo tribunal*"

arts. 432.º ss. CC[10], em que a resolução não está sujeita a qualquer forma, bastando-se com a mera declaração de uma das partes à outra

---

[10] Os preceitos do CC que preceituam sobre a matéria são arts. 432.º a 436.º, com o seguinte teor:

"**SUBSECÇÃO VI**
Resolução do contrato
ARTIGO 432.º
(Casos em que é admitida)
1. É admitida a resolução do contrato fundada na lei ou em convenção.
2. A parte, porém, que, por circunstâncias não imputáveis ao outro contraente, não estiver em condições de restituir o que houver recebido não tem o direito de resolver o contrato.

ARTIGO 433.º
(Efeitos entre as partes)
Na falta de disposição especial, a resolução é equiparada, quanto aos seus efeitos, à nulidade ou anulabilidade do negócio jurídico, com ressalva do disposto nos artigos seguintes.

ARTIGO 434.º
(Retroactividade)
1. A resolução tem efeito retroactivo, salvo se a retroactividade contrariar a vontade das partes ou a finalidade da resolução.
2. Nos contratos de execução continuada ou periódica, a resolução não abrange as prestações já efectuadas, excepto se entre estas e a causa de resolução existir um vínculo que legitime a resolução de todas elas.

ARTIGO 435.º
(Efeitos em relação a terceiros)
1. A resolução, ainda que expressamente convencionada, não prejudica os direitos adquiridos por terceiro.
2. Porém, o registo da acção de resolução que respeite a bens imóveis, ou a móveis sujeitos a registo, torna o direito de resolução oponível a terceiro que não tenha registado o seu direito antes do registo da acção.

ARTIGO 436.º
(Como e quando se efectiva a resolução)
1. A resolução do contrato pode fazer-se mediante declaração à outra parte.
2. Não havendo prazo convencionado para a resolução do contrato, pode a outra parte fixar ao titular do direito de resolução um prazo razoável para que o exerça, sob pena de caducidade."

para que os seus efeitos se produzam, art. 436.º/1 CC) –, por via da acção de despejo (arts. 55.º ss. RAU – ver, ainda, o art. 35.º RAR – regime do arrendamento rural – e art. 27.º do RAF).

Com a entrada em vigor do NRAU, as coisas modificam-se substancialmente: agora a resolução do contrato de locação *"pode ser feita judicial ou **extrajudicialmente**"* (**art. 1047.º CC**).

Porém, salvo no caso de falta de pagamento de renda, *"encargos ou despesas, ou oposição pelo arrendatário a realização de obras"* (art. 1083.º/3 CC) – em que a resolução opera por simples comunicação ao arrendatário (art. 1084.º/1 CC – a fazer nos termos do art. 9.º/7 da Lei n.º 6/2006, de 27.02), a resolução do contrato continua a ter de ser decretada pelo tribunal[11] (cit. art. 1084.º/2 do CC[12]).

Mas mesmo nos casos em que a resolução ocorreu por via extrajudicial, o senhorio terá de instaurar acção executiva para

---

[11] *O que se compreende e aceita, maxime* atentos os interesses em conflito.

O mesmo já não se aceitaria na **resolução de um contrato de aluguer**: aqui não se vê razões para a intervenção do tribunal – até porque, ao locatário, em caso algum é requerido o recurso à via judicial. Cfr. PEDRO ROMANO MARTINEZ, *Direito das Obrigações, parte especial – Contratos, Compra e Venda, Locação e Empreitada*, Almedina, 2000, a pág. 198, nota 2.

A jurisprudência, porém, tem-se dividido, como se vê, v.g., pelos Acs. da Rel. de Lisboa, de 2.7.1998, *Col. Jur.*, XXIII, tomo IV, a pág. 81 – que decidiu pela exigência da resolução judicial – e da mesma Relação, de 22.10.1998, *Col. Jur.*, XXIII, Tomo IV, a pág. 128 – que entendeu que seria absurda a intervenção obrigatória do tribunal para a resolução do contrato de aluguer, considerando aplicável a regra geral do art. 436.º do Cód. Civil. No mesmo sentido deste último aresto, veja-se o Ac. ainda da mesma Relação, de 11.11.1998, *Col. Jur.*, XXIII, Tomo V, a pág. 83.

[12] Caso o senhorio pretenda impugnar os depósitos efectuados pelo arrendatário para fazer cessa a mora – no caso de ter perdido o direito de resolver o contrato com o fundamento de falta de pagamento de rendas por comunicação à outra parte –, essa impugnação (com vista ao "renascimento" da resolução do contrato) tem de ser feita através de instauração de acção de despejo, nos termos do art. 21.º d lei n.º 6/2006.

entrega de coisa certa[13], caso pretenda a efectiva restituição do locado e o arrendatário a tal se tenha oposto (art. 15.º/1, da Lei n.º 6/2006 – dispondo, então, o senhorio do título executivo referido na al. *e*) desse normativo).

---

[13] O que é diferente da execução para pagamento de quantia certa, que o senhorio terá de instaurar para obter o pagamento das rendas – e **que o senhorio pode utilizar logo que haja falta de pagamento de renda**.

3. DAS CAUSAS DE RESOLUÇÃO DO CONTRATO DE ARRENDAMENTO URBANO

3.1. Generalidades: do RAU ao NRAU

Antes de mais, cremos dever salientar que se não pode olvidar que o disposto na subsecção (IV) em que se inserem as normas específicas da resolução do contrato de arrendamento (divisão III – arts. 1083.º a 1087.º CC) tem cariz **imperativo**, como emerge do disposto no art. 1080.º do mesmo Código – *"salvo disposição legal em contrário"*.

Afirma-se, aqui, o **interesse público** que as normas que regulam a resolução do contrato – tal com as que regulam a caducidade ou a denúncia – têm (e não podem deixar de ter, pensamos nós). Estamos "numa área de relações jurídicas que, por pertencerem ao foro contratual, se encontram em princípio sujeitas a normas de carácter supletivo, como logo se depreende do disposto no artigo 405.º do Código.

E por esta disposição se fica sabendo que as normas contidas nessas bolsas mais resguardadas, facilmente localizáveis no percurso do regime da relação negocial locatícia, **se impõem ao próprio *acordo* das partes em sentido contrário**.

Mas como, por outro lado, a intenção do legislador ao proclamar solene e abertamente a natureza *imperativa* destes **pequenos condados normativos**, não é positivamente a de criar *tabus* da lei ou de implantar *dogmas* em certas ilhas do instituto, antes é apenas, por via de regra, a de proteger de modo especial os interesses de uma ou outra das partes mais dignos de tutela, **caberá naturalmente ao intérprete inquirir, junto de cada norma compreendida nesses *pequenos santuários*, qual o interesse que o legislador pretendeu salvaguardar** (não se excluindo obviamente a possibilidade de uma ou outra norma proteger de modo especial interesses de terceiros ou até interesses gerais da contratação).

E, uma vez feito esse levantamento, poder-se-á algumas vezes concluir com segurança pela *nulidade* **das cláusulas contratuais** que não respeitem a tutela mínima que a lei pretendeu conceder ao interesse visado, mas admitir racionalmente outras vezes a validade das *cláusulas* contratuais que, em vez de *enfraquecerem*, só *reforcem* a tutela publicística da lei[14].

No que tange às **causas de resolução** do contrato de arrendamento, diferentemente do que se previa no anterior RAU[15], com a Lei n.º 6/2006, a resolução do contrato de arrendamento deixou de centrar-se no incumprimento de certa obrigação do senhorio e/ou nas causas de resolução taxadas na lei.

Com efeito, por razões de protecção do locatário, concretamente dos arrendatários urbano e rural, o **legislador do RAU** tipificou as situações em que se podia recorrer à resolução do contrato: só podia recorrer-se à resolução em tais situações de incumprimento que o legislador elencou no art. 64.º do RAU e no art. 21.º do RAR.

Ou seja, se o Direito Civil, com base num princípio de autonomia privada, confere a possibilidade de, em situações de incumprimento, ser pedida pelo **locador** a resolução do contrato – cfr. art.

---

[14] PIRES DE LIMA e ANTUNES VARELA, *CC Anotado*, vol. II, 1997, págs. 574 ss.

[15] Em tal regime, sendo o incumprimento pelo senhorio, o arrendatário tinha o direito de resolver o contrato nos termos gerais de direito, mediante simples declaração ao senhorio (art. 63.º/1, remissivo aos arts. 432.º, 436.º, 801.º, 1032.º e 1050.º CC) e sendo o incumprimento imputado ao arrendatário, o senhorio **apenas podia resolver o contrato nos casos taxativamente** indicados na lei, através da competente acção de despejo (arts. 55.º/1, 63.º/2 e 64.º RAU).

801.º do CC, segundo o qual, sempre que uma das partes não cumpre definitivamente a sua prestação, cabe à outra o direito de resolver o contrato –, já no arrendamento urbano e rural o legislador do RAU, por razões proteccionistas do arrendatário, veio estabelecer um *numerus clausus* quanto às situações de incumprimento que podiam dar azo à resolução do contrato[16].

No que tange ao **locatário**, no regime do RAU também era conferido o direito de pedir a resolução do contrato, só que tal resolução entrava nos parâmetros gerais dos arts. 432.º e segs. CC, não se estabelecendo qualquer regime especial.

Aplicando-se à resolução pedida pelo locatário as regras gerais, havia que verificar se se estava ou não perante um incumprimento definitivo de obrigações por parte do locador; em caso afirmativo podia o locatário resolver o contrato[17].

Para além de ao locatário ser licito exercer o direito à resolução em caso de incumprimento definitivo culposo por parte do locador, nos termos do art. 801.º CC, admitia-se também que a resolução fosse requerida em caso de impossibilidade definitiva ou temporária, ou por defeito superveniente do locado não imputáveis ao locador, como se depreende do disposto nos arts. 1032.º, 1034.º e 1050.º CC. Aí, a resolução seguia o regime regra, bastando, designadamente, a mera declaração do locatário (art. 436.º, n.º 1 CC)[18].

---

[16] A enumeração do art. 64.º do RAU era, não só taxativa, como imperativa, pelo que eram nulas as cláusulas contratuais no sentido de o contrato de arrendamento se extinguir por causa diferentes das que a lei previa, como é o caso se o senhorio necessitar da casa.

[17] A A **resolução do contrato pedida pelo locatário** seguia o regime regra da resolução dos contratos estabelecida nos arts. 432º ss. CC, com os pressupostos constantes do art. 801.º CC.

[18] **Acerca do art. 1050.º do CC, o problema reside em saber se a faculdade concedida ao locatário constitui verdadeiramente uma hipótese de resolução.** É que no art. 1050º CC fala-se em resolução. Só que **aí pressupõe-se a inexistência de culpa por parte do locador**, ao passo que a resolução estabelecida no art. 801º CC tem por base um incumprimento culposo. Assim sendo,

Com o NRAU, as coisas modificaram-se substancialmente: agora, a resolução do contrato de arrendamento é admitida, como vimos, **tanto pelo arrendatário, como pelo locador**[19] – embora, como se verá, sejam mais apertados os pressupostos ou fundamentos de resolução pelo locador (cfr. art. 1083.°/2 CC) –, **sem se elencar de forma taxativa as causas de resolução**. Pelo contrário, o legislador procurou apenas exemplificar algumas das razões que justificavam a resolução do contrato, deixando em aberto à jurisprudência (e doutrina) a procura de outras razões para tal efeito (*ut* art. **1083.°/2 CC**).

Ou seja, **agora, há que fazer uma constante valoração e apreciação da situação** *sub judice*, **no seu todo dinâmico, para se extrair uma conclusão no sentido ou não da resolução do contrato**. O mesmo é dizer que as violações contratuais, eventualmente a sustentar a resolução do contrato, têm de ser apreciadas dentro de um padrão de proporcionalidade média, cujo entendimento prefigure certa gravidade ou corolário que impossibilite o locador de fazer perdurar o vínculo contratual.

---

parece que o que está em causa no art. 1050.° CC não é a verdadeira resolução nos termos gerais do art. 801.° CC, mas antes uma causa de extinção do vínculo obrigacional, prevista nos arts. 790.° ss. CC (ROMANO MARTINEZ, *Obrigações*, ..., 200).

[19] Nos arts. 63.° e 64.° do RAU o locador e o locatário eram colocados em **posição assimétrica**. Assim, o locatário tinha o direito de resolver o contrato *"nos termos gerais de direito, com base em incumprimento pela outra parte"* (art. 63.°). Já o locador não tinha tal direito: apenas podia resolver o contrato de arrendamento se o locatário praticasse um dos factos previstos no art. 64.°, n.° 1.

Ou seja, como refere LUÍS MENEZES LEITÃO – *in Direito as Obrigações*, vol. III, *Contratos em especial*, 3.ª ed., Livraria Almedina, Coimbra, 2005, a pág. 348 –, "não (era) todo e qualquer incumprimento das obrigações do locatário que fundamenta(va) a resolução, exigindo-se um incumprimento especialmente grave, que no âmbito do arrendamento (era) inclusivamente objecto de uma tipificação taxativa de fundamentos (arts. 64.° do RAU [...])".

Com o NRAU, as coisas mudaram radicalmente: locador e locatário são colocados em posição simétrica – aplicando-se a ambos o preceituado no n.° 1 e corpo do n.° 2 do art. 1083.° CC.

Assim, de salientar é, desde logo, que **as razões que ordenam a disciplina da resolução do contrato de arrendamento em favor do senhorio são similares às que vigoram para o caso do arrendatário**. Ou seja, em ambos os casos tem de se tratar de situações em que **haja um incumprimento** que, pela sua gravidade ou consequências, torne inexigível à outra parte a manutenção do arrendamento, *qual tale* prima o art. 1083.º/2, e, em última análise, o art. 1083.º/1[20].

Dito de outra forma, temos que o conceito indeterminado de inexigibilidade do n.º 2 do art. 1083.º cumpre duas funções: **alarga o direito de resolução** do contrato a **todos** os casos em que o incumprimento *"pela sua gravidade ou consequências, torne inexigível à outra parte a manutenção do arrendamento"*; **restringe o direito de resolução** do contrato aos casos em que o incumprimento, relevante nos termos gerais de direito, *"torne inexigível à outra parte manutenção do arrendamento"*.

Uma coisa parece certa: **as alterações no que tange aos fundamentos de resolução são bem mais favoráveis ao locador do que ao locatário**. É que, por um lado, o locatário perdeu o privilégio que constituía a existência de taxatividade dos fundamentos

---

[20] Relativamente ao arrendatário, pode referir-se que se, v.g., no n.º 4 do art. 1083.º do CC se prevê expressamente uma situação que constitui fundamento de resolução do contrato de arrendamento pelo arrendatário, como resulta do já explanado supra, muitas outras situações podem ocorrer que, atenta a sua gravidade ou consequências tornem inexigível a manutenção do contrato de arrendamento e, por isso, justifiquem a resolução do contrato.

E parece que a causa de resolução do arrendamento pelo arrendatário prevista no aludido n.º 4 do art. 1083.º vale, tanto para os contratos habitacionais, como para os não habitacionais. É que estamos perante causa meramente exemplificativa e o n.º 1 do artigo em apreciação permite a resolução do contrato **nos termos gerais de direito**.

Desde já se refira que, ao contrário do que ocorre com o senhorio, **a resolução do contrato pelo arrendatário é sempre feita de forma extrajudicial**, por via da comunicação escrita remetida por carta registada com a.r. (arts. 1084.º/1 CC e 9.º/1 da Lei n.º 6/2006).

resolutivos a poderem ser usados pelo locador e vê mantida a regra que o anterior art. 64.°/1 do RAU já continha; por outro lado, **o locador viu alterados de forma, em princípio, "infindável" os fundamentos de resolução (por via da cláusula geral do n.° 2 do art. 1083.°).**

Dir-se-á, por isso, que em relação ao locador, no campo da cessação do contrato sobre que nos debruçamos, o NRAU pode configurar-se como *Lex gravior.*

3.2. Das causas de resolução especificadamente previstas no NRAU

3.2.1. *Da análise do artigo 1083.° do CC (NRAU)*

3.2.1.1. *Da análise da cláusula geral de resolução do contrato de arrendamento prevista no n.° 2 do artigo 1083.° do Código Civil: "justa causa" resolutiva – amplitude (o princípio da boa fé) e sentido – âmbito de aplicação – requisitos e confronto com outras figuras*

Reza assim o art. 1083.°, n.° 2 do CC:

"É fundamento de resolução o incumprimento que, pela sua gravidade, ou consequências, torne inexigível à outra parte a manutenção do arrendamento, designadamente, quanto à resolução pelo senhorio:
    ...".

Assim, ao contrário do que ocorria no anterior RAU – em que, por motivos de protecção ao arrendatário, se estabeleceu, como vimos, um *numerus clausus* quanto às situações de incumprimento que podiam dar azo à resolução do contrato[21] –, o NRAU seguiu uma solução mais "equilibrada" – o que não é, necessariamente, sinónimo de... mais acertada! –, estabelecendo uma cláusula geral quanto ao fundamento da resolução, pelo menos, na perspectiva do senhorio, acrescentando-se, de forma não taxativa, determinadas causas de resolução, por parte do senhorio (assim resultando do advérbio *"designadamente"*, aposto no proémio do art. 1083.º/2, um **alargamento dos fundamentos de resolução legal**). Introduz-se, por essa via, um princípio geral de incumprimento de obrigações relativamente a cada um dos contraentes.

Trata-se de uma **cláusula geral resolutiva** que – como bem refere PEDRO ROMANO MARTINEZ[22] – **se funda na justa causa** – a qual se encontra **exemplificada** nas várias alíneas do n.º 2 do art. 1083.º CC[23].

---

[21] Enumeração que, como já salientámos supra, era taxativa e imperativa, motivo porque eram nulas as cláusulas contratuais no sentido de o contrato de arrendamento se extinguir por causa diferentes das que a lei previa, como era o caso de o senhorio necessitar da casa. Sobre a taxatividade dessa enumeração, pode ver-se CABOZ SANTANA, «*A Resolução do Contrato de Arrendamento Urbano: Fundamentação Taxativa?*», Lusíada, 1 (1991), págs. 245 segs.

[22] *Da Cessação do Contrato*, Almedina, pág. 337.

[23] Refira-se, desde já, que a técnica legislativa seguida pelo **nosso** legislador do NRAU (n.ºs 1 e 2 do citado art. 1083.º) da indicação de uma cláusula geral resolutiva de forma alguma é virgem nos ordenamentos jurídicos no que tange à legislação locatícia.

Bem pelo contrário: há muito que vem sendo adoptada, designadamente nas legislações alemã e espanhola – como à frente melhor se verá, aquando da abordagem do estudo de direito comparado.

Assim, isso mesmo se vê v.g. **no § 543.º do *BGB* alemão**.

Efectivamente, no corpo deste normativo prevê-se a possibilidade de resolução do contrato, por qualquer das partes, desde que ocorra justa causa, dando-se, para o efeito, uma noção ampla de justa causa (quando não pode ser exigido, tendo em conta as circunstâncias do caso concreto, que a relação locatícia se mantenha até ao termo do pré-aviso – **é, no essencial, o que vem definido no corpo do nosso n.º 2 do art. 1083.º CC**). E no n.º 2 desse mesmo § 543.º – semelhantemente ao que se passa com o n.º 2 do nosso art. 1083.º – dão-se exemplos de

Consagra, desta forma, o legislador uma *cláusula geral* de resolução do arrendamento[24].

Trata-se, porém, a nosso ver, de **cláusula demasiado vaga** que, seguramente, vai causar muitas "dores de cabeça" à jurisprudência e à doutrina – pois a estas competirá determinar quais os incumprimentos do contrato que, atenta a sua gravidade ou consequências, têm a virtualidade de justificar a resolução do contrato de arrendamento.

O legislador enumerou, nas alíneas dos n.ºs 2[25] e 4 do mesmo normativo, situações que, no seu entender, constituíam, **indiscuti-**

---

situações integrantes da *justa causa*, situações que devem ser complementadas com o que se dispõe nos §§ 568.° e 569.° do mesmo *BGB*.

E o mesmo parece verificar-se com a legislação espanhola, no art. 27.° da *Ley de Arrendamientos Urbanos* (Ley 29/1994, de 24 de Noviembre), como claramente se vê da leitura do seu texto:

"*1. El incumplimiento por cualquiera de las partes de las obligaciones resultantes del contrato dará derecho a la parte que hubiere cumplido las suyas a exigir el cumplimiento de la obligación o a **promover la resolución del contrato** de acuerdo con lo dispuesto en el artículo 1124 del Código Civil.*

2. Además, el arrendador podrá resolver de pleno derecho el contrato por las siguientes causas:

La falta de pago de la renta o, en su caso, de cualquiera de las cantidades cuyo pago haya asumido o corresponda al arrendatario.

La falta de pago del importe de la fianza o de su actualización.

El subarriendo o la cesión inconsentidos.

La realización de daños causados dolosamente en la finca o de obras no consentidas por el arrendador, cuando el consentimiento de éste sea necesario.

Cuando en la vivienda tengan lugar actividades molestas, insalubres, nocivas, peligrosas o ilícitas.

..."

[24] Cláusula algo paralela à que foi adoptada em matéria de fundamento de divórcio litigioso, referida no art. 1779.°, n.° 1, do C. Civil.

[25] Anote-se que para além das causas de resolução referidas no n.° 2 deste normativo, outras há expressamente previstas na lei, a permitir ao senhorio a resolução do contrato: no arrendamento não habitacional, o caso de ser dado outro destino ao prédio objecto de trespasse (art. 1112.°, n.° 5 CC); havendo oposição

velmente, causas de resolução do contrato, pelo senhorio e pelo arrendatário, respectivamente.

Mas trata-se de elenco meramente indicativo – exemplificação essa que, a nosso ver, é demasiado "curta", pois bem podia ir mais além, a bem da segurança jurídica –, podendo, como tal, os senhorios **invocar quaisquer outros fundamentos de resolução** do contrato integrantes da aludida cláusula geral.

Na senda do acabado de referir, o primeiro reparo que nos parece dever fazer é que nos parece que o legislador errou, desde logo, ao suprimir do aludido elenco de causas de resolução várias das situações que vinham enumeradas no anterior art. 64.° do RAU.

Melhor seria elencar as situações que ali se previam e deixar, **ainda**, a porta aberta para outras situações que, traduzindo incumprimento contratual, *"pela sua gravidade, ou consequências"*, tornassem *"inexigível à outra parte a manutenção do arrendamento"*, permitindo, também, que nessas situações se pudesse resolver o contrato.

Porém, o legislador preferiu encurtar a lista das situações exemplificativas em que a resolução do contrato **pode operar**, deixando, porém, ... **tudo em aberto para os tribunais**.

Anote-se, aliás, que mesmo **nas hipóteses previstas nas alíneas *a*) a *e*) do art. 1083.° a resolução não operará automaticamente,** verificada que esteja factualidade **objectiva** preenchente dessas situações. Antes **se tornando, ainda, exigível** apurar se cada um desses incumprimentos contratuais é tal que, *"pela sua gravidade, ou consequências, torne inexigível à outra parte a manutenção do arrendamento"*.

Ou seja, se é certo que qualquer tipo de incumprimento (mesmo que não expressamente referido nas alíneas do n.° 2 do art. 1083.°

---

do arrendatário à realização dos actos necessários à avaliação fiscal ou à determinação do coeficiente de conservação (art. 36.° da Lei n.° 6/2006) – como melhor à frente se verá.

– nestas procurou o legislador concretizar o conceito de *inexigibilidade* da manutenção do contrato de arrendamento) pode ser fundamento de resolução do contrato – bastando que *"pela sua gravidade ou consequências torne inexigível à outra parte a manutenção do arrendamento"* –, certo é, também, que todos os comportamentos tipificados nessas alíneas têm de preencher a aludida cláusula geral, isto é, também eles (cada um deles) tem de ser de molde a atingir um nível de gravidade e gerar consequências tais que não seja razoavelmente exigível **àquele** senhorio **(de um ponto de vista objectivo) a manutenção do contrato com aquele arrendatário.**

Outro reparo que se pode fazer ao aludido art. 1083.° é este:
Dificilmente se compreende a razão do n.° 1. É que se o n.° 2 refere que é fundamento de resolução todo o "incumprimento" que, pela sua gravidade ou consequências torne inexigível à outra parte a manutenção do arrendamento, esgotam-se, ou abarcam-se aí, **todas as situações em que pode ter lugar um incumprimento contratual com relevo para permitir a resolução do contrato.**

O dito n.° 1 parece, assim, espúrio!

Ou, então (pelo menos), temos uma (pelo menos aparente) contradição: pelo n.° 1 resulta que qualquer incumprimento do contrato de arrendamento, *"por qualquer as partes"* é fundamento de resolução; pelo n.° 2 resulta, ao **contrário**, que a resolução não ocorre sempre que "qualquer das partes" incumpra o contrato, **mas apenas quando, apesar de ter lugar tal incumprimento, o mesmo configure uma situação que** *"pela sua gravidade ou consequências torne inexigível à outra parte a manutenção do arrendamento".*

Dito de outra forma: no n.° 1 refere-se que havendo incumprimento, há resolução; no n.° 2 separam-se os diversos tipos de incumprimento, sendo que só uns podem fundamentar a resolução do contrato!

Mas em termos de técnica jurídica, poder-se-á fazer outra observação ao mesmo preceito.

Com efeito, não parece muito correcto o legislador, no aludido n.º 2, falar em *"incumprimento"*. Sentido faria, sim, falar em conduta, comportamento, da parte. Esse, sim – não propriamente o *"incumprimento"* – é que pode designar-se por *"grave"* e com fortes consequências para a manutenção da relação contratual.

Como quer que seja, mau grado todos as críticas que se possam fazer à introdução da aludida cláusula geral, substituindo-se a tipicidade das causas de resolução por uma **disposição de carácter genérico,** o certo é que talvez se não deva dizer que a inovação do NRAU, neste segmento, seja tão censurável assim. É que com tal inovação na regulamentação da resolução do contrato, **aproximou-se o arrendamento dos outros tipos contratuais.**

É certo que outras preocupações se almejam no horizonte, como é o facto de, podendo os factos violadores ser também duradouros, problemas ou divergências se adivinharem no que tange à concreta aplicação da lei antiga/lei nova

Voltando à cláusula geral do n.º 2 do art. 1083.º, deve dizer-se que, **perante o preâmbulo do diploma** em causa (Lei n.º 6/2006), no que concerne às **justas causas** a invocar ao abrigo desse preceito, parece dever-se separar as águas: no que toca às *justas* causas a invocar **pelo senhorio**, para fundamentar a resolução do contrato, as mesmas **são sempre subjectivas**, envolvendo, portanto, um juízo de censura em relação ao inquilino – isto é, estão em causa comportamentos **culposos** do arrendatário em violação da obrigações emergentes do contrato de arrendamento[26]; já no que toca ao inquilino, as justas causas que pode invocar podem ser, ou subjectivas, **ou... meramente objectivas.**

Sobre este aspecto, **ficam-nos, porém, algumas dúvidas.**

Com efeito, **perante a letra do art. 1083.º** sob apreciação, não se vislumbra, de forma clara, que tal separação deva ser feita: o citado normativo não refere, directa ou indirectamente, que as justas causas a invocar pelo senhorio tenham necessariamente que ser subjectivas.

---

[26] PEDRO MARTINEZ, *ob. e loc. cits.*

Por outro lado, o senhorio pode agora repercutir no vínculo contratual várias circunstâncias relacionadas com os modos de fruição do imóvel, acerca das quais a censura ao inquilino só se justifica à luz de **deveres** *extracontratuais*.
Fica, pelo menos, registada a dúvida...

A situação de **justa causa**[27], a justificar a resolução do contrato, abarca os fenómenos de não cumprimento, pelo locatário, das suas obrigações, quer as que tenham por fonte o contrato, quer as obrigações e deveres que resultam de disposições legais ou do **princípio da boa fé**[28]. Ou seja, a justa causa de resolução abarca todas

---

[27] Sobre a **noção de** *justa causa*, pode dizer-se que já no Direito romano surgia a locução *iusta causa*, visando exprimir a situação objectiva na qual determinado comportamento se enquadra e que o justifica; e isso quer no sentido positivo de possibilitar um certo efeito jurídico, quer no negativo de excluir a responsabilidade que, de outro modo, se manifestaria (Cfr. EMILIO BETTI, *Causa*, NssDI 3 (1959), 30-32 (31)). Com estas raízes, a justa causa difundiu-se por todo o Direito civil (Sobre toda esta matéria, em especial, BERNARDO XAVIER, *Da justa causa de despedimento no contrato de trabalho*, cit., (1966)). Por exemplo, surge nos seguintes artigos do Código Civil: 170.°/3, 265.°/3, 461.°/1, 986.°/1, 1140.°, 1170.°/2, 1194.°, etc.

Verifica-se, assim, que «justa causa» traduz o conjunto de circunstâncias necessário para justificar a cessação de *determinadas situações jurídicas duradouras* (SANTORO-PASSARELLI, *Giusta causa*, NssDi 7 (1961), 1108-1111 (1110)).

Manteve-se, também, no Código se Seabra, designadamente no domínio da relação laboral (contrato de serviço doméstico, art. 1376.° e 1377.°).

Daí em diante passou a ser corrente a sua utilização, designada e especialmente, nas legislações laborais – visando a protecção do trabalhador.

[28] A actuação no cumprimento do contrato de acordo com o princípio da **boa fé** tem aqui particular importância, pois é nesse pressuposto que ambas as partes aceitam a outorga do contrato de arrendamento: senhorio e arrendatário devem, por um lado, estar de "peito aberto" aquando da celebração do contrato, e, por outro lado, actuar de boa fé também no desenvolvimento da relação contratual.

A boa fé impõe, assim, desde logo, a consideração razoável e equilibrada dos interesses dos outros, a honestidade e a lealdade nos comportamentos, designadamente, na celebração e execução do contrato.

Com efeito, a **boa fé** está presente tanto na preparação como na formação do contrato (art. 227.° do C. Civil), **como, também, no cumprimento das**

as situações jurídicas, as mais variadas, que integram, não só a *relação contratual de arrendamento*[29] – de entre elas estão, obviamente, algumas das enumeradas nas alíneas desse mesmo n.º 2 –, como a violação de normas administrativas de saúde pública (cfr. al. *a*) do mesmo n.º 2).

Sem dúvida que o n.º 2 do art. 1083.º do CC, na redacção da Lei n.º 6/2006, concretiza a ideia de que *"o princípio da **boa fé** [...] postula a exigência de um incumprimento resolutivo suficientemente grave"*[30].

E a respeito da **exigência da gravidade do incumprimento, para que a resolução possa operar**, deve dizer-se que já o anteprojecto de VAZ SERRA continha uma disposição por que se afastava expressamente a resolução dos contratos bilaterais com base em incumprimento de "pequena importância", colocando-se em letra de lei a regra segundo a qual "a resolução dos contratos bilaterais [...] não pode basear-se em falta que, segundo a boa fé, seja de pequena importância no cumprimento por uma das partes com respeito ao interesse da outra"[31].

---

obrigações e no exercício do direito correspondente (art. 762.º, do mesmo Código).

É um princípio que constitui uma trave mestra, certa e segura da nossa ordem jurídica, vivificando-a por forma a dar solução a toda a gama de problemas de cooperação social que ela visa resolver no campo obrigacional – princípio, é certo, que deve ser observado com as restrições apontadas por SALVATORE ROMANO, em *"Enciclopédia del Diritto"*, Milão, 1959, – *"Buona Fede"*, págs. 667 e segs. Ver, ainda, *a Boa Fé nos Contratos*, de ARMANDO TORRES PAULO, pág. 124 e *"A Boa Fé no Direito Comercial"*, in *"Temas de Direito Comercial"*, conferência no Conselho Distrital do Porto da ordem dos Advogados, págs. 177 e segs. e BAPTISTA MACHADO, in *Obras Dispersas*, vol. I.

Ver, ainda, sobre o conceito de boa fé, *Responsabilidade pré-contratual*, CARVALHO MARTINS, Coimbra Editora, a págs. 130 ss.

[29] Sobre o **conteúdo da relação contratual**, ver MOTA PINTO, *Cessão da Posição Contratual*, Coimbra, 1970, pp. 335-380.

[30] JOSÉ CARLOS BRANDÃO PROENÇA, *A resolução do contrato no direito civil*, 2.ª ed., Coimbra Editora, 1996, a pág. 129.

[31] *Apud* JOSÉ CARLOS PROENÇA, *ob. cit.*, a pág. 132, nota 372.

Assim, a cláusula geral de inexigibilidade do n.º 2 do art. 1083.º cumpre, afinal, funções análogas às do conceito indeterminado de "falta (...) de pequena importância", pelo que não seria errado pensar-se na hipótese de a integrar no regime geral da resolução do contrato por incumprimento dos arts. 792.º, 801.º e 802.º do CC.

E como ressalta do já explanado, a resolução do contrato de arrendamento pelo senhorio, ao abrigo da aludida cláusula geral, implica não só que o incumprimento imputável a título de **culpa** – exigência esta, segundo vimos, emergente da leitura do Preâmbulo da nova Lei, o que nos deixa algumas duvidas, como também já observámos – ao arrendatário seja de especial importância (em função da natureza da infracção, do carácter reiterado da conduta irregular), como, também, que, por virtude de tal conduta imputável culposamente ao arrendatário, a relação contratual tenha ficado de tal forma afectada que não seja *exigível* ao senhorio a manutenção do contrato de arrendamento.

É curioso notar que a aludia cláusula geral é quase uma réplica do fundamento de **resolução do contrato de agência**, contido na al. *a)* do art. 30.º do respectivo diploma (Dec.-Lei n.º 178/86, de 03.07).
Com efeito, ali se refere que o contrato de agência pode ser resolvido por qualquer das partes:

"a) Se a outra parte" – qualquer dos contraentes – *"faltar ao cumprimento das suas obrigações, quando, pela sua gravidade ou reiteração, não seja exigível a subsistência do vínculo contratual;"*

Ora, em anotação a esta normativo, escreveu PINTO MONTEIRO[32]:
"mas não é qualquer situação de incumprimento, tout court, de uma ou mais obrigações, que legitima a outra parte, ipso facto, a resol-

---

[32] *Contrato de Agência, Anotação ao Decreto-Lei n.º 178/86, de 3 de Julho,* 2.ª ed., Coimbra, a págs. 98.

ver o contrato (sem prejuízo, contudo, da indemnização que ao caso couber, pelos danos daí resultantes). A **lei exige que a falta de cumprimento assuma especial importância**, *quer pela sua gravidade (em função da própria natureza da infracção, das circunstâncias de que se rodeia, ou da perda de confiança que justificadamente cria na contraparte, por ex.), quer pelo seu carácter reiterado, sendo essencial que, por via disso, não seja de exigir à outra parte a subsistência do vínculo contratual"*.

É, sem dúvida, o que também se passa com a cláusula geral que ora analisamos: é necessário, não apenas a verificação de violação (culposa?) do estipulado no contrato de arrendamento, mas, também, que tal violação seja de tal forma grave (**desde logo pela sua reiteração, levando, designadamente, à perda total da confiança na contraparte**) que crie na relação contratual um bloqueio, diríamos, intransponível, de forma a poder-se concluir que não é mais possível (de um ponto de vista objectivo) a manutenção da relação de arrendamento entre as **concretas partes** que outorgaram o contrato, por isso se justificando o *terminus* dessa mesma relação.

Por outro lado, parece que a cláusula geral constante do aludido no 2 do art. 1083.º – como, a propósito, já foi observado por MARIA OLINDA GARCIA[33] – foi **inspirada em normas de Direito do Trabalho**.

Com efeito, tal como já ocorria com o art. 10.º/1 da anterior LDesp., o art. 396.º, n.º 1, do Código do Trabalho, define *justa causa* (de despedimento) «*o comportamento culposo do trabalhador que, pela sua gravidade e consequências, torne imediata e praticamente impossível a subsistência da relação de trabalho*».

---

[33] *A Nova Disciplina do Arrendamento Urbano*, Coimbra Editora, 2006, a pág. 23.

Ora, por muitas voltas que se dê, cremos que os requisitos ou elementos constitutivos desta noção de *justa causa* (de despedimento) são, afinal, pelo menos na sua essência (a diferença está em que aqui se fala expressamente em *"culpa"*, ao passo que tal referência expressa não consta do art. 1083.°, n.° 3 do CC) os mesmos da cláusula geral de resolução do contrato de arrendamento. Obviamente aplicáveis *cum grano salis* (com perspicácia..., atenta a especificidade da matéria e interesses específicos deste domínio da relação locatícia).

Assim, também aqui (na resolução do arrendamento) se está, sem dúvida, perante um **conceito indeterminado**: não faculta uma ideia precisa quanto ao seu conteúdo. E, como é sabido, os conceitos indeterminados põem em crise o método da subsunção: **a sua aplicação nunca pode ser automática**, antes impondo que as decisões sejam dinâmicas e criativas que facultem o seu preenchimento com valorações[34].

Assim, há que ponderar activamente os valores vocacionados para intervir, perante o caso concreto.

Salientando **um aparente paradoxo**, temos que o recurso aos conceitos indeterminados (aparentemente muito genéricos) tem o efeito de remeter o intérprete-aplicador do direito para casuísmos. Só que estes, por sua vez, quando devidamente ordenados, propiciam o repensar da fórmula indeterminada do início, com a qual devem ser confrontados.

Isto é, num primeiro passo, os conceitos indeterminados viabilizam fórmulas concretizadoras; estas, por sua vez, devem, depois, ser confrontadas com o próprio conceito básico.

É o que ocorre com o conceito de *justa causa* **resolutiva previsto no NRAU.**

---

[34] Ver MENEZES CORDEIRO, *Da boa fé no Direito Civil*, 2.° vol. (1984), 1176 ss. e bibliografia aí citada.

Voltando aos **requisitos** desse conceito indeterminado, ou cláusula geral de resolução, contida no n.º 2 do art. 1083.º CC, parece que temos os seguintes:

- Comportamento ilícito (e culposo?):

Como dissemos já – embora com algumas dúvidas a tal respeito, como apontámos supra –, do Preâmbulo da Lei n.º 6/2006 resulta que as justas causas a invocar **pelo senhorio**, para fundamentar a resolução do contrato, **são sempre subjectivas**, envolvendo, portanto, um juízo de censura em relação ao inquilino – isto é, parece estarem em causa comportamentos **culposos** do arrendatário em violação da obrigações emergentes do contrato de arrendamento[35].

O mesmo não se passa, porém, com o inquilino: as justas causas que pode invocar podem ser, ou subjectivas, ou meramente objectivas.

Assim, é apenas relativamente às hipóteses de relação culposa – maxime a pretendida pelo senhorio – que apontamos este primeiro requisito da cláusula geral ora em análise.

Obviamente que apenas se pode falar em culpa após um juízo de ilicitude. Tal como se depreende da jurisprudência, a justa causa **postula sempre uma infracção, ou seja, uma violação, por acção ou omissão, de deveres legais ou contratuais**[36].

A **Culpa** é um juízo de censura. E, **quer a culpa, quer a gravidade do *"incumprimento"* (cit. n.º 2 do art. 1083.º) hão-de apurar-se, na falta de critério legal definidor, pelo entendimento de um *bonus pater familias* ou cidadão comum normal e em face do caso concreto, segundo critérios de objectividade e razoabilidade. E só pode considerar-se grave o que resultar da aplicação de tais critérios**[37].

---

[35] PEDRO MARTINEZ, *ob. e loc. cits.*

[36] Será o caso, v.g., de o inquilino derrubar paredes do locado, caso em que viola o direito de propriedade, legalmente (art. 1305.º CC) – e constitucionalmente – garantido.

[37] Ver, sobre a matéria, o Ac. STJ, de 7.3.1986, *in BMJ* 355.º-260/267 e *Col. Jur.* 12 (1987), 5, 82-85.

Saliente-se que o *bonus pater familias* varia de acordo com as circunstâncias do caso concreto. É claro que se não vai ponderar o que concretamente pode ser exigido a cada indivíduo (*in casu* a cada senhorio... ou arrendatário). O que se exige ponderar é apenas o que pode razoavelmente ser exigido a todas as pessoas que tenham o perfil do agente, dentro de uma bitola de normalidade e sem distorções induzidas da pessoa singular.

Por outro lado, parece que **a apreciação deve ser feita objectivamente:** não se submete ao critério subjectivo do interessado na resolução (locador ou locatário).

Tal como acontece com a gravidade do comportamento do trabalhador[38], também o do locatário (ou do locador) é um conceito objectivo-normativo.

- Consequências graves para a relação locatícia.

Exige a lei que o *"incumprimento"* seja grave e com consequências, naturalmente, também, gravosas.

É claro que só a ponderação do caso concreto, em toda a sua dinâmica, dirá se a actuação do inquilino foi grave e de gravosas consequências.

- Inexigibilidade da manutenção do contrato de arrendamento.

Trata-se de um requisito de extrema dificuldade de concretização – o que, seguramente, vai proporcionar longas e aguerridas disputas judiciais, tornando, quiçá, ainda mais complexa e morosa a resolução dos casos concretos que as partes levam aos tribunais.

Obviamente que tal noção (ser *"inexigível à outra parte a manutenção do arrendamento"*) não pode ser levada rigorosamente à letra, sob pena de se não chegar a lado nenhum. O que parece óbvio, pois, mantendo-se de pé o contrato de arrendamento..., é

---

[38] Ver o Ac. da Rel. de Coimbra, de 26.01.1988, *Col. Jur.*, 1988, I, 96-98.

sempre possível a sua manutenção – a não ser que ocorram situações de caducidade, como é o caso das previstas nas alíneas *e)* e *f)*, 1.ª parte, art. 1051.º do CC.

Parece que a fórmula legal deve ser tomada em termos normativos, em função de bitolas de **normalidade social**.

Assim, será inexigível a manutenção do arrendamento à parte interessada na resolução, quando, atentas as concretas condutas perpetradas pela outra parte na relação contratual e considerando as suas concretas consequências, for de concluir que não mais pode ser exigida a **um locador normal** (ou locatário, se for o caso) a manutenção do contrato[39].

Perante o explanado, logo se conclui que o **legislador consagrou um sistema liberal, talvez demasiado ousado** e que só o futuro dirá se foi a opção correcta. Fez desaparecer a tipificação taxativa de fundamentos, prevista no art. 64.º do RAU, para a resolução por iniciativa do senhorio e veio prescrever que agora causa de resolução é **genericamente** a falta de cumprimento das obrigações emergentes do contrato, que torne inexigível, **quer ao senhorio, quer ao inquilino**, a manutenção do vínculo contratual.

---

[39] Obviamente que, em princípio, incide sobre a parte interessada na resolução o **ónus da prova dos factos integrantes dos requisitos da aludida cláusula geral resolutiva**.

No entanto, tal como se vinha entendendo em matéria laboral (ver, v.g., os Acs. *In BMJ* 355/285-291, *Col. Jur.* 13(1988), I, 170-171, *BMJ* 352-430 e 357--506), **só os factos de que depende a ilicitude devem ser provados pelo locador. Mas fica-se por aqui: fazendo-o e estando em causa deveres específicos do locatário** (v.g. de não causar danos no edifício que lhe foi dado de arrendamento), **parece que já se deverá presumir a culpa do locatário, a ilidir por este** (v.g., provando a justificação para o derrube da parede, invocando, por exemplo, que tal se deveu a uma situação de força maior, de todo alheia à sua pessoa).

E quanto aos factos demonstrativos de que se tornou *"inexigível a manutenção do arrendamento"* – normalmente coincidentes com os que alicerçam a ilicitude –, é claro que é à parte que invoca a resolução que tem o respectivo ónus da prova.

Trata-se, como vimos, de um critério – formulado em termos de cláusula geral – que corresponde ao regime geral da resolução, ajustado às relações duradouras[40], sendo depois complementado com específicas previsões, de carácter meramente exemplificativo de situações de incumprimento do arrendatário, a justificar a resolução pelo senhorio[41].

Repete-se: **não será fácil a tarefa dos tribunais** de, perante cada caso concreto, ver, não apenas se ocorre a situação de incumprimento contratual que vem invocada pela parte, mas, também, se esta situação, pela sua gravidade ou consequências, torna inexigível à contraparte a manutenção do contrato de arrendamento.

Já ANTÓNIO PINTO MONTEIRO e PAULO VIDEIRA HENRIQUES, a propósito de norma com conteúdo semelhante constante do Projecto elaborado ao abrigo do Decreto da Assembleia da República, n.º 208/IX, escreveram:

*"Em primeiro lugar, a lei exige que o incumprimento imputável culposamente ao arrendatário assuma especial **importância** – a qual pode ser aferida não só em função da própria **natureza** da infracção como do carácter **reiterado** da conduta irregular"*[42]. *"Em segundo lugar, é essencial que, por via dessas condutas censuráveis, não seja exigível ao senhorio a manutenção do arrendamento".*

Relativamente à **resolução por banda do senhorio**, além das situações previstas no art. 1083.º do CC, há que salientar, designadamente – como já fizemos saber em nota de rodapé –, a situação prevista no **art. 36.º, n.º 3 da Lei n.º 6/2006**, qual seja, a hipótese

---

[40] Cfr. *"Pressupostos da resolução por inadimplemento"*, Estudos em Homenagem ao Prof. Doutor J. J. Teixeira Ribeiro, II, Coimbra, 1979, 343 e segs.

[41] A que há que acrescentar, como vimos já, designadamente, a previsão do art. 36.º, n.º 3 da Lei n.º 6/2006.

[42] Veja-se que, relativamente às hipóteses previstas na alínea *a*) do art. 1083.º, é o próprio texto da norma a referir a violação reiterada e grave.

de o arrendatário se opor à realização de actos necessários à avaliação fiscal ou à determinação do coeficiente de conservação do locado arrendado.

Com efeito, dizendo a lei que o arrendatário tem *"o dever de prestar a colaboração na realização dos actos necessários à avaliação fiscal e à determinação do coeficiente de conservação"*, sendo necessário, para tal determinar, o acesso ao locado, tal acesso não pode ser negado pelo arrendatário, pois de outra forma estaria a impedir o conhecimento de aspectos importantes para efeitos daquela avaliação fiscal ou determinação do estado de conservação do locado. Pelo que a sua oposição a que tenham lugar os actos necessários a tal efeito não pode deixar de servir de fundamento à resolução do contrato de arrendamento, resolução que, portanto, o senhorio pode requerer.

Pode dizer-se que é, no fundo, também, uma das situações em que há um incumprimento culposo do arrendatário que *"pela sua gravidade ou consequências torne inexigível à outra parte a manutenção do arrendamento"*. Pelo que esta situação resolutiva deve ser activada nos termos gerais contemplados no art. 1083.°, n.° 2 – logo, com recurso *"aos termos da lei de processo"* (**acção de despejo**), *ut* art. 1084.°, n.° 2 CC.

3.2.1.2. *Das causas de resolução do contrato de arrendamento previstas nas alíneas do n.° 2 do art. 1083.° do NRAU*

Como vimos, o legislador da Lei n.° 6/2006 acabou com a taxatividade das causas de resolução do contrato por banda do senhorio, preferindo indicar alguns exemplos (cinco alíneas do n.° 2 do art. 1083.° CC) de causas resolutivas e acrescentar uma cláusula **geral** que, sempre que seja preenchida, permitirá fundamentar a resolução do contrato: qualquer incumprimento do arrendatário que, *"pela sua gravidade ou consequências torne inexigível ao senhorio a manutenção do arrendamento"*.

Vemos, assim, que em comparação com o anterior art. 64.º do RAU, o legislador, se por um lado pareceu ser muito mais comedido, acabou, afinal, por "abrir muito mais as mãos".

3.2.1.2.1. Da alínea a): violação reiterada e grave de regras de higiene, de sossego, de boa vizinhança ou de normas constantes do regulamento do condomínio

É, sem dúvida alguma, um preceito completamente inovador. *Mas plenamente justificado!*

Efectivamente, o que se constata é que, sendo, embora, extenso o rol de causas de resolução do contrato contempladas no art. 64.º do **RAU**, a verdade é que **não incluía uma das situações que, talvez, mais justificariam a cessação da relação de arrendamento**.

Efectivamente, em causa está o respeito pelos outros (os vizinhos ou condóminos), respeitando os seus direitos de personalidade como é, *v. g.*, o (direito ao sossego – com reflexos na saúde e, indirectamente, no próprio direito à vida[43]).

É claro que para que a resolução do contrato possa operar com este fundamento, não bastará qualquer prática de violação **de uma outra regra** de sossego, de uma ou outra vez se desrespeitar as regras de higiene, as horas de sono dos vizinhos, ou uma ou outra violação de normas do regulamento do condomínio (v.g., inobservância das regras de utilização da piscina, pondo em risco a saúde dos seus utentes, etc.). Para o senhorio resolver o contrato com o fundamento que vimos analisando, **impõe-se, ainda, que se**

---

[43] Veja-se que, defendendo a lei a personalidade dos indivíduos, nos termos do art. 70.º do CC, a *"violação reiterada e grave de regras de, ... sossego, e boa vizinhança ou de normas constantes do regulamento do condomínio"* (cit. al. *a*)), afinal, mais não é do que uma *"utilização do prédio contrária à lei, aos bons costumes, ..."*, a que se refere a al. *b*) do mesmo art. 1083.º.

verifique uma prática reiterada, ou seja, contínua, daquelas condutas.

E, como é óbvio, a referência à gravidade e reiteração da violação por parte do arrendatário **terá de ser apreciada casuisticamente e de forma objectiva. Não bastará**, por exemplo, uma simples queixa de um vizinho, que mantém uma relação de pré-conflito com o arrendatário, porque este, por vezes, "ouve música" na casa (ou apartamento) em tom mais elevado (muito embora a horas "convenientes") ou mantém no arrendado um animal doméstico permitido aí permanecer por regulamento municipal.

A questão, porém, não deixa de ser complexa. Seguramente que a sensibilidade – e responsabilidade – do julgador serão postas "à prova", impondo-se, sem dúvida, um bem apurado sentido de justiça.

Quanto à violação das normas do condomínio, é claro que se terá de **ter em conta o que rege o próprio regulamento**, elaborado de acordo com o preceituado no artigo 1429.°-A do Código Civil – obviamente em proveito da colectividade de condóminos.

Do explanado ressalta, portanto, à evidência que o legislador, atendo à realidade social – cada vez mais as pessoas são obrigadas a viver em guetos, em "caixotes"; cada vez o stress hodierno é maior, a justificar o respeito pelo direito ao sono, à saúde física e psíquica –, incluiu expressamente como fundamento de resolução uma alínea da maior importância prática – basta para tal ver, v.g., os cada vez mais frequentes conflitos na área dos direitos de personalidade, a justificar a intervenção dos tribunais.

Em causa está, assim, um número infindável de situações, que, sem dúvida, mereciam, e merecem, a tutela do direito.

Assim, passam a ter relevo, nesta sede, normas administrativas de saúde pública, situações de violação do direito (de personalidade) ao sossego e ao repouso – músicas até altas horas da noite, cães que ladram durante a noite, etc., etc. –, situações relacionadas com infracção a regulamentos privados de condomínio (como será o caso, v.g., de detenção de certos animais de companhia).

Pense-se, ainda, v.g., no triste cenário – infelizmente, cada vez mais frequente – que é a existência de sacos cheios de lixo, velhos electrodomésticos, etc., etc., à porta das habitações, quantas das vezes com um contentor do lixo quase à porta (!); nas festas intermináveis, pela noite fora, com músicas altíssimas e ensurdecedoras; nas agressões físicas e verbais constantes entre vizinhos, denegrindo o bom nome de todo o condomínio ou do local.

É certo que a necessidade de convivência social exige tolerância, algum scrifício em benefício do todo da colectividade.

Mas há limites que as regras de boa convivência não devem – **nem podem** – ultrapassar. É o caso, v.g., de estar em causa o atropelo injustificado a bens e/ou valores essenciais, como é o caso do direito à saúde física e psíquica.

É claro que a experiência jurisprudencial nestas matérias é muito pouca – como não podia deixar de ser, em especial no que tange às inovações (violação de regras de higiene, sossego e boa vizinhança e violação de normas de condomínio). Mas tal não relevará. É que, afinal, o legislador mais não pretendeu fazer do que **prevenir situações correntes** relacionadas com a falta de cumprimento de **regras de convivência social e entre vizinhos** (sejam ou não condóminos).

Anote-se que **esta al. *a*) deve ser vista em sintonia com o art. 1071.° do CC – também ele inovador**, pois tal norma não existia anteriormente – onde se prescreve, como *"limitações ao exercício do direito"*, que *"os arrendatários estão sujeitos às limitações impostas aos proprietários de coisas imóveis, tanto nas relações de vizinhança como nas relações entre arrendatários de partes da mesma coisa"*.

Assim, v.g., estando um prédio constituído em regime de **propriedade horizontal**, os arrendatários não podem deixar de respeitar as regras contidas no regulamento do condomínio – precisamente o que vem explicitado na parte final da citada al. *a*) do art. 1083.°.

Ora, é precisamente com vista a que seja **permitido ao arrendatário ter conhecimento do regulamento do condomínio** – que, segundo a alínea que vimos analisando, fica obrigado a respeitar – que o **art. 3.º, n.º 1, al. *f*) do Dec.-Lei n.º 160/2006, de 8 de Agosto**[44], veio prever a obrigação de no contrato se mencionar a existência de tal regulamento, mais se dizendo no n.º 2 que o mesmo deve ser anexado ao contrato e devidamente assinado pela partes.

Relativamente à **propriedade de imóveis e suas limitações**, veja-se o disposto nos arts. 1344.º e segs. do CC.

De especial relevo está o art. **1346.º CC** – que se precaviu dos problemas e inconvenientes que o incremento, designadamente, da indústria acarreta para a saúde, repouso e bem-estar das pessoas.

Assim, a "emissão de fumos, produção de ruídos e factos semelhantes" pode tornar *"inexigível" "a manutenção do arrendamento"*, atentas a gravidade ou consequências que tal (reiterada) conduta possa acarretar[45].

---

[44] Que dispõe sobre os elementos do contrato de arrendamento e requisitos a que deve obedecer a sua celebração – diploma, porém, que, como no seu preâmbulo se refere, veio estabelecer *"que às partes é dada ampla liberdade na conformação do contrato de arrendamento, sendo poucos os elementos que dele devem constar"*.

[45] Cremos ter interesse, para um melhor estudo e compreensão, desta **nova causa resolutiva**, trazer ora à colação o estatuído numa das alíneas do **n.º 2 do art. 27.º da Ley 29/1994, de 24 de noviembre, de Arrendamientos Urbanos**, qual seja, a que dispõe que é fundamento de resolução do contrato de arrendamento pelo locador a **realização na *vivienda*** de *"actividades molestas, insalubres, nocivas, peligrosas o ilícitas"*.

Ora, a **jurisprudência espanhola** – ao contrário da nossa, pois a al. *a*) do art. 1083.º do NRAU é, como se referiu, **completamente inovadora** – é assaz abundante sobre a concretização dos aludidos conceitos de *"actividades molestas, insalubres, nocivas, peligrosas"*. Daí que – repete-se, **dada a escassez de exemplos jurisprudenciais entre nós neste domínio** – pensemos ser bastante útil deixar aqui alguns exemplos jurisprudenciais sobre a concretização dos aludidos conceitos (atinentes à violação dos direitos de personalidade, etc. ...).

As notas que aqui deixamos foram extraídas dos escritos de José Luis Albácar López, in *LAU 1994, Código Civil, Del Contrato de Arrendamiento*, Tomo I, 1996.

Escreve-se, então, ali, a respeito da aludida causa de resolução do contrato de arrendamento:

"Es ésta una causa de resolución del arrendamiento de viviendas que, aunque apoyada en los precedentes de la anterior legislación especial, presenta algunas particularidades que deben hacerse notar. En primer lugar, de la rareza de su concurrencia en un arrendamiento de viviendas en las que siendo su destino primordial el de satisfacer la necesidad de vivienda permanente del arrendatario, escasas veces se realizarán en ella, como no sea con el carácter mínimo que comporta una pequeña industria doméstica, actividades que puedan calificarse como ilícitas – antes inmorales –, con un alcance tal que permitan la resolución contractual. Sin que, por otra parte, deje de ser paradójico que sea el arrendador, quien precisamente ha podido autorizar la realización de tales actividades al pactarlo así en contrato, el legitimado para resolver el contrato por unas actividades cuando, en la mayoría de las ocasiones en las que el mismo no habita en el edificio, no resulta perturbado por ellas. Razón por la cual, como veremos, se da intervención a las Comunidades de Propietarios:

a') **Estudio de la causa**. Para proceder a su análisis parece conveniente remarcar las analogías y diferencias que presenta con la causa 8.ª del artículo 114 de la LAU de 1964, en la que se contempla el supuesto de que **en el interior de la vivienda o local de negocio tengan lugar actividades que de modo notorio resulten inmorales, peligrosas, incómodas o insalubres**. En realidad, las fórmulas utilizadas en ambos preceptos vienen casi a coincidir, pues si tenemos en cuenta la interpretación que se dio a la **expresión «de modo notorio»** que utilizaba la anterior Ley y omite la actual, en el sentido objetivo de que las actividades fueran realmente susceptibles de producir las molestias o demás consecuencias que se sancionan con la resolución, y la casi coincidencia de las actividades sancionadas, entre las que las inmorales han venido a ser sustituidas por las ilícitas, la finalidad y alcance del precepto son prácticamente idénticos.

En uno y otro caso se trata de **la realización, por el arrendatario o por personas de quien el mismo debe responder – ya sean familiares que con él convivan o empleados –**, de actividades que reúnan tales características. Resaltándose aquí que **no basta con la realización de uno o varios actos**, por muy grandes que sean las implicaciones que tengan en la clase de actividades prohibidas, **sino de un conjunto seriado de actos que puedan encajar dentro del término actividad**. Aun cuando, de acuerdo con la jurisprudencia recaída en interpretación de la LAU de 1964, no era necesario que la actividad alcanzase el grado de habitual. **Siendo preciso, en todo caso, que las actividades no sean conocidas y autorizadas por el arrendador** – a quien, en principio, compete la legitimación para el ejercicio de la acción –, **y perturben a terceros**, pues si no se produce perturbación o molestia a un tercero no cabe el ejercicio de la acción. **En cuanto al lugar donde deben llevarse a cabo las actividades, será la vivienda**, o como dice la LAU de 1964, «el interior de la vivienda», expresión esta que, interpretada en un sentido lato por la doctrina jurisprudencial, permitia incluir en dicho concepto, **no sólo la vivienda propiamente dicha, sino también los accesorios y elementos comunes**. Conclusión esta igualmente aplicable a la nueva redacción de la causa de resolución, en la cual los limites no van más allá de los descritos, pues las actividades que tuviesen lugar fuera del recinto de la finca, espacio en el que se incluyen sus elementos comunes, como puedem ser patios y jardines, aun cuando fuesen realizados por un arrendatario de la misma y perturben a los restantes, no podrán ser objeto de sanción, resolutoria al amparo de la causa e) del artículo 27.º de la LAU de 1994; en cuanto al elemento temporal, al igual que sucede con las demás causas de resolución, **basta con que se haya producido esta actividad con anterioridad a la presentación de la demanda**, aun cuando ni la actividad ni sus efectos continúen en aquel momento.

b') **Actividades molestas.** A la hora de especificar cuáles sean las actividades cuya realización dê lugar a la resolución contractual, y ciñéndono la enumeración del artículo 27.2.e), veremos que en dicho precepto se habla en primer lugar de las molestas, concepto que viene a coincidir con las que la Ley de 1964 denominaba **incómodas**. El Reglamento de actividades molestas, insalubres, nocivas y peligrosas de 30 de diciembre de 1961 por el que se rige esta materia califica de molestas las **actividades que constituyan una incomodidad por los ruidos o vibraciones** que produzcan o por humo gases, olores, nieblas, polvos en suspensión o sustancias que eliminen. Se trata, una vez más, de **una enumeración abierta**, que el Reglamento **ejemplifica con las carnicerías, pescaderías y similares**, a las que obliga a dotar de **cámaras frigoríficas apropiadas**; las **vaquerías, establos, cuadras y corrales de ganados y aves**, cuya instalación se prohíbe en el núcleo de poblaciones de más de 10.000 habitantes que no sean esencialmente ganaderas o agrícolas, así como los motores y grupos electrógenos, para cuya instalación se precisa licencia municipal.

En principio, puede entenderse que el carácter de molesta de una actividad, **carácter cuya relatividad, una vez más, subrayamos**, hace alusión a **lo que causa perturbaciones a los inquilinos y habitantes de la finca, en orden a los sentidos de la vista, el oído o el olfato, a los que debemos también añadir el del tacto, por el exceso de sensaciones calóricas que la industria o negocio instalado en un local o vivienda puede producir**.

La doctrína jurisprudencial de **Tribunal Supremo**, tras resaltar que la incomodidad o molestia no se puede enjuiciar como regla general, debiéndose estimar en cada caso concreto y específico y requiriéndose, para que tenga lugar la resolución del contrato, que sus efectos trasciendan o tengan efectividad sobre las personas que ias sufren (S 8 abril 1965), ha reputado actividades molestas la irradiación de insorportable calor que irradia una **chimenea** que transmite a las paredes, difundiéndose a las estancias de los pisos desde un pequeno patio que, lejos de servir a la función propia de desalojo y recuperación, deviene en lo contrario por las **radiaciones caloríficas**, así como **los humos y olores de la industria, que salen también por la puerta de la calle** (S 19 junio 1959); Ia industria de cocción y elaboración de embutidos, que resulta insalubre o incómoda por las **emanaciones de humos y vapores y los ruidos que produce el motor para su funcionamiento** (S 22 noviembre 1956); el **almacenamiento de pieles sín curtir**, señadas por sus malos olores, que causan psitivas molestias a lo que exige un vivir aceptable en el inmueble en el que se producen (*S 18 enero 1961*); la de un **matadero e aves**, que producen incomodidad con insalubridad debido a los malos olores en toda época y abundancia de insectos en la estiva (*S 23 de septiembre 1969*), y, finalmente, la instalación de **una Sala de Fiestas que origina ruídos o vibraciones perfectamente audibles a altas horas de la noche por vecinos que residen en el inmueble** donde aquéllas se ejercen (*S 22 diciembre 1972*).

Contratriamente, non se estimaron incómodos, a efectos de prosperidad de la ación resolutoria, los ruídos producidos en las máquinas instaladas en un local, cuando apenas si persiben en el portal que da entrada al mismo y que no se notan en las dependencias o pisos de arriba (*S 17 diciembre 1964*), así como las que producen la existencia de algún humo u olores, **cuando es meramente ocasional** e inherente a toda convivencia donde viva un gran número de familias, así como las voces y alborotos de los clientes de un establecimiento comercial, igualmente ocasionales y consecuencia de la explotación del negocio para el que fue arrendado el local (*S 28 septiembre 1970*).

– Se pretende combatir Ia declaración fáctica que hace Ia resolución recurrida de que **Ias actividades del pub musical son notoriamente incómodas y perturbadoras para Ia vida y el descanso nocturno de los vecinos dei inmueble** motivo este que deberá perecer, no sólo porque los documentos en que pretende basarse Ia alegación del error del Juzgado de Instancia no son sino certificaciones administrativas, valoradas, además, ya en su día por los Juzgadores de Instancia, por lo que no puede basarse en ellas un motivo alegatorio de error en Ia valoración de Ia prueba, sino también porque, como se deduce, de Ia literalidad de los extremos que se consignan en Ia resolución objeto de recurso, existen otros medios probatorios que corroboran el acierto de la Sala Sentenciadora en la valoración de la prueba; finalmente, y por lo que se retiere al motivo cuarto en el que se pone de manifiesto una pretendida infracción del artículo 7 de Ia Ley de **Propiedad Horizontal**, en relación con el 348 del Código Civil, porque, habida cuenta que el párrafo tercero del mismo prohíbe al inquilino de Ia finca desarrollar en el inmueble actividades incómodas, carácter que, según ha quedado probado, revestían Ias desarrolladas por el recurrente, permitiendo, además, el artículo 19 de Ia aludida Ley de Propiedad Horizontal, Ia actuación de la Junta contra el ocupante del local, a fim de obtener Ia resolución del contrato de arrendamiento, obvio es que, en el caso que nos ocupa, en el que así se procedió y concurren los requisitos exigidos para el êxito de Ia acción resolutoria, Ia resolución que se recurre, al acordar Ia misma, no infringió los preceptor que se citan en este cuarto motivo, que debe también ser desestimada. (STS 18 may. 1994.)

c') **Actividades insalubres.** Si por insalubres debemos considerar, desde el punto vulgar de Ia expresión, las que son **contrarias a Ia salud de las personas**, veremos cómo el artículo 3 del indicado Reglamento de 1961 las describe como las que pueden dar lugar a desprendimientos o evacuación de productos que puedan resultar directa o indirectamente **perjudiciales para Ia salud humana**. Disponiendo en su art. 18 que las así clasificadas, en atención a **producir humos, polvo, nieblas, vapores o gases de esta naturaleza**, deberán estar dotadas de las instalaciones adecuadas y eficaces de precipitación de polvo o de depuración de los vapores o gases en seco, en húmedo, o por procedimiento eléctrico".

Anote-se que – como salienta L. MARTÍN CONTRERAS, *La Ley de Arrendamientos Urbanos*, Bosch, 2004, em anotação a este preceito da citada *Ley,* a

Aliás, a emissão do texto é meramente exemplificativa – sendo de realçar que, como ensina HENRIQUE MESQUITA[46], só estão sujeitos ao regime fixado, *"as emissões de elementos que tenham natureza incorpórea (...) e as de elementos corpóreos de tamanho ínfimo (fuligem, poeira, cinza, etc.)"*.

No entanto, como anotam PIRES DE LIMA e ANTUNES VARELA[47], *"tratando-se de uma restrição grave ao direito de propriedade, também é certo que ela deve ser admitida em limites apertados"*. O que significa, designadamente, que **não será qualquer emissão prejudicial que justificará a resolução do contrato. Há que actuar com prudência,** na ponderação da situação concreta, só permitindo a resolução quando tais emissões tornem, de facto, inexigível a manutenção do contrato de arrendamento. Para isso, impõe-se, designadamente, que **tais emissões produzam um dano** *substancial* – numa apreciação *objectiva* do prejuízo causado, atendendo à natureza e finalidade do prédio e não apenas segundo a sensibilidade do proprietário[48].

O aludido art. 1046.º do CC exclui as situações em que as emanações mais não são do que uma *"utilização normal"* do prédio.
A questão de as emissões não resultarem da utilização normal do prédio de que emanam é complexa, no aspecto que ora nos ocupa.
É claro que há um **limite de tolerância** que todos temos de suportar. Mas saber até onde vai esse limite de tolerância, mesmo

---

pág. 298 –, *"Aun sin determinase con nitidez,* **los sujeitos pasivos de las actividades de esta natureza también deberán ser los demás vecinos de la finca"**.

Acrescenta ainda MARTÍN CONTRERAS (ob. cit.) que **"d') Actividades nocivas.** La doctrina entiende que bajo tal concepto habrán de incluirse las originadas por as mismas causas que las insalubles, si bien, en este caso, **el perjuicio se produce no para Ia salud humana, sino para Ia de los animales, plantas y cosas"**.

[46] *Direitos reais,* lições dactilografadas, n.º 33.
[47] Código Civil Anotado, 2.ª ed., vol. III, a págs. 178.
[48] No mesmo sentido, HENRIQUE MESQUITA, *ob. e loc. cits.*

que a utilização do prédio arrendado possa ser considerada *"normal"*, é problema difícil de determinar.

Como quer que seja, não pode deixar, de facto, de se ter em conta o **uso *normal* do prédio**. E este depende do seu destino económico, a apreciar objectivamente, e em relação a cada caso. O que significa, desde logo, que se não podem pôr de lado as condições e os usos locais.

Se o arrendado se encontra inserido numa zona em que são assaz frequentes determinado tipo de indústrias caseiras – e sem embargo do estatuído no art. 1092.º do CC –, a questão do ruído provocado pelo trabalho na indústria aí existente deve ser apreciado e visto com especial atenção.

Como escrevia HENRIQUE MESQUITA[49], *«a medida e a classe dos males consentidos são, pois, diferentes no centro duma capital, num bairro fabril, numa povoação, ou numa aldeia»*.

Também ensina VAZ SERRA[50] que as emissões desnecessárias, seja qual for o prejuízo que causem aos prédios vizinhos, devem considerar-se sempre *ilícitas*, quer porque traduzem *uso anormal* do prédio de que emanam, quer porque envolvem, na maior parte dos casos, um *abuso de direito*. E assim sendo, também por via da al. *b)* do art. 1083.º CC – *"utilização do prédio contrário à lei..."* – se poderia chegar à resolução do contrato[51].

---

[49] Ob. e loc. cits.
[50] *R.L.J.*, Ano 103.º, a pág. 378.
[51] A propósito das alíneas do art. 1083.º do NRAU, escreveu MENESES CORDEIRO, in *O Direito*, Ano 2004, II-III, pág. 249:
   *"Estas alíneas vêm sintetizar e actualizar o elenco do artigo 64.º do RAU. Palavra por palavra, elas **foram ponderadas para cobrir o essencial**, tendo como pano de fundo o perfeito conhecimento do sistema actual e importantes elementos comparatísticos. **Permitem, num efeito de retorno, adensar a cláusula geral da "justa causa"**.*
   (...).
   ***A crítica propalada de, por esta via, se instalar a insegurança** – o conhecido lastro desde sempre brandido contra qualquer inovação – não tem o mínimo*

Sobre esta alínea, ver, ainda, PAIS DE SOUSA[52], referindo que a **ofensa do direito da personalidade** física das pessoas está protegida pelo art. 70.º do Cód. Civil. Pelo que – diz – seria inadmissível que não pudesse ser despejado um arrendatário que, reiterada ou habitualmente, produzisse **ruídos insuportáveis** no arrendado que incomodassem os demais inquilinos.

Na protecção da personalidade física das pessoas cabe o **direito a um mínimo de sossego e ao sono**[53].

---

fundamento. A actual enumeração taxativa deu azo, a propósito das suas diversas alíneas, a dúvidas interpretativas infindáveis: em inglórias acções gastaram-se muitos milhares de horas de trabalho sem que, no final, se pudesse falar em verdadeira justiça. As hipóteses exegéticas são ilimitadas. Mas já assim não sucede com as hipóteses valorativas. A experiência ensina que os juristas, mesmo quando discutam quanto a proposições vocabulares, caiem de acordo perante valorações. *O novo sistema é mais previsível e mais justo."*

Concordamos que o novo sistema é, de facto, mais justo.

Temos, porém, desde logo, algumas dúvidas de que seja mais *"previsível"* – pois com uma enumeração taxativa das causa de resolução do contrato, obviamente que as partes melhor saberão... com o que contar!

No entanto, **entre essa "previsibilidade"** – que eventualmente até será mais aparente que real –, com a inerente demarcação rígida das hipóteses valorativas **e a introdução da aludida cláusula geral, obviamente que se não pode deixar de optar por esta última**.

E embora também não concordemos com o entendimento sufragado pelo Ilustre Professor, de que com a dita cláusula geral não haverá **insegurança** – sempre haverá acrescida imprevisibilidade, já que se deixa tudo nas mãos dos aplicadores do direito, só eles podendo dizer se a situação concreta é, ou não, de molde a enquadrar a aludida *justa causa* de resolução –, o certo é que, **sem dúvida alguma, se trata de posição muito mais justa, na medida em que tudo pode (e deve) ser ponderado e valorado, permitindo-se analisar caso por caso em toda a sua especificidade, sem teias ou barreiras pré-definidas**. Desde que a situação *sub judice* traduza um comportamento de tal modo grave e com consequências tais que permita concluir ser inexigível à contra-parte a manutenção do contrato de arrendamento, então o sentido de justiça não poderá deixar de justificar a sua cessação (por via da resolução).

[52] *Anotações ao Regime do Arrendamento Urbano*, 2.ª ed., a pág. 150.

[53] PAIS DE SOUSA, *Extinção do arrendamento urbano*, págs. 231, 242 e 245 e «*Aplicação do prédio a práticas ilícitas, imorais e desonestas*», in Col. Jur.,

3.2.1.2.2. Da alínea b): utilização do prédio contrária à lei, aos bons costumes ou à ordem pública

Deixou o legislador da Lei n.° 6/2006 a *"utilização do prédio contrário à lei, aos bons costumes ou à ordem pública"* como figurando entre o elenco expresso das situações ou circunstâncias motivadoras da resolução da relação contratual entre o arrendatário e o senhorio.

Trata-se de norma semelhante à da al. *c*), do n.° 1 do anterior art. 64.° do RAU – relacionada com a obrigação que vem prevista na al. *d*) do art. 1038.° do CC.

Assim, valem os ensinamentos doutrinais e jurisprudenciais firmados no domínio do RAU[54] – **não sendo, como já então se entendia, todas e quaisquer práticas que infrinjam a lei ou os bons costumes que podem levar à resolução do contrato de arrendamento**. Apenas valerão aquelas que **sejam especialmente relevantes**, como é o caso do exercício de actividades criminosas no locado, aí se exerça a prostituição, jogos ilícitos, etc., etc..

Aplicando aqui os anteriores ensinamentos de PIRES DE LIMA e ANTUNES VARELA[55], diremos com eles que esta causa de resolução do arrendamento se caracteriza por "abranger uma série de casos típicos de violação, não de obrigações legais ou contratuais emergentes da relação locatícia, mas do dever (geral) acessório de **boa fé** (igual a lisura, compostura ou lealdade) com que deve ser gozado o prédio alheio cedido por via do arrendamento. É, por isso, destituída de fundamento, salvo o devido respeito, a eliminação que Pinto Furtado (ob. cit., pág. 656) propõe das práticas ilícitas civis do âmbito da disposição. A acção cível de despejo nada tem que ver,

---

ano XI, tomo 1, pág. 26, Ac. Rel. Lisboa de 11-2-76, in Bol. M.J., n.° 256, pág. 165 e VAZ SERRA, in *Rev. Leg. Jur.*, ano 103.°, pág. 374.

[54] Ver ANTUNES VARELA, *in RLJ* 122, a págs. 125 ss.
[55] *Cód. Civil Anotado, vol. II, 1997, págs.* 600 ss.

é evidente, com a acção policial ou criminal contra a prática de prostituição, da corrupção de menores, etc.".

Pergunta-se o que são, afinal, **práticas ilícitas**. São actos violadores de *qualquer* direito subjectivo ou de qualquer norma de protecção, seja de interesses públicos, seja de interesses particulares (A. VARELA[56]). No entanto, como já vimos supra, PINTO FURTADO[57] entende que estas práticas ilícitas não abrangem a ilicitude civil. Esta opinião, como igualmente se salientou, não parece defensável, pois a licitude de tais práticas tem de ser definida à luz dos parâmetros mencionados no art.483.º do Cód. Civil. Daí que a prática de factos ilícitos **abranja a violação dos direitos absolutos de raiz familiar**, como é a infracção do dever de fidelidade conjugal[58].

E o que são **práticas imorais**? Moral é a ciência do dever que tem por fim praticar o bem e evitar o mal. Mas a que tipo de moral se reporta o Estado português quando a inscreve na lei? Pensa-se que se trata da **moral social** que é integrada por um conjunto de regras éticas aceites pelas pessoas honestas, correctas, de boa fé, num dado ambiente e num certo momento. A moral social abarca os bons costumes *(boni more)* cuja violação caracteriza as práticas imorais, especialmente contempladas no regime jurídico da locação[59].

Por outro lado, não se pode olvidar que há unanimidade em considerar que a classificação dos actos praticados pelo arrendatário no local arrendado, como desonestos ou imorais, **depende muito das circunstâncias concretas de cada caso.**

Outra pergunta se tem posto: os actos **ilícitos ou as práticas imorais ou desonestas**, para serem relevantes, necessitam de ser

---

[56] In *Rev. Leg. Jur.*, ano 122.º, pág. 154.
[57] In «*Arrendamentos Vinculísticos*», 1988, pág. 495.
[58] A. VARELA, ob. e loc. cits.
[59] A. VARELA, *in Rev. Leg. Jur.*, ano 122.º, págs. 154 e 155.

contrárias a normas de interesse e **ordem pública**? Necessitam de causar escândalo público, de revestir um mínimo de publicidade? Aceitando o pensamento de MOTA PINTO[60] de que **ordem pública** é o conjunto dos princípios fundamentais subjacentes do sistema jurídico que o Estado e a sociedade estão substancialmente interessados em que prevaleçam e que têm uma acuidade tão forte que devem prevalecer sobre as convenções sociais, entende-se que **a violação daqueles princípios não necessita de ser pública, para ser sancionada**. Como refere A. VARELA[61], se um largo sector da imoralidade, relacionado com a violação dos **bons costumes** tem um forte nexo com a publicidade do acto (espectáculos imorais, cenas imorais, etc.), o mesmo não pode dizer-se da desonestidade. Grande parte dos actos mais desonestos são praticados a ocultas, sigilosamente, na clandestinidade. A mulher desonesta, o comerciante desonesto, etc., não deixam de cometer desonestidade pela circunstância de os actos por eles praticados serem cometidos sem escândalo e a sua gravidade não se mede pela conduta do agente.

ANTUNES VARELA conclui, assim, que **não é essencial que as práticas imorais ou desonestas tenham gerado escândalo público**. «Não é para evitar o descrédito locativo do prédio ou para combater a desvalorização negocial do imóvel, como já erroneamente se afirmou, que as **práticas imorais** são castigadas no regime jurídico do arrendamento». **A razão do preceito reside na gravidade da violação do princípio da boa fé, cometida pelo arrendatário, no exercício do seu direito.** «E a gravidade da violação da boa fé na relação contratual não se encontra necessariamente ligada à publicidade da falta, nem ao escândalo público que o facto tenha gerado».

Assim **se conclui que não é necessária a publicidade para serem relevantes as práticas em análise**.

Por outro lado, tem-se entendido que a **verificação isolada de uma das referidas práticas** não fundamenta a resolução. Para ser

---

[60] *In «Teoria Geral do Direito Civil»*, págs. 304 e 305.
[61] *In Rev. Leg. Jur.*, ano 122.º, pág. 159.

eficaz a prática ilícita, imoral ou desonesta **tem de ser habitual ou reiterada**. Habitual se frequente, repetida muitas vezes. Reiterada se repetida, mas sem ser em grande número.

Não basta, assim, fazer a prova de que no prédio foi praticado um acto ilícito, imoral ou desonesto. Antes se impõe ao senhorio que faça a prova da reiteração de tal prática.

Todavia não é recomendável adoptar um critério que obedeça a uma quantificação certa e determinada, isto é, só a partir de três ou quatro vezes, por exemplo, é que a prática se consideraria **reiterada ou habitual**. Como explica A. VARELA[62], **prática reiterada** é aquela que, não sendo meramente isolada, esporádica ou excepcional, justifica a reacção do senhorio, seja pela sua duração ou persistência, seja pela intensidade da sua frequência.

Anote-se, por outro lado, que as práticas ilícitas imorais ou desonestas têm autonomia entre si, bastando a verificação habitual ou reiterada de uma delas para fundamentar a resolução do contrato de arrendamento (PAIS DE SOUSA «Extinção do Arrendamento Urbano», 2.ª ed., pág. 241).

Não obstante essa autonomia é preciso não perder de vista que os **conceitos** de práticas ilícitas, imorais ou desonestas, **se interpenetram em larga medida.**

Há que atentar que – **o que, aliás, parece óbvio** – actualmente, perante o regime das **uniões de facto** reconhecido pela Lei n.º 7/ /2001, de 11 de Maio, o facto de um homem e uma mulher, dois homens ou duas mulheres viverem juntos na mesma casa, em tal união, não dá ao senhorio o direito de resolver o contrato de arrendamento celebrado com um deles, até porque aquela Lei atribui direitos ao outro membro da referida união de facto na transmissão do contrato de arrendamento e considera essa união como legítima[63].

---

[62] *In Rev. Leg. Jur.*, ano 122.º, pág. 160.
[63] Ver FRANÇA PITÃO, *Uniões de Facto e Economia Comuns,* 2.ª edição, Coimbra, 2006.

No domínio do RAU discutia-se, no âmbito da aludida alínea *c)* do n.º 1 do art. 64.º – no segmento de *"práticas ilícitas"* – se as situações respeitantes a **ruídos excessivos** que o inquilino fizesse durante a noite, ou a convivência no local arrendado com animais perigosos ou especialmente barulhentos podia constituir fundamento de despejo[64].

Ora, **cremos que tais situações estão actualmente inseridas na previsão da al.** *a)* (ao falar em *"regras [...] de sossego, de boa vizinhança"*)[65].

---

[64] Sobre a questão, ver VERMELLE, *Droit Civil. Les Contrats Spéciaux*, Paris, 1996, pág. 92.

[65] Sobre esta alínea, à semelhança com o que fizemos na anterior al. *a)*, entendemos ser útil deixar aqui **algumas notas de jurisprudência espanholas**, a prósito da alínea do **n.º 2 do art. 27.º da Ley 29/1994, de 24 de noviembre, de Arrendamientos Urbanos** – preceito que, como também referimos, adoptou a *arrumação* que acabámos por introduzir no art. 1083.º do NRAU (introdução de uma cláusula geral resolutiva, seguida da enumeração exemplificativa de causas de resolução) –, que dispõe ser fundamento de resolução do contrato de *arrendamiento* pelo locador a realização na *vivienda de "actividades molestas, insalubres, nocivas, peligrosas o ilícitas"*.

Como supra referimos, a **jurisprudência espanhola neste segmento – ao contrário da nossa, pois a al.** *a)* **do art. 1083.º do NRAU é completamente inovadora** – é abundante sobre a concretização dos aludidos conceitos de *"actividades molestas, insalubres, nocivas, peligrosas"*.

Acima, aquando da abordagem da al. *a)* do n.º 2 do art. 1083.º CC (NRAU) já deixámos notas extraídas dos escritos de JOSÉ LUIS ALBÁCAR LÓPEZ, *in LAU 1994, Código Civil, Del Contrato de Arrendamiento*, Tomo I, 1996, a propósito dos aludidos conceitos de *"actividades molestas, insalubres, nocivas"*.

Aqui faremos o mesmo, mas a propósito de *"actividades peligrosas"*, bem assim das *inmorales* – expressão esta última que veio a ser substituída pela actual expressão *ilícitas*, *"dado el **carácter cambiante del concepto de inmoralidad"***, como explica o autor espanhol que vimos citando.

Escreve-se, então, ali (págs. 552 ss.), a respeito da aludida causa de resolução do contrato de arrendamento:

"e') Actividades peligrosas. (....) las peligrosas habremos de decir que por tales se entienden **las que pueden ocasionar un daño o riesgo inminente de daño a personas o cosas**. El Reglamento de actividades molestas, insalubres,

Mas voltando à alínea *b*), deve referir-se, finalmente, que se trata de norma que abarca os casos **graves** (n.° 2 do art. 1083.°),

---

nocivas y peligrosas de 30 diciembre 1961, vigente en esta materia, considera en su artículo 2 como tales las que tengan por objeto fabricar, manipular, expender o almacenar productos susceptibles de originar riesgos graves por **explosiones, combustibles, radiaciones y otros de análoga importancia**. Incluyendo, en una enumeración que la doctrina de los Tribunales administrativos reputa abierta, la fabricación, almacenamiento, manipulación y venta de explosivos, la de materias inflamables, el depósito de películas, las industrias e instalaciones petrolíferas, los garajes y estaciones de servicio y, finalmente, las actividades relacionadas con la energia nuclear o atómica.

La apreciación del carácter de peligrosas que comporte una determinadr actividad compete a los Tribunales (S 14 octubre 1957), los que, obviamente, procederán a su calificación caso por caso y atendiendo a cuantas circunstancias concurran en él, sin que Ia misma venga necesariamente determinada por Ia inclusión de Ia industria entre las que el Reglamente menciona como tales (*SS 27 mayo 1950 y 14 octubre 1957*), ni por la existencia de una autorización administrativa para su instalación, ya que la sujeción del orden civil al administrativo carece de toda razón lógica jurídica, al limitarse la Administración a tomar las medidas preventivas en aquellas actividades en que, por si o por los elementos en su desarrollo, representar un riesgo, pero eso no quiere decir que la licencia administrativa depure al negocio del carácter de peligroso, (*S 11 febrero 1957*). Por otra parte, la peligrosidad, come hemos dicho, debe deducirse de las características y elementos que concurran en la licencia, sin perjuicio de que se hayan o no producido danos a terceros, ya que, como dice la sentencia de 5 de octubre de 1970, para reputar peligrosa una industria **no basta que se haya producido un resultado pernicioso, pues éste puede ser debido a un accidente fortuito**.

La **casuística judicial** ha reputado actividades peligrosas, a efectos de la causa resolutoria que comentamos, el almacenamiento de petróleo, en cantidades mayores o menores, según la época, pero en proporción que implicaba peligro notorio (*S 24 enero 1951*), cuando la cantidad existente excede de lo que la prudencia aconseje tener en una casa enclavada en casco urbano y su posesión entrava una evidente peligrosidad, máxime cuando en el local no existen aparatos de aspiración mecánica, lámpara de seguridad y suelo incombustible (*S 6 junio 1963*); el de **materias inflamables**, como propicias al incendio (*SS 13 junio 1956 y 20 abril 1963*), como puede ser, concretamente, el **almacenamiento de gas butano** cri gran cantidad en un semisótano donde hay muebles de fácil combustión y que radica en casa donde hay viviendas, dado el carácter explosivo de tales

em que o comportamento do arrendatário entre em confronto com o padrão, dito normal, de uma actuação ética e ordeira – como

---

gases (*S 8 junio 1965*), entendiéndose que la cantidad almacenada es peligrosa cuando excede de los 125 kilogramos (*S 5 junio 1967*).

Por el contrario, no se estimó actividad peligrosa la guarda de bidones vacíos (*S 25 octubre 1967*), la instalación de unas cámaras para la maduración del plátano, que funcionaban como combustible con petróleo (*S 23 mayo 1969*), ni la de un depósito de gasolina, cuando tal peligrosidad se hallaba neutralizada en lo físico por instalaciones adecuadas, con plena garantía de seguridad (*S 29 enero 1971*).

Todo ello indica que la actividad que se desarrolla en Ia finca arrendada está sujeta al Reglamento de Actividades molestas o peligrosas y se lleva a cabo sin haber obtenido la licencia correspondiente, por no haber cumplido con las medidas correctoras exigidas por la Administración. En esta situación, la actividad encaja en el âmbito del artículo 114 número 8 de la LAU puesto que lo que en principio, delimita las actividades industriales peligrosas para la salud pública, de las no peligrosas, es precisamente la licencia administrativa otorgada por el órgano competente, de forma que **si la falta de licencia porque no se han cumplido los requisitos relativos a tas medidas correctoras, hay que presumir que la industria es molesta, insalubre o peligrosa, presunción en contra del arrendatario y subarrendatario, que únicamente podría haberse destruido por una prueba plena y directa contraria, a cargo de los demandados**. (SAP de Zaragoza, Secc. 2.ª, de 22 abr. 1996.)

f') **Actividades inmorales.** Dado el **carácter cambiante del concepto de inmoralidad**, la nueva redacción de la causa de resolución ha procedido a sustituir el término inmorales por el de ilícitas. Si bien, y como con mayor extensión puede verse en el comentario a la causa 8.ª del artículo 114 de la LAU de 1964, dentro de las actividades inmorales se incluían ya las ilícitas. Recogiendo la jurisprudencia supuestos de las mismas, como podían ser la **práctica de la prostitución** en una pensión o casa de huéspedes (*S 13 abril 1971*), la dedicación de un local a **juegos prohibidos** (*S 3 marzo 1954*) o la utilización del mismo para laboratorio y estudio fotográfico para la falsificación de billetes e banco (*S 17 abril 1961*). En todo caso, y como requisito, al que ya de pasada hemos hecho alusión, **para que se produzca la resolución del arrendamiento de vivienda es preciso que el arrendador no haya consentido la realización de tales actividades**. La simples enunciación de este requisito nos lleva de la mano a reflexiones que, a primera vista, pudieram considerar-se paradójicas. Y es que si, en muchas ocasiones, los directamente perjudicados por las actividades son los restantes inquilinos del inmueble e incluso los usuarios no inquilinos sino proprietarios de los restantes pisos, perjuicio que se concreta en su incomodidad o incluso en su insalubridad, **no acaba de entenderse, a primera vista, cómo el consentimiento del propietario puede exculpar una actividad cuya nocividad sea evidente y no vaya contra él dirigida.** Para comprenderlo hay que considerar, em primer lugar, que no se trata aquí del ejercicio de una acción de indemnización de los daños o perjuicios causados a terceros por dichas actividades, acción esta siempre posible y cuya compatibilidad con la de resolución no ofrece duda ni incluso tampoco de una pretención encaminada al cese de tales actividades que, por orden judicial o administrativa, pueden ejercitar los interesados, sino de una acción resolutoria del arrendamiento que, obviamente, y como después veremos, compete solamente al arrendador, único legitimado para ella, sin prejuicio de que, en algunas ocasiones, pueda ser relativamente forzado su ejercicio por la repetición de los inquilinos afectados. Y si, lógicamente, la acción resolutoria solamente incumbe al arrendador, a quien además favorece al liberarle la vivienda o local arrendado de un contrato no deseado, es también lógico **concluir que cuando éste haya consentido el ejercicio de tales actividades, no puede luego basarse en ellas para pretender la resolución contractual.** Así lo entiende la doctrina jurisprudencial al proclamar que si la notoria incomodidad ha sido ocasionada por conducta del propietario del local arrendado, por no realizar las obras a que venía obligado, no procede la resolución del arrendamiento (*S 22 octubre 1961*); que al ser destino pactado del local de negocio la venta de explosivos, adquirido el actor en el estado actual y reconocer como titular del negocio al que hoy ocupa, no ofrece duda la realidad del consentimiento (*S 17 marzo 1961*); que no procede la resolución por actividades peligrosas cuando el peligro, en caso de existir, no afecta más que al arrendador, que lo conocía y lo autorizó (*S 5 outubre 1968*); que si las actividades peligrosas se ajustan al destino pactado, la aceptación de ellas le inhabilita para convertir el proprio consentimiento en base de la demanda (*S 5 outubre 1970*), y, finalmente, que no procede la resolución por actividades peligrosas cuando la invoca el arrendador que la conoce y la autorizó, como lo demuestra no sólo na naturaza del destino pactado, sino también el que en una cláusula del contrato esté previsto el riesgo específico y se pacte que el mayor coste del seguro será a cargo del arrendatario, lo que constituye una aceptación implícita por parte del arrendador (*S enero 1961* y las que en se citan).

Por el contrario, y en esta misma línea, se había dicho en *sentencia de 4 de abril de 1951*, que la circunstancia de que en el contrato de arrendamiento se consigne que si el arrendatario utilizare el local arrendado para usos contrarios a la moral declina el arrendador toda responsabilidad, no significa conocimiento de tal actividad inmoral por parte del arrendatario".

– La firmeza del contenido táctico no autoriza al recurrente para revisar los hechos, cuando los tiene reconocidos, si bíen intenta sanear el ejercicio de **la prostituclón que se desarrolla en los locales arrendados** con una versión literaria, al tratarse sólo de «esparcimientos lúdico-sexuales», que en realidad es lo mismo, es decir, tráfico carnal mediante precio, con independencia incluso y en aproximación a Ia tesis del recurrente, de que el mismo se llevara a cabo en forma clandestina, por iniciativa de alguna de Ias empleadas del negocio, sin conocimiento del arrendatario, lo que se destruye de inmediato, pues Ia actividad de prostitución había alcanzado Ia condición de negocio organizado y así se deduce de los anuncios que publicaron los diarios. **El recurrente arrendatario con la actividad de prostitución que desarrolla no fue leal al contrato. pues, el local se alquilo para sauna y «salón de estheticiénne»**, negocio que tiene fines higiénicos y estéticos y no necesariamente han de desarrollarse en los mismos actividades de tráfico carnal, cuando en muchos de los instalados cumplen sólo dicha actividad comercial lícita que, por casos cono el presente, lamentablemente ha derivado a producir confusión en cierta clientela propicia, pero que por ello en nada avalan v pueden sostener Ia identidad de funciones, cuando Ias de sauna son legales, morales y reconiendables para Ia salud. La notoriedad ha quedado suficientemente constatada y fueron los propios vecinos del inmueble los que en sus comparecencias testificales Ia pusieron aún más de relieve, como los más afectados y perjudicados por el trasiego de gentes poco gratas al local del pleito, **sin que sea preciso concurra Ia nota de escándalo**, pues Ia norma arrendaticia no lo tiene en cuenta. (STS de 20 may. 1993.)

Ainda a propósito de *"actividades ilícitas"*, escreveu L. MARTÍN CONTRERAS, in *Ley de Arrendamientos Urbanos*, 2004, Bosch, a pág. 299:

*"Este concepto viene a sustituir al recogido en el TR del 64, en su art. 114.8.ª como **«actividades inmorales»**. Quizás el Legislador del 94 buscó **un concepto más amplio que el anterior, pues no en balde el concepto inmoral bien podría quedar incluido dentro del ilegal**. Hemos de entender por **actividades ilícitas** todas aquéllas que violan las normas establecidas, tanto Ias que tienen su fuente eu una ley, como tas que nacen por via reglamentaria.*

La supresión de Ia expresión «inmorales», utilizada por Ia vieja ley especial, podría dar a entender que dentro de Ia nueva regulación quedan excluidas

tal constituindo fundamento de resolução do contrato de arrendamento, v.g., a utilização do arrendado para a prática da prostituição, o tráfico de droga, a interrupção voluntária da gravidez, etc., etc.[66].

3.2.1.2.3. Da alínea c): uso do prédio para fim diverso daquele a que se destina

Trata-se de situação correspondente, em parte, à alínea b) do n.º 1 do art. 64.º do RAU.

Está relacionada com a obrigação que vem prevista na al. c) do art. 1038.º do CC.

Esta norma (regra) é **excepcionada nas situações previstas no art. 1092.º do mesmo Código (indústrias domésticas)**. Pelo que, ao abrigo do novo regime, continua a entender-se que o exercício de qualquer indústria doméstica está incluído no uso residencial – a não ser que exista cláusula expressa em sentido contrário (n.º 1 do cit.

---

*algunas actividades que atacan la «protección de la juventud y la infancia», propugnada por el art. 20.4 de la CE. Así lo han querido ver algunos autores, refiriéndose en particular al **ejercicio de la prostitución**. Sin embargo, **considero que la nueva redacción amplia el espectro de la regulación, incluyendo también esta actividad dentro de la prohibición, por ilícita"**.*

Referindo-se a todas as actividades previstas na alínea do art. 27.º da LAU a que nos vimos referindo, refere este último autor que *"cabe establecer quién ha de ser **el sujeto activo de las mencionadas actividades**; sin duda lo ha de ser **el arrendatario, cualquiera de las personas que ocupen la vivienda** en los términos del art. 7 de la LAU **o cualquiera de las personas a cargo del arrendatario que convivan en la vivienda."** – sublinhados nossos.

[66] Sobre esta alínea, pode ver-se, ainda, o que escreveram Pais de Sousa e Antunes Varela, in, respectivamente, Col. Jur., Ano 1986, Tomo I, pág. 23 e Ano 1989, Tomo II, pág. 13 – este último escreveu aí que é fundamento para a resolução do arrendamento comercial celebrado com o réu, homem casado, o facto de este, frequentes vezes, introduzir no estabelecimento – situado no piso inferior do prédio que os senhorios habitam – duas mulheres com quem aí mantém relações sexuais.

art. 1092.°)[67] –, igualmente se permitindo ao inquilino habitacional possuir até três hóspedes (art. 1093.°/1/*b*) e n.° 3)[68]. Assim, a possibilidade de exploração de qualquer indústria doméstica, de acordo com o presente normativo, constitui uma excepção à regra prevista no art. 1072.°/1, do CC, que estabelece que o arrendado deve ser usado para o fim contratado, não constituindo, portanto, fundamento de resolução, *maxime* ao abrigo do art. 1083.°, n.° 2, al. *c*).

A alínea ora em apreciação deve ser conjugada com o que se dispõe no art. 1067.° do CC (*"fim do contrato"*)[69] – preceito este

---

[67] Anote-se, a este propósito, que, ao invés do que anteriormente vinha previsto (art. 75.°/2 do RAU), **deixou de se incluir no conceito de indústria doméstica que a exploração tenha de ser efectuada pelo arrendatário ou pelos seus familiares (ver n.° 2 do art. 1092.°).**

[68] Como bem observa Luis Teles de Menezes Leitão, *"Arrendamento Urbano"*, 2.ª ed., Almedina, a pág. 88, "Para além disso, tem vindo a fazer carreira na doutrina e na jurisprudência a denominada **doutrina do acessório**, segundo a qual podem ser exercidas cumulativamente com a actividade principal actividades acessórias ou instrumentais da mesma, que a venham complementar".

Este autor defende que tal posição *"pode ser defendida a partir da integração do negócio com base na **boa fé** (art. 239.°), pois não se justifica excluir ao arrendatário o direito de utilizar o locado para fins acessórios ou complementares do mesmo"* – posição que, à partida, se nos afigura acertada e justa.

[69] Saliente-se que, diferentemente do que se preceituava no art. 3.° do RAU, agora os fins do arrendamento são bipartidos entre habitacionais e não habitacionais, tendo desaparecido a referência a arrendamentos para comércio, indústria, exercício de profissões liberais ou outros fins – sendo certo, no entanto, que os arrendamentos para comércio, indústria e profissões liberais continuam, em certa medida, a ter uma disciplina própria (*ut* art. 1112.° CC).

Anote-se que, enquanto o Prof. Menezes Cordeiro critica a "diluição" dos arrendamentos comerciais no universo dos "arrendamentos não habitacionais", entendendo que se justificava manter a autonomia daqueles (*"O Direito"*, Ano 137, 2005, II, págs. 317-336), já o Prof. Pedro Romano Martinez entende que é de "apludir a simplificação resultante de se qualificarem os arrendamentos em habitacionais e não habitacionais (arts. 1067.°, 1092.° e ss. e art. 118.° e ss. do CC/NRAU).".

Sufragamos esta última posição, pois não se vêm razões válidas para manter a distinção vigente no domínio do RAU.

que, por sua vez, se encontra em consonância com o estatuído no art. 1027.° do CC onde se refere que na falta de estipulação do fim a que a coisa locada se destina, é permitido ao locatário aplicá-la a quaisquer fins lícitos.

Ou seja, prevendo o citado art. 1067.°/2 que *"quando nada se estipule, o locado pode ser gozado no âmbito das suas aptidões, tal como resultem da licença de utilização"*, tal significa que agora é possível estipular-se – embora, acentue-se, sempre *"no âmbito da licença de utilização"*[70], isto é, v.g., para qualquer fim comercial se este for o fim previsto na licença – a utilização do arrendado para qualquer fim lícito. Da mesma forma, se nada for estipulado no contrato, ou o for em termos vagos, tal diversa utilização igualmente está legitimada ao arrendatário, nos sobreditos termos.

Assim, v.g., **se no contrato se estipula que o exercício da actividade a exercer tem por finalidade qualquer ramo de comércio ou indústria o arrendatário é livre de desenvolver qualquer ramo de negócio comercial ou industrial no arrendado**[71] – reitera-se que agora apenas se fala em **fim habitacional e não habitacional**, abandonando-se a distinção tradicional entre arrendamento para habitação, para comércio ou indústria e para o exercício da profissão liberal.

Havendo alteração do fim do contrato, em princípio isso constituirá uma infracção grave das obrigações do locatário (cfr. art. 1038.°/1, al. *c*) do CC). O que poderá ser fundamento de resolução do contrato por banda do senhorio.

---

[70] O Ac. da Rel. de Lisb., de 20.02.2003, *Col. Jur.*, 2003, tomo I, pág. 114, escreveu que em causa está apenas o escopo convencionado e não o uso licenciado. Porém, perante a redacção do art. 1067.°/2 do CC, há que não esquecer que a convenção de destinação específica do arrendado a constar do contrato está sempre balizada – condicionada – pelo licenciado: a convenção sobre o fim do contrato não pode extravasar do "âmbito das suas aptidões" – diz aquele n.° 2. Isto é, **se a licença de utilização o destina a fins comerciais, são estes, e só estes, os fins que podem ser convencionados pelas partes**.

[71] Ver Ac. STJ, de 8.3.84, *Bol. 335, 269*; no Ac. RC, de 30.5.89, *Col. Jur.* XIV, tomo 3, pág. 76, não se admitia o trespasse para diferente ramo de comércio.

Ora, embora BAPTISTA MACHADO sustente[72] que tal direito se verifica, independentemente de a alteração não implicar maior desgaste ou desvalorização para o prédio arrendado, já que o que está em causa é a violação dos termos contratuais e não a lesão causada ao imóvel, cremos que, perante o NRAU, como resulta do dito supra, para que este fundamento de resolução do arrendamento possa operar, impõe-se (ainda) **fazer a prova de que se tratou de um *"incumprimento"* de tal forma grave e com consequências tais que tornou** *"inexigível a manutenção do arrendamento"*.

Veja-se que – como bem observa GRAVATO MORAIS[73] – *"já no regime anterior [...] a ideia da inexigibilidade da manutenção do arrendamento parecia estar presente"*.

É patente, assim – como cremos já vinha sendo sustentado pela doutrina e jurisprudência –, que **não é qualquer modificação do fim do arrendado que justifica a resolução: tem de se tratar de uma situação que integre aquela inexigibilidade.**

Assim, tem, desde logo, de tratar-se de uma modificação substancial do fim, um fim completamente diferente.

Se, pelo contrário, se circunscreve o arrendamento a determinado ramo de negócio e **no arrendado se desenvolvem conexamente outras actividades similares, complementares ou a ele ligadas** há que interpretar o negócio jurídico, nos termos dos arts. 236.º a 239.º do C.C., para se determinar se o arrendatário violou a sua obrigação[74].

---

[72] *Resolução do contrato de arrendamento comercial.* Uso do prédio para ramo de negócio diferente.

[73] *Novo Regime de Arrendamento Comercial*, a pág. 110.

[74] Assim, na *Rev. dos Tribunais,* 50, 130, citada por ANTUNES VARELA na *Rev. Leg. Jur.* 102, 286, escreveu-se: quem dá de arrendamento um prédio para certo ramo de comércio ou indústria, não pode querer vedar ao arrendatário as **actividades acessórias, porventura complementares**, desse comércio ou indústria; exercendo essas actividades, o arrendatário não destina o prédio a ramo de comércio ou indústria diverso do convencionado.

Neste sentido, o Ac. da Relação de Lisboa de 21/10/1970, *J.R.* 16, 661 e o Ac. da Relação de Lisboa de 5/5/1994, *Col. Jur. XIX,* 3, 87.

Como se escreveu no Ac. da Relação de Lisboa de 9/7/1992[75], deve considerar-se que se o senhorio autorizou o exercício no arrendado de determinada actividade comercial ou industrial e **podia e devia prever** que o arrendatário iria ou poderia ir exercer **acessoriamente** uma outra, **a ela deu a sua anuência.**

Citando Aragão Seia[76] – que, por sua vez, faz citação da orientação do Acórdão da Relação do Porto de 1 de Fevereiro de 1979 –, "o arrendatário pode exercer no arrendado, ao abrigo do respectivo contrato de arrendamento, todas as actividades que não constituam uso do locado para fim ou ramo de negócio diverso do acordado entre ele e o senhorio, **compreendendo-se nesta fórmula** muitas actividades ligadas ao fim ou ao ramo de negócio expressamente autorizado no contrato, quer por **acessoriedade (ou conexão)**, quer por **instrumentalidade** (necessária ou quase necessária), quer por **habitualidade notória**, do conhecimento geral, desde que o exercício destas não possa classificar-se como fim ou negócio diverso do contratado. **Só nestas condições, tais argumentos, de acessoriedade, instrumentalidade e habitualidade, podem ser atendidos para o fim indicado**"[77].

Vê-se, assim – como referimos supra – que **já no domínio do RAU a alteração do fim como fundamento de resolução do contrato tinha a ver com existência de uma situação de inexigibilidade da sua manutenção, designadamente, aferido à luz da boa fé e da razoabilidade.**

Veja-se, que já escrevia LOBO XAVIER[78] que não basta, pois, que uma actividade tenha carácter acessório em relação àquela outra que no texto do contrato se prevê. **Será necessário que as circunstâncias permitam inferir, à luz da razoabilidade e da boa-fé,** que o locador, autorizando expressamente a exploração no prédio arren-

---

[75] In Col. Jur. XVII, 4, 144.
[76] *Arrendamento Urbano Anotado e Comentado,* Almedina, 1995, a pág. 281.
[77] Ver *RLJ* Ano 116.°, a pág. 105.
[78] *In RLJ,* Ano 116.°, a págs. 155, 159 e 180.

dado, de um determinado ramo de negócio, podia e devia contar com o exercício adicional de uma outra actividade – o qual, portanto, se tem de entender que autorizou efectivamente, também, de modo implícito. Nestes casos, por conseguinte, utilizando o prédio para uma actividade não literalmente compreendida no contrato, o arrendatário não estará, ao cabo e ao resto, a aplicá-lo *"a fim ou ramo de negócio diverso"* do consentido.

Por outro lado – e aqui está a questão da *gravidade* de que fala o n.° 2 do actual art. 1083.°, que tem a ver, também, com a **reiteração do "incumprimento"** –, acrescenta-se ali que **um acto esporádico, uma venda isolada, nunca dão lugar à resolução do contrato de arrendamento com base na citada alínea** *b***) do art. 64.° do RAU**. *"Esta supõe que a actividade diversa da corresponde à destinação contratual do prédio seja exercida com carácter permanente pelo menos, duradouro"*[79-80].

Sobre esta matéria, veja-se GRAVATO MORAIS, que na obra acima citada (págs. 110 ss.) aborda desenvolvidamente esta problemática – designadamente a de **"para além da actividade mercantil exercida no prédio, o locatário desenvolver adicionalmente uma outra, não contemplada no clausulado de escopo"** –, com abundante doutrina e jurisprudência.

Ali se salienta que há que distinguir, com base num **critério de predominância**, se a nova e distinta actividade é exercida a título principal ou apenas é desenvolvida de modo secundário ou "acessó-

---

[79] Citam-se, neste sentido, os Acs. da Relação de Évora de 2/2/1988, *Bol.* 374, 552; da Relação do Porto de 8/11/1984, *Col. Jur.* IX, 5, 246; da Relação de Coimbra de 12/12/1982, *Bol.* 322, 367 e da Relação de Lisboa de 16/2/1995, *Col. Jur.* XX, 1, 131.

[80] Sobre a mudança do fim ou ramo de cafés ou casas de pasto, bares, mercearias, restaurantes, snack-bares e tabernas, pode ver-se, v.g., Acs. da Relação de Lisboa de 28/11/1989, *Col. Jur.* XIV, 5, 123 e de 26.1.1984, *Col. Jur.* IX, 1, 125; Acs. da Relação do Porto de 21/2/1989, *Bol.* 384, 653 e de l9/5/19, *Col. Jur.* VIII, 3, 235; Ac. da Relação de Coimbra de 18/5/1982, *Bol.* 319, 344 e Ac. da Relação de Évora de 16/3/1989, *Bol.* 385, 626.

rio". E acrescenta-se que *"... naquele caso, a solução é idêntica à anterior, ou seja, o senhorio dispõe de possibilidade de resolução do contrato, **pois não é exigível que, atenta a gravidade ou as consequências do incumprimento, que o contrato não se extinga"** – aqui está o preenchimento da cláusula resolutiva indeterminada constante do n.º 2 do art. 1083.º do NRAU.

Sobre a utilização de **actividade meramente acessória** – anote-se que a posição dos que sustentam não haver lugar à resolução do contrato pelo facto da actividade exercida revestir carácter meramente acessório tem como base o brocardo *acessorium sequitur principale* –, cita-se PIRES DE LIMA e ANTUNES VARELA e HENRIQUE MESQUITA[81], que referem que a *ratio* desta disposição está, em parte na *"ideia de combater a aplicação do prédio a um fim mais desgastante do imóvel do que o previsto pelas partes, e também no propósito de **evitar a utilização do imóvel para um fim que repugne ao senhorio ou lhe não convenha aceitar"*.[82-83-84]

---

[81] Ver *CCAnot.*, vol. III, 2.ª ed., Ver. e Act. (com a colaboração de HENRIQUE MESQUITA), Coimbra, 1987, pág. 545.
Ainda, PAIS DE SOUSA, Anotação ao Regime do Arrendamento Urbano, Lisboa, 1996, pág. 176.
E sobre se permitida a reparação de automóveis, também se permite a sua venda, o Ac. RL, de 15.1.1998, *Col. Jur.* 1998, tomo I, pág. 81.

[82] Sobre a matéria, de especial relevo cremos ser – embora essencialmente no âmbito dos arrendamentos comerciais, aqueles, afinal, onde normalmente surgem estes problemas da resolução com sustento no uso do prédio para fim diferente – o estudo de BAPTISTA MACHADO, in *Resolução do contrato de arrendamento comercial. Uso do prédio para ramo de negócio diferente*, in *Col. Jur.*, 1984, Tomo II.
Pode ver-se, ainda, com relevo para esta matéria, PINTO FURTADO, *Arrendamentos Comerciais*, Almedina, 2.ª ed., pp. 224 e segs., PINTO FURTADO, *Manual do Arrendamento Urbano*, cit., a pág. 780 e PINTO FURTADO, *Curso de direito dos arrendamentos vinculísticos*, 2.ª ed., págs. 487-488.

[83] No estudo de GRAVATO MORAIS, citado, a págs. 114-115, aborda-se, ainda, a **questão da** *"concretização* **do** *princípio da boa fé",* **bem assim, a repercussão do** *abuso do direito* **no domínio que ora nos estamos ocupando.**

Assim, ali se escreveu – e bem –, depois de se citar o entendimento de BAPTISTA MACHADO – para quem a violação do contrato fundamenta a *ratio* do preceito, pelo que se o locatário utiliza o prédio arrendado para fim ou para ramo de negócio diferente do acordado incumpre a obrigação contratual, sendo, por isso, legítima a resolução do contrato pelo senhorio (art. 64.º, n.º 1, al. *b*) do RAU) –, que "complementarmente, os partidários desta tese sustentam que o **princípio da boa fé** pode servir de fundamento à exclusão do direito de resolução do senhorio".

E enuncia o autor que vimos citando as "situações descritas:
– a actividade ligada à estipulada não se encontra afastada pelo contrato, sendo de presumir a sua não exclusão por um locador normal (v.g., o contrato prevê que o imóvel deve ser usado para a exposição e para a venda de mobílias e o arrendatário procede também à sua reparação)". Ver Ac. RL, de 26.10.95, *Bol. M.J.*, n.º 450, 1995, pág. 531 – tratava-se de uma locatária que produzia molduras para quadros e peanhas para estatuetas que vendia no prédio e procedia ao restauro de quadros que lhe eram directamente confiados pelos seus clientes;

"– a aplicação esporádica do prédio a um outro fim ou a uma finalidade objectivamente insignificante (v.g., o arrendatário tolera a utilização do imóvel – onde está instalado o restaurante – como bar durante a semana de festejos locais)".

E remata o mesmo autor: "Acolhemos esta última orientação, por ser aquela que corresponde melhor ao espírito da lei e dado que não desconsidera, nem desvaloriza, a cláusula de escopo aposta no contrato.

De todo o modo, cabe aduzir que **na concretização do princípio da boa fé há que atender**, em especial, à relação estabelecida entre as partes para efeito de avaliar a exclusão do direito de resolução do senhorio ou, dito de outro modo – em face do novo normativo –, **há que apreciar o tipo de incumprimento à luz da ideia de inexigibilidade da manutenção do contrato**.

Concretizemos. Por um lado, o exercício de uma actividade secundária "instantânea" – ocasional (não sistemática) ou até aquela que se prolongue de modo fraccionado por um limitado período de tempo (o comerciante de tecidos adquiriu para revender 20 quadros, promovendo a respectiva alienação tão só nos meses de Janeiro e de Abril) – não confere ao senhorio o direito de resolução do contrato.

Ao invés, **o exercício de uma (nova) actividade duradoura**" – sempre a **reiteração do incumprimento** que tem especial relevo no preenchimento da cláusula geral do art. 1083.º/2 do NRAU... – "cuja realização se protele no tempo –, seja ela continuada ou permanente (não sofrendo, portanto, interrupção), seja ela reiterada ou periódica (a actividade é executada sucessiva e repetidamente), **acarreta a resolução do contrato**.

Por outro lado, a prática pelo arrendatário de **actos de "escassa importância"**, ainda que a actividade realizada no locado seja duradoura, não faz de *per si* actuar o regime previsto no art. 1083.º, n.º 2, al. *d*) CC, NRAU (cfr. o revogado art. 64.º, n.º 1, al. *b*) RAU)."

E acerca da figura do **abuso de direito**, explicita o mesmo autor:

"Saliente-se, por fim, que **a figura do abuso do direito é susceptível de aplicação nas hipóteses em que o senhorio nada faz durante um largo período de tempo, como que aceitando a mudança parcial do uso do arrendado para fim diverso**. Tal sucedeu, por exemplo, na decisão objecto do Acórdão da Relação do Porto, de 13.1.1997, em que o destino convencionado – "estabelecimento de fazendas" e "escritório" – nunca foi seguido (decorrendo entretanto mais de 30 anos), o que, de resto, sempre foi do conhecimento do senhorio e, posteriormente, dos respectivos herdeiros" – o aludido Ac. encontra-se *in Col. Jur.*, Ano 1997, tomo I, a pág. 202.

Chama-se aqui à colação, a propósito, a questão do **ónus da prova**: é ao senhorio que compete alegar e provar o exercício de uma nova actividade pelo arrendatário, especificamente o seu carácter duradouro (Ac. Rel. Évora, de 1.7.1997, *CJ,* 1997, pp. 262 e 263), a sua não escassa importância e que não podia nem devia contar com esse exercício.

[84] Sobre esta alínea, pode ver-se, ainda, o que se passa em **Espanha**, com a **al.** *f*) **do n.º 2 do art. 27.º da** *Ley de Arrendamientos Urbanos – Ley 29/1994, de 24 de Noviembre* –, que mais à frente, porém, será melhor desenvolvido aquando do estudo de direito comparado.

Ali se prevê como fundamento de resolução do contrato de arrendamento pelo *arrendador* o denominado *cambio de destino de la finca*, que inclui duas situações: *a*) ***dedicación para otros usos distintos del de vivienda;*** *b*) *desocupación de la vivienda*.

Para a questão que ora analisamos, importa a primeira situação: a utilização do prédio para fim diferente daquele para que é destinado no contrato de arrendamento.

Ora, a propósito desta situação, escreveu L. Martín Contreras, *Ley de Arrendamientos Urbanos,* 2004, Bosch, a pág. 300:

3.2.1.2.4. Da alínea d): não uso do locado por mais de um ano, salvo nos casos previstos no n.º 2 do art. 1072.º

Nesta alínea cremos que se abrange, embora de forma assaz genérica, as situações que eram abrangidas pelas **als. h) e i) do n.º 1 do art. 64.º do RAU.**

A anterior lei distinguia entre o não uso do locado para fins não habitacionais e a falta de habitação ou residência permanente, em qualquer dos casos, por mais de um ano.

A actual lei teve – e cremos que bem – a preocupação de uniformizar o critério de fundamento de resolução, prevendo uma fórmula mais simples e sintética que abrange as duas aludidas situações – com a excepção do art. 1072.º (anteriormente o n.º 2 do art. 64.º do RAU).

Da leitura desta alínea logo ressalta que **se não exige que o não uso seja contínuo**. Apenas se censura o facto de o arrendatário manter o arrendado encerrado "por mais de um ano". Pelo que não é pelo facto de o arrendatário dar *"uso" ao* locado alguns dias no ano que

---

"Puede ocurrir que, una vez celebrado el contrato de arrendamiento, el arrendatario modifique el destino para el que fue arrendada Ia finca y, en lugar de servirle de vivienda a él, a su esposa, pareja o a hijos que de él dependan, la dedique a almacén o a cualquier otra actividad distinta, más propia de lo que anteriormente se conocía como local de negocio. En este supuesto estaríamos ante el más característico caso regulado en este precepto como causa de resolución del contrato. **Evidentemente, este cambio de destino deberá producirse sin el consentimiento del arrendador, pues, en caso contrario, se produciría una novación objetiva del contrato** y, aunque pudiera quedar excluido de Ia regulación de Ia Ley de Arrendamientos Urbanos, o limitado a lo establecido en el III de Ia misma como arrendamiento para otros usos distinto del de vivienda, **no supondría una causa objetiva de resolución del contrato**.

El precedente legal de este precepto lo encontramos en el art. 1555.2.º CC, donde se establece que el arrendatario deberá destinar Ia finca al uso para el que fue pactado, siendo causa de resolución del contrato el incumplimiento de esta obligación."

vai deixar de funcionar a resolução do contrato. Pode perfeitamente haver resolução – desde, naturalmente, que se preencha o condicionalismo da cláusula geral do n.º 2[85].

Salientamos nesta alínea o facto de o legislador ter deixado de prever, de forma expressa, como fundamento de resolução do contrato a **falta de residência permanente**[86].

A pergunta é patente: **será que com tal (nova) redacção foi intuito do legislador não permitir a resolução do contrato com base na "falta de residência permanente"?**
Parece evidente que não.
É que a não utilização do locado – **por prazo inferior ao previsto na al. d) que ora nos ocupa** (*"um ano, salvo..."*) – no sentido que a doutrina e jurisprudência vinham dando ao aludido conceito de "residência permanente", **também não deixará de constituir fundamento de resolução, desde que se enquadre na cláusula geral prevista no n.º 2 do art. 1083.º** – se trate de situação que *"pela sua gravidade e consequências, torne inexigível à outra parte a manutenção do arrendamento"*.

No entanto, há que ponderar um factor novo: as parte terem clausulado no sentido de que o locado podia ser utilizado para habitação... não permanente.

---

[85] Ver o Ac. STJ, de 25.03.1999, *Col. Jur., Acs. STJ*, 1999-II-40.

[86] Continuamos a achar modelar o **conceito de «residência permanente»** traçado no Acórdão da Relação de Lisboa, de 25.02.53 (*in Acórdãos da Relação de Lisboa*, A. CUNHA, 1953, vol. II, pág. 233, que é o seguinte: residência permanente significa residência habitual, estável e duradoura, e não acidental, transitória e temporária. «A residência permanente é, portanto, aquela onde está instalado o lar do inquilino, onde ele faz a sua vida normal, onde está organizada a sua economia doméstica, onde come, dorme e recebe as suas visitas; não lhe tira o carácter de permanência a ausência temporária por qualquer motivo, como uma vilegiatura estival, ou uma ausência com duração de meses por motivos justificados, na intenção de regressar mais tarde à casa arrendada». (No mesmo sentido, o Ac. do STJ, de 5.3.85, *in BMJ*, n.º 345, pág. 372).

Trata-se de cláusula que pode perfeitamente ser inserida no contrato, dentro da ampla liberdade que neste domínio contratual o legislador do NRAU conferiu às partes outorgantes e porque não se violam quaisquer interesses que vão para além dos das partes (ver, designadamente, o teor dos arts. 1027.º e 1067.º do CC).

Se assim foi clausulado, obviamente que não pode vir o senhorio invocar a falta de residência permanente do arrendado para resolver o contrato de arrendamento.

A este propósito, permitimo-nos transcrever a seguinte anotação de LAURINDA GEMAS, ALBERTINA PEDROSO e JOÃO CALDEIRA JORGE[87], que nos parece de todo acertada:

"Não terá sido intenção do legislador eliminar a possibilidade de despejo com fundamento na falta de residência permanente do arrendatário, pois no art. 14.º, n.º 2, das "Disposições Gerais da NLAU" refere-se expressamente que o senhorio pode, simultaneamente com o pedido de despejo, pedir uma indemnização igual ao valor da renda determinada nos termos dos arts. 30.º a 32.º da NLAU desde o termo do prazo para contestar até à entrega efectiva da habitação "quando o pedido de despejo **tiver por fundamento a falta de residência permanente do arrendatário**".

Acresce que se é certo que o art. 1072.º do CC estabelece que o arrendatário deve fazer uso efectivo do locado, não deixando de o utilizar, para o fim contratado, por mais de 1 ano, certo é, também, que agora o legislador é bastante mais permissivo, abrindo, num sistema antes marcado pelo vinculismo, **espaço para a liberdade contratual**, mormente no que respeita ao fim do contrato (cfr. arts. 1027.º e 1067.º do CC). Aliás, passaram a ficar submetidos à regulação geral do arrendamento os contratos a que se referiam as als. *b)* a *e)* do n.º 2 do art. 5.º do RAU (cfr. art. 1064.º do CC), **nada obstando hoje à existência de arrendamento habitacional, subme-**

---

[87] *Arrendamento Urbano, Novo regime Anotado e Legislação Complementar*, Quid Juris, 2006, a pág. 169.

tido ao **NRAU, em que o locado apenas constitua residência secundária.**

Tudo dependerá, assim, do que tiver sido acordado aquando da celebração do contrato de arrendamento. Se tiver sido estipulado que o locado se destina a ser habitado em permanência pelo arrendatário (e seu agregado familiar) isso significa que o locado tem de ser usado como residência permanente. Mas pode estipular-se apenas que o locado se destina a ser usado como residência não permanente (secundária ou alternada).

A problemática em torno da "falta de residência permanente" prende-se, aliás, com uma matéria fulcral da NLAU: a actualização de rendas.

Com efeito, muitos senhorios não se importarão que o arrendatário não tenha no locado a sua residência permanente (até poderão ficar satisfeitos com isso), desde que a casa continue a ser habitada pontualmente e estimada, a troco de uma renda actualizada. Ora, o art. 45.º, n.º 1, da NLAU prevê um regime especial de faseamento da actualização de rendas dos contratos habitacionais celebrados antes da vigência do RAU (cfr. arts. 27.º e 30.º da NLAU), estabelecendo precisamente que a actualização se efectua nos termos do art. 39.º (actualização em dois anos) "quando o arrendatário não tenha no locado a sua **residência permanente**, habite ou não outra casa, própria ou alheia."[88]

Por outro lado, deve também ter-se presente que não há faseamento da actualização da renda dos contratos não habitacionais celebrados antes do DL n.º 257/95, de 30-09, tendo o senhorio imediatamente direito à renda actualizada, quando o arrendatário conserve o local encerrado ou sem actividade regular há mais de um ano, salvo caso de força maior ou ausência forçada, que não se prolongue há mais de dois anos [cfr. art. 56.º, al. *a*), da NLAU].

---

[88] Este artigo 45.º, n.º 1, é alvo de crítica por FRANCISCO DE CASTRO FRAGA e CRISTINA GOUVEIA DE CARVALHO, na pág. 428 do estudo *"As normas transitórias"*, in revista *O Direito*, ano 137.º, 2005, II, págs. 407 a 436.

Assim, da conjugação de todas estas normas, parece-nos resultar que **o legislador não pretendeu retirar ao senhorio o direito à resolução do contrato de arrendamento com fundamento na "falta de residência permanente"**, mas, apenas, consagrar a possibilidade de actualização da renda faseada ou imediatamente (arts. 45.º e 56.º da NLAU, respectivamente) compensando assim (de forma rápida) a eventual demora da acção declarativa de resolução do contrato ou até evitando a instauração desta, na hipótese, agora plausível, de o senhorio não se importar com a manutenção do contrato".

E na mesma obra dá-se um bom **conselho aos senhorios**: "dada a latitude do disposto nos arts. 1027.º e 1067.º do CC, as partes deverão estipular com clareza no contrato de arrendamento a finalidade pretendida, **sob pena de dificuldades em aplicar o fundamento de resolução previsto no art. 1083.º, n.º 2, al. *d*), do CC. Nos casos duvidosos pensamos que incumbe agora ao senhorio o ónus de provar que o locado se destinava a habitação permanente (cfr. art. 342.º do CC)**" – sublinhados nossos.

Concordamos inteiramente.

Quanto ao **não uso do locado arrendado para fim comercial**, industrial ou exercício de profissão liberal – que era objecto de tratamento no âmbito da al. *h*) do art. 64.º do anterior RAU –, a questão tem de ser vista – tal como no arrendamento habitacional – em conjugação com o art. 1072.º do CC – cujo n.º 1 não tinha correspondência directa com as normas do RAU.

Há que ponderar aqui as circunstâncias específicas do caso em análise (v.g. a duração da inactividade no arrendado, as razões dessa inactividade[89] e se o encerramento é contínuo, permanente ou apenas ocasional ou intermitente)[90]

---

[89] Por exemplo, se foi o senhorio a autorizar obras de monta, seria abusivo vir invocar o encerramento do arrendado durante a execução dessas obras, para resolver o contrato (ver *BMJ*, n.º 429).

[90] Ver, ainda, os Acs. *in Col. Jur.*, 1984-II-55 e *Col. Jur., Acs. STJ*, Ano 1999, II, 39 (nestes arestos decidiu-se – e bem – que a simples exposição de mer-

Uma nota cremos nunca ser de mais reiterar – aliás, salientada em *Cadernos de Direito Privado*, n.º 14, a pág. 20[91] –: da aludida técnica articulada de normação inferem-se dois corolários, quanto à metódica aplicação. Por um lado, a não inserção da situação em causa numa das previsões específicas não autoriza a conclusão, por uma espécie de argumento *a contrario*, de que não há fundamento de resolução, pois há que encarar a hipótese de aplicação directa da cláusula geral; por outro, a aplicação das previsões específicas não pode ser desligada da ponderação do factor de valoração enunciado na cláusula geral[92-93].

---

cadorias num local agora não aberto ao público – o primeiro – e o fecho das portas cumulado com a forragem a papel dos vidros da montra de molde a impossibilitar o acesso ao local e o seu visionamento – o segundo aresto –, são hipótese de não uso relevante.

[91] Com estudo de Sousa Ribeiro, sob o título *"O novo regime do arrendamento urbano: contributos para uma análise"*.

[92] Lembra-se no aludido lugar (*Cadernos de Direito Privado...*, nota 33): *"Já no regime do Arrendamento Urbano era correctamente entendido que o princípio geral de irresolubilidade com base no incumprimento de "escassa importância" (art. 802.º, n.º 2) era aplicável no âmbito do art. 64.º"* – conferir, por todos, Vasco Xavier, a anotação ao acórdão do TRP de 1.2.1979, *RLJ*, ano 116.º, pág. 180; e, na jurisprudência, o acórdão do STJ de 3.7.1997, BMJ, 469.º, a pág. 486.

"Mas é claro que as previsões das várias alíneas do n.º 2 do art. 1083.º concedem um espaço de valoração da gravidade do incumprimento de amplitude muito variada-praticamente inexistente, no caso da alínea d), é de intensidade máxima, no âmbito da alínea a), que, aliás, lhe faz expressa referência" – conclui-se na mesma nota.

[93] A finalizar, lembramos que também em Espanha, na al. *f)* do n.º 2 do art. 27.º da *LAU* (*Ley de Arrendamiento Urbano* – Ley 29/2004, de 24 de noviembre) se prevê como causa de resolução do contrato de arrendamento pelo *arrendador* aquilo que os espanhoís designam por *"desocupación de la vivienda"*.

Ora, a propósito desta situação, escreveu L. Martín Contreras, *Ley de Arrendamientos Urbanos,* 2004, Bosch, a págs. 300/301:

"(...), la desocupación de la vivienda por parte del arrendatario o de las personas a que se refiere el art. 7 de la LAU será causa de resolución del contrato. Es cierto que la regulación de lo preceptuado en el art. 62.3.º del TR del 64 era

3.2.1.2.5. Da al. e): cessão, total ou parcial, temporária ou permanente e onerosa ou gratuita, quando ilícita, inválida ou ineficaz perante o senhorio

Correspondente ao que se preceituava no art. 64.º, n.º 1, al. *f)* do RAU.

Tem a ver com as condições de obrigação contempladas no art. 1038.º, als. *f)* e g) do CC e deve, ainda, ser conjugada com os arts. 1038.º, al. *g)*, 1059.º, n.º 2, 1060.º a 1063.º, 1088.º a 1090.º, 1109.º e 1112.º, todos do CC.

---

más explícita. No obstante, **la desocupación supone, según tiene sentado la Jurisprudencia, una infracción al art. 1555.2.º CC, según el cual el arrendatario está obligado a utilizar la vivienda como un diligente padre de família. Circunstancia esta que no se produce desde el momento en que no vive en la finca, por lo que, a todos los efectos, la desocupación sería equiparable al cambio de destino y, consecuentemente, causa para instar la resolución del contrato.**

Esta equiparación por via jurisprudencial suscita un nuevo problema eu torno a esta normativa, que va referido a **la duración de esa desocupación**. En efecto, mientras que en la regulación del viejo art. 62.3.º del TR del 64 se exigía un período de seis meses de desocupación, el precepto ahora comentado nada dice, por lo que hemos de entender que **no es necesario que se produzca una desocupación por un período concreto de tiempo, pues el solo hecho de no estar ocupada la vivienda, será causa de resolución del contrato**.

No obstante, no seria razonable pensar que una **desocupación temporal, período vacacional**, sea causa suficiente para constituir causa de resolución del contrato, sino que **esta desocupación debe tener carácter definitivo**, sin que sirva para estos efectos la desocupación con carácter temporal. Dentro de este tipo de desocupación de carácter temporal habrá que **incluir, entre otras, el traslado de destino de un funcionario que piense regresar y así lo manifieste, o la desocupación como consecuencia de una larga enfermedad**. En todos estos supuestos la causa de resolución del contrato más vendría dada por la falta de pago de las rentas que por el cambio de destino de la finca. Incluso cuando el abandono sea definitivo también será esta causa de impago de renta la que provoque la resolución, pues no cabe duda de que, cuando el arrendatario **tome la decisión de abandonar la finca para no regresar**, de imnediato dejará de abonar el importe de las rentas, dando motivos al arrendador para instar la resolución del contrato."

Nada de especial cumpre salientar – valendo também aqui, no essencial, os ensinamentos firmados na doutrina e jurisprudência sobre a al. *f)* do n.º 1 do art. 64.º do RAU.

TELLES DE MENEZES LEITÃO[94] observa, porém, que "a formulação actual do art. 1083.º, n.º 2, *e)* é, no entanto, manifestamente infeliz, pois **não se diz qual o objecto da cessão, não se sabendo se se refere ao direito do arrendamento ou ao gozo do prédio**. A interpretação histórica, resultante da contraposição com o art. 64.º, n.º 1 *f)* do RAU, e a já referida relação com o art. 1038.º *f)* e *g)*, leva-nos a concluir que se deve **abranger não apenas a cessão da posição contratual de arrendatário, mas também o subarrendamento e o comodato,** sempre que qualquer destes negócios seja ilícito, inválido ou ineficaz perante o senhorio, estando assim **em causa uma cessão do gozo do prédio** e não apenas do direito ao arrendamento.

Dado que tanto a cessão da posição contratual como o subarrendamento e o comodato pressupõem o consentimento do senhorio, este poderá resolver o contrato, sempre que qualquer desses negócios seja celebrado sem a sua permissão" – sublinhado nosso.

Parece que outra leitura se não pode extrair da aludida alínea, na sua conjugação com as demais relativas à locação urbana.

Assim, pode – **apenas pode** – o arrendatário ceder a coisa tomada de arrendamento, nos casos de comodato – desde que o senhorio o autorize –, subarrendamento – que o senhorio autorize ou ratifique (arts. 1088.º a 1090.º) –, bem assim na locação de estabelecimento, trespasse de estabelecimento comercial ou industrial e continuação do exercício de profissão liberal no arrendado.

Além disto, não se pode olvidar a necessidade de em certas situações dever ter lugar, ainda, a **comunicação ao senhorio** da cedência efectuada (cfr. 1038.º/*g*), 1061.º, 1109.º/2 e 1112.º-3, do CC

---

[94] *Ob. cit.,* a pág. 90.

– sendo de salientar que, sendo, embora, de 15 dias o prazo regra da comunicação (cit. al. g) do art. 1038.°), **o prazo para a comunicação na locação de estabelecimento passa a ser de... 1 mês**, ut art. 1109.°/2, fine).

A falta da necessária comunicação torna a cedência ineficaz em relação ao senhorio – o que constitui expresso fundamento de resolução do contrato de arrendamento (art. 1083.°/2/e)).

Tenha-se presente, por fim, o disposto no art. 1049.° – do qual resulta que mesmo que tenha havido omissão de tal comunicação pelo arrendatário, não pode o senhorio resolver o contrato caso tenha *"reconhecido o beneficiário da cedência como tal"* (casos das alíneas f) e g) do art. 1038.°) ou (no caso da al. g) do mesmo normativo) *"se a comunicação lhe tiver sido feita por este"* (de forma atempada, como é óbvio)[95].

---

[95] Uma nota para referir que também a *Ley de Arrendamientos Urbanos (Espanha) – Ley 29/1994, de 24 de Noviembre –* prevê, de forma expressa, como fundamento de resolução do contrato pelo *arrendador "el **subarriendo o la cesión inconsentidos**"* (al. c) do n.° 2 da *Ley 29/1994, de 24 de noviembre*).

Interpretando este normativo, escreve L. MARTÍN CONTRERAS, *Ley de Arrendamientos Urbanos*, Bosch, 1994, págs. 530 ss.:

*"Exige el art. 8 de la LAU la concurrencia del permiso escrito por parte del arrendador para que el arrendatario pueda ceder o el subarrendar la vivienda. (... cuando una persona ocupe una vivienda, ya sea por cesión, por subarriendo o por cualquier otro título, y no esté autorizado por el arrendador estaremos ante una situación anormal que justifica la acción de desahucio en base a la causa c) del art. 27.2 de la LAU, que encuentran su precedente regulador en el art. 114 en sus reglas 2.ª y 5.ª del TR del 64. De esta forma el texto vigente aglutina en una misma causa de resolución lo que la ley especial anterior regulaba en dos apartados, a pesar de que, como ya vimos en el art. 8 de la LAU, las dos figuras jurídicas son totalmente diferentes, por lo que merecerían un tratamiento diferenciado al tratarse de dos cuestiones alternativas, en ningún caso complementarias, a pesar de ser reguladas como una misma causa de resolución del contrato de arrendamiento, pues no hemos de olvidar que en el **subarriendo** el contrato originario pervive y puede suponer una garantía para*

3.2.2. *Outras causas de resolução, previstas no NRAU*

3.2.2.1. *Mora superior a três meses no pagamento da renda (n.º 3 do art. 1083.º do CC)*

Neste número contempla-se uma situação que, desde que preenchida, torna – esta, sim –, *de per se, inexigível* para o locador a manutenção do arrendamento: a mora superior a três meses.
Limita-se este preceito a concretizar a cláusula geral (indeterminada) que consta do n.º 2.

A redacção do normativo é, porém, – **como muitas outras do NRAU!** – assaz confusa.

Com efeito, não se percebe muito bem a que se refere a *"mora superior a três meses"*: se ao atraso no pagamento de três rendas (ou mais rigorosamente, o atraso no pagamento da renda correspondente a três meses) – que, ainda, pode ser relativa a meses seguidos ou intervalados –; se ao atraso de três meses no pagamento de uma renda – isto é, estar três meses sem pagar renda.

---

el arrendador, mientras que en la cesión el primer contrato queda suplantado por el segundo, de forma que el primer arrendatario desaparece de la relación arrendatícia.

(...).

***Tiene sentido hoy esta limitación hasta el punto de elevaria al carácter de causa de resolución del contrato?** Sin duda estamos ante un supuesto de **protección del arrendador**, amparado en el carácter tuitivo de la ley especial, ausente de la regulación común, pues en el art. 1550 del CC en lugar de establecerse una limitación en estos términos, la libertad de subarrendar se da por entendida en los casos en los que no concurra prohibición expresa. Pero, con independencia de la diferente conceptuación, **no cabe duda que esta causa de resolución del contrato va a tener su centro en la acreditación o no de la existencia del consentimiento**, lo que centrará la causa de resolución del contrato **más en un hecho subjetivo** que en el dato objetivo de la existencia o inexistencia del subarriendo o la cesión."*

É que, como bem salientou NUNO MANUEL PINTO OLIVEIRA[96], "O problema põe-se por causa do n.° 4 do art. 1041.° do Código Civil: "[a recepção de novas rendas ou alugueres não priva o locador do direito à resolução do contrato ou à indemnização referida [no n.° 1 do art. 1041], com base nas prestações em mora". A Proposta de Lei n.° 34/X dava ao n.° 3 do art. 1083.° do Código Civil a seguinte redacção. "É sempre inexigível ao senhorio a manutenção do arrendamento em caso de mora no pagamento da renda superior a três meses". A Lei n.° 6/2006 dá-lhe contudo uma redacção algo diferente, substituindo a expressão "mora no pagamento da renda superior a três meses" por "mora superior a três meses no pagamento da renda". Enquanto a fórmula "mora no pagamento da renda superior a três meses" causava a impressão de que o n.° 3 do art. 1083.° se aplicava ao atraso no pagamento de três rendas, ou da renda correspondente a três meses, a fórmula "mora superior a três meses no pagamento da renda causa a impressão de que o n.° 3 se aplica já ao atraso de três meses no pagamento de uma renda"[97].

"Ora, o argumento extraído do texto do n.° 3 do art. 1083.°, na redacção da Lei n.° 6/2006, é confirmado pela conexão sistemática entre os n.ºs 2 e 3 do art. 1083.°: o **atraso superior a três meses no pagamento de uma renda** deve considerar-se como um incumprimento *"que, pela sua gravidade [...], torna inexigível à outra parte*

---

[96] *Resolução do contrato de arrendamento*, in Scientia Iuridica, n.° 308 (Outubro/Dezembro de 2006), a pág. 648.

[97] Como ali (bem) se salienta, "a Exposição de Motivos da Proposta de Lei diz, tão-só, que "[a]s partes devem pautar-se pelo princípio da boa fé no cumprimento das suas obrigações, dando um sinal ao mercado de que o arrendatário deve primar pelo pontual cumprimento das suas obrigações, prevendo-se expressamente que é sempre inexigível ao senhorio a manutenção do arrendamento em caso de mora no pagamento da renda superior a três meses". O princípio de que o arrendatário deve primar pelo pontual cumprimento das suas obrigações – p. ex., da obrigação de pagamento da renda – concilia-se com as duas teses interpretativas expostas, pelo que a Esposição de Motivos não proporciona um grande auxílio para a resolução do problema."

a manutenção do arrendamento" e, consequentemente, deve admitir-se sem mais a resolução do contrato".
Concordamos inteiramente.

Assim, caso o arrendatário demore mais de três meses a pagar uma renda que seja, tal configura, sem mais, fundamento de resolução extrajudicial do contrato. E tal não se altera pelo facto de o arrendatário ter, entretanto, procedido (posteriormente) ao pagamento de rendas que igualmente se tenham vencido ou de encargos ou despesas.

Uma outra **questão** que, pertinentemente, ali vem suscitada consiste em **saber se a mora inferior a três meses no pagamento das rendas constitui fundamento de resolução**[98] – ou, ao invés, nunca é fundamento de resolução.

---

[98] **A mora superior a três meses, obviamente que é sempre fundamento de resolução.**

Se dúvidas houvesse a tal respeito, bastaria ver que tal causa de resolução opera por **mera comunicação** à contraparte.

Com efeito, se é certo que nunca o arrendatário tem de recorrer à via judicial para fazer valer a resolução do contrato, bastando fazer a comunicação ao senhorio através de carta registada com aviso de recepção, em conformidade com o disposto no art. 9.° da Lei n.° 6/2006, já a resolução pelo senhorio tanto pode ocorrer por forma extrajudicial, como por via judicial.

Mas a resolução extrajudicial só ocorre nas duas hipóteses a que respeita o n.° 3 do art. 1083.° (falta de pagamento das rendas por mais de 3 meses e oposição à realização de obra ordenada por autoridade pública). Nas restantes hipóteses o senhorio tem de mover acção de despejo, nos termos do art. 14.° da Lei n.° 6/2006.

Se assim é, isto é, se se trata de situações **excepcionais**, então não faria sentido o legislador manter uma incerteza sobre se havia, ou não, lugar à resolução no caso que ora abordamos. A regra da resolução do contrato por via da aludida comunicação ao locatário, sendo excepcional, não se compatibiliza com uma situação de incerteza e insegurança que adviriam da interpretação do n.° 3 do art. 1083.° como pura e simples presunção *ilidível* de inexigibilidade. Por isso, nesta hipótese **há sempre fundamento de resolução do contrato**, não sendo admissível ao inquilino ilidir a presunção *iuris et de iure* (irrefutável, portanto) de que em tal situação se verifica, de facto, uma situação que *"pela sua gravidade, torna inexigível à outra parte a manutenção do arrendamento"*.

É patente, salvo melhor opinião, que, sendo a mora de apenas um ou dois meses, tal não inviabiliza a possibilidade de constituir fundamento de resolução do contrato. **Preciso é apenas que tal situação preencha a cláusula geral (indeterminada) do n.º 2**, isto é, que, atentas as circunstâncias **concretas**, tal situação moratória consubstancie um incumprimento *"que, pela sua gravidede [...], torna inexigível à outra parte a manutenção do arrendamento"*. É que, sendo certo que o n.º 3 do art. 1083.º mais não é do que a concretização da cláusula geral do n.º 2, **qualquer hipótese que extravase desse n.º 3** – como é a que ora questionamos – **terá de passar pelo "crivo" do n.º 2**[99]. **Em tal hipótese, sempre a resolução tem de ser decretada, já não extrajudicialmente, mas por via judicial, em acção de despejo** (arts. 84.º/2 e 14.º das "Disposições gerais da NLAU").

O **senhorio é que escolherá: ou aguarda pelo decurso dos três meses para a resolução extrajudicial**, através da comunicação por carta registada com aviso de recepção, instaurando, então, a competente **acção executiva**; **ou avança logo** que o arrendatário esteja em mora no pagamento da renda por período de (apenas) um ou dois meses, **recorrendo, então, à acção declarativa** – e talvez até obtenha mais rapidamente o pagamento, pois o inquilino procurará obviar ao prosseguimento da demanda pagando as rendas em dívida até à contestação da acção[100-101].

---

[99] Em Scientia Iuridica, cit., a pág. 649 dá-se, como exemplo, a hipótese de atraso de um mês de renda, acompanhado de uma declaração do locatário de que não a pagou, nem a pagará, por considerar "injusta" uma actualização conforme às disposições legais: tal hipótese deve considerar-se como fundamento de resolução imediata do contrato de arrendamento.

Parece obvio que assim não pode deixar de ser.

[100] De discordância – cremos, francamente, que sem razão –, parece ser a posição de PEDRO ROMANO MARTINEZ, *Da Cessão do contrato*, Almedina. 2.ª ed., págs. 345-346 e 355 (nota 698, 2.ª parte).

[101] **Questão** que, aqui, se tem colocado é a de **saber se a simples falta de pagamento de encargos ou despesas, mantendo-se o pagamento da renda, pode fundamentar a resolução extrajudicial** – quando é certo que o acordo das

partes quanto a encargos e despesas pode nem constar do contrato de arrendamento e que, em princípio, será credor do pagamento dos encargos ou despesas um terceiro (ex. o condomínio do prédio), apenas tendo o senhorio direito ao reembolso do que pagou.

A questão foi abordada – e cremos que bem – por LAURINDA GEMAS, ALBERTINA PEDROSO e JOÃO CALDEIRA JORGE, *"Arrendamento Urbano, Novo Regime anotado..."*, *Quid juris*.

Aí se escreveu: "A letra do preceito sugere uma resposta afirmativa, por referir "falta de pagamento da renda, encargos ou despesas". Saliente-se também que o n.º 3 do art. 1048.º do CC manda aplicar o regime da purgação da mora à falta de pagamento de encargos e despesas que corram por conta do locatário, norma que, embora inserida nas disposições gerais da locação, parece ter sido introduzida para se articular com as disposições gerais do arrendamento urbano, em especial com o novo art. 1078.º do CC.

Mas não constando do art. 1084.º do CC, mormente a propósito do mecanismo de purgação da mora previsto no n.º 3, uma norma equivalente ao referido n.º 3 do art. 1048.º do CC, parece-nos que deve ser negativa a resposta para a questão *supra* colocada.

Com efeito, o legislador apenas prevê neste n.º 3 a possibilidade de o arrendatário obstar à resolução do contrato pelo senhorio, pondo fim à mora, quando a resolução se funde na falta de pagamento da renda.

Por outro lado, a resolução pelo senhorio fundada na causa prevista no n.º 3 do art. 1083.º do CC opera extrajudicialmente (cfr. art. 1084.º, n.º 1, do CC), servindo de base à execução para entrega de coisa certa, nos termos do art. 15.º, n.º 1, al. *e*), das "Disposições gerais da NLAU", "o contrato de arrendamento, acompanhado do comprovativo da comunicação prevista no n.º 1 do artigo 1084.º do Código Civil". Ora, **em lugar algum da nova lei se previu a possibilidade do senhorio instaurar execução para entrega de coisa certa com base em título executivo constituído pela estipulação das partes quanto a encargos e despesas** (a qual pode nem constar do contrato de arrendamento), pelas facturas e recibos referentes aos encargos e despesas e pela comunicação a que alude o n.º 6 do art. 1078.º do CC, documentos estes que seriam indispensáveis para fundar uma execução cuja causa de pedir fosse a falta de pagamento de encargos e despesas (cfr. o elenco de títulos executivos constante do art.º 46.º do Código de Processo Civil).

Assim, da conjugação entre o n.º 3 do art. 1083.º e o n.º 3 do art. 1084.º, ambos do CC e o art. 15.º das "Disposições gerais da NLAU" **parece resultar**

Uma outra nota é a seguinte:

Embora a mora superior a 3 meses no pagamento da renda, encargos ou despesas, permita ao senhorio resolver o contrato por simples comunicação – tal como a mora no pagamento das rendas por período inferior permite ao senhorio accionar judicialmente o arrendatário (acção de despejo) –, o certo é que, não só a tal não é obrigado, como **pode o senhorio conceder ao arrendatário um prazo adicional para o pagamento, que poderá ter efeitos admonitórios**.

Não sendo paga a renda, o arrendatário incorre em mora. Mas em vez de mora, pode ter lugar o incumprimento definitivo se, entretanto, tiver decorrido o prazo admonitório do art. 808.º do CC. Assim, se o credor/senhorio fixar ao arrendatário um prazo razoável para a realização da prestação em falta, nos termos do art. 808.º do CC, e, tendo decorrido esse prazo, não tiver lugar o pagamento, cai-se no incumprimento **definitivo**.

Porém, se é certo que em regra o incumprimento definitivo dá à contraparte o direito de resolver o contrato, na falta de pagamento de renda (ou aluguer) as coisas não acontecem assim, pois a resolução não é uma fatalidade, uma vez que *"o direito à resolução do*

que só a falta de pagamento da renda em caso de mora superior a 3 meses pode fundamentar a resolução extrajudicial do contrato, por comunicação."

E rematam: "Para concluir, salientamos que na análise das questões abordadas, o critério orientador reconduz-se sempre ao n.º 2, do art. 1083.º do CC: só é fundamento de resolução do contrato o incumprimento que, pela sua gravidade ou consequências, tome inexigível a manutenção do contrato.

Portanto, a falta de pagamento da renda em caso de **mora não superior a 3 meses ou a mera falta de pagamento de encargos ou despesas poderão fundamentar a resolução judicial** do contrato de arrendamento. **Mas, será necessário, em cada caso concreto, aferir, na acção declarativa, se a mera falta de pagamento de encargos ou despesas (mantendo o arrendatário o pagamento da renda) assume, por si só, gravidade bastante para justificar a resolução do contrato. Naturalmente poderá fundamentar essa resolução quando, face à reiteração, às consequências da falta, aos quantitativos envolvidos, não for razoável exigir ao senhorio a manutenção do arrendamento."** – os sublinhados são da nossa autoria.

contrato por falta de pagamento da renda ou aluguer caduca logo que o arrendatário, até ao termo do prazo para a contestação da acção declarativa [...], pague deposite ou consigne em depósito as somas devidas e a indemnização referida no n.º 1 do art. 1041.º" (art. 1048.º/1 do CC). E esta faculdade, em fase judicial, **apenas pode ser usada pelo locatário** *"uma única vez, com referência a cada contrato"* (n.º 2 deste último normativo), assim introduzindo um elemento de **moralidade** neste regime que é excepção ao regime geral da resolução, como vimos.

Como tal, perante o disposto no **n.º 2 do art. 1048.º**, conclui-se que, **tendo o inquilino desperdiçado na acção declarativa a oportunidade de pôr fim à mora – pagando as rendas atrasadas e indemnização devida –, não pode vir na oposição à subsequente oposição usar do mesmo benefício, tentando fazer caducar o direito de resolução**[102].

O que vale para dizer que, mesmo que o **locatário não proceda ao pagamento da renda na data em que se venceu**, não é preciso estabelecer um prazo admonitório para o posterior cumprimento de tal prestação: **o locador pode pedir *logo* a resolução do contrato**, embora os seus efeitos estejam sempre dependentes da não caducidade, nos termos do citado art. 1048.º/1.

No entendimento de CUNHA DE SÁ/COUTINHO[103], o arrendatário não pode lançar mão do expediente do art. 1048.º/1, e 1084.º/3, no caso de o arrendatário se atrasar por mais de três meses no pagamento da renda, caso em que a lei considera inexigível ao senhorio a manutenção do arrendamento.

Sem qualquer razão, porém.

---

[102] Este, também, o entendimento de GRAVATO MORAIS, ob. cit., pág. 105, que refere: *"embora literalmente a lei o admita, no art. 1048.º/1 CC, NRAU, ao arrendatário não é legítimo beneficiar duas vezes da mesma prerrogativa, até porque a finalidade da lei vigente é a de agilizar e de tornar célere este mecanismo. Seria uma incoerência legal absolutamente inadmissível se tal fosse viável"*.

[103] *Arrendamento*, pág. 46.

Com efeito, no art. 1083.º do CC apenas se indica um fundamento de resolução do contrato de arrendamento – resolução essa, porém, que nesse caso **pode** ocorrer extrajudicialmente. Não se diz em parte alguma que o arrendatário não pode fazer cessar a mora, nos termos dos arts. 1048.º e 1041.º do CC.
Pelo contrário: é o próprio n.º 3 do art. 1083.º a remeter para os n.os 3 e 4 do art. 1084.º. E no n.º 3 deste normativo diz-se expressamente que no caso de resolução que opere por comunicação à outra parte e se funde em falta de pagamento de renda, a mesma resolução *"fica sem efeito se o arrendatário puser fim à mora no prazo de três meses"*.

Uma pergunta que se tem feito[104] é esta: O que acontece se o arrendatário **faltar ao pagamento das rendas de modo interpolado?**
Cremos que a resposta é assaz simples: deixando de pagar a renda no modo e altura devidos – e sem que se verifique, portanto, a hipótese do art. 1083.º/3 (*"mora superior a três meses..."* – caso em que, o senhorio pode recorrer logo à resolução extrajudicial (art. 1084.º/1) –, **o senhorio instaurará logo, querendo, acção de despejo, com fundamento na falta de pagamento da renda**.
É claro que, não estando em causa a aludida hipótese do n.º 3 do art. 1083.º, sempre terá o senhorio – como ressalta do já dito supra – de alegar e provar factualidade capaz de integrar a cláusula resolutiva, isto é, provar que se trata de um *"incumprimento que, pela sua gravidade ou consequências, torne inexigível à outra parte a manutenção do arrendamento"* (n.º 2 do art. 1083.º).
Desta forma obterá o senhorio o competente título para executar o arrendatário e fazê-lo entregar o arrendado, bem assim pagar "o que deve" (cfr. art. 15.º da Lei n.º 6/2006) – sem prejuízo da possibilidade que assiste ao arrendatário de se opor à execução,

---

[104] Ver *Diário Económico*, 28.06.2006.

com a consequente suspensão desta, nos termos do art. 930.°-B, do CPC (aditado pelo art. 5.° da Lei n.° 6/2006)[105].

3.2.2.2. Falta de pagamento de encargos ou despesas (cit. art. 1083.°/3)

Vale aqui muito do que já foi dito a respeito do não pagamento da renda – em específico o que então se escreveu, precisamente, sobre a *"falta de pagamento de encargos ou despesas"*, para onde, como tal, se remete o leitor.

Acrescenta-se o seguinte:

A estipulação pelas partes acerca do pagamento dos encargos e despesas, vinha previsto – embora em moldes algo diferentes – nos arts. 40.° a 43.° do RAU, com origem nos artigos 1030.° e 1424.° do CC.

Só que no NRAU tal matéria foi atribuída na totalidade **à liberdade contratual, ficando toda dentro do domínio do acordo das partes, como resulta do art. 1078.° do CC.**

Assim, embora os n.os 2 e segs. do preceito acabado de citar (referentes a fornecimento de bens ou serviços relativos ao arrendado – luz, água, gás, limpeza, segurança do locado, etc.; encargos e despesas atinentes às partes comuns do edifício, despesas de administração, seguros, etc., etc.) diga sobre quem recaem tais encargos ou despesas, o certo é que – como se vê da expressão *"na falta de estipulação em contrário"* – se trata de **normas supletivas,** como tal, aplicáveis desde que nada tenha sido acordado entre as partes em sentido diferente.

Um pertinente conselho é dado por Isabel Rocha e Paulo Estima[106]: resultando da lei que não sendo estipulado – *"por*

---

[105] Sobre o alcance do título executivo, veja-se o Ac. da Relação do Porto – de que fomos relator –, de 13.07.2006, *in* www.dgsi.pt.

[106] *Ob. cit.,* a págs. 105/106.

escrito" (n.º 1 do art.) – que os encargos e despesas relativas a partes comuns do edifício *"correm por conta do senhorio"* (n.º 3, *fine*), **quando se pretenda fazer incidir tal encargo sobre o arrendatário há que estipular** (também, ou paralelamente) **a obrigação** de o senhorio fornecer ao arrendatário (com a maior brevidade possível) todas as informações pertinentes relativas a tal matéria que lhe sejam dadas a conhecer: os valores em causa; as comunicações que lhe sejam dirigidas, enquanto proprietário, pela administração do condomínio. Só assim o arrendatário estará em condições de cumprir com o acordado *inter partes*.

Mas nada foi, de facto, estipulado no novo regime do arrendamento a tal respeito.
O que representa um retrocesso em relação ao RAU (!), pois tal obrigação estava contemplada no art. 42.º/4 – que fazia incidir sobre o senhorio a obrigação de fazer a comunicação de todas as informações necessárias para determinação e comprovação das despesas a cargo do arrendatário.

Como já ressalta do explanado, as despesas e os encargos que o arrendatário acordou em pagar não configuram *"renda"*. E, como tal, se é certo que **a sua falta de pagamento (por período superior a três meses) permite ao senhorio resolver (extrajudicialmente) o contrato em conformidade com o n.º 3 do art. 1083.º** e 1084.º/1 (resolução extrajudicial), **já não pode haver lugar à mora do arrendatário**[107] **para efeitos do disposto nos arts. 1041.º e 1048.º do CC**[108].

---

[107] A respeito da mora do arrendatário (cit. art. 1041.º CC), parece que quando a lei fala em exigência de uma *"indemização igual a 50% do que for devido"*, apenas se está a pensar nas rendas em dívida, **e não nos encargos ou despesas em dívida**.

Ou seja, **a expressão *"for devido"* respeita apenas às rendas em dívida e não do que for devido com atrasos no pagamento das despesas ou encargos**. Assim, havendo lugar a resolução por não pagamento de despesas ou encargos (1083.º/3) caduca o direito de resolução se o locatário até ao prazo para contestar

Assim, **parece que a parte final do n.° 3 do art. 1084.° apenas se aplica quando o senhorio comunicou ao arrendatário a resolução do contrato de arrendamento por falta de pagamento de renda – e não tenha recorrido à via judicial.**

O que mais importa realçar, porém, é que **o legislador do NRAU entendeu por bem dar às partes toda a liberdade de clausularem como bem entenderem a responsabilidade pelos encargos e despesas** *(todos eles...)* **atinentes ao locado**. Apenas se impõe uma condição: que o acordo seja feito *"por escrito"*.

Concordamos com o princípio. O que receamos é que tal "liberdade contratual" por vezes possa levar a alguns abusos...!

O tempo o dirá[109].

– oposição à execução – proceda ao pagamento ou depósito das somas devidas mais a indemnização do art. 806.° do CC **(não, portanto, de 50% desses mesmos encargos ou despesas em divida).**

Assim, GRAVATO MORAIS, *ob. cit.*, pág. 107, sustenta aquilo que cremos já ressaltar do atrás explanado: por um lado, "a necessidade de efectuar uma **interpretação extensiva do art. 1084.°/3 CC, NRAU**, de molde a entender que nele está em causa a falta de pagamento dos encargos e das despesas; daí que o prazo de 3 meses que permite ao inquilino precludir o *direito de resolução* deve ser também aqui aplicado"; por outro lado, "necessidade de realizar uma **interpretação restitiva do art. 1048.°/1 CC, NRAU**, de modo a afastar a específica regra **indemnizatória nele prevista, aplicando-se aqui as disposições gerais (arts. 805.° e 806.° CC)". "Basta assim que o inquilino – independentemente da via (judicial ou extrajudicial) seguida pelo senhorio – pague o valor em dívida e a referida indemnização"** – sublinhados nossos.

[108] Ver JANUÁRIO GOMES, *Arrendamentos para Habitação*, 145 e Ac. Rel. de Lisboa, de 15.12.1994, *Col. Jur.*, XIX, tomo 5, a pág. 136.

[109] Uma nota final para referir que não é apenas no nosso regime locativo que o não pagamento de encargos ou despesas constitui fundamento de despejo – alteração ocorrida, como vimos, relativamente ao que vinha previsto na al. *a*) do n.° 1 do art. 64.° do RAU (que falava apenas em *"não pagar a renda..."*.).

Com efeito, na *Ley de Arrendamientos Urbanos* (Espanha) – *Ley 29/1994, de 24 de Noviembre* – prevê-se, no art. 27.°, n.° 2, al. *a*), como fundamento de resolução do contrato pelo *arrendador* a falta de pagamento *de la rienda o,* ***en su***

3.2.2.3. Oposição do arrendatário à efectivação dos actos necessários à avaliação fiscal ou à determinação do coeficiente de conservação

Este fundamento de resolução do contrato de arrendamento pelo senhorio já foi (embora ao de leve) atrás aflorado.

Vem previsto no **art. 36.° da Lei n.° 6/2006** e é perfeitamente compreensível e aceitável.

Com efeito, dispondo o n.° 1 do mesmo normativo que *"o arrendatário tem o dever de prestar a sua colaboração na realização dos actos necessários à avaliação fiscal e à determinação do coeficiente de conservação"*, é claro que o arrendatário não pode inviabilizar tal objectivo, designadamente, impedindo o acesso ao arrendado.

É que um dos pressupostos para a actualização da renda – a que se referem os arts. 30.° e segs. da Lei n.° 6/2006[110] – é a existência de avaliação do locado (a promover pelo senhorio), nos termos do CIMI (cfr. art. 30.° e 35.° da Lei 6/2006)[111]. E tal *"avaliação"*

---

caso, de cualquiera de las cantidades cuyo pago haya asumido o corresponda al arrendatário.

Aqui se têm inserido, entre outros, *"los gastos de los servicios y suministros que el arrendatário reciba (agua, telefono, gás, etc.)"* – que são equiparados *"a las cantidades a abonar por renta estricta, al menos a lo efectos de resolver el contrato como consecuencia del impago de cualquier de dichas cantidades". El origen de este precepto lo encontramos en la obligación que el art. 1555.1.° del CC impone al arrendatario en los términos pactados, sin duda como contraprestación a las obligaciones que a este último le importe el art. 1554 del CC por la cesión del uso de la vivienda que debe hacer"* (Ley de Arrendamientos Urbanos, de Ll. MARTÍN CONTRERAS, Bosch, 1994, a págs. 192/293

[110] As regras de actualização especial de rendas ali previstas apenas se aplicam aos contratos celebrados a que se refere esse capítulo, isto é, aos contratos habitacionais outorgados antes da vigência do RAU, bem assim aos contratos não habitacionais outorgados antes do Decreto-Lei n.° 275/95, de 30 de Setembro (cfr. art. 27.° da mesma Lei).

[111] O outro pressuposto é a determinação do nível de conservação do prédio – que não pode ser inferior a 3 (cit. art. 35.°, al. *b*) e, ainda, art. 7.° do Dec.-Lei

– tal como a aferição do *"nível de conservação"* –, só pode, por regra, fazer-se de forma credível com uma análise *in loco* do arrendado, pois essa *"vistoria"* permitirá conhecer aspectos do estado e valor reais do prédio. Para o que será normalmente necessária a *"colaboração"* do arrendatário, em conformidade com o art. 36.º da mesma Lei.

Assim se compreende que se tal colaboração for rejeitada, pode o senhorio resolver o contrato nos termos desse art. 36.º/3, **em conjugação com o art. 1083.º do CC** – aqui, portanto, também aplicável.

Isto é, a nosso ver, **para que a resolução (com o fundamento de que ora nos ocupamos) opere, dois requisitos se exigem: em primeiro lugar, impõe-se recurso à via judicial; em segundo lugar (cremos ser necessário), tem de ser preenchida a cláusula geral resolutiva do n.º 2 do aludido art. 1083.º.**

3.2.2.4. *Dar ao prédio objecto de trespasse destino diferente do que lhe vinha sendo dado anteriormente em conformidade com o contratado (art. 1112.º, n.º 5, do CC)*

Obviamente que falamos do arrendamento não habitacional.

Este art. 1112.º corresponde, parcialmente embora, aos arts. 115.º, 116.º e 122.º do RAU.

---

n.º 156/06, de 8.8 – que aprovou o *Regime de Determinação e Verificação do Coeficiente de Conservação*). Anote-se, desde já, que o disposto nesta al. *b*) se não aplica aos arrendamentos não habitacionais, mas apenas aos habitacionais. É que em relação àqueles a actualização da renda pode ser feita, independentemente do nível de conservação (cfr. art. 52.º da Lei n.º 6/2006), **o que quer dizer que mesmo que o nível de conservação dos arrendados não habitacionais seja "mau" ou, mesmo, "péssimo" não é obstáculo a que a renda possa ser actualizada!**

Sobre a matéria, veja-se LUÍS DUARTE MANSO e NUNO TEODÓSIO OLIVEIRA[112], onde se tecem longas considerações, designadamente,

---

[112] In Casos Práticos resolvidos, a págs. 93 ss.
De facto, sobre a interpretação a dar ao art. 112.º do CC ali se tecem longas explanações doutrinais, que achamos úteis.
Concordamos inteiramente com o desabafo que ali se faz – na nota 55 –: *"importa frisar que o art. 1112.º é de uma complexidade inextrincável"*.
Por isso mesmo, cremos que só muito dificilmente qualquer interpretação que se faça desse normativo merecerá alguma vez consenso na doutrina (e jurisprudência). O que não é bom, antes irá constituir pomo de discórdias que, se podem interessar a uns, deveriam desagradar a todos!
Não resistimos, a propósito desse normativo, a fazer a seguinte transcrição (nota 53):
"No estudo do trespasse, em período de pouca acalmia no âmbito de renovações legais e doutrinais, importará reflectir sobre alguns aspectos que têm vindo a palco neste primeiro palmilhar de impressões à **Lei n.º 6/2006, de 27 de Fevereiro**, e ao **Decreto-Lei n.º 76-A/2006, de 29 de Março**. Interessa-nos, sobretudo, focar uma investigação realizada pelos Mestres Carolina Cunha e Ricardo Costa, estimados professores das aulas práticas, no nosso tempo de estudantes universitários, da **Faculdade de Direito da Universidade de Coimbra**, e que se consubstancia no título *"A Simplificação Formal do Trespasse de Estabelecimento Comercial – E o Novo Regime do Arrendamento Urbano"*, publicado, pela Editora Almedina, em Março de 2006. Proferem estes docentes que *"a principal objecção à tese de que o documento particular no qual se formaliza o trespasse de um Estabelecimento comercial ou industrial é título bastante para a transmissão de direitos reais sobre o imóvel que o integra decorre da regra geral plasmada no art. 80.º, n.º 1, do Código do Notariado. Esta norma sujeita a escritura pública "os actos que importem reconhecimento, constituição, aquisição, modificação, divisão ou extinção dos direitos de propriedade, usufruto, uso e habitação, superfície ou servidão sobre coisas imóveis. A aplicação desta regra à hipótese em apreço conduz à nulidade da estipulação (expressa ou tácita) destinada a transmitir a propriedade do prédio ao trespassário (ou a constituir outro direito real sobre ele), por força do prescrito pelo art. 220.º do Código Civil*.
Por outro lado, no que entronca à **nova redacção do art. 1112.º**, os referidos autores mantêm-se, igualmente, críticos, afirmando que, se guarda alguma reserva *"no que toca à **simplificação formal de que foi alvo o negócio concretizador do trespasse de um estabelecimento comercial /ou industrial... Nem se diga que o art. 1112.º, n.º 3, do Código Civil, visou unicamente disciplinar o tres-

sobre o conceito de trespasse[113] de estabelecimento comercial – para onde, portanto, se remete.

Tal como aí se refere – com clara e convincente explanação –, **este art. 1112.º** *"é de uma complexidade inextrincável"*. E é-o, de facto!...

Assente que este preceito se aplica à transferência definitiva do gozo do prédio em conjunto com a exploração de um estabelecimento comercial ou industrial – ou a transmissão da posição de arrendatário a pessoa que ali continue a exercer a mesma profissão liberal –, cingir-nos-emos, no entanto, ao **n.º 5 do aludido preceito**[114].

Parece que **há aqui alguma sobreposição com o art. 1083.º CC**.

---

passe de estabelecimento instalado em prédio arrendado. Tal conclusão interpretativa seria repudiada quer pelo elemento literal..., quer, sobretudo pelo elemento sistemático". Adicionalmente, sustentam que o art. **1112.º, n.º 3**, na sua 1.ª parte, deverá aplicar-se ao trespasse, pese embora *"o vocábulo transmissão"*, pois tal normativo reproduz na íntegra o anteriormente exposto no art. 115.º. do RAU, isto é, o trespasse deverá ser realizado na forma escrita. Na óptica de Carolina Cunha e Ricardo Costa, da **Escola de Coimbra**, o legislador acabou por pecar na feitura do texto do art. 1112.º, n.º 3, *maxime* quando lida a sua 2.ª parte, *"deve ser comunicada ao senhorio"*, na medida em que *"por razões de economia legislativa que não alcançamos –, a transmissão"* constituiu *"um elemento comum às duas proposições: àquela que impõe a observância da forma e àquela outra que impõe a comunicação ao senhorio."* (Cfr. págs. 24 e ss.).

Não podemos deixar de concordar com o apontado, encerrando a conclusão de que esta norma, diga-se, pouco feliz na sua redacção, e introduzida pela, em tantos aspectos, desnecessária, **Lei n.º 6/2006, de 27 de Fevereiro, fez contemplar a exigência de simples forma escrita para o contrato de trespasse,** mantendo, porém, semelhantemente, a inequívoca epígrafe da comunicação ao senhorio da transmissão da posição, do arrendatário."

[113] Que é, como se sabe, a transmissão definitiva da posição do arrendatário acompanhada da transferência, em conjunto, das instalações, utensílios, mercadorias ou outros elementos que integram o estabelecimento.

[114] Que dispõe: *"Quando, após a transmissão, seja dado outro destino ao prédio, ou o transmissário não continue o exercício da mesma profissão liberal, o **senhorio pode resolver o contrato**"*.

Várias hipóteses se podem pôr:

– **Primeira**: se o *"outro destino ao prédio"* teve lugar porque já foi autorizado (explicita ou implicitamente) pelo senhorio aquando do trespasse (o que não raras vezes acontece) – embora não ficando clausulado no documento que o titula –, não haverá lugar à resolução do contrato, dado o aludido consentimento – muitas vezes traduzido num simples aumento de renda. Seria abusivo o locador dar o seu assentimento (expresso ou tácito – mesmo que verbal) a que na sequência do *"trespasse"* (?) o adquirente passasse a exercer outra actividade e depois viesse invocar a mudança de destino ao prédio para resolver o contrato.
– **Segunda**: as partes não pretenderam, sequer, fazer qualquer trespasse – embora assim fosse denominado no documento que o titulou. Aqui está-se perante a situação prevista na al. *b*) do n.º 2 do art. 1112.º ora em análise (a transmissão visou o exercício, no prédio, de outro ramo de comércio ou indústria ou, de um modo geral, a sua *"afectação a outro fim"*).
Só que, não parece ser necessário o n.º 5 do art. 1112.º, pois a resolução do contrato já teria como fundamento a al. *e*) do n.º 2 do art. 1083.º *"cessão..., ilícita"* da posição contratual.
– **Terceira**: teve lugar, de facto, o trespasse do estabelecimento (comercial ou industrial). Porém, posteriormente ao trespasse foi dado outro destino ao prédio, ou ali o transmissário não continuou o exercício da mesma profissão liberal. Mas assim sendo, dir-se-ia que a questão já se inseria na al. *c*) do n.º 2 do art. 1083.º do CC – que refere como fundamento de resolução *"o uso do prédio para fim diverso daquele a que se destina"*.

Ou seja, aparentemente diríamos que o aludido n.º 5 se encontra a mais!
Cremos, porém, que assim não deve ser entendido.
Com efeito, o legislador teve em conta que nas hipóteses contempladas nas alíneas do n.º 2 do art. 1083.º é necessário – como *ex abundanti* se demonstrou supra –, ainda, a prova da verificação

da **cláusula resolutiva do corpo desse n.º 2**, isto é, fazer a prova de que se está perante um incumprimento do trespassário que *"pela sua gravidade ou consequências, torne inexigível a manutenção do arrendamento"*.

Ora, com a introdução do aludido n.º 5 no art. 1112.º do CC no segmento da *"transmissão"* do arrendatário, **pretendeu o legislador tornar claro que se tratava situação fora da previsão do art. 1083.º**. Isto é, quis dizer que o senhorio pode, *sem mais*, resolver o contrato de arrendamento desde que alegue e prove que *"após a transmissão"* foi *"dado outro destino ao prédio, ou o transmissário não continue o exercício da mesma profissão liberal"*. Ou seja, este n.º 5, ao invés da al. *c)* do n.º 2 do art. 1083.º, **apenas pressupõe (como fundamento para a resolução)** que seja feita a prova de que ao arrendado foi dado, *"após a transmissão"*, um destino diferente ao que lhe era dado anteriormente. Basta isto para que a resolução opere, "sem apelo nem agravo".

Concluiríamos, então, que o aludido n.º 5 foi introduzido... *EX ABUNDANTI CAUTELA!*

3.3. Outras causas de resolução, mas não especificadamente previstas no NRAU

3.3.1. *Obras não autorizadas e deteriorações consideráveis*

Efectivamente, uma das situações que o legislador do NRAU deixou de expressamente mencionar como causa de resolução é a que vinha prevista na **al. *d)* do RAU** – realização no locado de *"obras que alterem substancialmente a sua estrutura externa ou a disposição interna das suas divisões…"*.

De certa forma compreende-se que o legislador tenha deixado de mencionar, de forma **expressa** – como fez na al. *d)* do art. 64.º do RAU –, esta situação como fundamento de resolução do contrato.

É que, como é obvio, sendo o locado propriedade do senhorio, demolir paredes ou actos semelhantes – que, desde logo, constitui violação do dever de manutenção do locado previsto no art. 1043.º CC[115-116] – parece ser de gravidade tal que *"torne inexigível à outra parte a manutenção do arrendamento"*. E assim sendo, **tal fundamento de resolução do contrato já se insere no corpo do n.º 2 desse art. 1083.º do CC**[117]. É que se o arrendatário realiza obras que excedam o paradigma do art. 1073.º/1 do CC, designadamente as que alteram a estrutura do prédio, põem em risco a sua solidez infra-estrutural, modificam disposições no interior ou exterior do prédio ou do espaço arrendado, obviamente que tal situação inserir-se-á na cláusula geral do n.º 2 – como o seria, aliás, já pelo n.º 1.

O mesmo se diga no caso de fazer da habitação um hotel, ou se cobrar do arrendatário renda superior à prevista na lei ou ao estabelecido com o senhorio. Tudo são situações que se podem inserir na aludida cláusula geral.

Cremos, porém, que melhor teria ido o legislador em manter disposição semelhante à al. *d*) **do anterior RAU** – veja-se que a realização de obras e deteriorações no arrendado pelo arrendatário é, em nossa opinião, precisamente **a mais grave violação do contrato**, o que por si só já justificaria fosse tal fundamento de resolução incluído nas alíneas do n.º 2 do art. 1083.º

---

[115] Este artigo deve ler-se em conjugação com o disposto no art. 1073.º do CC.

Assim, dispõe-se no art. 1073.º/2 que na falta de convenção, a obrigação de reparação cabe ao arrendatário. O que se compreende, pois foi o responsável das deteriorações que realizou e as mesmas só a ele beneficiaram.

[116] As deteriorações (consideráveis ou substanciais) serão todas aquelas que não são inerentes ao uso prudente do imóvel – uso permitido pelo citado art. 1043.º –, nem as que, sendo pequenas, sejam necessárias "para assegurar o… conforto ou comodidade" do arrendatário (art. 1073.º/1 – em conformidade com o anterior art. 4.º do RAU).

[117] Neste sentido, PEDRO ROMANO MARTINEZ, *Cessação do Contrato*, 2.ª ed., Almedina, pág. 349.

Assim, não se vê porque razão, v.g., se indica, expressamente, como fundamento resolutivo a utilização do prédio *"contrária à lei, aos bons costumes ou à ordem pública"* e não se indica a situação que ora apreciamos.

Há quem sustente que todas as obras e deteriorações no prédio que não sejam permitidas pelas disposições do Código Civil (arts. 1043.°, 1073.°, e 1074.°, n.° 2), *"passaram a constituir fundamento de resolução do contrato, independentemente das suas características"*, *"uma vez que o arrendatário só limitadamente tem poderes de transformação da coisa locada, pelo que a sua realização pelo arrendatário constitui uma infracção contratual que determina a resolução do contrato, uma vez que nestes casos é manifestamente inexigível ao senhorio a sua manutenção"*[118].

---

[118] TELES DE MENEZES LEITÃO, *ob. cit.*, a pág. 93.
Não cremos que as coisas devam ser vistas desta forma simplista e/ou radical.
Se é certo que nada obsta a que **o senhorio accione o arrendatário (em acção de despejo)** sempre que este proceda a obras ou deteriorações no prédio que se não insiram nas que as supra aludidas disposições legais expressamente permitem, tal **não significa que a verificação de tal obra ou deterioração leve, sem mais, à resolução do contrato**.
Não parece ser assim – salvo, é claro, o devido respeito. É que, além da prova de tais obras ou deteriorações, é ainda imposto que o senhorio alegue e prove que as mesmas foram de molde a, *"pela sua gravidade ou consequências"* tornaram *"inexigível à outra parte a manutenção do arrendamento"* (corpo do n.° 2 do art. 1083.°). É que – como vimos –, só *"é inexigível ao senhorio a manutenção do arrendamento"* nos dois casos previstos no n.° 3 do art. 1083.°. Por isso é que nestes casos a resolução (pelo senhorio) opera por via extrajudicial, mediante mera comunicação ao arrendatário (*ut* art. 1084.°/3).
Não bastará, assim, a verificação **objectiva** das obras. Há que ponderar a sua dimensão e natureza, as circunstâncias em que foram feitas, a repercussão que têm na possibilidade de manutenção da relação contratual – enfim, fazê-las passar pelo **crivo apertado** da cláusula geral (indeterminada) resolutiva daquele n.° 2 do art 1083.° CC.

Aceita-se a menção de **novas** situações ou fundamentos de resolução, como é o caso da prevista na al. *a)* do art. 1083.º do CC. Mas não se vê por que razão se deixaram algumas das situações previstas no art. 64.º da RAU – algumas, aliás, apenas com outra roupagem, como ocorre com a da al. *b)*, correspondente à al. *c)* do anterior RAU – e se retiraram, sem mais, outras – quando, afinal, as mesmas continuam a poder constituir fundamento para a resolução do contrato **e sobre as quais muito laborou a Doutrina e Jurisprudência, conseguindo importantes pontos de consenso.**

A situação da al. *d)* do art. 64.º da RAU[119]**, ora em questão, é paradigmática do que se não deveria mexer.**

---

[119] Sobre a causa de resolução ora em análise, não se deve olvidar o estudo de RABINDRANATH CAPELO DE SOUSA, *in Col. Jur.,* 1987, V, 17, assim sumariado:

"I – A causa de resolução da al. *d)* do n.º 1 do art. 1093.º do C.Civil refere-se aos arrendamentos de prédios urbanos, com ou sem terrenos que lhes sirvam de logradouro, e aos arrendamentos de prédios rústicos não rurais, com ou sem construções neles existentes, que não tenham autonomia económica.

II – O conceito de estrutura externa do prédio, para o efeito da 1.ª parte dessa alínea, deve ser entendido como alteração substancial da fisionomia essencial do prédio sem corresponder apenas à noção especializada de estrutura resistente em matéria de construção civil, por o bem jurídico protegido por aquela disposição ser o interesse do proprietário em manter o essencial da traça do seu prédio.

III – Obra substancialmente alteradora da estrutura externa de um prédio é aquela que é feita com carácter permanente, mesmo que possua características de reparabilidade.

IV – A alteração da "disposição interna das divisões" de um prédio, prevista na 1.ª parte daquela al. *d)*, abrange, não apenas as divisões do interior, ou "miolo", de um edifício urbano, mas também outras realidades, e, nomeadamente, a "planificação interna", ou o modo de "distribuição interna" de um jardim que seja logradouro da parte urbana, ambos objecto do arrendamento.

V – "Deteriorações consideráveis" para o efeito da 2.ª parte daquela al. *d)* são todas aquelas que não sejam inerentes à prudente utilização do prédio, ou que não constituem pequenas deteriorações necessárias ao conforto e comodidade do arrendatário, ou que revistam um certo vulto, quer pela sua extensão, quer pelo custo da reparação, quer pelo confronto com o valor e dimensão do prédio onde são praticadas, e compreendem, designadamente, o cimentar parte da área do jardim-logradouro, antes parcialmente empedrado, o remover alguns canteiros de

Com efeito, cremos que o legislador deveria ter deixado no elenco das alíneas do n.º 2 do art. 1083.º a citada situação (obras no arrendado), até porque o conceito de *"obras que alterem substancialmente a sua estrutura externa ou a disposição interna das suas decisões, ..."* fez correr rios de tinta na doutrina e na jurisprudência, **tendo-se, finalmente, chegado a uma posição quase pacífica na determinação de tal (ou tais) conceito(s).**

Ora, não parece útil – com as dúvidas que a expressa retirada de tal fundamento do elenco das causas de resolução podem suscitar –, fazer ressurgir, de novo, a querela. Mais avisado estaria o legislador em ter mantido a alínea em causa, eventualmente aperfeiçoada ou adaptada ao espírito do NRAU.

Aliás, parece-nos que quanto maior for o elenco exemplificativo das causas de resolução, menos dúvidas e trabalhos surgirão para os aplicadores do direito, com natural benefício para o destinatário das normas jurídicas. Pelo que se bem andou o legislador em seguir um modelo mais liberal, incluindo a cláusula geral – a fim de se puder ponderar de forma justa **toda e qualquer situação**, e não apenas as tipificadas na lei, pois é patente que o legislador não pode prever todas as hipóteses passíveis de poder justificar, em concreto, a resolução do contrato (o que parece ter sido intenção do legislador do anterior RAU, art. 64.º) –, já cremos que não andou tão bem em reduzir o elenco (mesmo que indicativo) das causas resolutivas do contrato, *maxime* daí retirando a que vimos analisando[120-121-122].

---

flores, o revestimento de zonas do jardim com produto betaminoso, com destruição da relva e de alguns canteiros de flores e caminhos de saibro, e o implantar, no mesmo jardim, de um pavilhão pré-fabricado".

[120] Sobre esta questão, pode indicar-se inúmera doutrina, destacando-se: OLIVEIRA ASCENSÃO, «Resolução do Contrato de Arrendamento, Anotação ao Ac. Rel. Lx de 18/3/1993, *Dir.* 125 (1993), III-IV, pp. 328 e ss.; OLIVEIRA ASCENSÃO/ /MENEZES LEITÃO, «Resolução do Arrendamento com Fundamento na Realização de Obras Não Autorizadas», *Dir.* 125 (1993), III-IV, pp. 417 e ss.; MENEZES

CORDEIRO, «Acção de Despejo. Obras sem Autorização do Senhorio. Exercício do Direito de "Resolução"», Anotação ao Ac. Rel. Lx. de 19/11/1987, *Dir.* 120 (1988), 1-11, pp. 217 e ss.; JANUÁRIO DA COSTA GOMES, «Resolução do Arrendamento em Consequência da Feitura de Obras Alteram Substancialmente a Disposição Interna das Divisões do Prédio», *Dir.* 125, IIII e IV, pp. 439 e ss.; RIBEIRO MENDES, «Acção de Resolução de Arrendamento (art. 1093.°, n.° 1, al. *d*) do Código Civil): Construção de uma Dependência no Jardim Excepção de Caducidade da Acção, nos Termos do art. 1094.° C. Civil e Excepção de Caducidade do Direito de Resolução por Cessação da Causa, ...», *TJ*, n.° 45, IV (1988), pp. 3 e ss.

Ver, ainda, entre outros, os seguintes Acs., relativos a obras realizadas pelo arrendatário: STJ de 12/11/1996, *BMJ* 461, p. 425; Ac. STJ de 14/1/1997, *BMJ* 463, p. 571; Ac. Rel. Cb. de 2/5/1996, *CJ* XXI, T. III, p. 79; Ac. Rel. Cb. de 28/2/1997, *CJ* XXII, T. II, Ac. Rel. Pt. de 11/11/1997, *BMJ* 471, p. 454; Ac. Rel. de Évora, de 16.01.1997, *Col. Jur.*, 1997-I-286 (sobre a sucessão do arrendatário – em caso de transmissão da posição na sequência de trespasse – do direito a realizar obras no arrendado, quando as mesmas foram autorizadas pelo senhorio ao anterior inquilino).

Quanto às obras ilícitas feitas pelo arrendatário, mas que não constituem motivo de despejo, pode ver-se – nomeadamente sobre a sua demolição – o Ac. da Rel. de Coimbra, de 25/2/1997, *RLJ,* Ano 130 (1997-1998), p. 187, com anotação favorável de HENRIQUE MESQUITA, a pp. 190 e ss.

[121] Sobre obras no arrendado, deteriorações ilícitas, força maior ou caso fortuito, etc., etc., pode ver-se o Acórdão da Relação do Porto proferido no proc. n.° 3 157/05, da 3.ª Secção, **por nós relatado**, e que se encontra disponível no site da dgsi.pt, cujo o sumário achamos útil transcrever:

"– No domínio da relação locatícia, sob o império da nossa ordem jurídica, há um dever geral de *boa fé* a impor um dever geral e recíproco de cooperação entre senhorio e arrendatário no desenvolvimento da relação contratual.

– Ao locatário não cumpre reparar as deteriorações inerentes a uma prudente utilização em conformidade com os fins do contrato; ao senhorio também as não cumpre reparar, salvo até onde fique coberto pelo seu dever de *"assegurar o gozo"* do prédio ao inquilino para os fins a que se destina.

– A lei ao falar em *"deteriorações"* (do latim, *deter* = pior) do arrendado a reparar pelo arrendatário, refere-se, em primeira mão, àquelas que são provocadas por acção do locatário. O que, desde logo, *faz ressalvar aquelas que são decorrentes da simples usura do tempo, ou vetustez.*

– Por outro lado, a responsabilidade do arrendatário está sempre ligada a um comportamento negligente, culposo, sendo de rejeitar a ideia de uma espécie de responsabilidade objectiva do locatário.

– O princípio contido no n.º 1 do art. 790.º do CC deveria ser suficiente para aferir das situações de extinção da obrigação (em geral), sem necessidade de recurso aos (obsoletos) conceitos de *força maior* e de *caso fortuito.*

– O legislador, porém, entendeu, em casos pontuais, fazer expressa referência a tais conceitos (v.g. nos arts. 64.º, n.º 2, al. *a*) e 72.º, n.º 2, do RAU).

– Porém, o alcance do conceito de *força maior* deve sempre compreender as hipóteses tradicionalmente apresentadas como ilustrações do mesmo conceito, mas modeladas como uma *impossibilidade* que seja **objectiva e não imputável ao arrendatário ou ao senhorio,** conforme o caso a apreciar, e não como meras situações em que apenas seria *compreensível, aceitável* ou *perfeitamente explicável* a actuação destes."

122 Uma nota, apenas, para referir que em Espanha, a *Ley de Arrendamientyo Urbano – Ley 29/1994, de 24 de noviembre –,* prevê na al. *d*) do n.º 2 do art. 27.º como fundamento de resolução do contrtao pelo *arrendador "La realizacion de daños causados dolosamente en la finca o de las obras no consentidas por el arrendador, cuando el consentimiento de este sea necesario".*

A este propósito escreve L. MARTÍN CONTRERAS, Ley de Arrendamientos Urbanos, Bosch, 2004, a págs. 296/297:

"(…). De forma que podemos concluir afirmando que, como criterio general, el arrendatário es el responsable de los daños que se produzcan en la vivienda mientras dure el contrato. Sin embargo, la exigencia de la **concurrencia de dolo** *por parte del autor de los daños exige a aquiescencia o falta de diligencia por parte del arrendatario, cuando no se su propria intencionalidad,* **requisitos no concurrentes cuando los daños son ocasionados por persona desconocida del arrendatario que entra en la vivienda, incluso violando el derecho a la intimidad de su hogar***, lo que excluye los producidos por otras personas que permanecieran en la vivienda sin su autorización.*

(…).

Dentro de este apartado cabe **incluir las obras que modifiquen la configuración de la vivienda y aquellas que provoquen una diminución de la estabilidad o seguridad de la vivienda***. La Jurisprudencnia ha dejado mui determinado el concepto de obras que modifican la configuración de la vivienda".*

3.3.2. Falta de prestação ao proprietário ou ao senhorio dos serviços pessoais que determinaram a ocupação do prédio

Esta situação – expressamente prevista no RAU (art. 64.º, n.º 1, al. *j*)) – não só não faz parte do elenco das alíneas do art. 1083.º, como **deixou de constituir fundamento de resolução do contrato**.

Em causa estava o arrendamento de imóvel por via de determinados serviços pessoais que o arrendatário prestava ao senhorio. Pelo que não fora a prestação de tais serviços, certamente o contrato de arrendamento não seria efectuado – ou sê-lo-ia talvez noutros termos.

Tratava-se, assim, não de um mesmo contrato – misto ou geminado –, mas de contratos distintos, com contraprestações separadas (o contrato de trabalho pelo qual o empregador paga ao trabalhador o salário e o contrato de arrendamento pelo qual o arrendatário paga ao senhorio uma renda).

Trata-se, é certo, de dois contratos com dependência. O arrendamento está dependente do contrato de trabalho, visto não haver mera coincidência de sujeitos, mas uma intrínseca relação económico-social entre as duas convenções: o vínculo locativo é estabelecido em consideração do vínculo laboral. Assim, extinto o contrato de trabalho, igualmente se extinguirá o contrato de arrendamento[123]

Ora, foi, precisamente, constando esta realidade, esta dependência – a aludida *"união de contratos com dependência"*[124] – que tal situação não só não faz parte do elenco das alíneas do art. 1083.º, como **deixou de constituir fundamento de resolução do contrato de arrendamento.**

Assim, passou essa situação a integrar-se nas causas de **caducidade** do contrato de arrendamento, mais precisamente preenchendo

---

[123] GALVÃO TELLES, *Manual dos Contratos em Geral*, 3.ª ed., págs. 396 e 397.

[124] GALVÃO TELLES, citado por ARAGÃO SEIA, *Arrendamento Urbano, Anotado e Comentado*, Almedina, 1995, a pág. 311.

a alínea g) do art. 1051.º do CC ("... *cessação dos serviços que determinaram a entrega da coisa locada*")[125].

E bem andou o legislador neste aspecto. Pois tal situação já assim vinha sendo entendida, designadamente na jurisprudência.

Assim, por exemplo, veja-se o que se escreveu no Ac. da Relação de Évora de 11/1/1990, *Col. Jur.* XV, 1, 281: "É certo que no art. 1051.º não encontramos directa e expressamente contemplada a hipótese que analisamos mas apesar disso **julgamos que é de considerar que o arrendamento caducou com a extinção da relação laboral que de certo modo era condição de subsistência do arrendamento** – veja-se a al. *b)* do n.º 1 daquele art. 1051.º – sem necessidade de chamar à colação o art. 1093.º, n.º 1, al. *j)* [hoje art. 64.º, n.º 1, al. *j)*]; é que se nos afigura que se ajusta melhor à situação e traduz mais correcta aplicação dos princípios jurídicos **considerar o arrendamento findo por efeito próprio da extinção do vínculo laboral, da relação de emprego, como um efeito automático dessa extinção, desencadeado** *ope legis,* do que forjar uma resolução judicial do contrato num facto respeitante a quem, perante o senhorio, não violou qualquer obrigação em que estivesse constituído enquanto arrendatário".

Bem assim o Ac. do S.T.J. de 18/12/1990, *Bol.* 402, 589: "no caso de *distintos* contratos de arrendamento e de trabalho, mas ligados entre si, segundo a intenção dos contraentes, por um nexo funcional que altera o regime normal do arrendamento, pela sua dependência do contrato de trabalho, no qual têm o motivo da subsistência, deixando de subsistir o contrato de trabalho desaparece

---

[125] Embora este trabalho não incida propriamente sobre caducidade do contrato de arrendamento, uma vez que falamos do art. 1051.º, cumprirá lembrar que às situações ali previstas uma outra deve ser acrescentada: a prevista no art. 10.º, n.º 7 do Dec.-Lei n.º 157/2006, de 8 de Agosto (regime Jurídico da Obras em Prédios Arrendados) – qual seja, caso o senhorio comunique ao arrendatário o fim das obras aí referidas e o arrendatário não reocupe o arrendado no prazo de três meses, *"salvo justo impedimento"*, tem lugar a caducidade do contrato de arrendamento.

o motivo de subsistência do contrato de arrendamento, **que logo cessa em simultâneo**" – sublinhados nossos.

Assim, também, ARAGÃO SEIA[126] lembra que "na vigência de anteriores diplomas este fundamento de resolução foi muito criticado por se entender que a cedência da casa se destinava a o inquilino dar cumprimento a obrigações emergentes doutro contrato ou doutra situação jurídica, ou para facilitar o exercício de certa actividade. Estão nestes casos, além do serviço doméstico, a habitação para guarda de um edifício, para guarda de uma exploração agrícola ou industrial, para serviços de telefone, etc.[127]"; "e ainda a cedência de habitações a operários ou empregados por parte da entidade patronal, como forma de complemento do salário ou vencimento"[128].

Mas lembra o autor que vimos citando que *"estas críticas não têm hoje fundamento na medida em que a renda tem de ser certa e determinada, não podendo ser incerta como anteriormente"*.

Já ANTUNES VARELA[129] referia que não há violação de nenhum dever decorrente da locação, mas simples *cessação* do pressuposto que serve de base à locação.

Também PEDRO ROMANO MARTINEZ[130] diz que "admite-se que, estando o arrendamento funcionalizado a outro negócio jurídico (por exemplo a um contrato de trabalho), a cessão deste implicava a desocupação do prédio; *"deste modo, se o empregador arrenda uma casa ao trabalhador para lhe facilitar a sua colocação em certa zona,* **a cessação do contrato de trabalho acarreta a extinção do arrendamento**". E acrescenta que *"isto corresponde, no fundo, a uma* **das consequências da união de contratos**".

Esta posição que boa parte da doutrina e jurisprudência vinham sufragando – e que é, sem dúvida para nós, a mais correcta –, foi,

---

[126] *Ob. cit.*, a pág. 312.
[127] Cfr. PIRES DE LIMA, *RLJ*, 99.º, a págs. 94-95.
[128] Cfr. ANTUNES VARELA, *RLJ*, Ano 100.º, págs. 100, 269, nota 1 e 119-87, nota 1.
[129] *RLJ*, Ano 119.º, 87, nota 1.
[130] *Da Cessação do Contrato, cit.*, a pág. 345.

como vimos, seguida no NRAU, merecendo, como tal, o nosso inteiro aplauso.

No entanto, cremos que **uma ressalva se justificará fazer**: como bem sustenta TELES DE MENEZES LEITÃO, na *ob. cit.*, a pág. 94, a solução adoptada pelo NRAU, de considerar **este fundamento como causa de caducidade do contrato de arrendamento, parece dever restringir-se aos casos em que tal ocorra** *"por facto não imputável ao arrendatário, uma vez que estando em causa a violação das suas obrigações, o instituto aplicável é antes o da resolução por incumprimento, enquadrável igualmente na cláusula geral do art. 1083.º, n.º 2, in princip"*.

3.3.3. *Dar hospedagem a número superior ao permitido por lei*

Diferentemente do que ocorria no anterior art. 64.º, n.º 1, al. *e)* do RAU, não vem, agora, referido **expressamente** que a hospedagem em violação ao número legal constitui fundamento de resolução.

No entanto, havendo um limite ao número de hóspedes (**art. 1093.º**, n.º 2, al. *b)*: *"um máximo de três hóspedes"*) – precisamente o mesmo número que vinha no RAU –, parece evidente que **a violação de tal normativo pode constituir fundamento de resolução do contrato.**

Trata-se, afinal, duma **afectação do locado a um fim diferente do permitido ou, então, uma cessão ilícita do gozo do prédio – o que, então, já se integraria, respectivamente, nas alíneas *c)* ou *e)* do n.º 2 do art. 1083.º do CC**[131].

Sobre o conceito de hospedagem, ver ARAGÃO SEIA, *ob. cit.*, em anotação ao art. 64.º, al. *e)* do RAU.

---

[131] Neste sentido, também, ROMANO MARTINEZ, *da Cessação*, pág. 349.

O art. 1093.º do CC, na versão da Lei n.º 6/2006, veio alargar o conceito de **economia comum**, pois o mesmo passa a abranger a **pessoa que viva em *união de facto* com o arrendatário** (diferentemente do que ocorria com o art. 76.º do RAU)[132].

Sobre a medidas de protecção das pessoas que vivam em economia comum, veja-se a Lei n.º 6/2001, de 11 de Maio – em cujo art. 2.º/2 se refere o que se entende por economia comum. E sobre as medidas de protecção da união de facto, pode ver-se a Lei n.º 7//2001, de 11.05.

Assim, temos que a violação das normas do art. 1093.º do CC, atinentes às *"pessoas que podem residir no arrendado"* pode, também, constituir fundamento de resolução do contrato de arrendamento, nos sobreditos termos.

3.3.4. *Cobrança ao subarrendatário de renda superior à permitida pelo art. 1062.º do CC*

De especial relevo continua a ser o estudo lavrado sobre este tema por RUI ALARCÃO[133], designadamente sobre a forma de se calcular, nos subarrendamentos parciais, a quota da renda principal (renda base) que corresponde à parte sublocada.

Assim, segundo o RUI ALARCÃO, seguido por PIRES DE LIMA e ANTUNES VARELA[134], para o efeito de se calcular, nos subarrendamentos parciais, a quota da renda principal (renda base) que corresponde à parte sublocada não deve lançar-se mão de um critério puramente *quantitativo,* mas sim de um critério *qualitativo,* em que se tenha em conta a *importância relativa* dos locais sublocados. Parece evidente que, para aquele efeito, a consideração do número dos

---

[132] Sobre o conceito de viver em *"economia comum"*, veja-se ARAGÃO SEIA, *ob. cit.,* 7.ª ed., a pág. 546.

[133] *A Limitação da renda no subarrendamento, Bol. da Fac. de Direito,* Coimbra, vol. XXXVIII, n.º 2.

[134] *C. Civil. Anotado,* II, 3.ª ed., 430.

locais sublocados em confronto com os que constituem objecto do arrendamento reveste um interesse fundamental. Mas pode haver outras circunstâncias relevantes para o mesmo efeito. E só atendendo às diversas circunstâncias que razoavelmente influirão no valor locativo se estabelecerá uma autêntica *proporção* entre o objecto do arrendamento e a parte desse objecto que é sublocada.

Havendo (sub)locações sucessivas, em cada uma delas poderá haver um aumento de 20% da renda ou aluguer pago ao locador que antecede[135].

Todo o preço locativo recebido pelo sublocador é sub-renda, inclusive para o efeito do limite legal do art. 1062.° do C.C., e ainda que tenha sido o sublocador a mobilar a casa subarrendada[136]

No entanto, como se escreveu no Ac. da Relação de Évora de 10/2/1977[137], o citado art. 1062.° não abrange os casos de hospedagem autorizados pelo senhorio, pois que se este autorizou o arrendatário a exercer a indústria de hospedagem, é patente que o autorizou a praticar uma actividade lucrativa, incompatível com o assinalado limite de 20%.

Saliente-se que o que pode constituir constitui fundamento de resolução do contrato – tal como no domínio do RAU se entendia – é a **cobrança efectiva** de renda **e não** a simples estipulação de renda superior à que a lei admite (cit. art. 1062.°)[138].

Da mesma forma não pode haver lugar à resolução com esse fundamento, caso o **senhorio tenha autorizado a sublocação** independentemente do preço que o arrendatário venha a cobrar ao sublocatário[139].

Como, aliás, resulta da parte final do art. 1062.° citado, ao referir *"salvo se outra coisa tiver sido convencionada com o locador"*.

---

[135] Em sentido diferente, ESTELITA DE MENDONÇA, *Da Sublocação*, 94.

[136] Acs. da Relação de Lisboa de 4/1/1980, *Col. Jur.*, V, 1, 190 e de 17/10/1978, *Col. Jur.*, III, 1348.

[137] *In Col. Jur.*, 1977, II, 159.

[138] Veja-se sobre este aspecto, o Ac. da Rel. de Lisboa, de 23.06.1972, *Bol.* n.° 218-303.

[139] Ver Ac. RL, de 22.02.1980, *Col. Jur.*, V-I-259.

3.3.5. *Da resolução por alteração das circunstâncias (art. 437.º do CC)*

No domínio do RAU, como vimos, elencava-se de forma **taxativa** as causas de resolução do contrato de arrendamento. Por isso, parece que não era possível (então) a resolução do arrendamento com sustento na alteração anormal das circunstâncias em que as partes fundaram a decisão de contratar.

Assim entendiam PINTO FURTADO[140] e outros[141].

Com efeito, embora o Código Civil actual admita a susceptibilidade de *resolução* dos contratos, em geral, pelo *lesado* (ou a *modificação* segundo juízos de equidade), sempre que as *circunstâncias* em que as partes fundaram a decisão de contratar tiverem sofrido uma *alteração anormal,* se a exigência das obrigações por aquele assumidas *afectar gravemente os princípios da boa fé e* não estiver coberta pelos riscos próprios do contrato (art. 437.º-1 CC), parece que tal preceito se não aplicava, no domínio do RAU, aos *arrendamentos vinculísticos,* transformando-o em mais um *caso de resolução pelo senhorio*. É que tais fundamentos de resolução estavam **taxativamente** previstos na lei.

Em sentido diferente, porém, era o entendimento de ANTUNES VARELA[142] e de ALMEIDA COSTA[143].

Entendia ANTUNES VARELA que a aplicação da *facti species* do art. 437.º-1 CC ao problema fundar-se-ia em que tal preceito não cura da violação dos deveres a cargo das partes ou da má execução do contrato, mas da frustração, por alteração superveniente das circunstâncias de facto ou de direito em que elas assentaram a sua de-

---

[140] *Manual do Arrendamento Urbano,* cit., pp. 755 ss.
[141] J. G. DE SÁ CARNEIRO (*Rev. Trib.,* 94.º, p. 382); PAIS DE SOUSA, *Extinção do Arrendamento Urbano,* 1980, p. 182 e 1985, pp. 207-208; Ac. do S.T.J., de 25-5-1982 (*Bol.* n.º 317, p. 249).
[142] *RLJ,* 119.º, a pág. 86, nota 1 à 2.ª coluna, logo apoiado por ALMEIDA COSTA.
[143] *RLJ,* ano 119.º, a pág. 145, nota 14.

cisão de contratar, ao passo que o dispositivo transplantado para o art. 64.º-1 RAU apenas cuida da deficiente execução da relação contratual locatícia pelo lado de uma só das partes *(o arrendatário)* e só nesse sentido terá carácter taxativo[144].

Assim, v.g., se, ao divorciar-se, o marido deu de arrendamento à ex-mulher e ao filho de ambos uma casa de habitação, porque a residência da família se inutilizara, e na vigência deste arrendamento o filho vier a impugnar, triunfantemente, a sua paternidade, será de admitir – de acordo com o mesmo Autor – a *resolução* do contrato pelo *senhorio* invocando *alteração das circunstâncias*[145].

Veja-se que também J. G. SÁ CARNEIRO[146] manifestou as mais fundadas dúvidas sobre a aplicabilidade desse artigo 437.º ao arrendamento. E o certo é que o acórdão do Supremo Tribunal de Justiça, de 25-5-82[147] julgou que o contrato de arrendamento não podia ser resolvido com fundamento nesse artigo 437.º. Porém, A. VARELA, anotando esse acórdão do Supremo[148] concluiu, como vimos, que o artigo 437.º abrange na sua letra e no seu espírito o contrato de arrendamento e que nenhuma incompatibilidade existe entre esse facto e o carácter da enumeração contida no artigo 1093.º do Cód. Civil (64.º do R.A.U.). Ao lado de ANTUNES VARELA estão PERIRA COELHO[149] e o acórdão do Supremo de 16-6-87[150].

Ora, como bem anota TELES DE MENEZES LEITÃO[151], **"esta situação foi, porém, alterada com o NRAU, dado que o art. 1079.º passou a admitir a cessação do arrendamento por quais-**

---

[144] *Rev. L. J.*, 119.º, págs. 88 e 86.
[145] *Rev. cit.*, a págs. 87 ss.
[146] In *Rev. Trib.*, ano 94.º, pág. 382.
[147] In *Rev. Leg. Jur.*, ano 119.º, pág. 78.
[148] In *Rev. Leg. Jur.*, ano 119.º, pág. 82.
[149] *Lições de Arrendamento*, proferidas no ano lectivo de 1986/1987.
[150] *Bol. M. J.*, n.º 368, pág. 528.
[151] *Ob. cit.*, a pág. 95.

quer causas previstas na lei, admitindo o art. 1083.º, n.º 1, a resolução do arrendamento por incumprimento, nos termos gerais. Face a esta "normalização" da cessação da relação do arrendamento pelo senhorio, parece que **deixou de se justificar qualquer restrição à aplicação do instituto da alteração das circunstâncias nesta sede"**[152] – sublinhado nosso.

E conclui: "Não há assim presentemente obstáculos legais a que o senhorio solicite a resolução do contrato de arrendamento ou a sua modificação segundo **juízos de equidade**, sempre que as circunstâncias em que as partes fundaram a decisão de contratar tiverem sofrido uma alteração anormal, se a exigência do cumprimento das suas obrigações afectar gravemente os princípios da **boa fé** e não estiver coberta pelos riscos próprios do contrato (art. 437.º, n.º 1)."

Compreende-se e aceita-se – **até certo ponto, porém** – esta posição.

Com efeito, se as circunstâncias em que as partes fundaram a decisão de contratar – dar e tomar de arrendamento determinado imóvel – sofrerem uma alteração anormal, não coberta pelos riscos próprios do contrato, e for gravemente contrário à **boa fé** manter o contrato ou, pelo menos, mantê-lo nos termos precisos em que foi outorgado, parece que – atenta a inexistência no NRAU de *numerus clausus* de fundamentos de resolução –, poderá ser resolvido o contrato – **se não, mesmo, eventualmente, a sua modificação segundo juízos de equidade** (art. 437.º do CC).

---

[152] Sufragando esse entendimento, cita-se, aí, MARIA OLINDA GARCIA, in *Arrendamentos para comércio,* p. 215 – a qual, porém (**e bem**) defende que **a aplicação do instituto não poderá sobrepor-se aos mecanismos específicos de desvinculação do senhorio previstos na relação de arrendamento**, como ocorreria, v.g., se se admitisse a resolução por alteração das circunstâncias com base numa necessidade superveniente de habitação do senhorio, fora dos casos de denúncia para habitação que a lei contempla.
É patente a total razão desta observação.

No entanto, os **problemas** que daqui podem advir serão, eventualmente, muitos e complexos. Pois não se pode olvidar que **se lavra num campo algo movediço**.

Veja-se que o próprio instituto da alteração das circunstâncias tem-se visto confrontado com posições tendentes a reduzir o seu campo de aplicação, mercê, designadamente, do recurso às teorias do risco, da protecção da confiança e da interpretação contratual[153-154].

Há, portanto, que **atender aqui a vários factores**, tais como o tipo de impedimentos a que o fim contratual seja plenamente levado a efeito, justificando a resolução do contrato e a índole das circunstâncias que levaram a esses impedimentos – designadamente se se trata de circunstâncias que são de todo alheias à parte interessada na resolução.

Com efeito, vem-se exigindo que a alteração das circunstâncias *não seja imputável* a quem pretende valer-se disso; **tal alteração deve ficar fora da esfera de influência da parte lesada**.

---

[153] Cfr. MENEZES CORDEIRO, *"Da Alteração das Circunstâncias, separata dos Estudos em Memória do Prof. Doutor Paulo Cunha"*, Lisboa, 1987, pp. 27 ss., n.ºs 4 e segs.; ALMEIDA COSTA, *Direito das Obrigações*, 9.ª ed., Almedina, 2001, pág. 296; A. PINTO MONTEIRO/JÚLIO GOMES, *"A "hardship clause" e o problema da alteração as circunstâncias* (breve apontamento), *in Juris et de jure – Nos 20 anos da Faculdade de Direito da UCP"*, Porto, 1998 (pp. 17 ss.), pp. 39--40, nota 44.

[154] Discutida é, também, a questão relativa à conjugação das regras do risco, consagradas no art. 796.º, com o regime da alteração das circunstâncias, previsto no art. 437.º: a favor da prevalência das primeiras, ver VASCO XAVIER, *Alteração das circunstâncias e risco (Parecer)*, in *CJ*, ano VIII, tomo V, pp. 17 ss.; C. MOTA PINTO, *Teoria Gera do Direito Civil*, 3.ª ed., Coimbra, 1985, pág. 603, bem como a declaração de concordância do Autor junto ao Parecer de VASCO XAVIER, e MENEZES CORDEIRO, *Da alteração das circunstâncias*, cit., pp. 39 ss., n.º 8; no sentido oposto, ver o Parecer de ANTUNES VARELA, com a colaboração de M. HENRIQUE MESQUITA, sobre *Resolução ou modificação do contrato por alteração das circunstâncias, in CJ*, ano VII, tomo II, p. 7 ss.: distinguindo, numa posição intermédia, entre "riscos normais" e "riscos anormais", GUILHERME DE OLIVEIRA, *Alteração das circunstâncias, risco e abuso de direito, a propósito de um crédito de tornas (Parecer)*, in *CJ*, ano XIV, tomo V, págs. 19 e segs.

Veja-se que pode ocorrer, v.g., que o contraente interessado na resolução do contrato venha invocar a alteração anormal das circunstâncias, quando mais não há do que uma simples mudança de interesse na manutenção do contrato, uma mudança de opinião, **uma simples vontade de acabar com o contrato**, a que as circunstâncias pretensamente justificativas são, afinal, de todo alheias. Então, parece que não será possível a resolução do contrato com o pretenso "falso" fundamento de que as circunstâncias... se alteraram!

Em suma, se parece dever aceitar-se que o instituto da alteração as circunstâncias pode (face ao NRAU) ser invocado para efeitos de resolução do contrato de arrendamento – sendo em muitas situações, não só uma via adequada, mas, talvez, até, a única via para a resolução –, não se pode olvidar os problemas ou dificuldades que tal via pode trazer. O que **justificará uma especial atenção do julgador ao fazer uso deste (outro) fundamento de resolução do arrendamento**.

3.3.6. *Doutros fundamentos para a resolução do contrato*

Poderíamos pensar em muitas, muitas, outras situações situações, como será o caso da utilização do arrendado para fins hoteleiros, etc., etc.

Trata-se, afinal, de **todas as situações** – já não apenas um leque limitado como fazia o anterior RAU (art. 64.º), mas um número **indeterminado – em que o direito de resolução do arrendamento se concretiza, sim, mas por via do recurso à aludida cláusula geral resolutiva contemplada no n.º 2 do art. 1083.º**.

Mas continuam, no essencial, a valer aqui, *mutatis mutandis*, as valências doutrinais e jurisprudenciais explanadas a propósito das mais variadas hipóteses.

Não vemos, com efeito, necessidade de estar aqui a inventar possíveis situações. É que neste domínio se situam todas as condutas (activas ou omissivas) do arrendatário – o mesmo valendo para os comportamentos ou omissões do senhorio, estando em causa a resolução pelo arrendatário – que preenchem a cláusula geral prevista no supra estudado n.º 2 do art. 1083.º do NRAU. Ou seja, há fundamento de resolução do contrato de arrendamento **sempre que tal conduta consubstancie um** *"incumprimento que, pela sua gravidade ou consequências, torne inexigível à outra parte a manutenção do arrendamento"*.

Assim, perante os **"mais variadíssimos"** *"incumprimentos"*, o tribunal aferirá se tal cláusula se preenche, ou não, **em função da gravidade (***"ou consequências"***) do incumprimento resolutivo** – na consideração, designadamente, do princípio da boa fé contratual –: **decretará a resolução do contrato de arrendamento sempre que a resposta seja positiva; não decretará o despejo se a resposta for negativa.**

Quod erat demonstrandum!

4. DO ARTIGO 1084.º DO CC

Diga-se antes de mais que, como é bom de ver, o facto de se verificarem os pressupostos da resolução do contrato de arrendamento não conduzem necessariamente à cessação do vínculo contratual ou à sua cessação por essa via.

Com efeito, por um lado, como é obvio, o exercício da resolução é **uma faculdade** que pode ser ou não utilizada – a parte que podia resolver o contrato por verificados os respectivos pressupostos, pode, ou não, querer resolvê-lo. Pode, até, acordar com a contraparte na revogação por mútuo acordo. Ou pode, v.g., simplesmente invocar o mecanismo da denúncia – caso em que, não só não tem a parte onerada com a prova do fundamento da resolução – *maxime* do preenchimento da cláusula resolutiva prevista no n.º 2 do art. 1083.º – que fazer essa mesma prova, como evitará uma *quiçá* longa demanda judicial com os inerentes riscos, custos e incómodos.

São tudo formas, previstas na lei, de pôr fim à relação locatícia[155] (art. 1079.º do CC – estando os *"efeitos da cessação"* previstos no subsequente art. 1081.º).

---

[155] Uma das formas de cessação da relação locatícia, que ao de leve já referimos, é a *"Revogação"* (**art. 1082.º CC**): *"as partes podem, a todo o tempo, revogar o contrato mediante acordo a tanto dirigido"*. Acrescentando o n.º 2 que *"o acordo referido no número anterior celebrado **por escrito**, **quando** não seja imediatamente executado ou quando contenha cláusulas compensatórias ou outras cláusulas acessórias"*.

É norma correspondente ao revogado art. 62.º do RAU.

Sobre as **cláusulas compensatórias**, como observou JANUÁRIO GOMES (*Arrendamentos para Habitação*, Coimbra, 1994, pág. 213), *"É frequente que a*

Veja-se que esta ampla liberdade de actuação visando a extinção do vínculo contratual está, também, bem patente no **art. 1086.°**,

---

declaração de aceitação do distrate por parte do inquilino, tenha como contrapartida uma quantia em dinheiro, a que normalmente é dada a designação, juridicamente incorrecta, de "indemnização". Tais cláusulas compensatórias são lícitas, não se lhes estendendo a previsão tipológica do crime de especulação".

E sobre as cláusulas, veja-se, v.g., a de sujeitar o acordo de revogação a uma condição. É perfeitamente válida tal sujeição, em conformidade, designadamente, com este normativo.

Nos casos em que a lei exige o acordo **escrito**, é manifesto que não sendo o mesmo observado, o acordo celebrado é **nulo** (arts. 219.°, 220.° e 285.° e segs., do CC).

O caso paradigmático de **cumprimento imediato do acordo** – com a consequente desnecessidade de observação da forma escrita – é a situação em que o arrendatário entrega logo ao senhorio as chaves do arrendado.

Sobre a casa de morada de família, ver o estatuído nos arts. 1682.°-B, al. *a)* e 1687.°, n.ºs 1 e 2, do CC.

Sobre a revogação escreveram, ainda, PIRES DE LIMA e ANTUNES VARELA (CC, Anotado, II, 1997, a pág. 591):

"A revogação do contrato de arrendamento consagrada neste preceito insere-se manifestamente no esquema geral da extincão do contrato por mútuo consentimento, traçado no artigo 406.° do Código Civil, a que vulgarmente se dá o nome de distrate do contrato e que se caracteriza não só pela bilateralidade da sua fonte, mas também pela não-retroactividade dos seus efeitos".

E continuam (*ob.* e *loc.* cits.), agora no que tange à forma do contrato (de revogação):

"Relativamente à forma do contrato (de revogação), verifica-se que a lei nem quis consagrar a regra do contrarius actus, nem aceitou o princípio da liberdade de forma (art. 219.° do Cód. Civil), nem sequer adoptou a solução racional, discriminatória, do artigo 221.°, n.° 2, do Código Civil (cfr. Pinto Furtado, ob. cit., n.° 93. pág. 612).

Não se aceitou a regra do contrarius actus, por ser evidente que a lei não exige a redução do acordo de revogação a escritura pública, nos casos em que a celebração do arrendamento está sujeita a escritura pública. Não se adoptou a regra da liberdade de forma, porque para vários casos se exigiu a redução do contrato a escrito (particular). E também não se remeteu para o critério racional do artigo 221.°, n.° 2, do Código Civil, porque se tomaram exclusivamente em

segundo o qual pode cumular-se a resolução com a denúncia ou com a oposição à renovação. Aqui, diz a lei que, mesmo depois da cessação do contrato, pode prosseguir-se com a *"discussão a ela atinente mesmo depois da cessação do contrato, com a finalidade de apurar as consequências que ao caso caibam"*.

Será o caso, por exemplo, de o senhorio instaurar acção de despejo visando a resolução do contrato de arrendamento e ainda outras pretensões (v.g. reparações que o arrendatário deveria fazer no arrendado ou indemnização por danos que tenha nele causado), e no decurso da demanda o contrato de arrendamento se extinguir porque qualquer das partes se opôs à renovação[156]. Nesta hipótese a acção pode prosseguir para se aferir da responsabilidade do arrendatário – o que bem se justifica, desde logo, por razões de **economia processual**, pois se evita que o senhorio tenha de instaurar nova acção para fazer valer as outras pretensões (além da resolução) que na acção que instaurara já pretendia fossem apreciadas e decididas.

---

linha de conta as circunstâncias do acordo de revogação, sem se confrontarem com as razões justificativas da forma requerida para a celebração do arrendamento."

Ainda, no que respeita à forma da revogação, escreveu-se, pertinentemente, na mesma obra, a pág. 592:

"Particularmente interessante – e bastante instrutiva. quanto à questão de forma exigida para a revogação do arrendamento no período anterior ao RAU – é o caso apreciado pelo Ac. do Sup. Trib. Just., de 29 de Abril de 1992, que a Rev. Leg. Jur. Publicou no ano 125.º, págs. 86 e segs., e que HENRIQUE MESQUITA *comentou, com anotação favorável. Aí se sustentou, em termos convincentes, que a revogação do arrendamento, mesmo quando este devesse constar de documento escrito, não necessitava de revestir a mesma forma, por força da doutrina geral consagrada no n.º 2 do artigo 221.º do Código Civil, devendo por conseguinte reconhecer-se a plena validade da revogação tácita de um arrendamento urbano, resultante da celebração de um contrato-promessa de compra e venda do imóvel arrendado, firmado entre o senhorio e o arrendatário, na sequência do qual o promitente-comprador deixou de pagar a renda que anteriormente pagava."*

[156] Sobre a oposição à renovação, ver arts. 1055.º, 1097.º e 1098.º do CC.

O n.º 2 é claro a prever a possibilidade de cumulação da resolução *"com a responsabilidade civil"*[157].

As mesmas razões de economia processual, designadamente, estão bem presentes na possibilidade conferida pela primeira parte do **art. 1086.º/1** que vimos abordando (**cumulação do pedido de resolução com o de denúncia**[158]): se um dos fundamentos invocados para a cessação do contrato não proceder, ainda assim pode a parte ver a sua pretensão (ou parte dela) ter êxito com sustento no outro fundamento de extinção do contrato que invocara.

Acrescente-se, apenas, que este **art. 1086.º do CC** é plenamente inovador e de uma importância prática muito grande, como facilmente se deduz do acabado de expor.

4.1. Continuando na análise do artigo 1084.º do CC

Estamos, como é bom de ver, perante um preceito completamente inovador, atribuindo-se ao senhorio a possibilidade de resolver de forma extrajudicial o contrato de arrendamento em determinadas situações (que se especificam – n.º 3 do art. 1083.º).

Ora, como ressalta do até aqui explanado, o **arrendatário** não só não tem de recorrer à via judicial para obter a resolução do contrato – sempre que a lei lhe conceda tal direito –, como nem sequer pode fazê-lo. **Quanto a ele, a resolução do contrato de arrendamento opera sempre por via extrajudicial, por simples comunicação** ao senhorio[159] – a fazer, em regra, por mera carta registada

---

[157] Sobre a responsabilidade civil (*in casu* do locatário), veja-se o disposto nos artigos 483.º a 498.º, do Cód. Civil (responsabilidade por factos ilícitos).

[158] Justificada (*ut* art. 1103.º CC).

[159] Veja-se que, diferentemente do que aqui ocorre, a resolução dos contratos, segundo o regime geral dos arts. 432.º e segs. do CC, não carece de qualquer

com aviso de recepção em conformidade com o disposto no art. 9.º/1 da Lei n.º 6/2006.

Já no que tange ao senhorio, as coisas são bem diferentes. Foi em relação a ele que surgiu a grande novidade do NRAU: enquanto antes apenas lhe era lícito recorrer à acção de despejo para pôr fim à relação de arrendamento (art. 55.º do RAU), agora *"a resolução do contrato de locação pode ser feita **judicial ou extrajudicialmente***" (art. 1047.º CC – a última, mediante comunicação por carta registada com A.R.) – sendo certo que na grande maioria das vezes continua a exigir-se o recurso à via judicial (cit. art. 1084.º/2 e 14.º da Lei n.º 6/2006).

Apenas em duas situações pode – o que é diferente de **saber se em tais situações não lhe assiste alternativa,** questão que mais à frente aboradaremos – **o senhorio recorrer à resolução extrajudicial,** por via da aludida comunicação ao arrendatário: nas hipóteses referidas no **n.º 3 do art. 1083.º CC** (falta de pagamento de rendas por mais de 3 meses e oposição à realização de obra ordenada por autoridade pública).

Acrescente-se que mesmo nestas hipóteses em que a resolução pode ocorrer por mera comunicação *"à contraparte"*, pode o arrendatário neutralizar o efeito extintivo de tal comunicação, pondo fim à mora *"no prazo de três meses"*. Essa purgação da mora pode ocorrrer, portanto, **até 3 meses a contar da... comunicação ao arrendatário(!).** Dentro deste prazo, pode o arrendatário pagar as rendas em dívida ou comunicar ao senhorio que (afinal) se não opõe à realização das obras.

Só que nestas duas situações de cessação do contrato pelo arrendatário, a **comunicação** deve fazer-se nos termos do **n.º 7 do art. 9.º da Lei n.º 6/2006:** *"mediante notificação avulsa, ou mediante contacto pessoal de advogado, solicitador ou solicitador de*

---

forma, bastando a mera declaração de uma das partes à outra para os seus efeitos (art. 436.º/1, do CC).

execução, sendo neste caso feita na pessoa do notificando, com entrega de duplicado da comunicação e cópia dos documentos que a acompanham, devendo o notificando assinar o original"[160-161-162].

---

[160] Parece evidente que, embora o **n.º 3** se refira apenas à *"falta de pagamento de renda"*, **vale igualmente para a situação de resolução do contrato por falta de pagamento de despesas ou encargos** (cfr. art. 1083.º/3). O que significa que a faculdade conferida pelo n.º 3 do art. 1084.º, ao arrendatário, de fazer dar sem efeito a resolução, vale também para a situação apontada de não pagamento de despesas ou encargos.

Aliás, como já vimos observar, seria inexplicável que o art. 1048.º do CC autorizasse o arrendatário a pagar a dívida (*"as somas devidas"*, diz o n.º 1 do art. 1048.º) depois de o senhorio propor a acção executiva e o art. 1084.º o não autorizasse a pagá-la **antes** disso ocorrer (ver arts. 1087.º CC e 15.º/1/*e*) da Lei n.º 6/2006).

[161] Se é certo que do art. 1048.º/2 resulta que o arrendatário, na fase judicial, só pode fazer uso da faculdade conferida pelo n.º 1 do mesmo preceito **uma única vez**, com referência a cada contrato, é oportuna a crítica de ROMANO MARTINEZ (*da Cessação*, pág. 346): *"Apesar de o pagamento da renda ser o primeiro dever do arrendatário, este não só pode estar em mora durante seis meses, como lhe é facultado recorrer a este benefício múltiplas vezes, pois a limitação constante do n.º 2 do art. 1048.º só vale em fase judicial"!* – sublinhado nosso.

[162] Outra **dúvida** que já vimos colocar-se consiste em **saber se a remissão do n.º 3 do art. 1084.º para o n.º 1 do art. 1048.º e, sobretudo, a remissão do n.º 1 do art. 1048.º para o n.º 1 do art. 1041.º, deve interpretar-se de forma a atribuir ao locador o direito a uma indemnização igual a 50% das despesas ou encargos em dívida**.

Já acima afloramos levemente esta questão.

In *Acientia Jurídica*, cit. supra, aborda-se esta questão, defendendo-se que essa interpretação não deve ter lugar.

Para o efeito, cita-se o anteprojecto de GALVÃO TELLES, que, no art. 31.º, considerava apenas a falta de pagamento das rendas (*in Contratos Civis*, Projecto, *in Revista da faculdade de Direito da Universidade e Lisboa*, vol. X (1954), págs. 161 ss. (194). E mais se refere que embora **o texto do art. 1041.º do CC** tenha sido alterado pelo DL 293/77, de 20.07 e substituído por "indemnização igual ao dobro do que for devido", **tal fórmula correspondia a "indemnização igual a 50% do montante das rendas em dívida"** (PIRES DE LIMA e ANTUNES VARELA, *CCAnotado*, vol. II).

Ora, não tendo a Lei n.º 6/2006 alterado a redacção do art. 1041.º do CC, entende-se ali que se **não afigura conforme com as decisões legislativas alar-

Assim se permite a formação de um **título executivo extrajudicial** (*ut* art. 15.°, al. *e*) da Lei n.° 6/2006).

Outra questão que se pode pôr é saber **a partir de quando se conta tal** *"prazo de três meses"* **(n.° 3,** *fine***, do art. 1084.° CC).**
Cremos que, tal como é entendido por GRAVATO MORAIS[163], o aludido prazo (de oponibilidade à pretensão resolutiva do senhorio) **deve contar-se** *"após a realização da comunicação pelo senhorio e não da data em que é legítimo o exercício do direito pelo senhorio"*.

Como tal, pode ocorrer que o inquilino disponha, na prática, de um prazo extremamente longo para se opor à extinção do arrenda-

---

gar o alcance da regra da indemnização correspondente a 50% do que for devido aos casos de atraso no pagamento de despesas ou encargos.

Por isso, ali se sugere a seguinte interpretação da remissão do n.° 3 do art. 1084.° para o n.° 1 do art. 1048.°: o direito de resolução do contrato por falta de pagamento dos **encargos ou despesas** que ocorram por conta do locatário "caduca" logo que o locatário, até ao termo do prazo para a contestação da acção declarativa ou para a oposição à execução, "destinadas a fazer valer esse direito", **pague, deposite ou consigne em depósito as somas devidas e a indemnização referida no art. 806.° do C. Civil.**

Aceitamos esta posição, embora com algumas reservas. É que – presumindo que o legislador *"consagrou as soluções mais acertadas e soube exprimir o seu pensamento em termos adequados"* (art. 9.°/3 do CC), e sendo, embora, certo que o art. 1041.° fala apenas em *"direito de exigir, além das rendas e alugueres em atraso, uma indemnização igual a 50% do que for devido"* – no art. 1084.°/3 se não distingue se o *"puser fim à mora"* – **linguagem indevida, como vimos, pois não há mora se já houve resolução do contrato** – respeita ao pagamento de... 50% das rendas ou, também dos encargos ou despesas.

Aceita-se, no entanto, a posição referida supra, de que a indemnização de 50% apenas se refere às rendas em dívida e não às despesas ou encargos em dívida. É que o art. 1041.° fala apenas em *"rendas ou alugueres em atraso"* e parece, de facto, que da conjugação da história dos vários normativos referidos nesta nota se deverá concluir que quando a lei fala em indemnização igual a 50% *"do que for devido"*, apenas se estará a referir às rendas em dívida e não, também, aos atrasos no pagamento das despesas ou encargos.

[163] *Novo Regime de Arrendamento Comercial*, Amedina, 2006, pág. 104.

mento: pode bem acontecer que o senhorio demore muito mais do que os três meses a contar do início da mora para fazer a comunicação da resolução prevista no n.º 1 do art. 1084.º – o que não será muito pouco frequente, para mais numa época de crise económica em que os senhorios pretendem "aguentar" o mais possível os contrato, pois sabem que não será fácil conseguir novo arrendatário para o locado dum dia para o outro – e, então, só depois de efectuada a comunicação (após esse **longo período de incumprimento**) é que se inicia novo período de três meses para o inquilino se opor à extinção do arrendamento.

É claro que **esta posição pode bem levar a acentuadas injustiças**. É que pode acontecer que o senhorio não tenha usado da aludida comunicação de resolução logo que decorreu o prazo de três meses a contar o início da mora no pagamento da renda **só porque, v.g., tal lhe foi solicitado pelo próprio inquilino,** sob promessa – *quiçá com reserva mental (?)* – de que a breve prazo as coisas melhorariam e tudo seria acertado.

No entanto, o tempo foi passando e as rendas não são pagas. Só então o senhorio se apercebe da "falácia" e – para evitar maiores delongas com uma acção de despejo – faz uso da comunicação ao arrendatário (art. 1084.º/1 e 9.º/7 da Lei n.º 6/2006). Só que, agora, o arrendatário ainda dispõe de **mais três meses** para se opor à extinção do contrato!!

É certo, porém, que para o conseguir tem de pagar as rendas em atraso e respectiva indemnização de 50%. Mas fê-lo muito, muito tarde – **por vezes, até, em clara violação do princípio da boa fé, emergente da confiança que solicitou ao senhorio e que este lhe concedeu** (e eventualmente, até, com elevados prejuízos para o locador).

Então, é perfeitamente legítima a pergunta: **não haverá, nesta hipótese, abuso do direito,** ao pretender pôr fim à mora *"... no prazo de três meses"*?

Uma coisa é certa: parece-nos, de facto, estar-se perante um prazo assaz dilatado – **ainda para mais num domínio em que a celeridade e eficácia deveriam ser palavra chave** (e foi-o, ao que cremos, ... no "discurso político" que levou ao NRAU!).

Finalmente, não se deve olvidar, neste domínio da falta de pagamento de rendas, o que vem preceituado no art. 108.º do **CIRE**

Diz-se no n.º 4: *"O locador **não pode requerer a resolução do contrato** após a declaração de insolvência do locatário com alguns dos seguintes fundamentos:*
   a) Falta de pagamento das rendas ou alugueres respeitantes ao período anterior à data da declaração de insolvência;
   b) Deterioração da situação financeira do locatário".

E o n.º 5 continua: *"Não tendo a coisa sido ainda entregue ao locatário à data da declaração de insolvência deste, tanto o administrador da insolvência como o locador **podem resolver o contrato**, sendo lícito a qualquer deles fixar ao outro um prazo razoável para o efeito, findo o qual cessa o direito de resolução"*.

Compreende-se o n.º 4.

Porém, compreende-se menos o n.º 5. É que, se este número admite uma livre resolução do contrato por ambas as partes, no caso de não haver entrega da coisa locada à data da declaração de insolvência, os respectivos efeitos não são ali esclarecidos. Não se compreende designadamente como vai articular-se esta resolução com a opção do administrador da insolvência entre a execução e a recusa de cumprimento do contrato, que vem prevista no art. 10.º do mesmo CIRE.

Veja-se que este preceito, correspondendo, embora, ao artigo 169.º do CPEREF – inspirando-se no § 109 da *Insolvenzordnung* alemã –, dele difere substancialmente, como logo ressalta da própria redacção daquele art. 169.º[164].

---

[164] Para melhor compreensão deste normativo e suas diferenças em relação ao actual art. 108.º do CIRE, veja-se as (respectivas) anotações de LUÍS CARVALHO FERNANDES e JOÃO LABAREDA, in *Código dos Processos especiais de Recuperação da Empresa e de Falência Anotado*, Qui Juris.

4.2. Um reparo ao artigo 1084.°, n.° 3, do C.C.

Não parece correcto dizer-se que se põe "*fim à mora*" quando já... não há mora, uma vez que o contrato... **já cessou** (pois foi validamente **resolvido**)!

É que a resolução do contrato é precisamente a destruição da relação contratual (validamente constituída) operada por um dos contraentes, com base num facto posterior à celebração do contrato – figura que tanto se aplica às relações contratuais duradouras, como às relações contratuais instantâneas; e dentro do círculo das relações duradouras, tanto vale para as relações por tempo indeterminado, como para as relações de prazo determinado (ANTUNES VARELA, *Das Obrigações em Geral*, 3.ª ed., 2.°, pág. 242 e *R.L.J.*, Ano 114.°-111).

Ora, se cessou o contrato, não pode falar-se em mora ou em... pôr-se fim à mesma!

Como tal, melhor seria o legislador ter dito, por exemplo, que a resolução fica sem efeito, na hipótese ali referida, se o arrendatário, no prazo de 3 meses... **pagar ou depositar** as somas em dívida e respectiva indemnização (art. 1041.° CC) – à semelhança, aliás, do que se preceitua no art. 1048.° CC[165].

---

[165] **Algumas questões têm sido suscitadas a respeito deste normativo.**

É certo que ao longo do texto já fomos focando alguns aspectos suscitados nas questões que seguem. Mas não só **apenas** algumas delas foram já "tocadas", como tal ocorreu, tão somente, de forma assaz leve. Daqui a pertinência da exposição que segue.

A primeira consiste em saber como conciliar o art. 1048.°/1 com o art. 1084.°/3, uma vez que em ambos os casos se refere a purgação da mora.

Ora, **ao passo que o art. 1084.°/3 se aplica apenas** no caso de ter lugar a comunicação ao arrendatário da resolução do contrato com base na falta de pagamento de rendas e não tenha ocorrido o recurso à via judicial, **já o art. 1048.° tem um âmbito de aplicação diferente: aplica-se** aos contratos de locação em geral (incluindo o aluguer) e ao contrato de arrendamento – nesta hipótese, quer no caso de o senhorio ter instaurado acção de despejo com base no não pagamento de renda com mora inferior a 3 meses, quer no caso de ter havido comunicação da resolução do contrato com fundamento na falta de pagamento de renda com mora superior a 3 meses, e ter sido instaurada execução para entrega da coisa imóvel certa, por não ter ocorrido a purgação da mora nos termos do art. 1084.°/3 do CC.

As outras questões que já vimos suscitadas consistem em saber, por um lado, se o arrendatário pode estar seis meses sem que esteja sujeito a acção de despejo; por outro lado, o que ocorre se o arrendatário faltar ao pagamento das rendas de modo interpolado.

Quanto ao que pode acontecer se o arrendatário estiver seis meses – **ou muito mais...** – sem pagar a renda, a lei é clara: o senhorio pode pôr fim ao contrato de arrendamento, mediante comunicação ao arrendatário, nos termos dos arts. 1083.°/3, 1084.°/1 e 9.°/7 da Lei n.° 6/2006.

E não havendo desocupação do arrendado, é claro que pode o senhorio instaurar a competente acção executiva (ver art. 15.°/2 da Lei n.° 6/2006).

Ou seja, esteja seis meses, um ano... ou até mais, sem que a renda lhe seja paga, o arrendatário não está apenas sujeito (a qualquer momento) à acção de despejo, mas, sim, a ver o senhorio usar de um meio **mais expedito, mais simples, de fazer cessar a relação locatícia**.

Mas anote-se que o facto de o senhorio não querer usar da resolução do contrato, nos sobreditos termos, de forma alguma significa que tenha perdido o direito a exigir o pagamento das rendas em dívida: **pode, a qualquer momento, deitar mão de acção executiva para pagamento de quantia certa** (as rendas em dívida e respectivos juros moratórios).

Relativamente ao que pode ocorrer se o arrendatário faltar ao pagamento das rendas de modo interpolado:

É claro que nesta situação – não estando em causa mora superior a 3 meses no pagamento da renda e, portanto, não podendo o senhorio lançar mão da resolução por via da mera comunicação ao arrendatário (cit. art. 1084.°/1) –, o que **pode o senhorio fazer é lançar mão da acção declarativa de despejo e com a posterior sentença, proceder, se necessário, à execução**.

Outras questões há que têm sido suscitada, a respeito do mesmo art. 1048.°/1, e que não podemos deixar passar.

Assim, da leitura deste art. 1048.°/1 – em conjugação com o art. 1084.° – *parece* resultar que **a lei dá ao locatário duas oportunidades para pagar ou** depositar as quantias em atraso e, como tal, para evitar a resolução do contrato de arrendamento.

Ora, a questão que se põe – e que já atrás aflorámos – é, então, esta: **o locador propõe acção declarativa, mas o locatário não paga a renda** até ao termo do prazo da contestação. Então, **instaurando o locador a subsequente acção executiva, terá o locatário a faculdade de pagar (agora) as rendas e a indemnização a que se refere o art. 1041.°/1 até ao termo do prazo para se opor à acção executiva?**

Não é justo que se lhe dê mais esta oportunidade para pagar as rendas e indemnização devida, quando desperdiçou a oportunidade que teve para tal na acção declarativa! – pagamento que poderia até ter feito, mas que não fez por mera chicana, apenas para humilhar o senhorio e/ou simplesmente ganhar tempo.

Como tal, a posição mais acertada será a que faz uma **interpretação restritiva do art. 1048.°/1, no sentido de que, tendo havido lugar a acção declarativa (de despejo), o arrendatário só pode evitar a resolução do contrato de arrendamento, nos termos ali referidos, até ao termo do prazo da contestação nessa acção declarativa**. Passado este, já não poderá o arrendatário, na subsequente acção executiva, usar do mecanismo ali previsto (pagamento, depósito ou consignação das somas devi-das indemnização referida no n.° 1 do art. 1041.°) para evita a resolução e efectiva entrega do locado ao senhorio.

A assim se não entender, então chegaríamos a uma situação no mínimo bizarra: durante a pendência da acção declarativa – ultrapassado que fosse o prazo da contestação – não podia o arrendatário pagar as rendas em atraso; não as poderia pagar até à instauração da acção executiva; mas já as podia pagar na acção executiva (*"até ao termo do prazo para a oposição à execução"*)!

Era injusto; era imoral – e, como nos dizia em tempos idos um Ilustre Professor de Coimbra, o Direito é tão Moral que deixa de ser jurídico se atentar abertamente contra a moral –; era um prémio ao infractor e um estímulo ao desleixo no cumprimento das obrigações do arrendatário; era um claro atentado ao princípio da boa fé por banda do arrendatário; era uma solução claramente não desejada pelo legislador.

E no caso de não ter lugar a acção declarativa, ocorrendo a resolução do contrato por mera comunicação à contraparte (art. 1084.°/1): será de aplicar o preceituado no art. 1048.°/1 do CC?

A questão foi abordada, como vimos, in Scientia Jurídica, cit., págs. 657/659, nos seguintes termos:

"Independentemente das razões conceptuais ou terminológicas expostas, a aplicação da regra do n.º 1 do art 1048.º à resolução do contrato por comunicação dirigida à contraparte conduziria a "consequências graves e imprevistas, que certamente o legislador não teria querido sancionar" MANUEL DE ANDRADE, *Fontes de direito. Vigência, interpretação e aplicação da lei*, in *BMJ*, n.º 102 (Janeiro de 1961), pp. 141 e segs. (145): o legislador atribuiria um prémio ao locatário que não cumprisse o dever de desocupação do locado no prazo do art. 1076.º; o legislador concederia um prémio ao locatário que "provocasse" a acção executiva; o legislador protegeria, injustificadamente, o locatário e desprotegeria, injustificadamente, o locador (dificultando-lhe, p. ex., a alienação da coisa). O locatário atrasa-se mais de três meses no pagamento da renda; o locador resolve o contrato (art. 1084.º, n.º 3); o locatário tem três meses para pagar as rendas em atraso e a indemnização correspondente a 50% do que for devido (art. 1084.º, n.º 3): e não paga. O art. 1087.º esclarece que "[a] desocupação do locado, nos termos do n.º 1 do art. 1081, é exigível no final do terceiro mês seguinte à resolução, se outro prazo não for judicialmente fixado ou acordado pelas partes". O locador exige ao locatário a restituição da coisa; o locatário não a restitui; o locatário propõe uma acção executiva para entrega de coisa certa; o arrendatário, por não ter cumprido o dever de restituição, teria um prémio: teria a oportunidade de pagar ou depositar as somas devidas e a indemnização referida no n.º 1 do art. 1041.º até ao termo do prazo para a oposição à execução. O locatário não cumpriu à primeira – não pagou a renda no tempo devido e, por isso, constituiu-se em mora –; não cumpriu à segunda – não parou a renda nos três meses seguintes à constituição em mora –; não cumpriu à terceira – não pagou a renda nos três meses seguintes à resolução do contrato –; o n.º 1 do art. 1048.º **conceder-lhe-ia uma inexplicável quarta oportunidade para cumprir**.

Os resultados da aplicação do n.º 1 do art. 1048.º à resolução do contrato por via extrajudicial frustrariam, *num ponto essencial*, o fim do legislador de "agilizar mecanismos processuais que hoje se arrastam por largos anos, pondo em causa a confiança das partes" (intervenção do Secretário de Estado na apresentação da Proposta de Lei à Assembleia da República, *in* http//www.arrendamento.gov.pt). O texto do art. 1048.º, carece, assim, de uma correcção teleologicamente fundada, sob a forma de uma redução ou de uma restrição teleológica: *o locatário não deve dispor da faculdade de fazer com que a resolução por via extrajudicial fique sem efeito depois de decorrido o prazo de três meses do art. 1084.º*. O n.º 1 do art. 1048.º, na parte em que se refere à oposição à execução, deverá assim aplicar-se exclusivamente aos casos em que

Há quem fale[166] aqui (a respeito do art. 1084.°/3 do NRAU), de um *"período de pendência"* do direito de resolução. Ou seja,

---

o prazo para a desocupação do locado seja inferior a três meses: a regra do art. 1087.° é uma regra supletiva e, por isso, o contrato de arrendamento pode determinar que a desocupação do locado seja exigível, p. ex., no final do primeiro ou no final do segundo mês seguinte à resolução. **Se, *mas só quando*, o locador propuser a acção executiva para conseguir a restituição da coisa antes de esgotado o prazo de três meses do n.° 3 do art. 1084.°, o locatário terá a faculdade de pagar a renda até ao termo do prazo para a oposição à execução**".

Em nota de rodapé acrescenta-se, ainda: "A redução ou restrição teleológica à regra do n.° 1 do art. 1048.° do Código Civil, na redacção da Lei n.° 6/2006, de 27/2, contribui ainda para uma adequada realização do princípio/projecto da unidade do sistema jurídico, afastando uma inexplicável e injustificável diferença de tratamento entre os casos de resolução extrajudicial do contrato por atraso no pagamento da renda e os casos do resolução extrajudicial do contrato por oposição do locatário à realização de obras determinadas pela autoridade pública" – sublinhados nossos.

Concorda-se com a solução propugnada – desde logo por óbvios **imperativos de justiça.**

Porém, cumprirá observar que a mesma não parece ter sustento na letra do art. 1048.° – que, ao falar no termo do prazo para a *"oposição à execução"* não faz qualquer distinção entre a situação em que o prazo para a desocupação do locado é inferior a três meses e a situação de tal prazo exceder esses três meses.

Pelo que não deixará de ser um tanto arrojado ver naquele normativo uma leitura no sentido de que o locatário apenas tem a faculdade de pagar a renda até ao termo do prazo para a oposição à execução quando a acção executiva para a restituição da coisa é instaurada **antes** de estar esgotado o prazo de três meses do n.° 3 do art. 1084.°.

O certo, porém, é que – embora, como dissémos, se possa aceitar a posição interpretativa sustentada pelo autor que vimos citando, pois é, sem dúvida alguma a mais justa e parece ter sido a mais conforme ao *"pensamento legislativo, tendo em conta a unidade do sistema jurídico"* (art. 9.°/1 CC) –, pelo menos, *de iure constituendo,* se **justificaria plenamente uma modificação do texto da lei** (neste segmento e, aliás, em muitos outros, dada a confusão que algumas normas do NRAU seguramente provocam e provocarão, o que seguramente vai pesar em muito no labor da doutrina e da jurisprudência), **adoptando-se, de forma expressa**, a posição sustentada pelo autor que vimos citando.

[166] GRAVATO MORAIS, *ob. cit.,* a págs. 104/105.

durante o período de três meses ali mencionado – para a oposição à resolução – a resolução do senhorio está sujeita a uma **condição resolutiva imprópria** (do não exercício regular – formal e substancialmente – da aludida oposição do arrendatário): a de não ser feito o pagamento da renda em atraso e respectiva indemnização de 50% no aludido *"prazo de três meses"*). Só decorrido tal prazo – e não sendo feito esse pagamento – actuará o mecanismo resolutivo

Dissémos supra que "apenas em duas situações pode (**e deve...?**) o senhorio recorrer à resolução extrajudicial, por via da aludida comunicação ao arrendatário: nas hipóteses referidas no **n.º 3 do art. 1083.º CC**".

Pode **perguntar-se**: será que o recurso, em tais situações, à **resolução extrajudicial pelo senhor, consubstancia uma mera faculdade, ou melhor, mera opção sua, ou, ao invés, é uma imposição a que está sujeito, não lhe restando alternativa?**

A **questão** não será líquida, desde logo atenta a letra da lei – nunca é de mais referir que esta NLAU é, em alguns aspectos, assaz confusa, e de interpretação complicada, o que – como já acentuámos – vai acarretar, certamente, significativas divergências doutrinais e jurisprudenciais, que só servirão para maior atraso na resolução dos problemas dos que buscam os tribunais.

Cremos, porém, que em **tais** situações (previstas no n.º 3 do art. 1083.º CC), **não pode o senhorio usar da acção de despejo, antes se impondo a resolução extrajudicial**.

É o que parece resultar da letra da lei e não se vislumbra interesse relevante do senhorio a justificar a posição opcional.

Poder-se-ia observar: bem, é que (pelo menos) na situação de *"mora superior a três meses no pagamento da renda, encargos ou despesas"*, o senhorio, através da acção de despejo, lograva obter, não só a resolução do contrato de arrendamento e consequente despejo, como a condenação do arrendatário no pagamento das rendas (e encargos ou despesas) em dívida. Pelo que se não compreenderia porque razão poderia obter esse desfecho estando em mora no pagamento de apenas uma ou duas rendas e já não o podia obter havendo *"mora superior a três meses"*.

O raciocínio, porém, não vinga, uma vez que por via da comunicação resolutiva prevista nos arts. 1084.°, n.° 1 CC e 9.°, n.° 7 da Lei n.° 6/2006, o senhorio obtém, **não apenas** um título executivo para o despejo do prédio arrendado (a execução para *"entrega de coisa certa"* – arts. 15.°, n.° 1, al. *e*) da citada Lei e 928.° a 930.°-E CPC), como, **também**, para o pagamento coercivo das rendas em atraso (a execução para *pagamento de quantia certa* – arts. 15.°, n.° 2 da mesma Lei e 810.° ss. CPC).

Assim, além de chegar ao mesmo resultado que a acção de despejo, é bem mais expedito o mecanismo da resolução extrajudicial – desiderato apontado pelo legislador.

Conclui-se, assim, que foi intenção do legislador **impor ao senhorio o recurso a este meio extrajudicial (art. 1084.°/1 CC) de resolução do contrato nas aludidas situações, sem possibilidade de outra opção**.

Não se vê, com efeito, que a simples vontade **do senhorio (e apenas deste)** possa ter a virtualidade de afastar o comando que emana da norma em apreço (art. 1084.°), recorrendo à alternatividade da acção de despejo.

Além disso, é o aludido art. 14.° a usar a expressão *"sempre que a lei impõe o recurso à via judicial"*, acrescentando que **nessas** situações se usa a acção de despejo.

Ora, tais situações são **somente** as que vêm referidas no n.° 2 do art. 1083.° CC (cfr. art. 1084.°, n.° 2)[167].

---

[167] E acrescente-se que o senhorio está sempre protegido, pois que, tendo sido revogado o RAU, aprovado pelo Dec.-Lei n.° 321-B/90 de 15/10, deixou de existir a possibilidade de o senhorio requerer mandado para a execução do despejo, conforme sucedia no âmbito daquele diploma.

Efectivamente, nas situações em que a lei impõe o recurso à acção de despejo, tipificadas no art. 1083.°, n.° 2 do Código Civil – bem assim na hipótese

Anote-se que, obviamente – por maioria de razão –, se não pode o senhorio usar da acção de despejo naquelas situações, antes se impondo a comunicação resolutiva do n.º 1 do art. 1084.º CC, obviamente que **depois de usar desta comunicação é que seria, de todo, impensável a possibilidade de recurso subsequente à acção de despejo!**
É que a resolução opera com a aludida comunicação. E, como tal, através desta cessa a relação jurídica do arrendamento – precisamente o mesmo desiderato que se pretende obter por via da acção de despejo (cit. art. 14.º, n.º 1 da Lei n.º 6/2006).

Sempre que o **senhorio possa recorrer à acção de despejo**[168], como já foi referido, o inquilino pode fazer caducar o direito de resolução nos termos do art. 1048.º, n.º 2 do CC, **mas só uma vez.**

---

prevista no art. 21.º, n.º 2 do NRAU –, o senhorio, através da decisão favorável na acção, ficará munido de um título executivo judicial (sentença), podendo instaurar a respectiva execução nos termos da lei do processo.

Igual procedimento terá de prosseguir no caso da comunicação resolutiva (art. 1084.º n.º 1), já que igualmente se mune de título executivo, conforme o prevê o referido art. 15.º n.º 1 al. *e*) da Lei n.º 6/2006.

[168] **E cremos que o pode, não só nas situações previstas no n.º 2 do art. 1083.º** (*ut* art. 1084.º, n.º 2), **mas também,** v.g., no caso de haver mora no pagamento de rendas por período **inferior aos três meses** referidos no art. 1083.º, n.º 3. Neste caso, o senhorio, se não pode (**já**) usar da comunicação resolutiva, pode, porém, lançar **logo** mão da acção de despejo.

Dir-se-á, então: mas se pode lançar mão desse mecanismo judicial de resolução quando a mora é de apenas um mês de renda, porque motivo não pode utilizar (querendo) desse mecanismo quando a mora é por período superior – mais de três meses)?

A resposta foi dada no texto: é a solução que o legislador adoptou. E mesmo que fosse injusta – que não parece ser –, sempre tal não seria pretexto para desobedecer à lei (*ut* art. 9.º, n.º 2 CC).

Uma coisa é a solução *de iure condito*. Outra será *de iure constituendo*. **Na perspectiva deste último, talvez não fosse, até, má ideia permitir a opção ou alternativa ao senhorio**. É que pode acontecer, v.g., que na base do retardamento do arrendatário no pagamento das rendas por período de três meses ou mais

Esta limitação, porém, já não ocorrerá na resolução extrajudicial. É que neste caso parece que não há limite ao uso da faculdade de fazer caducar o direito de resolução: **cada vez** que incorrer em incumprimento com *"mora superior a três meses no pagamento..."* (art. 1083.º/3) e o senhorio lance mão – directamente (isto é, sem a prévia acção declarativa – de despejo) – da comunicação resolutiva a que se refere o art. 1084.º/1, pode o inquilino pôr fim à mora através do aludido mecanismo do n.º 3 do art. 1084.º.

Finalmente, diga-se que o **n.º 4** do artigo 1084.º, que ora analisamos, não parece merecer especiais cuidados, dado que o seu entendimento parece ser de fácil apreensão.

---

tenha estado um acordo entre este e o senhorio, porque o arrendatário lhe pediu que aguardasse alguns meses pelo recebimento das rendas. E se assim for, não vemos porque lhe negar a opção de recorrer à acção de despejo, querendo – **embora, repete-se, não vejamos que isso traga qualquer vantagem para o senhorio, pois a comunicação resolutiva é bem mais cómoda, expedita e eficaz.**

5. DA FALTA DE PAGAMENTO DE RENDAS VENCIDAS... NA PENDÊNCIA DA ACÇÃO DE DESPEJO

Como é sabido, no domínio do RAU (cfr. art. 58.º – que correspondia, por sua vez, ao art. 979.º do CPC, revogado pelo Dec.--Lei n.º 321-B/90, de 15/10) a falta de pagamento das rendas vencidas na pendência da acção de despejo dava lugar ao incidente de despejo imediato. Trata-se de uma acção incidental que tinha uma dupla natureza de medida coactiva e medida preventiva: coactiva de protecção ao senhorio, coagindo o arrendatário a não se aproveitar da morosidade anormal da acção, deixando, por isso, de pagar as rendas devidas que se fossem vencendo; preventiva, de protecção ao arrendatário, evitando que a imprudência ou negligência deste lhe faça avolumar de tal ordem a dívida das rendas que, depois, em acção de despejo instaurada por falta de pagamento de rendas, o impossibilite de efectuar os depósitos liberatórios, vendo-se, assim, sem apelo nem agravo, condenado ao despejo – mesmo, eventualmente, tendo saído vencedor na acção anterior[169].

Acrescente-se, porém, que apenas se pode falar em rendas vencidas na pendência de uma acção, caso esta tenha por base um arrendamento válido, que não é posto em causa pelo réu ou se este não põe em causa o direito que o autor se arroga de receber as rendas[170].

---

[169] Ver Ac. R.C., de 11.10.1983, *Col. Jur.*, VIII, 4, 54.
[170] Ver Ac. RL, de 19.01.1989, *Col. Jur.*, XIV, tomo I, pág. 112.

As coisas mudaram no NRAU. E mudaram porque agora já não é obrigatório o recurso à acção de despejo por falta de pagamento de rendas, antes pode o senhorio usar da resolução extrajudicial, através da devida comunicação (cfr. arts. 1083.º, n.º 3 e 1084.º/1 do CC e 9.º/7 da Lei n.º 6/2006).

Não desocupando o arrendado na sequência dessa resolução, pode o senhorio lançar mão da acção executiva (para entrega de coisa certa) para obter o arrendado livre e desocupado (cfr. art. 15.º, n.º 2 da Lei n.º 6/2006). O que, obviamente, não impede o senhorio de, também, executar judicialmente o arrendatário para obter o pagamento das rendas em dívida.

Portanto, como vínhamos dizendo, agora não há necessidade de fazer uso do anterior incidente de pagamento de rendas vencidas na pendência da acção de despejo.

É que, além do já referido, o que simplesmente se passará é que, estando pendente acção de despejo, o arrendatário tem todo o interesse em pagar as rendas que se vão vencendo, pois se as não pagar, ou depositar (correcta e atempadamente), nos termos gerais (cfr. art. 14.º, n.º 3 da Lei n.º 6/2006 – quanto à consignação em depósito, ver os arts. 17.º a 20.º da mesma Lei *ex vi* daquele art. 14.º/3)[171] – bem assim os encargos ou despesas – por período de três meses, *"é notificado para, em dez dias, proceder ao seu pagamento ou depósito e ainda da importância de indemnização devida"* – ver arts. 1041.º e 1048.º CC –, *"juntando prova aos autos, sendo, no entanto, condenado nas custas do incidente e nas despesas do levantamento do depósito, que são contadas a final"* (n.º 4 do art. 14.º da Lei n.º 6/2006).

Caso não proceda a esse pagamento ou depósito, *"o senhorio pode pedir certidão dos autos relativa a esses factos, a qual constitui **título executivo** para efeitos de despejo do local arrendado, na forma de processo executivo comum para entrega de coisa certa"* (art. 14.º, n.º 5 da Lei n.º 6/2006 – ver, ainda, arts. 928.º e segs. do CPC).

---

[171] Pagamento ou depósito que deve ser feito, quer esteja em causa acção de despejo com fundamento em falta de pagamento de renda, quer por outro fundamento.

6. DA (POSSÍVEL?) INSERÇÃO DE *CLÁUSULAS RESOLUTIVAS* NO CONTRATO DE ARRENDAMENTO

Em causa está a possibilidade de serem inseridas no contrato cláusulas específicas, ou seja, saber se ali é possível incluir situações ou circunstâncias entendidas como comportamentos censuráveis ao arrendatário, cuja verificação integrará um direito de resolução do locador – fundado, portanto, em convenção, nos termos gerais do art. 432.º, n.º 1 do CC.

É certo que a lei permite que a resolução do contrato se funde em *"convenção"* das partes (cit. art. 342.º/1 CC).

E é igualmente certo que predomina no âmbito do NRAU um forte pendor da autonomia ou liberdade contratual.

Tal como é, ainda, verdade que, embora o art. 1079.º do CC tipifique as formas de cessação do contrato de arrendamento, o subsequente art. 1080.º dispõe que *"o disposto nesta subsecção tem natureza imperativa, **salvo disposição em contrário**"* – sublinhado nosso.

O que tudo conjugado nos pode levar a pensar que, no que toca à cessação do contrato de arrendamento, também as partes podem dispor como bem entenderem.

Não pode ser assim, porém – sob pena de cairmos no completo arbítrio, em desrespeito de valores e interesses que não devem ser ultrapassados, sejam, v.g., de ordem pública, sejam meros interesses da parte contratual.

Se é certo que a lei utilizou a citada expressão *"salvo disposição em contrário"*, não é menos certo que **as regras do NRAU relativas** à cessação por acordo e **resolução são dotadas** (como diz o preceito) de **natureza imperativa**. O que vale para dizer que as partes não podem acordar, no texto do contrato de arrendamento, o que bem entendam, de forma a pôr em causa o que a lei prescreve nesta matéria.

Ou seja, **a introdução de cláusulas resolutivas no contrato de arrendamento é assaz limitada: de forma alguma pode ir de encontro ao que a lei estipula a respeito da fundamentação para a resolução do contrato, maxime, na cláusula geral prevista no art. 1083.°/2 CC. A cláusula que a tal não obedeça, não pode deixar de ser considerada nula (art. 280.° do CC).**

Em suma: se, por um lado, parece que a lei não veda aos contratantes a possibilidade de individualizarem, em cláusulas resolutivas, algumas situações ou circunstâncias, censuráveis ao arrendatário, a cuja verificação se associe o direito de resolver o contrato com base em tal convenção (*ut* cit. art. 1080.° CC), por outro lado, **a resolução só se verificará quando, além do preenchimento do texto de tal ou tais cláusula(s) convencionada(s), igualmente se preencham, no caso concreto, os supra apontados requisitos ou pressupostos integrantes da aludida cláusula geral que o n.° 2 do art. 1083.° do CC consubstancia. Só assim teremos preenchida a** *justa causa de resolução* **– esta (também) de natureza** *imperativa*, **como emerge do citado art. 1080.°**[172].

---

[172] Não podemos deixar de referir aqui que a **jurisdudência Italiana é rica neste tema da inserção no contrato de arrendamento de cláusula(s) resolutiva(s) expressa(s)**.

Assim, sem prejuízo do estatuído no **art. 5.° da** *Legge 27 luglio 1978 n. 392* – que se mantém em pleno vigor para os arrendamentos comerciais –, a título meramente exemplificativo, permitimo-nos citar alguns arestos, por o acharmos útil.

Assim, temos, desde logo, os seguintes da **Cass. de Milano**:

– *"Ove il contratto di locazione contenga una clausola risolutiva espressa che preveda la risoluzione del contratto per il mancato o ritardato pagamento di due mensilità del canone tale previsione deroga, in senso piú favorevole al conduttore, all'art. 5 della l. n. 392 del 1978, per il quale costituisce* **motivo di risoluzione** *ai sensi dell'art. 1455 il mancato pagamento del canone decorsi venti giorni dalla scadenza prevista (Cass. 13 giugno 2001 n. 8003)".*

– *"Non hanno carattere vessatorio le clausole riproduttive del contenuto di norme di legge; pertanto, non può considerarsi vessatoria* **la clausola risolutiva espressa inscrita nel contratto** *di locazione di immobili urbani* **per uso non abitativo** *e riferita all'ipotesi di inosservanza del termine di pagamento dei canoni, in quanto riproduce 11 disposto dell'art. 5 l. n. 392 dei 1978 (Cass. 14 gennaio 2000 n. 369)."*

– *"Con riguardo a contratto soggetto alla disciplina della l. n. 392 del 1978, l'efficacia della* **clausola risolutiva espressa***, che sia stata pattuita, rimane sospesa – ancorché 11 locatore abbia dichiarato di volersene avvalere – fino alia prima udienza del giudizio instaurato dano stesso locatore per la risoluzione della locazione (o alla scadenza del termine di grazia ex art. 55 della l. n. 392 del 1978, eventualmente concesso dal giudice), con la conseguenza della definitiva inefficacia di detta clausola ove il conduttore, in quell'udienza, sane la morosità interamente ovvero anche solo parzialmente, ma in modo che la residua morosità non sai superiore a due mensalità del cânone, como prescrito dall`art. 5 della stessa (Cass. 7 maggio 1991 n. 5031)".*

Mas muitos outros arestos há com interesse nesta matéria, como – ainda exemplificadamente – são os seguintes:

– Non è incompatibile con il regime di proroga legale delle locazioni urbane, quale risulta dalla l. 23 maggio 1950 n. 253, la clausola risolutiva espressa dalle parti stabilita per il caso che il conduttore violi lo specifico patto che indica tassativamente l'uso cui l'immobile dev'essere adibito (Cass. 18 ottobre 1957 n. 3954).

– La sottoposizione di un contratto di locazione di immobile urbano al regime vincolistico **non impedisce al locatore di richiedere la risoluzione del contratto per inadempimento della controparte sulla base della clausola risolutiva espressa** (Cass. 27 gennaio 1984 n. 645).

– In caso di pattuizione della clausola risolutiva espressa, non è applicabile l'art. 1445 che ai fim delia risoluzione richiede 1'indagine sulla rilevanza dell'inadempimento, in quanto è la stessa concorde volontà delle parti che, con la detta clausola ha preventivamente valutato l'inadempimento, attribuendovi particolare importanza. (Nella specie, la Corte ha confermato la sentenza di merito che aveva risolto un contratto di locazione contenente una clausola risolutiva espressa di divieto di «ogni innovazione», non convenuta per iscritto, sull'immobile locato, ritenendo irrilevante che le innovazioni, compiute dal conduttore e non autorizzate, avessero migliorato l'immobile e fossero facilmente rimuovibili) (Cass. 15 gennaio 1981 n. 351).

— Posto che il divieto pattizio di abuso, da parte del conduttore, nel godimento della cosa beata mediante alterazioni sia pure parziali della stessa può comportare, in caso di inadempimento ritenuto di non scarsa importanza secondo l'apprezzamento del giudice, Ia risoluzione del contratto, deve ritenersi lecita e valida Ia clausola risolutiva espressa, destinata ad operare nella ipotesi di violazione di detto divieto. Né Ia circostanza che il locatore, pur dopo Ia dichiarazione di cui al comma 2 dell'art. 1456, abbia continuato a percepire il canone di locazione nella misura dovuta costituisce comportamento univoco di tacita acquiescenza alla violazione, idoneo, di per sé, ad esciudere Ia possibilità di avvalersi delta clausola risolutiva espressa, avuto riguardo alla sussistenza dell'obbligo del conduttore, ex art. 1591, di corrispondere il corrispettivo della locazione in caso di mora nella restituzione del bene (Cass. 11 ottobre 2000 n. 13525).

— Allorché le parti del contratto di locazione, nell'ambito dei propri poteri di autonomia contrattuale, abbiano convenzionalmente stabilito, per quanto attiene all'uso della cosa locata, il divieto di ogni forma di innovazione, consentita solo con il consenso (scritto o orale) del locatore, ove il locatore si sia avvalso, ai sensi dell'art. 1456, della clausola risolutiva, espressa, il giudice – chiamato ad accertare l'avvenuta risoluzione del contratto per l'inadempimento convenzionalmente sanzionato – non è tenuto ad effettuare alcuna indagine sulla gravità dell'inadempimento stesso, giacché, avendo le parti preventivamente valutato che l'innovazione o Ia modifica dell'immobile locato comporta alterazione dell'equilibrio giuridico-economico del contratto, non vi è piú spazio per il giudice per un diverso apprezzamento (Cass. 7 marzo 2001 n. 3343).

— La clausola con cui **le parti convengono che una determinata inadempienza comporti di diritto Ia risoluzione del contratto (clausola risolutiva espressa)** comporta Ia impossibilità di procedere a valutazione della entità della inadempienza, non potendo il giudice, in materia riservata alla libera determinazione dei contraenti, sostituirsi alie parti e ritenere quindi Ia inadempienza troppo lieve per Ia risoluzione del contratto, laddove le parti avevano manifestato espressamente Ia loro volontà nel senso che quella inadempienza avesse per effetto Ia risoluzione del contratto. Diversamente stanno però le cose quanto all'accertamento della colpevolezza dell'inadempiente, che deve essere sempre compiuto, poiché nessuna inadempienza, anche in presenza di clausola risolutiva espressa, può determinare Ia risoluzione del contratto se non sia sorretta da dolo o da colpa dell'inadempiente (Cass. 21 marzo 1970 n. 756, *Giur. it.* 1972, I, I 258; **su questi principi concorda Ia dottrina, con l'unica eccezione del FUBINI**, secondo il quale Ia clausola risolutiva non attribuisce senz'altro carattere di importanza alla modalità prevista).

– L'abituale tolleranza del locatore nel ricevere il canone oltre il termine stabilito rende inoperante Ia clausola risolutiva espressa, ingenerando nel conduttore **Ia buona fede** che deve essere valutata nell'accertamento della colposità della mora (nella specie, il locatore, pur rifiutando, perché invalidi, i canoni offertigli dal subconduttore nel termine contrattuale, in quanto non provenienti dal locatario, unico obbligato nei suoi confronti, aveva invece, sistematicamente accettato i pagamenti eseguiti da quest'ultimo oltre Ia scadenza, senza avvalersi della clausola risolutiva espressa) (Cass. 7 giugno 1966 n. 1498).

– **La clausola, con la quale si prevede la risoluzione di diritto del contratto per il caso di mancato o ritardato pagamento della pigione**, non può essere considerata come particolarmente onerosa e vessatoria e non richiede specifica approvazione per iscritto, data la sua funzione rafforzativa della facoltà riconosciuta dall'art. 1453 al contraente adempiente (Cass. 20 aprile 1968 n. 127).

– In presenza di clausola risolutiva espressa, se non è consentito al giudice indagare sull'importanza dell'inadempienza, ben può per centro il debitore dedurre ed il giudice accertare che l'inadempimento non é imputabile a titolo di colpa. Ove tale indagine risulti favorevole all'obbligato, la risoluzione del contratto non può essere pronunciata. Il predetto principio è applicabile anche in tema di locazioni prorogate, originate da contratto contenente la clausola risolutiva espressa (Cass. 5 luglio 19.58 n. 2414).

– Anche se nel contratto di locazione sia contenuta la clausola risolutiva espressa, fino a quando il creditore non abbia dichiarato di volersene valere, il contratto resta in vita e il debitore può adempiere la sua prestazione, sia pure tardivamente (Cass. 30 gennaio 1954 n. 239).

– La dichiarazione del locatore può avvenire anche nella citazione introduttiva del giudizio di risoluzione (Cass. 5 gennaio 1979 n. 35, *Arch. loc.* 1979, 44).

– Per restituire alla clausola la sua operatività è necessario che il locatore, il quale non intenda più tollerare un indugio nell'adempimento, dichiari espressamente questa sua volontà. All'uopo è necessaria una dichiarazione inequivoca, onde non può ritenersi sufficiente la manifestazione di una semplice e generica intenzione, che possa ravvisarsi piú come proponimento per il futuro che come una pretesa per il presente (Cass. *28 marzo 1957 n. 1083*), e neppure il mero ricorso ai procedimento, di convalida di sfratto per morosità, privo di alcun rilevante riferiment, alla clausola nell'atto introduttivo (Cass. 14 febbraio *1981* n. *919*).

– In caso di pattuizione della clausola risolutiva espressa non è appli cabile l'art. 1455 che, ai fini della risoluzione, richiede l'indagine sulla rilevanza dell'inadempimento, in quanto è Ia stessa concorde volont, delle parti che, con Ia cennata clausola, ha preventivamente valutato l'inadempimento attribuendovi particolare importanza. Peraltro, l'abi tuale tolleranza del locatore nel ricevere il canone oltre il terminf stabilito rende inoperante Ia clausola risolutiva espressa, ingenerando ne conduttore **Ia buona fede** che deve essere valutata nell'accertamento della colposità della mora. (Nella specie, il locatore, pur rifiutando, perché invalidi, i canoni offertigli dal subconduttore nel termine contrattuale, in quanto non provenienti dal locatario, unico obbligato nei suoi confronti, aveva, invece, sistematicamente accettato i pagamenti eseguiti da quest'ultimo oltre Ia scadenza, senza avvalersi della clausola risolutiva espressa) (Cass. 7 luglio *1966* n. *1498*).

– L'acquiescenza del locatore al pagamento del canone di locazione oltre il termine stabilito, non può essere invocata dal conduttore per escludere la colpevolezza della mora verificatasi dopo che il locatore abbia dichiarato di volersi avvalere della clausola risolutiva expressamente prevista per il ritardo nel pagamento del canone, poiché dal momento di tale dichiarazione Ia clausola risolutiva riacquista ogni efficacia (Cass. 26 gennaio 1962 n. 126).

– L'abituale **tolleranza del locatore nel ricevere con ritardo il canone**, rende inoperante Ia clausola risolutiva espressa: essa non esclude peraltro Ia pretesa di ottenere il ripristino della rigorosa osservanza degli obblighi contrattuali, ma tale pretesa può spiegare effetti solo per l'avvenire e non può essere addotta per trarre conseguenze giuridiche sfavorevoli al conduttore per le prestazioni già scadute (Cass. 30 aprile 1979 n. 2507).

7. A RESOLUÇÃO PELO ARRENDATÁRIO:

FUNDAMENTOS DE RESOLUÇÃO PREVISTOS NOS ARTS. 1050.º E 1083.º, N.º 4, DO CC, BEM ASSIM NOS ARTS. 36.º, N.º 3 DA LEI N.º 6/2006 E 5.º, N.º 7, DO DEC.-LEI N.º 160/2006, DE 8 DE AGOSTO, E NOUTRAS DISPOSIÇÕES LEGAIS

Goza o arrendatário da possibilidade de resolução do contrato de arrendamento com qualquer dos fundamentos previstos no **art. 1050.º do CC**[173] – ou seja, independentemente de responsabilidade do locador[174]. Mas, além disso, tudo o que se disse supra relativa-

---

[173] Na alínea *a)* parece configurar-se, mesmo, uma situação de verdadeiro abuso de direito.

Efectivamente, pagando o arrendatário uma renda pela suposta ocupação do arrendado, não pode aceitar-se que o senhorio receba a renda e prive o arrendatário de gozar de forma plena do bem. Tal comportamento insere-se no âmbito dos domínios objectivamente manejados pela figura do Abuso de Direito (*ut* art. 334.º CC) – ver *Da Boa Fé no Direito Civil*, MENEZES CORDEIRO, vol. II, Coimbra, 1984; COUTINHO DE ABREU, *Do Abuso de Direito*, Coimbra, 1983 e BAPTISTA MACHADO, *Tutela da Confiança e Venire Contra Factum Proprium, in Obras Dispersas*, vol. I, Braga, 1991.

[174] PEDRO MARTINEZ entende que a al. *a)* contempla uma das hipóteses de resolução por incumprimento **sem culpa** (do locador), não enquadrável na figura da resolução por incumprimento culposo genericamente previsto no art. 801.º/2 do CC (*ut da Cessação*, ..., a págs. 356/357).

Já PIRES DE LIMA e ANTUNES VARELA, *CCAnot...*, II, 3.ª ed., 356-357, dizem que "**a resolução do contrato não afasta, como na introdução do preceito expressamente se afirma, a responsabilidade do locador** pelo prejuízo que o

mente à resolução por *incumprimento* do locador tem aqui plena aplicação, *mutatis mutandis*.

Porém, além das situações previstas no **art. 1050.°** e das atinentes ao incumprimento (leia-se à responsabilidade subjectiva) do locador – o que designaríamos de *justa causa subjectiva* –, tem, ainda, o locatário o direito de invocar a *justa causa objectiva* como fundamento de resolução do contrato[175]. Trata-se de todas as situações ou fundamentos objectivos cuja superveniência justifica, à luz de outros valores ou interesses juridicamente relevantes, a concessão ao inquilino do direito de resolução. É o caso previsto no **n.° 4 do art. 1083.°** – em que se tutela o interesse do arrendatário numa habitação digna e socialmente valorada[176] –, como pode ser o caso, v.g., de o arrendatário ter de se ausentar por período mais ou menos longo, ou todas as situações em que estejam em causa liberdades fundamentais (de casamento, de profissão, de emprego, de estabelecimento, de deslocação, de mobilidade, etc., etc.) cujo exercício po-

---

locatário possa ter com a privação do gozo da coisa ou pelos danos que o defeito da coisa possa causar ao locatário ou seus familiares".

Cremos que quando no artigo em apreciação se refere *"independentemente de responsabilidade do locador"* se está apenas e só a dizer que nas hipótese ali referidas há lugar à resolução do contrato pelo locatário, **sem prejuízo de o senhorio poder vir a responder pelos danos causados ao locatário – a determinar (em acção adequada) nos termos da responsabilidade civil**, caso se venham a provar os respectivos pressupostos indemnizatórios.

O mesmo é dizer que verificada *de per se* qualquer das hipóteses referidas nas alíneas *a*) e *b*) do art. 1050.° do CC, o arrendatário fica com o direito de – **sem necessidade de mais se apurar** – resolver o contrato de arrendamento. Mas **além disso, tem (ainda, repete-se) o direito a ser indemnizado nos termos gerais da responsabilidade civil**.

[175] Veja-se o que a tal propósito escreveu MENEZES CORDEIRO, *in O Direito*, Ano 2004, II-III, pág. 250.

[176] Este fundamento de resolução do n.° 4 do art. 1083.° está relacionado com a obrigação do senhorio assegurar o gozo da coisa para os fins a que se destina (ver arts. 1031.°, 1036.°, 1037.° e 1074.° do CC).

deria ser afectado, quer pelo vínculo arrendatício, quer pelos custos que o período de pré-aviso contemplaria no caso de ter de optar pela denúncia do contrato.

Este normativo (**n.º 4**) é de todo inovador – pois, ao invés de dizer, como fazia o art. 63.º/1 do RAU, em termos genéricos, que o arrendatário pode resolver o contrato nos termos gerais de direito com fundamento no incumprimento pelo senhorio, introduz--se, agora, uma norma a exemplificar uma situação enquadrável ou qualificável como fundamento de resolução do contrato pelo arrendatário.

Cremos, porém, que não haveria necessidade de introduzir esta norma. É que, com salientámos supra, à resolução do contrato – que tanto pode ocorrer por iniciativa do senhorio, como por iniciativa do arrendatário – são aplicáveis as regras gerais atinentes ao incumprimento definitivo dos contratos. Isto é, **sempre que uma das partes (locatário ou locador) não cumpra definitivamente a sua prestação, à outra cabe o direito de resolver o contrato** (*ut* art. 801.º do CC – e **n.º 1 do art. 1083.º**).

Por outro lado, sendo a previsão do corpo do n.º 2 aplicável, tanto ao "incumprimento" do senhorio, como do arrendatário – pelo que é **(para qualquer da partes)** fundamento de resolução todo o *"incumprimento que, pela sua gravidade ou consequências torne inexigível à outra parte a manutenção do arrendamento"* –, aqui se abarcando **todas as situações em que pode ter lugar um incumprimento contratual com relevo para permitir a resolução do contrato**, é claro que a **não realização de obras pelo senhorio** e que a este caibam, quando essa omissão *"comprometa a habitabilidade do locado"*, não pode deixar de constituir uma situação em que se torna *"inexigível à outra parte a manutenção do arrendamento"* (cit. art. 1083.º, n.º 2).

Entendemos, porém, a preocupação do legislador, no sentido de **não deixar margem para dúvidas** a tal respeito: **verificada esta** situação (objectiva), tem o arrendatário (*desde logo*) direito a resolver o contrato[177].

---

[177] Se entre nós esta situação é virgem, não o é, v.g., nos nossos **vizinhos espanhóis**.
Basta ver o que se preceitua no *art. 27.º da Ley de Arrendamientos Urbanos – Ley 29/1994, de 24 de noviembre* – como melhor veremos no estudo de direito comparado a inserir mais à frente.
Adiante-se, desde já, o que preceitua o citado normativo:
"Incumplimiento de obligaciones.
1. El incumplimiento por cualquiera de las partes de las obligaciones resultantes del contrato dará derecho a la parte que hubiere cumplido las suyas a exigir el cumplimiento de la obligación o a promover la resolución del contrato de acuerdo con lo dispuesto en el artículo 1124 del Código Civil.
2. Además, el arrendador podrá resolver de pleno derecho el contrato por las siguientes causas:
(…).
3. Del mismo modo, el arrendatario podrá resolver el contrato por las siguientes causas:
a) La no realización por el arrendador de las reparaciones a que se refiere al artículo 21.
b) La perturbación de hecho o de derecho que realice el arrendador en la utilización de la vivienda." – sublinhados nossos.
Dada a grande semelhança entre os dois regimes e, por isso, o estudo do que se passa em Espanha não pode deixar de nos ser útil – até porque, como vimos, a *LAU* já vigora nos sobreditos termos desde… **1994** –, permitimo-nos transcrever o que sobre a matéria *(causas por las que el arrendatario puede resolver el contrato)* escreveu o Doctor en Derecho, Secretario de Sala de la Audiencia Nacional e Profesor de la Universidad Carlos III, L. MARTÍN CONTRERAS, in *Ley de Arrendamientos Urbanos*, 2004, Bosch, a págs. 301/303:
"Causas por las que el arrendatario puede resolver el contrato
El art. 27.3 de la LAU por la fuerza de los hechos **se convierte en la otra cara de la misma moneda que forma el precepto regulado en el art. 27.2, pues mientras que éste recoge las causas de resolución del contrato por las que el arrendador puede instar la pretensión de resolución del contrato, las que se regulan en aquél son las que dan cobertura al arrendatario para poder reclamar judicialmente la resolución del contrato.**
El precedente más directo de este precepto lo encontramos en el art. 115 del TR del 64, que aprobó la antigua ley especial, de cuyo precepto se excluye la

Uma **dúvida nos assiste**:
Por um lado, vemos que a al. *a*) do art. 1050.° do CC admite a resolução, *sem mais*, sempre que *"por motivo estranho à sua pessoa*

---

causa 3.ª, referida a **la falta de prestación por parte del arrendador de los servicios propios de la vivienda a que se hubiera comprometido**. Sin embargo, esta causa de resolución del contrato, si bien no se recoge de manera expresa en el precepto ahora analizado, **sí puede perfectamente ser incluida dentro del art. 27.1 de la LAU, en el que se regula como causa genérica de resolución del contrato el incumplimiento de las obligaciones del contrato por parte de los contratantes, correspondiendo la facultad de ejercitar la pretensión de resolución a la parte contraria a la que omitió el cumplimiento de sus obligaciones"** – cremos que o mesmo se passa com o nosso NRAU, como se estrai, designadamente, do **n.° 1 do art. 1083.° CC, ao referir-se a** *"qualquer das partes..."*.

Continua o autor que vimos citando a analisar uma causa específica de resolução do contrato de arrendamento pelo arrendatário, **que o nosso NRAU igualmente prescreveu, no art. 1083.°, n.° 4 CC:** *"No realización de reparaciones por el arrendador"* – no nosso preceito fala-se em *"não realização pelo senhorio de obras que a este caibam, quando tal omissão comprometa a habitabilidade do locado"*.

Assim, escreveu o citado autor:
"Las obras a las que se refiere este precepto son las reguladas en el art. 21.1 de la LAU, es decir, aquellas **obras necesarias para mantener la habitabilidad de la finca** y que el citado precepto impone obligatoriamente al arrendador." – afinal, mais não é do que o que a obrigação do locador que entre nós vem plasmada no art. 1031.°, al. *b*) do CC.

E continua: "En la legislación común el tema de la reparación de esta naturaleza también tiene un doble anclaje normativo; por una parte en el art. 1554 CC, donde se impone al arrendador la obligación de llevar *a* cabo *las* obras de la finca, necesarias para la conservación de la misma en el uso para el que fue contratada y, por otra, en el art. 1556 del mismo cuerpo legal al regular como causa de resolución del contrato a instancia del arrendatario el incumplimiento de esa obligación por parte del arrendador.

Sin embargo, mientras que en la legislación común, como ya advertíamos en nuestra obra tantas veces repetida "sí cabe la posibilidad de disponer de este derecho y pactar en el contrato que sea el arrendatario quien asuma la reparación por su cuenta o con cargo a las reptas" – **à semelhança do que o nosso NRAU prevê no art. 1074.°, n.° 1,** *fine*, **do CC** –, "en el caso de la legislación especial topamos con el límite establecido en el art. 6 de la LAU, de forma que **cualquier acuerdo limitativo de la obligación del arrendador sería nulo** desde el mo-

ou à dos seus familiares, o locatário seja privado do gozo da coisa, ainda que só temporariamente". Já, porém, confrontando este preceito com o o n.º 2 do art. 1083.º, vemos que este normativo só

mento en que seria considerado como una estipulación contraria a los derechos del arrendatario o subarrendatario, sin perjuicio de que Ia urgencia de Ia necesidad de Ias obras puede exigir que sea el arrendatario quien Ias tenga que soportar y, de inmediato, reclamárselas al arrendado. (....)".

No que tange à resolução pelo arrendatário, prossegue o aludido autor a análise das situações de *"Perturbación de hecho o de derecho"*, começando por referir que tais situações "encuentran su precedente legislativo en el art. 115 del TR del 64 y en el art. 1554.3.º CC." E que "a pesar de Ia falta de regulación expresa el art. 27.3.b) de Ia LAU, **el arrendatario podrá exigir Ia resolución del contrato y Ia indemnización de danos y perjuicios, o sólo éstos y el cumplimiento del contrato**, porque así se desprende de Ia remisión genérica que el art. 27.1 de Ia LAU hace al 1124 del CC, pues se aplica este último texto legal a los supuestos de obligaciones recíprocas."

Estas *"Perturbación de hecho o de derecho"* são interessantes, pois não deixam de ter por base situações factuais em que também entre nós parece haver lugar à resolução do contrato de arrendamento pelo arrendatário.

Vejamos.

A propósito das *"perturbación de hecho"*, refere o autor que vimos citando que esta previsão se refere "a Ias molestias que puedan ocasionar al arrendatario Ias perturbaciones que le impidan el goce pacífico de Ia vivienda. Estas perturbaciones **han de ser provocadas por el arrendador o por otra persona por su encargo,** pues en el caso de que se trate de terceras personas ajenas al arrendador, no constituirán causa de resolución del contrato, por quedar excluído por el art. 1560 CC, aunque el arrendatario tendrá acción directa contra estos terceros.

Se reputarás perturbaciones de hecho **aquellas actuaciones que provoquen una molestia grave al normal disfrute de Ia vivienda"** – o que, obviamente, é aplicável no nosso regime resolutivo, pois, além da obrigação (geral) do locador prevista na al. *b)* do art. 1031.º do CC, constitui fundamento de resolução pelo locatário qualquer *"incumprimento"* do locador (n.º 1 do art. 1083.º CC) ou qualquer omissão sua que *"comprometa a habitabilidade do locado"* (**n.º 4** *fine* **do art. 1083.º CC)**. Veja-se que este n.º 3 fala expressamente em *"designadamente"*, o que significa que toda e qualquer acção ou omissão do arrendador que seja de tal forma grave ou que tenha consequências tais que *"torne praticamente inexigível à outra parte a manutenção do arrendamento"* (n.º 2 do art. 1083.º) pode constituir fundamento resolutivo do contrato por banda do arrendatário.

E a propósito das *"perturbación de derecho"*, refere o mesmo autor:

admite a resolução se a privação, *"pela sua gravidade ou consequências, tornar inexigível [...] a manutenção do arrendamento"*.

Isto é, pode **perguntar-se, afinal, se basta ao locatário invocar qualquer das situações previstas nas alíneas do art. 1050.º do CC** para obter, **sem mais**, o direito de resolver o contrato de arrendamento; ou se **tal não basta, antes se impondo, ainda, a invocação (e prova) do preenchimento do conceito indeterminado de inexigibilidade do n.º 2 do art. 1083.º**.

Parece que esta última será a melhor posição e a que melhor se ajusta aos ditames e espírito da (nova) Lei.

Ainda a respeito do **art. 1050.º**, sustenta PEDRO ROMANO MARTINEZ[178] que não está aqui em causa uma verdadeira resolução, uma vez que não pressupõe a culpa do senhorio.

"Junto a Ias perturbaciones provocadas por actuaciones concretas por parte del arrendador que entrara dentro del apartado anterior y que se circunscriben a Ia persona de éste o a Ia de un tercero que actúe a su instancia, Ias perturbaciones de derecho abren **un campo mucho más amplio de actuaciones**, de forma que Ias mismas parten de una naturaleza diferente, lo que permite englobar dentro de Ias mismas Ia actuación de un tercero aunque no actúe por cuenta o mandato del arrendador, sino que será suficiente con que Ia perturbación sea de derecho para que el arrendatario, con independencia de si Ia misma **procede del arrendador o de un tercero,** tenga acción resolutoria frente al arrendador, pues el único legitimado para impedir esa perturbación será el arrendador. En efecto, en estos supuestos, **Ia actividad del arrendador se deberá centrar en impedir esta perturbación y en caso de que no lo haga, el arrendatario podrá exigir Ia resolución del contrato.**

El ejemplo más socorrido para este supuesto es Ia perturbación del **arrendatario por parte de un tercero que inste acciones legales contra la finca, con lo que el arrendatario se puede ver incomodado.**" – os sublinhados são da nossa autoria.

Parece evidente que estas situações também, perante o NRAU, podem constituir fundamento de resolução do contrato de arrendamento pelo arrendatário, desde que verificados os pressupostos acima explanados, valendo aqui *mutatis mutandis* o que a tal respeito se deixou escrito.

[178] *Direito das Obrigações* (parte especial). *Contratos. Compra e Venda. Locação. Empreitada*, 2.ª ed., Coimbra, Almedina, 2001, págs. 220 e 221 e *da Cessação*, págs. 356-357.

A resposta é óbvia, como salienta GRAVATO MORAIS[179]: *"a verdade, no entanto, é que a culpa não é pressuposto da resolução, mas apenas da indemnização"*.

Sobre a resolução pelo arrendatário, veja-se, ainda, o disposto no **art. 36.°, n.° 3 da Lei n.° 6/2006** (no âmbito dos contratos celebrados antes da vigência do RAU e dos contratos não habitacionais celebrados antes do Dec.-Lei n.° 275/95, de 30.09) – sendo, ainda, de salientar que no que tange aos contratos não habitacionais apenas se aplica a primeira parte do art. 36.°/3, *ex vi* do art. 50.°, da Lei n.° 6/2006, já que a respectiva renda pode ser actualizada independentemente do nível de conservação (art. 52.° da mesma lei).

Ver, ainda, o **art. 5.°/7, do Dec.-Lei n.° 160/2006, de 8 de Agosto**[180], em que se considera também fundamento de resolução pelo arrendatário – com direito a indemnização nos termos gerais – a **celebração do contrato de arrendamento sem a licença de utilização ou** qualquer dos documentos que a substituam.

A resolução do contrato pelo arrendatário, ao invés do que ocorre com o senhorio (*ut* art. 1047.° CC), é, como vimos, **sempre efectuada extrajudicialmente** (art. 1084.°/1 e 436.°/1, do CC) e por via de comunicação escrita remetida por carta registada com aviso de recepção (art. 9.° da Lei n.° 6/2006)[181].

---

[179] *Ob. cit.*, a pág. 97, nota 100.

[180] Que veio estabelecer os elementos do contrato de arrendamento e requisitos a que a sua celebração deve obedecer.

[181] Uma **questão** que se pode por é **saber se, atenta a referência deste n.° 4 do art. 1083.°** à *"habitabilidade"*, **o mesmo se aplica apenas aos arrendamentos habitacionais.**
Cremos que tal preceito vale, tanto para estes arrendamentos, como para os arrendamentos não habitacionais. **Vale para todos os arrendamentos**, sempre que o imóvel deixe de ter a aptidão física ou funcional para servir o fim que foi convencionado **e tal se deva a incumprimento do senhorio.**
Com efeito, como escrevem ISABEL ROCHA e PAULO ESTIMA – *Arrendamento Urbano, Novo Regime* –, embora haja duas modalidades de arrendamentos

Sobre o arrendamento da casa de morada de família, veja-se o disposto nos arts. 1682.º-B, CC a), 12.º/3 da Lei n.º 6/2006 e 1068.º do CC (sobre a comunicabilidade do direito do arrendatário).

– habitacionais e não habitacionais –, este n.º 4 é meramente exemplificativo, permitindo o n.º 1 a resolução do contrato nos termos gerais de direito.

Assim, *"parece-nos que a não realização de obras da responsabilidade do senhorio, quando comprometam a utilização do locado para o fim contratado, sempre constituirá fundamento de resolução do contrato, independentemente de se tratar de arrendamentos habitacionais ou não habitacionais"* – rematam, e cremos que bem, os aludidos autores.

8. DO CONTEÚDO DA DECLARAÇÃO RESOLUTIVA EXTRAJUDICIAL

Como vimos, a resolução pelo arrendatário tem de ser feita por via extrajudicial, mediante a comunicação acima referenciada (art. 9.º da Lei n.º 6/2006); já a resolução pelo senhorio pode, por sua vez, em certas situações (cfr. art. 1084.º/1) também ocorrer por via extrajudicial.

Importa ver qual o **teor de tal comunicação resolutiva**[182] – que é, afinal, um negócio jurídico[183]: uma declaração negocial unilateral[184-185] –, através da qual uma das partes põe fim ao contrato de arrendamento.

---

[182] Comunicação que, sendo eficaz, faz cessar o contrato de arrendamento – embora, porém, a desocupação do locado (nos termos do art. 1081.º) só seja exigível no final do 3.º mês seguinte à resolução. **A não ser que as partes – ou o tribunal – tenham estipulado de forma diferente, diferindo para data posterior (ou anterior, até) a efectiva cessação do arrendamento (*ut* art. 1087.º CC).**

[183] Negócio jurídico é, com efeito, o facto voluntário lícito, assente numa ou várias declarações de vontade dirigidas à produção de determinados efeitos, que a ordem jurídica conforma, de um modo geral, em concordância com a intenção dos seus autores (ALMEIDA COSTA, *Direito das Obrigações*, 3.ª ed., pág. 176; MOTA PINTO, *Teoria Geral do Direito Civil*, 4.ª reimpressão, 1980, 243 e CASTRO MENDES, *Direito Civil, Teoria Geral*, 1979, III-40).

[184] É a declaração de uma só vontade.

A declaração de vontade negocial é – como escreve MOTA PINTO (*Teoria Geral...*, cit., a pág. 329 – o comportamento que, exteriormente observado, cria a aparência de exteriorização de um certo conteúdo de vontade negocial (ver, ainda, PINTO FURTADO, *RDES*, XXV-23).

Antes de mais, é evidente que a comunicação resolutiva é uma declaração negocial receptícia – que nas palavras de Rui Alarcão[186] é a declaração que carece de ser dada a conhecer a um destinatário; pressupõe um destinatário, **por quem deve ser conhecida.**

Anote-se, porém, que segundo o mesmo autor, não é essencial o efectivo conhecimento da declaração recebida pelo destinatário, **bastando a sua cognoscibilidade, traduzida na circunstância de ser possível ao mesmo destinatário apreender o conteúdo da declaração, por ela haver chegado à sua esfera de conhecimento ou controle**[187].

No entanto, perante o disposto no art. 9.º, há que separar as águas: por um lado, a comunicação resolutiva a fazer pelo arrendatário; por outro a comunicação resolutiva do senhorio, nas situações referidas no n.º 1 do art. 1084.º CC (e art. 1084.º/1).

Quanto à comunicação resolutiva do arrendatário, basta que a mesma se faça por escrito[188] assinado pelo declaratário e remetido por carta registada com A.R. – valendo, então, aqui (segundo nos parece) inteiramente as observações supra referidas a respeito da cognoscibilidade da declaração; já **quanto à comunicação resolutiva do senhorio**, há que observar o estatuído no n.º 7 do art. 9.º da Lei n.º 6/2006 (*"é efectuada mediante notificação avulsa, ou mediante contacto pessoal de advogado, solicitador ou solicitador de execução, sendo neste caso feita **na pessoa** do notificando, com entrega de duplicado da comunicação e cópia dos documentos que a acompanhem, devendo o notificando **assinar** o original"*.

---

[185] Mota Pinto, *Teoria...*, cit., pág. 68, igualmente refere que negócio jurídico unilateral é o que se perfaz com uma declaração de vontade (dá como exemplo, o Testamento), ou com várias declarações, mas paralelas, formando um só grupo.

[186] *A Confirmação dos negócios anuláveis,* 1.º-178/179.

[187] *Ob. cit.*, a pág. 178.

[188] Caso a forma exigida por lei não seja observada, a consequência parece ser a nulidade da comunicação (*ut* art. 220.º do CC).

Assim se vê que no que tange ao senhorio a lei é mais exigente na forma da comunicação – o que bem se compreende, pois quem vai ficar sem a disponibilidade do arrendado é o arrendatário.

Quanto à **forma da comunicação resolutiva**, é claro que a mesma deve ser feita em forma legível e **contendo todos os factos** que, no entender do declarante, levam à resolução do contrato de arrendamento.

Assim, v.g., **pretendendo o arrendatário resolver** o contrato, quer na situação prevista no art. 1083.º/4, quer em qualquer outra quando entenda estar preenchida a cláusula geral contida no n.º 2 do mesmo artigo – é que o n.º 4 prevê apenas uma situação, deixando em aberto muitas outras (como o termo *"designadamente"* bem patenteia) –, **deve na comunicação endereçada ao senhorio indicar factos demonstrativos da previsão do aludido n.º 4, ou de que a situação invocada é de molde a tornar** *"inexigível" "a manutenção do arrendamento"*.

E o mesmo se diga em relação ao senhorio: querendo resolver o contrato de arrendamento de forma extrajudicial, por qualquer dos fundamentos previstos no art. 1083.º/3, deve – como expressamente se refere no n.º 1 do art. 1084.º – invocar na comunicação a fazer em conformidade com o art. 9.º/7 da Lei n.º 6/2006, *"fundamentadamente [...] a obrigação incumprida"*.

Tem, por isso, de **invocar todos os factos que, no seu entender, provocam o incumprimento definitivo do contrato**. Assim, deve indicar, v.g., porque **razão concreta** entende que há fundamento para a resolução com base no não pagamento da renda ou encargos nos termos do 3 do art. 1084.º CC (indicando o valor da renda, o período de tempo a partir de quando a mesma está em falta – porque não foi paga nos termos constantes do contrato, ou, por outra forma, nem, sequer, teve lugar o seu depósito nos termos consentidos por lei).

Ou seja, **não basta invocar a previsão legal, usando os termos da lei. É preciso invocar factos que a demonstrem.**

Neste sentido, também MENEZES CORDEIRO sustenta[189] que *"a declaração escrita deverá enunciar, com clareza, os **factos** que se traduzem em justa causa e conduzem à cessação; ou seja: [...], **o objecto da declaração deve observar certos requisitos – na sua falta, isto é, se os factos não forem enunciados ou, embora enunciados, se não se vier a provar a sua veracidade, afigura-se que a declaração de resolução é nula, por contrariedade à lei, nos termos do artigo 280.º, n.º 1"*[190] – sublinhado nosso.

Cremos que, também neste domínio, vale a **teoria da impressão do destinatário**, prevista no art. 236.º do nosso Código Civil.

Efectivamente, o n.º 1 do art. 236.º do CC representa a consagração da chamada «**teoria da impressão do destinatário**», teoria que entende que a declaração negocial deve ser interpretada como a interpretaria um **destinatário medianamente sagaz, diligente e prudente, colocado na posição concreta do destinatário.**

---

[189] *O Direito,* 2004, II-III, pág. 295.

[190] MENEZES CORDEIRO enuncia no mesmo local a **seguinte questão**: *quid juris* se uma das partes resolve o contrato – cessando, de facto, as atribuições patrimoniais recíprocas –, **vindo a apurar-se, porém, em decisão judicial posterior, mediante acção proposta pela outra parte, a falta de fundamento para a resolução?**

Como bem observa o ilustre autor, a lei não responde, em lugar algum à questão – pelo menos de forma directa. E trata-se de questão absolutamente pertinente e **de uma enorme importância prática** – pois não serão raras as situações de impugnação de resolução operada por via da aludida comunicação.

Ora, o mesmo professor sustenta que na hipótese em apreço, o contrato não se mantém, nem se renova, *"pelo que **na falta de fundamento da resolução, a situação factual é de não cumprimento culposamente imputável ao autor da declaração, com a consequente obrigação de indemnização"**.*

E acrescenta que **esta solução deve valer de igual modo para ambas as partes**. E dá um **pertinente conselho**: *"como a resolução é cumulável com a denúncia"* – art. 1086.º do CC –, *"a emissão e envio das duas declarações poderá ser, em alguns casos, a melhor maneira de precaver eventuais surpresas e de limitar eficazmente, desde cedo, âmbito dos danos na hipótese de sobrevir obrigação de indemnizar"* – os sublinhados são nossos.

É certo que o Código Civil não se pronunciou sobre o problema de saber quais as circunstâncias atendíveis para a interpretação. Porém, ensina MOTA PINTO que «se deverá operar com a hipótese de um declaratário normal: serão atendíveis todos os coeficiente ou elementos que um declaratário medianamente instruído, diligente e sagaz, na posição do declaratário efectivo, teria em conta»[191].

Entre os elementos a tomar em conta destacam-se os posteriores ao negócio, elementos estes que são *«os modos de conduta porque posteriormente se prestou observância ao negócio concluído»*[192].

Manuel de Andrade refere, a título exemplificativo, «os termos do negócio», «os usos de outra natureza que possam interessar», a «finalidade prosseguida pelo declarante» e «os interesses em jogo no negócio»[193].

Pode o destinatário ter **culpa na não recepção da declaração**. Valerá, então, aqui, o disposto no art. 224.º do CC em conjugação com os arts. 9.º e **10.º** da Lei n.º 6/2006 – assim se podendo obter uma presunção inilidível de culpa da contraparte na não recepção da carta, sendo *"eficaz a declaração"* resolutiva (cit. art. 224.º/2)[194-195].

---

[191] *Teoria Geral do Direito Civil*, 1980, 421.
[192] RUI ALARCÃO, in *Bol. M.J.*, n.º 84, pág. 334.
[193] Teoria Geral da Relação Jurídica, vol. II, 1960, 313, nota 1.
[194] MENEZES CORDEIRO, *loc. cit.*, pág. 298, aborda, ainda, a questão de a declaração escrita de resolução **ter sido dirigida à outra parte e, efectivamente, ter sido por ela recebida, mas por qualquer outra via que não a carta registada prevista na lei**.

Igualmente suscita a seguinte questão: *"Quid juris se o senhorio resolve o contrato e, na sequência disso, exige a restituição do locado, mas, de facto, nem o arrendatário restitui o locado, nem o locador perturba a respectiva detenção, vindo o conflito a dirimir-se em tribunal?"*

Para ali se remete, na abordagem e solução de tais questões.

É claro que se não ficar provado o fundamento invocado, obviamente que o arrendatário tem direito a ser ressarcido dos danos e despesas sofridos – que, naturalmente, não serão de grande vulto.

Mas tendo-se provado os fundamentos da resolução, é claro que, para além de ser decretado o despejo – pois o arrendatário permaneceu no gozo do locado –, o arrendatário será condenado ao pagamento de uma indemnização correspondente aos prejuízos havidos pelo senhorio com a não disposição do arrendado **desde a data em que a comunicação resolutiva teria eficácia não fosse a recusa do arrendatário a restituir àquele o prédio** (é que, tendo a resolução sido extrajudicial, tornou-se logo eficaz – pondo logo termo ao contrato de arrendamento – independentemente, portanto, da data do trânsito em julgado da sentença produzida na acção declarativa).

¹⁹⁵ Sobre a **questão** de, tendo uma das partes declarado a resolução do contrato, **vir posteriormente a apurar-se, por decisão judicial posterior, a falta de fundamentação da resolução (extrajudicial)**, já PINTO MONTEIRO – embora a respeito da declaração (escrita) do contrato de agência – se pronunciou, *in Contrato de Agência, Anotação ao Dec.-Lei n.° 178/86*, 2.ª ed., Almedina, em anotação ao art. 31.°, nos seguintes termos:

"Como referimos no nosso Contrato de agência. Anteprojecto (BMJ 360, n.° 24), duas soluções se perfilam, "a priori": ou declarar que o contrato de agência se mantém, tendo a outra parte direito a ser indemnizada pelos danos causados pela suspensão do contrato (enquanto a acção não foi decidida); ou partir do princípio de que o contrato se extinguiu, traduzindo-se a falta de fundamento da resolução, apurada posteriormente, numa situação de não cumprimento do contrato pelo contraente que indevidamente lhe pôs termo, com a consequente obrigação de indemnização.

A primeira alternativa seria, no plano dos princípios, a mais indicada, visto que a resolução sem fundamento traduz um exercício ilícito do respectivo direito. De outro modo, poderá dizer-se que se consegue obter o resultado pretendido, em violação da lei.

*Simplesmente, **na prática, nem sempre parece aconselhável impor a subsistência do contrato, dado que entre o momento em que é feita a declaração resolutiva e a data da sentença judicial, em que se apura a sua falta de fundamento, pode decorrer um longo período de tempo, durante o qual as relações contratuais terão cessado, de facto**. Qualquer das partes pode, entretanto, ter estabelecido relações contratuais com terceiro, **pelo que a imposição de retomar o anterior contrato de agência poderia conduzir, muitas vezes, a situações deveras complexas**. Solução esta que, de resto, mal se compaginaria com o carácter extrajudicial da resolução e a natureza meramente declarativa da respectiva acção judicial. Acresce, por último, que **o contraente que resolve o contrato sem fundamento sempre poderia denunciá-lo** (tratando-se de contrato por tempo*

***indeterminado), uma vez que a denúncia não carece de ser motivada**. Assim sendo, a particularidade da resolução, para este efeito, reside na desnecessidade de pré-aviso. Poder-se-á equiparar, por conseguinte, em princípio, a resolução sem fundamento a uma denúncia sem observância do pré-aviso exigível, **o que implicará a correspondente obrigação de indemnização, mas sem que isso evite a extinção do contrato**"* – sublinhado nosso.

Ora, embora o referido autor esteja a falar do contrato de agência, cremos que a solução propugnada igualmente vale – *mutatis mutandis* – para a questão em apreço: de se vir a apurar que não havia fundamentação para a resolução que tenha sido declarada extrajudicialmente por uma das partes.

9. DOS EFEITOS DA RESOLUÇÃO

Cumprirá referir que, sendo a locação um contrato de execução continuada, nos termos do preceituado no art. 434.°/2, do CC, a resolução do contrato de arrendamento não produz efeitos retroactivos, não se destruirão *in radice* (na raiz) os efeitos negociais, não sendo, por isso, posta em causa a execução de prestações contratuais verificadas anteriormente à dissolução do vínculo contratual.

Ou seja, com a resolução do contrato de locação, os efeitos extintivos apenas se produzirão para o futuro (a partir desse momento – *ex nunc*), mantendo-se válidos os efeitos que ocorreram até à data da resolução – e tendo a extinção do contrato apenas ocorrido com a sentença judicial, na acção de despejo, então serão plenamente válidos os efeitos produzidos até essa data.

Pode acontecer que o incumprimento da outra parte afecte retroactivamente prestações com ele correspectivas que já foram realizadas, caso em que haverá uma eficácia retroactiva da resolução. Será o caso de o senhorio ter recebido rendas mas não ter entregue o prédio ao arrendatário – caso em que este pode resolver o contrato e, obviamente, peticionar a restituição das rendas que pagou antecipadamente[196].

Com a cessação do contrato, a coisa deve ser restituída (arts. 1045.°, 1038.°, al. *i*) e 1043.°/1, do CC) – sem prejuízo do eventual

---

[196] GALVÃO TELLES, *Arrendamento*, págs. 168-169.

dever de indemnização sempre que ocorram os respectivos pressupostos (ver art. 1092.°/2, do CC).

Vale aqui o preceituado nos arts. 1043.° a 1046.°, sobre a *"restituição da coisa locada"*.

É claro que tendo o locatário oferecido a devolução da coisa ao locador e este recusou o seu recebimento, haverá mora do credor (art. 813.° do CC). E então não tem o locatário de continuar a pagar a renda ou o aluguer acordado. Cabe ao locatário, em caso de mora do credor, recorrer à consignação em depósito da coisa locada, para se desobrigar da sua obrigação de ter de continuar a pagar a renda ou aluguer[197].

Ao invés, se o locatário não restituir a coisa, logo que finde o contrato, deve continuar a pagar a renda ajustada, assim **subsistindo uma relação contratual de facto**[198].

Diz, ainda, o n.° 2 do art. 1045.° CC que *"logo que o locatário se constitua em mora, a indemnização é elevada ao dobro"*.

Mas para haver **mora na entrega da coisa**, impõe-se que seja feita interpelação do locatário para tal efeito (art. 805.°/1 CC). E daqui que se é certo que logo que se extinga o contrato a coisa deve ser restituída pelo locatário ao locador, certo é, também, que o incumprimento do locatário não é culposo e só entra em mora no que tange à obrigação de restituição com a interpelação. **Só com**

---

[197] Sobre a consignação em depósito no caso de mora do locador, pode ver-se PEREIRA COELHO, *Arrendamento. Direito Substantivo e Processual*, João Abrantes, Coimbra, 1988, a pág. 202.

[198] Relação contratual de facto essa que, porém, apenas existe na medida em que o locatário, podendo devolver a coisa locada, a não devolve (cfr. Ac. RL, de 19.11.1996, *Col. Jur.*, XXI, tomo V, pág. 103 e Ac. RL, de 6.2.1997, *Col. Jur.* XXII, tomo I, pág. 119. Diferentemente, o Ac. RP, de 30.6.1997, *Col. Jur.* XXII, tomo III, pág. 225, entendeu que a obrigação de pagar a renda se funda no enriquecimento sem causa, mas em que se não aplicam as regras dos arts. 473.° e segs. do CC).

a interpelação o locatário se torna responsável pelo incumprimento. E, então, sim, se após tal interpelação a coisa não for restituída ao locador, o locatário entra em situação moratória com as consequências previstas no n.º 2 do art. 1045.º CC: *"a indemnização é elevada ao dobro"*[199].

---

[199] O que não exclui o ressarcimento de outros danos que o locador tenha sofrido com o a conduta do locatário (Ac. RP, de 30.06.1997, *Col. Jur.* XXII, Tomo III, a pág. 225).
É um forma de responsabilidade com função punitiva e não ressarcitória.

10. DA CADUCIDADE DO DIREITO DE RESOLUÇÃO

Rege aqui o **art. 1085.º do CC**.
Tal como constava no anterior art. 65.º do RAU (que corresponde, por sua vez, ao art. 1094.º do CC, na redacção do Decreto-Lei n.º 47.344, de 25 de Novembro de 1966), a resolução do contrato de arrendamento deve ser efectivada dentro de determinado prazo.
Quer no RAU, quer no NRAU se refere que tal prazo *"de um ano"* se conta a partir do "conhecimento do facto que lhe serve de fundamento".

Há, porém, alguma diferença entre os dois regimes.
Ao passo que o art. 65.º do RAU falava em *"a acção de resolução"*, o art. 1085.º do NRAU fala apenas em *"a resolução"*. Da mesma forma que foi substituída a expressão *"deve ser proposta"* pela locução *"deve ser efectivada"*.
A justificação é evidente: ao passo que no RAU a resolução tinha de ser decretada pelo tribunal, em acção de despejo (arts. 55.º e 56.º), já no NRAU a resolução pode ocorrer por via judicial ou... **extrajudicialmente (cfr. arts. 1047.º e 1084.º do CC).**

Tendo-se recorrido à resolução extrajudicial, o aludido prazo de um ano para o exercício do direito de resolução **conta-se, em relação a cada renda, a partir do terminus da mora de três meses a que se refere o art. 1083.º/3** – pois só a partir dessa data pode ter lugar tal comunicação resolutiva.

Isto é: para instaurar acção de despejo, o prazo de caducidade de um ano conta-se a partir do *"conhecimento do facto que lhe serve de fundamento"* – no caso de não pagamento da renda, a partir do conhecimento de que o arrendatário está em falta (mora – ver art. 1039.° do CC); pretendendo recorrer à via extrajudicial, através da comunicação resolutiva, tal prazo de caducidade de um ano conta-se a partir do fim da mora de três meses no pagamento da renda.

Em ambos os regimes – embora com diferente forma de redacção – se prevê que, tratando-se de facto continuado ou duradouro, o prazo de caducidade só se inicia com a cessação de tal facto – no RAU fala-se em um ano *"a partir da data em que o facto tiver cessado"*; no NRAU diz-se que *"o prazo não se completa antes de decorrido um ano da sua cessação"*[200-201]. **O resultado é o mesmo**[202].

---

[200] Agora, como já no RAU, o legislador tomou posição contrária à que havia sido sufragada no assento do STJ de 3.5.1984, *in BMJ* 337, pág. 182, segundo o qual, para efeitos do disposto no anterior art. 1094.° do CC, o prazo de caducidade se contava a partir do conhecimento **inicial** pelo senhorio – doutrina esta que PIRES DE LIMA e ANTUNES VARELA, *CC Anotado*, II, anotação ao art. 65.°, qualificava como «mais uma das muitas pedras negras (...) em edificação da ordem jurídica constituída». Ver, sobre a questão, CARLOS LIMA, *Arrendamento Urbano. Caducidade do Direito de resolução,* ROA, 62 (2002), I, pp. 71 ss. e GALVÃO TELLES, *«Acção de Despejo. Caducidade do Direito à Resolução Judicial do Arrendamento por Cessação da Causa», Col. Jur.*, VII (1982), Tomo I, págs. 15 ss.

[201] – Sobre "Prazo para Despejo" e "A Caducidade da Resolução do Contrato de Arrendamento na Compropriedade", veja-se o Parecer MENEZES CORDEIRO e ANTÓNIO TELLES, *in Colectânea de Jurisprudência*, 1989, Tomo III, pág. 35, com o seguinte sumário:
"I – A natureza da compropriedade: teorias.
II – O artigo 1024.° do Código Civil: a aplicação do seu regime, por analogia, a resolução do contrato.
III – O artigo 298.°, n.° 2. do Código de Processo Civil: a analogia entre a situação da desistência do litisconsorte e a da caducidade do seu direito.
IV – Na natureza jurídica da compropriedade – como ainda da aplicação daquelas normas legais – decorre que a circunstância de um dos comproprietários senhorios (ou mais do que um desde que não todos) ter conhecimento, há mais de

Como é bom de ver, **cada uma das rendas vencidas tem autonomia para a contagem do prazo de caducidade**, pelo que em relação a cada uma delas se aplica o disposto no art. 1085.°/1 CC.

---

um ano, do facto que e fundamento da resolução do contrato de arrendamento, não pode afectar a situação dos demais, relativamente ao arrendamento".

– Sobre "Violações Repetidas e Sucessivas", veja-se PIRES DE LIMA e ANTUNES VARELA, *Código Civil Anotado*, vol. II, 1971, págs. 612 e segs.:

"Os tribunais estiveram durante bastante tempo divididos sobre a solução a dar ao problema da contagem do prazo de caducidade, no – caso de violações contratuais repetidas ou sucessivas (como a falta de pagamento de renda ou a aplicação reiterada do prédio a práticas ilícitas, imorais ou desonestas) e no caso das violações duradouras ou continuadas (como a aplicação do prédio a fim diverso do estipulado, a desocupação do prédio, a falta de residência permanente do locatário, etc.). (...)

No caso das faltas repetidas ou sucessivas, entendiam alguns acórdãos e julgados de 1.ª instância que o prazo de caducidade se contava a partir do conhecimento (pelo locador) da primeira das faltas verificadas, enquanto noutros se aceitava que o prazo decorria separadamente para cada uma das faltas registadas, de tal modo que o direito de resolução só caducava quando findasse o prazo relativo à última das violações (contratuais ou legais) de que o locador teve conhecimento. (...)"

Se não houvesse lugar à cessação da resolução por eliminação da sua causa, mas se verificassem violações repetidas, embora da mesma natureza, também não restam dúvidas de que o prazo de caducidade deveria correr separadamente para cada uma das faltas. O facto de ter eventualmente caducado o direito ao despejo fundado na falta de pagamento da renda do mês de Janeiro não obstaria à procedência do despejo baseado na falta de pagamento da renda do mês de Abril ou de Maio (se após conhecimento da última falta não tivesse decorrido mais de um ano), ainda que uma e outra faltas se encontrassem reunidas na *mesma* causa de pedir da *mesma* acção."

– Sobre "Violações Continuadas ou Duradouras", escreveram os mesmos autores, no mesmo local, a fls. 613:

"No caso das violações continuadas ou duradouras, a questão e mais delicada. por não serem de idêntica natureza as situações abrangidas na lei.

Por um lado, há os casos (como o da realização de obras, sem a autorização necessária, ou o da aplicação continuada do prédio a fim ilícito, ou a ramo de negócio diferente do estipulado) em que repugna admitir que. tendo o locador conhecimento há vários anos da infracção praticada, possa exigir o despejo do arrendatário. a pretexto de que as obras não foram ainda desfeitas, ou a aplicação indevida ainda se mantém, ou sob a alegação de que não decorreu mais de um ano sobre a destruição da obra ou o retorno do imóvel à sua devida aplicação. E mal se compreende

Diga-se, ainda, que tal caducidade **não é de conhecimento oficioso**. Se a resolução opera por via judicial é da caducidade do direito de acção (acção de despejo) que trata o art. 1085.º.

Por outro lado, como é obvio, **esta caducidade não se estende ao direito de instaurar acção executiva** – com base no título executivo que figura no art. 15.º da Lei n.º 6/2006.

Por outro lado, lembre-se que o contrato de arrendamento também pode extinguir-se nos termos do art. 1084.º/3 do CC – isto é, nos casos em que a resolução opera por via extrajudicial (casos previstos no n.º 3 do art. 1083.º CC: falta de pagamento de renda, encargos ou despesas) e o arrendatário ponha fim à mora no prazo de três meses a contar da comunicação resolutiva.

Há, ainda, a caducidade do direito de resolução, nos termos do disposto no art. 1048.º do CC – atrás sobejamente explicado e para onde se remete.

Finalmente, temos o art. 1084.º/4 do CC, segundo o qual a resolução fica sem efeito, quando fundada na oposição pelo arrendatário à realização de obra ordenada por autoridade pública, se o arrendatário no prazo de três meses cessar a mora – norma também já atrás explicada.

---

que o prazo de caducidade só comece a contar-se, em tais casos. a partir exactamente do momento em que o locatário volta a dar ao prédio a aplicação adequada.

Por outro lado, também não se justifica que, conservando o locatário o prédio desabitado há mais de um ano, com conhecimento do locador que não reagiu contra o facto, o locatário adquira direito a manter o prédio desabitado por tempo indefinido, a pretexto de ter caducado o direito do locador à resolução do contrato".

– Ver, ainda, o "Assento do Supremo Tribunal de Justiça", de Maio de 1984:
"Seja instantâneo ou continuado o facto violador do contrato de arrendamento. é a partir do conhecimento inicial pelo senhorio que se conta o prazo de caducidade estabelecido no artigo 1094.º do Código Civil.".

[202] Situação enquadrável no n.º 2 do art. 1085.º é a prevista na al. c) do n.º 2 do art. 1083.º (utilização do prédio "para fim diverso daquele a que se destina". Como igualmente ocorre na hipótese da al. d) do mesmo normativo (não uso do arrendado por mais de um ano (...).

11. DA DESOCUPAÇÃO DO LOCADO E ENTREGA DO IMÓVEL

Verificada que seja a cessação do contrato (art. 1079.º CC), tem o arrendatário a obrigação de desocupar o locado e proceder à sua entrega imediata, a não ser que outra coisa tenha sido acordada pelas partes. É o que resulta do art. 1081.º CC.

Este último preceito ressalva, ainda, os casos em que a lei estabelece prazo específico máximo para a desocupação, sob pena de indemnização pelo atraso, nos termos previstos no artigo 1045.º. Trata-se, essencialmente, de remissão para duas situações especiais, uma referente à caducidade do contrato (artigo 1053.º) e outra referente à cessação do contrato (artigo 1087.º).

Uma observação se impõe: embora a **caducidade** seja, como vimos (cit. art. 1079.º), uma forma de cessação do contrato, o certo é que **a lei estabeleceu, quanto a ela, um prazo mais lato relativamente às outras formas de cessação,** *maxime* a **resolução**.

E não se pense que foi lapso do legislador. Não foi lapso, antes foi isso mesmo que o legislador pretendeu dizer (e disse). Veja-se que a lei é clara: o artigo 1053.º (para a caducidade) estabelece que a restituição do prédio só pode ser exigida passados seis meses sobre a verificação do facto que determina *a caducidade*; o artigo 1087.º (para a **resolução**), já refere que a desocupação do locado, nos termos do art. 1081.º, *"é exigível no final do 3.º mês seguinte à resolução"*. Assim se estabeleceram prazos diferentes para efectivação do direito do senhorio em obter a restituição do

locado, nas duas aludidas formas de cessação do contrato (caducidade e resolução).
Continuemos.

Rege, em matéria de *"desocupação"*, portanto, o **art. 1087.º** do CC: *"a desocupação do locado, nos termos do artigo 1081.º, é exigível no final do 3.º mês seguinte à resolução, se outro prazo não for judicialmente fixado ou acordado pelas partes"*.

A regra sobre os efeitos da cessação do arrendamento vem, portanto, no art. **1081.º/1**: *"A cessação do contrato torna imediatamente exigível, salvo se outro for o momento legalmente fixado ou acordado pelas partes, a desocupação do local e a sua entrega, com as reparações que incumbam ao arrendatário"*.

Trata-se de norma correspondente (de forma parcial) à do art. 54.º do RAU.

No entanto, – a não ser que haja **estipulação judicial a fixar o prazo de desocupação (efectiva) do arrendado**, caso em que é esse, e só esse, o prazo a respeitar – o legislador dá às partes, no caso de resolução do contrato de arrendamento, **plena liberdade de acordarem o momento que entendam adequado para tal desocupação** (cfr. parte final do citado artigo).

Limitou-se, assim, o legislador a **estipular supletivamente o prazo para a desocupação** (*"no final do 3.º mês seguinte à resolução"*) – caso, portanto, nada tenha sido pelas partes convencionado.

Assim, sendo a **resolução decretada pelo tribunal**, pode este fixar um prazo maior ou menor do que os aludidos três meses, prazo esse que se conta a partir do trânsito em julgado da decisão judicial resolutiva.

Veja-se que em caso de caducidade, o prazo de restituição do imóvel arrendado é de seis meses – assim se tendo alargado o prazo que vingava anteriormente (*ut* art. 1053.º do CC).

Como já referimos, a norma ora em apreciação (art. 1087.º) estabelece um regime supletivo de obrigação do arrendatário no sentido de desocupar o locado no fim do 3.º mês seguinte à resolução, prevalecendo, no entanto, em relação a este outro que tenha sido judicialmente fixado ou acordado pelas partes.

É claro que **se o arrendatário não desocupar o locado dentro do prazo estabelecido** – por acordo ou judicialmente –, ao senhorio não resta alternativa que não o recurso à **execução comum (para entrega de coisa certa)**, nos termos dos artigos 928.º e seguintes do Código de Processo Civil, sendo o **título executivo** constituído pela sentença judicial (decisória ou homologatória) ou o termo de acordo extrajudicial entre as partes eventualmente existente.

Efectivamente, na primeira das hipóteses, pode ter havido decisão proferida pelo tribunal no sentido de julgar procedente o pedido de resolução do contrato de arrendamento, como podem as partes ter **transigido** no decurso dos autos, no sentido dessa resolução, a qual ficou homologada. Da segunda hipótese, prevê-se a situação de as partes, independentemente do recurso a tribunal, terem acordado na referida resolução do contrato.

Como vimos, tendo a resolução sido decretada pelo tribunal, a entrega efectiva tem de ocorrer após decurso do prazo por aquele fixado e que se conta a partir do trânsito em julgado da decisão judicial resolutiva. Vale, porém, o prazo previsto no art. 1087.º CC se outro não for fixado pelo tribunal (ou acordado pelas partes). A partir daqui, **não sendo entregue, terá o arrendatário de responder**, designadamente, pelos danos que cause ao senhorio por virtude desse atraso (pois o antes arrendatário já não tem título legítimo para deter a coisa, violando, como tal, o direito de propriedade que o proprietário do imóvel antes arrendado tem sobre a coisa, *ut* art. 1305.º do CC[203-204-205]).

---

[203] Como culpado pela ocupação ilegítima do prédio, estava, portanto, o arrendatário obrigado a indemnizar o proprietário pelos danos sofridos devido à sua actuação ilícita – recusa a entregar o que lhe não pertence (arts. 483.º/1 562.º, 563.º, 496.º, 564.º e 566.º, todos do Cód. Civil.). Obrigação de indemnizar essa que constitui uma modalidade autónoma das obrigações, com estatuto definido

Aliás, em matéria de não cumprimento da obrigação, por parte do arrendatário, acrescente-se que **tal incumprimento sempre o fará incorrer:**

– Em *má fé*, implicando a perda das benfeitorias voluptuárias que haja feito (artigo 1275.º, n.º 2 do Código Civil);
– Em mora, pelo que é obrigado a pagar ao senhorio, a título de **indemnização**, até ao momento da restituição, a renda que tenham estipulado elevada ao dobro, excepto se houver fundamento para consignar em depósito a coisa devida (artigo 1045.º do Código Civil).

E acrescente-se, ainda, que o próprio incumprimento da obrigação de colocar escritos e de mostrar o locado igualmente são fonte

---

nos arts. 562.º e segs. do Cód. Civil e que tem por objecto a reconstituição da "situação que existiria se não se tivesse verificado o evento que obriga à reparação" – art. 562.º cit.

[204] Aliás, também poderíamos dizer que a partir de então, sempre a eventual posse sobre o prédio era abusiva. Só o não seria se tivesse – como já teve – o uso e fruição do prédio titulados por arrendamento válido.

E, como é sabido, **o possuidor só pode evitar a restituição da coisa se conseguir provar uma de três circunstâncias**:
  a) Que a coisa lhe pertence por qualquer título legítimo;
  b) que tem sobre a coisa qualquer outro direito real que justifique a sua posse;
  c) que detém a coisa por virtude de direito pessoal bastante (cfr. MENEZES CORDEIRO, *Direitos Reais*, pág. 848).

Estes princípios não só de há muito se encontram consagrados no direito português, quer no código de Seabra, quer no actual, como também nas doutrinas portuguesas e estrangeiras, pelo menos na italiana, e, ainda, na jurisprudência (cfr. CUNHA GONÇALVES, *Tratado de Direito Civil*, vol. XII, pág. 71; RUGGIERO, *Instituições de Direito Civil*, II, pág. 113; Acs. do S.T.J. de 04/05/1976, in *Bol. M.J.* 257/82; de 14/10/1976, *Bol. M.J.* 260/102 e, entre outros, Ac. da Rel. de Coimbra, de 24/02/82, in *Col. Jur.* VII, I, 104).

[205] Sobre a natureza do direito do locatário, em especial sobre a possibilidade do **direito de arrendamento por usucapião**, *veja-se* HENRIQUE MESQUITA, in *Obrigações Reais e Ónus Reais*, Colecção Teses, Almedina, 2 reimpressão, 2000, a págs. 131 e segs., em especial págs. 184/185, com indicação de abundante doutrina.

do direito de indemnizar por banda do arrendatário, em conformidade com o disposto no artigo 798.º do Código Civil.

Uma **questão** pertinente é colocada por GRAVATO MORAIS[206] e tem a ver com o **momento da efectiva desocupação do prédio, no caso de resolução extrajudicial por falta de pagamento de renda**.
Escreveu este autor: *"Impõe-se saber se, no caso de resolução extrajudicial por falta de pagamento de renda, é **relevante para efeito do início da contagem do prazo** – dado que o senhorio só pode fazer actuar o mecanismo extintivo no final do 3.º mês após a mora – o **momento do seu exercício (ou melhor, o da recepção da carta enviada) ou a data da (não) oponibilidade pelo arrendatário (o que implica que aqui deve contar-se novo período de 3 meses).**

*Figure-se a seguinte situação: o arrendatário, em mora desde o dia 8 de Janeiro, recebe a declaração extrajudicial a 12 de Maio; todavia, não se opõe ao **direito de resolução** (até ao dia 12 de Agosto), nem abandona o prédio.*

*Se atendermos àquela data, a desocupação do locado é exigível a 31 de Agosto (ou seja, **no final do 3.º mês seguinte à resolução**). Caso se considere o outro momento, o início da contagem do prazo de 3 meses ocorre a 12 de Agosto, pelo que termina a 12 de Novembro, de sorte que a desocupação deverá ocorrer a 31 de Novembro.*
Em razão da dupla dilação que já favorece o inquilino, não parece razoável estender-se o prazo por novo período de 3 meses. Aliás, na lógica do art. 1087.º CC, NRAU a resolução ocorre no primeiro momento assinalado." – sulinhado nosso.
Merece o nosso total acordo.

Efectivamente, **seria manifestamente despropositado, abusivo mesmo,** conceder-se ao "faltoso" um prazo de entrega superior ao do *"3.º mês seguinte à resolução"*, sendo que esta opera com a recepção da carta resolutiva enviada pelo senhorio ao arrendatário, nos termos do n.º 1 do art. 1084.º do CC.

---

[206] *Ob. cit.*, a págs. 122/123.

Assim, no exemplo exposto supra, não vemos a mais pequena razão – até por elementar justiça – para que a efectiva desocupação do arrendado não fosse exigível a partir do fim do mês de Agosto.

Em nada afecta esta solução o facto de o arrendatário poder obstar à resolução extrajudicial nos termos do n.° 3 do art. 1084.°: se usou desse meio, obstará à resolução e consequente obrigação de desocupar o prédio; se desse mecanismo não dispôs, *sibi imputet*: não se suspendeu ou alongou o prazo para a desocupação do locado, o qual (como diz a lei) ocorre *"no final do 3° mês seguinte à resolução"*, a qual – como refere o n.° 1 do art. 1084.° – **operou com a aludida *"comunicação à contraparte"*.**

Anote-se, ainda, que caso o arrendatário **entenda que, não obstante a resolução do contrato, tem motivos para recusar a entrega do arrendado** – v.g., porque entende que pagou a renda nas condições que a lei impõe, ou porque não era exigível o seu pagamento –, e, por isso mesmo, recusa sair do prédio, ao senhorio apenas restará a instauração da competente **execução para entrega de coisa certa**, nos termos dos arts. 930.° e segs. do CPC, podendo, então, nessa execução, o arrendatário deduzir a competente oposição, visando a sua suspensão. E como se refere no art. 930.°-B, n.° 1, al. *a*), do CPC, aditado pela Lei n.° 6/2006, de 27 de Fevereiro, tal suspensão terá lugar *"se for recebida a oposição à execução, deduzida numa execução que se funde em título executivo extrajudicial"*.

12. DO ÂMBITO DE APLICAÇÃO DO NRAU[207]

Dispõe o art. 59.º, n.º 1, da Lei n.º 6/06 de 27/02 – inserido nas *"Normas Finais"* – que *"O NRAU aplica-se aos contratos celebrados após a sua entrada em vigor"* – 28.06.2006 –, *"bem como às relações contratuais constituídas que subsistam nessa data, sem prejuízo do previsto nas normas transitórias"* – arts. 26.º a 58.º.

Por outro lado, resulta do n.º 2 do mesmo preceito que há que fazer a distinção entre as normas imperativas e as normas supletivas do NRAU – aplicando-se as primeiras a todos os contratos, com ressalva das aludidas normas transitórias.

Por outro lado, impõem-se igualmente fazer uma comparação entre as normas supletivas do NRAU e as normas supletivas que vigoravam à data da celebração dos contratos em causa, para ver se ocorre oposição entre elas para, então, ver qual a que deve ser aplicada.

Que confusão!

Estamos perante um preceito que deverá ser analisado em sintonia com o estatuído no **art. 12.º do CC**, sobre a aplicação das leis no tempo[208].

---

[207] Obviamente que nos reportamos, essencialmente, às normas atinentes à resolução do contrato de arrendamento, objecto deste estudo.

[208] Ver sobre a matéria, BAPTISTA MACHADO, *Introdução ao Discurso Legitimador*.

Assim, há que levar em conta a distinção operada pelo n.º 2 deste normativo do Cód. Civil: as normas da lei nova que disponham sobre condições de validade substancial ou formal do arrendamento não devem aplicar-se retroactivamente – o que quer dizer que a respectiva matéria continuará a ser disciplinada pela lei que vigorar à data da celebração do contrato de arrendamento (veja-se, v.g., as alterações introduzidas pelo art. 7.º do NRAU); já as normas que disponham directamente obre o conteúdo da relação de arrendamento abrangerão as relações já constituídas, **aplicando-se imediatamente**.

Há sempre, porém, que ver as especificidades que o legislador deixou plasmadas nos arts. 26.º e segs. do NRAU.

Sem mais explanações, cremos que da leitura (pouco clara, porém, dada a manifesta **confusão das** *"normas transitórias"*!) dos aludidos preceitos (artigos 26.º n.º 1, 27.º e 28.º da Lei n.º 6/2006) se poderá **concluir** que os contratos habitacionais celebrados, quer na vigência do RAU, quer anteriores, passam a estar submetidos ao regime instituído pelo NRAU, com as excepções previstas nos n.ºs 2 a 5 do art. 26.º.

O que significa que as acções pelas quais **se pretenda obter a resolução do contrato de arrendamento** (independentemente da data em que se constituiu a respectiva relação locatícia), desde que **instauradas a partir de 28/06/06**, devem reger-se (no que tange, portanto, às normas atinentes à resolução) pelo NRAU.

As **únicas limitações** à aplicabilidade da NLAU, são as previstas no referido art. 26.º (ver, ainda, o art. 28.º), bem como no n.º 3 do art. 59.º, a respeito das normas supletivas contidas no NRAU – que apenas se aplicarão aos contratos celebrados antes da entrada em vigor da nova Lei quando não sejam em sentido oposto ao de norma supletiva vigente aquando da celebração, caso em que será essa a norma aplicável.

APÊNDICE

APPENDICES

1. DIREITO COMPARADO

1.1. NOTA PRÉVIA

Neste mundo globalizante e, como tal, cada vez mais "pequeno", onde a comunicação flui a um ritmo vertiginoso e os interesses e problemas são cada vez mais comuns, o entrosamento e/ou cruzar de ideias, saberes e experiências é, não só cada vez mais intenso, como mais útil e desejável. É, de facto, grande a partilha de idênticas preocupações jurídico-sociais que necessariamente se vai reflectir nos vários corpos de normas jurídicas neste domínio do arrendamento.

O nosso ordenamento jurídico, tal como os demais, não é – nem pode ser – uma *ilha*. Pelo contrário: tal como se passa nos demais países, importamos conceitos e experiências nos mais diversos ramos do Direito: umas terão poucas possibilidades de vingar entre nós, atenta, designadamente, a especificidade do nosso tecido sócio--cultural e económico; outras lá se vão impondo e vingando, embora quase sempre ao sabor das correntes políticas dominantes.

Não vamos aqui tecer considerações de índole histórica sobre o arrendamento, *maxime* a evolução da designada questão do vinculismo, cuja história mais não é do que a da luta entre o dirigismo e o liberalismo, entre o direito de habitação (por um lado) e o direito de propriedade e a autonomia privada (por outro lado) – sendo certo que este vinculismo, por razões de natureza conjuntural, nos tem acompanhado desde o seu nascimento (nos inícios do século XIX) até à actualidade, embora cada vez de forma menos marcante, como não poderia deixar de ser, dadas as mutações sócio-económicas e a necessidade imperiosa de ajustar o Direito à realidade social[211].

No domínio da relação locatícia a partilha das aludidas idênticas preocupações jurídico-sociais também não fugiu à regra: se algo se criou, também muito se importou.

Assim aconteceu, em específico, no capítulo da resolução do contrato de arrendamento. Basta, para o efeito, ver o regime jurídico vigente na Alemanha, bem assim em Espanha e, em certa medida, na Itália, para se ficar com a forte percepção de que o **NRAU muito lá foi beber, a começar pela introdução da cláusula geral resolutiva do art. 1083.º, n.º 2, do Cód. Civ.** (como vimos, com a menção exemplificativa de causas de resolução acopladas àquela mesma cláusula geral, ou dela dependentes para a sua eficácia prática).

O que melhor à frente se verá.

Um aspecto que ressalta à evidência é a **constante mutação de normas** neste domínio. O que bem se compreende, já que nos encontramos num campo extremamente sensível, onde as **preocupações de natureza sócio-económicas e políticas não podem deixar de se reflectir**.

Veja-se que o direito à habitação – com estatuto constitucional, e cujo ónus de efectividade incumbe ao próprio Estado (art. 65.º CRP) – muitas vezes anda paredes meias com o próprio direito à sobrevivência em condições minimamente condignas. Direito esse que a legislação sobre rendas, ou uma simples acção de despejo, pode liquidar.

Mas não se pode olvidar que aquela constante mutação neste domínio arrendatício existe não apenas entre nós, mas na grande parte dos demais ordenamentos jurídicos europeus (França, Itália, Espanha, Alemanha, Inglaterra, etc...) e de fora da Europa (v.g. Bra-

---

[211] Sobre a matéria, ver PINTO FURTADO, *Manual do Arrendamento Urbano*, págs. 171 ss.

sil): também aqui as mutações nos últimos anos têm sido, não apenas frequentes, mas **profundas**. É que (em especial na Europa) continua-se num processo gradual de libertação da herança vinculística da primeira metade do século XX. E o RAU mais não foi, afinal, do que um desses passos rumo a uma melhor regulamentação do mercado arrendatício[212].

Afigura-se-nos, por isso, **útil** passar um olhar – mesmo que aqui ou ali algo superficial – por alguns sistemas jurídicos estrangeiros, **no domínio da relação locatícia**, com especial relevo, obviamente, para a **(específica) temática da resolução do contrato de arrendamento**.

Fazêmo-lo, não apenas por curiosidade jurídica, mas, também, pela **natural utilidade que tal conhecimento certamente terá para todos os que se interessam por este ramo do direito civil**.

---

[212] Ver MENESES CORDEIRO e CASTRO FRAGA, *Novo regime do Arrendamento Urbano*, Coimbra, 1990, a págs. 9 ss.

1.2. ANÁLISE DE DIVERSOS REGIMES JURÍDICOS

1.2.1. O REGIME JURÍDICO BRASILEIRO

Começando pelo "país irmão" – **o BRASIL** –, temos que o regime da locação consta da **Lei n.º 8.245, de 18 de Outubro de 1991**, publicada no Diário Oficial da União, de 21 de Outubro de 1991.

Este diploma – que entrou em vigor sessenta dias após a sua publicação (art. 89.º) – revogou (cfr. art. 90.º) várias *"disposições em contrário"*, mais adiante mencionadas.

Da leitura desta Lei facilmente se constata um **acentuado desfasamento em relação à legislação portuguesa** – o que bem se compreende, atenta a especificidade da sociedade brasileira.

O art. 1.º começa por referir que *"A locação de imóvel urbano regula-se pelo disposto nesta lei"*.

E o seu parágrafo único esclarece que *"Continuam regulados pelo Código Civil e pelas leis especiais*[213]*:*

a) as locações:
    1. de imóveis de propriedade da União, dos Estados e dos Municípios, de suas autarquias e fundações públicas;
    2. de vagas autônomas de garagem ou de espaços para estacionamento de veículos;
    3. de espaços destinados à publicidade;

---

[213] A referência é feita ao Código Civil de 1916. Vide os arts. 565.º a 578.º e 2036.º do Código vigente.

4. *em apart-hotéis, hotéis-residência ou equiparados, assim considerados aqueles que prestam serviços regulares a seus usuários e como tais sejam autorizados a funcionar;*
b) *o arrendamento mercantil, em qualquer de suas modalidades."*

No que toca à **cessação da relação locatícia**, permitimo-nos referir, apenas, alguns normativos mais relevantes:

O art. 4.º dispõe que *"Durante o prazo estipulado para a duração do contrato, não poderá o locador **reaver o imóvel** alugado. **O locatário, todavia, poderá devolvê-lo**, pagando a multa pactuada, segundo a proporção prevista no art. 924.º do Código Civil e, na sua falta, a que for judicialmente estipulada*[214].

Parágrafo único. *O locatário ficará dispensado da multa se a devolução do imóvel decorrer de transferência, pelo seu empregador, privado ou público, para prestar serviços em localidades diversas daquela do início do contrato, e se notificar, por escrito, o locador com prazo de, no mínimo, trinta dias de antecedência."*

O art. 5.º dispõe que a acção de despejo é o meio próprio para o locador *"reaver o imóvel"*, *"seja qual for o fundamento do término da locação"* e os arts. 7.º e 8.º tratam da **denúncia** da locação.

De especial relevo temos o **art. 9.º (no capítulo da cessação da relação locatícia)**.

Assim, dispõe-se neste normativo que:

*"**A locação também poderá ser desfeita:***
  I – por mútuo acordo;
  II – em decorrência da prática de infração legal ou contratual;
  III – em decorrência da falta de pagamento do aluguel e demais encargos;
  IV – para a realização de reparações urgentes determinadas pelo Poder Público, que não possam ser normalmente

---

[214] A referência é feita a dispositivo do Código Civil de 1916. Vide art. 413.º do Código vigente.

executadas com a permanência do locatário no imóvel ou, podendo, ele se recuse a consenti-las"[215] – os sublinhados são nossos.

Segue-se o art. 15.º – *"sublocações"* – a referir que *"Rescindida ou finda a locação, qualquer que seja sua causa, resolvem-se as sublocações, assegurado o direito de indenização do sublocatário contra o sublocador."*

Ainda no capítulo da cessação do contrato, temos o art. 46.º – inserido nas *"disposições especiais"* referentes à *"locação residencial"* – a prever que, *"nas locações ajustadas por escrito e por prazo igual ou superior a trinta meses, a **resolução** do contrato ocorrerá findo o prazo estipulado, independentemente de notificação ou aviso"*.

Porém, os dois parágrafos desse normativo acrescentam que:

"§ 1.º Findo o prazo ajustado, se o locatário continuar na posse do imóvel alugado por mais de trinta dias sem oposição do locador, presumir-se-á prorrogada a locação por prazo indeterminado, mantidas as demais cláusulas e condições do contrato.

§ 2.º Ocorrendo a prorrogação, o locador poderá denunciar o contrato a qualquer tempo, concedido o prazo de trinta dias para desocupação."

As normas atinentes às **"acções de despejo"** vêm previstas nos arts. 59.º a 66.º, aí se abordando a sua tramitação, vários fundamentos de despejo, respectivos pedidos (possibilidade de cumulação de pedidos), consequências da procedência da acção, desocupação do imóvel, etc., etc.

Finalmente, cumpre referir que naquilo em que esta lei for omissa, *"aplicam-se as normas do Código Civil e do Código de Processo Civil"* (referem-se ao CC de 1916. Vide arts. 565.º a 578.º e 2036.º do Código vigente).

---

[215] Em sentido idêntico a este último número, veja-se o nosso art. 1083.º, n.º 3, *fine*, CC – sobre a *oposição do arrendatário à realização de obras.*

1.2.2. O REGIME JURÍDICO ESPANHOL

No que respeita a ESPANHA, além do paralelismo histórico com Portugal no que tange à evolução do arrendamento urbano, há o facto de se tratar de um ordenamento geográfica e jurídico-culturalmente próximo. Por isso, **daremos especial relevo a este ordenamento jurídico**, não só fazendo uma súmula do aludido regime jurídico, mas, também, trazendo à colação algumas decisões jurisprudenciais no domínio da resolução do contrato de arrendamento, sempre úteis.

Adiantaremos, desde já, que as alterações legislativas de monta no âmbito da legislação do arrendamento apareceram com 1985[216] e 1995, sendo que na base desta última esteve a *Ley 29/1994, de 24 de Noviembre* (**Nova Lei do Arrendamento Urbano**) que entrou em vigor no dia 1 de Janeiro de 1995.

Mas vejamos, com mais cuidado, toda a regulamentação jurídica espanhola vigente no domínio que ora nos ocupa: o *"arrendamiento de fincas urbanas"*.

A) Quanto à Regulamentação geral, temos:

O **Código Civil**, a dedicar de maneira específica a estes arrendamentos de prédios urbanos os artigos **1580.º-1583.º** (referentes ao prazo, às reparações e à inclusão no arrendamento também dos bens móveis em determinadas circunstâncias).

---

[216] Registe-se, apenas, que com esta alteração de 1985 houve uma quase total liberalização da actualização das rendas e da duração dos contrato de arrendamento, **numa reviravolta total relativamente ao regime então vigente**.

Também serão de aplicar com carácter de **disposições gerais os artigos 1546.º a 1574.º do CC.**

Ainda quanto ao **CÓDIGO CIVIL espanhol,** há que não olvidar, em especial, as *"Dispositiones generales"* contidas nos arts. 1542.º a 1545.º (do capítulo I do Título VI – sob a epígrafe *"DEL CONTRATO DE ARRENDAMIENTO"*, do seguinte teor:

– *"Artículo 1542.º*
El arrendamiento puede ser de cosas, o de obras y servicios".

Trata-se de um preceito com um alcance meramente introdutório, onde se enumeram as diferentes modalidades de arrendamento, as quais seguem a tradição romanista.

Anote-se que o único elemento unificador destas figuras tão díspares entre si consiste, segundo cremos, na ideia geral de percepção de uma utilidade por uma das partes contratantes (arrendatário) que há-de pagar em contraprestação uma espécie de mercê a quem lhe proporciona aquela utilidade (locador).

– *"Artículo 1543.º*
En el arrendamiento de cosas, una de las partes se obliga a dar a la outra el goce o uso de una cosa por tiempo determinado y precio cierto".

Este é o primeiro preceito que o Código dedica propriamente ao arrendamento *de cosas*. Nele se faz referência a três questões que se consideram determinantes no arrendamento, a saber: a cessão do uso, a duração determinada e o preço.

A doutrina e jurisprudência espanholas são coincidentes no sentido de que através do arrendamento transfere-se o uso da coisa com retenção do domínio por parte do cedente[217].

O carácter temporal do arrendamento é outra das suas características especiais: a perpetuidade e o arrendamento são conceitos

---

[217] Por todos, ver LUNA, *Elementos...*, pág. 118.

incompatíveis. O arrendamento da coisa há-de ser sempre por um tempo determinado ou determinável.

Quanto ao preço, obseva-se apenas que, como é óbvio, um "arrendamento" gratuito não podia qualificar-se como tal.

Quanto à regulamentação do arrendamento *de cosas*, a regulamentação contida no Código Civil é, obviamente, *supletiva ou residual*, em relação à prevista em normas especiais. E de entre estas está a *LAU* – bem assim a *LAR* –, que ao deante melhor se abordará.

É por esta normatividade **especial** que convém determinar concretamente a que tipos de arrendamento se aplicam as disposições do Código que aqui se trascrevem.

Assim, examinando o conjunto de normas atinentes ao arrendamento *de cosas* no ordenamento jurídico espanhol, conclui-se que **as disposições do Código são aplicáveis às seguintes classes de arrendamentos**: 1 – arrendamentos *complejos* (complexos) – uma série de situações de cessão temporal de uma edificação em que concorrem elementos estuturais e funcionais que vão mais além do puro arrendamento de uma *vivienda o local*, como é exemplo *el arrendamiento «ad meliorandum»* (onde resultam mesclados elementos próprios de arrendamento de coisas e de obras ou serviços). 2 – Arrendamentos de solares – que não têm, obviamente, a consideração de *vivienda* nem de local de negócio. 3 – Arrendamentos turísticos – com regulação própria. 4 – Arrendamentos de indústria. 5 – Arrendamentos de *plazas de garage* – que não têm por objecto, nem uma *vivienda*, nem um local de negócio. 6 – Arrendamentos excluídos pelo artigo 5.º da *LAU*. 7 – Quaisquer outros supostos arrendamentos *de cosas* que não se consumam pelo uso (art. 1545.º do CC) e que não estão submetidos a uma legislação especial: automóveis, aeronaves, etc., etc...., a respeito dos quais, em primeiro lugar, se atenderá ao estipulado pelas partes, e, na falta de tal estipulação, ao previsto no CC.

A jurisprudência espanhola tem salientado que as cessões de exploração mineiras ou de uma pedreira (cantera), também estão submetidas ao CC.

– *"Artículo 1544.°*
En el arrendamiento de obras o servicios, una de las partes se obliga a ejecutar una obra o a prestar a la outra un servicio por precio cierto."[218]

– *"Artículo 1545.°*
Los bienes fungibles que se consumen com el uso no pueden ser matéria de este contrato.

Segue-se o capítulo II ("De los arrendamientos de fincas rústicas y urbanas") – cujo primeiro artigo aí mencionado (1546) dispõe que *"Se llama arrendador al que se obliga a ceder el uso de la cosa, ejecutar la obra o prestar el servicio; y arrendatario al que adquire el uso de la cosa o derecho a la obra o servicio que se obliga a pagar"*.
(...)

B) Quanto à Legislação especial, temos:

– *Ley 29/1994, de 24 de Noviembre* – nova *Ley de Arrendamientos Urbanos* (vulgarmente designada por *L.A.U.*).
– Texto Refundido da Lei de Arrendamentos Urbanos de 24.12.1964 (LAU).
– *Real Decreto-Ley 2/85, de 30 de Abril* (Decreto Boyer, em matéria *prorroga forzada*)[219].

---

[218] Trata-se de uma visão ou resquício da ocupação romanístca da locação, sem paralelo na nossa legislação.

[219] Acabou com o vínculo de *prorrogação forçada* para todos os contratos de arrendamento de *viviendas* ou de *locales de negocio*, que fossem celebrados após a sua entrada em vigor, podendo as partes estipular de forma livre a duração de tais contratos, bem como (em certos casos) a transformação de *viviendas* em *locales de negocio*.

– Real Decreto 297/1996, de 23 de Fevereiro, sobre inscrição no Registo de Propriedade dos contratos de arrendamento.

C) Sobre o âmbito de aplicação da LAU (Ley 29/1994, de 24 de Noviembre):

Tal como acabámos por fazer com o nosso NRAU, a espanhola Lei de 1994 já então abandonara a distinção que existia (anterior art. 64.º) entre *"arrendamientos de vivienda y los de locales de negocio"*, passando a estabelecer dois grandes grupos ou categorias, que são *"los de vivienda y los de uso distinto al de vivienda"*.

Sobre o que se entende por arrendamento *"de vivienda"* (isto é, para habitação), veja-se os arts. 2.º e 7.º.

Por sua vez, o *"arrendamiento para uso distinto del de vivienda"* vem definido no art. 3.º.

Quanto aos arrendamentos excluídos da Ley 29/1994, de 24 de Noviembre, veja-se o art. 5.º.

D) Entrando no regime jurídico e conteúdo do contrato de arrendamento (Lei 29/1994, de 24.11), temos:

D.1. *El arrendamiento de vivenda:*

– Sobre o prazo de duração, o art. 9.º;
– Sobre *"el derecho de desistimiento del arrendatário"*, o art. 11.º, 12.º;
– Sobre a *"cesión del contrato y subarriendo"*, art. 8.º;
– Sobre a **Resolución del derecho del Arrendador**, ver o art. 13.º, a regular várias situações, de forma específica e concreta, diferentemente do que se passava na antiga lei de 1964 e que gerara uma série de problemas e de discussões tanto na Doutrina como na Jurisprudência;
– Sobre a *"subrogación mortis causa"*, art. 16.º da L.A.U.;
– Sobre os *"Derechos y obligationes de las partes"*, arts. 21.º a 24.º – que estabelecem todo o sistema e regime da conservação da casa e das obras que sobre ela se podem realizar.

Quanto às obras de conservação da casa, *maxime*, as obrigações do locador, há que ver os arts. 1563.° a 1564.° do Cód. Civil, para onde remete a *Ley*.

Veja-se, também, as obrigações do arrendatário a suportar tais obras – bem como as de melhoramento –, bem assim os direitos que lhe assistem em caso de, por virtude das obras, ficar privado de parte da casa (arts. 23.°, 24.° e 26.° da *Ley*).

– Sobre os *"derechos de aquisición preferente"* (designadamente *el derecho de tanteo y el derecho de retracto* – quanto a este último, poderá o arrendatário exercitá-lo com sujeição ao disposto no art. 1518.° do CC, nas circunstâncias previstas na lei) ver o 25.° da LAU – que reduziu tais *derechos* em relação ao que vingava na antiga Ley de 1964.

– No que tange à ***suspensión, resolución y extinción del contrato*** **– capítulo de especial importância dado se inserir mais directamente no objecto deste trabalho –,** dir-se-á o seguinte:

Nos arts. **26.° a 28.°**[220] L.A.U. estabelecem-se causas gerais de resolução do contrato, bem assim algumas de carácter específico próprias do arrendamento.

---

[220] Tais normativos estão inseridos no Capítulo V *(De la suspensión, resolución y extinción del contrato)*, e são do seguinte teor:

"Artículo 26. Habitabilidad de la vivienda

Cuando la ejecución en la vivienda arrendada de obras de conservación o de obras acordadas por una autoridad competente la hagan inhabitable, tendrá el arrendatario la opción de suspender el contrato o de desistir del mismo, sin indemnización alguna.

La suspensión del contrato supondrá, hasta la finalización de las obras, la paralización del plazo del contrato y la suspensión de la obligación de pago de la renta."

"Artículo 27. Incumplimiento de obligaciones

1. El incumplimiento por cualquiera de las partes de las obligaciones resultantes del contrato dará derecho a la parte que hubiere cumplido las suyas

Assim, no **art. 27.º, n.º 1**, estabelece-se o princípio geral contido no **art. 1124.º do Cód. Civil**, fazendo referência ao incumprimento por qualquer das partes das obrigações resultantes do contrato, remetendo-se para o aludido art. 1124.º CC.

É, afinal, o que fez o legislador do nosso NRAU, no art. 1083.º/1 (em referência ao art. 801.º CC, no que tange ao *"incumprimento pela outra parte"*).

---

a exigir el cumplimiento de la obligación o a promover la resolución del contrato de acuerdo con lo dispuesto en el artículo 1124 del Código Civil.

2. Además, el arrendador podrá resolver de pleno derecho el contrato por las siguientes causas:

    a) La falta de pago de la renta o, en su caso, de cualquiera de las cantidades cuyo pago haya asumido o corresponda al arrendatario.

    b) La falta de pago del importe de la fianza o de su actualización.

    c) El subarriendo o la cesión inconsentidos.

    d) La realización de daños causados dolosamente en la finca o de obras no consentidas por el arrendador cuando el consentimiento de éste sea necesario.

    e) Cuando en la vivienda tengan lugar actividades molestas, insalubres, nocivas, peligrosas o ilícitas.

    f) Cuando la vivienda deje de estar destinada de forma primordial a satisfacer la necesidad permanente de vivienda del arrendatario o de quien efectivamente la viniera ocupando de acuerdo con lo dispuesto en el artículo 7.

3. Del mismo modo, el arrendatario podrá resolver el contrato por las siguientes causas:

    a) La no realización por el arrendador de las reparaciones a que se refiere el artículo 21.

    b) La perturbación de hecho o de derecho que realice el arrendador en la utilización de la vivienda" – sublinhados nossos.

Finalmente, dispõe o *"**Artículo 28. Extinción del arrendamiento***

El contrato de arrendamiento se extinguirá, además de por las restantes causas contempladas en el presente Título, por las siguientes:

    a) Por la pérdida de la finca arrendada por causa no imputable al arrendador.

    b) Por la declaración firme de ruina acordada por la autoridad competente (…)."

Por outro lado, no **n.º 2 do mesmo art. 27.º estabelecem-se causas de resolução que poderão ser concretizadas por iniciativa do locador – afinal, também, o que ocorre com o n.º 2 do art. 1083.º do nosso NRAU** –: casos de falta *de pago de la renta, de la fianza;* subarrendamento ou cessão não autorizados pelo senhorio; danos causados dolosamente ao prédio ou obras não consentidas pelo senhorio quando tal autorização é obrigatória; ***cuando en la vivienda tengan lugar actividades molestas, insalubres, nocivas, peligosas o ilícitas* – alínea da maior importância prática, pois aí se insere a garande maioria das situações previstas ou contempladas nas nossas alíneas *a*) (esta totalmente inovadora, como vimos) e *b*) do art. 1082.º, n.º 2 do CC (NRAU)**; quando a casa deixe de estar destinada a satisfazer a necessidade permanente de habitação do arrendatário ou de quem efectivamente a vinha ocupando.

Por outro lado, prevê-se a possibilidade do arrendatário resolver o contrato por não realização pelo senhorio das reparações a que se refere o art. 21.º, relativas à conservação da casa, etc.[221]

---

[221] Dada a semelhança entre este normativo (art. 27.º da *LAU* – em especial o corpo do preceito e o seu n.º 2) e o nosso art. 1083.º CC, cremos estar perfeitamente justificada uma sua abordagem mais cuidada.

Nesta senda, além do que ficou dito atrás aquando do estudo da alínea *a*) do n.º 2 do art. 1083.º do nosso CC – com indicação de jurisprudência julgada pertinente –, deixamos aqui as ***consideraciones generales*** ao aludido art. 27.º, deixadas por L. MARTÍN CONTRERAS – Doctor en Derecho, Secretário de Sala de la Audiência Nacional e Profesor Universidad Carlos III (Espanha) –, *in Ley de Arrendamientos Urbanos,* Bosch, 2004, a págs. 291/292:

"*Ante la regulación tremendamente proteccionista del TR del 64, el art. 27 de la LAU amplia el campo para resolver los contratos de arrendamientos urbanos. En efecto, frente al coto cerrado que suponía el art. 114 de aquel texto legal, dado su carácter de numerus clausus, más cerrado si cabe por la rigidez de la Jurisprudencia, el art. 27 de la vigente ley especial abre las puertas a la regulación ordinaria y permite la rescisión del contrato por las mismas causas que se pueden resolver el resto de los contratos. En efecto, una vez más la vigente ley, en aras a la consecución del equilíbrio entre*

Por sua vez, o **art. 28.º**, como critério geral, estabelece a extinção, à parte as demais causas contempladas no título segundo, pela perda do prédio arrendado por causa não imputável ao senho-

---

arrendador y arrendatario, el nuevo precepto flexibiliza]os supuestos de resolución del contrato, no sólo con una regulación de los supuestos, más adecuada, sino también a través de Ia introducción de criterios interpretativos más generosos" – por aquí se vê o enorme paralelismo com o art. 1083.º do nosso *NRAU!*

"*Sin duda ésta es Ia primera conclusión que se extrae de Ia remisión del art. 27 de Ia LAU al 1124 del CC,* **buscando Ia equiparación de Ias causas de resolución del contrato de arrendamiento a Ias generales reguladas en Ia legislación ordinaria para los contratos de los que emanan obligaciones recíprocas.** *Sin embargo, esta remisión resulta en parte aparente, pues queda parcialmente matizada cuando* **el artículo se refiere al incumplimiento de cualquiera de tas partes de Ias obligaciones resultantes del contrato.** *En efecto, Ias obligaciones recíprocas previstas en el Código Civil ya quedan limitadas ab initio por lo regulado en art. 6 de Ia LAU que, en aras a impedir el establecimiento de cláusulas perjudiciales para el arrendatario y subarrendatario, declara la nulidad de cualquier postulado contractual que pueda limitar los derechos que se regulais en el Título II del propio texto especial, lo que lleva a* **preguntarme si con el nuevo texto de Ia Ley de Arrendamientos Urbanos cabe Ia posibilidad de resolver el contrato por causas distintas a Ias previstas en su art. 27.** *La respuesta a primera vista será afirmativa pues el art. 4.2 de Ia propia LAU establece que esta norma trata de regular el marco normativo que regirá los contratos de arrendamiento a través de un sistema de fuentes,* **si bien será Ia voluntad de Ias partes Ia que después desarrolle el resto, quedando como supletorio el Código Civil. O lo que es lo mismo, Ia Ley de Arrendamientos Urbanos no regula de manera completa y excluyente toda la estructura del contrato, limitándose, en algunos casos, a proteger a la parte más débil en el contrato; dejando el resto a Ia voluntad de tas partes.** *No obstante, pueden darse circunstancias contrarias a Ias cláusulas del contrato que puedan justificar su resolución, aunque resulta evidente que son mínimas.*

Por otra parte, quiero destacar Ia doble regulación que se produce en estos momentos en el ámbito de Ia resolución de los contratos de arrendamiento, según se trate de contratos anteriores al 1 de enero de 1995 y no se hayan adaptado a Ia nueva LAU en base a Ia Disposición Transitoria Segunda, y los celebrados con posterioridad a esa fecha. Permaneciendo Ias causas tasadas para

rio e por declaração (firme) de ruína reconhecida por autoridade competente.

Também se prevê o que a nova *Ley* designa por **Suspensión del contrato**, relativo à impossibilidade de habitar a casa nos casos em que se teve de realizar **obras de conservação**, acordadas por autoridade competente que considerou inabitável a casa, dando-se ao arrendatário a alternativa de, ou optar pela suspensão do contrato, ou desistir do mesmo sem qualquer tipo de indemnização.

Assim, se optar pela suspensão do contrato, paraliza-se o prazo até à conclusão das obras, bem assim se suspende a obrigação de pagamento da renda. Circunstância esta congruente, sem dúvida, para evitar possíveis enriquecimentos injustos por uma das partes, pois se assim não fosse, o arrendatário pagaria uma renda sem poder receber a contraprestação da outra parte, qual seja, a cedência do uso e fruição do arrendado.

---

los primeros y abriéndose las posibilidades, aunque sea mínimamente, en los segundos.

Cabe hacer una última referencia al art. 1124 del CC para manifestar que, como ya he expuesto, **no todos los contratos de arrendamiento pueden ser resueltos por incumplimiento de las cláusulas contractuales, pues, como establece este artículo, a las reclamaciones en este sentido se pueden oponer las excepciones «non rite adimpleti contractus» o «non adimpleti contractus», por incumplimiento total o parcial del contrato, así como el requisito previo de tener que exigir el cumplimiento del contrato antes de poder reclamar su resolución, sin perjuicio de que la primera de las exigencias pueda conllevar la reclamación de una indemnización por os daños ocasionados por el incumplimiento.**

De cualquier forma, no debemos olvidar que la repercusión de la norma que ahora estudiamos siempre ha ido unida a la existencia de la prórroga forzosa, razón por la que, al suprimirse esta prerrogativa en la nueva Ley de Arrendamientos Urbanos (excepción hecha de los primeros cinco años de contrato para el caso de viviendas), **este artículo también parece más amplio en su aplicación que lo que resulta en realidad**" – sublinhados nossos.

D.2. No que respeita à *renta e su actualización*:

Neste segmento, a legislação espanhola – tal como a portuguesa – está algo dispersa.

Assim, há que distinguir
- Na lei vigente dos Arrendamentos Urbanos (24.11.1994):
  Ver, com referência aos arrendamentos de habitações, os arts. 17.º e segs. (princípio geral – as partes podem estipular livremente a renda, salvo o estabelecido na *Ley de Viviendas de Protección Oficial*). Para os arrendamentos de uso diferente da habitação, dá-se às partes liberdade de acordo da renda, remetendo-se para o contido no Cód. Civil.
  Sobre o lugar e modo de pagamento da renda e actualização da mesma, ver os citados normativos da Lei de 1994, bem assim o art. 1171.º CC.
- Para o cálculo e actualização da renda dos contratos de arrendamento de habitações celebrados antes de 9 de Maio de 1985 e dos designados arrendamentos de habitações designadas *santuarias*, a que se refere o art. 6.2. da Ley de 1964 e das demais habitações, celebrados antes de 12.05.1956, ver o *apartado 11 da la Disposición Transitória*.
- Para os arrendamentos para comércio (*local de negocio*) celebrados antes de 9 de Maio de 1985, a matéria está regulada na disposição transitória *Tercera, en el apartado 6*.
- Para os contratos celebrados a partir de 9.5.1985 que subsistam à entrada em vigor da *Ley*, continuarão a reger-se *por el Real Drecreto* de 1985 (Boyer) e pelo disposto para o contrato de inquilinato na Lei de 1964.
- Os arrendamentos de locais de negócio subsistentes a partir de 9.5.1985, reger-se-ão pelo Decreto Boyer bem assim pelo disposto na Lei do Arrendamento Urbano de 1964.

D.3. Quanto à forma do contrato:

Veja-se os arts. 37.º da LAU, os arts. 1278.º, 1279.º, 1280.º e 1218.º do Cód. Civil e os arts. 2.º e 3.º de *la Ley Hipotecaria*.

D.4. Quanto aos arrendamentos para uso distinto da habitação:

Ver, além das normas já citadas, ainda os arts. 19.° a 35.° (da L.A.U.).

Em especial, veja-se o **art. 35.°**[222], a referir-se à **resolução do contrato**, remetendo-se para as causas de resolução previstas nas alíneas *a*), *b*) e *e*) do artigo 27.°, n.° 2, como são a falta de pagamento de renda, o exercício de actividades insalubres, nocivas, perigosas ou ilícitas, a cessão ou subarrendamento do locado em incumprimento ao disposto no art. 32.°.

E) Quanto aos arrendamentos de *viviendas* em contratos anteriores a 9.5.1985:

Há algumas especificidades em matéria de *duración del contrato, subrogaciones inter* vivos, quanto ao direito do cônjuge não arrendatário no caso de divórcio, separação ou nulidade do casamento, *subrogación por causa de muerte, derechos de tanteo y retracto, renta, obras, etc.,* que igualmente deverão ser levadas em conta, e que aqui nos dispensamos de referir.

F) Quanto aos arrendamentos de *local de negocio anteriores a 9 de Maio de 1985:*

Ver, designadamente, a disposição transitória 3.ª e artigo 1566.° do Cód. Civil e várias normas da Lei de 1964 (ainda aplicáveis).

Nesses normativos, designadamente, aborda-se a distinção entre arrendatário/pessoa física e arrendatário/pessoa jurídica, a figura da *subrogación por causa de muerte*, actualização da renda,

---

[222] Tal normativo dispõe: *"Resolución de pleno derecho*
El arrendador podrá resolver de pleno derecho el contrato por las causas previstas en las letras a), b) y e) del artículo 27.2 y por la cesión o subarriendo del local incumpliendo lo dispuesto en el artículo 32.".

direito de preferência do arrendatário, trespasse do estabelecimento, etc., etc.

G) *Contratos de arrendamiento asimilados anteriores al 9 de Mayo de 1985:*

Os aludidos arrendamentos, de 1964, *asimilados a los de viviendas,* além de se regerem pela L.A.U. regem-se agora, também, pelas normas da disposição transitória 3.ª, que são as referentes a locais de *negocio.*

Veja-se que tais contratos não tinham, segundo a lei de 1964, *derecho de trespaso.*

Quanto à actualização da renda, vale a assinalada supra para os locais de *negocio.*

Quanto aos *asimilados a los arrendamientos de local de negocio,* regem-se pela disposição transitória 3.ª própria dos locais de *negocio.*

H) Arrendamientos posteriores a 9 de mayo de 1985 y anteriores a la nueva Ley:

Também há especifidades, que nos dispensamos de referir, designadamente no que respeita às *notificaciones y requerimientos, subragociones* (suprime-se, v.g., *la inter vivos del artículo 24.° de la L.A.U.,* admitindo-se duas substituições), *al tanteo y retracto,* à renda (actualização), aos locais de *negocio*, etc..

I) Poder-se-ia falar, também, de los *Arrendamientos y el Registro de la propriedad.*

Porém, além de se tratar de matéria sem aparente interesse relevante, extravasa de todo do âmbito do nosso trabalho.

Talvez nos tenhamos *estendido* demasiado nesta abordagem do sistema jurídico espanhol em matéria de *arrendamientos urbanos.*

Mas fizémo-lo porque, como supra referimos, além de ser evidente o paralelismo histórico com Portugal no que tange à evolução do arrendamento urbano, há, ainda, o facto de se tratar de um ordenamento geográfica e jurídico-culturalmente próximo[223].

---

[223] Resta trazer à colação alguma **jurisprudência Espanhola, em específico neste domínio da** *suspensión, resolución y extinción del contrato* **– para além da já referida atrás** sobre a alínea do art. 27.º atinente às *"actividades molestas, insalubres, nocivas, peligosas o ilícitas"*.

Escolhemos a jurisprudência das *"Audiências Provinciales de Catalunya"*, *in casu de* **Barcelona**, sem razões especiais, a não ser o facto de acharmos que se insere entre a que melhor se produz em Espanha.

Vejamos, então, **a título meramente exemplificativo,** alguns arestos, não apenas por mera curiosidade ou interesse informativo, mas também **para uma melhor apreciação e aplicação da nossa própria legislação, pois em muitos aspectos as soluções legislativas não são assim tão diferentes, antes pelo contrário**:

• **FALTA DE PAGO:**

– *La renta debida y transcendente a los efectos resolutorios es la últimamente aceptada y pagada, sin posibilidad de debate en este trámiite de su revisión o actualización. El artículo 101 del TR. 1964 no há resultado derrogado expresamente y permanece como norma básica respecto a la mecânica de notificación (Sentencia de 11 de febrero de 1997,* Sección 13.ª Audiencia de Barcelona).

– *El error bancaria en el pago debe acreditarlo la parte que así lo manifiesta. Si existe causa resolutoria por ausencia de pago, no puede invocarse fraude del arrendador por buscar con la extinción del arriendo una planificación inmobiliaria más beneficiosa, pues no se ampara en ninguna norma de cobertura (Sentencia de 29 de octubre de 1997,* Sección 4.ª, Audiencia de Barcelona).

– *Solicitada la resolución por falta de pago, no puede el Juzgado pronunciarse sobre la improcedencia de la revisión. Aceptación tácita de la actualización por la inquilina que dejó transcurrir treinta dias desde la notificación. Vigencia del artículo 101 TR. De 1964 (Sentencia de 1 de julio de 1997,* Sección 13.ª Audiencia de Barcelona).

– *El arrendatario niega la recepción de la comunicación referida al incremento de renta, entendiendo el Tribunal que habiéndose probado que la carta se dirigió a su destinatario existe una presunción acerca dei normal funcionamiento de los servicios de Correos, por lo que debe entenderse que la misiva*

Ilegó a su destino (Sentencia de 4 de ma vo de 2000, Sección 4.ª, Audiencia de Barcelona).

– *La enervación sólo es posible una vez, aunque se alegue que en pleito anterior pudo errar el Juzgado al considerarla cuando no procedia* (Sentencia de 6 de septiembre de 2000, Sección 4.ª, Audiencia de Barcelona).

– *Procede el desahucio por el hecho de falta de pago por el inquilino, sin que pueda escudarse en Ia existencia de un aval donde poder satisfacer su crédito el arrendador mediante su ejecución* (Sentencia de 20 de septiembre de 2000, Sección 4.ª, Audiencia de Barcelona).

– *Aunque el objeto no reúna los requisitos mínimos para ser considerado como vivienda, se trata de una edificación y por lo tanto vinculada al pago de una renta. Corresponde al inquilino ejercitar las acciones tendentes a Ia reparación* (Sentencia de 14 de septiembre de 1999, Sección 4.ª, Audiencia cie Barcelona).

– *No puede compensarse Ia renta con el importe de la fianza entregada por cuanto constituye una garantia por eventuales incumplimientos, que sólo será devuelta tras la resolución del contrato* (Sentencia de 14 de diciembre de 1999, Sección 4.ª, Audiencia de que Ia regia pri Barcelona).

Los arriendos gobernados por el TR de 1964 sólo permiten el desahucio cuando el impago se refiere a la renda y no al impuesto sobre bienes inmuebles, que nada más podrá ser objeto de una reclamación de cantidad (Sentencia de 25 de enero de 2000, Sección 4.ª, Audiencia de Barcelona).

– *Ni la'nueva normativa ni Ia anterior exigia o exige que para que prospere el desahucio por falta de pago se hayan de adeudar una pluralidad de mensualidades. Estando en adeudar la renta de abril y mayo, es evidente que no nos encontramos ante un mero retraso* (Sentencia de 1 de diciembre de 2000, Sección 4.ª, Audiencia de Barcelona).

– *Entre vendedor y comprador se produce una sucesión jurídica en relación con terceros respecto de Ia cosa vendida y Ia operación no puede ser justificativa de falta de pago por el arrendatario, cuando al tiempo de Ia misma ya se adeudaban dos mensualidades* (Sentencia de 2 de febrero de 2001, Sección 4.ª. Audiencia de Barcelona).

– *Consignada la renda el 5 de novembre de 1999 (9:54 h) en aquell «instant» no era deguda Ia corresponent al mes indicat, ja que es pagava dins deis primers 5 dies de cada mes. Per altra banda, en els contractes sotmesos a la LAU de 1964 l'importe de l'IBI i de les escombraries no són quantitats asimila-*

des a Ia renda (Sentencia de 6 de junio de 2001, Seccción 13.A, Audiencia de Barcelona).

— *No procede cuando el impago es imputable a Ia conducta del próprio arrendador No basta que el administrador notifique al arrendatario sucese en Ia administración, si no se precisa a partir de ese momento quién sea el nuevo administrador (Sentencia de 12 de septiembre de 2001,* Sección 4.ª, Audiencia de Barcelona).

— *No hay indefensión ni cabe nulidad alguna cuando Ia demandada fine citada al acto dei juicio entendiéndose con sti madre Ia diligencia y dejando de acudir al mismo sin alegar causa que lo impidiera.Tampoco puede admitirse mero retraso en el pago, cuando al tiempo de presentación de Ia demanda se debían varios meses de renta (Sentencia de 5 de mayo de 2003,* Sección 4.ª, Audiencia de Barcelona).

— *La reiteración por el inquilino de Ia rehabilitación del contrato por tres veces, una vez resuelto por falta de pago, veda el que pueda ha cerlo por cuarta vez. Arts. 9 y 147 de Ia LAU; 128.3 de Ia LAR (Sentencia de 10 de marzo de 1994,* Sección 1.ª, Audiencia de Girona).

— *Demostrado el impago de los alquileres que obligó al arrendador a promover hasta tres juicios de desahucio, que fueron enervados por el inquilino, es improcedente una nueva rehabilitación del contrato. Arts. 147.3 y 9 dela LAU (Sentencia de 31 de diciembre de 1993,* Sección 1.ª, Audiencia de Girona).

— *Debe distinguirse si el impago merece Ia calificación de incumplimiento contractual o de simple retraso. Entiende el Tribunal que hay mero retraso cuando Ia demanda se presentó en 23 de mayo y Ia renta se pagó el 31 del mismo mês (Sentencia de 9 de enero de 2002,* Sección 4.ª, Audiencia de Barcelona).

— *El contrato de arrendamiento finalizó con el cese de la relación laboral. Si el arriendo se ha extinguido, no puede ya nacer un pretendido derecho de subrogación (Sentencia de 23 de enero de 2003,* Sección 4.ª, Audiencia de Barcelona).

• **CESIÓN INCONSENTIDA:**

— *Si la cesión no Ilegó a consumarse y el cedente permaneció en Ia vivienda junto al cesionario, incluso después de notificada la operación al arrendador; es patente que no existió voluntad de ceder y tal acto há de declarar-se nulo y sin efecto (Sentencia de 24 de febrero de 1997,* Sección 13.ª, Audiencia de Barcelona).

— *El adjudicatario en régimen de acceso diferido a Ia propiedad no adquiere el dominio hasta tanto no haya satisfecho Ia totalidad de las canti-*

dades a las que se comprometió. La introducción de personas distintas, aunque sea mediante precio, sin consentimiento de Ia propiedad, vulnera Ia normativa aplicable (Sentencia de 17 de febrero de 1997, Sección 13.ª, Audiencia de Barcelona).

– *El hecho que el recibo de alquiler se abone a través de la cuenta corriente de los nuevos ocupantes, es prueba insuficiente para apreciar Ia existencia de consentimiento tácito a la cesión, más aún si todavia se extiende a nombre de otra persona* (Sentencia de 29 de octubre de 1997, Sección 4.ª, Audiencia de Barcelona).

– *Sustituir una persona física por otra jurídica, aunque lo sea con* baladí o i *carácter instrumental y finalidad fiscal o tributaria, comporta cambios trascendentales para el arrendador como lo es la subsistencia de la persona jurídica frente a Ia imperativa caducidad de la vida humana. Causa de resolución contractual* (Sentencia de 12 de junio de 997, Sección 4.ª Audiencia de Barcelona).

– *No supone subarriendo, cesión o traspaso el hecho que la esposa, que desde la celebración del matrimonio viene coadyuvando con el marido al êxito dei negocio, aparezca como titular del mismo* (Sentencia de 17 de diciembre de 1997, Sección 4 Audiencia de Barcelona).

– *La cesión producida es válida aunque el cedente, al tiempo de aquélla, stuviera incurso en causa de resolución contractual si ésta no se insto en su momento* (Sentencia de 7 de octubre de 1996, Sección 13.ª, Audiencia de Barcelona).

– *La ocupación del inmueble por compañero estable no constituye cesión. Aunque al tiempo de dirimirse Ia controversia no estuviera en vigor Ia Ley 29/1994 de 24 de noviembre, debe emplearse un criterio extensivo en Ia interpretación. Orientación sexual de la pareja* (Sentencia de 14 de mayo de 1996, Sección 4.ª, Audiencia de Barcelona).

– *No es determinante de Ia cesión la insumisión fiscal o morosidad del demandado, ni ias notas marginales obrantes en el Registro Mercantil. Por otro lado, la Administración Tributaria no es competente para decidir sobre la existencia de personas jurídicas. El art. 277 dei Reglamento dei Impuesto sobre Sociedades no extingue la personalidad de la sociedad* (Sentencia de 25 de marzo de 1999, Sección 4.ª, Audiencia de Barcelona).

– *La sustitución de dos personas físicas por una forma societaria sin personalidad (S. CP.) no comporta introducción clandestina de tercero em el arriendo, ya que se mantiene el sustrato personalista inalterado. Imposibilidad de mutatio libelli* (*Sentencia de 4 de febrero de 1999*, Sección 4.ª, Audiencia de Barcelona).

– *Jubilaión. La introducción de un extrano en el local determina Ia resolución del arriendo, salvo que sea asalariado, dependiente, mandatario, factor o colaborador familiar Permanencia del arrendatario en el negocio pese a su jubilación. Análisis de tal posibilidad. Inaplicabilidad de Ia DT Tercera de Ia LAU 1994* (*Sentencia de 29 de marzo de 1996*, Sección 13.ª, Audiencia de Barcelona).

– *La aportación del local por el arrendatario individual a una entidad dotada de personalidad jurídica propia equivale a un traspaso, aunque Ia sociedad está formada por familiares* (*Sentencia de 14 de mavo de 1998*, Sección 4.ª, Audiencia de Barcelona).

– *Domiciliación de sociedad en local arrendado cuando al arrendatario se le permite hacerlo en determinadas condiciones. No es indiferente para el arrendador Ia identidad de los sócios* (*Sentencia de 11 de inarzo de 2005*, Sección 4.ª, Audiencia de Barcelona).

– *La cesión no ha de reconocerse en aquellos supuestos, generalmente fraudulentos, en que no se consuma, continuando el hipotético transmisor en el disfrute dei objeto arrendado* (*Sentencia de 7 de junio de 1995*, Sección 4.ª, Audiencia de Barcelona).

– *La jubilación del arrendatario no es indicativo del cambio de titularidad del negocio, así como la titularidad fiscal, siempre que se demuestre que continúa al frente del mismo negocio* (*Sentencia de 4 de octubre de 2000*, Sección 4.ª, Audiencia de Barcelona).

– *En el local explotado por una persona física puede desarrollar una actividad colaboradora su cónjuge, pero concurre Ia causa resolutória cuando ambos esposos constituyen una sociedad, pues ello supone un cambio de personalidad* (*Sentencia de 10 de marzo de 2000*, Sección 4.ª, Audiencia de Barcelona).

– *La circunstancia de transitoriedad u ocasionalidad en Ia ocupación por otros no sirve para enervar Ia acción resolutoria, ya que el interés del arrendatario con sus compañeros profesionales no afecta al arrendador ni tiene motivo para consentirlo* (*Sentencia de 7 de junio de 2001*, Sección 4.ª, Audiencia de Barcelona).

– *Concurre Ia causa resolutoria cuando se produce Ia introducción clandestina de un tercero, siendo totalmente indiferente que resulte excluyente o compartida. Inversión de Ia carga de la prueba obligándose al arrendatario a probar la legalidad de dicha introducción* (Sentencia de 12 de septiembre de 2001, Sección 4.ª, Audiencia de Barcelona).

– *No se ha producido notifcación: es más, de los datos aportados se desprende que el arrendador nunca tuvo conocimiento de la misma.*

Si no consta un conocimiento no puede transcurrir ningún plazo prescripiivo (Sentencia de 11 de noviembre de 2002, Sección 4.ª, Audiencia de Barcelona).

- **CIERRE DE LOCAL**

– *Son significativos de cierre el importe de los recibos de electricidad, pues, tratándose de un comercio de alimentación, hay que presumir la instalación de frigoríficos, congeladores... Constituye también prueba del cierre la disposición de las mercancias en cajas apiladas de idênticos productos cuando lo usual es ofrecer una gama variada al posible comprador* (El Sentencia de 29 de octubre de 1997, Sección 4.ª, Audiencia de Barcelona).

- **OBRAS INCONSENTIDAS:**

– *No procede le resolución cuando se acredita que las obras se realizaron para una adecuada conservación de la vivienda, cuya antigüedad exige mayor cuidado y no constituyen alteración de su configuración* (Sentencia de 9 de julio de 1997, Sección 4.ª, Audiencia de Barcelona).

– *Requisitos para su concurrencia. No cabe la resolución cuando las obras pretendían resolver un problema de flecha en las vigas que produjo desnivel en los suelos, más aún cuando tales tareas reparadoras correspondían a la propiedad y no al arrendatario* (Sentencia de 7 de marzo de 2000, Sección 4.ª, Audiencia de Barcelona).

– *Es preciso que modifiquen la configuración o estructura de la vivienda, debiéndose examinar ese extremo en cada caso al resultar el concepto contingente y circunstancial. Recuerda la sentencia que las causas de resolución exigen una interpretación restrictiva* (Sentencia de 22 de febrero de 2002, Sección 4.ª, Audiencia de Barcelona).

– *Sólo aquellas modiftcaciones que exigen para su reposición de trabajos de cierta entidad, pueden integrar esta causa resolutória Distribución decorativa descomponible* (Sentencia de 28 de mavo de 1998, Sección 4.ª Audiencia de Barcelona).

– *Prueba del consentimiento derivada de las actos del arrendador –. El empleo de un arco de carga como solución constructiva en la comunicación de las dos estancias, con altura variable en función del trazado del mismo arco, no permite entender que haya producido una modificación sensible del volumen trunque la autorización limitara estrictamente las dimensiones de la abertura (Sentencia de 22 de rnayo de 1996,* Sección 4.ª, Audiencia de Barcelona).

– Sólo las obras de fábrica dan lugar a la resolución, pues ésta radica en los conceptos de debilitación de la estructura y cambio de configuración. Concurrencia de consentirniento del anterior propietario (Sentencia de 7 de enero de 2002, Sección 4.ª, Audiencia de Barcelona).

- **OTROS:**
Uso distinto de la cosa arrendada en contratos regulados por el TR de 1964:
– La nueva ley otorga relevancia resolutoria al incumplimiento de los pactos asumidos. El Texto Refundido de 1964 se cenía al artículo 114, con causas tasadas. El uso de la cosa arrendada de forma distinta a la convenida, no puede dar lugar a la sanción por resolución en los contratos regulados por dicho TR (Sentencia de 8 de sepliembre de 1998, Sección 4.ª, Audiencia de Barcelona).

Transformación de vivenda en local:
– Análisis de los requisitos necesarios para su concurrencia. Arrendamiento para centro cultural y recreativo. No se aprecia cuando la actividad del bar instalado no es independiente de los objetivos del centro ni se anuncia mediante rótulos (Sentencia de 28 de marzo de 1996, Sección 13.ª, Audiencia de Barcelona).

– El actor afirma que el objeto del contrato era una casa con jardín y que la demandada al instalar una granja de perros lo ha convertido en un local. Análisis del artículo 4 LAU. No existe desplazamiento del centro de gravedad del contrato de la primordial utilización como vivienda a la explotación negocial (Sentencia de 24 de octubre de 1994, Sección 4.ª, Audiencia de Barcelona).

Traspaso ilegal:
– No concorre coando el cónyuge colabora en el desarrollo de la actividad comercial, pues tiene un lógico interés en su buena marcha. La baja fiscal del arrendatario y el alta de la esposa colaboradora, no es prueba bastante de la cesión, si aquél se mantiene al frente del negocio (Sentencia de 16 de septiembre de 1998, Sección 4.ª, Audiencia de Barcelona).

Ruina
– Si la causa de la ruina es imputable o no al arrendador es indiferente a los fines de la resolución del contrato, ya que la ruína existe jurídica y economicamente (Sentencia de 23 de marzo de 1999, Sección 4.ª, Audiencia de Barcelona).

Subarriendo o cesión inconsentida
– *No concurre en los denominados contratos mixtos (local con vivienda). La ocupación del elemento accesorio no permite la resolución de un contrato que se rige por las normas que afectan al elemento dominante (Sentença de 21 de diciembre de 1999, Sección 4.ª, Audiência de Barcelona).*
Resolución unilateral
– *En los contratos posteriores a la nueva LAU con destino a vivienda y por plazo inferior a 5 anos, existe obligación por parte del arrendatario de abonar todo el precio del arrendamiento caso de desistimiento; con mayor motivo si se someten al régimen del Código Civil. La compensación por obras no puede producirse si éstas no son necesarias sino de mejoras (Sentencia de 10 de noviembre de 1999,* Sección 4.ª, Audiencia de Barcelona).
No uso
– *Destino actual. La utilizaciórn del local para guarda del coche propio, pone de manifiesto que aquél ha quedado relegado a una actividad residual o a un uso anómalo que no protege la norma (Sentencia de 14 de dicienibre cle 1995,* Sección 13.ª, Audiencia de Barcelona).
– *No es posible el desahucio cuando el arrendatario se encuentra in curso en causa de incumplimiento por una conducta precedente obstruccionista o masiva del propio arrendador (Sentencia de 17 de marzo de 1999,* Sección 4.ª, Audiencia de Barcelona).
– *La fijación en el contrato que el arriendo lo será por tiempo indefinido, no quiere decir que su duración no esté sometida a plazo legal determinable. No existe inconveniente en establecer en el subarriendo un sistema de prórroga forzosa, pero siempre supeditada a Ia duración del propio arrendamiento (Sentencia de 27 de noviembre de 1996,* Sección 13.ªJ, Audiencia de Barcelona).
– *Cedido el uso de Ia vivienda al inquilino a cambio de una renta de modo continuado y sin interrupción alguna desde 1973, primero mediante un contrato por el plazo de cinco años, al que siguieron otros por cuatro y tres años de duración, hasta 1985, en base al cual se ejercitó Ia pretensión resolutoria por expiración del término convenido, se produce el decaimiento de dicha pretensión por Ia reiterada continuidad del arriendo. Art. 57 de Ia LAU (Sentencia de 18 de marzo de 1994,* Sección 15.ª, Audiencia de Barcelona).
– *No es preciso especificar en Ia notificación al arrendador Ia persona del cesionario, quien además uede ser el encargado del acto notificador. Imposibilidad del acto traslativo cuando se ha prohibido expresamente al arren-*

datário (*Sentencia de 12 de noviembre de 1996,* Sección 4.ª, Audiencia de Barcelona).

– *La existencia de un contrato de arrendamiento en conexión con un contrato de compra-venta sujeto a condición suspensiva no impide el êxito del desahucio, pues mientras subsista el primero, podrá el arrendador reclamar las rentas. La controversia sobre Ia compra-venta debe solucionarse en Juicio declarativo* (*Sentencia de 24 de octubre de 1996,* Sección 13.ª, Audiencia de Barcelona).

Caducidad de la acción

El dies a quo debe computarse desde el momento en que el inquilino tiene el conocimiento de Ia venta y sus condiciones esenciales, aunque no se haya producido previa notificación. La acción igualmente caduca si el precio se consigna con posterioridad al término legal (Sentencia de 6 de noviembre de 1996, Sección 13.ª, Audiencia de Barcelona).

1.2.3. O REGIME JURÍDICO FRANCÊS

– Relativamente ao **arrendamento para habitação**, a legislação em vigor é a *Loi n.° 89-462, du juillet 1989,* a procurar uma solução de equilíbrio entre os interesses dos senhorios em poder cessar o arrendamento com maior facilidade e os dos arrendatários na estabilidade da relação locatícia.

Trata-se de uma lei que apareceu no meio de uma guerrilha legislativa à volta do vinculismo, ao sabor das forças políticas dominantes – a qual culminou com a Lei Quilliot[224] (lei socialista, de 1982).

A Lei n.° 89-462, du juillet 1989 veio repor uma parte substancial do dirigismo que informava a *Lei Quilliot.*

É um facto evidente que a legislação francesa – de balanços e contrabalanços –, neste domínio do arrendamento, anda ao sabor da alternância do Poder[225].

Esta Lei de 1989 tem um período de vida longa, é certo. Mas nem por isso as mutações políticas já existentes em França tiveram a coragem ou ausadia de a mudar, como parece que se impõe. Instituíram-se alguns benefícios fiscais a favor dos senhorios onerados com o vinculismo, e pouco mais que isso.

---

[224] Sobre esta Lei, pode ver-se ALAIN BOITUZAT, *La Loi Quilliot du 22 de juin de 1982,* 1982.

[225] Vários foram os diplomas relevantes neste domínio do arrendamento.
De entre eles temos a Lei de 1 de Setembro de 1948 (Lei 48-1360) – Lei esta que ainda governa parte dos alojamentos franceses; Lei n.° 82-526, de 22.06 de 1982 (a já referida *Lei Quilliot*); Lei n.° 86-1920, de 23.12.1986 (Lei da Direita e que ficou conhecida por *Lei Mébaignerie*). Seguiu-se a referida Lei n.° 89-462, de 6.07.1989, em vigor.

De especial relevo, no que interessa ao presente estudo, é o tema da **cessação do contrato de arrendamento**.

Assim, o art. 15.° prevê as situações de oposição à renovação do contrato, com diferentes prazos de pré-aviso para as partes – obviamente mais favoráveis para o arrendatário (em especial em determinadas situações, como é o caso de ter mais de sessenta anos, perder o emprego, ser beneficiário do designado rendimento mínimo garantido).

Aborda também situações em que o senhorio se não pode opor à renovação do contrato.

Já, porém, quanto à denúncia unilateral do contrato pelo arrendatário, há, ainda, o art. 12.° – a remeter para o art. 15.° (a exigir que se respeite a forma e pré-aviso de três meses).

Relativamente às **causas que fundamentam a resolução do contrato**, dispersas pela *Loi n.° 89-462 du 6 juillet*, temos o art. 24.° (não pagamento de renda) e o art. 7.° (incumprimento da obrigação de seguro (a *obligation d'assurance* referida no art. 7.°). São duas causas de resolução, mas em que se exige que estejam previstas no contrato através da inserção das cláusulas adequadas no contrato de arrendamento.

Apesar da verificação de qualquer das causas resolutivas, não se deve olvidar que, mesmo assim, se impõe algo mais para que o contrato cesse: tratando-se de não pagamento de renda, o senhorio tem de dar ao arrendatário o prazo de dois meses para que proceda ao pagamento das rendas em falta e só findo tal prazo sem que tal pagamento seja feito é que a resolução produzirá efeito; e na situação de não cumprimento da *obligation d'assurance*, só decorrido um mês após o senhorio ter interpelado o arrendatário é que a resolução do contrato de arrendamento produzirá efeito.

– Quanto ao **arrendamento comercial**, a sua reguamentação encontra-se no *Code de Commerce*[226].

---

[226] Relativamente ao *Code de Commerce*, aqui ficam algumas notas:

Assim, no que se refere à **cessação do contrato de arrendamento para comércio**, temos os artigos L.145-4.°, L.145-9.°, L.145-18.°, L.145-21.° e L.145-24.°.

No que tange, em específico, à **resolução do contrato**, vale o disposto nos artigos L.145-41.° e seguintes – dispondo o aludido art. L.145-41.° que a cláusula a prever a resolução do contrato de arrendamento (comercial) só produzirá efeitos decorrido um mês sobre a interpelação infrutífera, a qual deve mencionar esse mesmo prazo de um mês[227].

Em França, este Código (*de commerce*) é um conjunto de leis sobre direito comercial.
Evoluções históricas:
O **Código de Comércio tem a sua origem no Código de hamurabi**
E foi beber muito ao Código Justiniano (imperador bisantino).
No século XVII (1673), em França, as *ordonnance* de Colbert regulamentaram as operações comerciais.
O primeiro Código de comércio, redigido em 1807, contém poucas evoluções em relação à aludida versão de 1673.
Era necessário levar em consideração o Código Civil Francês de 1804. Ele regulamenta a sociedade anónima e a *societé en commandite par actions*.
O Código actual é uma reformulação do de 1807. A maior parte da legislação comercial estava disseminada por uma multiplicidade de textos esparsos e desordenados.
O Código de Comércio foi inteiramente revisto em **2000**.
Em Maio de 2001, a lei relativa às novas regulações económicas (*loi NRE*) modificou numerosas disposições do Código.

[227] **Para uma visão mais pormenorizada dos aspectos relevantes da *Loi n.° 89-462, du juillet 1989***, permitimo-nos transcrever aqui o seguinte escrito em anotação àquela Lei – à disposição do leitor digitando, no motor de busca *google*, "*Loi n.° 89-462, du juillet 1989*":

"*La mise en location d'un bien immobilier est réglementée par la **Loi n.° 89-462 du 6 juillet 1989** (loi mermaz), loi tendant à améliorer les rapports locatifs et portant modification de la loi n.° 86-1290 du 23 décembre 1986.*

Vous trouverez ci-dessous les principaux points de cette loi:
Le contrat de bail:
La loi impose un contrat de bail. Cet acte pourra soit être rédigé sous seing privé (entre locateur et locataire), soit établi par un notaire.

Clauses obligatoires devant figurer au contrat (article 3 de la loi):
– le nom ou la dénomination du bailleur et son domicile ou son siège social,
– ainsi que, le cas échéant, ceux de son mandataire;
– la date de prise d'effet et la durée;
– la consistance et la destination de la chose louée;
– la désignation des locaux et équipements d'usage privatif dont le locataire a la jouissance exclusive et, le cas échéant, l'énumération des parties, équipements et accessoires de l'immeuble qui font l'objet d'un usage commun;
– le montant du loyer, ses modalités de paiement ainsi que ses règles de révision éventuelle;
– le montant du dépôt de garantie, si celui-ci est prévu.
– Pièces jointes au contrat de bail (article 3 de la loi)
L'article 3 de la loi liste les pièces qui doivent être annexées au contrat de bail:
l'état des lieux:
l doit être établi contradictoirement entre les parties ou par-un huissier de justice.
Autres pièces éventuellement jointes au contrat:
– les références des loyers pratiqués dans le voisinage lorsque la subordinnation du loyer est déterminée par ces éléments
– si l'immeuble est soumis au statut de la copropriété, les "extraits du règlement de copropriété concernant la destination de l'immeuble, la jouissance et l'usage des parties privatives et communes et précisant la quote-part afférente au lot loué dans chacune des catégories de charges" seront joints au contrat.
Clauses non valides
L'article 4 de la loi prévoit des clauses non valides:
Est réputée non écrite toute clause:
a) Qui oblige le locataire, en vue de la vente ou de la location du local loué, à laisser visiter celui-ci les jours fériés ou plus de deux heures les jours ouvrables;
b) Par laquelle le locataire est obligé de souscrire une assurance auprès d'une compagnie choisie par le bailleur;
c) Qui impose comme mode de paiement du loyer l'ordre de prélèvement automatique sur le compte courant du locataire ou la signature par avance de traites ou de billets à ordre;

d) *Par laquelle le locataire autorise le bailleur à prélever ou à faire prélever les loyers directement sur son salaire dans la limite cessible;*
e) *Qui prévoit la responsabilité collective des locataires en cas de dégradation d'un élément commun de la chose louée;*
f) *Par laquelle le locataire s'engage par avance à des remboursements sur la base d'une estimation faite unilatéralement par le bailleur au titre des réparations locatives;*
g) *Qui prévoit la résiliation de plein droit du contrat en cas d'inexécution des obligations du locataire pour un motif autre que le non-paiement du loyer, des charges, du dépôt de garantie, la non-souscription d'une assurance des risques locatifs;*
h) *Qui autorise le bailleur à diminuer ou à supprimer, sans contrepartie quivalente, des prestations stipulées au contrat;*
i) *Qui autorise le bailleur à percevoir des amendes en cas d'infraction aux clauses d'un contrat de location ou d'un règlement intérieur à l'immeuble;*
j) *Qui interdit au locataire l'exercice d'une activité politique, syndicale, associative ou confessionnelle.*

Durée du contrat

Le contrat est conclu pour une durée au moins égale à trois ans pour les bailleurs personnes physiques (les particuliers), et six ans pour les bailleurs personnes morales.

Si le propriétaire est une personne physique, l'article 11 de la loi indique que "quand un événement précis justifie que le bailleur personne physique ait à reprendre le local pour des raisons professionnelles ou familiales, les parties peuvent conclure un contrat d'une durée inférieure à trois ans mais d'au moins un an". Dans ce cas le contrat doit mentionner les raisons et l'événement invoqués.

Reconduction du contrat

L'article 10 de la loi précise que le contrat de location parvenu à son terme est soit reconduit tacitement, soit renouvelé.

En cas de reconduction tacite, la durée du contrat reconduit est de trois ans pour les bailleurs personnes physiques et de six ans pour les bailleurs personnes morales.

Résiliation du contrat par le locataire (article 15 de la loi)

Le locataire peut résilier le contrat à tout moment (**article 12 de la loi**). La durée du préavis applicable au congé est de trois mois pour le locataire.

Cette durée peut être réduite à un mois en cas de en cas d'obtention d'un premier emploi, de mutation, de perte d'emploi ou de nouvel emploi consécutif *à une perte d'emploi. Les locataires âgés de plus de soixante ans dont l'état de santé justifie un changement de domicile ainsi que les bénéficiaires du revenu minimum d'insertion peuvent également donner un préavis d'une durée réduite à un mois.*

Le congé doit être donné par lettre recommandée avec accusé de réception ou signifié par acte d'huissier. Le début du préavis est fixé à la date de réception de la lettre recommandée ou à celle à laquelle le congé a été signifié par huissier.

Résiliation du contrat par le bailleur (article 15 de la loi)

Lorsque le bailleur donne congé à son locataire, ce congé doit être justifié soit par sa décision de reprendre ou de vendre le logement, soit par un **motif légitime et sérieux**, *notamment l'inexécution par le locataire de l'une des obligations lui incombant. A peine de nullité, le congé donné par le bailleur doit indiquer le motif allégué et, en cas de reprise, les nom et adresse du bénéficiaire de la reprise qui ne peut être que le bailleur, son conjoint, le partenaire auquel il est lié par un pacte civil de solidarité enregistré à la date du congé, son concubin notoire depuis au moins un an à la date du congé, ses ascendants, ses descendants ou ceux de son conjoint, de son partenaire ou de son concubin notoire.*

Le délai de préavis applicable au bailleur est de six mois. Comme pour le locataire, le congé doit être donné par lettre recommandée avec accusé de réception ou signifié par acte d'huissier. Le début du préavis est fixé à la date de réception de la lettre recommandée ou à celle à laquelle le congé a été signifié par huissier.

Lorsqu'il est fondé sur la décision de vendre le logement, le congé doit, à peine de nullité, indiquer le prix et les conditions de la vente projetée. Le congé vaut offre de vente au profit du locataire: l'offre est valable pendant les deux premiers mois du délai de préavis. A l'expiration du délai de préavis, le locataire qui n'a pas accepté l'offre de vente est déchu de plein droit de tout titre d'occupation sur le local.

Dêpot de garantie (article 22 de la loi)

Le dépôt de garantie ne peut être supérieur à deux mois de loyer en principal. Il ne peut être éxigé par le bailleur quand le loyer est payable d'avance pour une durée supérieure à deux mois.

Il doit être restitué dans un délai de deux mois après la restitution des clés par le locataire.

Le montant du dépôt de garantie ne peut être révisé durant l'éxécution du contrat de location.

Obligations du bailleur
Le bailleur est tenu de (article 6 de la loi):
- remettre au locataire un logement décent ne laissant pas apparaître de risques manifestes pouvant porter atteinte à la sécurité physique ou à la santé et doté des éléments le rendant conforme à l'usage d'habitation
- fournir un logement en bon état d'usage et de réparation
- fournir les équipements mentionnés au contrat de location en bon état de fonctionnement
- assurer au locataire la jouissance paisible du logement
- entretenir les locaux en état de servir à l'usage prévu par le contrat et d'y faire toutes les réparations, autres que locatives, nécessaires au maintien en état et à l'entretien normal des locaux loués
- ne pas s'opposer aux aménagements réalisés par le locataire, dès lors que ceux-ci ne constituent pas une transformation de la chose louée
- remettre gratuitement une quittance au locataire qui en fait la demande. La dite quittance doit porter le détails des sommes versées en distingant loyer, droit de bail et charge (article 21).

Interdictions faite au bailleur (article 22-2)
Le bailleur ne peut demander les pièces suivantes à un locataire préalablement à l'établissement du contrat de location:
- photographie d'identité;
- carte d'assuré social;
- copie de relevé de compte bancaire ou postal;
- attestation de bonne tenue de compte bancaire ou postal.

Obligations du locataire
Le locataire est tenu (articles 7 et 8 de la loi):
- De **payer le loyer** et les charges récupérables aux termes convenus
- D'**user paisiblement des locaux loués** suivant la destination qui leur a été donnée par le contrat de location
- De **répondre des dégradations et pertes** qui surviennent pendant la durée du contrat
- De **prendre à sa charge** l'entretien courant du logement, des équipements mentionnés au contrat et les menues réparations ainsi que l'ensemble des réparations locatives définies par décret en Conseil d'Etat
- De **laisser exécuter** dans les lieux loués les travaux d'amélioration des parties communes ou des parties privatives du même immeuble, ainsi que

les travaux nécessaires au maintien en état et à l'entretien normal des locaux loués
— *De **ne pas transformer les locaux et équipements loués** sans l'accord écrit du propriétaire*
— ***De s'assurer contre les risques** dont il doit répondre en sa qualité de locataire et d'en justifier*
— *Le locataire ne peut ni céder le contrat de location, ni sous-louer le logement (sauf avec l'accord écrit du bailleur)".*

1.2.4. O REGIME JURÍDICO ITALIANO

A Itália é, como se sabe, um país com longas tradições na qualidade da produção jurídico- civilista. E, como não podia deixar de ser, o domínio da locação (*locazione*) não foge à regra. Por isso – pela qualidade do que ali se produz (também) neste domínio, com apuradíssima técnica jurídica na elaboração de inúmeros institutos –, também nos permitimos parar um pouco na análise do regime da locação, não só dando conta das normas em vigor, mas, ainda, trazendo à liça alguns comentários e notas, bem assim fazendo eco da damais recente jurisprudência neste domínio da *locazione*.

No que tange à *locazione*, a sua **noção** vem dada no art. 1571.º do **Codice Civile**, nestes termos: La locazione *"è il contratto col quale una parte si obbliga a far godere all'altra una cosa mobile o immobile per un dato tempo, verso un determinato corrispettivo"*.

Trata-se, como é bom de ver, de uma definição assaz geral e ampla[228-229].

---

[228] Para se ficar, desde já, com **uma primeira visão – ampla – do "sistema" jurídico locativo italiano, a sua evolução histórica e balizas por que se rege**, remete-se o leitor para a anotação ao aludido art. 1571.º do *Codice Civile*, de CESARE RUPERTO, *in Codice Civile l La giurisprudenza sul codice civile*, Milano, 2005, sob a epígrafe ***"Dalla disciplina del codice alle leggi di vincolo alla nuova disciplina organica della legge n. 392 del 1978 e della legge n. 431 del 1998"***.

[229] Sobre a matéria, *maxime* a respeito do aludido art. 1571.º do codice civile, pode ver-se, ainda, o estudo *in Enciclopedia Giuridica*, do Instituto della Enciclopédia Italiana, fondata da Giovanni Treccani, Roma, 1991, vol. XIX.

Fazendo, assim, uma breve visão sobre o **CODICE CIVILE vigente**, dirse-á que a disciplina contida no Capítulo VI, *Della locazione* se refere unicamente à locação de coisa móvel ou imóvel. La *locatio operis* e a *locatio operarum*, constituem actualmente – diferentemente do que ocorria no *codice* de 1865 – contratos autónomos previstos noutra parte do código: *il contratto d'appalto* (arts. 1655.° ss.), *il contratto di lavoro subordinato* (arts. 2094.° ss.), *il contratto d'opera* (arts. 2222.° ss.), e *così pure i contratti di mezzadria (art. 2141.°) e di soccida (art. 2170.°)*.

Regulamentam-se no *Codice Civile*, de forma específica e detalhada, matérias variadas, como são as atinentes às *parti del contratto* (capacitá; cessione della locazione e sublocazione; *il contratto de locazione nella circolazione dell'azienda; morte delle parti; opponibilità del contratto di locazione ao terzo adquirente*); à *struttura e requisiti della locazione* (contrato consensual de efeitos obrigacionais, oneroso, comutativo, *non solenne, di durata)*; ao *oggetto della locazione* (objecto de prestação de gozo- *godimento*); aos efeitos da locação (*obblighi del locatore; l'obbligo del locatore di consegnare la cosa in buono stato di manutenzion; l'obbligo di manutenzione; l'obbligo di garantirei il pacifico godimiento; gli obblighi del conduttore; il corrispettivo; l'obbligo di prenderei in consegna la cosa, di custodirla ed utilizzarla secondo la diligenza media; l'obbligo di retituizione della cosa locata; miglioramenti e addizio ni*).

E, obviamente, também se regulamenta a matéria atinente à **estinzione del rapporto di locazione** *(fine della locazione per decorso del termine di scadenza; estinzione della locazione per mutuo consenso; recesso anticipato dalla locazione – recesso del locatore e recesso del conduttore)*.

Assim, depois de vermos a *nozione* de locação (cit. art. 1571.°), sobressaem alguns normativos.

Desde logo os arts. 1575.° a 1577.°, a reger sobre as **obrigações do *locatore*** – algo idêntico aos nossos arts. 1031.° e 1036.°

do nosso CC –, designadamente, as *riparazioni a cargo del locatore*[230].

De seguida, temos o art. 1578.° sobre os **vícios da coisa locada** – a permitir ao locador a **resolução do contrato ou a redução da renda** – a não ser que se trate de vício dele conhecido ou facilmente reconhecível.

Quanto às obrigações principais do locatário – pagar a renda e actuar no uso da coisa locada com a **diligência de um *buon padre di famiglia*...**, vale o art. 1587.° – **matéria da maior importância, designadamente, em matéria de resolução do contrato de arrendamento por incumprimento contratual**.

Neste domínio são férteis a doutrina e jurisprudência italianas na abordagem de questões como o conteúdo da obrigação do locatário, a diligência exigível no uso da coisa, o uso convencional, a pluralidade de usos, consequências da omissão expressa no contrato sobre a diligência devida ao arrendatário, o não uso da coisa, o comportamento escorreito do locador, a mudança de destino da coisa – onde se inserem questões como a aquiescência e tolerância do locador, a relevância ou irrelevância da autorização administrativa, etc. –, o abuso no uso da coisa, inovações e transformações.

De especial importância são, também, os artigos 1588.° – sobre a responsbilidade do *conduttore* pela perda e deterioração da coisa locada (v.g. por incêndio, etc.) –, 1591.° – sobre os danos pela tardia restituição da coisa locada (a mora do locatário – domínio onde a doutrina italiana aborda questões como a natureza contratual da responsabilidade, etc.) –, 1594.° (sublocação ou cessão da locação) –, 1596.° sobre o *terminus* da locação pelo decurso do prazo –, 1597.° (sobre a renovação tácita do contrato), 1607 (sobre a *durata massima della locazione di case*), 1611.° (*incendio di casa abitata da*

---

[230] Aqui tem-se abordado a questão da cláusula limitativa de responsbilidade do locador em manter a coisa locada em bom estado locativo. Sobre a matéria, pode ver-se, Cass. 23 diciembre 1968 n. 4064, *Monit. Trib.* 1969, 325; *Foro it.* 1969, I, 1550; 19 agosto 1971, n. 2555.

più inquilini), 1612.° (*recesso convenzionale del locatore*) e 1614.° (morte do inquilino).

• Quanto ao **arrendamento para habitação** *(locazione di immobili adibiti ad uso abitativo)*, a **legislação vigente** está inserida, sobretudo[231], na *lege 9 dicembre 1998, n. 431*. Esta lei procedeu a parcial alteração da *Legge 27 luglio 1978, n. 392*[232] – diploma este que vale para os contratos de arrendamento urbano para comércio, mas que, no que tange ao arrendamento urbano para habitação, sofreu revogação na sua grande parte.

Assim, a *legge 9 diciember 1998 n. 431* disciplina a locação dos arrendamentos destinados a habitação e nasceu com o propósito de realizar a revisão da disciplina da locação de imóveis urbanos destinados a tal fim, procurando superar de forma incisiva o regime que – no que respeita ao uso habitacional – havia sido introduzido pelo *legge 27 luglio 1978 n. 392*.

Portanto, a presente lei de *9 diciembre 1998* é aplicável exclusivamente à locação de imóveis urbanos destinados a fim habitacional – o que não quer dizer, obviamente, que quanto a este tipo de arrendamentos apenas se apliquem as suas disposições, pois valem, entre outras, (e em especial) as disposições do

---

[231] Não se pode, nunca, olvidar, em especial, as **disposições (genéricas)** contidas no *Codice Civile*.

[232] Sobre outros diplomas neste âmbito do direito arrendatício, podemos citar a Lei n.° 1521, de 21.12.1960; Lei n.° 628, de 28.07.1967; Decreto n.° 77, de 30.03.1978, entretanto substituído pela referida Lei n.° 392, de 27.07.1978, ainda (parcialmente) em vigor; Dec.-Lei n.° 333, de 11.07 e Lei n.° 359, de 8.08 (relativamente aos arrendamentos para habitação primária, de imóveis que, à data da entrada em vigor do decreto-lei, não tivessem ainda ultimado a sua construção – prevendo se convencionem os famosos *pactos de derrogação* das limitações de renda impostas por aquela lei, em certas condições).

Sobre estes *pactos de derrogação*, pode ver-se LADISLAO KOWALSKI, *La locazione com patti in deroga*, 1993.

***Codice Civile* –,** sendo que para a locação para uso diferente da habitação se mantém em vigor, como vimos, a *legge n. 392 del 1878* (obviamente, apenas, *nelle parti non abrogate dall'art. 14 della legge*).

Quanto ao prazo do contrato, vale o estatuído no art. 2.º da Lei de 1998 – sob o título *modalità di stipula e di rinnovo dei contratti di locazione*.
Em matéria de actualização de rendas, pode ver-se os arts. 2.º e 14.º da mesma Lei.
Sobre *Rilascio* (**libertação**) degli *immobili*, ver o art. 6.º.
Já em matéria de obras, vale o disposto nos arts. 1575.º e 1576.º do *Codice Civile*.
Sobre a transmissão dos direitos do arrendatário, veja-se o art. 6.º da Lei de 27.07.78.

Em matéria da **cessação do contrato de arrendamento urbano**, veja-se o art. 5.º da Lei de 1978 (**resolução** por falta de pagamento de renda).
Sobre a denúncia do contrato pelo arrendatário, ver art. 4.º da mesma Lei e art. 1467.º CC; sobre a **oposição à renovação** pelo senhorio, ver o art. 3.º da Lei de 9.12.1998 e sobre a oposição à renovação por qualquer das partes, ver o art. 2.º, n.os 1 e 5.

• No **arrendamento comercial** vinga, como dissemos, a **Lei de 27.07.1978** (capítulo II) – que, nesta parte, não foi revogada pela Lei de 1998.
Sobre o prazo dos contratos, ver art. 27.º desta Lei de 1978 e art. 1573.º do CC.
Quanto a obras, vale o que referimos a respeito dos arrendamentos habitacionais.
Sobre actualização de renda, ver art. 32.º da Lei de 1978; sobre cessão da posição contratual e subarrendamento e a sucessão *mortis causa*, ver, respectivamente, arts. 36.º e 37.º.

No que tange à denúncia do contrato pelo arrendatário, ver art. 27.º, n.ºs 7 e 8 e sobre a oposição à renovação, os arts. 28.º e 29.º.
Sobre a **resolução do contrato** pelo senhorio, veja-se o art. 80.º[233] (se o arrendatário usar o imóvel para uma finalidade distinta da convencionada). E sobre a indemnização pela cessação do contrato para comércio, veja-se os arts. 34.º e 35.º.

Sobre **la nuova disciplina organica delle locazioni** emergente desta *Legge 27 luglio 1987 n. 392*, salientamos o que vem escrevito *in Giurisprudenza sul Códice Civile*, de CESARE RUPERTO, Milano, 2005, em anotação ao art. 1.º desta Lei:
"*La l. 27 luglio 1978 n. 392*, **intervenuta dopo oltre trenta anni di legislazione vincolistica,** *fondata sulla proroga per legge della durata del rapporto e sul blocco dei canoni,* **ha segnato un profondo mutamento nella disciplina delle locazioni di immobili urbani,** *dettando una normativa organica, con i caratteri della ordinarietà ed organicità, in contrapposizione con il precedente regime, contraddistinto da straordinarietà e disorganicità, che si era affiancato, con carattere di specialità, a quello delineato dal codice civile (A. Bucci, Nuova rassegna di giurisprudenza sul codice civile, diretta da C. Ruperto e V. Sgroi, Milano 1994, 2544).*
Il Titolo I della legge, reca la disciplina ordinaria delle locazioni, considerando distintamente, nel Capo I, le locazioni ad uso di abitazione, e nel **Capo II, le locazioni ad uso diverso dall'abitazione.** *Ai rapporti in corso, in vista del loro progressivo transito nel nuovo regime, è dedicata la disciplina transitoria contenuta nel Titolo II.*
Per quanto concerne le locazioni ad uso abitativo, la disciplina ordinaria si incentra nella predeterminazione della durata legale

---

[233] Têm-se suscitados variadas questões na doutrina italiana à volta deste normativo, tais como da *applicabilità della disposizione a tutti rapporti di locazione, da inapplicabilità al mutamento realizzato dal subconduttore, il mutamenti d'uso rilevanti; mutamento parziale, aggiuntivo; irrilevanza del non uso dell'immobile; uso promíscuo; criteri per determinare la «prevalenza» dell'uso, simulazione dell'uso pattuito*, etc..

del rapporto per un quadriennio, non suscettiva di anticipata cessazione per iniziativa del locatore e **non condizionata alla sussistenza di una giusta causa per la sua cessazione alla scadenza** *(artt. 1, 3 e 4), e nella sottrazione del canone alla libera contrattazione (c.d. equo canone: artt. da 12 a 25).*

La disciplina delle locazioni ad uso di abitazione introdotta dalla 1. n. 392 del 1978*, dopo aver subito una attenuazione (nella parte economica) ad opera del d.l. 11 luglio 1992 n. 333, convertito con modificazioni nella l. 8 agosto 1992 n. 339, che ha consentito la stipulazione di «accordi in deroga»,* **è stata successivamente oggetto di un movo e piú incisivo intervento del legislatore, che ha dettato una nuova disciplina, maggiormente aperta al riconoscimento dell'autonomia negoziale** *(soprattutto nella parte economica del rapporto),* **con la l. 9 dicembre 1998 n. 431, che ha abrogato numerose disposizioni della 1. n. 392 dei 1978.***"* – sublinhado nosso.

O art. 14.º, n.º 4, da *lege 9 Dicembre 1998, n. 431*, revogou os arts. 1.º, 3.º, 12.º, 13.º, 14.º, 15.º, 16.º, 17.º, 18.º, 19.º, 20.º, 21.º, 22.º, 23.º, 24.º, 25.º, 26.º, 54.º, 60.º, 61.º, 62.º, 63.º, 64.º, 65.º, 66.º, 75.º, 76.º, 77.º, 78.º, 79.º, *limitatamente alle locazioni abitative*, e 83.º desta legge 27 luglio 1978, n. 392, e successivas modificações.

Sobre esta legge 27 luglio 1978, n. 392, merece, ainda, especial realce, designadamente, a disciplina da sublocação prevista no art. 2.º, o *recesso del condutore* (art. 4.º – a respeito do qual se têm abordado questões, tal como a de saber em que consiste *i gravi motivo*[234]), 5.º *(inadempimento del conduttore)*, 6.º (sucessione nel contratto), 9.º (oneri acessori), 11.º (deposito cauzionale – **no nosso NRAU, também há norma equivalente,** *ut* **art. 1076.º, n.º 2**, a permitir o caucionamento do *"cumprimento das obrigações res-*

---

[234] Ver, v.g., Milano – Cass. 12 gennaio 1991 n. 260; in senso conforme: Cass 20 ottobre 1992 n. 11466; 3 febbraio 1994 n. 1098.

pectivas"), 28.° (renovação tácita do contrato), 34.° *(indennità per la perdita dell'avviamento)*, 38.° *(Diritto di prelazione)*[235], 40.° *(diritto di prelazione in caso di nuova locazione)*, 42.° *(destinazione degli immobili a particolari attività)*, 79.° *(patti contrari allla legge)*[236].

---

[235] É à volta do *diritto di prelazione* que a doutrina italiana tem abordado questões tão variadas como interessantes, como attività occasionale, attività professionale, deposito mutamento delll'uso pattuito, conduttore pubblica amministrazione, **irrilevanza dei motivi, vendita coattiva**, concordato preventivo, conferimento in proprietà dell'immobile a società, contratto di permuta, vendita cumulativa, vendita di quota dell'immobile locato, cessione di quote delia società locatrice, la denuntiatio, denuntiatio in assenza di trattative con terzi, contenuto della comunicazione, rinnovazione della comunicazione, convalida e rettifica di comunicazione errónea, revoca dell'offerta di prelazione, forme e modalità della comunicazione, inadempienza del promittente venditore per omessa denuntiatio al conduttore, conduttore socio delta società che esercita l'attívità, pluralità di conduttori, rinunzia all'esercizio dei diritto di prelazione, revoca della rinuncia, la prelazione convenzionale, etc., etc..

[236] Tal como fizemos relativamente ao regime locatício espanhol, cremos ter interesse fazer também aqui – neste domínio da *locazione*, em específico no que tange à **cessação do contrato de arrendamento, mais propriamente em matéria de** *risoluzione del contratto della locazione* – referência a alguma *giurisprudenza italiana*, até pela sua reconhecida qualidade.

De entre muita outra – ao dispor do leitor interessado, v.g., nas **Revistas** *"IL FORO ITALIANO"* **(ROMA)** e *"GIURISPRUDENZA ITALIANA"* –, pode ver-se, com algum interesse, a seguinte **(por referência ao estatuído nalguns artigos do** *Codice Civile*):

Art. 1578.° (vício da coisa locada)
• **Conoscenza dei vizi da parte del locatore:**
– Come nel quadro della responsabilità contrattuale Ia conoscenza da parte del condutttore dei vizi della cosa tocata, all'atto della consegna (o anche all'atto della rinnovazione del contratto), **è causa di esclusione dell'azione contrattuale** per espresso dettato di legge (art. 1578), così nel campo della responsabilità extracontrattuale il comportamento del conduttore che, nonostante Ia conoscenza del vizi della cosa, rinnova il contratto di locazione, assume decisiva efficenza causale rispetto alle conseguenze prodotte dai vizi della cosa stessa, per il generale principio *quis que sua culpa damnum sentit, non intelligitur dainnum sentire*. Il principio trova applicazione anche in ordine al rapporto intercorso tra un ente

disciplinato dal t.u. n. 1165 deil1938 (nella specie, l'Istituto autonomo per le case popolari) ed un privato, perché un rapporto siffatto, superata Ia fase meramente amministrativa dell'assegnazione, dá luogo ad una vera e propria locazione (nella specie il conduttore di un appartamento deill'Iacp aveva convenuto l'Istituto per Ia risoluzione del contratto ed il risarcimento dei danni subiti alla propria salute e alle cose per l'eccessiva umidità ed insalubrità dell'appartamento – e Ia Corte d'appello aveva respinto la domanda, dopo aver accertato che il conduttore era consapevole di detti vizi ed aveva rinnovato ciò nonostante il contratto più volte a brevi seadenze. La Corte di cassazione ha respinto il ricorso del conduttore enunciando il principio di cui in massima) (Cass. 19 febbraio 1972 n. 492).

– Con riguardo al pregiudizio che il conduttore riceva da vizi della cosa tocata, Ia circostanza che il conduttore medesimo conoscesse detti vizi, e li abbia accettati con Ia stipulazione del contratto di locazione, esclude Ia configurabilità di una responsabilità risarcitoria del locatore, sia a titolo extracontrattuale, difettando Ia qualificabilità del danno come ingiusto, sia a titolo contrattuale, tenendo conto che quella contemplata dal comma 2 dell'art. 1578 trova indefettibile presupposto (comune all'ipotesi di risoluzione del contratto o riduzione del corrispettivo di cui al comina 1 della stessa norma), nel fatto che i vizi non siano conosciuti o conoscibili da parte del conduttore (Cass. 22 novembre 1985 n. 5786. *Arch. loc.* 1986, 58; *Giur. it.* 1986, 1, 1, 1326).

– Il locatore non è tenuto a rispondere dei danni derivati al conduttore, quantunque i vizi della cosa Tocata siano tali da porre in pericolo l'incolumità dell'inquilino, se i vizi o difetti della cosa stessa furono oggetto di valutazione contrattuale fra le parti (Cass. *24* aprile *1944* n. *280*).

– In tema di locazione di immobili per uso abitativo, l'obbligazione che incombe sul locatore di intervenire e provvedere tempestivamente alle riparazioni necessarie per mantenere l'immobile nelle condizioni di servire all'uso convenuto non sussiste per i vizi del quali il conduttore abbia dichiarato di essere a conoscenza, accettando Ia cosaa nelle condizioni in em essa si trovava, salvo che il locatore non abbia assunto uno specifico impegno in tal senso, impegno del quale occorre che sia fornita Ia prova (Cass. 5 ottobre 2000 n. 13270).

– La mancanza del provvedimento amministrativo, necessario per Ia legale destinazione della cosa locata all'uso pattuito, rientra tra i vizi che, escludendo o diminuendo in modo apprezzabile l'idoneità della cosa stessa all'uso pattuito, possono giustificare Ia risoluzione del contratto ai sensi dell'art. 1578, a meno che risulti che il conduttore, a conoscenza (al momento in cui al contratto viene data attuazione, sicché non rileva una conoscenza successiva alla consegna della cosa) della inidoneità dell'immobile a realizzare il suo interesse, ne abbia accettato il rischio economico della impossibilita di utilizzazione (Cass. 6 novembre 2002 n. 15558).

• **Accettazione della cosa nello stato in cui si trova:**
– La dichiarazione del conduttore di accettare Ia cosa beata nello stato in cui si trova non importa rinuncia a far valere i vizi non apparenti che rendono Ia cosa inadatta all'uso per il quale fu locata (Cass. 27 luglio 1956 n. 2901).

– Se Ia dichiarazione del conduttore di accettare Ia cosa locata nello stato in cui si trova non importa rinuncia a far valere i vizi non apparenti che rendono Ia cosa inadatta all'uso per il quale fu locata, Ia preclusione stabilita dall'art. 1578, comma 1, é operante allorehé si tratti, invece, di vizi noti o facilmente conoscibili, come si verifica nel caso in cui il conduttore, conoscendo l'originaria inidoneità del locale, abbia assunto l'impegno di eliminaria a proprie spese (Cass. 27 gennaio 1966 n. 316).

– Allorquando il conduttore, all'atto della stipulazione del contratto, non abbia denunziato i difetti della cosa da lui conosciuti o facilmente riconoscibili, deve ritenersi che abbia implicitamente rinunziato a farli valere, accettando Ia cosa nello stato in cui risultava al momento della consegna, e non può pertanto chiedere Ia risoluzione del contratto o Ia riduzione del canone, né il risarcimento dli danno o l'esatto adempimento. Qualora, invece, il conduttore abbia contestato l'esistenza del vizi prima della conclusione del contratto, non può presumersi Ia sua accettazione della cosa nello stato in cui versava, ma sorge Ia diversa presunzione che il locatore, con il proprio comportamento, abbia assunto l'obbligo di eliminare i vizi (Cass. 7 maggio 1979 n. 286).

• **Riconoscibilità dei vizi:**
– Nel contratto di locazione, Ia garanzia spettante al conduttore, prevista dall'art. 1578 e consistente nel diritto alia risoluzione del contratto o alla riduzione del canone, opera solo se i vizi della cosa locata erano, al momento della stipulazione, sconosciuti e non facilmente riconoscibili dal conduttore stesso. In caso contrario, quest'ultimo potrà chiedere Ia risoluzione del contratto per inadempimento ed il risarcimento del danno – ricorrendo tutti i presupposti di cui all'art. 1453 solo se il locatore abbia assunto espressamente, e poi non abbia adempiuto, l'obbligo di eliminare i vizi (Cass. 5 febbraio 1979 n. 774, Dir. fali. 1979, II, 154).

– Il locatore, pur essendo obbligato a risarcire al conduttore i danni derivanti da vizi della cosa locata, non è tenuto alla garanzia se i vizi medesimi erano conosciuti o facilmente riconoscibili dal conduttore, che deve imputare alla propria negligenza se non lia avvertito Ia, presenza di un vizio di agevole constatazione (Cass. 11 maggio *1965* n. 897, Foro it. 1965, 1, 960; 26 giugno 1962 n. 1645).

– La riconoscibilità dei vizi delia cosa locata può derivare non solo dalla percezione diretta ed immediata di essi, ma anche da una semplice deduzione in virtú della quale un uomo di media esperienza può risalire dalla constatazione di determinati «effetti» (sintomatologia) alla conoscenza della loro «causa». Non possono essere ritenuti occulti, infatti, quei difetti che si manifestano clamorosamente con una sintomatologia che ogni **uomo di media esperienza** possa collegare direttamente e facilmente alla loro causa. (Cass. 15 febbraio 1969 n. 537, Riv. not. 1971, II, 281; Foro it. 1969, 1, 1850).

– È stato altresi precisato che nel caso di rinnovazione tacita del contratto è a tale momento che occorre riferirsi per Ia conoscenza o Ia riconoscibilità (Cass. 19 febbraio 1972 n. 492, Giur. it. 1972, 1, 1, 1424).

– La garanzia per i vizi, di cui all'art. 1578 (garanzia che ha finalità di ricostituzione del sinallagma contrattuaie, più che risarcitoria) presuppone che il vizio, anche se occulto, non sia conosciuto dal conduttore sin dall'inizio o che non sia facilmente riconoscibile. Pertanto, per i vizi conosciuti o in concreto facilmente riconoscibili, il conduttore, avendo dimostrato con il suo comportamento di accettare Ia cosa cosi come risulta al momento della consegna, non può chiedere Ia risoluzione del contratto o Ia riduzione del canone, ma non può neppure avanzare una pretesa risarcitoria (Cass. *13* settembre *1974* n. *2490;* in senso conforme: Cass. 24 marzo 1943 n. 673; 11 maggio 1965 n. 897, *Foro* it. 1965, 1, 960; 27 gennaio 1966 n. 316, *Giust. civ.* 1966, 1, 457; *Monit. trib.* 1966, 421).

– La riconoscibilità, da parte del conduttore, del vizi delia cosa locata, prevista dall'art. 1578, comma 1, come ostativa alla domanda di risoluzione del contratto di locazione o di riduzione del corrispettivo in conseguenza del vizi medesimi, riguarda esclusivamente i vizi esistenti, e cioè in atto al momento della consegna del bene, e non va confusa, pertanto, con Ia prevedibilità, in detto momento, dell'insorgenza di vizi futuri (Cass. 20 novembre 1975 n. 3901).

– L'originaria mancanza nell'immobile beato di un implanto accessorio necessario perché esso possa venir adibito dal conduttore all'uso convenuto, dá luogo alla garanzia per vizi della cosa locata se tale mancanza era conosciuta dal conduttore o facilmente riconoscibile (Cass. 10 luglio 1974 n. 2043).

– L'accertamento sulla riconoscibilità dei vizi della cosa locata, riconoscibilità che esclude il diritto alla garanzia, rientra nei compiti esclusivi del giudice di merito, il cui apprezzamento è incensurabile in sede di legittimità, quando sia immune da errori logici o giuridici (Cass. 25 giugno 1969 n. 2281).

– Nella locazione di locale destinato all'esercizio di una attività commerciale, Ia carenza del requisiti di altezza minima richiesta dai regolamenti locali è facilmente riconoscibile dal conduttore, che ha l'onere, essendone l'interessato, di verificare Ia presenza nel locale del requisiti necessari per l'esercizio dell'attività prevista, e non può considerarsi, pertanto, un vizio tale da legittimare Ia domanda di risoluzione del contratto locativo, che è ammessa dall'art. 1578 solo per i vizi non conosciuti o non facilmente riconoscibili dal conduttore (Cass. 9 giugno 1994 n. 5623, *Rass. loc. cond.* 1995, 81, con nota favorevole e ricca di richiaini di M. DE TILLA, *Vizi della cosa locata e risoluzione dei contratto*).

– La dottrina non lia dedicato all'argomento molto interesse, limitandosi a ribadire che Ia nozione di riconoscibilità va tratta dalla norma posta in tema di errore, come vizio dei consenso, dall'art. 1429, per analogia di situazioni, e precisando che l'aggiunta dell'avverbio «facilmente» non modifica il contenuto della nozione (MIRABELLI, *La Locazione, Trattato dir. civ. ...,* 422). Secondo questo Autore per l'ipotesi, non prevista con riguardo alla locazione, che il vizio sia riconoscibile, ma Ia cosa sia stata dichiarata esente da vizi, ipotesi che nella compravendita rende rilevante anche il vizio riconoscibile, Ia similarità delle situazioni rende applicabile anche in inateria locatizia l'art. 1491 *(op. loc. cit.)*. La tesi é condivisa da GUARINO, Locazione, Trattato dir. civ., 59).

– Si è altresi affermato che Ia mancanza dei requisiti di abitabilità previsti dalla legge non determina la nullità del contratto di locazione di un immobile per uso abitativo per impossibilità dell'oggetto, se non ne impedisca concretarnente in modo assoluto il godimento, sia pure con difficoltà e disagi per il conduttore (Cass. 5 ottobre 2000 n. 13270).

– Il mancato rilascio di concessioni, autorizzazioni o licenze amministrative relative alla destinazione d'uso dei beni immobili – ovvero alla abitabilità dei medesimi – non è di ostacolo alla valida costituzione di un rapporto locatizio, sempre che vi sia stata, da parte del conduttore, concreta utilizzazione del bene, mentre, nella ipotesi in cui il provvedimento amministrativo necessario per Ia destinazione d'uso convenuta sia stato negato (con conseguente inidoneità dell'immobile ad assolvere allo scopo convenuto), al conduttore è riconosciuta Ia facoltà di chiedere la risoluzione del contratto (Cass. 12 settembre 2000 n. 12030).

• **Risoluzione del contratto e riduzione del corrispettivo:**

– In tema di rapporto di locazione, il mancato adempimento di una clausola nulla, che non importa Ia nullità dell'intero contratto, non conferisce alla parte che si sarebbe giovata dell'adempimento e non sia in colpa, il diritto di ottenere la risoluzione per inadempimento a norma dell'art. 1578 (Cass. *23* giugno *1999* n. 6399, Arch. loc. 1999, 792).

– La norma riconosce al conduttore, in alternativa alla facoltà di chiedere la risoluzione del contratto, di richiedere una riduzione del corrispettivo.

– In proposito ha statuito ia S.C. che, nel caso in cui Ia cosa Tocata sia affetta da vizi che ne diminuiscono in modo apprezzabile l'idoneità all'uso pattuito, Ia riduzione dei corrispettivo – che, ai sensi del comma 1 dell'art. 1578, tende a ristabilire il rapporto di corrispettività economica tra le contrapposte prestazioni – va operata tenendo conto del grado di rilevanza del vizi medesimi e, pertanto, il canone locatizio va diminuito in proporzione alla misura in cui questi incidono sulla possibilità di godimento del bene da parte del conduttore (Cass. 24 marzo 1980 n. 1951).

– La parziale inagibilitàà di esercizio di un'autorimessa concessa in locazione per il tempo necessario all'esecuzione di lavori di adeguamento degli impianti di sicurezza, richiesti dai vigili del fuoco per Ia concessione del certificato di prevenzione incendi, determina soltanto una minore utilizzabilità del bene durante il periodo considerato, alla quale consegue la sola riduzione del canone che, se realizzata con Ia corresponsione, da parte del conduttore, di una somma mensile ancorché concordata tra le parti, importa che tale corresponsione, in quanto collegata con il rapporto locatizio, non possa protrarsi oltre Ia durata di questo, venendo meno con l'eliminazione del difetto ovvero per l'avvenuta risoluzione del contratto (nella specie, per morosità della conduttrice) (Cass. 13 dicembre 1980 n. 6484).

- **Responsabilità del locatore per danni:**

– A norma dell'art. 1578, comma 2, il locatore è tenuto a risareire il conduttore del danni derivanti da vizi delia cosa locata (nella specie, da imperfezione di progettazione e costruzione dell'impianto fognario), ancorché imputabile a terzi, salvo che provi di aver senza colpa ignorato l'esistenza dei vizi medesimi (Cass. 14 dicembre 1976 n. 4037).

– Tuttavia, il locatore non è responsabile del danni patiti dal conduttore, in conseguenza dell'allagamento dell'immobile locato, per il mancato smaltimento nelle tubazioni della fognatura delle acque piovane, quando l'inondazione sia derivata da caso fortuito (nel caso, temporaie di particolarissima violenza, trascendente i limiti dell'evitabilità e della prevedibilità, secondo un criterio di ordinaria diligenza, in relazione alle caratteristiche metereologiche ambientali) (Cass. 10 giugno 1968 n. 1824).

– Qualora i vizi della cosa locata siano produttivi di danno per il conduttore, questi non è tenuto, per non aggravare le conseguenze dell'inadempimento del iocatore, a rinunziare alla prestazione dovutagli e cioè a rinunziare al godimento della cosa locata (Cass. 6 aprile 1971 n. 1008).

- **Ignoranza dei vizi da parte del locator:**
  – L'ignoranza, da parte del locatore, al momento della consegna della cosa, dell'esistenza del vizio che ne rende impossibile il godimento, esime da responsabilità il locatore, senza però escludere il diritto del conduttore di domandare Ia risoluzione del contratto, a norma dell'art. 1578, comma 1, (Cass. 30 giugno 1959 n. 2037).

– L'indagine sul punt.o se il locatore abbia o meno fornito Ia prova della sua non conoscenza del vizio è di stretto merito, e pertanto insindacabile in sede di cassazione, se non sia affetta da vizi logici e giuridici (Cass. 11 marzo 1942 n. 653).

Art. 1587.° (principais obrigações do locatário):
Risoluzione del contratto:

- **Importanza dell'inadempimento:**
  – L'obbligo del conduttore di servirsi della cosa locata **con la diligenza del buon padre di famiglia** per fuso determinato nel contratto non si adempie soltanto col non arrecare danni, ma è violato da del conduttore lesivo, rispetto agli usi della casa locata, degli interessi del locatore. Consegue che Ia destinazione della cosa ad uso diverso da quello convenzionalmente determinato costituisce inadempienza che, se non di scarsa importanza, giustifica Ia risoluzione del contratto (Cass. 24 luglio 1954 n. 2640).

– L'inadempimento dell'obbligo del conduttore di osservare Ia diligenza del buon padre di famiglia nell'usare della cosa locata secondo Ia sua destinazione e di non alterarne unilateralmente lo stato, è causa di risoluzione del contratto quando il giudice, alla stregua dell'art. 1455, applicabile a qualunque specie d'inadempimento, ne riconosca Ia gravità in relazione all'economia del contratto (Cass. 19 maggio 1962 n. 1145).

– La gravità dell'inadempimento di una delle parti contraenti non va commisurata all'entità del danno, che può anche mancare, sibbene alla rilevanza della violazione del contratto con riferimento alla volontà manifestata dai contraenti, alla natura e finalità del rapporto, nonché all'interesse dell'altra parte. Normalmente, il mutamento dell'uso, determinato nel contratto di locazione, o presunto secondo le circostanze, della cosa locata, è sempre da considerare vietato dalla legge, ancorché sia parziale in quanto costituisce inadempimento di una delle obbligazioni principali del conduttore; tuttavia non può escludersi che, per il concorso di particolari motivi, i'inadempimento predetto si debba considerare di scarsa importanza, cosi da non potersi far luogo alla risoluzione del contratto, salvo l'obbligo del risarcimento del danno, quando questo vi sia stato. La valutazione dell'importanza dell'inadempimento, ai fine della risoluzione del contratto, costituisce una questione di fatto nel decidere la quale, attraverso il prudente apprezzamento delle varie circostanze del caso, il giudice del merito deve attenersi al criterio fissato dell'art. 1455, di avere riguardo, cioè, all'interesse del contraente non inadempiente (Cass. 27 gennaio 1960 n. 95).

— Il conduttore, tenuto a servirsi della cosa locata con la diligenza del buon padre di famiglia, ha l'obbligo indipendente da quello di restituire Ia cosa, al termine del rapporto, nello stesso stato in cui l'ha ricevuta — di non eseguire innovazioni che alterino Ia natura o Ia destinazione della cosa stessa, in relazione all'interesse del locatore, sicché Ia risoluzione del contratto per inadempimento può essere pronunciata soltanto quando l'immutazione della cosa locata alteri l'equilibrio del rapporto in pregiudizio del locatore (Cass. 21 novembre *1978* n. *5423*).

— In tema di risoluzione del contratto, **la gravità dell'inadempimento deve essere considerata** più che in relazione alla sua entità oggettiva, all'importanza che essa assume avuto riguardo all'interesse che l'altra parte intende realizzare e che può assurgere, prescindendo da una valutazione economica, ad elemento fondamentale di valutazione, in quanto si pone come causa di turbamento delle pattuite prestazioni corrispettive. (Nela specie, sulla scorta del principio che precede, Ia Suprema Corte ha reputato esatta Ia pronuncia del giudice del merito che ha ritenuto idonea a sorreggere Ia risoluzione di una locazione di un terreno, per inadempimento del conduttore, Ia costruzione, da questi operata, di un manufatto stabile laddove nel contratto era stata prevista Ia possibilità di porre in opera «capannoni prefabbricati») (Cass. 17 novembre *1983* n. *6871*).

— In tema di obbligo del conduttore di osservare nell'uso della cosa locata Ia diligenza del buon padre di famiglia, l'abuso nel godimento non implica necessariamente il concreto verificarsi di danni materiali, ma può consistere in qualsiasi comportamento lesivo degli interessi dei locatore; mentre, ai fini della gravità dell'inadempimento del conduttore non è determinante l'entità oggettiva dell'inadempimento stesso, bensì il rilievo che esso assume in rapporto all'interesse della controparte. (Nella specie, il conduttore aveva realizzato nela cantina un deposito di combustibile senza il rispetto delle misure antincendio e con modifiche strumentali parziali senza idonei sistemi di sicurezza, limitando il futuro godimento del proprietari. La Corte Suprema in base all'enunciato principio ha confermato

Ia decisione del giudici del merito che avevano dichiarato Ia risoluzione della locazione per inadempimento del conduttore) (Cass. *21* gennaio 1986 n. *390*).

– Non tutte le alterazioni o le modificazioni afferenti l'integrità della cosa locata una volta che sia rispettata Ia natura e Ia destinazione di essa, siccome pattuita dalle parti integrano una violazione dell'obbligo, posto a carico del conduttore, di usare Ia cosa con Ia diligenza del buon padre di famiglia, idonea a legittimare Ia risoluzione del contratto, occorrendo in concreto accertare l'entità delle eventuali modifiche apportate alla cosa locata e quindi valutarne gli effetti onde stabilire se ne sia derivata un'apprezzabile alterazione all'equilibrio giuridieo-economico del contratto in pregiudizio del locatore (Cass. 26 gennaio 1987 n. 724).

– Il mutamento, anche parziale, della destinazione della cosa locata costituisce inadempimento di una delle obbligazioni principali del conduttore, che ha carattere di gravità e può comportare Ia risoluzione del contratto, allorché si traduca in una rilevante violazione del contratto medesimo, in riferimento alla volontà manifestata dai contraenti, alla natura ed alle finalità del rapporto, nonché all'interesse del locatore (Cass. 5 gennaio 1980 n. 49).

– Anche il mutamento parziale della destinazione della cosa locata può costituire inadempimento grave del conduttore, quando si traduca in una rilevante violazione del contratto in relazione alla volontà dei contraenti, alla natura e finalità del rapporto e, soprattutto, all'interesse del locatore. (Nella specie, Ia Suprema Corte, alla stregua del principio di cui in massima, ha confermato Ia decisione impugnata che aveva accolto Ia domanda di risoluzione del locatore ravvisando un grave inadempimento del conduttore nella destinazione ad uso di affittacamere di un immobile locato per uso pensione) (Cass. 5 luglio 1984 n. 3930).

– Se il mutamento, anche parziale, della destinazione della cosa locata, costituendo inadempimento di una delle obbligazioni principali del conduttore, comporta di regola Ia risoluzione del contratto, tuttavia, non può escludersi che, ove ricorrano particolari motivi, il detto inadempiinento si debba considerare di scarsa importanza, cosi da non dar Iuogo alla risoluzione, salvo l'obbligo dell'eventuale risarcimento del danno (Cass. 24 novembre 1977 n. 5115).

– In caso di abuso nel godimento della cosa locata, perpetrato mediante alterazione, sia pure parziale, dell'immobile, spetta al giudice di merito apprezzare l'importanza dell'inadempimento ai fini dell'eventuale pronuncia di risoluzione del contratto, considerando sia se l'alterazione abbia inciso su elementi strutturali dell'immobile, sull'interesse del locatore alla sua conservazione e sull'uso concordato; sia se l'alterazione contrasti con eventuali interdizioni pattizie, posto che le facoltà di godimento del conduttore devono essere valutate con riguardo alla espressa volontà delle parti (Cass. 4 ottobre 1990 n. 9821).

– L'art. 1587 n. 1-l che impone al conduttore di osservare, nell'usare Ia cosa per fuso determinato, Ia diligenza del buon padre di famiglia – è sempre operante nel corso del rapporto, indipendentemente dall'obbligo di restituire Ia cosa, al termine del rapporto, nello stesso stato in cui l'ha ricevuta. Conseguentemente, il mutamento di destinazione della *res locata,* specie ove alteri gli elementi strutturali del bene in modo da renderlo diverso da quello originario, può costituire causa legittima di risoluzione del contratto, ove il giudice dei mériti – cui è riservato il relativo apprezzamento – reputi che le modifiche apportate sostanzino un abuso del bene locato (Cass. 19 giugno 1983 n. 3994).

– L'art. 1590, imponendo l'obbligo di restituire Ia cosa nello stato medesimo in cui è stata ricevuta, non può essere interpretato nel senso che sia consentita al conduttore qualsiasi modifica di quello stato di fatto, salvo l'obbligo di ripristinarlo al termine dei rapporto, in quanto, a norma dell'art. 1587, n. 1, il conduttore ha l'obbligo di usare Ia cosa, secondo fa sua destinazione, con Ia diligenza del buon padre di famiglia, col conseguente divieto di eseguire innovazioni che ne mutino la natura e Ia destinazione, Ia cui effettuazione legittima, ove le modificazioni non siano di scarsa importanza, Ia risoluzione del contratto ovvero Ia rimessione in pristino della cosa ove essa sia richiesta dal locatore come obietto immediato conseguente all'inadempimento del conduttore (Cass. 8 maggio 1984 n. 2794).

– In caso di abuso nel godimento della cosa locata, perpetrato dal conduttore mediante alterazioni, sia pure parziali, spetta al giudice di merito apprezzare l'importanza dell'inadempimento ai fini della pronuncia di risoluzione del contratto, accertando se l'incidenza delle opere e delle demolizioni sugli elementi strutturali dell'immobile sia tale da alterarne l'originaria consistenza e da costringere, al termine della locazione, il locatore proprietario, che non intende accettare le modifiche apportate dal conduttore, ad effettuare onerosi lavori per ripristinare le condizioni originarie dell'immobile locato e valutando gli effetti di queste modifiche anche con riguardo all'interesse del locatore alla conservazione dell'immobile nello stato originario, come manifestato nel contratto di locazione con specifica clausola diretta a vietare al conduttore qualsiasi modifica, anche migliorativa, senza il consenso del locatore (Cass. 23 marzo 1992 n. 3586).

– In caso di abuso nel godimento della cosa locata – che non si verifica in tutte le ipotesi di modificazione nello stato di fatto, ma solo di innovazioni che immutino Ia natura e Ia destinazione della cosa locata – spetta al giudice di merito apprezzare l'importanza dell'inadempimento ai fini delia pronuncia di risoluzione del contratto, avuto riguardo, pin che alla entità obiettiva dell'inadempimento, alla sua rilevanza in rapporto all'interesse del locatore alla conservazione dell'immobile nello stato originario, che si sia o meno manifestato attraverso una clausola diretta a vietare qualsiasi modifica, anche migliorativa, senza il consenso dello stesso locatore. (Nella fattispecie, Ia S.C. ha ritenuto corretta Ia decisione della Corte di merito che, in riforma di quella pretorile, aveva ravvisato inadempimento idoneo ai fini risolutori nel comportamento del conduttore il quale aveva abbattuto il muro divisorio tra l'immobile locato e quello confinante, considerando, tra Faltro, che, a termini del contratto, le innovazioni dovevano essere autorizzate per iscritto) (Cass. 10 settembre 1999 n. 9622).

– La modificazione dell'uso della cosa locata, come motivo di risoluzione del contratto per colpa del conduttore, va intesa non in senso assoluto e astratto, ma in senso relativo all'interesse del locatore, il quale ha diritto non solo a non vedere pregiudicato in suo danno l'equilibrio giuridico-economico del patto locatizio, ma anche alla conservazione della *res locata,* con il suo *status* di liceità urbanistica, le sue caratteristiche catastali, le sue strutture originarie e Ia sua destinazione assentita (nella specie, Ia Corte Suprema ha confermato Ia decisione del giudice di merito che ha pronunciato Ia risoluzione dal contratto di locazione per avere il conduttore, senza il consenso dal locatore, aperto una porta tra due locali contigui, costruito un soppalco e realizzate vetrine esterne) (Cass. 28 ottobre 1993 n. 10735).

– La disposizione dell'art. 1590, che pope a carico del conduttore l'obbligo di restituire Ia cosa locata nello stato medesimo in cui l'ha ricevuta, non implica che egli abbia Ia facoltà, nel corso del rapporto, di modificare quello stato di fatto, essendo ciò incompatibile con il disposto dell'art. 1587 n. 1, che gli impone di osservare, nell'uso della cosa da farsi secondo Ia sua destinazione, Ia diligenza dal buon padre di famiglia. Di conseguenza, se il conduttore alteri, sia pure in parte, lo stato della cosa locata, egli viola una delle principali obbligazioni poste a suo carico dalla legge, sicché, in detta ipotesi, il giudice dal merito deve apprezzare l'importanza dell'inadempimento in relazione all'interesse dal locatore e pronunciare, quindi, Ia risoluzione del contratto se sia, in concreto, di tale gravità da non consentira l'equilibrata prosecuzione del rapporto; ed in tale valutazione, se può aver incidenza Ia considerazione dell'attività professionale del conduttore, nel senso di ritenere consentite le innovazioni volte a conseguire un incremento di quell'attività, ciò incontra un limite nella necessità che rimanga, in ogni caso, salva Ia struttura della cosa (Cass. *27* agosto 1984 n. 4706).

– La norma di cui all'art. *1590* che pone a carico dal conduttore l'obbligo di restituire Ia cosa nel medesimo stato in cui l'ha ricevuta non comporta che quello, nel corso dal rapporto, abbia Ia facoltà di modificare quello stato di fatto, essendo cio' incompatibile con il disposto dell'art. 1587 n. 1 che gli impone di osservare, nell'uso della cosa, Ia diligenza dal buon padre di famiglia. Conseguentemente, qualora il conduttore alteri, sia pare in parte, lo stato della cosa medesima, egli viola una delle principali obbligazioni poste a suo carico dalla legge, sicché i giudice dal merito è tenuto ad apprezzare l'importanza dell'inadempimento al flue di stabilire Ia sua idoneità a giustificare Ia risoluzione del contratto (Cass. 15 febbraio 1985 n. 1299).

– In tema di locazione di immobile da adibire ad attività cominerciale, né Ia 1. 11 giugno 1971 n. 426 sulla disciplina del commercio, né altre leggi sottraggono all'autonomia negoziale privata ii potere di destinare, con apposita clausola inscrita nel contratto, un locale all'esercizio di una determinata attività commerciale, con l'esclusione di altre, con Ia conseguenza che Ia violazione di detta clausola da parte del conduttore comporta Ia risoluzione del contratto per inadempimento, qualora il giudice del merito – con accertamento non sindacabile in sede di legittimità se congruamente motivato reputi sussistere Ia gravità dell'inadempimento, avuto riguardo all'interesse del creditore alia prestazione, cioè all'esatta osservanza di quella clausola (Cass. 6 novembre *1981* n. *5866).*

– In tema di mutamento d'uso dell'immobile locato effettuata unilateralmente dal conduttore, l'art. 80 delia 1. n. *392* dei *1978* – per il quale, se il conduttore adibisce l'immobile ad uso diverso da quello pattuito, il locatore può richiedere Ia risoluzione del contratto entro un certo termine, applicandosi altrimenti al contratto Ia disciplina giuridica corrispondente all'uso effettivo – trova applicazione soltanto qualora il mutamento di destinazione comporta ii passaggio del contratto da una ad altra delle differenti discipline dettate dalla 1. n. *392* dei 1978 per le diverse categorie di locazioni da essa considerate e dal codice civile per le locazioni residuali. Restano, invece, fuori dalla previsione dei richiamato art. 80 quei cambiamenti d'uso che si verificano nell'ambito del medesimo tipo locatizio e Ia cui rilevanza, ai fini della risoluzione del contratto, va esaminata in base ai criteri generali in tema di inadempimento contrattuale (Cass. 16 luglio 1986 n. 4600).

– Poiché Ia *ratio* dell'art. 80 delia 1. n. *392* del *1978* è quella di applicare agli immobili locati il regime giuridico corrispondente al loro uso effettivo e di evitare che il locatore venga a subire, per iniziativa del conduttore, una disciplina del rapporto diversa da quella convenzionalmente pattuita, fuso diverso da quello contrattuale, che legittima il locatore a chiedere Ia risoluzione del contratto con Ia specifica azione di cui al citato articolo nei limiti temporali ivi fissati a pena di decadenza, non è qualsiasi mutamento di destinazione, ma solo quello che comporti un corrispondente inutamento di regime giuridico, ferma restando i'esperibilità della comune azione di risoluzione per inadempimento prevista dagli artt. 1453 ss. (che postula Ia valutazione deli'inadempimento a termini dell'art. 1455) per le diverse ipotesi di cambiamento della destinazione della *res locata*. (Nella specie il S.C., affermando il suddetto principio, ha ritenuto applicabile solo l'azione ordinaria *ex* art. 1453 per il caso di mutamento di un esercizio artigianale negozio di parrucchiera – in **esercizio commerciale** *boutique,* **trattandosi di attività regolate dalla stessa disciplina giuridica al sensi dell'art. 27 della legge** cosiddetta dell'equo canone) (Cass. 3 marzo 1987 n. 2226, *Giust. civ.* 1987, 1, 1026, con nota di N. Izzo, *Il mutamento dell'uso pattuito nella locazione*).

- **Irrilevanza del danno**:
– La mutata destinazione abusiva della cosa locata deve ritenersi causa risolutiva del rapporto, anche se non è dimostrata l'effettiva esistenza di un danno (Cass. 23 luglio 1957 n. 3110).

– Se è vero che, per principio generale, Ia risoluzione del contratto, qualora il conduttore destini Ia cosa locata ad uso diverso da quello convenzionalmente determinato, può essere richiesta dal locatore ancorché non gli derivi danno alcuno da tale diversa destinazione, tuttavia ciò non esclude che, in considerazione del breve tempo entro il quale il mutamento di destinazione sia rimasto circoscritto e del modo d'uso della cosa locata, l'inadempimento possa essere ritenuto di scarsa importanza, cosi da non aprire l'adito alla risoluzione del contratto (Cass. 9 maggio 1957 n. 1604).

– In tema di obblígo del conduttore di osservare nell'uso della cosa locata Ia diligenza del buon padre di famiglia, l'abuso nel godimento non implica necessariamente il concreto verificarsi di danni materiali, ma può consistere in qualsiasi comportamento lesivo degli interessi del locatore; mentre, ai fini della gravità dell'inadempimento del conduttore, non è determinante l'entità oggettiva dell'inadempimento stesso, bensì il rilievo che esso assume in rapporto all'interesse delia controparte (nella specie, il conduttore aveva realizzato nella cantina un deposito di combustibile senza il rispetto delle misure antincendio e con modifiche strumentali parziali senza idonei sistemi di sicurezza, limitando il futuro godimento del proprietari. La Corte Suprema, in base all'enunciato principio, ha confermato Ia decisione dei giudici del merito che avevano dichiarato Ia risoluzione della locazione per inadempimento del conduttore) (Cass. *21* gennaio 1986 n. 390).

Art. 1588.° (**perda e deterioração da coisa locada**)
Risoluzione del contratto:
  – La giurisprudenza riferisce la sponsabilità del conduttore ad una relazione obbligatoria che trae origine dal contratto, con la conseguente possibilità del locatore di chieder risoluzione del rapporto per inadempimento del conduttore o, se il deterioramento é di scarso rilievo, il risarcimento del danno. Al riguardo si é statuito che Ia responsabilità del conduttore per deterioramento della cosa locata, ai sensi dell'art. 1588, è sempre fondata sulla colpa, Ia quale può essere graduata e quindi, in tema di inadempienza del conduttc consistente in deterioramenti apportati alla cosa locata, può trova applicazione l'art. *1455*, che contiene un principio di ordine generale applicabile in materia di risoluzione a tutti i contratti con prestazioni corrispettive, quale é appunto Ia locazione (Cass. 2 marzo 1956 n. 617).

  – Il deterioramento dell'immobile costituisce inadempienza che, co correndo l'estremo della gravità, legittima ognora Ia risoluzione del contratto e il risarcimento del danni incidenti sulla sostanza delle cose pendenza del rapporto, non potendosi considerare detto inadempimento rilevante solo all'atto della riconsegna dell'immobile. Pertanto, nel caso di deterioramenti, il locatore può agire per Ia risoluzione, senza che a tal iniziativa ostino l'obbligo del conduttore sancito dall'art. 1590, né l'esistenza di una cauzione (Cass. 11 maggio 1954 n. 1490).

Art. 1591.° (**Danos causados pela restituição tardia do arrendado**)
  • **Natura contrattuale della responsabilità:**
  – Per giurisprudenza ormai consolidata, **l'azione di danni per ritardata restituzione della cosa beata, di cui all'art. 1591, ha natura contrattuale**, poiché trae origine dall'inadempimento dell'obbligo di restituire Ia cosa stessa alla scadenza del rapporto locatizio, con Ia conseguenza che il locatore deve solo fornire Ia prova del ritardo nella riconsegna dell'immobile, e cioè della mora del conduttore, inentre spetta a quest'ultimo di provare, se vuole liberarsi della relativa responsabilità, che l'inadempimento è dipeso da cause a lui non imputabili, a norma dell'art. 1218 (Cass. 15 ottobre 1968 n. 3299; 16 marzo 1971 n. 736; 23 maggio 1972 n. 1594; 21 aprile 1976 n. 1425; 13 giugno 1977 n. 2458; 21 ottobre 1986 n. 6184; 2 marzo 2000 n. 2328, *Giur. it.* 2000, 1788, con nota di

R. ZUCCARO, *Brevi note in tema di risarcimento dei maggior danno* ex art. *1591 c.c*, adesiva sul principio).

– Nel campo delle locazioni di immobili, l'istituto previsto in linea generale dall'art. 1218, per l'adempimento tardivo delle obbligazioni, trova uno specifico riscontro nell'analogo istituto regolato dall'art. 1591 che, per il caso di ritardata restituzione dell'immobile beato, pone espressamente a carito del conduttore, insieme ali'obbligo di «versare il corrispettivo convenuto fino alia riconsegna», l'altro, diverso, di «risarcire il maggior danno»; Ia responsabilità per tale danno ha natura contrattuale (Cass. *18* giugno *1960* n. *1611; 1* dicembre *1961* n. *2754; 5* ottobre *1963* n. *2643; 23* maggio *1972* n. *1594; 21* ottobre *1986* n. *6184*).

– In tema di danni per ritardata restituzione della cosa locata, il creditore, trattandosi di responsabilità contrattuale, deve provare solo l'esistenza e l'ammontare del maggior danno (rispetto al canone convenuto) e non anche il dolo o Ia colpa dell'altra parte, mentre è questa che, per esimersi da responsabilità, è tenuta a provare che il ritardo è stato determinato da causa ad essa non imputabile (Cass. *5* luglio *1980* n. *4298*).

– La responsabilità del conduttore a norma dell'art. *1591* per maggior danno da ritardata restituzione dell'immobile locato, ha natura contrattuale, con Ia conseguenza che in applicazione del principio dettato dall'art. *1218*, il locatore deve provare soltanto l'esistenza e l'ammontare del maggiore danno derivatogli della ritardata restituzione della cosa locata e non anche il dolo o Ia colpa del conduttore, mentre è questi che, per esimersi da responsabilità, è tenuto a provare che il ritardo è stato determinato da impossibilità della prestazione derivante da causa a lui non imputabile (Cass. *13* aprile *1985* n. *2475; 6* ottobre *1988*, n. *5373; 19* agosto *1991* n. *8867*).

Va tuttavia ricordato che, in epoca meno recente, era stato sostenuto l'opposto principio – ormai superato – della natura extracontrattuale della responsabilità, affermando che l'ulteriore permanenza nell'immobile del conduttore o dell'affittuario, dopo cessata la locazione o l'affitto, realizza un'ipotesi di occupazione abusiva che determina l'obbligo del risarcimento del danno in virtù del principio generale sancito dall'art. *2043* (Cass. *26* ottobre *1956* n. *3954; 27* marzo *1958* n. *1019; 23* gennaio *1959* n. *169*).

• **Mora del conduttore:**

– Fondamentale, ai fini dell'accertamento della responsabilità, é il momento in cui il conduttore deve considerarsi in mora. In proposito si é statuito che l'art. 1591 relativo ai danni per ritardata restituzione da parte del conduttore dell'immobile locato, presuppone Ia mora nella restituzione, cioè l'inadempimento o il ritardo colpevole del conduttore ad uno degli obblighi fondamentali, derivantegli dal contratto: mora che può decorrere o dal termine finale di scadenza, previsto dalla convenzione o dalla legge (Cass. *19 luglio 2002* n. *10560, Giur. it. 2003, 1352*), oppure dalla scadenza anticipata, coincidente con Ia notificazione della domanda giudiziale, se del contratto sia chiesta la risoluzione, con condanna al rilascio, per fatto imputabile al conduttore, il quale, in questa ipotesi, è inadempiente per le ragioni dedotte come causa di risoluzione e contemporaneamente, a datare della notificazione della domanda, è in mora rispetto all'obbligo di restituire Ia cosa locata (Cass. 25 gennaio *1960* n. *61; 12* ottobre *1961* n. *2106*).

– Nell'ipotesi di risoluzione, si è ancora precisato che, accertato l'inadempimento del conduttore alle sue obbligazioni contrattuali e pronunziata Ia sua condanna al rilascio dell'immobile, il conduttore stesso deve ritenersi in mora fim dalla data della proposizione della domanda, e da tale data è obbligato a risarcire, se provato, il maggior danno al locatore (Cass. 21 marzo 1962 n.' 584; 15 ottobre 1968 n. 3299).

– Nel ribadire il principio, si è ancora recentemente affermato che Ia costituzione in mora del conduttore necessaria (art. 1219) per gli obblighi risareitori previsti dall'art. 1591 si determina sia nel caso di risoluzione giudiziale del contratto (art. 1458, comma 1), sia nel caso di risoluzione di diritto (artt. 1456 e 1457) – dalla proposizione della domanda, e non dal suo accoglimento per il principio secondo il quale Ia durata del processo non può danneggiare l'attore per cui, ai predetti fini, non rileva né Ia natura costitutiva o dichiarativa della pronuncia, né l'esecutività o meno di essa (nella formulazione dell'art. 282 c.p.c. anteriore alla riforma introdotta dalla 1. 26 novembre 1990 n. 353) (Cass. 15 ottobre 1997 n. 10115).

– Circa gli effetti dell'offerta di restituzione da parte del conduttore, si è precisato che l'esclusione, per effetto di una offerta non formale *ex* art. 1220, della mora del conduttore nella restituzione dell'immobile locato vale a preservarlo dalla responsabilità per il ritardo, e, quindi, ad escludere Ia sussistenza in capo alo stesso dell'obbligo di corrispondere al locatore, a titolo risarcitorio, il e maggior danno», ossia un compenso superiore al canone stabilito nel contratto ormai cessato, ma non esclude anche il pagamento del canone, senza che rilevi in contrario Ia circostanza che il conduttore eventualmente abbia smesso di usare l'immobile secondo Ia destinazione convenuta, potendo costui sottrarsi al pagamento solo attraverso Ia riconsegna dell'immobile al locatore o l'offerta formale dello stesso ai sensi dell'art. 1216, con il risultato di costituire in **mora accipiendi** *il* locatore e liberarsi definitivamente della sua obbligazione

(Cass. 10 febbraio 2003 n. 1941, *Rass. loc. cond.* 2003, 331, con nota adesiva di P. IMPERATO).
— Ha peraltro statuito Ia S.C. che l'offerta di restituzione dell'immobile da parte del conduttore, se arbitrariamente condizionata alla constatazione delle condizioni locative dello stesso, non vale ad escludere Ia mora colpevole (Cass. 12 luglio 1965 n. 1451).
— Per le modalità di riconsegna dell'immobile locato, mentre l'adozione della complessa procedura di cui agli artt. 1216 e 1209 comma 2, costituita dall'intimazione al creditore di ricevere tale consegna nelle forme stabilite per gli atti giudiziari, rappresenta l'unico mezzo per Ia costituzione in mora del creditore por provocarne i relativi effetti (art. 1207), l'adozione da parte del conduttore di altre modalità purché serie, concrete e tempestive (come ad esempio Ia convocazione per iscritto del locatore per consegnargli le chiavi dell'immobile e redigere il verbale di consegna) aventi valore di offerta reale non formale (art. 1220), sempreché non sussista un legittimo motivo di rifluto da parte del locatore, pur non essendo sufficiente a costituire in mora il locatore, è tuttavia idonea ad evitare Ia mora del conduttore, circa l'esecuzione della sua prestazione e a produrre ogni altro effetto, connesso alla dichiarazione di volontà da lui espressa sostanzialmente (Cass. 17 marzo 1999 n. 2419).
— Il conduttore che abbia dato disdetta, per liberarsi delle obbligazioni gravanti a suo carito deve, alla scadenza delta locazione, far l'offerta di riconsegna del bene mediante intimazione al locatore di prenderne possesso, eseguita con atto notificato nelle forme previste per gli atti di citazione: ne consegue che, essendo stabilita una forma di notificazione anche per i casi di irreperibilità del destinatario dell'atto, l'irreperibilità del locatore non può essere considerata come causa di impossibilità giuridica di effettuate Ia restituzione e quindi di esenzione della relativa responsabilità (Cass. 5 giugno 1979 n. 3397).
— In un giudizio di risarcimento danni da ritardata restituzione dell'immobile, *ex* art. 1591, l'onere della prova relativo all'avvenuto pagamento del canone ed alta, effettuata restituzione del bene locato incombe sul conduttore, trattandosi di fatti estintivi del diritto di credito del locatore, al quale il bene va restituito al termine del rapporto locativo quale sia stata Ia causa della sua cessazione, e che ha diritto al corrispettivo originariamente convenuto cot conduttore in mora fino alla data, di restituzione a titolo di risarcimento salvo il maggior danno (Cass. 9 giugno 2003 n. 9199).
— In tema di responsabilità del conduttore per Ia ritardata restituzione del bene locato, l'ordinaria diligenza richiesta dal secondo comma dell'art. 1227 al creditore per evitare un suo concorso nella produzione del danno, non implica l'obbligo di

compiere attività gravose o rischiose, come Ia proposizione di azione di cognizione od esecutiva per ottenere il rilascio delta cosa tocata (Cass. 31 luglio 2002 n. 11364).

– La mora del conduttore nella restituzione della cosa tocata non é configurabile allorquando egli, avendo avuto in locazione una cosa mobile e non avendola potuta utilizzare a causa di rilevanti vizi di funzionamento, l'abbia trattenuta per un tempo sufficiente all'accertamento di quei difetti, mettendola quindi a disposizione del locatore (Cass. 21 giugno 1972 n. 2008).

• **Onere probatorio:**
Particolare rilievo assume **Ia questione dell'onere della prova gravante sul locatore.**

– È del tutto pacifico che, **in tema di danni per ritardata restituzione della cosa locata**, il creditore, trattandosi di responsabilità contrattuale, in applicazione del principio dettato dall'art. 1218, deve provare solo l'esistenza e l'ammontare del maggior danno rispetto al canone convenuto e non anche il dolo o Ia colpa dell'altra parte, mentre é questa che, per esimersi da responsabilità, è tenuta a provare che il ritardo è stato determinato da causa ad essa non imputabile (Cass. 5 luglio 1980 n. 4298; 13 aprile 1985 n. 2475; 6 ottobre 1988 n. 5373; 5 giugno 1995 n. 6291; 23 maggio 2002 n. 7546).

– Il maggior danno da ritardata restituzione dell'immobile locato ha natura contrattuale, con Ia conseguenza che, in applicazione del principio dettato dall'art. 1218, deve essere concretamente provato dal locatore, mentre il conduttore, per esimersi da responsabilità, deve provare che il ritardo é stato determinato da impossibilità delia prestazione derivante da causa a lui non imputabile (Cass. 19 agosto 1991 n. 8867).

– In sintonia con tale orientamento, si è **ripetutamente affermato che incombe al locatore l'onere di provare l'esistenza e l'ammontare del maggior danno** (Cass. 25 giugno 1963 n. 1722; 25 luglio 1964 n. 2061). **Invero, il diritto al risarcimento del maggior danno, in aggiunta al corrispettivo convenuto, poiché non sorgo automaticamente per il verificarsi della mora e della svalutazione monetaria, postula Ia prova rigorosa che l'inadempienza del conduttore abbia avuto effettivi concreti riflessi sul patrimonio del locatore** (Cass. 26 ottobre 1956 n. 3951).

– Qualora il locatore non fornisca Ia prova di aver subito un maggior danno per l'abusivo perdurare dell'occupazione, l'entità del risarcimento é determinata dall'art. 1591 nella misura del canone convenuto (Cass. 16 marzo 1971 n. 736). In senso conforme si è ritenuto che, una volta esclusa la prova del maggior danno, resta a carico del conduttore, che sia in mora nella restituzione della cosa Tocata, solo i'obbligo del pagamento della pigione fino all'effettiva riconsegna (Cass. *15* settembre *1967* n. *2175*).

– Se il locatore di un inimobile ad uso promiscuo – abitativo e commerciale – ha convenuto un canone inferiore alla misura legalmente prevista per fuso abitativo (art. *12 1. 27 luglio 1978 n. 392*), può assolvere all'onere probatorio incombentegli per ottenere dal conduttore, in mora nella restituzione e per il periodo in cui continua nel godimento dell'immobile, il «maggior danno» (art. 1591*)* commisurato alla differenza tra i predetti importi, anche ricorrendo alle presunzioni, come quella, nella specie, desumibile dalla notoria (art. 115 c.p.c.) insufficienza di alloggi abitativi ad equo canone, si che, almeno in tale misura minima, Ia prova della richiesta per Ia differenza è da ritenere raggiunta (Cass. 15 ottobre *1997* n. *10115, Rase. loc. cond. 1997, 459,* con nota adesiva di A. SCARPA, *II maggior danno* ex *art. 1591; Foro it. 1998, 1, 1205,* con nota di D. PIOMBO).

– In tema di responsabilità del conduttore per il ritardato rilascio di immobile beato, il maggior danno di cui all'art. 1591 va provato in concreto dal locatore «secondo le regole ordinarie» (cosi Ia sent. n. *482* del *2000* della Corte cost.), rientrando quindi fra i mezzi di prova consentiti anche Ia prova per presunzioni, sempre che queste presentino i requisiti previsti dall'art. *2729,* primo comma, e consentano di ritenere dimostrato il fatto ignoto, con l'ulteriore specificazione che le presunzioni sono da considerare gravi, precise e concordanti sia quando il fatto da provare segue a quelli noti in modo necessario, secondo logica, sia quando ne derivi nella normalità dei casi, cioè secondo quanto in genere suole accadere (Cass. *30* luglio *2004* n. *14624*).

– In materia di locazioni di immobili urbani, in tema di maggior danno *ex* art. *1591* è ammissibile **la prova per presunzioni** (con i requisiti della gravità, precisione e concordanza richiesti dall'art. *2729,* primo comma), le quali non possono essere peraltro invocate in astratto, al suolo scopo di provocare l'esistenza di un maggior canone di mercato, ma debbono essere idonee a dare in concreto Ia prova del danno derivante al locatore dal fatto provato, dal quale si risale poi ai fatto ignoto (nell'affermare il suindicato principio Ia S.C. ha cassato le sentenza dei giudice del gravame di merito che, in tema di nuova locazione di immobile urbano giàà assoggettato alla 1. n. *392* del *1978,* aveva omesso di esaminare le censure di parte concernenti l'utilizzabilità e Ia rilevanza delle presunzioni in ordine alie circostanze che le vere e proprie trattative per Ia stipulazione di una nuova locazione con terzi si instaurano normalmente solo quando sussiste Ia sufficiente certezza circa l'epoca dell'effettivo rilascio dell'immobile ancora occupato, nonché relative al fatto che, nel passaggio da un sistema di rigido vincolismo del canone a quello di maggiore autonomia del c.d. patti in deroga di cui alla l. n. 359 dei 1992, il terzo interessato alla mova locazione offre un corrispettivo normalmente superiore all'importo dell'equo canone, in base ad una proposta suscettibile pertanto di piú probabile accettazione) (Cass. 22 luglio 2004 n. 13628).

– La condanna del conduttore dell'immobile in mora nella restituzione dello stesso al risarcimento del maggior danno a norma dell'art. 1591 esige Ia prova specifica delia esistenza di tale danno: il relativo onere spetta al locatore. (Nella fattispecie, in cui il conduttore aveva sublocato l'immobile per un canone più elevato di quello da lui versato all'originario locatore, Ia S.C., alla stregua del principio indicato in massima, ha cassato Ia decisione della Corte di merito che aveva fatto derivare Ia esistenza del maggior danno automaticamente dal vantaggio tratto dal conduttore in virtfi della differenza tra il canone a lui versato dal subconduttore e quello da lui stesso corrisposto al locatore, senza alcuna dimostrazione da parte di quest'ultimo della propria concreta possibilità, e reate intenzione, di continuare il rapporto con il subconduttore, conseguendo il nuovo, più vantaggioso canone) (Cass. 14 febbraio 2000 n. 1645).

Art. 1592.° (*Miglioramenti*)
• **Risoluzione del contratto:**
– L'indennità per i miglioramenti è dovuta anche nel caso di risoluzione del contratto, qualora i miglioramenti stessi siano stati apportati con il consenso del locatore (Cass. 20 aprile 1942 n. 740).

– In caso di abuso nel godimento della cosa locata, perpetrato mediante alterazione, sia pure parziale, dell'immobile, spetta al giudice di merito apprezzare l'importanza dell'inadempimento ai fini dell'eventuale pronuncia di risoluzione del contratto, considerando sia se l'alterazione abbia inciso su elementi strutturali dell'immobile, sull'interesse del locatore alla sua conservazione e sull'uso concordato, sia se l'alterazione contrasti con eventuali interdizioni pattizie, posto che le facoltà di godimento del conduttore devono essere valutate con riguardo alla espressa volontà delle parti (Cass. 4 ottobre 1990 n. 9821, *Giust. civ.* 1991, I, 1255, con nota di M. DE TILLA, *Sulla responsabilità del conduttore per l'alterazione e la modifica parziale della destinazione della cosa locata*, ricca di richiami di dottrina e giurisprudenza).

Art. 1594.° (**Sublocazione o cessione della locazione**)
• **Risoluzione del contratto:**
– Nell'ipotesi di sublocazione, la quale sia sta convenuta nonostante che il contratto di locazione Ia vietasse, il principio applicabile, ai fini della risoluzione

di quest'ultimo, è che, qualoi l'inadempimento di una parte sia totale e riguardi una delle obbligazio primarie ed essenziali scaturenti dal contratto, non è necessaria alcuna valutazione specifica delta gravità dell'inadempimento stesso, essendo questa implicita nella circostanza stessa del mancato adempimento (Cass. 1 ottobre 1970 n. *1757*).

– Il divieto di sublocare costituisce una obbligazione principale, Ia cui infrazione dá, luogo alla risoluzione dell contratto, giacché il conduttore che non rispetta il patto contrattuale di subaffitto non si serve della cosa locata secondo l'uso determinato dal contratto (Cass. 8 marzo 1945 n. 146).

– In senso difforme si è peraltro ritenuto che Ia violazione della clausola proibitiva del subaffitto non importa sempre e in ogni caso pronuncia di risoluzione del contratto, dovendosi al fine della emanazione o meno di tale pronuncia tener conto dell'oggetto, della durata della sublocazione e di ogni altra contingenza (Cass. *12* febbraio 1953 n 343).

– In particolare è stato affermato che non può essere pronunciata la risoluzione qualora il conduttore, in periodo di emergenza, abbia sublocato per evitare l'occupazione dell'immobile, durante Ia sua forzat assenza, da parte di sinistrati, di profughi o di militari ovvero Ia requisizione. In tal caso, infatti, viene temporaneamente meno i'interesse del locatore all'efficacia del divieto di sublocazione. Anzi questa si present come il mezzo più idoneo e lecito per evitare maggiori danni (Cass. aprile 1952 n. 961).

– In difetto di una valutazione legale tipica della gravità dell'inadempimento, la violazione del divieto patrizio di sublocazione di cui all'art. *1594* comina 1 o di cessione in uso dell'immobile locato ad uso no abitativo, in tanto consente Ia pronuncia di risoluzione del contratto, sensi dell'art. 1453 in quanto l'inadempimento integrato dalla violazion del patto non abbia, secondo quanto richiesto dall'art. 1455, scars importanza avuto riguardo al'interesse dell'altra parte, da apprezzarsi dal giudice in base alle circostanze del caso (Cass. 13 dicembre 2000 n. 15673).

– L'autonomia del contratti di locazione e di sublocazione va riferita esclusivamente al rapporti tra le rispettive parti ed all'impossibilità per il locatore di dedurre direttamente contro il subconduttore cause di risoluzione inerenti al rapporto principale; mentre – per il principio **resoluto iure dantis resolvitur et ius accipientis** – Ia sublocazione è strettamente dipendente dal rapporto principale, da cui deriva, qualora lo stesso venga meno per Ia cessazione dei contratto, che comporta Ia cessazione del rapporto derivato (Cass. 25 giugno 1981 n. 4138).

– Il conduttore che, dopo avere immesso nell'immobile locatogli un terzo, cui ha ceduto il contratto, abbia continuato a corrispondere il canone al locatore, in attesa che il cessionario ottenga da quest'ultimo il consenso alla cessione del contratto, non ha diritto, nei confronta del terzo, a seguito della risoluzione del contratto per inadempimento, chiesta dal locatore venuto a conoscenza dell'avvenuta cessione senza il suo consenso, ad un'indennità a titolo di abusiva occupazione dell'immobile, poiché l'immissione volontaria nel possesso dell'immobile esclude che nella specie possa ravvisarsi un danno ingiusto (nela specie, Ia Suprema corte ha precisato che il diritto al richiesto indennizzo non poteva essere riconosciuto sotto il profilo della disciplina dell'azione di arricchimento senza causa non avendo l'interessato proposto Ia relativa domanda) (Cass. 20 maggio 1976 n. 1817).

– Nel giudizio instaurato per Ia risoluzione del contratto di locazione per morosità del conduttore, ove quest'ultimo abbia eccepito di non essere più il conduttore per avere ceduto ad altri il contratto, si pone soltanto un problema di valutazione della fondatezza dell'eccezione del convenuto, senza che derivi Ia necessità dell'integrazione del contraddittorio nei confronti del preteso cessionario (Cass. 16 marzo 1984 n. 1817, *Arch. loc.* 1984, 445).

– In questa ottica vanno infatti intese Cass. 23 agosto 1950 n. 2534, che esclude Ia risoluzione del contratto di locazione quando il conduttore abbia stipulato Ia sublocazione ma non concesso al subconduttore il godimento della cosa, e Cass. 30 aprile 1953 n. 1231 (*Giust. civ.* 1953, 1, 1503) che esclude l'inadempimento ove il conduttore abbia offerto il bene in sublocazione con avviso pubblico.

Art. 1596.° (Fine della locazione per lo spirare del termine)
• **Cessazione della locazione a tempo determinato:**
– La locazione a tempo determinato si estingue, senza bisogno di preventiva disdetta, con lo spirare del termine (Cass. 18 febbraio 1968 n. 406).

– Di regola Ia durata di una locazione viene sottoposta ad un termine finale stabilito in un determinato evento; se questo evento, contrariamente a quanto previsto dalle parti al momento, si manifesta in seguito di impossibile attuazione, Ia constatata impossibilità si deve considerare come avente sulla durata della locazione gli stessi effetti della scadenza del termine, senza di che le parti verrebbero a trovarsi indefinitamente legate (Cass. 30 aprile 1952 n. 1202).

(V. art. 1597, n. 1).
• **Cessazione della locazione a tempo indeterminato:**
– La locazione a tempo indeterminato non cessa senza Ia disdetta comunicata prima della scadenza stabilita a norma dell'art. 1574 (Cass. 13 giugno 1942 n. 1674).

– La clausola pattizia che prevede Ia durata triennale della locazione con possibilità di rinnovo tacito annuale in maneanza di disdetta da parte del conduttore, non comporta che il contratto debba ritenersi di durata illimitata per essere il locatore vincolato *ab origine,* senza limiti di tempo, dipendendo dalla sola volontà del locatario Ia prosecuzione o meno del rapporto, bensi configura locazione triennale il cui rinnovo non avviene automaticamente, ma è riconducibile alla volontà già manifestata in modo irrevocabile dal locatore ed a quella di volta in volta espressa dal conduttore, secondo modalità e tempi contrattualmente stabiliti (Cass. 16 novembre 1988 n. 6219).

Art. 1597.° (Rinnovazione tacita del contrattado)
- Locazione a tempo determinato:

– La norma prevede due distinte ipotesi di rinnovazione tacita, a seconda che trattasi di contratto di locazione a tempo determinato ovvero a tempo indeterminato (o a durata legale). Nel primo caso, Ia rinnovazione si verifica se il conduttore rimane ed è lasciato nella detenzione della cosa tocata; nel secondo, se non è stata comunicata disdetta nel termine dovuto. Al riguardo è stato osservato che solo nel primo caso Ia fattispecie della rinnovazione tacita consiste negli elementi tradizionali del «rimanere» ed «essere lasciato» nel godimento del bene, mentre nell'altro consiste nell'omissione di tempestiva *disdetta,* Ia quale viene quindi ad assurgere alla natura ed alla funzione di un *onere,* giacché se Ia parte interessata alla produzione dell'effetto (cessazione della locazione) non adempie all'atto condizionante previsto dalla norma, l'effetto non si produce (TABET, *La Locazione, ... Trattato dir. civ. e coomm. cit.,* 725; sostanzialmente d'accordo MIRABELLI, *La Locazione, Trattato dir. civ., ..., 557*; in senso contrario: GUARINO, *Locazione, Trattato dir. civ.,* 40, peraltro con un'interpretazione restrittiva della disposizione).

– Ha precisato Ia Cassazione che Ia locazione a tempo determinato si estingue, senza bisogno di preventiva disdetta, con lo spirare dei termine, salvo che intervenga una tacita rinnovazione del contratto costituita da un nuovo negozio giuridico bilaterale posto in essere attraverso Ia permanenza del conduttore nella detenzíone della cosa dopo Ia scadenza del termine ed il silenzio del locatore (Cass. 18 febbraio 1967 n. 406, *Giur. it. 1969, 1, 1796,* con nota di C. E. BALOSSINI, *Accertamento, prova e contenuto di un uso locativo urbano*).

– Se in un contratto di locazione a tempo determinato le parti abbiano pattuito Ia rinnovazione tacita del rapporto in mancanza di disdetta in un termine anteriore alla, scadenza, qualora sia mancata Ia tempestiva disdetta, il rapporto prorogato resta disciplinato dal contratto originario (Cass. *15* luglio *1988* n. *4658,* Arch. loc. *1989, 296*).

– Poiché lo spirare del termine legale stabilito dall'art. *71* delia 1. n. *392* del *1978* per i contratti di locazione di immobili urbani adibiti per uso non abitativo, in corso alla data di entrata in vigore della detta legge e non soggetti a proroga, comporta Ia cessazione del rapporto senza necessità di disdetta, Ia permanenza dli conduttore nell'immobile dopo Ia scadenza del predetto termine dà luogo ad un rapporto di mero fatto che il locatore può fare cessare in ogni momento, intimando sfratto per finita locazione, salvo che non sia accertata Ia tacita rinnovazione del contratto, che non può, però, essere desunta dalla sola circostanza della mera accettazione del canoni per il periodo successivo alla scadenza (Cass. 28 febbraio *1992* n. *2490*).

– In tema di locazioni non abitative, a seguito della sentenza n. *108* dei *1986* – con Ia quale Ia Corte costituzionale ha dichiarato l'illegittimità della proroga di cui all'art. 1, eomma *9-bis* della 1. n. *118* del *1985* – le date di scadenza del regime transitorio di tali locazioni vanno individuate con riguardo agli artt. *67* e *71* della 1. n. *392* del *1978 e 15-bis* delia 1. n. *94* del *1982* e, in coincidenza delle medesime, ha luogo l'automatica cessazione di quel regime, senza necessità di preventiva disdetta, di guisa che, scaduto il contratto, se il conduttore non rilascia l'immobile, il locatore è legittimato all'intimazione dello sfratto per finita locazione, senza che sia configurabile una tacita riconduzione in relazione al godimento di fatto dell'immobile protrattosi, in assenza dell'intimazione stessa, per tutto il periodo compreso fra Ia detta scadenza e Ia caducazione, ad opera dei giudice delle leggi, delle ulteriori disposizioni di proroga (Cass. 5 marzo *1994* n. *2174).*

– La rinnovazione tacita della locazione, prevista dal primo comina dell'art. *1597,* nel caso in cui, scaduto il termine, il conduttore rimane ed è lasciato nella detenzione della cosa beata, non richiede una volontà positiva del locatore, anche tacitamente manifestata, di rinnovazione del contratto, come, ai sensi dell'art. 1597, ultimo comma, è invece necessario per Ia rinnovazione dopo (e nonostante) la disdetta, perché nel caso considerato dal primo comma del citato art. *1597,* in cui è mancata una manifestazione della volontà di non consentire Ia rinnovazione, Ia legge attribuisce al fatto che il conduttore mantenga e sia lasciato nella detenzione dell'immobile il significato, che gli è normalmente proprio, di inequivoca manifestazione della comune volontà delle parti di continuare il rapporto (Cass. 9 giugno 1994 n. 5618).

• **Locazione a tempo indeterminato:**

– La rinnovazione tacita della locazione o dell'affitto a tempo *determinato si* concreta nella conclusione tacita di un nuovo contratto, desumibile dall'univoco comportamento delle parti consistente nella continuazione del godimento della cosa da parte del conduttore e nell'inerzia del locatore dopo Ia scadenza del termine finale del contratto originario. Si instaura, cioè, fra le parti un nuovo rapporto distinto dal precedente, ormai estinto per Ia scadenza del termine finale, che trova il suo elemento genetico nel nuovo contratto concluso tacitamente. Nella locazione e nell'affitto a tempo *indeterminato,* invece, Ia rinnovazione tacita, conseguente alla mancata disdetta nel termine di legge e consuetudinario, dà luogo alla continuazione (e proroga) del rapporto originario oltre il suddetto termine, rapporto che, quindi, ha come elemento genetico, il contratto originario, dal quale viene disciplinato (Cass. 22 lugiio 1971 n. 2433, *Foro it.* 1972, 1, 692; *Giur. it.* 1972, 1, 1, 493; *Riv. dir. agr.* 1972, II, 58; *Giust. civ.* 1971, 1, 1530).

– La clausola pattizia che prevede Ia durata triennale della locazione con possíbilità di rinnovo tacito annuale in mancanza di disdetta da parte del conduttore, non comporta che il contratto debba ritenersi di durata illimitata per essere il locatore vincolato *ab origine,* senza limiti di tempo, dipendendo dalla sola volontà del locatario Ia prosecuzione o meno dli rapporto, bensì configura locazione triennale il cui rinnovo non avviene automaticamente, ma è riconducibile alla volontà già manifestata in modo irrevocabile dal locatore ed a quella di volta in volta espressa dal conduttore, secondo modalità e tempi contrattualmente stabiliti (Cass. 16 novembre 1988 n. 6219).

– Con riferimento al regime transitorio della 1. 27 luglio 1978 n. 392, il locatore di immobile urbano per uso abitativo non soggetto a proroga, che intende impedire Ia rinnovazione del contratto alia scadenza del periodo di proroga previsto dall'art. 65 della predetta legge, ha l'onere di comunicare tempestiva disdetta anche se prima della data di entrata in vigore della legge sull'equo canone abbia (già) comunicato di non volere rinnovare il contratto alla scadenza convenzionale, perché l'art. 65 delta legge predetta, richiamando espressamente Ia disposizione dell'art. 3 della medesima legge, relativa alla rinnovazione tacita del contratti di locazione in mancanza di disdetta, ed estendendone l'applicazione anche ai rapporti per i quali è in corso procedimento per convalida di licenza o di sfratto per finita locazione, ha richiesto che Ia volontà di non rinnovare il rapporto sia riferita espressamente al nuovo termine rendendo indirettamente inefficaci le dichiarazioni rese con riferimento alle precedenti e diverse scadenze (Cass. 28 maggio 1992 n. 6441).

• **Rinnovazione tacita:**

– La rinnovazione tacita della locazione o dell'affitto a tempo determinato si concreta nella conclusione tacita di un nuovo contratto, desumibile dall'univoco comportamento delle parti, consistente nella continuazione dei godimento della cosa da parte del conduttore e nell'inerzia del locatore dopo Ia scadenza del termine finale del contratto originario. Si instaura, cioè, fra le parti un nuovo rapporto distinto dal precedente, ormai estinto per Ia scadenza del termine finale, che trova il suo elemento genetico nel nuovo contratto concluso tacitamente (Cass. 22 luglio 1971 n. 433; Cass. 6 giugno 1973 n. 1633).

– La rinnovazione tacita del contratto di locazione a tempo determinato non può desumersi dal solo fatto della permanenza del conduttore nell'immobile oltre Ia scadenza del termine contrattuale, ma occorre che dalFunivoco comportamento tenuto dalle parti dopo Ia scadenza dei contratto possa desumersi Ia tacita volontà di entrambe di mantenere in vita il rapporto locativo (Cass. 16 marzo 1990 n. 2211; 12 novembre 1994 n. 9550; 10 maggio 2000 n. 5951; 22 luglio 2002 n. 10644: nella specie, Ia S.C., in applicazione dell'enunciato principio, ha cassato Ia sentenza che aveva ritenuto tacitamente rinnovato il contratto per il solo fatto che il locatore aveva accettato i canoni versati dal conduttore successivamente alla scadenza del contratto, rilevando che era stato, invece, accertato che tale accettazione era avvenuta e come corrispettivo della ritardata restituzione dell'immobile» e, dunque, come adempimento dell'obbligazione posta a carico del conduttore *ex* art. 1591).

– La rinnovazione tacita della locazione che si concreta nella conclusione di un nuovo contratto non si può desumere dal solo fatto della permanenza del locatario nell'immobile oltre Ia scadenza del termine, ma scatuisce dalla volontà delle parti di rinnovare il contratto, desunta da un comportamento univoco secondo l'apprezzamento del giudice di merito (nella specie Ia decisione di merito, confermata dalla S.C., aveva escluso Ia rinnovazione tacita in quanto Ia permanenza nell'immobile da parte del conduttore era dovuta alla proroga legale di cui alla l. n. 118 del 5 aprile 1985, poi dichiarata illegittima con sentenza della Corte Costituzionale n. 108 dei 1986) (Cass. 15 novembre 1994 n. 9622).

– La tacita riconduzione di un immobile non è una semplice proroga automatica del precedente contratto di locazione, ma deriva da una nuova convenzione che viene posta in essere attraverso una tacita manifestazione di volontà delle parti interessate, desumibile dal loro univoco comportamento (Cass. 10 luglio 1959 n. 2232).

– La rinnovazione tacita della locazione, prevista dal comma 1 dell'art. 1597, nel caso in cui, scaduto il termine, il conduttore rimane ed è lasciato nella detenzione delia cosa Tocata, non richiede una volontà positiva del locatore, anche tacitamente manifestata, di rinnovazione del contratto, come, ai sensi dell'art. 1597, ultimo comma, è invece necessario per Ia rinnovazione dopo (e nonostante) Ia disdetta, perché nel caso considerato dal comina 1 del citato art. 1597, in cui è inancata una manifestazione della volontà di non consentire la rinnovazione, la legge attribuisce al fatto che il conduttore mantenga e sia lasciato nella detenzione dell'immobile il significato, che gli è normalmente proprio, di inequivoca manifestazione della comune volontà delle parti di continuare il rapporto (Cass. 9 giugno 1994 n. 5618 *Riv. giur. edilizia* 1995, 98, con nota di richiami di M. DE TILLA, **Sulla rinnovazione tacita della locazione**).

– L'accettazione da parte del locatore dei canoni locativi durante il periodo di graduazione dello sfratto non comporta rinnovazione tacita del contratto, in quanto durante detto periodo il conduttore – secondo il disposto dell'art. 4 della l. 26 novembre 1969 n. 833, che risponde ai generale principio di cui all'art. 1591 – è tenuto al pagamento di un corrispettivo eguale a quello previsto dal contratto di locazione (Cass. 13 maggio 1982 n. 3012).

– La rinnovazione tacita del contratto di locazione, disciplinata dall'art. 1597, poggia esclusivamente sulla volontà tacita delle parti di rinnovare il contratto, che il legislatore desume dal loro comportamento, consistente nella permanenza del conduttore nella detenzione della cosa locata dopo la scadenza della locazione e nella mancanza di qualsiasi manifestazione di volontà del locatore contraria a tale permanenza (Cass. 6 giugno 1961 n. 1288; 8 ottobre 1963 n. 2677; 19 settembre 1970 n. 1604).

– La rinnovazione tacita del contratto di locazione, che non può desumersi dal solo fatto della permanenza del conduttore nell'immobile oltre la scadenza contrattuale, deriva dalla nuova convenzione che viene posta in essere attraverso una tacita manifestazione di volontà di entrambe le parti, occorrendo, cioè, che tale permanenza abbia luogo con il consenso tacito del locatore. Tale rinnovazione non può venir mero per il successivo ripensamento di quest'ultimo (Cass. 26 giugno 1980 n. 4103).

– Ai fini della rinnovazione tacita del rapporto locatizio, non basta che il conduttore continui a permanere nell'immobile oltre il termine di scadenza consensualmente predeterminato, ma occorre altresì una manifestazione tacita di volontà da parte del locatore, che assuma il valore e il significato di acquiescenza a quella detenzione ulteriore di per sé stessa equivoca, perché riferibile a ragioni diverse (momentanea impossibilità di rilascio della cosa locata per cause di forza maggiore, dilazione o tolleranza del iocatore, pendenza di trattative per la rinnovazione espressa del contratto, ecc.). Non sempre, quindi, l'accordo tacito può ritenersi operante nell'atto stesso della scadenza dei precedente negozio, potendo verificarsi il decorso di un ragionevole lasso di tempo, durante il quale la conclusione – espressa o tacita del nuovo contratto non si sia ancora perfezionata, pur dovendosi riconoscere che, avvenuto il perfezionamento, il nuovo rapporto si ricolleghi al precedente già scaduto (Cass. 6 giugno *1961* n. *1298*).

— Agli effetti della tacita riconduzione del contratto, il ritardo del locatore a promuovere l'azione legale centro il conduttore inadempiente non è sufficiente, se non qualificato da altri elementi idonei, ad attribuire ad esso un significato non equivoco, perché possa ritenersi operante una rinunzia a far valere gli effetti del pregresso inadempimento e della già verificatasi inosservanza di un termine contrattuale (Cass. *18* febbraio *1977* n. *745*).

— Dall'abbandono da parte del locatore, per inattività o rinuncia, di un giudizio di rilascio nel confronti del conduttore, ancorché possa derivarne l'estinzione del processo (ma non dell'azione ai sensi dei cominal dell'art. 310 c.p.c.), non è desumibile in modo univoco Ia tacita volontà di rinnovare il contratto (Cass. *3* luglio *1989* n. *3174*).

— Non può esservi tacita riconduzione se non quando consti Ia sopravvenuta volontà delle parti di rinnovare il contratto di locazione, cioè constino fatti concludenti in tal senso, che, peraltro, non possono mai consistere nella tolleranza manifestata dal locatore, qualunque ne sia il motivo (Cass. 7 novembre *1957* n. *4262*).

— Sia per l'art. *1592* c.e. dei *1865* che per l'art. *1597* c.c. vigente, si ha rinnovazione tacita della locazione, allorché, alla scadenza del termine contrattuale, il conduttore rimanga nel godimento della cosa locale ed il locatore vi consenta, a nulla rilevando una dichiarazione del conduttore inedesimo di non voler rinnovare il contratto, se tale dichiarazione non sia seguita dalla cessazione della detenzione della cosa locata (Cass. 27 ottobre *1954* n. *4143*).

— Ove risulti una volontà contraria del locatore, il permanere del conduttore nella cosa locata non solo non è idoneo a porre in essere Ia tacita riconduzione, ma deve considerarsi un fatto arbitrario, fonte di responsabilità (Cass. *12* marzo *1956* n. *728*).

— In mancanza di usi o di termine fissato dalle parti, queste possono manifestare Ia loro volontà contraria alla rinnovazione del contratto in qualsiasi tempo e cioè anche immediatamente prima della scadenza (Cass. *11* dicembre *1953* n. *3675*).

1.2.5. O REGIME JURÍDICO ALEMÃO

A legislação alemã atinente ao **direito do arrendamento (*Mietrecht*) urbano encontra-se inserida no *BGB* (Código Civil Alemão) – à semelhança do que acabou por fazer o nosso legislador no NRAU**, devolvendo ao CC a regulamentação dos contratos futuros e os de pretérito em conformidade com o teor das normas transitórias constantes desse diploma (Lei n.º 6/2006).

No BGB regulamentam-se, de facto, os diversos aspectos da relação arrendatícia, quer os arrendamentos para habitação, quer os arrendamentos comerciais[237].

• No que tange aos **arrendamentos para habitação**, pode ver-se, em especial, as normas sobre a duração do contrato – sobre a **duração** máxima rege o **§ 544** (em regra 30 anos, podendo, porém, ultrapassar esse período, como neste normativo se prevê – descre-

---

[237] Além do *BGB* – mais não seja, por mera curiosidade –, lembraremos, em matéria dos arrendamentos urbanos na Alemanha, as disposições seguintes: Lei dos Arrendamentos do Reich (*"Reichsmietengesetz"*) de 24.03.1922; Ordem para a execução da dita Lei (*"Ausführungsverordnung zum Reichsmietengesetz"*) de 20.04.1936; Lei sobre atenuação dos termos da denúncia nas relações de arrendamento de uso de locais habitáveis (*"Gesetz über die Auflockerung der Kündigunstermine bei Mietverhältnissen über Wohnräume"*) de 24.03.1938; Lei de Protecção do arrendatário (*"Mieterschutzgesetz"*) na redacção de 15 de Dezembro de 1942; A Ordenança para o Processo em questões de unificação de Arrendamento de Uso (*"Anordnung für das Verfahren in Mieteinigungsachen"*) de 16.12.1942; a Lei de Vivenda (*"Wohnungsgesetz"*), Lei n.º 18 do Conselho de Controlo, de 08.03.1946; a Ordenança sobre a influência de danos de guerra nos edifícios arrendados de 28 de Setembro de 1943.

Outras há, certamente, mas cremos que de muito menor interesse.

vendo-se, ainda, ali, as circunstâncias em que pode ser rescindido o contrato celebrado).

Embora se permita a celebração de contratos de arrendamento com prazo certo ou de duração indeterminada, o certo é que a celebração de **contratos com prazo certo** apenas pode ocorrer em situações limitadas, de forma que a lei impõe que a sua celebração seja devidamente justificada – v.g., o senhorio pretender o prédio para seu uso ou das pessoas que vivem com ele, decorrido que esteja o prazo do arrendamento (*ut* § 575).

O § 575a permite a cessação do contrato, respeitando o prazo de pré-aviso, desde que o senhorio fundamente a sua vontade com base nos interesses legítimos contidos no § 573.

Sobre a **prorrogação tácita do contrato** de arrendamento, há o § 545.

Quanto a **obras e vícios da coisa locada**, veja-se os §§ 535 a 536d.

Assim, no **§ 535** definem-se as obrigações principais das partes outorgantes no contrato de arrendamento[238].

Assim, dispõe-se no n.º 1 deste artigo que *"através do contrato de arrendamento, o senhorio tem a obrigação de garantir ao arrendatário o uso da coisa arrendada durante o período do contrato. O senhorio tem de entregar ao arrendatário a coisa em estado adequado ao seu uso e condicente com o contrato de arrendamento, bem assim de conservá-la neste estado durante o período de duração do contrato. Tem, também, de suportar os encargos inerentes à coisa arrendada"*.

E acrescenta o n.º 2 que *"o arrendatário tem a obrigação de pagar ao senhorio a renda acordada"*.

---

[238] Chama-se a atenção para o facto de poder acontecer que a tradução literal não seja exacta. Mas cremos que correponde, no essencial, ao sentido previsto nas normas referidas.

Já no § **536** se prevêm as **situações em que a renda pode deixar de ser exigida ou pode ser reduzida** – por a coisa não satisfazer o fim para que foi dada de arrendamento, por existência de defeito.

Assim, como emerge do citado normativo, se a coisa arrendada, à data do contrato, contiver **defeito (ou vício)** que tenha implicações no seu uso adequado, em conformidade com o fim do contrato, ou se tal defeito surgir já durante o período do arrendamento, o arrendatário é libertado da obrigação de pagar a renda durante o período em que o uso adequado da coisa não puder ter lugar. Se esse uso da coisa estiver apenas limitado, durante tal período a renda deve ser reduzida em conformidade com a medida dessa limitação de uso.

Acrescenta-se, porém, que a **redução pouco significativa** na adequação da coisa para o uso a que foi destinada no contrato de arrendamento não deve ser considerada.

Os princípios acabados de referir igualmente se aplicam à situação em que falte à data do contrato, ou venha a faltar mais tarde, uma característica da coisa que foi garantida aquando da outorga do contrato – acrescentando-se no n.º 3 do normativo que vimos citando que no caso de o uso ser retirado, total ou parcialmente, por acção de terceiros, se aplicam as regras previstas nos pontos que antecedem.

Sobre a **responsabilidade do senhorio por defeitos da coisa e respectivo direito de indemnização do arrendatário**, *maxime* no caso de atraso do senhorio na correcção do defeito, bem assim sobre as situações em que o arrendatário pode corrigir por sua iniciativa o defeito da coisa com o consequente direito a ser ressarcido, rege o § **536a**.

Já o subsequente § **536b** aborda a hipótese do **conhecimento do defeito pelo arrendatário** – caso em que, no final do contrato, os direitos previstos ou garantidos nos antecedentes §§ 536 e 536a lhe não serão conferidos –, bem assim a situação em que o **defeito**

permaneceu desconhecido do arrendatário por motivo de negligência grosseira – hipótese em que os aludidos direitos apenas serão conferidos ao arrendatário caso o senhorio tenha actuado de má fé.

E caso o **arrendatário aceite a coisa defeituosa** conhecendo os defeitos da mesma, então apenas poderá reclamar os direitos previstos nos citados §§ 536 e 536a no caso de ter aceite a coisa sob reserva de não abdicação desses mesmos direitos.

O seguinte § **536c** prevê a situação de os defeitos (ou vícios) ocorrerem durante o período do arrendamento. Aborda a necessidade de o arrendatário avisar o senhorio e as consequências para ele da omissão de tal aviso (é, **designadamente,** obrigado a indemnizar o senhorio pelos danos que lhe sobrevenham de tal situação).

O § 548 aborda o tema – sempre "quente" – da **prescrição dos direitos indemnizatórios**, quer do senhorio – designadamente pelas modificações ou degradações feitas no prédio pelo arrendatário –, quer do arrendatário – *maxime* por benfeitorias (*investimentos*) que ali haja levado a efeito.

Sobre a possibilidade de ser inserida uma **cláusula que restinja os aludidos direitos do arrendatário** pelos defeitos da coisa arrendada, veja-se o § 536d.

No que se refere à situação de impedimento pessoal do arrendatário na utilização da coisa arrendada e o seu reflexo na obrigação de pagamento da renda, atente-se no estatuído no § 537, n.º 1 – referindo-se no n.º 2 que não tendo o senhorio a possibilidade de garantir ao arrendatário a utilização da coisa arrendada, na sequência da cedência da sua utilização a um terceiro, não tem o arrendatário a obrigação de pagar a renda.

Já o § 538 – **à semelhança do nosso art. 1043.º CC** – refere que o arrendatário não tem que proceder às reparações dos danos havidos na coisa arrendada quando a utilização desta ocorreu em conformidade com o que as partes contrataram – o normativo fala numa *"utilização contratualizada"*.

O § 539 aborda os direitos do arrendatário relativamente às **benfeitorias** que fez no arrendado, bem assim se refere aos objectos que nele tenha colocado ou aos equipamentos que nele tenha instalado.

Sobre o **subarrendamento ou sublocação**, rege o **§ 540** do BGB.

Assim, tal sublocação ou cessão não pode ter lugar sem autorização do senhorio.

No entanto, a lei prevê que o arrendatário **resolva o contrato de arrendamento** caso o senhorio não conceda tal autorização, em determinadas circunstâncias ali previstas.

Curioso é o facto previsto no **n.° 2** deste normativo, ao dispor que o arrendatário responde pelos prejuízos que para o senhorio resultem da utilização do arrendado pelo terceiro, **mesmo no caso da cedência ter sido autorizada pelo senhorio**.

Sobre a transmissão dos direitos do arrendatário aquando da sua morte, veja-se os §§ 563 e 564 e sobre a actualização da renda – que o BGB regulamenta de forma bastante detalhada –, o disposto nos §§ 557 a 560.

Relativamente à cessação da relação de arrendamento *(Mietverhältnis)*, pode ver-se, desde logo, o §561 do BGB (**permitindo ao arrendatário cessar o contrato** no caso de ter ocorrido (válida) actualização da renda, de acordo com os §§ 558 ou 559).

Porém, é nos §§ **542 e 543 do *BGB*** que assume particular importância o capítulo da cessação do contrato de arrendamento.

Assim, **começa o § 542, n.º 1, por prever um princípio geral: não tendo sido estabelecido prazo** para o arrendamento, qualquer das partes pode pôr termo ao contrato, segundo as normas previstas na lei.

Porém, no n.º 2 já se dispõe que **tratando-se de arrendamento com prazo certo,** o contrato terminará no fim desse prazo, salvo nas situações – que a lei prevê – em que haja lugar a rescisão extraordinária ou a prolongamento extraordinário do contrato.

De especial relevo é, efectivamente, o citado § 543 do BGB. **De facto, lendo este normativo, fica-se com a convicção de que foi nele que o legislador português do NRAU foi beber em matéria de resolução do contrato com… justa** *causa!*

Efectivamente, tal como ocorre com o nosso **art. 1083.ºCC**, também no corpo do citado § 543 se prevê a possibilidade de resolução do contrato, por qualquer das partes, desde que ocorra *justa causa*, **dando-se, para o efeito, uma noção ampla de justa causa: quando não pode ser exigido, tendo em conta as circunstâncias do caso concreto, que a relação locatícia se mantenha até ao termo do pré-aviso.**

É, no essencial, o que vem definido no corpo do n.º 2 do nosso (novo) art. 1083.º do CC!

Começa-se, com efeito, por dizer no referido **§ 543 do BGB** que a **resolução do contrato pelo senhorio** pode ser levada a efeito por qualquer das partes com base numa situação integrante de **justa causa** (*aus wichtinem Grund*)**,** entendida nos sobreditos termos. E, também à semelhança do n.º 2 do referido 1083.º CC, logo no seu n.º 2 se **dão exemplos de situações integrantes dessa mesma** *"justa causa".*

Saliente-se, porém, que o referido § 543.º deve ser complementado com outros preceitos do Código, em especial os **§§ 568 e 569** – e de forma especialíssima com este último normativo.

Com efeito, neste **§ 569.º** prevêm-se, também, outras situações integrantes de justa causa de resolução do contrato.

Assim, refere-se no n.º 1 como justa causa de resolução (nos termos do citado § 543.º) a situação em que o espaço arrendado para habitação foi construído de forma tal ou **se encontra em estado tal que a sua utilização pode implicar um sério risco para a saúde.**

De igual forma, diz-se no **n.º 2** que justa causa – sempre nos termos previstos no mesmo § 543.º – é, também, a situação em que uma das partes **perturba de forma reiterada o sossego da casa**, de tal forma que – ponderando todas as circunstâncias do caso concreto, em especial a culpa, bem assim os interesses de ambas as partes –, não pode exigir-se à outra parte a manutenção do contrato de arrendamento até ao fim do prazo.

É, no fundo, uma situação que se encaixa bem na al. *a*) do n.º 2 do art. 1083.º de nosso NRAU – conjugada, obviamente, com o corpo desse mesmo n.º 2.

Igualmente se aborda no mesmo § 569 (n.º 3) a situação atinente à resolução **por falta de pagamento da renda.**

E no n.º 4 – se bem se entende o seu sentido – refere-se que a situação integrante da justa causa conducente à resolução do contrato deve constar de forma expressa no documento em que se opera essa mesma rescisão contratual. O que parece referir-se à situação de resolução extrajudicial por comunicação à contraparte – caso em que, **à semelhança do que ocorre com a resolução extrajudicial do nosso NRAU** (*ut* art. 1084.º, n.º 1 CC), deve constar da comunicação, de forma clara, os factos que fundamentam a respectiva causa de resolução[239].

Ainda a respeito deste § 569, saliente-se, finalmente, o seu **n.º 5,** onde se refere, designadamente, que **qualquer acordo que prejudique o arrendatário, desviando-se dos pontos 1 a 3 do mesmo preceito, ou do estatuído no § 543, não produz qualquer efeito.**

---

[239] Assim, **tal como se exige no nosso referido preceito, parece que também no BGB se exige que na comunicação resolutiva** *"fundadamente se invoque a obrigação incumprida"* (ut art. 1084.º, n.º 1, *fine,* do CC português).

É a **especial protecção dada ao arrendatário pelo legislador alemão**, já salientada supra – sempre presente no regime da locação.

Sobre a cessação do contrato de arrendamento de duração indeterminada, veja-se, ainda, o § 573 e ss (denúncia pelo senhorio e pelo arrendatário, etc.).

Ainda a respeito da aludida **protecção especial do arrendatário**, deve anotar-se que a mesma também ressalta de forma especial quando a lei prevê que são **inválidas as convenções** ou acordos das partes em sentido diferente do expressamente previsto na lei, **desde que tais convenções prejudiquem o arrendatário** (*ut*, v.g., além dos já citados §§ 536d e 543 n.º 5, ainda, o n.º 2 do § 547).

• Sobre o **arrendamento comercial, há normas específicas. Porém, na sua falta, valem as normas inseridas nos arrendamentos para habitação – valendo, aqui, portanto, designadamente, as normas gerais previstas nos §§ 535 a 548.**

Veja-se, ainda, o § 580 do BGB sobre a transmissão *mortis causa* dos direitos do arrendatário.

Por outro lado, é de especial relevo anotar que neste domínio dos arrendamentos comerciais, **existe uma grande liberdade contratual, podendo as partes derrogar, por sua exclusiva vontade, as normas relativas ao arrendamento urbano para fins comerciais**. É que neste domínio do comércio, os arrendatários (comerciantes) são, em regra, experientes, não se deixando enganar com tanta facilidade como os inquilinos habitacionais, pelo que não viu o legislador alemão necessidade especial em os proteger.

Daqui que, como vimos, se preveja nos arrendamentos para habitação a impossibilidade de serem estabelecidas convenções contrárias às determinações legais – o que não se prevê, portanto, para os arrendamentos comerciais, onde tal necessidade de protecção se não justifica.

Em matéria de **cessação do arrendamento comercial**, veja-se o que vem previsto, em especial, nos §§ **542 a 544 e 580 do *BGB***.

Sobre o § 543 já nos pronunciámos – a respeito da aludida *justa causa de resolução (aus wichtigem Grund)* –, devendo ter-se em conta, **ainda, o § 569, n.º 2**, do *BGB* (para onde remete o § 578, n.º 2), onde se faz, como vimos supra, outra concretização do conceito de *justa causa*.

Relativamente à **obrigação de restituição do arrendado, findo o contrato**, rege o § 546 – dispondo-se no n.º 2 que se o arrendatário ceder o arrendado a um terceiro, o senhorio pode exigi-lo desse mesmo terceiro, findo o contrato.

Refira-se, finalmente, que o § 546a, por sua vez, rege sobre o direito **indemnizatório do senhorio pelo retardamento na restituição do arrendado**[240].

---

[240] Poder-se-ia fazer referência a muitos outros ordenamentos jurídicos, mas cremos que pouco interesse teria para o leitor.

Limitamo-nos – a título meramente informativo e de forma assaz sumária – a referir o **regime jurídico da BÉLGICA**, onde vigora a **Lei de 20 de Fevereiro de 1991**, que incorporou, no Capítulo II *(locação de coisas)* do Título dedicado pelo Código Civil ao *contrato de locação,* uma Secção II, com as novas regras particulares dos arrendamentos para *residência principal do inquilino*, uma Secção II-*bis*, sobre *certos arrendamentos (comerciais* e para *actividades artesanais)* e uma Secção III, respeitante aos arrendamentos para *actividades agrícolas não florestais*. Ver, ainda, o Anexo III ao Código Civil, com disposições transitórias e finais relacionadas com a disciplina incorporada no Código Civil na mesma altura.

Uma palavra final para dizer que o regime jurídico da **GRÃ-BRETANHA** se insere num país com legislação vinculística de longa tradição, **com um forte pendor casuístico e extravagante** *(legislative jungle)* que se procurou minorar com o *Rent Act 1977*, sendo que a regulamentação base do arrendamento se encontra no ***The Housing Act 1980*** – que alterou e integrou o já referido *Rent Act 1977* – e se pode considerar a *Magna Carta do Inquilinato* britânico.

2. JURISPRUDÊNCIA

2.1. Jurisprudência citada no texto

2.1.1. *Do Supremo Tribunal de Justiça*

Ac. do STJ, de 11/04/1991, in *BMJ,* 406.°, 601.
Ac. STJ, de 7.3.1986, *in BMJ,* 355.°-260/267 e *Col. Jur.* 12 (1987), 5, 82-85 (culpa grave).
Ac. *In BMJ,* 355/285-291.
Ac. STJ, de 8.3.84, *Bol. 335, 269.*
Ac. STJ, de 25.03.1999, *Col. Jur., Acs. STJ,* 1999-II-40.
Ac. do STJ, de 5.3.85, *in BMJ,* n.° 345, pág. 372 (conceito de «residência permanente»).
Col. Jur., Acs. STJ, Ano 1999, II, 39 (uso não uso relevante).
Acórdão do STJ de 3.7.1997, BMJ, 469.°, a pág. 486.
Ac. STJ de 12/11/1996, *BMJ,* 461, p. 425 e de 14/1/1997, *BMJ,* 463, p. 571 (obras pelo arrendatário).
Ac. STJ, de 18.12.1990, *Bol. M.J.,* 402, 589 (caducidade do arrendamento, por extinção do contrato de trabalho).
Ac. do S.T.J., de 25-5-1982, *Bol.* n.° 317, p. 249.
Assento do STJ de 3.5.1984, *in BMJ,* 337, pág. 182 (prazo de caducidade).
Ac. do S.T.J. de 04/05/1976, in *Bol. M.J.,* 257/82, de 14/10/1976, *Bol. M.J.,* 260/102.

2.1.2. Da Relação de Lisboa

Acs. da Rel. de Lisboa, de 2.7.1998, *Col. Jur.* XXIII, tomo IV, a pág. 81 – que decidiu pela exigência da resolução judicial – e da mesma Relação, de 22.10.1998, *Col. Jur.* XXIII, Tomo IV, a pág. 128 – que entendeu que seria absurda a intervenção obrigatória do tribunal para a resolução do contrato de aluguer, considerando aplicável a regra geral do art. 436.º do Cód. Civil. No mesmo sentido deste último aresto, veja-se o Ac. ainda da mesma Relação, de 11.11.1998, *Col. Jur.* XXIII, Tomo V, a pág. 83.

O Ac. da Rel. de Lisb., de 20.02.2003, *Col. Jur.*, 2003, tomo I, pág. 114.

Acs. da Relação de Lisboa de 21/10/1970, *J.R.* 16, 661, de 9.7.92, *Col. Jur.* XVII, T. 4, 144 e de Lisboa de 5/5/1994, *Col. Jur. XIX,* 3, 87.

Ac. da Relação de Lisboa de 16/2/1995, *Col. Jur.* XX, 1, 131 (sobre alteração do destino do prédio).

Acs. da Relação de Lisboa de 28/11/1989, *Col. Jur.* XIV, 5, 123 e de 26.1.1984, *Col. Jur.* IX, 1, 125.

Ac. RL, de 15.1.1998, *Col. Jur.,* 1998, tomo I, pág. 81.

Ac. RL, de 26.10.95, *Bol. M.J.*, n.º 450, 1995, pág. 531.

Ac. Rel. de Lisboa, de 25.02.53 – in *Acórdãos da Relação de Lisboa*, A. Cunha, 1953, vol. II, pág. 233.

Ac. Rel. de Lisboa, de 15.12.1994, *Col. Jur.* XIX, tomo 5, a pág. 136.

Ac. da Rel. de Lisboa, de 23.06.1972, *Bol.* n.º 218-303.

Ac. RL, de 22.02.1980, *Col. Jur.* V-I-259.

Ac. RL, de 19.01.1989, *Col. Jur.* XIV, tomo I, pág. 112.

Acs. RL, de 19.11.1996, *Col. Jur.* XXI, tomo V, pág. 103 e Ac. RL, de 6.2.1997, *Col. Jur.* XXII, tomo I, pág. 119 (sobre relação contratual de facto).

Ac. RL, de 15.1.1998, *Col. Jur.,* 1998, tomo I, pág. 81.

2.1.3. Da Relação do Porto

Ac. in *BMJ*, 352-430.
Ac. Relação do Porto de 8/11/1984, *Col. Jur.* IX, 5, 246.
Acs. da Relação do Porto de 21/2/1989, *Bol.* 384, 653 e de 19/5/19, *Col. Jur.* VIII, 3, 235.
Ac. da Relação do Porto de 13.07.2006, in *www.dgsi.pt*.
Ac. Rel. Pt. de 11/11/1997, *BMJ*, 471, p. 454 (obras pelo arrendatário).
Ac. da Relação do Porto proferido no proc. n.º 3157/05, da 3.ª Secção, in *dgsi.pt* – por nós relatado –, sobre cooperação entre senhorio e arrendatário no desenvolvimento da relação contratual; "deteriorações", reparações; *força maior* e *caso fortuito*).
Ac. Rel. do Porto, de 13.07.2006, *www.dgsi.pt* (alcance do título executivo).
Ac. RP, de 30.6.1997, *Col. Jur.* XXII, tomo III, pág. 225 (obrigação de pagar a renda e enriquecimento sem causa).
Ac. RP, de 30.06.1997, *Col. Jur.* XXII, Tomo III, a pág. 225 (ressarcimento de danos que o locador tenha sofrido com o a conduta do locatário).

2.1.4. Da Relação de Coimbra

Ac. da Rel. de Coimbra, de 26.01.1988, *Col. Jur.*, 1988, I, 96--98 (gravidade do comportamento).
Ac. RC, de 30.5.89, *Col. Jur.* XIV, tomo 3, pág. 76 (trespasse para diferente ramo de comércio).
Ac. da Relação de Coimbra de 12/12/1982, *Bol.*, 322,367.
Ac. da Relação de Coimbra de 18/5/1982, *Bol.*, 319, 344
Ac. Rel. Cb. de 2/5/1996, *CJ*, XXI, T. III, p. 79; Ac. Rel. Cb. de 28/2/1997, *CJ*, XXII, T. II (obras pelo arrendatário).
Ac. da Rel. de Coimbra, de 25/2/1997, anotado in *RLJ*, Ano 130 (1997-1998), por Henrique Mesquita.
Ac. R.C., de 11.10.1983, *Col. Jur.* VIII, 4, 54.
Ac. da Rel de Coimbra, de 24/02/82, in *Col. Jur.* VII, I, 104.

2.1.5. Da Relação de Évora

Ac. da Relação de Évora de 2/2/1988, *Bol.*, 374, 552.
Ac. da Relação de Évora de 16/3/1989, *Bol.*, 385, 626 (Sobre a mudança do fim ou ramo de cafés ou casas de pasto, bares, mercearias, restaurantes, snack-bares e tabernas).
Ac. Rel. Évora, de 1.7.1997, *CJ,* 1997, pp. 262 e 263 (Ónus da prova).
Ac. Rel. de Évora, de 16.01.1997, *Col. Jur.*, 1997-I-286 (obras pelo arrendatário).
Ac. Rel. Év., de 11.1.1990, *in Col. Jur.* XV, I, 181 (caducidade do contrato).

2.2. Outra Jurisprudência relevante (no domínio da resolução do contrato de arrendamento urbano)

2.2.1. Do STJ

• *"Violação das regras de sossego e de... boa vizinhança"* (al. a) do n.° 2 do art. 1083.° do CC)

– Ac. STJ de 13-03-86 no *BMJ* n.° 355, págs. 360 e 36 (com anotação de Vaz Serra na *Rev. Leg. Jur.,* ano 103, pág. 374):

"*a*) **O direito à vida, à integridade física, à honra, à saúde, ao bom nome, à intimidade, à inviolabilidade de domicílio e de correspondência, e ao repouso** essencial à existência, são exemplos de direitos de personalidade reconhecidos pela nossa lei, constituindo a sua violação facto ilícito gerador da obrigação de indemnizar o lesado;

b) O lar de cada um, é o local normal de retempero das forças físicas e anímicas desgastadas pela vivência no seio da comunidade, mormente nos grandes centros urbanos;

c) Não disfruta de **ambiente repousante, calmo e tranquilo** quem, como a recorrida no presente processo, se encontra sujeita a barulhos produzidos na casa dos vizinhos, que habitam no pavimento imediatamente superior do mesmo prédio, proveniente do bater de portas, do arrastamento de móveis, do funcionamento dos aparelhos de rádio e televisão, o que a tem levado a socorrer-se de clínicos que a medicam e recomendam a melhorar as condições ambientais, tendo sido forçada a pedir frequentemente a pessoas amigas que lhe facultem pernoitar em sua casa, por não poder suportar os ruídos que a atingem na sua habitação;"

– Ac. STJ, de 27.05.1997, Revista n.º 896/96-1.ª, Bol. Sum., www.stj.pt.

- **Uso do prédio para fim diverso**

Acs. de 25.06.1996, Revista n.º 119/96-1.ª, *BMJ*, Sum., www.stj.pt; Ac. de 17.04.1997, Revista n.º 766/96-2.ª, Bol. Sum., www.stj.pt; Ac. de 17.12.1997, Revista n.º 898/97-2.ª, Bol. Sum., www.stj.pt.

– Ac. de 3-2-87, in Bol. MJ, n.º 364, pág. 803 (é essencial que a **actividade adicional**: não cause ao prédio maior desgaste do que o previsto com a realização do arrendamento; não diminua a segurança dos utentes do prédio e das suas estruturas, aumentando o risco considerado pelos contraentes; não desvalorize o valor locativo do imóvel em maior grau do expressamente consentido).

– Ac. de 21.05.1998, Revista n.º 254/98-2.ª, Bol. Sum., www.stj.pt; Ac. de 11.02.99, Revista n.º 25/99-2.ª, Bol. Sum., www.stj.pt; Ac. 16.12.99, Revista n.º 921/99-1.ª, Bol. Sum., www.stj.pt; Ac. de 21.03.2000, Revista n.º 1134/99-1.ª, Bol. Sum., www.stj.pt; Ac. de 22.02.2001, Revista n.º 2995/00-7.ª, Sum., www.stj.pt; Ac. de 10.05.2001, Revista n.º 422/01-2.ª, Bol. Sum., www.stj.pt; Ac. de 10.10.2002, Revista n.º 2061/2-7.ª, Bol. Sum., www.stj.pt. (limite da acessoriedade ou da conexão); Ac. 5.2.98, Revista n.º 384/97-2.ª, Bol. Sum., www.stj.pt; Ac. de 3.2.99, Re-

vista n.º 568/98-1.ª, Bol. Sum., www.stj.pt (compra e venda de sucata...).
– Ac. STJ, de 8.3.1984, *Bol. 335, 269* (Se no contrato de arrendamento fica consignado que o exercício da actividade a exercer tem por finalidade qualquer ramo de comércio ou indústria é sinal de que o arrendatário é livre de desenvolver qualquer ramo de negócio comercial ou industrial no arrendado).
– **Ac. STJ, de 10-10-2002 – Acção de despejo Falta de pagamento da renda Depósito da renda Notificação Caducidade da acção Desvio de fim do arrendado** – *Revista n.º 2061/02 – 7.ª Secção, Quirino Soares* (I – O **efeito de caducidade prescrito no art. 1048.º do CC** pressupõe o pagamento, por parte do locatário, de todas as somas devidas, incluindo as das rendas que se vencerem entre a petição inicial e a contestação.
II – Esta regra forma, com a do art. 58.º do RAU, um corpo normativo coerente de que sobressai, em evidente preocupação de economia processual, o objectivo de aproveitar a mesma acção para discutir e valorizar tanto as faltas de pagamento que fazem a causa de pedir inicial, como as que se derem no decurso do processo.
III – Não sendo obrigatória a notificação ao senhorio do depósito das rendas em dívida é, porém, indispensável para pôr fim à mora do locatário, se foi a mora o motivo do depósito.
IV – Acrescentar ao comércio de coisas ornamentais, delicadas e limpas como seja o de aves, flores, sementes, louças e peixes, o de coelhos com as respectivas rações e de cães, inclusive cães de caça, ultrapassa o **limite da acessoriedade ou da conexão**, constituindo desvio de fim do arrendamento).
– **Ac. STJ, de 25-06-1996 – Arrendamento para comércio ou indústria Resolução do contrato Encerramento Estabelecimento** – *Processo n.º 119/96 Relator: Martins da Costa* (I – O arrendamento de prédio urbano para «qualquer ramo de comércio ou indústria» abrange, em princípio, o seu uso como armazém de guarda ou depósito de mercadorias relacionadas com a actividade comercial do arrendatário (art. 110.º do RAU).

I – Na apreciação do fundamento de resolução de contrato de arrendamento para comércio por **encerramento do prédio**, deve atender-se a todas as circunstâncias do caso concreto, designadamente a natureza do local arrendado, o fim do arrendamento, o grau de redução da actividade, as suas causas e mesmo o seu carácter temporário ou definitivo (art. 64.° n.° 1 al. *h*) do RAU).

II – Mesmo que um prédio seja arrendado só para instalação de loja ou estabelecimento comercial, a sua ocupação como armazém não integra aquele fundamento de resolução, mas o previsto na **al. *b*) do cit. art. 64.°.).**

– Ac. STJ, *in Proc. n.° 1134/99 – 1.ª Secção Ribeiro Coelho (Relator) Garcia Marques, Ferreira Ramos* (I – A solução da lei que permite ao senhorio resolver o arrendamento quando o local é afectado a fim diverso do que houver sido acordado, funda-se na necessidade de garantir que não é nele desenvolvida actividade que o possa desgastar ou deteriorar mais do que o previsto, ou que possa criar menores condições de comodidade e segurança, ou desvalorizá-lo, para além de, com isso, poder gerar-se, a favor do inquilino, uma fonte de rendimentos que desequilibre o sinalagma, por desvirtuar o circunstancialismo que esteve subjacente à fixação da renda.

II – Porém, não sendo uma determinada actividade comercial dotada, necessariamente, de estanquicidade, antes sendo frequente a exploração conjunta de actividades diversas, uma como acessória da outra, tem vindo a aceitar-se que essa **relação de acessoriedade** leva a que não se tenha como violada a proibição de afectação do local a fim diferente.

III – Este alargamento só se justifica naqueles casos em que, sabendo o senhorio que o inquilino visa desenvolver uma determinada actividade, aquela actividade acessória faz parte dos moldes em que ela deve ou pode, correntemente, ser configurada; a não aceitação deste alargamento seria contrária ao **princípio da boa fé**.

IV – É de permitir o desenvolvimento acessório de actividades ligadas à principal por um **nexo de instrumentalidade** necessária ou quase necessária ou que, segundo os usos comuns, acompanham a exploração de dada modalidade de comércio ou indústria.

V – Tendo um prédio sido arrendado para o exercício das actividades de restaurante de produtos macro-bióticos, escritórios de comercialização, depósito e posto de venda de produtos macrobióticos, formação e serviços macrobióticos, há fundamento de resolução do contrato de arrendamento se a inquilina aí promoveu cursos de numerologia, acupunctura, diagnóstico, massagem e terapia física, e de exercícios chineses, e aí vendia artigos de artesanato, produtos de cosmética e outros artigos naturais, dando aulas de ginástica – estas actividades são desnecessárias para a prossecução do fim contratual em causa, não se lhes reconhecendo acessoriedade, relativamente a este IV.)

– **Ac. STJ, de 17-04-1997 – Arrendamento para comércio ou indústria Agência bancária Uso para fim diverso** – *Processo n.º 766/96 – 2.ª Secção Relator: Roger Lopes* (I – Destinando-se o arrendado, contratualmente, ou a indústria de restauração ou a agência bancária e tendo o réu, um banco, aí instalado o seu departamento de recursos humanos, não está o referido local a ser usado para o fim estipulado.

I – Uma "**agência bancária**" é, pois, um estabelecimento integrado num banco, onde se praticam, com habitualidade, negócios jurídicos da actividade própria daquele, entre o mesmo e particulares.

II – Essencial, como estabelecimento, é que seja ao local onde ele funciona que os particulares se dirigem para negociar, ao mesmo tempo que seja, nele também, que hãode ser atendidos por funcionários para tanto qualificados.

V – Desde que no arrendado não se exerça a actividade específica prevista no contrato existe violação relevante deste, para efeito de resolução.

V – Tem-se como seguro que o privilégio do arrendatário, consistente no direito à renovação automática do contrato e na circunstância de os fundamentos de resolução se encontrarem taxativamente fixados na lei, tem contrapartida no privilégio do senhorio de não ter de demonstrar a gravidade do inadimplemento em que tenha caído aquele).

– **Ac. S.T.J.**, 21-3-2000, *Col. Jur.*, STJ, I, 136 (I – Não sendo uma determinada actividade comercial dotada necessariamente, de estanquecidade, antes sendo frequente encontrar-se a exploração conjunta de actividades diversas, uma como acessória da outra, tem vindo a aceitar-se que esta **relação de acessoriedade** leva a que não se tenha como violada a proibição de afectação do locado a fim diferente.

II – Mas este alargamento do fim não pode ter lugar indiscriminadamente, justificando-se só naqueles casos em que, sabendo o senhorio que o inquilino visa desenvolver uma determinada actividade lucrativa, aquela **actividade acessória** faz parte dos moldes em que ela deve ou pode, correctamente, ser configurada).

– **Ac. STJ, 14-10-1997**, *Col. Jur.*, STJ, III, 71 (II – Tendo os autores pedido contra o Estado a resolução do contrato, porque este arrendou o andar para nele instalar a Delegação da Direcção Geral de Energia ou organismo que a substituir e ter passado a usá-lo para a Inspecção das Actividades Económicas, não há apreciação de diferente causa se o Tribunal da Relação considera que o caso integra fim diferente em vez de cedência ilegal do locado.

III – Não há **abuso de direito** se o autor pede a resolução fundamento na utilização do locado para outra actividade.

IV – Nas condições referida em II há violação do contrato pelo Estado por afectação do autor a fim diferente, geradora do direito à sua resolução).

– **Ac. STJ, de 11-02-1999 – Arrendamento Resolução do contrato Desvio de fim do arrendado** – *Revista n.° 25/99 – 2.ª Secção Relator: Conselheiro Nascimento Costa* (I – As regras gerais de resolução dos contratos não têm aplicação no domínio do contrato vinculístico de arrendamento, instituindo a lei as causas tipificadas de resolução nos arts. 1093.°, do CC e 64.°, do RAU.

I – Trata-se de um regime mais favorável para o arrendatário.

III – Esse regime deve ser lido objectivamente, tendo sempre presente que ele é já em si de favor do arrendatário, não podendo por isso haver a preocupação de usar de novo favor na sua **interpretação**, sob pena de se inverter o domínio dos bens.

IV – Não importa o menor uso ou menor desgaste implicado pelo novo destino dado a um prédio arrendado, em termos de haver porventura até benefício para o proprietário; o que importa é a alteração não autorizada do uso do prédio, em violação do pactuado.

V – Não se justifica a resolução do contrato se a actividade desenvolvida para além do pactuado for de **escassa importância**, atendendo ao interesse do credor, apreciado objectivamente, por aplicação do art. 802.º, n.º 2, do).

– **Ac. STJ, de 03-02-1999 – Arrendamento Uso para fim diverso Resolução** – *Revista n.º 568/98 – 2.ª Secção Relator: Conselheiro Abílio de Vasconcelos* (I – Não respeita a finalidade do arrendamento de um terreno para depósito, ao ar livre, de sucatas de automóveis, o arrendatário que nesse espaço exerce o negócio de compra e venda de sucata de automóveis, de automóveis, camiões e roullotes (tudo em 2.ª mão), havendo assim fundamento para resolução.

II – Uma **actividade comercial ou industrial** pressupõe uma prática de mediação nas trocas ou uma actividade de produção ou de circulação de riqueza).

– **Ac. STJ, de 15-12-1998 – Arrendamento para comércio Fim contratual Alteração Resolução Reconvenção** – *Revista n.º 989/98 – 1.ª Secção Relator: Cons. Garcia Marques* (I – Além de ser fundamental que, no arrendado, se continue a exercer a actividade prevista no contrato, será necessário, para que não exista fundamento de resolução do contrato pelo senhorio, que a actividade adicional reúna determinados requisitos ou características e respeite certos parâmetros ou caracteres.

II – É essencial que a **actividade adicional** não cause ao prédio maior desgaste do que o previsto com o uso que representa a realização do arrendamento, que não diminua a segurança dos utentes do prédio e das suas estruturas, que não desvalorize o valor locativo do imóvel em maior grau do que o expressamente consentido.

III – É ainda necessário que seja de presumir, à luz da **boa-fé ou dos usos comuns** que o locador podia e devia contar com o exercício adicional da outra actividade.

IV – Sendo a acção de despejo um processo especial, tem-se por razoável a posição de que o âmbito reconvencional não pode extravasar dos casos previstos no n.º 3 do art. 56.º da RAU.).

– **Ac. STJ, de 08-10-1998 – Arrendamento Fim contratual Reclamo luminoso Regime** – *Revista n.º 529/98 – 2.ª Secção* (I – A utilização contratual de parte do **telhado de um edifício, para suporte de publicidade luminosa**, corresponde a um arrendamento com uma finalidade atípica, não sujeito ao regime vinculístico nem valendo, quanto a ele, a proibição de denúncia que o art. 1095.º do CC estabelecia.

II – Se o senhorio arrendar o muro principal ou lateral do seu prédio para a fixação de cartazes durante certo período de tempo ou se, nas mesmas condições de duração do acordo, arrendar o telhado do seu edifício para colocação de um reclame luminoso ou de um aparelho de radar, não será aplicável ao contrato a disposição imperativa contida no art. 1095.º do CC.).

– **Ac. S.T.J.**, 27-4-1999, *Col. Jur.*, STJ, II, 66 (I – No uso residencial do prédio, a lei permite que o arrendatário instale no locado uma indústria doméstica, mas não o exercício do comércio. O que já se verificava na vigência da lei anterior.

II – **A actividade comercial** caracteriza-se, fundamentalmente, pela compra de bens naturais ou produtos, para revenda. Na actividade industrial pretende-se criar riqueza através da transformação de matérias-primas ou produtos noutros produtos ou objectos, tornados mais valiosos por via dessa transformação).

– **Ac. J, de 16-12-1999 – Arrendamento Resolução Desvio de fim do arrendado** – *Revista n.º 921/99 – 1.ª Secção Garcia Marques (Relator) Ferreira Ramos, Pinto Monteiro* (I – Para que não exista fundamento de resolução do contrato de arrendamento, além de ser fundamental que, no arrendado, se continue a exercer a actividade prevista no contrato, será necessário que a **actividade adicional** não cause ao prédio maior desgaste do que o previsto com o uso que representa a realização do arrendamento, que não diminua a segurança dos utentes do prédio e das estruturas deste, que não desvalorize o valor locativo do imóvel em maior grau do que o expressamente consentido, e que seja de presumir, à luz da **razoabilidade, da boa fé ou dos usos comuns**, que o locador podia e devia contar com o exercício adicional dessa outra actividade.

II – Tendo sido dada de arrendamento uma loja com destino ao comércio de leitaria, verifica-se o fundamento de resolução do contrato previsto na alínea b) do n.º 1 do art. 64.º do RAU se os arrendatários nela vendem cerveja, vinhos, aguardentes, licores, whisky e refeições ligeiras aí confeccionadas.).

– Acs., *in Col. Jur.,* STJ, 1997, III, 71 (**abuso de direito**) e *Col. Jur.,* STJ, 2000, I, 136 (**actividade acessória**).

- **Não uso do locado por mais de um ano / Encerramento do estabelecimento / Falta de residência permanente (...)**

– Ac. STJ, de 08.07.1997, Revista n.º 11/97-1.ª, Bol. Sum., www.stj.pt (cessão de exploração de estabelecimento...);

– Ac. do S.T.J., de 5/3/1985, *Rev. Leg. Jur.* 123, 148 e no *Bol.* 345, 372 (**residência permanente** é a casa em que o arrendatário tem o centro ou a sede da sua vida familiar e social e da sua economia doméstica; a casa em que o arrendatário, estável ou habitualmente dorme, toma as suas refeições, convive e recolhe a sua correspondência; o local em que tem instalada e organizada a sua vida familiar e a sua economia doméstica – o seu lar, que constitui o centro ou sede dessa organização);

– Ac. STJ, de 03.07.1997, Revista n.º 916/96-2.ª, Bol. Sum., www.stj.pt (comodato); Ac. de 21.10.1997, revista n.º 144/97, 1.ª, Bol. Sum., www.stj.pt.

– Ac. STJ, de 9.5.1972, *Bol. M.J.* 217, 92 (se é certo que o arrendatário pode ter tantas residências quantas desejar, não pode beneficiar para as residências em que não tenha residência permanente – para nenhuma se em nenhuma a tiver – do benefício da legislação proteccionista de habitação com as limitações que impõem ao termo do contrato por vontade do senhorio); Ac. de 23.10.1997, revista n.º 984/97-2.ª, Bol. Sum., www.stj.pt; Ac. de 13.01.2000, Revista n.º 1026/99-2.ª, Bol. Sum., www.stj.pt.

– Ac. do S.T.J., de 9/10/1986, *Bol*. 360, 578 (não integra a excepção de **«caso de força maior»** a circunstância dos magistrados colocados numa comarca não carecerem de habitar a casa que oficialmente lhes foi facultada, por terem o problema de habitação resolvido pelos seus próprios meios); Ac. de 26.04.2001, revista n.º 985/01-2.ª, Bol. Sum., www.stj.pt.
– Ac. STJ, de 11.10.2001, revista n.º 2490/01-7.ª, Bol. Sum., www.stj.pt (**residência permanente/residências alternadas**); Ac. do S.T.J. de 6/1/1983, *Bol*. 323, 35 (entendido o **conceito de força maior** em correlação com a norma do n.º 1 do art. 790.º do C.C. improcede o fundamento de resolução do contrato se, por facto que lhe não seja imputável, se tornar impossível ao arrendatário gozar o arrendado para o fim a que se destinava); Ac. de 10.10.2002, Revista n.º 1062/02-2.ª, Bol. Sum., www.stj.pt (**residências permanentes alternadas**); Ac. de 21.11.2002, Revista n.º 3368/02-2.ª, Bol. Sum., www.stj.pt (força maior…); Ac. de 20.05.2003, Revista n.º 1248/03- -6.ª, Bol. Sum., www.stj.pt (residência permanente e habitual).

– Ac. STJ, 9.5.06, *Revista n.º 1103/06 – 7.ª Secção Oliveira Barros (Relator) Salvador da Costa Ferreira de Sousa*: ("I – A finalidade, e, onsequentemente, razão de ser (ratio) da previsão da **al. h) do n.º 1 do art. 64.º do RAU** é evitar a desvalorização do local arrendado que, com prejuízo do senhorio, necessariamente resulta da sua inactividade, quanto mais não seja em vista da degradação que o seu **encerramento** fomenta ou propicia, e promover o interesse geral de lançar no mercado do arrendamento todos os espaços susceptíveis de ocupação por terceiros.

II – Importa, em todo o caso, atentar em todas as circunstâncias do caso concreto, designadamente a natureza do local arrendado, o fim do arrendamento, o grau de redução da actividade, as suas causas e mesmo o seu carácter temporário ou definitivo.

III – Não sendo, em geral, de falar em encerramento no caso de simples diminuição, mesmo acentuada, da actividade antes exercida, em particular quando isso se mostre justificado, ainda assim não poderá essa redução ser de tal ordem que se deva razoavelmente equiparar a efectiva paralisação.

IV – **Conhecendo o arrendatário os defeitos ou deteriorações já existentes no locado à data da celebração** do contrato de arrendamento, fica impedido de exigir, mais tarde, do senhorio a reparação desses defeitos ou deteriorações.

V – Não obstante o disposto nos arts. 1031.°, al. *b*), do CC, e 12.° do RAU (cfr. também arts. 1043.° daquele e 4.° deste), sinalagmático, consoante art. 1.° do RAU, o contrato de arrendamento urbano, a obrigação de realização de obras pelos senhorios tem de ser aferida de harmonia com o **princípio da equivalência das atribuições patrimoniais** de que há manifestação no art. 237.° do CC.

VI – Contrariando, outro entendimento, elementar princípio de justiça e, eventualmente, a proibição do abuso de direito ínsita no art. 334.° do CC, tem, pois, de atender-se à relação entre o custo das obras pretendidas e a renda paga pelo arrendatário.

VII – É de considerar excessiva a **desproporção entre o valor das obras da reparação e o das rendas** quando precisos 12 anos para obter o retorno desse valor: em tais termos, a pretensão da realização das obras não constitui exercício equilibrado, moderado, lógico e racional do direito invocado, importando, mesmo, **abuso de direito** que a torna ilegítima).

– AC. STJ de 25-11-2004 – Contrato de arrendamento Resolução do contrato **Economia comum Família** – *Revista n.° 3633/04 – 2.ª Secção Ferreira de Almeida (Relator), Abílio de Vasconcelos, Duarte Soares* (I – Para a operância da excepção tipificada na alínea *c*) do n.° 2 do art. 64.° do RAU 90 – obstativa da resolução do contrato de arrendamento –, não basta a mera **permanência de parentes ou familiares** no arrendado, antes se configurando como necessária a existência de elos de dependência económica entre eles, ou com a própria casa/habitação e ou/o arrendatário.

II – O conceito de **"economia comum"** pressupõe uma comunhão de vida, com base num lar em sentido familiar, moral e social, uma convivência conjunta com especial affectio ou ligação entre as pessoas coenvolvidas, convivência essa que não impõe a permanência no sentido físico, antes admitindo eventuais ausências, sem intenção de deixar a habitação, com sujeição a uma economia doméstica comum com a quebra dos laços estabelecidos, verificando-se, assim, apenas uma única economia doméstica, contribuindo todos ou só alguns para os gastos comuns.

III – A *ratio legis* radica na protecção da estabilidade do agregado familiar com sede no arrendado (que não no interesse económico do senhorio).

IV – A instalação de um **novo agregado familiar no arrendado** não está já abrangido pela protecção excepcional contemplada na alínea *c*) do n.º 2 do art. 64.º do RAU 90, já que, assim se não entendesse, representaria como que a transmissão (cessão) em vida da posição de arrendatário habitacional, ao arrepio do regime legal específico.)

– Ac. **STJ, de 11-10-2001** – Matéria de facto Fundamentação Arrendamento para habitação Resolução **Falta de residência permanente Benfeitorias Indemnização** – *Revista n.º 2490/01 – 7.ª Secção Araújo de Barros (Relator) Oliveira Barros, Miranda Gusmão* (I – A falta ou deficiência de fundamentação, que tem como consequência, pouco relevante, apenas a faculdade de a Relação, nos termos do art. 712.º, n.º 2, do CPC, ordenar que o tribunal fundamente devidamente a sua decisão, porque necessariamente se inclui na apreciação da matéria de facto (respectiva fundamentação) não deve ser objecto de censura pelo STJ.

II – O prazo referido na al. *i*) do n.º 1 do art. 64.º do RAU reporta-se apenas ao fundamento de o arrendatário conservar o prédio desabitado, não sendo necessário para que se verifique a causa de resolução do contrato de arrendamento por falta de residência permanente.

III – A **residência permanente** tem como traços constitutivos e indispensáveis, a habitualidade, a estabilidade e a circunstância de constituir o centro da organização da vida doméstica.

IV – Essencial para que possa falar-se em **residências alternadas**, de acordo com o espírito da lei, é que a pessoa tenha nos vários lugares verdadeira habitação, casa montada ou instalada (e não simples quarto de pernoita ou gabinete de trabalho) e que a situação seja estável, goze de relativa permanência, e não haja uma simples morada ocasional, variável de ano para ano, ou de mês para mês.

V – Para o efeito de verificação da excepção contemplada pela al. *c*) do n.º 2 do art. 64.º do RAU, não basta que no arrendado permaneçam os familiares do arrendatário. Necessário é, ainda, que não ocorra **desintegração do agregado familiar**.

VI – A excepção da al. *a*) do n.º 2 do art. 64.º do RAU, só é de considerar verificada quando o caso de força maior ou de doença (vistos necessariamente do lado do arrendatário) sejam alheios, quer ao comportamento contratual do senhorio, quer ao estado em que o arrendado se encontre em resultado de omissão de conduta por aquele devida.

VII – É válida a **cláusula**, contida em contrato de arrendamento, segundo a qual as **benfeitorias realizadas pelo arrendatário não lhe dão direito a qualquer indemnização**.).

– Ac. STJ, de 13-01-2000 – Arrendamento para comércio ou indústria **Encerramento do estabelecimento Resolução do contrato** – *Revista n.º 1026/99 – 2.ª Secção Peixe Pelica (Relator) Noronha Nascimento* (I – O art. 64.º, al. *h*), do RAU, visa predominantemente evitar que, por imobilismo ou outras circunstâncias injustificáveis, os arrendatários de locais destinados ao comércio impossibilitem estes de desempenhar, quer na óptica do mercado do arrendamento, quer na óptica dos interesses da sociedade, uma função de dinamismo social e económico que prosseguem.

I – Daí a razão de ser do sancionamento – resolução do contrato – do **encerramento dos locais arrendados para comércio** por período superior a um ano.

II – Encerrar um estabelecimento comercial é fechá-lo ao público e mantê-lo desta forma, levando à frustração dos respectivos propósitos particulares e sociais.

V – Para contrariar tal violação do dever de utilização normal do local arrendado, através do seu fechamento, não vale a mera abertura, por certos períodos, ou dias, do local arrendado.

– **Ac. STJ de 23-10-1997 – Arrendamento misto Arrendamento para comércio ou indústria Encerramento ao público**

Arrendamento para habitação Residência permanente – *Processo n.° 984/97 – 2.ª Secção Relator: Ferreira da Silva* (I – **Está manifestamente encerrado um estabelecimento** cujas portas permanecem fechadas por mais de um ano, impedindo o acesso do público a que se destina, não se apurando que o encerramento fosse devido a força maior ou ausência forçada do arrendatário.

II – Provando-se que os inquilinos jamais pernoitaram, tomaram refeições ou receberam os seus amigos na parte do andar destinada a habitação, tudo evidencia que não tinham **residência permanente** no locado, já que este se identifica com o local em que o locatário tem instalada e organizada a sua vida familiar e a sua economia doméstica, o seu lar, que constitui o centro ou sede dessa organização.).

– **Ac. STJ, de 21-10-1997** – **Arrendamento Encerramento** – *Processo n.° 244/97 – 1.ª Secção Relator: Aragão Seia* (I – A previsão da al. *h*) do n.° 1 do art. 64.° do RAU, tal como sucedia com a al. *h*) do n.° 1 do art. 1093.° do CC, tem uma dupla finalidade: evitar a desvalorização do arrendado, que se vai degradando com o encerramento do local, e lançar no mercado locativo todos os espaços susceptíveis de serem ocupados por terceiros que deles necessitem.

II – Mas, para **se poder concluir que determinado local está encerrado**, há que considerar o circunstancialismo de cada caso, designadamente o fim do arrendamento, a natureza do local objecto do contrato, o grau de redução de actividade que nele se deve realizar e o seu carácter temporário ou definitivo, bem como as suas causas.

III – Não se poderá falar em encerramento do prédio caso haja apenas uma redução de intensidade das operações da actividade própria do arrendamento nele anteriormente exercida, quando isso estiver justificado, a menos que essa redução seja de tal ordem que se deva equiparar a efectiva resolução).

– **Ac. STJ, de 26-04-2001** – Arrendamento Resolução **Residência permanente** – *Revista n.° 985/01 – 2.ª Secção Simões Freire (Relator) Moitinho de Almeida, Joaquim de Matos* (I – Não é necessário o decurso do prazo de um ano para que se verifique a causa de resolução do contrato de arrendamento por falta de residência permanente, bastando que a situação ocorra.

II – Para que se verifique a excepção da al. *c*) do n.º 2 do art. 64.º, do RAU, é necessário que os familiares, à data da saída do locatário, estivessem a ele ligados por comunhão de mesa e habitação, numa situação de integridade familiar que se não perde com aquela saída.

III – A previsão da al. *a*) do mesmo preceito legal, reporta-se à falta de residência permanente não imputável ao locatário, isto é, em que esteja justificada a não habitação ou a falta de habitação permanente N.S.).

– **Ac. STJ, de 21-11-2002** – Contrato de arrendamento para comércio ou indústria **Encerramento do estabelecimento Caso de força maior Morte do arrendatário** – *Revista n.º 3368/02 – 2.ª Secção Moitinho de Almeida (Relator) Joaquim de Matos, Ferreira de Almeida* (I – O disposto na al. *h*) do art. 64.º do RAU constitui uma compensação dada ao senhorio pela tutela concedida ao inquilino, que a não merece quando **não dá uso ao locado**, sendo então reconhecido ao senhorio o interesse em não ver desvalorizado o prédio.

II – Este preceito legal não supõe o 'desinteresse' do arrendatário, antes visa proteger o senhorio e assegurar um objectivo económico perante a situação objectiva de não utilização do prédio arrendado.

III – A noção de **caso de força maior**, para efeitos da mesma disposição legal, implica ser o encerramento do local arrendado consequência inevitável de um acontecimento estranho à pessoa do arrendatário.

IV – O n.º 2 do art. 112.º do RAU não implica o reconhecimento pelo legislador de que, durante os 180 dias aí mencionados, a situação do locatário possa não estar definida, o que teria por consequência não dever este período ser tido em conta para efeitos do disposto na citada al. *h*) do art. 64.º.

V – Visa simplesmente, por um lado, facultar ao sucessor um prazo para a obtenção dos documentos necessários para a prova do

seu direito; e, por outro, garantir ao senhorio uma definição, tão rápida quanto possível, da relação de arrendamento.).
– Ac. STJ, in Col. Jur., STJ, 2001, III, 69 (falta de residência permanente – **residências alternadas** – permanência de familiares – caso de força maior ou doença – exclusão do direito a indemização por benfeitorias).

* **Cessão... ilícita, inválida ou ineficaz do locado ou da posição contratual (...)**

– Ac. STJ, 22-11-1994, Col. Jur., STJ, III, 157 (II – A apreciação do **abuso de direito** pode ser feita oficiosamente.

III – Assim, os princípios que regem o comércio jurídico não se compadecem com o facto de o recorrente ter dito que cedera a sua posição contratual a outrem e pretender agora, decorridos tantos anos, voltar ao consultório que abandonou, há muitos, só porque formalmente a cessão feita não obedeceu ao formalismo legal).

– Ac. STJ, 7-11-1995, Col. Jur., STJ, V, 94 (I – Só é válido ou eficaz o contrato de sublocação devidamente autorizada ou reconhecida pelo senhorio.

II – Para efeitos de direito de preferência com base em direito a novo arrendamento o princípio atrás exposto é inteiramente válido, ainda que a sublocação se situe no domínio do DL 420/76, de 28-5).

– Ac. STJ, de 08.05.1997, Revista n.° 967/97-2.ª, Bol. Sum., www.stj.pt (subarrendamento – reconhecimento pelo senhorio – ónus da prova – bons costumes); Ac. STJ, de 10.12.1997, Revista n.° 627/97-1.ª, Bol. Sum., www.stj.pt; Ac. STJ, 17.03.1998, Revista n.° 183/98-1.ª, Bol. Sum., stj.pt; Ac. STJ, de 25.03.1999, Revista n.° 497/97-2.ª, Bol. Sum., www.stj.pt (trespasse – sublocação--obras); Ac. STJ, de 05.12.2002, Revista n.° 2464/03-6.ª, Bol. Sum., www.stj.pt **(cisão de sociedades – transmissão para a nova soc. do património da sociedade cindida...)**; Ac. STJ, de 01.07.2003, Revista n.° 1948/03-1.ª, Bol. Sum., www.stj.pt **(cessão de parte do locado a terceiros...)**; Ac. STJ, de 31.03.2004, Revista n.° 290//04-6.ª, Bol. Sum., www.stj.pt; Ac. STJ, de 16.11.2004, Revista n.º 3458/04-6.ª, Bol. Sum., www.stj.pt (trespasse-comunicação...); Ac. STJ, de 11.01.2005, Revista n.º 4173/04-1.ª, Bol. Sum., www.stj.pt (**cessão da posição contratual do arrendatário para sociedade de que este é sócio**); Ac. STJ, de 10.05.2005-6.ª, Bol Sum., www.stj.pt (constituição de sociedade – **abuso de direito...**); Ac. STJ, de 27.11.97, Proc. n.º 629/97-2.ª, Bol. Sum., (**adjudicação, no âmbito de arrematação em execução por dívidas de impostos, ...**); Ac. de STJ, 16.11.2004, Revista n.º 3458/04-6.ª, Bol. Sum., www.stj.pt (trespasse-comunicação à mulher do senhorio...).

– Ac. STJ, de 4.4.2006, Revista n.º *217/06 – 1.ª Secção Faria Antunes Moreira Alves Sebastião Povoas* (I – O conhecimento do projecto de se realizar um determinado contrato (trespasse) não significa o conhecimento de que tal projectado contrato realmente se realizou.

II – A **comunicação para preferência**, prévia ao trespasse e para aquele efeito, não dispensa a comunicação do trespasse ex post facto, destinada a facultar o controlo da regularidade do trespasse.

III – A inobservância da obrigação do locatário efectuar a tempestiva e detalhada **comunicação do trespasse ao locador** não pode deixar de acarretar a inerente consequência legal, atendendo também a que se não mostra provado que o locador tenha reconhecido a ré trespassária como tal, e (ou) que esta própria tenha tomado a iniciativa de comunicar o trespasse ao locador, dentro do prazo de 15 dias (art. 1049.º do CC).

IV – Como os 1.ᵒˢ RR. **cederam à 2.ª R. a posição contratual de arrendatários** do locado dos autos, por forma ineficaz relativamente aos AA., mostra-se preenchido o condicionalismo do **art. 64.º, n.º 1, al. *f*) do RAU**, que permite aos senhorios peticionar a resolução do contrato de arrendamento e o despejo.)

– Ac. STJ, de 11-01-2005 – Acção de despejo Contrato de arrendamento Resolução **Cessão de posição contratual** – *Revista n.º 4173/04 – 1.ª Secção Moreira Alves (Relator) Alves Velho Moreira Camilo*.

– Ac. STJ, de 01-07-2003 – Contrato de arrendamento Forma do contrato Nulidade do contrato Acção de despejo **Interpretação do contrato. Objecto do contrato** – *Revista n.º 1948/03 – 1.ª Sec-*

ção *Moreira Alves (Relator) Alves Velho, Lopes Pinto* (I – À data da celebração do contrato de arrendamento em apreço (inícios de 1987) exigia-se, atenta a sua natureza comercial, que fosse reduzido a **escritura pública**, sob pena de nulidade (art. 1029.º, do CC). Porém, segundo o n.º 3 do citado dispositivo legal (introduzido pelo DL n.º 67/75, de 19-02), a falta de escritura pública era sempre imputável ao locador e a respectiva nulidade só era invocável pelo locatário.

II – Não obstante a revogação do referido n.º 3 pelo art. 5.º, n.º 1, do DL n.º 321-B/90, de 15-10, que aprovou o RAU, tal regime continua a ser aplicável aos arrendamentos celebrados no domínio da respectiva vigência, atento o disposto no art. 6.º, do aludido DL. Por isso, a **nulidade do contrato dos autos não é de conhecimento oficioso**.

III – Sendo a finalidade do contrato o exercício pela R. da actividade de gestão e prestação de serviço a empresas, bem como o estudo e implementação de projectos, é de considerar que um **declaratário normal**, colocado na posição do real declaratário, não poderia deduzir dessa finalidade que a R. estava autorizada a ceder parte do locado a terceiros seus clientes (art. 236.º, n.º 1, do CC).

IV – Estando provado que desde o início do arrendamento, com carácter de continuidade, a R. permitia a **ocupação parcial do arrendado por parte de terceiros, estranhos** à relação contratual estabelecida com a A., sem autorização desta (e era a R. que deveria alegar e provar tal autorização), nem o posterior conhecimento e aceitação por parte da A., é de concluir que a R. violou o dever que lhe é imposto pelo art. 1038.º, al. *f*), do CC, o que é motivo de despejo nos termos do art. 64.º, n.º 1, al. *f*), do RAU.)

– Ac. STJ, de 30-09-2004 – Contrato de arrendamento Comodato **Autorização Ónus da prova** – *Revista n.º 2444/04 – 6.ª Secção Azevedo Ramos (Relator)* Silva Salazar, Ponce de Leão* (I – O fundamento do art. 1038.º, alínea *f*), do CC, reside no carácter intuitus personae da locação.

II – Daí o **princípio da intransmissibilidade da posição jurídica do arrendatário** e a obrigação que recai sobre este de não proporcionar a terceiro o uso ou fruição da coisa locada, salvo permissão da lei ou autorização do locador.

III – O citado art. 1038.°, alínea *f*), deve interpretar-se no sentido de que a enumeração, que nele se faz, dos actos relativos ao gozo da coisa que ao arrendatário é vedado praticar não reveste carácter taxativo.

IV – Se no local arrendado, onde o réu exercia o seu comércio como empresário em nome individual, passou a ter a sua sede uma sociedade, a quem o réu permitiu e proporcionou o gozo total do locado, tal situação configura um comodato.

V – De qualquer modo, tal acto praticado pelo réu, é em tudo equiparável, considerando os efeitos que dele decorrem, aos que se mencionam no art. 64.°, n.° 1, alínea *f*), do RAU e no art. 1038.°, alínea *f*), do CC, já que, por essa via, a sociedade ficou juridicamente legitimada a utilizar o local arrendado para o exercício da sua actividade.

VI – Tal **cedência é ilícita**, se não for autorizada pelo locador.

VII – O **ónus da prova** dessa falta de autorização incumbe ao autor, que funda o pedido de resolução do contrato de arrendamento na falta de autorização para tal cedência do locado.)

– Ac. STJ, de 29-11-2001 – **Cessão de posição contratual** – *Revista n.° 3566/01 – 7.ª Secção Sousa Inês (Relator) Nascimento Costa, Dionísio Correia* (I – Tanto no contrato de arrendamento como no de exploração de pedreira é possível a cessão da posição contratual.

II – O contrato de cessão da posição contratual exige declaração negocial do cedente, do cessionário e do cedido, no sentido da sua celebração, com vontade de produção dos respectivos efeitos prático-jurídicos.).

– Ac. STJ, de 31-03-2004 – Contrato de arrendamento para comércio ou indústria Acção de despejo **Indústria hoteleira** Resolução – *Revista n.° 290/04 – 6.ª Secção Afonso de Melo (Relator) Azevedo Ramos, Silva Salazar* (I – É fundamento de resolução do contrato de arrendamento pelo senhorio, a violação pelo locatário da proibição de proporcionar a outrem o gozo total ou parcial do prédio arrendado, nos termos exemplificativos descritos nos arts. 1038.º, al. *f*), do CC, e 64.º, n.º 1, al. *h*), do RAU.

II – Há **cedência de parte do gozo do prédio** arrendado para a exploração de indústria hoteleira, se a sociedade arrendatária, que mantém no locado esta exploração, permite, sem autorização do senhorio, que uma sociedade terceira instale ali a sua sede.)

– Ac. STJ, de 16-11-2004 – Contrato de arrendamento Resolução **Trespasse Comunicação Senhorio. Cônjuges** – *Revista n.º 3458/04 – 6.ª Secção Silva Salazar (Relator) Ponce de Leão, Afonso Correia* (I – O senhorio tem o direito a que o trespasse do estabelecimento comercial instalado no locado lhe seja comunicado pelos arrendatários em 15 dias, pois, apesar de tal negócio não carecer de autorização dos senhorios, não deixa de integrar uma transmissão, por acto entre vivos, da posição de arrendatário (art. 115.º, n.º 1, do RAU), e portanto uma **cessão da posição jurídica** deste autorizada por lei.

II – A lei exige essa comunicação com o fim de a cessão se tornar eficaz em relação ao senhorio que não tenha reconhecido o beneficiário da cedência como tal, sob pena de o dito senhorio ficar com o direito de resolução do contrato de arrendamento (art. 64.º, n.º 1, al. *f*), do RAU, e arts. 1049.º e 1038.º, al. *g*), do CC).

III – Isto mesmo que a **comunicação do trespasse tenha sido feita à mulher do senhorio**, ora autor, também senhoria, a menos que esta tivesse poderes de representação do marido, uma vez que os dois cônjuges senhorios se encontram entre si em posição de igualdade jurídica face ao disposto no art. 36.º, n.º 3, da CRP e podem ter posições diferentes quanto à legalidade do trespasse, que a comunicação deste tem por objectivo permitir aos senhorios analisar.)

– Ac. J, de 27-02-1996 – Arrendamento rural Subarrendamento Cessão da posição contratual Nulidade – *Processo n.º 87552 Relator: César Marques* (I – No CC de 1966, no arrendamento rural, era proibido o subarrendamento total, sendo o parcial permitido quando autorizado, para cada caso, pelo senhorio.

II – No Dec. 201/75, de 15/4, só era permitida a cessão do direito ao arrendamento por rendeiro diverso do Instituto de Reorganização Agrária (IRA). Todos os actos de cessão do direito ao arrendamento não permitidos eram considerados inexistentes.

III – A Lei 76/77, de 29/9, proibiu ao arrendatário ceder a terceiros a posição contratual, salvo se o arrendatário fosse o Estado ouuma autarquia local ou se a cessão tivesse sido feita a sociedade cooperativa agrícola. As cessões proibidas facultavam ao senhorio pedir a resolução do contrato.

IV – No Dec. 385/88, de 25/10, salvo acordo escrito do senhorio, é proibido ao arrendatário ceder a terceiros a posição contratual. Acessão não autorizada permite ao senhorio pedir a resolução do contrato.).

– Ac. STJ, 15-10-1996, *Col. Jur.*, STJ, III, 45 (I – **A transmissão da posição de locador**, resultante da venda do prédio arrendado, integra o **consentimento do primitivo senhorio para a sua utilização que vinha a ser feita por terceiro**, por tolerância do arrendatário.

II – Por isso, não pode o comprador pedir a resolução do contrato com fundamento no empréstimo.).

– Ac. STJ, de 08-05-1997 – Arrendamento Caducidade Acção de despejo Subarrendamento **Abuso do direito Boa fé Bons costumes** – *Processo n.° 967/97 – 2.ª Secção Relator: Mário Cancela* (I – O subarrendamento só produz efeitos em relação ao senhorio ou a terceiros a partir do seu reconhecimento por aquele que, após isso, não poderá vir pedir o despejo com esse fundamento.

II – Do mesmo modo, o subarrendamento também é eficaz a partir da comunicação da cedência do gozo do arrendamento, quando permitida ou autorizada, que o subarrendatário tem por obrigação fazer ao senhorio no prazo de 15 dias – arts. 1038.°, *g*), e 1061.° do CC.

III – O reconhecimento supre a falta de autorização e, por isso, embora o subarrendamento não autorizado seja ilícito considera-se ratificado pelo senhorio se ele reconhece o subarrendatário como tal.

IV – O facto de o nome da ré constar, pelo menos desde 1980, da relação de inquilinos que a porteira do prédio envia à autora no final de cada ano não conferia àquela qualquer direito; não lhe conferia a posição jurídica de arrendatária nem dava a conhecer à autora que aquela fosse subarrendatária.

V – **Não pode considerar-se reconhecimento o simples conhecimento**, por parte do senhorio, de que o prédio foi subarrendado. É necessário também que o locador aceite o subarrendatário como tal, por exemplo, recebendo dele as rendas.

VI – O **ónus da prova da autorização ou do reconhecimento do subarrendamento** caberá ao réu, já que é um facto impeditivo do direito do autor senhorio.

VII – O facto de a autora só quase três anos após a morte da arrendatária ter intentado a acção de despejo, não pode ter criado no espírito da ré qualquer expectativa quanto a uma eventual celebração do contrato de arrendamento até porque recusava o recebimento da renda e nunca a reconheceu como subarrendatária.

VIII – Os **bons costumes** não põem qualquer limite ao exercício do direito de fazer valer a caducidade do arrendamento.).

– Ac. STJ, de 26-03-1998 – Arrendamento para profissão liberal Cônjuge Cessão da posição contratual Acção de despejo Legitimidade passiva (I – No arrendamento urbano para o exercício de profissão liberal em que o arrendatário seja casado segundo o regime de comunhão geral de bens, o direito do arrendatário comunica-se ao respectivo cônjuge, nos termos do disposto no art. 1732.º do CC. Por isto, a cessão da posição contratual do arrendatário a terceiro tem que ser outorgada por ambos os cônjuges (art. 1678.º, n.º 3, do CC).

II – **A acção de despejo com fundamento nesta cessão da posição contratual deve ser intentada contra ambos os cônjuges,** já porque ambos são os sujeitos daquela relação, já porque a acção emerge de facto praticado por ambos, nos termos do disposto nos arts. 26.º, n.º 3, e 19.º do CPC de 1967.

III – Na predita acção de despejo pode igualmente ser demandado o cessionário do direito ao arrendamento (pessoa com interesse em contradizer a pretensão do senhorio por ser quem maior prejuízo pode ter com a procedência da acção) atento o disposto no primeiro segmento do art. 26.º, n.º 3, do CPC (onde se manda atender a indicação da lei acerca da legitimidade antes de se considerar quem é sujeito da relação material controvertida) conjugado com o disposto no art. 60.º, n.º 1, do RAU (onde se prevê que o cessionário possa ser demandado na acção de despejo para aí ser ouvido e convencido, desta sorte se lhe tolhendo a possibilidade de mais tarde obter a suspensão da execução do despejo).).

– Ac. STJ, de 18-04-2002 – Contrato de arrendamento. **Cessão da posição contratual Compropriedade Consentimento** – *Revista n.º 715/02 – 7.ª Secção Dionísio Correia* (I – A **cessão da posição contratual do arrendatário** a terceiro, gratuita ou onerosa, depende em regra do consentimento do senhorio – arts. 424.º e ss., 1038.º, n.º 1, al. *f*), e 1059.º, n.º 2 do CC, e 5.º, n.º 1 do RAU.

II – Na **compropriedade** a disposição ou oneração de coisa comum, total ou parcial, depende do consentimento de todos os consortes – arts. 1405.º, n.º 1 e 1408.º, n.º 1 do CC.

III – Também o **arrendamento** de prédio comum depende do consentimento de todos eles – arts. 1024.º, n.º 2 do CC e 5.º do RAU; daí que a comunicação da cedência do gozo da coisa quando permitida ou autorizada – art. 1038.º, n.º 1, al. *g*) do CC – deva em princípio ser a todos endereçada.

V – Porém, havendo uma administração dos comproprietários instituída no prédio, é suficiente a comunicação a ela dirigida, cabendo depois deliberarem no sentido de aceitarem ou não a cessão da posição contratua.).

– Ac. STJ, de 10-05-2005 – Contrato de arrendamento **Cessão de exploração Escritura pública Nulidade Despejo** – *Revista n.º 1080/05 – 6.ª Secção Fernandes Magalhães (Relator) Azevedo Ramos, Silva Salazar* (I – Mostrando-se provado que as rés arrendatárias comunicaram à autora senhoria que, tendo constituído uma sociedade por quotas, lhe solicitavam o favor de emitir o próximo recibo em nome daquela nova sociedade, o que esta fez, passando também a receber a renda, a autora aceitou, desde então, a sociedade ré como única e exclusiva arrendatária do prédio arrendado, apesar de não ter celebrado com esta o contrato por escritura pública.

II – Conclui-se, pois, pela existência de um contrato de arrendamento celebrado entre a autora e a sociedade, sendo inadmissível a invocação da nulidade de um negócio por vício de forma por quem, apesar disso, o cumpre ou aceita o cumprimento realizado pela outra parte, integrando um **abuso de direito** na modalidade de *venire contra factum proprium*.

III – Também ao tempo das cedências de exploração efectuadas pela ré sociedade a X, era exigida escritura pública para as mesmas, que apenas foram celebradas por documento particular, sendo, portanto, nulas.

IV – Assim, não **sendo as cessões de exploração eficazes em relação à autora, verifica-se o acto ilícito alegado por esta**: a utilização do locado por terceiras pessoas, não tendo estas título para tal face à mesma autora, pelo que, deve a ré sociedade ser condenada a despejar o arrendado.).

– Acs. STJ, *in Col. Jur.*, STJ, 1998, II, 66 (resolução – **trespasse simulado**); *Col. Jur.*, STJ, 1998, I, 68 (Cessão da posição de arrendatário – profissão liberal); *Col. Jur.*, STJ, 2001, II, 95 (sublocação ilícita – pedido de subrendas com base em enriquecimento sem causa); *Col. Jur.*, STJ, 1994, III, 157 (cedência de consultório sem formalismo – **abuso de direito**).

- **Falta de pagamento de renda / Mora / Caducidade do direito de resolução do contrato por falta de pagamento da renda**

– Ac. STJ, de 25.11.1997, Revista n.º 283/97-1.ª, Bol. Sum., www.stj.pt (clausulou-se o aumento da renda em montante determinado a partir de tal data).

– Ac. S. T. J., de 11-12-84, in *Bol. MJ.*, n.º 342 pág. 355, anotado pelo Prof. Almeida Costa, *in Rev. Leg. Jur.*, ano 119.º, pág. 141 (Se o locatário ficar privado do gozo do imóvel, no todo ou em parte, por facto imputável ao senhorio, tem-se julgado admissível que aquele suspenda, numa medida proporcionada, o pagamento da renda); Ac. STJ de 15.12.1998, Revista n.º 1102/98-2.ª, Bol. sum., stj.pt (**constituição de sociedade e passagem dos recibos a esta**); Ac. STJ, de 22.6.99, Revista n.° 486/99-1.ª, Bol. Sum., www.stj.pt; Ac. STJ, de 3242/01-7.ª, Bol. Sum., www.stj.pt; Ac. STJ, de 24.01.2002, Revista n.° 3480/01-6.ª, Bol. Sum., www.stj.pt (**abuso de direito...**); Ac. STJ, de 23..09.1997, Revista n.° 176/97-2.ª, Bol. Sum., www.stj.pt (caducidade do direito de resolução); Ac. STJ, de 10.01.2002, Revista n.° 2609/01-7.ª, Bol. Sum., www.stj.pt (**conteúdo do depósito...**); Ac. STJ, de 10.10.2002, revista n.° 2061/02--7.ª, Bol. Sum., www.stj.pt (notificação do depósito das rendas – conteúdo do depósito); Ac. STJ, de 10-5-88, in Trib. Just., n.° pág. 47 (o caso de o trespassante ter caído em mora, deixando de pagar rendas, o trespassário fica com o ónus de as pagar ou depositar, com o acréscimo legal, se quiser evitar o despejo); Ac. STJ, de 13.05.2003, Revista n.° 4070/02-1.ª, Bol. Sum., www.stj.pt (**depósito apenas das renda do último ano...**).

– Ac. STJ, de 24.06.2004, Revista n.° 1961/04-7.ª, Bol. Sum., www.stj.pt (caducidade do dt.° de resolução não é excepção de conhecimento oficioso...); Ac. STJ, de 4/1/1979, *Bol.* 283, 250 (caso da **Empresa ter sido ocupada pelos trabalhadores**); Ver Ac. do S.T.J., de 24/11/1987, *Bol.* 371, 427.

– Ac. do STJ, de 25/11/1992, Bol. 421 (quanto à **penhora em execução fiscal**, com o seguinte sumário):

"*I – A penhora em execução fiscal do direito ao arrendamento importa uma situação de indisponibilidade ou ineficácia relativa, mercê da qual não pode o executado (arrendatário) dispor daquele direito em prejuízo do exequente. Assim, a falta de pagamento da renda não releva em relação a este.*

II – A relação locativa que originariamente surgiu apenas com respeito ao arrendatário (executado) passa a abranger, uma vez feita a penhora do direito ao arrendamento, também o exequente e o depositário nomeado na execução, pelo que, se a acção visando resolver o contrato por falta de pagamento de renda for intentada só contra o arrendatário – ou quem o representante – haverá ilegitimidade (plural) deste – artigo 28.° do Código de Processo Civil.".

– Ac. STJ, de 04-04-2006, *Revista n.° 631/06 – 6.ª Secção Afonso Correia (Relator) Ribeiro de Almeida, Nuno Cameira* (Contrato de arrendamento Nulidade por falta de forma Subarrendamento Acção de despejo Falta de pagamento de rendas **Excepção de não cumprimento Infiltrações Danos Liquidação em execução de sentença**).

– Ac. STJ, de 10-01-2002 – Contrato de arrendamento Resolução **Falta de pagamento de renda Depósito da renda Caducidade** – *Revista n.° 3609/01 – 7.ª Secção Óscar Catrola (Relator) Araújo de Barros, Oliveira Barros* (I – O reconhecimento referido no n.° 2 do art. 1042.° do CC é um facto concreto e certo, que não admite prova em contrário, situando-se, pois, fora do âmbito das presunções legais.

II – Para efeitos do disposto no art. 1048.°, n.° 1, do CC, o pagamento ou depósito deve abranger não apenas as rendas vencidas até à propositura da acção e respectiva indemnização, mas todas as rendas que se tenham vencido até à data do pagamento ou depósito e a respectiva indemnização).

– Ac. STJ, 10-7-1997, *Col.* STJ, II, 165 (II – O ónus da prova do pagamento de rendas, incumbe ao inquilino).

– Ac. STJ, 12-5-1998, *Col. Jur.,* STJ, II, 81 (X – Cada renda é uma prestação independente das restantes, anteriores ou posteriores; e em relação a cada uma delas deverá o locatário, nos termos contratuais, apresentar-se a cumpri-la, não o dispensando de, eventualmente, o senhorio se ter constituído em **mora** quanto a rendas anteriores.

XI – Não há mora do senhorio quando este **nega o recibo de renda** que recebeu; tal recusa apenas legitimaria que o locatário se recusasse a pagar a renda respectiva.).

– Ac. STJ, 12-5-1998, *Col. Jur.,* STJ, II, 81 (III – O art. 22.° do RAU, pressupondo como normal o pagamento da renda, prevê ainda o **depósito** como forma alternativa de extinção da respectiva obrigação, em três hipóteses: quando ocorreremos pressupostos da consignação em depósito, quando ao inquilino for permitido fazer cessar a sua mora ou provocar a caducidade do direito de resolução nascido com a falta de pagamento de rendas, e quando estiver pendente acção de despejo.

IV – Pode, licitamente, haver omissão de pagamento e de depósito; aquele carece da colaboração do credor; este é facultativo.).

– Ac. STJ, de 19-03-1998 – Arrendamento Despejo Falta de pagamento da renda **Excepção de não cumprimento** – *Revista n.º 2/98 – 2.ª Secção Relator: Conselheiro Costa Soares* (I – O problema da recusa do pagamento de rendas enquanto enquadrada na *«exceptio non adimpleti contractus»* a que se refere o art. 428.º do CC excede a mera problemática da mora do locatário no pagamento das rendas e respectivos depósitos para que remetem as outras disposições (arts. 22.º e 23.º do RAU e 1041.º e 1042.º do CC).

I – Se o funcionamento da «exceptio» for de admitir, o senhorio, até por maioria de razão, não terá direito à indemnização pela mora.

II – Embora dentro de uma certa proporcionalidade, o arrendatário tem o direito de recusar o pagamento de rendas se o senhorio não cumprir pontualmente a sua parte no contrato.).

– Ac. STJ, 10-7-1997, *Col. Jur.,* STJ, II, 165 (II – O **ónus da prova do pagamento de rendas**, incumbe ao inquilino).

– Ac. STJ, 12-5-1998, *Col. Jur.,* STJ, II, 81 (I – Para o incidente de despejo por falta de pagamento de rendas vencidas na pendência da acção de despejo relevam todas as rendas vencidas e não pagas desde a propositura da acção se esta se fundar em causa de resolução que não seja a falta de pagamento de rendas.

II – Sendo a causa resolutória a falta de pagamento de rendas, relevarão apenas para aquele incidente as rendas vencidas e não pagas posteriores ao termo do prazo para contestar.

V – Só na hipótese de mora do locatário, prevê o art. 58.º do RAU que este tenha que fazer prova de ter pago ou depositado as rendas em dívida e a indemnização respectiva.

VI – Havendo mora do senhorio tem que se aceitar que o inquilino se defenda de um eventual pedido incidental de despejo imediato com a simples invocação dessa mora e seja admitido a prová-la.

VII – Neste incidente a prova a produzir não tem já que ser apenas documental.).

– Ac. STJ, de 23-09-1997 – Arrendamento Despejo Falta de pagamento de rendas Local de pagamento **Depósito da renda Caducidade** – *Proccesso n.° 176/97 – 2.ª Secção Relator: Nascimento Costa* (I – Para a invocada **caducidade do direito de resolução** do contrato de arrendamento basta que o inquilino deposite as rendas devidas e respectiva indemnização, rendas essas que estejam dentro do ano anterior à propositura da acção.

II – Havendo **mora** o senhorio tem direito às rendas anteriores a essas, desde que não abrangidas pela prescrição, e respectiva indemnização.

III – Mas o não depósito dessas rendas, ou depósito insuficiente, não pode fundamentar o despejo.

IV – Se o inquilino não invocar a caducidade, deverá mesmo pagar as rendas de anos anteriores e respectiva indemnização, sob pena de despejo.

V – Nos tempos que correm, do dinheiro de plástico e da informática, particularmente na actividade bancária, é inaceitável o ponto de vista de que não é liberatório o **depósito de rendas feito em agência da CGD que não a do local do pagamento da renda**, pois qualquer que seja o local do depósito, o credor não terá dificuldade em proceder ao levantamento.).

– Ac. STJ, de 21-11-2000 – Direito ao arrendamento **Penhora Acção de despejo Falta de pagamento da renda** – *Agravo n.° 3126/00 – 1.ª Secção Ribeiro Coelho (Relator) Garcia Marques, Ferreira Ramos* (Se o direito ao arrendamento inerente ao **estabelecimento comercial penhorado numa execução** é posto em causa numa acção de despejo, é nesta que deve procurar-se a sua defesa pelos meios próprios, designadamente usando da faculdade a que se refere o art. 1048.° do CC – faculdade esta subordinada à condição de tempestividade que o preceito impõe.).

– **Ac. STJ, de 14-01-2004 – Direito ao trespasse e arrendamento Resolução do contrato de arrendamento Acção de despejo** – *Recurso n.° 964/02 – 4.ª Secção Fernandes Cadilha (Rela-*

tor) Mário Pereira Vítor Mesquita Ferreira Net (I – O direito ao arrendamento e ao trespasse de estabelecimento comercial, sendo de natureza creditória, está subordinado ao regime do art. 820.º do CC (e não ao do antecedente art. 819.º), pelo que, tendo sido objecto de **penhora**, a extinção desse direito só se torna ineficaz em relação ao exequente quando tenha tido lugar por causa dependente da vontade do executado ou do seu devedor.

II – A resolução do contrato de arrendamento com fundamento na falta de pagamento de rendas não resulta directamente da lei, mas depende da iniciativa do senhorio, que haverá de propor a competente acção de despejo, nos termos das disposições conjugadas dos arts. 63.º, n.º 2 e **64.º, n.º 1, alínea *a*), da RAU**, e, assim, a extinção do direito ao arrendamento que venha a ser decretada pelo tribunal, nesse condicionalismo, não é imputável apenas à vontade do titular do direito, para os efeitos do disposto no citado art. 820.º, do CC.

III – Tendo sido declarado extinto o direito ao arrendamento por sentença transitada em julgado, nas condições antecedentemente descritas, haverá necessariamente que julgar procedentes os embargos de terceiro deduzidos à penhora do senhorio.

IV – Não obsta a tal solução a circunstância – alegada no processo de embargos – de a resolução do contrato de arrendamento ter resultado do **conluio das partes** na acção de despejo, mormente por ocorrer confusão entre arrendatário-executado e o senhorio do local arrendado, sendo certo que o mecanismo legalmente admissível para impugnar uma decisão judicial, depois do seu trânsito em julgado, quando tenha havido simulação processual, é o previsto no art. 778.º, do CPC.).

– Ac. **STJ, de 07-02-2006** – *Revista n.º 4336/05 – 6.ª Secção Fernandes Magalhães (Relator)* Azevedo Ramos, Silva Salazar* (**Compropriedade** Contrato de arrendamento Acção de despejo Renda Falta de pagamento).

– Acs. **STJ,** *in Col. Jur.,* STJ, 1996, II, 39 (Alteração do local de pagamento da renda); Col. Jur., STJ, 1997, III, 84 (Falta de pagamento de rendas pelo transmissário – **divergências quanto ao mon-**

tante); Col. Jur., STJ, 1997, II, 165 (**ónus da prova** do pagamento de rendas); Col. Jur., STJ, 1998, II, 81 (mora do senhorio – **recusa de passagem de recibos**).

- **Falta de pagamento de encargos**

– Ac. de 22.01.97, Revista n.º 298/96-2.ª, Bol. Sum., www.stj.pt.

- **Obras não autorizadas e deteriorações consideráveis**

– Ac. STJ, 15-3-1994, *Col. Jur.*, STJ, 1, 160 (III – O arrendatário é responsável pelas **deteriorações praticadas por terceiros**, presumindo-se a sua culpa se não provar que cumpriu os deveres de guarda, cuidado e vigilância do prédio arrendado).
– Ac. STJ, de 9.6.1994, *Col. Jur.*, *STJ*, T. II, 134; Ac. de 15.10.96, Revista n.º 513/96-1.ª, Bol. Sum., www.stj.pt; Ac. de 26.11.96, Revista n.º 491/96-1.ª, Bol. Sum., www.stj.pt.
– Ac. do S.T.J., de 31/3/1977, Bol. 265, 227 (que entendeu que o termo *substancialmente*, que se refere tanto à estrutura externa do prédio como à disposição interna das suas divisões tem de ser tomado na acepção de consideravelmente); Ac. de 14.01.1997, Revista n.º 142/96-1.ª, Bol. Sum, www.stj.pt; Ac. de 27.05.1997, Revista n.º 896-1.ª, Bol. Sum., www.stj.pt.
– Acórdão do STJ, de 09-06-94, in *Col. Jur.*, *STJ*, ano II, t. 2, pág. 134 (a) Não alteram de forma profunda a estrutura ou a disposição interna das divisões, nem ocasionam danos consideráveis, a **demolição de instalações sanitárias, em obediência a intruções governamentais, por razão de salubridade**, bem como a **abertura ou fecho de vãos de dimensão reduzida, ou a construção de pequenas divisórias interiores facilmente destacáveis do prédio** e sem alteração das respectivas condições de segurança; b) Tais obras, dado o arrendamento se destinar, além do mais, ao comércio e indústria, o que implica necessariamente para o locatário, segundo os **princípios da boa-fé contratual**, a facul-

dade dos ajustamentos convenientes no prédio, devem ser consideradas necessárias ao objectivo do arrendamento e, assim, impostas tanto no consentimento do senhorio como na vontade do arrendatário.); Ac. de 14.04.1972, *Bol.* 216, 137 (Prédio é a unidade locativa, com as demais coisas, designadamente as de uso comum, que a integram, que tenha sido objecto do contrato de arrendamento).

– Ac. STJ, de 25.06.1998, Revista n.° 630/97-2.ª, Bol. Sum., www.stj.pt; Ac. STJ, de 10.01.2002, Revista n.° 3482/01-7.ª, Bol. Sum., www.stj.pt (alteração substancial...); Ac. STJ, de 15.01.2002, Revista n.° 1481/01-6.ª, Bol. Sum., www.stj.pt (**deteriorações "consideráveis..."**); Ac. STJ, de 25.06.2002, Revista n.° 1415//02-6.ª, Bol. Sum., www.stj.pt; Ac. STJ, de 06.06.2002, Revista n.° 1642/02, Bol. Sum., www.stj.pt (**alteração substancial...**); Ac. STJ, de 06.06.2002, Revista n.° 1642/02-2.ª, Bol. Sum., www.stj.pt (alteração substancia...).

– Acórdão do STJ, de 15-03-94, in *Col. Jur., STJ*, a pág. 160 (O arrendatário é responsável pelas **deteriorações praticadas por terceiros, presumindo-se a sua culpa** se não provar que deveres de guarda, cuidado e vigilância do prédio arrendado).

– Ac. STJ, de 28.10.2003, Revista n.° 2583/03-1.ª, Bol. Sum., www.stj.pt (alteração substancial/deterioração considerável/estrutura externa); Ac. STJ, de 20.11.2003, Revista n.° 3580/03-1.ª, Bol. Sum., www.stj.pt (derrube de um forno a lenha e substituição por forno eléctrico.../deteriorações consideráveis...); Ac. STJ de 17.0102006, Revista n.° 3596/05-1.ª, Bol. Sum., www.stj.pt (construção de piscina no logradouro); Ac. STJ de 26.06.2006, Revista n.° 2346/05-2.ª, Bol. Sum., www.stj.pt (**presunção de culpa do arrendatário pela deterioração da coisa locada...**).

– Ac. STJ, de 09-05-2006 – *Revista n.° 1014/06 – 6.ª Secção Salreta Pereira (Relator) João Camilo Fernandes Magalhães –* (Contrato de arrendamento **Obras** de conservação ordinária Senhorio Incumprimento Mora Trespasse. Transmissão da posição de locatário. Dano. Terceiro. Obras de conservação extraordinária. Reparações urgentes).

– Ac. STJ, de 19-09-2002 – Contrato de arrendamento urbano Resolução **Obras Alteração da estrutura do prédio** – *Revista n.° 2466/02 – 2.ª Secção Eduardo Baptista (Relator) Moitinho de Almeida, Joaquim de Matos* (I – O termo **'substancialmente'**, utilizado na al. *d*) do n.° 1 do art. 64 do RAU, deve ser tomado com o sentido de 'consideravelmente'.

II – Só caso a caso deverá o aplicador da lei apreciar se houve **alterações substanciais (ou deteriorações consideráveis)**, atendendo a critérios de razoabilidade.

III – Para fazer esta apreciação deverá exigir-se, sempre, que as obras atinjam um certo vulto, pela sua extensão e custo da sua reparação, conjugado com o valor do próprio prédio, deverá tomar-se em conta a boa fé do inquilino e objectivos que procurou obter e, por outro lado, que o senhorio não pode sacrificar a estrutura do edifício às comodidades do inquilino, sobretudo se isso implicar uma diminuição do valor locativo do prédio ou se atingem o equilíbrio arquitectónico do edifício.)

– Ac. STJ, de 14-01-1997 – Arrendamento Resolução do contrato Alteração da estrutura do prédio **Aplicação da lei no tempo** – *Processo n.° 142/96 – 1.ª Secção Relator: Ribeiro Coelho* (I – A resolução de um contrato de **arrendamento** por factos ocorridos após o início da vigência do RAU é regida por este diploma, ainda que o **arrendamento** date de 1966.

II – O qualificativo de «substancial» para a alteração relevante com vista à resolução reporta-se tanto à estrutura externa como à disposição interna do locado.

III – Para este efeito a estrutura externa do prédio respeita à sua fisionomia, e não ao conceito de estrutura resistente próprio da construção civil.

IV – A alteração é substancial quando deixa de ser algo de significado relativamente pequeno.

V – A existência de alteração não pressupõe, necessariamente, o conhecimento de qual era a disposição interior para que, por comparação, se formule um juízo conclusivo sobre a existência de alteração, bastando saber-se como está e que isso é diferente do que era.).

- Ac. STJ, de 27-05-1997 – Arrendamento **Obras Prejuízo estético Autorização** – *Processo n.° 79/97 – 1.ª Secção Relator: Machado Soares* (I – A colocação de 'caixas' na fachada exterior do prédio, resultante da instalação de um sistema de ar condicionado, além de não acarretar qualquer deterioração material do prédio, mas um autêntico melhoramento no plano do conforto e comodidade que do sistema resulta, não implica um 'susbtancial' prejuízo estético.

I – O **prejuízo estético** causado na fachada de um prédio tem de ser apreciado em função do meio ambiente em que se insere esse prédio e da própria natureza deste.

II – A instalação do sistema de ar condicionado sem autorização escrita, quando exigida, nunca constituiria fundamento de despejo, por se tratar de obra que não alterou substancialmente a estrutura externa do prédio.).

– Ac. STJ, 25-3-1999, *Col. Jur.*, STJ, II, 38 (III – Não altera substancialmente a estrutura externa do prédio arrendado a demolição da parede exterior de remate de uma das montras da loja, quando essa alteração se traduziu no alargamento da **montra** primitiva.).

– Ac. STJ, de 10-01-2002 – Contrato de arrendamento Resolução **Obras Alteração da estrutura do prédio** – *Revista n.° 3482/01 – 7.ª Secção Sousa Inês (Relator) Nascimento Costa Dionísio Correia (vencido):* (I – Por **alteração substancial** – para efeitos do fundamento de resolução previsto no art. 64.°, n.° 1, al. *d*), do RAU –, deve entender-se aquela modificação do prédio, respeitante à sua estrutura externa ou à disposição interna das suas divisões, que afecte o edifício naquilo que ele tem de essencial, de fundamental, de tal sorte que apareça como **justificada, à luz de critérios de razoabilidade, de boa fé, e do interesse do locador**, a aplicação da sanção severa e drástica da resolução do **arrendamento**, em lugar da simples condenação do arrendatário a repor o prédio no estado anterior e a indemnizar o senhorio pelo prejuízo sofrido.

II – Constituem **alterações de relativamente pequena importância**, não muito grandes, pouco notáveis, que não chegaram a atingir a substância do prédio, mas apenas acidentes seus: – a abertura de uma comunicação com o prédio vizinho, levada a cabo numa parede meeira, em local não visível do exterior, com as dimensões de uma porta e sem que resulte que haja sido afectada a segurança de construção; – a cobertura das escadas de comunicação entre o rés-do-chão e a cave da fracção autónoma arrendada, feita com tábuas de madeira, não se mostrando que haja afectado a escada que terá continuado a existir, embora coberta e sem que pudesse ser utilizada.

– Ac. STJ, de 06-12-2001 – Arrendamento Resolução – *Revista n.º 3808/01 – 6.ª Secção Fernandes Magalhães (Relator) Tomé de Carvalho, Silva Paixão* (Comprovando-se nas instâncias que, entre autora e ré foi celebrado um contrato de **arrendamento** para armazém e depósito de ferragens, entre o mais, e que foi clausulado que a ré estava autorizada a **efectuar as obras** necessárias para o exercício do fim contratual, tendo a ré realizado no arrendado obras desse jaez, não pode a autora, sob pena de **actuação ilegítima e abusiva**, vir pedir a resolução do negócio com esse fundamento.).

– **Ac. STJ, de 14-03-2006 – Contrato de arrendamento Acção de despejo Obras Falta de licenciamento Alteração da estrutura do prédio** – *Revista n.º 234/06 – 6.ª Secção João Camilo, Fernandes Magalhães, Azevedo Ramos* (I – A construção de quatro paredes com vista à formação de uma tribuna ou plataforma numa loja de rés-do-chão é de molde a **alterar ou desfigurar significativamente a disposição interna das divisões** do locado. Mas a subsequente construção de mais três paredes de alvenaria de tijolo a acrescentar mais um compartimento no fundo da loja e aumentar a plataforma ou tribuna já construída é de molde a tirar quaisquer dúvidas sobre o carácter substancial da alteração da disposição interna das divisões da loja.

II – As obras foram extensas, permanentes, vultuosas, tendo em conta que o locado se resume a uma loja de rés-do-chão, que constitui uma fracção autónoma de uma propriedade horizontal, e desfiguraram profundamente o locado na disposição interna das suas divisões, de tal modo que se têm de considerar substanciais e como tal integrando a previsão da al. *d*) do n.º 1 do art. 64.º do RAU).

— Ac. STJ, de 20-10-2005 — *Revista n.º 2374/05 — 7.ª Secção Oliveira Barros (Relator)* Salvador da Costa, Ferreira de Sousa* — Arrendamento urbano Acção de despejo Legitimidade activa Alteração da estrutura do prédio (I — Como resulta claro dos arts. 320.º e 321.º do CPC, do incidente de intervenção principal, nomeadamente dirigido a situações de litisconsórcio, não pode resultar mais que a associação de outra(s) à(s) parte(s) primitiva(s), não servindo para operar a exclusão e substituição das mesmas.

II — De harmonia com o disposto no n.º 1 do art. 271.º do CPC, a partir da transmissão entre vivos da coisa ou direito litigioso, o transmitente, que já não é titular da situação jurídica transmitida, substitui processualmente o adquirente, actual titular dos mesmos.

III — Embora em prossecução dum interesse que só indirectamente é seu, o transmitente litiga, nesse caso, em nome próprio, sendo, no entanto, o n.º 3 desse mesmo artigo expresso na extensão dos efeitos da sentença aos adquirentes.

IV — O vício lógico, formal, prevenido na al. *c*) do n.º 1 do art. 668.º nada tem que ver com eventual, substancial, erro de julgamento.

V — O juízo sobre se a alteração deve ser, ou não, considerada substancial — o mesmo é dizer que considerável — nos termos e para os efeitos do art. **64.º, n.º 1, al. *d*), do RAU,** com o consequente reconhecimento do direito à resolução do contrato de arrendamento, depende de **avaliação a fazer em concreto**, caso a caso.).

— Ac. STJ, de 11-10-2005, *Revista n.º 2274/05 — 6.ª Secção Sousa Leite (Relator) Salreta Pereira Fernandes* — Contrato de arrendamento **Obras de conservação ordinária Obras de conservação extraordinária Abuso do direito** *Magalhães* — (I — Constituindo uma das obrigações do locador assegurar ao locatário o gozo do bem locado para os fins a que o mesmo se destina (art. 1031.º, al. *b*), do CC), resulta para aquele, do impositivo legal decorrente de tal dever genérico, a obrigação específica de efectuar as reparações indispensáveis à manutenção do referido gozo (art. 12.º do RAU).

II – Por sua vez, incumbe ao locatário, a fim de assegurar ao senhorio a possibilidade de exercício daquela obrigação, o **dever jurídico de o avisar imediatamente, relativamente aos vícios** que descubra na coisa (art. 1038.º, al. *h*), do CC).

III – Caso o senhorio nada responda quanto à interpelação tendente à realização das referidas obras, assiste ao inquilino a faculdade de proceder à denúncia do facto perante a respectiva Câmara Municipal (arts. 9.º a 12.º do RGEU) ou, em alternativa, a de propor a competente acção judicial contra o respectivo locador, pedindo a condenação deste na realização das aludidas obras, com a subsequente eventual instauração da execução para prestação de facto.

IV – Situação diversa tem lugar no caso das **reparações a efectuar revestirem carácter urgente,** v.g., no caso do telhado danificado pelo temporal que deixa entrar a chuva no arrendado, no rebentamento de um cano de água ou de gás, no interior de uma parede, na ameaça de ruína de uma parede mestra ou na iminência de abatimento do tecto, ou seja, quando tenham ocorrido deteriorações no locado, que, pela sua gravidade, sejam susceptíveis de tornar absolutamente impossível a utilização do mesmo para os fins a que foi destinado, ou quando, em consequência de tais ocorrências, se encontre em risco a vida dos respectivos utentes.

V – Perante tais **deteriorações carenciadas de urgente e imediata reparação**, o inquilino pode proceder às obras adequadas (art. 1036.º, n.º 2, do CC), **incumbindo-lhe depois provar** – na acção em que peticione a condenação do senhorio no reembolso das respectivas despesas – que as deteriorações careciam de reparação urgente.

VI – Não pode merecer acolhimento o pedido de reembolso dos quantitativos despendidos pelos inquilinos nas obras realizadas no locado se estes não só não provaram o carácter urgente das mesmas, como nem sequer demonstraram ter existido mora do locador, atenta a falta de fixação,por acordo ou pela via judicial, do prazo a que se reporta o n.º 2 do art. 777.º do CC.

VII – Constitui **facto notório**, cujo conhecimento não se mostra vedado a este Supremo, que o critério legal de actualização anual das rendas redunda em facto impeditivo de uma actualização em valores pecuniários minimamente aceitáveis, obstaculizante da atribuição ao senhorio de uma rentabilidade económica susceptível de lhe permitir a realização de obras de renovação, como as efectuadas pelosinquilinos no locado.

VIII – Para além dessas obras se terem traduzido, não em reparações, mas na completa renovação de várias das assoalhadas do arrendado, excedendo o puro âmbito do dever de manutenção da coisa locada imposto ao locador, também a manifesta **disparidade entre o valor da renda** (Esc.16.2003$00 **à data da propositura da acção) e o quantitativo peticionado a título de obras realizadas** (11.996,98 Euros), é demonstrativa de uma absoluta falta de equivalência entre tais atribuições patrimoniais que impendem sobre o inquilino e o senhorio.).

– Ac. STJ, de 20-09-2005 – Contrato de arrendamento Acção de despejo **Encerramento de estabelecimento comercial Obras de conservação extraordinária Abuso do direito** – *Revista n.º 2080/05 – 1.ª Secção Faria Antunes (Relator) Moreira Alves, Alves Velho* (I – Ainda que a denúncia do senhorio/autor ao Delegado de Saúde tivesse provocado propositadamente a inspecção sanitária que veio verificar a **falta de condições de higiene e salubridade do estabelecimento comercial** dos réus/inquilinos, não foram os autores que deram causa ao encerramento deste, já que sóeram obrigados a efectuar as obras de conservação extraordinária e de beneficiação se, nos termos das leis administrativas, a sua execução lhes fosse ordenada pela Câmara Municipal ou houvesse acordo escrito com o arrendatário (art. 13.º, n.º 1 do RAU).

II – Ora a Câmara até à decisão da 1.ª instância não os notificou para efectuarem as obras, e os réus não adoptaram junto dela o procedimento regulado nos arts. 15.º e 16.º do RAU, como era suposto fazerem, uma vez que as obras cabiam na categoria a que se reporta o art. 11.º, n.ᵒˢ 3 e 4, ibidem.

III – Se os réus tivessem procedido em conformidade com esses ditames legais, promovendo o processo adequado para a realização das obras que a inspecção sanitária determinou, o estabelecimento comercial não estaria encerrado ao público, como está, desde 11-04-1996.

IV – Acresce que, por a acção de despejo ter sido proposta cerca de um mês após a Relação ter confirmado a decisão da 1.ª instância na acção proposta pela 1.ª autora e seu ex-marido contra o réu (onde lograram obter a condenação deste a abster-se de realizar a ligação das instalações sanitárias do estabelecimento à fossa séptica da habitação dos autores), não pode sufragar-se o entendimento de que os autores agem num *venire contra factum proprium* por invocarem um vício por eles próprios culposamente causado e os réus tivessem confiado em que tal vício não seria invocado, orientando a vida nesse sentido.

V – O caso dos autos também não pode subsumir-se à modalidade de perda ou preclusão do direito, com fundamento em que, estando o estabelecimento encerrado já desde 11-04-1996, a acção de despejo só foi proposta em 09-01-2003, tendo entretanto os autores continuado a receber as rendas.

VI – Na verdade, os autores tiveram de aguardar primeiro o desfecho definitivo da acção proposta pelo ex-marido e a ora 1.ª autora contra o réu, só então ficando definitivamente seguros de que não eram obrigados a deixar o réu proceder à ligação dos esgotos do estabelecimento à fossa séptica privativa da habitação, não podendo os réus portanto concluir legitimamente que face a tão dilatado período de tempo, e ao recebimento das rendas, o direito de resolução contratual pelo encerramento não seria exercido pelos autores.

VII – Ao invés do que se entendeu na 1.ª instância, não se desenha nos autos, com suficiente nitidez, que asituação do encerramento do estabelecimento sito no locado tenha sido culposamente criada pelos autores, e que estes exerçam de modo ilegítimo o direito de pôr cobro ao contrato de arrendamento, excedendo os limites impostos pela boa fé, pelos bons costumes e pelo fim social e económico do direito, isto pelo menos de forma manifesta como é exigido pelo art. 334.° do CC.).

— Ac.STJ, de 03-05-2005 — Contrato de arrendamento **Despesas de conservação Cláusula contratual** — *Revista n.° 974/05 — 1.ª Secção Moreira Camilo (Relator), Lopes Pinto, Pinto Monteiro* (I — O contrato de arrendamento objecto dos presentes autos resulta de uma transacção, homologada por sentença judicial, de 30 de Junho de 1983.

II — De harmonia com o regime então vigente, as despesas de manutenção do locado estavam, em larga medida, a cargo do locatário.

III — Com a entrada em vigor da Lei n.° 46/85, de 20 de Setembro, o encargo de conservação da coisa locada, no domínio dos **arrendamento**s para habitação, sofreu uma profunda alteração, pois o novo regime, distinguindo entre obras de conservação e obras de beneficiação, veio colocar a cargo do locador as obras de conservação.

IV — No caso dos presentes autos, as obras efectuadas são essencialmente **obras de conservação**, tendo sido realizadas para fazer face ao normal desgaste do arrendado pelo decurso do tempo e pela sua utilização, sendo que as obras decorreram bastantes anos após a data do contrato.

V — De acordo com a clásusula 9.ª do mesmo, os réus obrigaram-se a proceder a essas obras suportando os respectivos encargos.

VI — Tal cláusula não deve considerar-se nula em face do novo regime legal).

— Ac. STJ, de 28-10-2003 — Contrato de arrendamento **Alteração da estrutura do prédio Resolução** — *Revista n.° 2583/03 — 1.ª Secção Pinto Monteiro (Relator)* Reis Figueira, Barros Caldeira* (I — A lei não aponta critérios que facilitem a caracterização do que se entende por **alteração substancial ou por deterioração considerável** para efeitos de resolução do contrato de arrendamento, nos termos do art. 64.°, n.° 1, alínea *d*), do RAU; a apreciação tem assim que ser casuística e norteada por critérios de razoabilidade que possibilitem, até onde possível, o equilíbrio entre os interesses do senhorio e do inquilino.

II – O conceito de estrutura externa pode ser encarado sob duas perspectivas: a estrutura resistente em matéria de construção civil ou a fisionomia essencial do prédio.

III – A **alteração das montras** de um estabelecimento comercial por necessidade de evitar assaltos e a colocação de um engenho de 10 cm de altura para conseguir a conservação das mesmas não são fundamento de despejo.

IV – Não sendo a actuação do inquilino causa de resolução do contrato, não significa, só por si, que não possa existir **recurso ao instituto da responsabilidade civil, para o senhorio ver indemnizados eventuais prejuízos sofridos.**).

– Ac. STJ, de 14-03-2006 – Contrato de arrendamento Resolução **Obras Alteração da estrutura do prédio** – *Revista n.° 146/06 – 2.ª Secção Ferreira Girão (Relator) Bettencourt de Faria, Pereira da Silva* (I – O art. 64.°, n.° 1, al. *d*), do RAU deve ser interpretado no sentido de que as obras realizadas pelo inquilino no arrendado, sem o consentimento do senhorio, só relevam, para efeitos de resolução contratual e consequente despejo, se determinarem uma **alteração considerável, profunda, da morfologia externa ou interna do prédio**, não se confundindo, portanto, tais obras nem com as deteriorações decorrentes do uso normal nem com as pequenas deteriorações destinadas a uma maior **comodidade** desse uso, justificadas ao abrigo dos arts. 1043.° do CC e 4.° do RAU.

II – Resultando dos factos provados que o arrendatário, sem o consentimento do senhorio e além de outras obras que realizou no arrendado, demoliu uma parede interior e parte de outra parede interior, ficando com isso diminuída a resistência e segurança do prédio, forçoso é de concluir que pela verificação da alteração estrutural a que se refere a previsão do **art. 64.°, n.° 1, al. *d*), do RAU**, a qual atingiu dessa forma o seu grau máximo de substancialidade ou de considerabilidade.

III – **Não é inconstitucional** a interpretação da al. *d)* do n.º 1 do art. 64.º do RAU, à luz do art. 65.º, n.º 1, da CRP, no sentido de permitir o despejo sem que o inquilino tenha qualquer alternativa habitacional viável.).

– Ac. STJ, de 26-01-2006 – *Revista n.º 2346/05 – 2.ª Secção Duarte Soares (Relator) Bettencourt de Faria, Ferreira Girão –* Contrato de arrendamento **Resolução. Incêndio. Presunção de culpa** (I – A norma da alínea *d)* do art. 64.º do RAU tem de conjugar-se com a do art. 1044.º do CC que estabelece uma presunção de culpa do arrendatário pela deterioração da coisa locada, o qual tem de provar que a causa não lhe é imputável nem a terceiro a quem tenha permitido a sua utilização.

II – É que não é lícito distinguir – para afastar aquela presunção – entre a **responsabilidade civil pela reparação dos danos causados e a causa resolutiva do arrendamento**; com efeito, num e noutro caso a presunção tem o efeito de imputar ao locatário a causa da deterioração e, consequentemente, no plano contratual, é inarredável o direito do locador de resolver o contrato.

III – Estando o gozo do imóvel arrendado – o que naturalmente inclui o seu uso e fruição – na titularidade do locatário, não pode deixar de ser-lhe imputadas as vicissitudes que porventura venha a sofrer.

IV – De tudo decorre que terá de atribuir-se ao arrendatário, ora réu e recorrido, a prática de actos ou omissões que estiveram na origem da deflagração do **incêndio** e das consequentes deteriorações; isto, por si só, basta para ter como verificada a causa de resolução do arrendamento prevista na **al.** *d)* **do n.º 1 do art. 64.º do RAU** e para concluir, igualmente, pela sua responsabilidade pelos danos patrimoniais causados à autora nos termos em que decidiu a primeira instância.

– Acs. STJ, *in* Col. Jur., STJ, 1994, II, 134 (alterações substanciais no locado – obras necessárias); *Col. Jur.,* STJ, 2000, III, 165 (alterações na estrutura do locado – actos de empreiteiro).

- **Alteração anormal das circunstâncias**

– Acórdão do Supremo Tribunal de Justiça, de 25-5-82 (julgou que o contrato de arrendamento não podia ser resolvido com fundamento nesse artigo 437.º).

– Acórdão do Supremo de 16-6-87, diferentemente do anteriormente citado, já concluiu que o artigo 437.º abrange na sua letra e no seu espírito o contrato de arrendamento e que nenhuma incompatibilidade existe entre esse facto e o carácter da enumeração contida no artigo 1093.º do Cód. Civil (64.º do R.A.U.) – Acórdão este que, como dissemos no texto supra, foi anotado por ANTUNES VARELA na *RLJ*, n.º 119.º, a págs. 82 ss., que igualmente sustentou a aplicabilidade este instituto em sede de arrendamento.

– Ac. STJ, de 26-01-2006 – Contrato de arrendamento Arrendamento para comércio ou indústria Resolução **Alteração anormal das circunstâncias** – *Revista n.º 3951/05 – 2.ª Secção Bettencourt de Faria (Relator) Pereira da SilvaRodrigues dos Santos* (I – A obrigação do locador de facultar o gozo da coisa dada de arrendamento ao locatário, em ordem a possibilitar o fim da locação, se nada mais for estipulado no contrato, traduz-se em disponibilizar a coisa, mantendo as características que esta apresentava aquando da celebração desse contrato.

II – Tendo o locatário o direito de resolver o contrato, por alteração anormal das circunstâncias, que não permitiu o exercício do comércio a que se destinava o arrendamento, não tem ele o direito a repetir as rendas pagas, por se tratar de um contrato de execução periódica, em que as prestações efectuadas não têm qualquer vínculo com a causa da resolução – art. 437.º do CC.

III – Não tem também o direito de pedir ao locador indemnização pelas despesas entretanto efectuadas, porque não se tratam de 'prestações efectuadas', para os efeitos do referido art. 437.º e porque, de qualquer modo, o locador não assumiu a obrigação de garantir a viabilidade do fim do arrendamento, sendo, pois, um risco próprio do arrendatário.).

- **Outras situações**

– Ac. STJ, de 17.02.2007, Revista n.º 247/97-2.ª, Bol. Sum., www.stj.pt (**utilização imprudente do prédio**); Ac. STJ, de 11.11.2004, Revista n.º 3550/04-7.ª, Bol. Sum., www.stj.pt (**enriquecimento sem causa/ónus da prova do facto negativo "não autorização do subarrendamento"** invocado como causa de pedir).

– Ac. STJ, de 02.12.2004, Revista n.º 820/04-7.ª, Bol. Sum., www.stj.pt (**remessa e recebimento de carta**/indemnização em caso de resolução...); Ac. STJ, de 20.09.2005, Revista n.º 2080//05-1.ª, Bol. Sum., www.stj.pt (**abuso de direito**...); Ac. STJ, de 11-11-2004 – Acção de despejo **Sublocação Ónus da prova Enriquecimento sem causa Litigância de má fé** – *Revista n.º 3550/04 – 7.ª Secção Salvador da Costa (Relator), Ferreira de Sousa, Armindo Luís* (I – Incumbe ao senhorio que pretenda a resolução do contrato de arrendamento o **ónus de prova** do facto negativo 'não autorização do subarrendamento' por ele invocado como causa de pedir.

II – Adquirido pelo locador o direito de propriedade sobre o prédio locado durante a pendência da acção de resolução do contrato de arrendamento, extingue-se por confusão aquele contrato e a instância por inutilidade superveniente da lide.

III – O **enriquecimento sem causa** não é configurável no caso de o enriquecimento ser consequência legal de qualquer negócio jurídico que a lei preveja como idóneo para o gerar, isto é, como sua causa negocial justificativa.

IV – Não se enquadra na figura do enriquecimento sem causa a situação de o locatário pagar ao locador a renda mensal de € 49,88 e de receber do subarrendatário de todo o locado a renda de € 698,32.

V – Não litiga de má fé quem se limita a insistir no recurso de revista, no quadro do ónus de prova, de que era do locatário o ónus de prova da autorização do subarrendamento e que os referidos factos provados integravam o instituto do enriquecimento sem causa).

– Ac. STJ, de 23-04-1998 – **Enriquecimento sem causa Requisitos. Direito ao trespasse. Arrematação. Acção de anulação. Caducidade da acção** – *Revista n.° 176/98 – 2.ª Secção Relator: Conselheiro Sousa Inês* (I – O enriquecimento sem causa depende da verificação cumulativa dos seguintes requisitos: *a*) existência de um enriquecimento; *b*) que esse enriquecimento não tenha causa que o justifique; *c*) que ele seja obtido à custa do empobrecimento de quem pede a restituição; *d*) que a lei não faculte ao empobrecido outro meio de ser indemnizado ou restituído.

I – Tendo o autor adquirido, em **arrematação por hasta pública, no âmbito de execução fiscal**, o direito ao trespasse e ao arrendamento das instalações de que o executado figurava como arrendatário (ou seu herdeiro) e vindo a ser proposta acção de despejo contra este, em que foi decidido a resolução do respectivo contrato de arrendamento, verifica-se enriquecimento sem causa do Estado (que arrecadou o preço da venda judicial daquele direito), por ter deixado de existir causa justificativa daquele enriquecimento.

II – A circunstância de ter já decorrido o prazo de caducidade da acção de anulação da venda (art. 328.°-1, *a*), do CPTr) não retira ao empobrecido o direito de acção de in rem verso ou de enriquecimento sem causa.).

– Ac. STJ, de 30-09-1999 – **Despejo Embargos de terceiro Direito ao arrendamento e trespasse – Penhora Falta de pagamento da renda Resolução do contrato Venda judicial Nulidade Legitimidade** – *Revista n.° 377/99 – 7.ª Secção Herculano Namora (relator) Sousa Dinis, Miranda Gusmão* (I – Ao estabelecer a ineficácia, em relação ao exequente, da extinção de um crédito do devedor, por vontade deste ou do credor, depois da respectiva penhora, o art. 820.° do CC não se aplica aos casos de **penhora do direito ao arrendamento e trespasse**.

I – Enquanto à penhora de créditos se aplica o disposto no art. 856.° do CPC, a penhora do direito ao arrendamento e trespasse obedece ao preceituado no art. 863.° do mesmo Código, que não impõe, para a regularidade desse acto, a notificação do senhorio, como resulta dos art. 838.° e 848.° do CPC.

II – No caso de **penhora do direito ao arrendamento e trespasse**, o senhorio terá apenas de ser notificado do acto da venda, para poder exercer, querendo, o direito de preferência que o art. 116.°, n.° 1, do RAU lhe atribui.

V – Nos contratos bilaterais ou sinalagmáticos a extinção do crédito determinada pelo devedor no exercício do direito de resolução do próprio contrato não cabe no âmbito daquele art. 820.° do CC. De outro modo, sacrificar-se-iam injustamente os interesses do devedor aos do exequente.

V – Assim, a penhora do direito ao arrendamento e trespasse numa **execução fiscal** deixa intocada a posição dos senhorios e donos do prédio arrendado à executada. Só os direitos desta inquilina sofrem as limitações decorrentes da penhora, com vista à realização dos fins da execução, consubstanciados na satisfação do crédito do exequente.

VI – Se após a penhora o inquilino-executado deixa de pagar as rendas devidas aos senhorios, estes, como titulares do direito à resolução do contrato de arrendamento – art. 64.°, n.° 1, al. *a*), do RAU – poderão intentar a respectiva acção de despejo e promover a extinção desse contrato.

VII – Da procedência dessa acção de resolução resulta, juridicamente, que pela venda judicial, operada posteriormente ao trânsito em julgado da sentença, se transmitiu coisa (direito) alheia, o que o art. 892.° do CC sanciona com a respectiva nulidade.

VIII – Ora, consubstanciando-se tal venda judicial em nulidade absoluta, têm os senhorios legitimidade para invocarem nos embargos de terceiro, o aludido vício e dele retirarem as inerentes consequências legais – art. 289.°, n.° 1, do CC.

X – Apesar de directamente interessado na satisfação do crédito do senhorio, para obstar à resolução do contrato de arrendamento, esse interesse não justifica que o credor do arrendatário tenha de intervir na acção pelo lado passivo para assegurar a legitimidade do locatário, por se tratar, em todo o caso, de terceiro estranho à relação controvertida e, ainda, porque a satisfação do crédito pode ser alcançada sem ter lugar essa participação na acção.).

– Ac. STJ, de 06-03-1997 – Arrendamento Acção de despejo **Resolução do contrato Interpretação do negócio jurídico Poderes do STJ** – *Processo n.° 495/96 – 2.ª Secção Relator: Miranda Gusmão* (I – Em homenagem ao princípio da autonomia da vontade, o art. 432.°, n.° 1, do CC, **faculta às partes o poder de, por convenção**, atribuir a ambas ou a uma delas, o direito de **resolver o contrato** quando ocorra certo e determinado facto (não cumprimento, nos termos devidos, segundo as modalidades estabelecidas.

II – Na resolução convencional, o exercício do respectivo direito não está dependente da livre iniciativa do seu titular, mas sim da **condição resolutiva expressa**.

III – A interpretação das declarações negociais constitui matéria de facto da competência exclusiva das instâncias, embora este Supremo Tribunal possa exercer censura sobre o resultado interpretativo sempre que se trate do caso previsto no n.° 1, do art. 236.° do CC (declaratário normal) ou da situação contemplada no n.° 1 do art. 238.° do CC (mínimo de correspondência no texto do documento).

IV – O n.° 1 do art. 236.° do CC representa a consagração legal da chamada "**teoria da impressão do declaratário**", segundo a qual adeclaração negocial deve ser interpretada como a interpretaria um declaratário medianamente sagaz, diligente e prudente, colocado na posição concreta do declaratário.).

– **Resolução convencional: interpretação da condição resolutiva**: Ac. de 06.03.\997, Revista n.° 495/96-2.ª, Bol. Sum., www.sgsi.pt;

• **Caducidade do direito de pedir a resolução**

– Ac. de 28.01.1997, Revista n.° 313/96-1.ª, Bol. Sum., ww.stj.pt; Ac. de 12.7.1994, RLJ, 127.°, p. 163;
– Ac. *in Col. Jur.* STJ, II-II, pág. 176 (**abuso de direito**..., etc.);

– Ac. do S.T.J., de 11/7/1989, *Bol.* 389, 568 (se o fim do prazo do direito de propor a acção de resolução coincidir com férias judiciais transfere-se para o primeiro dia útil após essas férias);
– Ac. de 23.09.1997, Revista n.° 497/97-1.ª, Bol. Sum., www.stj.pt (Lei aplicável – Diversos comproprietários);
– S.T.J., de 20/7/1982, *Bol.* 319, 282 (quando o prédio arrendado pertence a **vários comproprietários** é necessário provar-se que todos eles têm conhecimento, há mais de um ano, do facto que serve de fundamento à acção. Só não será assim se os consortes tiverem confiado a administração do prédio a um deles. Nesse caso tudo se passa como se só este fosse o dono do prédio)
– Ac. STJ, de 13-05-2003 – Contrato de arrendamento Resolução **Caducidade Ónus da alegação** – *Revista n.° 4707/02 – 1.ª Secção Moreira Camilo (Relator)* Lopes Pinto Pinto Monteiro* (I – Para poder beneficiar da caducidade prevista no art. 1048.°, do CC, o réu arrendatário só tem de depositar, com a respectiva indemnização, as rendas do último ano, reportado à data da propositura da acção e, eventualmente, de qualquer renda que, entretanto, se haja vencido.
II – Sendo o despejo pedido com fundamento na falta de pagamento de rendas de vários anos, o réu faz caducar o direito à resolução do contrato, desde que deposite esses valores e invoque essa excepção peremptória da caducidade.
III – Prevenindo-se contra a hipótese de o réu arguir tal caducidade poderá o autor formular, com o pedido de resolução do contrato por falta de pagamento de rendas, um pedido subsidiário de condenação do réu a pagar-lhe as rendas devidas há mais de um ano, com a respectiva indemnização, pedido este que, se acção comportar réplica, poderá até ser deduzido nesse articulado, ao abrigo do disposto no art. 273.°, n.° 5, do CPC.).
– Acs. STJ, *in Col. Jur.,* STJ, 2002, II, 83 (caducidade da acção de resolução-facto instantâneo – e duradouro – obrigação de fazer obras).

2.2.2. Das Relações

2.2.2.1. Acs. da Relação do Porto (sumariados in Boletim de "Sumários de Acórdãos")

– Os n.ᵒˢ 1.º a 26.º referem-se aos n.ᵒˢ do *Boletim*; os restantes n.ᵒˢ referem-se aos n.ᵒˢ dos *Sumários*; por sua vez, os *Boletins correspondem aos seguintes meses e/ou anos:* Bols. n.ᵒˢ 1 (Maio e 1998), 2 (Junho a Setembro de 1998), 3 (Outubro a Dezembro de 1998), 4 (Janeiro/Fevereiro de 1999), 5 (Março/Abril de 1999), 6 (Maio/Junho de 1999), 7 (1999), 8 (Outubro a Dezembro de 1999), 9 a 10 (2000), 11 a 14 (2001), 15 (2002), 16 (2002), 17 (2002), 18 (2002 – sumários n.ᵒˢ 3029 a 3236), 19 (2002 – sumários n.ᵒˢ 3237 a 3461), 20 (2003 – sumários n.ᵒˢ 3462 a 3721), 21 (2004 – sumários n.ᵒˢ 3722 a 3954), 22 (2004 – sumários n.ᵒˢ 3955 a 4265), 23 (2004 – sumários n.ᵒˢ 4266 a 4037), 24 (Janeiro/Março de 2006 – sumários n.ᵒˢ 4683 a 4785), 25 (Abril/Junho de 2006 – sumários n.ᵒˢ 4786 a 4964), 26 (Setembro/Dezembro de 2006 – sumários n.ᵒˢ 4965 a 5164):

– **Claúsula acessória** – **prova** – diminuição do gozo do locado – 421/5.º
– Despejo depósito liberatório – **ónus da prova** – 141/3.º
– Despejo diferimento da desocupação – 259/4.º
– Despejo imediato – recurso – efeito – renda – depósito – abuso – 750/8.º
– Deterioração considerável – 524/6.º
– Falta de pagamento de rendas – **depósito condicional** – 85/3.º
– Incid. rendas vencidas pendência acção – nulidade contrato – 159/3.º
– **Licença camarária** – falta – sanção – 430/5.º
– Não pagamento de rendas – pendência da causa – despejo imediato – 576/7.º
– Não pagamento de rendas na pendência da acção – despejo imediato – 92/3.º
– Obras no arrendado – requisitos – 165/3.º

- Obras no arrendado – resolução – 568/7.°
- Prova parentesco – indústria doméstica – **indústria transformadora** – 472/6.°
- **Renda condicionada** – **actualização da renda** – 103/3.°
- Residência permanente – falta – **abuso de direito** – 753/8.°
- Transmissibilidade – **comissão serviço** – licença sem vencimento – 477/6.°
- Arrendamento para comércio ou indústria, encerramento do estabelecimento, resolução do contrato – 2886/17
- Arrendamento para comércio ou indústria, **reivindicação** – 2937/17
- Arrendamento para habitação, denúncia para habitação, **caducidade do negócio** – 3073/18
- Arrendamento rural, caducidade, **aplicação da lei no tempo**, reconvenção, simulação de contrato, **abuso do direito** – 3246/19
- Arrendamento urbano, acção de despejo, deterioração, acto ilícito – 3286/19
- Arrendamento urbano, arrendamento para habitação, renda, **serviço doméstico**, regime aplicável – 3394/19
- Arrendamento urbano, arrendamento, **documento escrito, interpretação, prova testemunhal** – 3099/18
- Arrendamento urbano, caducidade, morte, arrendatário, **deterioração, responsabilidade, herdeiro, estado, herança vaga** – 3350/19
- Arrendamento urbano, despejo imediato, rendas vencidas na pendência da acção, resolução do contrato, falta de pagamento da renda, caducidade, depósito da renda, faculdade jurídica – 3266/19
- Arrendamento urbano, resolução do contrato, obras – 3243/19
- Arrendamento urbano, resolução do contrato, residência permanente, falta, **caso de força maior** – 2835/17
- Arrendamento, acto de disposição, **comproprietário**, validade – 3306/19

- Arrendamento, **constitucionalidade**, denúncia para habitação, necessidade de casa para habitação – 3314/19
- Arrendamento, **falta de forma legal, nulidade, abuso do direito** – 3059/18
- Arrendamento, obras de conservação ordinária, abuso de direito – 3091/18
- Arrendamento, **partido político, regime** – 2856/17
- Arrendamento, renda, tempo, **local de pagamento, provas** – 3090/18
- Arrendamento, representação, **compropriedade**, resolução do contrato, acção de despejo, caducidade da acção – 3273/19
- Arrendamento, revogação, forma, cessação, **prova testemunhal, admissibilidade** – 3387/19
- Arrendamento, **ampliação** – 4016/22
- Arrendatário, renda, recusa de pagamento, **excepção de não cumprimento** – 4021/22
- Arrendamento, **força maior** – 4023/22
- Arrendamento – 3545/20
- Arrendamento para habitação, alteração da estrutura do prédio, resolução do contrato – 3577/20
- Arrendamento para habitação, resolução do contrato, falta, residência permanente – 3510/20
- Arrendamento, **indústria doméstica** – 3506/20
- Arrendamento, **recibo, documento, provas** – 3525/20
- Arrendamento urbano, actualização de renda, obras de conservação ordinária, **aplicação da lei no tempo** – 3514/20
- Arrendamento urbano, **depósito da renda, conta bancária, senhorio, efeitos** – 3475/20
- Arrendamento urbano, resolução do contrato, desvio de fim do arrendado – 3580/20
- Arrendamento, prazo para propositura resolução contratual, contagem – 4094/22
- Arrendamento, **renda, equivalência** – 4049/22

- Arrendamento, contrato resolução, encerramento do estabelecimento, **doença** – 3781/21
- Arrendamento, **forma, aplicação da lei no tempo** – 3780/21 *(Texto integral)*
- Arrendamento, renda resolução – 3745/21
- Arrendamento, obras, alteração – 4300/23
- Arrendamento, propriedade horizontal, **vícios da coisa, nulidade do contrato** – 4405/23
- Arrendamento, vícios da coisa, renda – pagamento – 4407/23
- Arrendamento para habitação, falta, residência permanente, **separação de facto** – 4428/23
- Arrendamento, inquilino, **substituição** – 4792/25
- Arrendamento, **cessão de exploração** – 4976/26
- Arrendamento para comércio ou indústria, escritura pública, **licença de utilização, abuso de direito** – 5044/26
- Arrendamento urbano, obras – 5024/26
- Arrendamento, **morte do arrendatário**, transmissão do arrendamento, comunicação, direito de preferência, nulidade, conhecimento oficioso – 4677/24
- Arrendamento urbano, resolução do contrato. residência permanente. falta. Caso de **força maior** – 2835/17
- **Cessão de exploração de estabelecimento comercial**, **regime aplicável** – 2899/17
- Arrendamento para comércio ou indústria, alteração do fim contratual, prazo de caducidade. Trespasse – 2527/15
- Arrendamento para comércio ou indústria, execução de sentença, acção de despejo, **embargos de terceiro, admissibilidade,** recurso, falta, alçada, efeitos, caso julgado, desvio de fim do arrendado, alteração da estrutura do prédio, questão nova – 2469/15
- Arrendamento para comércio ou indústria, resolução do contrato, encerramento do estabelecimento. **Factos supervenientes** – 2391/15
- Arrendamento para habitação, alteração da estrutura do prédio. Resolução do contrato – 2228/14.º

- Arrendamento para habitação, **bens comuns do casal**, resolução do contrato, falta de pagamento da renda, contradição, cônjuge, locador, **quantia devida** – 2693/16
- Arrendamento para habitação, falta, residência permanente, resolução do contrato, **impedimento** – 2510/15
- Arrendamento para habitação, forma do contrato, **licença de utilização**, omissão de pronúncia. suprimento da nulidade, abuso do direito, falta de pagamento da renda, resolução do contrato – 2763/16
- Arrendamento urbano, resolução do contrato, falta de pagamento da renda, caducidade, depósito da renda – 2268/14.º
- Arrendamento urbano, resolução do contrato, obras, caducidade da acção, **facto duradouro** – 2634/16
- Arrendamento urbano, resolução, **renda, pagamento, ónus da prova** – 2364/15
- Arrendamento, despejo, depósito da renda, **mora** – 2103/13
- Arrendamento, deterioração, alteração do fim contratual, autorização – 2410/15
- Coisa defeituosa, venda. resolução do contrato, pedido, pressupostos – 2275/14.º
- Contrato de arrendamento, arrendatário, renda, pagamento, falta, mora, despejo, **mora do credor, efeitos** – 2053/13
- Contrato de arrendamento, obras, falta, locador, locatário, renda, pagamento, residência permanente, **recusa** – 2324/14.º
- Contrato de arrendamento, resoluçào do contrato – 2208/14.º
- Contrato de arrendamento, resolução do contrato – 2708/16.º

2.2.2.2. Outros, por temas

• *"Violação… das regras de higiene, sossego, boa vizinhança, de normas de condomínio, …"* (al. a), do n.º 2 do art. 1083.º CC)

– Ac. da Relação de Lisboa, de 9/4/1991, *Col. Jur.* XVI, 2,166 (conduta do inquilino que no arrendado **acumula lixos que ema-**

nam **cheiro nauseabundo** que se faz sentir noutros apartamentos do mesmo prédio).

– O Ac. da Relação do Porto, de 30/4/1971, *Bol.* 207, 228, decidiu não ser causal da resolução do arrendamento o **ruído** de uma serra de fita e de uma lixadeira instaladas na casa arrendada para habitação, ao serviço de indústria caseira exercida pelo inquilino, por **ofensa ilícita do direito de personalidade** física dos restantes inquilinos, nos termos do art. 70.º do C.C.. Mas em sentido diferente, pode ver-se PAIS DE SOUSA, *Aplicação do Prédio a Práticas Ilícitas, Imorais e Desonestas, Col. Jur.* XI, 1, 27.

– Ac. da Relação de Lisboa, de 11/2/1976, *Bol. 256, 165* (o ouvir **música ruidosa**, perturbando assim, a tranquilidade moral e física dos habitantes do prédio em virtude da protecção concedida pelo art. 70.º do C.C. à personalidade física da pessoa, em que cabe, perfeitamente, o **direito ao sono ou sossego nocturno**).

– Acórdão da Relação de Lisboa, de 09-04-91, *in Col. Jur.*, ano XVI, t. 2, pág. 166:

"*a*) Integra a previsão do art. 1093.º, n.º 1, alínea *c*), do C. Civil e, hoje, a do art. 64.º, n.º 1, alínea *c*), do Regime do Arrendamento Urbano, aprovado pelo Dec.-Lei n.º 321-B/90, de 15 de Outubro, a conduta do inquilino que, no arrendado, **acumula lixos que emanam cheiro nauseabundo** que se faz sentir noutros apartamentos do mesmo prédio, pois tal prática é ilícita por ofender direitos de personalidade dos vizinhos, nomeadamente a integridade moral e física destes, os seus direitos a um ambiente de vida sadia e a habitação em condições de higiene, os quais são consagrados e protegidos como **de interesse e ordem pública** pela Constituição da República (arts. 25.º, 64.º, 65.º e 66.º). Lei de Bases do Ambiente (arts. 2.º, 6.º e 8.º) e C. Civil (art. 70.º);

b) Recai sobre o inquilino o **ónus de provar** que tais sucessos não procedem de culpa sua, para poder evitar a resolução do contrato, atento o disposto no art. 799.º do C. Civil.".

– Ac. Rel. de Lisboa, de 26.06.2001, *Col. Jur.* XXVI, III, 124 (sobre animais de companhia no locado – no caso, a inquilina mantinha ali *"mais de três dezenas de gatos"*. Sumariou-se que tal era compatível com o uso habitacional do arrendado. *"Mas se quaisquer animais produzirem **cheiros ou ruídos que importem um prejuízo substancial para o uso do imóvel vizinho**, o senhorio pode pedir a resolução do contrato de arrendamento, visto que o inquilino não pode praticar o qaue ao senhorio é proibido".*

- **Utilização do prédio com práticas ilícitas, imorais, contrárias à lei, aos bons costumes ou à ordem pública**

– Ac. da Relação do Porto, de 18/10/1990, *Bol*. 400, 729 (não integra fundamento de resolução do contrato a mera **trasfega de gás butano,** ainda que habitual, porque permitida, mesmo que tal transfega implique fugas de gás que não se demonstraram ser habituais ou imputáveis aos réus).

– Ac. da Relação do Porto, de 11/7/1991, *Bol*. 409, 870 *(I – O locador de um edifício arrendado para espectáculos de cinema e teatro não pode resolver o contrato invocando a alínea c) do n.° 1 do artigo 1093.° do Código Civil [hoje al. c) do n.° 1 do art. 64.°], com o fundamento em que são ali exibidos filmes pornográficos, seguidos de bailes cuja assistência feminina é constituída, na sua maior parte, por prostitutas, que ali vão angariar os seus clientes.*

*II – A **exibição de filmes pornográficos** não pode ser considerada como actividade ilícita, visto ser autorizada pela Direcção- -Geral de Espectáculos.*

*III – A frequência dos bailes sobretudo por prostitutas, que ali encontram os seus clientes, não configura actividade ilícita, imoral ou desonesta, visto a **prostituição** ter sido descriminalizada e, não obstante constituir uma prática reprovável, ser tolerada pela sociedade, além do facto de não ocorrer no arrendamento um efectivo exercício da prostituição.*

IV – A autorização para a realização de bailes no arrendado, dada pelo representante legal do senhorio, embora sem obser-

var a forma exigida pelo contrato de arrendamento, criou uma expectativa no locatário, configurando a acção de despejo, instaurada cerca de um mês depois dessa autorização, um abuso do direito)".

– Ac. da Rel. de Lisb., de 11.2.76, *Bol.* 256, 165 (prostituição).
– Ac. da Relação do Porto, de 9/4/1987, *Col. Jur. XII, 2, 234* (é atentório da **moral social**, que leva ao relaxamento dos **bons costumes**, o facto de, no arrendamento, entrarem, a qualquer hora do dia ou da noite, homens estranhos à família, que dormem não só na companhia das filhas do arrendatário, como também na de outras raparigas. Ver ainda o Ac. da Relação de Lisboa, de 9/5/1991, *Col. Jur.* XVI, 3, 134)[209].

– Sobre as **relações sexuais extramatrimoniais** reiteradas da mulher do arrendatário (Ac. Relação do Porto, 15-5-1974 *(Bol.* n.º 237, p. 303). Ainda, na mesma linha, Ac. Relação de Lisboa, 11-2-1976 *(Bol.* n.º 256, p. 165). Ainda, Rel. Porto, de 22.10.85, *Col. Jur.* X, 4, 251 e Rel. Coimb., de 9.5.89, *Ver. Legisl. Jur.,* 122.º, p. 121, com anotação discordante de ANTUNES VARELA).

– Ac. da Relação de Évora, de 21/2/1991, *Col. Jur. XVI,* 1, 303 (sendo o arrendado destinado a habitação do locatário, este facultar

---

[209] Note-se que, como ensinava MOTA PINTO, *Teoria Geral do Direito Civil,* 3.ª ed., pág. 552, os **bons costumes** são uma noção variável, com os tempos e os lugares, abrangendo o conjunto de regras éticas aceites pelas pessoas honestas, correctas, de boa fé, num dado ambiente e num certo momento.

Também VAZ SERRA, no *Bol. 74,* 176, opinou que o juiz não deve fazer prevalecer concepções pessoais isoladas, mas apoiar-se na opinião dos elementos sãos da população, tanto os homens de espírito conservador, como aqueles que querem, com espírito leal e desinteressado, trazer à nova organização social modificações radicais.

Por sua vez, ANTUNES VARELA escrevia que o locatário age com ***desonestidade***, não só quando realiza no imóvel arrendado, reiterada ou habitualmente, actos pouco sérios (tráfico de influências, disfarce ardiloso de defeitos das coisas ou de mazelas de animais, etc.) mas também quando nele pratica actos ofensivos do pudor ou do decoro social, ainda que sem nenhuma publicidade (*in Rev. Leg. Jur.* 122, 156).

o respectivo **uso a terceiros, exclusivamente, para ali manterem relações sexuais**, infringe não só um dever acessório de conduta, mas também o disposto na al. c) do artigo 64.º, n.º 1 do RAU).
– Acórdão da Relação de Lisboa, de 02-11-95 (in Col. Jur., ano XX, t. 5, pág. 98):

a) O contrato de arrendamento pode ser resolvido com base em reiterada prática de actos ilícitos, imorais ou desonestos;

b) Por prática de actos ilícitos, entender-se-á a prática habitual ou reiterada de actividade ilícita que viola um dever acessório de conduta que ofenda a boa fé exigível na utilização que de locado for feita, revestindo características de deslealdade ou incorrecção ou desonestidade:

c) Não basta, assim, uma ilicitude neutra ou indiferente no plano da boa-fé como o funcionamento de uma casa de repouso sem alvará, sobretudo quando o alvará já existiu e deixou de existir por virtude de nova regulamentação legal daquela actividade;

d) Competia ao senhorio demonstrar que o funcionamento do estabelecimento tinha lugar em condições que contrariavam o dever acessório de conduta.

– Acs. da Relação do Porto, de 22/10/1985, *Col. Jur.* X, 4, 249 e da Relação de Coimbra, de 6/11/1990, *Col. Jur.* XV, 5, 34 (só a **persistência de determinadas situações que provocam uma condenação geral** (não só pela prática mas ainda pelo propósito da sua continuidade), é que constituem fundamento de resolução). Neste último acórdão diz-se que tendo na actividade de impressão de notas falsas intervindo todos os sócios da Ré, por acordo deles, dividindo tarefas e utilizando as suas próprias instalações e maquinaria nela existente, os seus actos repercutem-se na sociedade, ao nível da responsabilidade por actos ilícitos, porque seus representantes ou gerentes, nos termos dos arts. 500.º e 998.º do Cód. Civil, no ponto em que este último normativo preceitua que «a sociedade responde civilmente pelos actos ou omissões dos seus representantes, agentes ou mandatários nos mesmos termos em que os comitentes respondem pelos actos ou omissões dos seus comissários».

– Ac. da Relação de Coimbra, de 9/5/1989, *Bol. 387, 660*[210] (decidiu-se aí não haver fundamento para decretar o despejo quando apenas se provar que, ocasionalmente, o inquilino utiliza o estabelecimento para nele manter **relações sexuais adulterinas**). Ver ainda o Ac. da Relação do Porto, de 13/12/1988, *Bol.* 382, 530.

– Acórdão da Relação de Lisboa, de 17-01-95, *in Col. Jur.*, ano XX, t. 1, pág. 87 [*a*) O conceito que pode servir de padrão para determinar a existência e medir a gravidade das **práticas imorais**, como violadoras do princípio básico da boa fé contratual e dos seus bons costumes *(boni mores)* e nunca o dos simples usos *(os mores)*].

– Acórdão da Relação do Porto, de 13-11-95, proferido no processo 396/95 (a) O exercício no arrendado para habitação, pelo marido da arrendatária e com a colaboração desta, de **actos espíritas**, «defumadouros», «cortar feitiçarias», aconselhamento de «resgates», receitas de volta ao redor das capelas, colocação de velas em igrejas, cumprimento de promessas de joelhos e entrega de esmolas – tudo mediante remuneração – não integra práticas ilícitas, imorais ou desonestas, susceptíveis de levar à resolução do respectivo contrato de arrendamento, isto porque: não violam qualquer proibição legal, nem ofendem direitos subjectivos ou interesses legalmente protegidos; não são condenáveis pela **moral pública**, isto é, pelos princípios de ordem moral correspondentes ao sentido ético geralmente aceite na comunidade social; e, finalmente, não ofendem o decoro, o pudor, a honestidade ou a probidade das pessoas, sobretudo no que se refere ao relacionamento sexual;

b) Todavia os factos atrás mencionados traduzem uso do arrendado para fim diferente da habitação, constituindo, por isso, motivo para a resolução do contrato de arrendamento em causa e consequente despejo, independentemente de ter ou não resultado qualquer prejuízo, para o senhorio, do referido uso.

---

[210] Anotado na *Rev. Leg. Jur.* 122, 125.

– Ac. Rel. Lisboa, 9-5-1991, *Col. Jur.* III, 134 (I – É de resolver o arrendamento, por haver habitualmente práticas ilícitas, imorais e desonestas, se em prédio arrendado para indústria de hospedagem são frequentes vezes **alugados quartos com pouca permanência para a prática de relações sexuais acidentais**).

– Ac. Rel. Lisboa, 2-11-1995, *Col. Jur.* V, 98:

I – O contrato de arrendamento pode ser resolvido com base em reiterada prática de actos ilícitos, imorais ou desonestos.

II – Por prática de **actos ilícitos** entender-se-á a prática habitual ou reiterada de actividade ilícita que viola um dever acessório de conduta que ofenda a boa fé exigível na utilização que de locado for feita, revestindo características de deslealdade ou incorrecção ou desonestidade.

III – Não basta, assim, uma ilicitude neutra ou indiferente no plano da boa fé como o funcionamento de uma casa de repouso sem alvará, sobretudo quando o alvará já existiu e deixou de existir por virtude de nova regulamentação legal daquela actividade.

IV – **Competia ao senhorio demonstrar** que o funcionamento do estabelecimento tinha lugar em condições que contrariavam o dever acessório de conduta.

- **Uso do prédio arrendado para fim ou ramo de negócio diferente**

– Ac. da Relação de Lisboa, de 11.06.92, *Col. Jur.* XVII, 3, 203 (as direcções-gerais são departamentos, sem personalidade jurídica, da Administração Central do Estado, onde se incluem diferentes serviços. Assim, a afectação de determinados andares arrendados para instalação de uma Direcção-Geral, à instalação de uma Inspecção-Geral, não envolve resolução do respectivo contrato de arrendamento, pois o novo fim não difere substancialmente daquele a que estava destinado.

– Ac. da Rel. de Évora, de 26-11-92, in BMJ, n.º 421/521 (a utilização do locado como armazém de apoio de uma loja aberta ao público, quando o fim a que as partes o destinaram, no acordo de arrendamento, era o da «exploração de um estabelecimento do comércio de modas», configura uma utilização para fim diferente do contratado e é integrante da causa de resolução do contrato de arrendamento previsto na alínea b) do n.° 1 do art. 1093.° do C. Civil, (hoje, alínea b) do n.° 1 do art. 64.° do RAU).

– Ac. RL, de 31 /10/1991, Bol. 410, 864 (o que fundamentalmente importa é estarmos em face de um contrato de arrendamento para instalação de serviços do Estado. Ver ainda o Ac. da mesma Relação de 26/11/1991, Bol. 411, 635).

– Corpus Iuris, 1994, pág. 27.

– Col. Jur., 1993, IV (**arrematação – mudança do fim**).

– Ac. da Rei. de Lisboa, de 29-02-96, proferido no processo n.° 1234 (destinando-se o local arrendado à exploração de uma indústria de fabrico de produtos alimentares e seus derivados, o inquilino passa a utilizá-lo para fim diverso, se ali instala um restaurante de comida chinesa).

– Ac. da Relação de Lisboa, de 17/1/995, Col. Jur. XX, 1, 87 (a aplicação desta alínea não depende da alegação e prova de que o uso do prédio para fim diverso do convencionado ocasionou ou é susceptível de ocasionar um qualquer prejuízo).

– Ac. da Rel. de Lisboa, de 24-04-96, proferido no processo n.° 1271 (se o arrendamento teve em vista a instalação dos serviços de uma Direcção Distrital de Finanças verifica-se alteração do destino do prédio se neste se instalam serviços dos Tribunais Tributários, não previstos no contrato de arrendamento e não autorizados pelos senhorios.).

– Ac. Rel. Coimbra, de 26-4-83, in Bol. MJ, n.° 327, pág. 700 (não se deve conceder o despejo quando a utilização do locado é ocasional ou transitória. Será o caso do locatário de um armazém que autoriza a sua utilização como bar durante a semana de festejos locais).

– Ac. da Relação de Coimbra, de 23/11/1993, Col. Jur. XVIII, 5, 42 (caso de num andar dado de arrendamento para mini-mercado se ter instalado um estabelecimento de electrodomésticos. Ver, ainda, o Ac. da Relação de Lisboa, de 16/2/1995, Col. Jur. XX, 1, 131).

– Ac. da Rel. do Porto, de 15-12-92, in BMJ, n.º 422/425 (As dificuldades na determinação do fundamento de resolução em apreço costumam surgir quando a par do destino pactuado, o arrendatário utiliza o imóvel para outros fins. Parece indiscutível não haver aqui regras fixas mas, antes, **imperar critérios de bom senso e razoabilidade**. Passa-se a ver qual a orientação da jurisprudência mais recente:

a) É lícito ao arrendatário explorar, em via secundária, um ramo de negócio que, embora diverso do literalmente fixado no contrato, apresenta com este uma determinada conexão, sempre que as circunstâncias permitam inferir que o locador podia e devia contar com o exercício adicional de outra actividade;

b) Para que exista conexão relevante entre essas diferentes actividades, é exigível:

- Que estejam ligadas por uma **relação de instrumentalidade necessária ou quase necessária,** sendo lícita a actividade que se mostre indispensável ou especialmente conveniente para que no prédio arrendado se possa exercer, em boas condições, o ramo do negócio objecto do contrato;
- Ou que as actividades adicionalmente exercidas acompanhem, segundo os usos comuns, a exploração de determinada modalidade de comércio, configurando uma prática constante ou quase constante;

c) Não está, em nenhuma dessas situações, a venda de pão e, simultaneamente, a venda de café à chávena, cervejas, águas minerais, fiambre, salpicão, carne fumada, iogurtes, gelados e pastéis.).

– Ac. Rel. Porto, de 19-5-83, in *Col. Jur.,* ano VIII, tomo 3, pág. 235 (não basta que a actividade exercida, além da convencionada, seja «vulgar» ou «frequente», mas que **se apresente como «caso regra» ou «caso normal»**).

– Ac. da Relação de Lisboa, de 21/10/1970, *J.R.* 16, 661 (decidiu-se que a estipulação de um determinado objectivo para o arrendamento não elimina ou torna proibida qualquer actividade acessória. Ver, ainda, o Ac. da Relação de Lisboa, de 5/5/1994, *Col. Jur.* XIX, 3, 87).

– Ac. da Relação de Lisboa, de 9/7/1992, *Col. Jur.* XVII, 4, 144 (Se o senhorio, ao autorizar o exercício no arrendado de determinada actividade comercial ou industrial, podia e devia prever que o arrendatário iria ou poderia ir exercer acessoriamente uma outra, a ela deu a sua anuência).
– Ac. da Rel. de Lisboa, de 16-02-95, in Col. Jur., ano XX, t. 1, pág. 131 (a) Para que se possa concluir pelo uso do locado para fim diverso do contratado, é necessário **carácter duradouro** desse diferente uso, e não meramente acidental ou ocasional; b) Quanto ao fundo desta questão, pode entender-se que há um incumprimento contratual quando o mandatário não se limite, estrictamente, ao clausulado; e pode entender-se que é irrelevante uma actividade meramente acessória do convencionado; c) Embora esta última tese seja a melhor, há incumprimento quando, arrendado um local para estabelecimento de padaria, o locatário, há anos, além de pão, exerce, nesse local, venda, entre o mais, de bebidas alcoólicas, sumos, enlatados e conservas, leite, arroz e massas.).
– Ac. da Rel. de Lisboa, de 11-02-93, in *BMJ*, n.º 424/721 (não constitui fundamento de resolução do contrato de arrendamento para habitação a circunstância de o inquilino, professor, dar explicações a alunos, que eles ou os respectivos pais lhe pedem e são ministradas numa sala do locado sem qualquer afectação específica a esse fim.
– Acs. da Relação de Évora, de *2/2/1988, Bol. 374, 552,* da Relação do Porto, de *8/11/1984, Col. Jur. IX, 5, 246,* da Relação de Coimbra, de *12/12/1982, Bol. 322, 376* e da Relação de Lisboa de *16/2/1995, Col. Jur.* XX, 1, 131 (**Um acto esporádico**, uma venda isolada, nunca dão lugar à aplicação da alínea em anotação. Esta supõe que a actividade diversa da correspondente à destinação contratual do prédio seja exercida com carácter permanente ou, pelo menos, duradouro. Ainda *a Rev. Leg. Jur.* 116, 180).
– Sobre o caso frequente de **mudança de fim ou ramo de cafés, casas de pasto, bares, mercearias, restaurantes, snack- -bares e tabernas** ver os Acs. da Relação de Lisboa, de 28/11/1989, *Col. Jur.* XIV, *5, 123 e de 26/1/1984, Col. Jur.* IX, 1, 125; Acs. da Relação do Porto, de 21/2/1989, *Bol.* 384, 653 e de 19/5/1983, *Col.*

Jur. VIII, 3, 235; Ac. da Relação de Coimbra, de 18/5/1982, *Bol.* 319, 344; Ac. da Relação de Évora de 16/3/1989, *Bol.* 385, 626.

– Ac. *in* Col. Jur., ano IX. tomo II, págs. 15, 235 e 327 (é essencial que a actividade adicional:

não cause ao prédio maior desgaste do que o previsto com a realização do arrendamento; não diminua a segurança dos utentes do prédio e das suas estruturas, aumentando o risco considerado pelos contraentes; não desvalorize o valor locativo do imóvel em maior grau do expressamente consentido).

– Acs. Rel. Coimbra, de 28-4-81, in Col. Jur., ano VII, tomo 2, pág. 49, e Rel. Évora, de 26-6-76, in Bol. MJ, ns 238, pág. 292 (deverá ser de presumir, que **à luz da razoalibidade e da boa-fé**, o locador podia e devia contar com o exercício adicional de uma outra actividade. Será assim lícita, não só a prática de uma actividade que se mostra indispensável ou conveniente para que no locado se possa exercer, em boas condições, o ramo de negócio literalmente permitido, mas também aquelas que, segundo os usos comuns, acompanham a modalidade de comércio ou indústria autorizada

– Ac. da Rel. de Lisboa, de 21-01-93, in *Col. Jur.*, ano XVIII, t. 1, pág. 120 (desde que no contrato de arrendamento não esteja prevista a sua vinculação a um fim específico, não pode concluir-se por violação de contrato e, consequentemente, por ocorrência de fundamento resolutivo, qualquer mudança no modo como é utilizado o arrendado, por mais prolongado que tenha sido o anterior.

– Ac. da Rel. de Lisboa, de 28-05-96, proferido no processo 8473 (embora o local arrendado se destine contratual e exclusivamente a «estabelecimento de barbearia», o arrendatário pode lá vender fracções da lotaria nacional, por se tratar de uma actividade habitual nas barbearias, implicitamente autorizada, constituindo uma situação equiparável à de complementaridade ou acessoriedade.).

– No uso residencial de prédio arrendado inclui-se o exercício de qualquer indústria doméstica, ainda que tributada (ver o Ac. da Rel. do Porto, de 27-09-94, (in Col. Jur., ano XIX, t. 4, pág. 198).

– Ac. Rel. do Porto, de 04-11-86, in *Col. Jur.*, ano Xl, t. 5, pág. 200 (arrendado um prédio para instalação da sede de uma associação de beneficência, há alteração do fim do arrendamento quando esta passa a exercer nele actividades lúdicas ou desportivas, convívio de associados e não associados, exploração de um bar, e de efectuar espectáculos de variedades e bailes públicos semanais).

– Ac. Rel. Porto, 30-I-1986, *Col. Jur.* I, 184:

I – A qualificação legal de uma **indústria como doméstica** depende apenas da verificação dos requisitos constantes do art. 1108.º do Código Civil.

II – Assim, para essa qualificação, não interessa a quantidade de objectos produzidos ou transformados, nem a sua espécie ou qualidade.

– Ac. Rel. Lisboa, 14-4-1988, *Col. Jur.* II, 135:

I – Estabelecendo um contrato de arrendamento que o locado se destina a habitação exclusiva do inquilino e sendo o arrendatário uma pessoa colectiva, ficou ao seu critério a detercinação em concreto das pessoas que iriam efectivamente habitar o arrendado.

II – O fim a que se destina o locado não constitui elemento o essencial do contrato.

III – Apesar disso, a alteração do mesmo fim só por escrito poderia ter sido celebrado, já que, embora acessória, era contrária ao documento escrito e posterior a ele.

– Ac. Rel. Porto, 11-5-1989, *Col. Jur.* III, 195 (E **indústria doméstica** a actividade desenvolvida por um filho dos locatários, que, numa cozinha do arrendado que foi adaptada, corta cabelos e barbas aos fins-de-semana).

– Ac. Rel. Lisboa, 28-11-1989, *Col. Jur.* V, 123 (I – Estipulando-se na escritura de arrendamento que o locado o foi para "restaurante com a categoria de 2.ª classe" e verificando-se que aí funciona uma "casa de pasto" procede o fundamento da al. *b*) do n.º 1 do art 1093.º do Cod. Civil

II – Ao senhorio do prédio não e indiferente, quando faz aquela estipulação, a qualificação social e económica do público que frequenta o restaurante. O tipo de clientela e a afluência que variam consoante a classificação do estabelecimento, são interesses atendíveis para a interpretação da al. *b*) do n.º 1 do art. 1093.º do C. Civil).

– Ac. Rel. Lisboa, 20-2-1990, *Col. Jur.* I, 174 (I – Constitui **actividade industrial** ter a ré no arrendado tecidos que entregava a bordadeiras, que ali se dirigiam, para elas bordarem nas suas casas, recebendo depois a ré no arrendado, das mesmas bordadeiras, a obra (tecidos bordados ao estilo da Ilha da Madeira), pagando a estas o seu trabalho, sendo depois, no arrendado, tais peças lavadas e passadas a ferro, daqui saindo, sendo vendidas.

II – Face ao disposto nos arts. 1040.°, n.ᵒˢ 2 e 3 e 1108.° do C.C. a indústria cujo exercício é permitido no prédio locado para habitação é susceptível de assumir uma dimensão de certo relevo).

– Ac. Rel. Lisboa, 19-4-1990, *Col. Jur.* II, 150 (IV – O destino de uma garagem é a recolha de veículos automóveis e não a recolha ou armazém de víveres.

III – O destino a dar ao arrendado depende da convenção estabelecida e não da possibilidade de maior desvalorização do arrendado).

– Ac. Rel. Lisboa, 20-6-1996, *Col. Jur.* III, 119 (I – Não configura uso do locado para fim diverso do contratado a circunstância de, destinando-se o mesmo a "snack-bar", nele serem servidas bebidas e café, tanto ao balcão como em mesas com cadeiras ali existentes).

– Ac. Rel. Porto, 13-1-1997, *Col. Jur.* I, 199 (IV – Age em **abuso do direito**, não podendo exercê-lo, por ser caso manifesto de «neutralização do direito», à luz dos vectores da boa fé e da confiança, quem actua deforma a convencer que aceita a mudança do uso do arrendado para fim diferente ac contratado e, ao fim demais de trinta anos, pretende sancioná-lo).

– Ac. Rel. Porto, 17-3-1997, *Col. Jur.* II, 198 (A circunstância de, em prédio arrendado para habitação de **feirantes**, estes guardarem mercadorias, sem que se tenha apurado que tipo de mercadorias e se se relacionam com a actividade comercial do arrendatário, não justifica a decretação de despejo).

– Ac. Rel. Lisboa, 17-4-1997, *Col. Jur.* II, 105 (II – Se o arrendatário continuar a usar o arrendado, a título principal, para o fim ou ramo de negócio convencional e apenas exercer acessoriamente uma

nova actividade, não há motivo para a resolução do contrato de arrendamento).
– Ac. Rel. Évora, 1-7-1997, *Col. Jur.* IV, 263:
I – Se o arrendatário continua a explorara título principal o ramo de negócio convencionado, apenas acessoriamente exercendo uma nova actividade, não se está perante um motivo de resolução do contrato.
II – Arrendado um prédio para oficina de automóveis, actividade na qual se utilizam garrafas de gás, é lícito ao arrendatário armazená-las no locado desde que se destinem a essa actividade.
III – Só uma actividade nova exercida com carácter duradouro releva para a resolução do contrato.
IV – É ao senhorio que incumbe alegar e provar, não só que a nova actividade tem carácter duradouro como que a **armazenagem das garrafas de gás** é autónoma e nada ver com a actividade exercida pelo arrendatário.
– Ac. Rel. Lisboa, de 21.5.1998, *Col. Jur.* III, 107:
I – Na ausência de demonstração, por parte do arrendatário, da distinção clara quer dos objectos negociais, quer da discriminação das partes do prédio afectas a cada um deles, é de optar pela solidariedade prevista na última parte do n.º 2 do art. 1028.º do C. Civil.
II – A *ratio legis* da al. *b*) do n.º 1 do art. 64.º do R.A.U. consiste na preocupação de combatera aplicação do prédio a fim mais desgastante do imóvel do que o previsto pelas partes, e no propósito de evitara sua utilização para um fim que repugne ou não convenha ao senhorio.
III – Tendo o imóvel sido arrendado para "estabelecimento comercial de café e venda de frutas e hortaliças", passando aí os arrendatários a explorarem um restaurante, não se verificando entre a exploração de um café e a de um restaurante relações de complementaridade ou acessoriedade, o senhorio tem o direito de resolver o contrato de arrendamento, com base no art. 64.º, n.º 1, al. *b*) do R.A.U..
– Ac. Rel. Lisboa, 28-1-1999, *Col. Jur.* I, 91 (I – Tendo o local sido arrendado para dependência dos escritórios da sociedade inquilina, não traduz uso para finalidade diversa a utilização para arquivo

de documentos com vários anos e fora de uso corrente e para arrumo de móveis e outros objectos já não usados no dia a dia.

II – E ali se deslocando, quando tal se mostra necessário, empregados da inquilina para colocar documentação, parafazer buscas no arquivo e para retirar e colocar mobílias e equipamento não usados no dia a dia, não se verifica o encerramento do locado).

– Ac. Rel. Évora, 11-3-1999, *Col. Jur.* II, 260:

I – A cláusula do contrato de arrendamento que estatui que o local arrendado se destina a estabelecimento de taberna ou a outro qualquer ramo de negócio não tem, por natureza, o carácter *intuitus personae*, o qual terá, por isso, que resultar do próprio contrato.

II – Não se demonstrando o **carácter *intuitus personae*** da faculdade de aplicação do local arrendado a ramo diverso, a mesma mantém-se apesar das modificações subjectivas ocorrida na posição de arrendatário, v.g. por trespasse.

III – Assim, se no local arrendado funcionava um estabelecimento comercial de drogaria, ferragens e ferramentas, que foi objecto de trespasse, a trespassaria pode, posteriormente, nele fazer funcionar uma "loja dos trezentos".

– Ac. Rel. Porto, 4-5-1999, *Col. Jur,* III, 177 (Não constitui **indústria doméstica** a actividade desenvolvida por um filho dos locatários que num coberto existente no locado, além de reparar motas e motorizadas que depois expõe à venda na rua no lado oposto à casa, vende motorizadas não precedidas de reparação).

– Ac. Rel. Coimbra, 4-4-2000, *Col. Jur.* II, 39 (I – O conceito de **"indústria doméstica"** a que alude o art. 75.º do RAU, apenas abrange as actividades que se destinam à produção de riqueza.

II – Não se enquadra em tal conceito, a actividade levada a cabo em local destinado à habitação, e que consiste em, diariamente, tomar conta de crianças de tenra idade, entre o princípio das manhãs e o fim dos períodos de trabalho dos respectivos pais).

– Ac. Rel. Lisboa, 9-11-2000, *Col. Jur.* V, 90:

I – A faculdade atribuída ao arrendatário inicial para o exercício de comércio e indústria de manufacturas diversas, transfere-se para os sucessivos trespassários.

II – Feito o trespasse de estabelecimento comercial de fabrico de fechos de correr, se o trespassário afectar o locado a ramo de comércio diferente compatível com o clausulado no contrato de arrendamento, não constitui fundamento resolutivo do contrato.

III – A circunstância de no contrato de arrendamento celebrado com a arrendatária (cedente ou transmitente) se haver estipulado a permissão do local arrendado poder ser aplicado a ramo de comércio ou indústria diferente não representa um direito *intuitu personae* do arrendatário, intransmissível em caso de trespasse.

– Acs. *in Col. Jur.*, 2000, V, 90 (autorização implícita) e 2004, IV, 287 (Uso diverso do contratado – mercearia – resolução).

- **Não uso do locado por mais de um ano (...) / Encerramento do estabelecimento / Falta de residência permanente (...)**

– Ac. da Relação do Porto, de 16/7/1987, *Col. Jur. XII*, 4, 209 (a previsão desta alínea – refere-se, obviamente, à al. *h*) do art. 64.º do RAU – tem por finalidade evitar a desvalorização de arrendado, pela consequente degradação motivada pelo encerramento do local, e lançar no mercado locativo todos os espaços susceptíveis de ocupação por terceiros).

– Ac. da Relação do Porto, de 27/3/1990, *Col. Jur. XV*, 2, 215 e Acs. Relação de Lisboa, de 17/12/1991, *Bol.* 412, 540 e da Relação do Porto de 1994, *Col. Jur.* XIX, 2, 215 (sustentaram que para se concluir pelo **encerramento** há que atender a todas as circunstâncias do caso concreto, designadamente a natureza do local arrendado, o fim do arrendamento, grau de redução da actividade, as suas causas e mesmo o seu carácter temporário ou definitivo. Assim, e em geral, não será de falar em encerramento do prédio no caso de simples diminuição, mesmo acentuada, das operações próprias do arrendamento e nele anteriormente exercidas, em particular quando isso estiver, a não ser que essa redução seja de tal ordem que se deva, razoavelmente, equiparar a efectiva paralisação. Mas a utilização esporádica já caracteriza a situação de encerramento do estabelecimento).

– Ac. do S.T.J., de 19/9/1989, *Bol.* 389, 536 (considera-se haver encerramento se houver um subaproveitamento do local arrendado).
– Ac. da Relação de Évora, de 21/4/1988, *Bol.* 376, 678 (não se pode considerar encerrada uma oficina de sapateiro na qual o arrendatário, sendo carteiro, trabalha, nos dias irregularmente, depois das 18 horas e, aos sábados e domingos, regularmente).
– Ac. da Rel. de Coimbra, de 19/4/1983, *Col. Jur. VIII*, 2, 31 (a **utilização do arrendado pelo arrendatário comercial, de forma esporádica**, não deixa de caracterizar a situação de encerramento do estabelecimento).
– Ac. Rel. de Lisboa, *in Bol. M.J.* 397-562 (senhorio não cumpre o art. 1031.º, al. *b*) CC – abuso de direito).
– Ac. da Relação Évora, de 12/6/1986, *Bol.* 360, 673 (o encerramento de um estabelecimento comercial ou industrial caracteriza-se não pela circunstância das suas portas **só esporadicamente** se abrirem mas sim pelo facto de nele não se exercer a actividade para que fora arrendado)
– Ac. da Relação de Évora, de 16/1/1986, *Col. Jur.* 1, 222 (não há encerramento se, destinando-se o prédio a actividade industrial, passa a ser usado como armazém de matérias primas e produtos acabados, directamente relacionados com aquela actividade).
– Ac. da Rel. do Porto, de 20/5/1980, *Col. Jur. V*, 3, 78 e da Relação de Coimbra, de 10/4/1984, *Col. Jur. IX*, 2, 55 (que sumariaram, respectivamente, que o facto de o arrendado ter deixado de ser o local principal do estabelecimento e passado a ser um **simples armazém de mercadorias**, não integra o conceito de encerramento do estabelecimento, para o efeito de resolução do contrato. Mas que se o arrendado se destina a estabelecimento aberto ao público e o arrendatário passou a utilizá-lo, fechado ao público, expondo mercadorias, houve encerramento do estabelecimento).
– Ac. da Relação de Lisboa, de 11/11/1991, *Bol.* 410, 859 (o prazo de dois anos – **actualmente previsto no n.º 2 do art. 1074.º,** alínea esta que corresponde à anterior al. *h*) do n.º 1 do art. 64.º do RAU – não é limitativa da excepção de caso de força maior, afectando somente a excepção da ausência forçada do arrendatário).

– Ac. da Relação de Lisboa, de 27/10/1992, *Col. Jur. XVII*, 4, 191 (a **falência** da arrendatária não impede a resolução do contrato de arrendamento por encerramento do estabelecimento, que funcionava no arrendado).

– Ac. da Relação de Lisboa, de 18/10/1988, *Bol.* 380, 525 (o encerramento de **estabelecimento comercial** instalado em local arrendado e ocorrido no quadro de uma simples **cessação de pagamentos**, não pode considerar-se determinado por caso de força maior, constituindo, pois, fundamento de resolução do contrato logo que dure por mais de um ano; e não modifica o curso dos acontecimentos a circunstância de antes de se perfazer tal prazo, haver sido pedida a declaração de falência do arrendatário, pelos seus credores).

– Ac. da Relação do Porto, de 7/4/1987, *Col. Jur. XII*, 2, 232 (se o arrendatário estiver colocado *ab initio* na posição de não poder cumprir a obrigação de exploração do estabelecimento, sendo-lhe imputável tal impossibilidade, por saber que, por força da lei, não pode dedicar-se a outra actividade que não a sua, não se verifica caso de força maior impediente da resolução do contrato. – Mas já **será caso de força maior a chuva introduzida pelas fendas do telhado no interior do estabelecimento comercial, que o torne impróprio,** constituindo, em si, causa justificativa do encerramento pelo arrendatário. Ver, ainda, o Ac. da Relação do Porto, de 3/2/198 1, *Col. Jur.* VI, 1, 146).

– Ac. da Relação do Porto, de *13/4/1993, Col. Jur.* XVIII, 2, 211 (I – Destinando-se o arrendado ao funcionamento de um serviço público demarcou-se ao arrendamento, não um fim estático, inerente à guarda ou armazenamento de coisas, mas um fim dinâmico, de carácter pessoal.

II – Assim, ocorre causa de resolução do contrato de arrendamento com fundamento em conservar o local desocupado de pessoas há mais de um ano, quando aí não se exercem quaisquer actividades correspondentes a funções de interesse público e **durante esse tempo se destinou somente a arrecadação de um serviço** sem intervenção activa de qualquer funcionário).

– Ac. da Relação do Porto, de 26/6/1974, *Bol.* 238, 281 (O conceito de **residência permanente** deve ser equacionado com o grau de vida do arrendatário e consequente incidência em relação ao arrendado, devendo ser entendido tendo em atenção o aspecto subjectivo referido ao próprio morador. O que é necessário é que possa concluir-se que o arrendatário tem no arrendado o seu lar, que tem nele instalada a sua vida doméstica, a ele regressando logo que a sua vida profissional lho permite).
– Ac. da Relação de Évora, de 25/2/1982, *Col. Jur.* VII, 1, 364 (constatada a falta de residência permanente na casa arrendada há lugar à resolução do contrato de arrendamento, independentemente de se averiguar se ela é definitiva ou temporária.
– Acs. da Relação de Évora, de 18/5/1989, *Bol. 387, 675* e de 28/9/1989, *Bol. 389, 666* (para que um local possa ser considerado **residência permanente** de alguém, não é necessário que a pessoa ali viva ou, muito menos, ali permaneça sem interrupção; basta que, tendo ali uma permanência mínima, esse local possa ser considerado aquele em que tem centrada a sua vida familiar e social)
– Ac. da Relação do Porto, de 9/2/1988, *Bol.* 374, 535 (não se verifica a falta de residência permanente quando a arrendatária e o marido pernoitam habitualmente no locado onde têm os seus móveis, vestuário e trem de cozinha, embora comam, frequentemente, numa casa pertencente ao marido da arrendatária, onde habita uma filha deste.).
– Ac. da Relação de Évora, de 12/5/1982, *Col. Jur.* VII, 3, 291 (se o arrendatário apenas vai à casa arrendada não mais de uma vez por mês e raramente mais de um dia, não tem residência permanente em tal local e deve, portanto, ser decretada a resolução do arrendamento e o consequente despejo).
– Ac. da Relação de Évora, de 17/1/1989, *Bol.* 383, 627 (não se pode dizer que reside permanentemente em determinada casa quem, durante um ano, ali permaneceu e pernoitou alguns fins-de-semana durante os meses de Julho e Setembro e todo o mês de Agosto).
– Ac. da Relação do Porto, de 27/9/1988, *Bol.* 379, 641 (a falta de residência permanente não pode afastar-se por uma afirmação de

intenção de sempre se ter querido voltar a **habitar o arrendado em alguns fins-de-semana,** ali se encontrando com familiares e amigos). Nem tem que traduzir a intenção do arrendatário de se desvincular do contrato – Ac. da Relação de Coimbra, de 26/9/1989, *Bol.* 389, 656.

– Ac. da Relação de Lisboa, de 12/3/1985, *Bol.* 352, 422 (sendo o Estado (Gabinete de Gestão Financeira – Ministério da Justiça) arrendatário de uma casa que se destina, face ao contrato, a **habitação de um dos magistrados de certa comarca**, não se pode falar aqui em dever de residência permanente, face, nomeadamente, ao interesse público prosseguido e à transitoriedade funcional).

– Acs. da Relação de Évora, de 3/5/1984, *Col. Jur.* IX, 3, 317 e de 20/12/1984, *Col. Jur.* IX, 5, 315 e da Relação do Porto, de 1916/1986, Col. Jur. XI, 3, 218 (que referem que hoje em dia é possível o arrendatário, face às exigências da vida, ter **duas residências permanentes, em diferentes localidades** se servirem, com paridade, para instalação da vida doméstica, com sentido estável, habitual e duradouro).

– Ac. da Relação de Évora, de 28/5/1992, *Bol.* 417, 837 (sobre residências alternadas e residências hierarquizadas).

– Acs. da Relação de Lisboa, de 5/12/1978, *Col. Jur.* III, 1574 e da Relação do Porto de 10/10/1978, *Col. Jur.* III, 1242 (Quando o arrendatário subloca licitamente a totalidade do prédio arrendado, não se verifica o fundamento da sua falta de residência permanente).

– Ac. da Relação do Porto, de 5/7¹990, *Bol.* 399, 577 (a lei permite que o arrendatário tenha, cumulativamente, **duas residências**, podendo considerar-se ambas permanentes, uma em Cascais e outra no Porto. Trata-se de residências alternativas, previstas no art. 82.º do C.C.).

– Ac. da Relação do Porto, de 3/2/1981, *Col. Jur.* VI, 1, 146 (a chuva introduzida alas fendas do telhado no interior de um estabelecimento comercial, que o tome impróprio, constitui, em si, *força maior* justificativa do seu encerramento pelo inquilino. Sobre **força maior** ver, ainda, o Ac. *in Col. Jur.,* 1994, II, 209).

– Ac. da Relação do Porto, de 24/7/1986, *Col. Jur.* XI, 4, 223 (não tendo a arrendatária a obrigação de proceder a obras no arrendado, mormente no concernente à reparação do quarto de banho, a situação criada com a **ameaça de ruína ou de desabamento** do quarto de banho, por insuperada, improtelável e alheia, objectiva um caso de *força maior* para a existência e permanência no arrendado. no Ac. da Relação do Porto, de 22/1/1992, *Col. Jur.* XVII, 1, 226, entendeu-se que tal situação integra uma execução de não cumprimento do contrato por parte do locatário e não de um caso de força maior).

– Ac. da Relação do Porto, de 11/4/1994, *Col. Jur.* XIX, 2, 209 (a **falta de realização de obras, pelo senhorio**, não pode ser considerada como excepção de contrato não cumprido, por **não ter, como correspectivo, o direito dos arrendatários em abandonar o locado**, enquanto aquele as não fizer, mas os procedimentos previstos nos arts. 14.º a 16.º – do RAU –; ver, ainda, o Ac. da Relação de Coimbra, de 22/10/1991, *Col. Jur.* XVI, 4, 118).

– Ac. da Relação de Coimbra, de 8/11/1988, *Col. Jur.* XIII, 5, 69 (**prisão do arrendatário**).

– Ac. RP, de 17.10.1978, *Bol.* 281, 400 (o simples **conselho médico** para sair do arrendado não justifica a excepção – da "doença").

– Acs. da Relação do Porto, de 19/6/1984, *Bol.* 338, 470; Ac. da Relação de Lisboa, de 22/10/1985, Bol. 357, 478; Acs. da Relação de Lisboa, de 6/6/1975, *Bol.* 250, 207, de 22/10/1985, Bol. 357, 478 e de 7/7/1987, *Bol.* 369, 590 e da Relação de Évora, de 1/10/1992, Bol. 420, 665; Relação do Porto, de 18/10/1988, *Bol.* 380, 534 (**doença** com relevância jurídica para obstar ao despejo fundado na falta de residência permanente).

– Ac. da Relação do Porto, de 29/1/1980, *Col. Jur.* V. 1, 26 (não se enquadra nesta excepção a mudança do arrendatário e *do* agregado familiar, a título definitivo, para casa da **sogra, doente** e a necessitar respectivos cuidados).

– Ac. *in Col. Jur.*, 1995, I, 152 (comissão de serviço – não renovações).

– Acs. da Relação do Porto, de 8/11/1984, *Col. Jur.* IX, 5, 246 e de 24/7, 19 *Col. Jur.* XI, 4, 223 (**ónus da prova** da doença...).

– Ac. da Relação de Lisboa, de 15/2/1990, *Col. Jur. XV, 1,* 171 (*"prazo não superior a dois anos..."*).

– Ac. da Relação do Porto, de 17/12/1981, *Col. Jur. VI,* 5, 283 (não se exige, contudo nem que a ausência da residência permanente seja para fora da localidade onde está situado o arrendado, nem que os familiares, que com ele coabitam, continuem a residir no arrendado.).

– Ac. Relação de Lisboa, de 3/3/1972, *Bol.* 215, 280 (esta causa de exclusão do direito à resolução do contrato tanto se aplica ao caso de a comissão de serviço ser ordenada por patrão já existente anteriormente à data da ausência como ao caso de esta ter lugar por se iniciar uma nova relação de emprego, como sucede frequentemente com os emigrantes. No sentido de que não abrange os casos em que a relação de trabalho se iniciou depois do início da ausência, ver Ac. Relação de Lisboa, de 14/7/1983, *Col. Jur. VIII,* 4, 107 – nem o caso dos emigrantes que transferiram a sua residência para o estrangeiro – Acs. da Relação do Porto, de 21/2/1980, *Bol.* 295, 457 e de 22/3/1988, *Bol.* 375, 442. Ainda o Ac. da Relação do Porto, de 6/5/1977, *Col. Jur. II,* 836).

– Ac. da Relação do Porto, de 18/5/1989, *Bol.* 387, 649 (refere-se aqui – **e bem** – que se tornou normal, no mundo quase sem fronteiras em que hoje se vive, as pessoas **deslocarem-se ao estrangeiro para fazerem estágios profissionais, pós-graduações, doutoramentos, etc.**, sem que, com isso, pretendam transferir o local onde têm organizada a sua vida doméstica).

– Ac. da Relação de Coimbra, de 5/5/1981, *Col. Jur. VI,* 3, 197 (colocação como funcionário público interino).

– Acs. da Relação de Lisboa, de 30/5/89, *Col. Jur. XIV,* 3, 131 e de 9/2/1995, *Col. Jur. XX,* 1, 125 e Ac. da Relação de Évora, de *10/11/1983, Col. Jur. VIII,* 5, 270. Ainda o Ac. da Relação de Lisboa, de 12/1/1989, *Bol.* 383, 598 (a excepção – ausência sem dependência de prazo – abrange apenas a **comissão de serviço por tempo determinado**, que conduziu à ausência do arrendatário da casa arrendada, e não a suas possíveis renovações, que tornam indeterminada ou indeterminável, sua duração, não se distinguindo

entre comissões coercivas e voluntárias, bastando que sejam por tempo determinado).
– Ac. da Relação de Lisboa, de 24/4/198 1, *Col. Jur.* VI, 2, 205 (é necessário a existência de um elo ou vínculo de dependência económica entre o arrendatário e os seus familiares ou algum deles que permaneçam no prédio).
– Acs. da Relação de Lisboa, de 10/4/1981, *Bol.* 311, 422, de 25/6/1992, *Col. Jur.* XVII, 3, 214, e de 9/2/1995, Col. Jur. XX, 1, 125, da Relação do Porto, de 1/3/1988, *Bol.* 375, 442 e de 9/3/1989, *Bol.* 385, 607 (havendo **desintegração do agregado familiar** não existe causa impeditiva do direito de resolução do contrato de arrendamento, mesmo que na casa fiquem familiares constituindo um novo agregado familiar, pois o agregado familiar contemplado nesta alínea é o do arrendatário e não o constituído por familiares que dele se desagregaram. Em sentido diverso o Ac. da Relação de Lisboa, de 27/10/1994, *Col. Jur. XIX,* 4,129).
– Acs. da Relação do Porto, de 28/5/1981, *Col. Jur.* VI, *3,* 130 e de 29/11/1988, *Col. Jur. XIII,* 5, 194 e da Relação de Évora, de 23/1/1986, *Bol.* 355, 450 (a ausência do arrendatário tem de ser sempre temporária, mantendo-se somente em suspenso o regresso ao lar).
– Ac. da Relação de Lisboa, de 6/2/1992, *Col. Jur.* XVII, 1, 154 (a **permanência de familiares** não impede a resolução por falta de residência permanente se todo o agregado familiar, com excepção de um dos seus elementos, instalou definitivamente nova residência noutra localidade).
– Ac. da Relação do Porto, de 12/6/1980, *Bol.* 298, 364: a excepção em apreço pressupõe a manutenção de uma permanente ligação do arrendatário ao prédio, sendo o elo dessa ligação constituído pelos familiares que no arrendado ficam a viver em conexão económica consigo; ver ainda o Ac. da Relação do Porto, de 4/5/1992, *Bol.* 417, 815).
– Cfr. Ac. da Relação de Évora, de 21/4/1983, *Col. Jur.* VIII, 2, 297 (a **cronicidade de doença** que torna o impedimento em definitivo não constitui excepção que obste à resolução do contrato).

– (dá causa à resolução do contrato o **arrendatário-emigrante** que se desloca com toda a sua família para o estrangeiro, embora não tenha a intenção de se fixar definitivamente no país onde emigrou, mas antes no país de origem. Ver, ainda, o Ac. RE, de 18.05.1978, *Col. Jur.* III, pág. 1055).
– Ac. Rel. Lisboa, 28-10-1979, *Col. Jur.* IV, 169 (Arrendado imóvel a uma sociedade para o exercício de determinada actividade comercial, cessada esta, há que considerar aquele como encerrado, embora um sócio a exerça em nome individual).
– Ac. Rel. Lisboa, 25-11-1980, *Col. Jur.* V, 128:
II – A transmissão forçada para o Estado dos direitos aos arrendamentos celebrados com organismos privados extintos pela revolução de Abril de 1974 (União Nacional ou Acção Nacional Popular, Mocidade Portuguesa e Legião Portuguesa) constitui um acto de violência contra os direitos dos cidadãos, em relação ao qual não foi admitida defesa por parte destes, e correspondem a um confisco parcial de bens ou utilidades.
III – Viola as regras da contratualidade e pratica o ilícito da sublocação não consentida, imputável, nas suas consequências, ao Estado, o departamento público ao qual foi atribuído um direito ao arrendamento apropriado pelo Estado nos moldes atrás indicados, que o transfere para um particular, sem o acordo do senhorio, quando tal particular não se enquadra em nenhuma das categorias em relação às quais o próprio Estado, autoritária e unilateralmente, permitiu a efectivação forçada de sublocação precária e gratuita em função de considerações de ordem cívica ou política.
IV – Constitui sublocação a cedência do gozo do locado, ainda que essa cedência seja precária e gratuita.
– Ac. Rel. Porto, 27-3-1990, *Col. Jur.* II, 215:
I – Na apreciação do fundamento de resolução previsto no artigo 1093.º, n.º 1, alínea *h*) do Código Civil, **deve atender-se a todas as circunstâncias do caso concreto**, designadamente à natureza do local arrendado, ao fim do arrendamento, ao grau de redução de actividade, às suas causas e mesmo ao seu carácter temporário ou definitivo.

II – Não é de falar em encerramento do prédio no caso de simples diminuição, mesmo acentuada, das operações de um estabelecimento, a não ser que essa redução seja de tal ordem que se deva, razoavelmente, equiparar a efectiva paralisação.
– Ac. Rel. Évora, 10-5-1990, *Col. Jur.* III, 269 (I – O local da Indústria de uma empresa industrial não é apenas o local onde ela tem o seu parque de máquinas ou utensílios para transformação de bens ou de produtos; também essa empresa desempenha a sua actividade Industrial no local onde guarda, em arquivo, a documentação que serve de suporte da sua actividade industrial principal.

II – O funcionamento de um arquivo não implica abertura das portas ao público).

– Ac. Rel. Porto, 22-4-1986, *Col. Jur.* II, 204:

I – Constitui contrato de arrendamento habitacional aquele que, sendo celebrado com a GNR, tem por objecto um prédio urbano, destinado à habitação de um comandante daquela Corporação, não obstante conter ele uma cláusula que atribui à inquilina o direito de regular a ocupação e desocupação do prédio.

II – A referida cláusula apenas tem o significado de poder a GNR deliberar livremente sobre a cedência do local a algum dos seus elementos, ou seja, de o ceder a um e, depois, a outro.

III – São-lhe, assim, aplicáveis as normas especiais do art. 1083.º, n.º 1. *i*), se o contrato em causa se não puder enquadrar em qualquer das hipóteses excepcionadas pelo n.º 2 do art. 1083.º todos do C. Civil.

IV – Pode, pois, o senhorio resolver o contrato, se o arrendatário (GNR) conservar o prédio dosabitado por mais de um ano, consecutivamente.

– Ac. Rel. Lisboa, 9-2-1988, *Col. Jur.* I, 129 (II – Não existe nenhuma inconstitucionalidade no art. 1094.º do Cod. Civil e/ou no assento de 3 de Maio de1984 que o interpretou, quando aplicado à al. *i*) do n.º 1 do art. 1093.º do citado Código, por violação do art. 65.º da Constituição da República Portuguesa, uma vez que aquelas disposições legais e o assento se aplicam nas relações entre particulares (senhorios e inquilinos) e a referida norma constitucional é programática).

– Ac. Rel. Porto, 29-11-1988, *Col. Jur.* V, 194 (A **permanência de familiares do arrendatario** no arrendado que impede a resolução do contrato de arrendamento por falta de residência permane só se verifica no caso do titular do arrendamento se afastar temporariamente do arrendado em termos de se poder dizer que o seu agregado familiar é apenas o que continua no arrendado).

– Ac. Rel. Coimbra, 24-1-1989, *Col. Jur.* I, 38 (II – Se o autor invoca como fundamento de resolução do contrato o facto de o prédio estar desabitado há mais dum ano, não pode o Juiz subsumir tais factos à falta de residência permanente.

III – **Desabitado** tem o sentido de desocupado, tendo a expressão, quando dirigida a casa, o sentido de não habitada).

– Ac. Rel. Lisboa, 23-5-1989, *Col. Jur.* III, 130 (I – A presunção de economia comum estabelecida pelo n.º 2 do art. 1109.º do C. Civil não é aplicável à hipótese da al. *c*) do n.º 2, do art. 1093.º do mesmo Código.

II – Impende sobre o arrendatário o **ónus de prova** da matéria referente a este dispositivo legal).

– Ac. Rel. Lisboa, 30-5-1989, *Col. Jur.* III, 131 (I – A al. *b*) do n.º 2 do art. 1093.º do Cód. Civil abrange apenas a comissão de serviço por tempo determinado, que conduziu à ausência do arrendatário da casa arrendada, e não as suas possíveis renovações.

II – Assim, persistindo nestas a falta de residência permanente é de decretar o despejo do arrendado com base no disposto na 2.ª parte da al. *i*) do número 1 do mesmo artigo).

– Ac. Rel. Lisboa, 13-7-1989, *Col. Jur.* IV, 124 (II – Mesmo não usando da faculdade concedida pelo art. 1103.º do Cod. Civil. o locador pode, a partir de uma **falta de residência permanente do sublocatario**, accionar este e o locatário para obter simultaneamente a resolução do arrendamento e do subarrendamento).

– Ac. Rel. Porto, 5-4-1990, *Col. Jur.* II, 229:

II – Provado apenas que o arrendado se destinou a armazém, e não se tendo provado que se destinava a armazenar mercadorias referentes à actividade comercial do réu, tem de concluir-se que o arrendamento não era para habitação e teve por fim outra aplicação lícita.

III – Em tal situação, a acção de despejo procede, desde que se prove que o prédio esteve «desabitado» por mais de um ano, porque aí o termo «desabitado» tem o sentido de «desocupado».
 – Ac. Rel. Coimbra, 23.10.1990, *Col. Jur.* IV, 81 (II – A **doença** justificativa da não residência há-de ser de molde a impedir o arrendatário de habitar o arrendado até que obtenha a cura e não doença crónica que o afaste permanentemente do locado).
 – Ac. Rel. Évora, 14-11-1991, *Col. Jur.* V, 247:

I – Para excluir a resolução do arrendamento em virtude de encerramento de local destinado a comércio, indústria ou profissão liberal pode relevar, enquanto caso de força maior, uma situação de **doença**.

II – Sendo o arrendamento devido a doença, a reabertura antes de decorridos dois anos tem que resultar de termo daquela doença.

III – Não interrompe, assim, esse prazo de dois anos a reabertura que ocorre na sequência de trespasse entretanto celebrado.

IV – Para surtir o efeito referido em I, a doença tem que ser reversível ou curável no prazo de dois anos.
 – Ac. Rel. Lisboa, 24-3-1992, *Col. Jur.* II, 142:

I – Caso de **força maior**, previsto no art. 1093.º n.º 1 *b*) do CC é o evento natural ou de acção humana de terceiro (com exclusão pois, de conduta do locador, do locatário ou de pessoas com este relacionadas) que, embora pudesse prevenir-se, não poderia ser evitado, nem em si, nem nas suas consequência danosas e que torne compreensível, aceitável, perfeitamente explicável que o locatário conserve encerrado por mais de un ano, conscientemente, o prédio arrendado para comércio indústria ou exercício de profissão liberal.
 – Ac. Rel. Évora, 29-10-1992, *Col. Jur.* IV, 311:

I – A expressão *"desabitado"* do art. 64.º n.º 1 *h*) do RAU, significa desocupado.

II – Se a Conservatória do Registo Civil e Predial instalada no arrendado deixa de aí funcionar, passando aquele a ficar fechado e praticamente vazio dos recursos humanos e materiais deve considerar-se que o arrendado está desabitado, mesm que aí permaneçam algumas peças soltas de mobiliário e a guns documentos de arquivo.

– Ac. Rel. Porto, 13-4-1993, *Col. Jur.* II, 211:

I – Destinando-se o arrendado ao funcionamento de um serviço público demarcou-se ao arrendamento, não um fim estático, inerente à guarda ou armazenamento de coisas, mas **um fim dinâmico** de carácter pessoal.

II – Assim, ocorre causa de resolução do contrato de arrendamento com fundamento em conservar o locado desocupado de pessoas há mais de um ano, quando aí não se exercem quaisquer actividades correspondentes a funções de interesse público e durante esse tempo se destinou somente a arrecadação de um serviço sem intervenção activa de qualquer funcionário.

– Ac. Rel. Lisboa, 15-12-1993, *Col. Jur.* V, 158:

I – É válida a **cláusula de contrato de arrendamento que atribui ao inquilino o direito de ser indemnizado pelo senhorio, pelo custo de obras de conservação e beneficiação**, para o efeito de o local arrendado satisfazer o fim do arrendamento, a saber, a realização de espectáculos de teatro, cinema e festas musicais.

II – Consequentemente, não constitui caso de força maior justificativo do encerramento do locado o facto de carecer de tais obras.

– Ac. Rel. Lisboa, 8-3-11994, *Col. Jur.* II, 75:

I – Não se desinteressa do arrendamento para o exercício de **profissão liberal** (consultório dentário) o herdeiro que, impossibilitado de continuar essa actividade por falta de habilitações pessoais, ali mantém a empregada de consultório.

III – Havendo desinteresse, o prazo de 1 ano que fundamenta a resolução do arrendamento (por encerramento) só pode começar a ser contado, decorridos que sejam 180 dias, após o óbito do primitivo arrendatário.

– Ac. Rel. Porto, 26-4-11994, *Col. Jur.* II, 215 (I – Não descaracteriza o encerramento de prédio arrendado para comércio ou indústria uma **abertura fortuita ou ocasional**, como agora claramente resulta do art. 64.°, n.° 1, al. *h*) do RAU).

– Ac. Rel. Coimbra, 26-2-1991, *Col. Jur.* I, 83:

I – A situação de **força maior** consiste ou depende de se tratar de um facto de terceiro, inevitável, inesperado ou imprevisível, pelo qual se não poderá responsabilizar o devedor, que terá agido com todas as cautelas.

II – Não é **terceiro**, para efeito de tal situação, o ex-gerente do banco, inquilino de andar, que passou a ocupá-lo, por indicação ou vontade do arrendatário, que lho cedeu, julga-se sob a forma de comodato, em função da relação profissional que os unia.

III – Não constitui caso de força maior que obste à resolução do contrato de arrendamento por falta de habitação, a circunstância do ex-gerente bancário se recusara entregá-lo ao banco arrendatário, responsável pela conduta da pessoa que nele pôs a viver.

– Ac. Rel. Coimbra, 22-10-1991, *Col. Jur.* IV, 118 (Não constitui caso de **força maior**, que justifique a falta de residência permanente do inquilino no prédio arrendado, a degradação deste, dado que podem ser feitas obras que o beneficiem).

– Ac. Rel. Porto, 16-1-1992,*Col. Jur.* I, 226:

I – Justifica-se a falta de residência permanente do arrendatário no prédio locado, se os tectos desse imóvel por se encontrarem em precário estado de conservação, **ameaçarem ruína**, pondo em perigo a integridade física dos moradores.

II – Trata-se de uma **excepção de não cumprimento do contrato** por parte do locatário e não de um caso de força maior.

– Ac. Rel. Lisboa, 6-2-11992, *Col. Jur.* I, 1154:

I – A protecção à residência do agregado familiar só tem sentido se e enquanto o local arrendado funciona como centro de referência ou aglutinador da vida familiar.

II – A permanência de familiares não impede a resolução por falta de residência permanente se todo o agregado familiar, com excepção de um dos seus elementos, instalou definitivamente nova residência noutra localidade.

– Ac. Rel. Lisboa, 25-6-1992, *Col. Jur.* III, 214 (I – A **permanência de familiares do inquilino no arrendado** só é impeditiva da resolução do arrendamento por falta de residência permanente, quando entre eles se mantenha um elo ou vínculo de dependência económica que faça considerar a existência de um único agregado familiar estável; o que é ónus de prova do arrendatário).

– Ac.Rel. Porto, 20-10-1992, IV, 256:

II – O facto de o **inquilino passar as suas férias no arrendado** não impede a decretação do despejo por falta de residência permanente.

II – Para se valer da excepção de **força maior**, em acção de despejo por falta de residência permanente, o inquilino terá de alegar factos donde se conclua a inevitabilidade e a imprevisibilidade da sua situação.

– Ac. Rel. Porto, 4-1-1994, *Col. Jur.* I, 192:

I – A transmissão, na pendência da lide, do réu para a ré, da posição de arrendatário, nos termos do art. 84.° da RAU, constitui facto superveniente que torna o réu parte ilegítima.

II – A duração da ausência do locatário assume sempre relevo: para uns, como facto constitutivo do direito de resolução do contrato de locação; para outros, como facto instrumental.

III – O **efeito da resolução** do arrendamento retroage ao momento do facto que a fundamenta.

IV – Permanecendo no arrendado, o **cônjuge do locatário** só precisa de provar essa sua qualidade para beneficiar da excepção da al. *c)* do n.° 2 do art. 64.° do RAU.

– Ac. Rel. Lisboa, 28-4-1994, *Col. Jurt.* II, 133 (Existe diferença significativa entre a al. *c)* do n.° 2 do art. 1093.° do CC e o vigente art. 64.° n.° 2 *c)* do RAU: hoje, e embora, em qualquer situação, se pressuponha que o arrendatário, antes de sair do local arrendado, tivesse convivido com o familiar que, ali, fica, se se tratar de cônjuge ou parente em linha recta, não se exige tempo mínimo para essa convivência; mas, se se tratar de outro familiar, a convivência deve ter existido durante mais de um ano, para que a excepção seja relevante).

– Ac. Rel. Lisboa, 6-4-1995, *Col. Jur.* II, 113:

III – Tendo o mandatário celebrado em seu nome um contrato de arrendamento habitacional, para que a posição contratual de inquilino passe para os mandantes, impõe-se não só, que a transferência seja feita, mas que ela seja levada ao conhecimento do senhorio e que este dê a sua anuência ou a reconheça.

IV – Não se demonstrando ter havido transferência, continuam todos os efeitos jurídicos do contrato na esfera jurídica da mandatária que está obrigada a cumprir as obrigações daí decorrentes nos termos contratuais.

V – Constatando-se que a mandatária deixou de ter residência habitual no local arrendado, embora aí morem os mandantes, verifica-se o fundamento de resolução do contrato de arrendamento.
– Ac. Rel. Coimbra, 23-V-1995, *Col. Jur.* III, 19:

I – A saída do arrendatário do locado, **permanecendo nele uma sua filha, genro e neto,** só não é causa de resolução quando não tenha havido desintegração ou desmembramento da família com carácter de permanência.

II – Indo o arrendatário viver noutra casa, aí instalando o seu agregado familiar, não se consubstancia a excepção do art. 64.º n.º 2 c) do RAU.

– Ac. Rel. Lisboa, 16-11-1995, *Col. Jur.* V, 110 (A situação de **destacamento** não é equivalente à situação de **comissão de serviço** para os efeitos da al. *b*) do n.º 2 do art. 64.º do RAU).

– Ac. Rel. Évora, 19-11-1996, *Col. Jur.* I, 275 (III – Manter ficheiros de um Organismo do Estado no arrendado continua a ser ter instalado um Serviço de Estado, porque os ficheiros e as actividades conexas com estes dizem respeito ao funcionamento da Administração Pública).

– Ac. Rel. Lisboa, 28-5-1998, *Col. Jur.* III, 116 (I – O encerramento por mais de um ano, de imóvel dado de arrendamento à D. G. de Tesouro para instalação de serviços não integra o fundamento da resolução contratual da al. *h*), do n.º 1, do art. 64.º, do RAU, mas sim o da al. *i*), primeira parte, do mesmo artigo.

II – A utilização daquele imóvel apenas como arquivo, desde que não constitua um mero expediente para iludir a desactivação do espaço arrendado não equivale à desocupação efectiva que está pressuposta na referida 1.ª parte, da al. *i*)).

– Ac. Rel. Évora, 14-12-1998, *Col. Jur.* V, 272 (Sendo o fim do arrendamento o fabrico e a venda de pão, verifica-se uma diminuição de actividade equiparável ao encerramento, fundamento de resolução, se o inquilino mantiver o local sem actividade cerca de seis meses, em cada ano, durante 16 anos).

– Ac. Rel. Porto, 4-3-1996, *Col. Jur.* II, 177 (I – Pode constituir **caso de força maior, impeditivo de resolução** do contrato de arrendamento, a **falta de obras indispensáveis à habitação** quando as circunstâncias do caso tornem compreensível, aceitável e explicável a falta de residência permanente no locado, em consequência de factos exteriores à pessoa do arrendatário, circunstâncias essas normalmente imprevisíveis ou pelo menos imprevistas e cuja força seja superior à vontade normal do homem).

– Ac. Rel. Porto, 11-3-1996, *Col. Jur.* II, 184 (II – Os consumos mínimos de água e de energia eléctrica não permitem concluir, só por si, que o locatário não tenha no arrendado residência permanente.

III – Cumpria aos locadores provar essa falta de residência).

– Ac. Rel. Évora, 5-12-1996, *Col. Jur.* V, 268:

I – Conveniência de serviço não é **comissão de serviço**.

II – Esta traduz-se num encargo temporário atribuído a alguém para fazer certa e determinada tarefa.

III – Só impede a resolução do arrendamento por falta de residência permanente, nos termos do art. 64.°-2 c) do RAU, a **permanência no locado de parentes** na linha recta do arrendatário que com ele já convivessem na ocasião em que o arrendatário deixou de ali residir.

– Ac. Rel. Coimbra, 14-1-1997, *Col. Jur.* I, 11:

I – Para efeitos do disposto na al. c) do n.° 2 do art. 64.° do RAU, a companheira do arrendatário, que com este conviveu durante mais de um ano no prédio arrendado, e nele permanece após a saída daquele, e com o seu conhecimento e consentimento, é considerada como familiar, visto que a noção de família passou a abranger a pessoa que vive em união de facto com o arrendatário.

II – No entanto, para que essa permanência funcione como causa impeditiva da resolução do contrato de arrendamento, é necessário provar que no local arrendado se mantém a sede do agregado familiar do arrendatário, continuando o vínculo de dependência económica.

III – Não ocorre esse circunstancialismo se a que foi **companheira do arrendatário contraiu casamento com outro homem, vivendo o casal no prédio arrendado** e o arrendatário, por seu lado, se envolveu com outra mulher, em casa da qual passou a viver.
 – Ac. Rel. Lisboa, 20-2-1997, *Col. Jur.* 1, 134 (I – Se a falta de residência do arrendatário no bem locado é, apenas, o reverso da **cedência do prédio a terceiro**, aquela falta de residência perde autonomia, e acaba por ser esta cedência, quando não autorizada legalmente, o motivo de resolução contratual.
 II – Pode haver **economia comum** desacompanhada de convivência permanente).
 – Ac. Rel. Lisboa, 9-10-1997, *Col. Jur.* IV, 112 (V – Tendo a arrendatária deixado de comer, dormir e confeccionar as suas refeições no locado, o facto de **ir ali muitas vezes para prestar assistência a um seu filho doente**, presentemente falecido e que com ela vivera no locado, não integra a excepção prevista na al. *c*) do n.º 2 do art. 64.º do RAU por ter havida dissolução do agregado familiar constituído por ambos, muita embora a arrendatária tenha voltado a habitar o locado após aquele falecimento).
 – Ac. Rel. Porto, 2-12-1997, *Col. Jur.* V, 217 (II – Constitui motivo de resolução do contrato o facto de o locatário manter há anos desabitada e fechada a casa arrendada, daí resultando, além do mais, janelas, portas, telhas e vidros partidos, com infiltração de água da chuva, e o telhado e chaminé em risco de cair).
 – Ac. Rel. Coimbra, 17-11-1998, *Col. Jur.* V, 14 [II – A alínea *c*) do n.º 2 do art. 64.º do RAU assenta no pressuposta de que a falta de residência permanente do locatário é temporária e não definitiva; no pressuposto de que o arrendatário irá regressar ao locado, onde continua centrada e organizada a vida doméstica daqueles que com ele constituem uma unidade familiar.
 III – Assim, não se verifica a situação prevista em tal alínea se o arrendatário foi viver definitivamente com a mulher e filhos para outra casa, **deixando no locado apenas a sogra** (aliás, em tal hipótese, não se pode dizer que deixou no locado familiares, para efeitos do art. 1040.º, n.º 2, do CC, porque o familiar que ficou no locado

deixou de viverem comunhão de mesa e habita ção com ele e, consequentemente, de fazer parte da família)].
– Ac. Rel. Lisboa, 11-3-1999, *Col. Jur.* II, 89:

I – Rupturas na canalização de água em termos de, logo que aberta a respectiva torneira de segurança, a água se infiltrar e cair no andar inferior não traduz o caso de força maior a que se reporta a alínea *a*) do n.º 2 do art. 64.º do RAU.

II – Não há entre a obrigação de realização de obras na casa arrendada por parte do senhorio e o ónus de habitação por parte do arrendatário a correspectividade justificativa da invocação da excepção de incumprimento.

III – O simples facto de os **senhorios conhecerem o vício das canalizações** não torna abusivo o exercício do direito de resolução do contrato por falta de residência permanente.

– Acs. *in Col. Jur.*, 2001, IV, 91 (Segunda residência – separação de facto dos cônjuges – casa de morada de família); *Col. Jur.*, 2002, II, 92 (residências alternadas – doença do arrendatário e mulher – toxicodependência); *Col. Jur.*, 2002, II, 261 (inquilina apenas a dormir no arrendado, por falta de condições deste).

– **Sobre a falta de residência permanente, residência habitual, residências alternadas, etc., e questões com ela conexas**, cremos ser útil inserir aqui o Parecer do Prof. GALVÃO TELLES, *in Col. Jur.*, 1989, II, 33, assim sumariado:

"I – A **"residência permanente"** (de que fala art. 1093.º n.º 1), e a **residência habitual** (a que alude o art. 822.º, ambos do C. Civil) são uma e a mesma coisa – o lar, e sede vida individual e familiar, em termos estabilidade – habitualidade, como base onde se acha instalada ou sediada para o desenvovimento da sua actividade normal.

II – Por seu turno há **residências alternada** quando uma pessoa tem uma pluralidade residências (em geral duas), mas cada uma delas permanente ou habitual – centro doméstico, onde habita estavelmente, embora não exclusivamente.

III – Neste caso nenhum dos senhorios pode despejar o inquilino com base em falta de residência permanente.

IV – Porem, se uma dessas **residências passa ser "ocasional"**, ou seja, se só é utiliza ocasionalmente, de tempos a tempos, por exemplo em alguns fins de semana ou em férias escolares, deixou de haver residências alternadas e o inquilino fica sujeito, em relação àquela, a acção de despejo.

IV – A falta de residência permanente no loca arrendado constitui, em si e por si, caus justificativa de resolução do contrato. Não é necessário que acresça a circunstãncia de o inquilino habitar outra casa (própria ou alheia)".

– Ac. Rel. de Guimarães, de 04.12.2002, in www,dgi.pt:

I – O senhorio não pode resolver o contrato de arrendamento, se o arrendatário conservar o prédio desabitado por mais de um ano, em caso de força maior – artigo 64.°, n.° 1, al. *i*) e n.° 2, al. *a*) do RAU.

II – Configura a excepção de caso de **força maior** o caso em que o arrendatário não habita o locado há cerca de 4 anos, por este, face ao seu **estado de degradação**, não ter condições de habitabilidade e segurança, por facto imputável ao senhorio, que tinha obrigação legal de realizar periodicamente obras de conservação.

III – Mas mesmo admitindo que a realidade fáctica descrita, não integra um caso de força maior, para os efeitos do n.° 2, al. *a*) do artigo 64.° do RAU, sempre a acção improcederia em virtude do pedido de resolução do contrato nas circunstâncias de facto sinteticamente referidas, constituir um **abuso do direito**, na modalidade dum *venire contra factum proprium*.

• **Cessão ilícita, inválida ou ineficaz do locado e cessão da posição contratual**

– Ac. da Relação de Évora, de 18/1/1980, *Col. Jur.* V, 1, 166 (para integrar o fundamento de resolução do contrato de arrendamento a cedência total e a parcial são infracções da mesma natureza, mas de grau diferentes).

– Ac. da Relação de Coimbra, de *15/9/1992, Bol. 419, 827* (ali se escreveu que a enumeração, na alínea *f*) do art. 64.° do

RAU, das situações que permitem ao senhorio a resolução do contrato é taxativa).
– Acórdão da Relação de Coimbra, de 05-03-91, (in Col. Jur., ano XVI, t. 2, pág. 69 (a) A cessão da posição contratual do locatário comercial inválida por falta de forma é fundamento de resolução do contrato de arrendamento; b) O **conhecimento que o locador tenha da cedência do imóvel locado** é irrelevante se não traduzir inequivocamente por actos o reconhecimento do beneficiário como locatário.).
– Acórdão da Relação de Lisboa, de 29-09-94, (in Col. Jur., ano XIX, t. 4, pág. 95 (a) A cedência do locado não **constitui facto continuado ou duradouro, mas instantâneo**, sendo a ocupação pelo terceiro mera consequência desse facto; b) Mesmo quando contratualmente autorizada pelo senhorio a cedência do locado, tem esta que ser **comunicada** àquele no prazo de quinze dias, nos termos da alínea g) do art. 1038.º do Código Civil.).
– Relação de Évora, nos Acórdãos de 18-05-95 e 31-01-91, respectivamente na *Col. Jur.*, ano XX, t. 3, pág. 279 e ano XVI, t. 1, pág. 290 (a) A cedência do gozo do locado por meio de locação ou de cessão de estabelecimento conferem ao senhorio, quando não autorizadas, o poder de requerer judicialmente a resolução do contrato de arrendamento; b) A cessão, quando autorizada, deve ser comunicada ao senhorio sob pena de ser ineficaz em relação a este e ser, portanto, causa de resolução; c) É ao inquilino que compete provar ter cumprido a obrigação legal de comunicar ao senhorio a cessão.).
– Acórdão da Relação de Lisboa, de 23-06-94 (in Col. Jur., ano XIX, t. 3, pág. 138 (a) Não se demitindo o locatário do direito ao uso e fruição da habitação, não há **empréstimo** se ele autorizar a ocupação do arrendado, por outrem, a título precário, nomeadamente, por razões humanitárias; b) A **falta de autorização do senhorio para o inquilino emprestar o locado** a outrem é facto constitutivo do direito daquele à resolução do contrato, pelo que a ele cabe o respectivo **ónus de alegação e de prova**.).
– Ac. in Col. Jur., 1993, II, 144 (Empréstimo de garagem).

– Ac. RL, de 27.04.1993, *Col. Jur.,* ano XVIII, t. 2, 144 (não justifica resolução de arrendamento o facto de os arrendatários, sem se demitirem da sua qualidade, autorizarem, por razões de amizade e vizinhança, outras pessoas a guardarem bens na garagem do locado e, mesmo, um médico (em cuja casa trabalha a arrendatária) a guardar, ali, um automóvel, disponibilizando-lhe uma chave.).

– *In R. Leg. Jur.*, 126, 339 ss. (empréstimo para sociedade que não funciona no arrendado – só sede...).

– Ac. Rel. Lisboa, 16-1-1986, *Col. Jur.* I, 90 (I – Não envolve promessa de trespasse, mas promessa de cessão de contrato de arrendamento, o contrato promessa segundo o qual a transferência das mercadorias não acompanha a transmissão do local onde o promitente cessionário passaria a exercer outro ramo de negócio.

II – Para a celebração do contrato prometidr, é necessário o consentimento do senhorio).

– Ac. Rel. Lisboa, 15-4-1986, *Col. Jur.* II, 111:

I – A **falta de forma escrita**, quando a lei exige, conduz à **nulidade do contrato de subarrendamento verbalmente acordado**.

II – A **nulidade** só é invocável pelo locatário e reveste as características básicas da nulidade absoluta, podendo ser arguida a todo o tempo por via de acção.

III – Como **consequência**, deve ser restituído tudo, como se o negócio não tivesse sido celebrado, mas as rendas recebidas pelo sublocador fazem excepção, já que o contrato se considera economicamente cumprido, de sorte que aquelas são a compensação do uso e fruiçâto do prédio pelo inquilino.

– Ac. Rel. Coimbra, 29-7-1986, *Col. Jur.* IV – 77 (I – **A cessão total das quotas de uma sociedade a estranhos que depois substituem a firma** social por outra em que incluem os seus nomes deixa intocada a personalidade jurídica dessa sociedade.

II – Não constituindo a sociedade com «nova firma» uma sociedade diferente e distinta da que adoptava a «firma anterior», arrendatária de um rés-do-chão, impossível é configurar uma cessão da posição contratual do arrendatário).

– Ac. Rel. Porto, 2-7-1987, *Col. Jur.* IV, 199 (II – O facto de uma **sublocação por curtos períodos** ter uma duração inferior a 15 dias, não desonera o locatário da obrigação de a comunicar ao senhorio).

– Ac. Rel. Porto, 16-7-1987, *Col. Jur.* IV, 209 (I – A fusão está sujeita a escritura pública, por ser essa a forma prevista para a constituição da respectiva sociedade e só por documento se pode demonstrar.

II – Aceitando o R. a fusão invocada pelo A., nada impede, e razões pragmáticas impõem, que se dê como verdadeira e existente essa fusão).

– Ac. Rel. Lisboa, 7-1-1988, *Col. Jur.* I, 107 (I – A **locatária financeira** que tenha sublocado (com renúncia expressa ao direito de trespasse pela sublocatária) pode pedir a resolução do contrato contra a sublocatária e contra a trespassária, não obstante o n.º 1 do art. 1118.º do Cód. Civil.

II – Estas são partes legítimas do lado passivo, porquanto, sendo lícito o trespasse, pode todavia opor-se o locador à transmissão do direito provando não oferecer o locatário (ou o trespassário) garantias à execução do contrato – art. 15.º, n.º 2, Dec.-Lei n.º 171/79, de 6 de Junho).

– Ac. Rel. Lisboa, 13-7-1989, *Col. Jur.* IV, 124 (III – **O empréstimo do local arrendado** só releva para a resolução se tem um mínimo de duração e cabendo ao locador o **ónus da respectiva prova**.

IV – Se essa cedência é feita pelo subarrendatario, o arrendatário só incorre ilicitamente em falta de comunicação ao senhorio se, por sua vez, essa essa situação lhe tiver sido comunicada).

– Ac. Rel. Évora, 6-12-1990, *Col. Jur.* V, 260:

Tendo sido dado de arrendamento o rés-do-chão de determinado prédio urbano, para «gabinete de explicações e sala de estudos», ainda que os arrendatários ali habitassem, mediante autorização verbal dos senhorios, a resolução daquele não pode verificar-se com fundamento em a falta de residência permanente dos inquilinos.

II – Mas tendo os inquilinos cedido a sua posição jurídica de arrendatários a certa sociedade, sem autorização e contra vontade do senhorio, tal cessão foi ilícita, o que autoriza a resolução do dito contrato de arrendamento.

III – Aquela cessão, porque a actividade de dar explicações e orientar estudos, bem como de trabalhar de costura para terceiros, não revela a existência de estabelecimento comercial, não pode integrar o conceito de trespasse Mas se trespasse fosse, seria o mesmo ilegal, por não ter sido comunicado ao senhorio no prazo legal e assim possível a resolução do contrato.

– Ac. Rel. Coimbra, 5-3-1991, *Col. Jur.* II, 69:

I – A cessão da posição contratual do locatário comercial inválida por falta de forma é fundamento de resolução do contrato de arrendamento.

II – O **conhecimento que o locador tenha da cedência** do imóvel locado é irrelevante se não traduzir inequivocamente por actos o reconhecimento do beneficiário como locatário.

– Ac. Rel. Coimbra, 16-4-1991, *Col. Jur.* II, 85 (Deve ser intentada apenas contra o administrador da falida, arrendatária do prédio, a acção de despejo fundada em cedência do gozo do prédio sem autorização do senhorio, sem que se verifique trespasse válido).

– Ac. Rel. Lisboa, 9-7-1992, *Col. Jur.* IV, 136 (III – A **cessão da posição contratual distingue-se do sub-contrato**, porque o cedente se desliga da sua posição contratual, entrando o cessionário para o lugar dele, transmitindo-se uma das posições derivadas do contrato-base, ao passo que quem constitui o sub-contrato mantém a sua posição contratual anterior, limitando-se a constituir uma outra relação contratual à custa daquele).

– Ac. Rel. Coimbra, 27-10-1992, *Col. Jur.* IV, 93:

II – Cessão de exploração é a cessão temporária e onerosa, juntamente com o gozo do prédio, da exploração de um estabelecimento comercial ou industrial nele instalado.

III – A cessão de exploração pode ter lugar sem autorização do senhorio.

– Ac. Rel. Lisboa, 29-4-1993, *Col. Jur.* II, 144 (Não justifica resolução de arrendamento o facto de os arrendatários, sem se demitirem da sua qualidade, autorizarem, por razões de amizade e vizinhança, outras pessoas a guardarem bens na garagem do locado e, mesmo, um médico (em cuja a casa trabalha a arrendatária) a guardar, ali, um automóvel, disponibilizando-lhe uma chave).

– Ac. Rel. Coimbra, 23-11-1993, *Col. Jur.* V, 42 (III – Não traduz **reconhecimento, por parte do senhorio**, de beneficiário da cedência, apenas a circunstância de a mulher do procurador do senhorio ter dele recebido a renda de um mês).

– Ac. Rel. Porto, 18-11-1994, *Col. Jur.* II, 211:

I – No contrato de **cessão de exploração de estabelecimento comercial** são exigidos cumulativamente os seguintes requisitos: *a)* Transferência da exploração de estabelecimento comercial ou industrial; *b)* Essa transferência deve ser juntamente com a fruição do prédio; *c)* A mesma tem de ser temporária e onerosa; *d)* No prédio tem de continuar a exercer-se o mesmo ramo de comércio ou indústria, não lhe podendo ser dado outro fim, diferente do anterior; *e)* Tem de haver uma transferência em conjunto das instalações, utensílios, mercadorias ou outros instrumentos que integrem o estabelecimento.

II – O que releva em termos da qualificação do contrato é a noção do «*minimum*» do estabelecimento, no sentido de que, se o mesmo estiver desfalcado de algum ou alguns dos seus elementos não essenciais, nada haverá a opor à caracterização do contrato como de locação de estabelecimento.

III – A cessão de exploração comercial, mesmo quando não autorizada pelo senhorio, não constitui fundamento de resoluço do contrato de arrendamento.

IV – Tal cessão não está também sujeita a comunicação.

– Ac. Rel. Lisboa, 16-6-1994, *Col. Jur.* III, 119:

I – A **cessão da posição do arrendatário** tem de ser um acto deste, o que não sucede se houver **venda judicial dessa posição**, que, só por si, não determina a resolução do contrato de arrendamento.

II – Havendo **contitularidade da posição do locatário**, se um dos arrendatários deixar de o ser por força da venda judicial da sua quota na comunhão, o outro mantém-se, agora como arrendatário único, devido à expansão do seu direito ocasionada pelo reconhecimento do seu direito de preferência na venda da referida quota.
– Ac. Rel. de Guimarães, de 18.12.2002, in www,dgi.pt:
I – O artigo 76.°, n.° 1 do RAU ao dispor que "Nos arredamentos para habitação podem residir no prédio, além do arrendatário todos os que vivam com ele em economia comum", não faz qualquer distinção entre primitivo arrendatário e beneficiário da transmissão ao direito de arrendamento, pelo que onde a lei não distingue, o intérprete não deve distinguir.
II – Por via da transmissão do direito ao arrendamento, o beneficiário desta transmissão passou a ocupar a posição contratual do arrendatário, ou seja, passou a ser, também arrendatário – cfr. artigo 1059.° do Código Civil –, pelo que, de harmonia com o disposto no artigo 76.°, n.° 1, al. *a*) e n.° 2 do RAU, nenhum obstáculo existe a que a sua irmã e cunhado vivam com ele no arrendado, não obstante aquela ter renunciado à dita transmissão.
III – E, ocorrendo tal situação, inexiste cedência gratuita ou empréstimo do arrendado e, consequentemente, não tem o autor//senhorio direito à resolução do contrato de arrendamento com o fundamento previsto no artigo 64.°, n.° 1, al. *f*) do RAU.
– Ac. Rel. Lisboa, 29-9-1994, *Col. Jur.* IV, 95:
I – A cedência do locado não constitui facto continuado ou duradouro, mas instantâneo, sendo a ocupação pelo terceiro mera consequência desse facto.
II – Mesmo quando contratualmente autorizada pelo senhorio a cedência do locado, tem esta que ser comunicada àquele no prazo de quinze dias, nos termos da al. *g*) do art. 1038.° do CC.
– Ac. Rel. Évora, 6-10-1994, *Col. Jur.* IV, 267:
I – A **cessão de exploração de estabelecimento comercial** é o negócio jurídico em que é operada a transferência da exploração de um, estabelecimento comercial como um todo, de modo oneroso e por tempo determinado, devendo no estabelecimento continuar a

ser praticado o mesmo ramo de comércio e sendo a transferência acompanhada, em conjunto, das instalações, utensílios, mercadorias ou outros elementos que integram o estabelecimento.

II – A locação de estabelecimento comercial equipara-se ao contrato de locação.

III – Nos casos de cessão de exploração de estabelecimento comercial são necessárias a autorização pelo senhorio e a comunicação a este, para que tal negócio jurídico seja válido e eficaz relativamente ao senhorio.

IV – A sua falta é motivo de resolução contratual.

– Ac. Rel. Évora, 18-5-1996, *Col. Jur.* III, 265 (I – A cedência do gozo do locado por meio de locação ou de cessão de estabelecimento conferem ao senhorio, quando não autorizadas, o poder de requerer judicialmente a resolução do contrato de arrendamento).

– Ac. Rel. Coimbra, 24-6-1997, *Col. Jur.* III, 36 (I – A **transmissão do direito ao arrendamento, decorrente de um negócio de fusão de sociedades**, não necessita de autorização do senhorio e/ou de lhe ser comunicada essa fusão.

II – O legislador, na al. *f*) do art. 1083.° do CC, utiliza a expressão "cessão" no sentido específico de cessão da posição contratual, não estando assim incluída em tal expressão (e na obrigação decorrente de tal alínea) a figura da fusão).

– Ac. Rel. Lisboa, 13-11-1997, *Col. Jur.* V, 86 (Não fundamenta direito de resolução pelo senhorio o facto de, arrendada uma casa a uma Câmara Municipal (depois substituída pelo Estado), para habitação de um Delegado do Procurador da República, se manter a viver nela magistrado do M.° P.° entretanto promovido a categoria superior).

– Não se olvide o que escreveu o Prof. MANUEL HENRIQUE MESQUITA, in *Col. Jur.,* 1986, I, 13, a respeito do art. 1120.° CC (revogado, entretanto, pelo RAU): O art. 1120.° do C. Civil não permite a transmissão do direito de arrendamento, sem consentimento do senhorio, a favor de uma pessoa colectiva (designadamente uma sociedade).

– Ac. *in* Col. Jur., 2002, III, 113 (Transmissão da posição de locatário por força de **locação financeira** – eficácia e prova da declaração).

– Ac. Rel. de Guimarães, de 12.07.2006, in www,dgi.pt:

1. A lei permite expressamente a transmissão da posição do arrendatário, sem dependência da autorização do senhorio, no caso de trespasse do estabelecimento (art. 115.°, n.° 1, do RAU) e quando for convencionado um prazo para a duração efectiva dos arrendamentos urbanos para comércio ou indústria (art. 117.°, n.° 1, do RAU).

2. Estando vedado ao locatário proporcionar a outrem o gozo total ou parcial da coisa por meio de cessão onerosa ou gratuita da sua posição jurídica, sublocação ou comodato, excepto se a lei o permitir ou o locador o autorizar – artigos 1049.° e 1038.°, al. *f*), do C. Civil – a violação deste dever nos termos estatuídos no corpo deste normativo importa para o inquilino a sua sujeição a ter de, a pedido do senhorio, suportar a resolução do contrato de arrendamento celebrado.

3. Porém, como se constata, esta última inferência não é absoluta e esta possibilidade de resolução do contrato ser-lhe-á retirada sempre que se constatar que o senhorio deu a sua aquiescência àquele acto que anteriormente havia aprovado e agora vem reprovar.

4. A "ratio" do princípio da intransmissibilidade da posição jurídica do arrendatário e a obrigação que recai sobre este de não proporcionar a terceiro o uso ou fruição da coisa locada, salvo permissão da lei ou autorização do locador, que presidiu à redacção do art. 1038.°, al. *f*), do C.C., é o **"intuitus personae" da locação**, isto é, não é indiferente, para o locador, a pessoa a quem se proporciona o arrendamento.

- **Falta de pagamento de renda e não realização de depósito liberatório**

– Ac. da Relação de Coimbra, de 1/3/1988, *Col. Jur. XIII*, 2, 52 (não é possível suspender o pagamento das rendas face à **necessi-**

dade de obras no locado, por a obrigação de efectuar estas não se contrapor à obrigação de pagar a renda).

– Ac. da Relação de Coimbra, de *31/5/1988, Bol. 377, 558* (O **pagamento da renda** tanto pode ser feito pelo inquilino como **por terceiro** e, por isso, não pode este acto material determinar quem é o arrendatário).

– Ac. da RP, de 22.11.1991, *Bol. 403-479:* "I – O artigo 802.°, n.° 2, do Código Civil configura uma válvula de segurança que obsta à resolução do contrato sempre que, sem embargo da verificação técnica de um fundamento legal de resolução, a parcela não cumprida da prestação tiver um carácter insignificante, na perspectiva do interesse do credor.

II – Este dispositivo é aplicável, em tese geral, aos fundamentos da resolução do contrato de arrendamento, nomeadamente àquele que se traduz no não pagamento da renda, não obstante a enunciação precisa destes na regulamentação legal da locação.

III – Haveria lugar ao funcionamento desse mecanismo legal se, em caso de depósito de rendas, num dos depósitos efectuados faltasse uma quantia desprezível, desde que não houvesse, por parte do arrendatário, propósito de fraude ou intenção provocatória.".

– Acs. da Rel. Évora, de 13-11-86, in Col. Jur., ano XI, tomo 5, pág. 286, da Rel. Coimbra, de 1-3-88, in Col. Jur., ano XIII, tomo 2, pág. 52 (Se o **locatário ficar privado do gozo do imóvel**, no todo ou em parte, por facto imputável ao senhorio, tem-se julgado admissível que aquele suspenda, numa medida proporcionada, o pagamento da renda).

– Ac. Rel. Lisb., de 18«6.10.1981 *(ROA,* 1983, I, 99, com anotação de Eridano de Abreu) – (fim à mora...)

– Ac. da Relação de Coimbra, de *23/5/1989, Bol. 387, 663* (Se havia **rendas em dívida quando o senhorio adquiriu o prédio** mas não houve cessão do direito a elas não pode agora o senhorio fundamentar naquela falta de pagamento o direito à resolução do contrato).

– Ac. da Relação do Porto, de *4/10/1988, Col. Jur. XIII, 4, 186* (nascido o direito à resolução do contrato por causa de facto praticado por determinado arrendatário, o **posterior trespasse do estabelecimento** situado no locado não extingue o direito ao despejo, que deve ser decretado contra o trespassante).

– Ac. da Relação de Coimbra, de 27/5/1980, *Col. Jur.* V, 3, 273 (o facto de o **arrendatário não ter dinheiro para pagar a renda** por o ter perdido ao jogo, por ter liquidado uma dívida a que atribuía prioridade, por estar desempregado ou por a entidade patronal ter os salários em atraso não é impedimento para que o senhorio possa resolver o contrato, visto não se justificar aplicável aos arrendamentos a **causa geral de exclusão de culpabilidade, normalmente chamada não exigibilidade**).

– Ac. RP, de 17.12.87, *Col. Jur.* XII-5, p. 218 (para beneficiar da caducidade do art. 1048.° CC, o réu só tem que **depositar**, com a respectiva indemnização, as rendas do último ano).

– Acs. da Relação do Porto, de 8/6/1978, *Col. Jur.* III, 880 e de 11/7/1978, *Col. Jur. III*, 1204 (se o arrendatário para pagamento da renda **entregar cheque** que, sendo apresentado a pagamento no prazo de oito dias, conforme dispõe o art. 29.° da Lei Uniforme sobre Cheques, **for devolvido por falta de provisão**, o senhorio pode resolver o contrato com fundamento na falta de pagamento da renda, face ao disposto no art. 838.° do C.C.).

– Ac. RP, de 30.6.1997, *Col. Jur.* XXII-III, pág. 225 (indemnização do art. 1045.° – enriquecimento sem causa).

– Ac. da Relação de Lisboa, de 6/7/1989, *Col. Jur.* XIV, 4, 119 e Ac. da Relação de Évora, de 23/1/1986, *Col. Jur.* XI, 1, 227 (Não obstante o **direito ao arrendamento e trespasse ter sido penhorado** no processo de execução a obrigatoriedade do pagamento das rendas do arrendado mantém-se. Se não for efectuado, o senhorio tem direito a ver resolvido o contrato arrendamento, não tendo aplicação o disposto no art. 820.° do C.C. que, no caso em apreço, visa apenas obstar a que o executado arbitrariamente possa iludir os fins da execução. Relativamente ao liquidatário judicial da massa falida ver o Ac. da Relação de Lisboa, de 15/5/1986, *Col. Jur.* XI, 3, 117).

– Ac. Rel. Lisboa, 30-I-1986, *Col. Jur.* I, 94 (O art. 1048.° do C. Civil deve ser interpretado em conformidade com o art. 974.°,

n.º 1, c) do C. Civil, excluindo-se da sua previsão as rendas vencidas após a propositura da acção por a falta do seu pagamento não integrar a causa de pedir da acção).
– Ac. Rel. Lisboa, 25-2-1986, *Col. Jur.* I, 106 (I – A disposição do n.º 3 do art. 979.º do C. de Proc. Civil (*o réu* pode obstar ao despejo se pagar ou depositar definitivamente as rendas e indemnização devidas) é de direito substantivo.

II – A regulação das obrigações é feita pela lei vigente ao tempo em que elas foram contraídas).
– Ac. Rel. Porto, 6-5-1986, *Col. Jur.* III, 185 (O **depósito de rendas em conta bancária do senhorio**, com o acordo deste, tem o mesmo valor que o pagamento a ele directamente feito.

Apesar de o locatário se ter constituído em mora, o **recebimento das respectivas rendas pejo senhorio, em singelo**, exclui, em princípio, o direito à resolução do contrato ou à indemnização).
– Ac. Rel. Porto, 29-I-1987, *Col. Jur.* I, 214:

I – Não tendo sido paga, no vencimento nem nos subsequentes oito dias, a renda correspondente a determinado mês, se os réus, em acção de despejo, não provarem que isso se não deveu a culpa sua, existe **mora**.

II – E, não tendo os réus requerido a notificação judicial à autora do depósito dessa renda e das subsequentes, acrescido da indemnização de 50%, tal depósito não pós fim à mora, uma vez que eles não provaram o oferecimento do pagamento nem a recusa do seu recebimento.

III – Em tal caso, a falta de pagamento de rendas é fundamento de despejo.
– Ac. Rel. Évora, 10-3-1988, *Col. Jur.* II, 252:

I – Falecido o primitivo senhorio, em caso de conflito entre os sucessores, sendo vários a exigir, para si, o pagamento da renda, pode o arrendatário abster-se de pagar e **consignar em depósito**.

II – Tal consignação é facultativa.

III – Não cai em mora o arrendatário que paga a um dos sucessores que lhe exigiu o pagamento, embora, posteriormente, tique definido que o verdadeiro credor era outro sucessor.

IV – Não pode, portanto, ser condenado a despejar, em acção proposta pelo último.

– Ac. Rel. Coimbra, 23-5-1989, *Col. Jur.* III, 71 (I – **Ocorrendo a falta de pagamento de rendas perante dois senhorios**, ao segundo não cabe invocar a falta de pagamento das rendas como causa de pedir do despejo se esse direito lhe não foi cedido pelo primeiro locador.

II – Havendo **cessão do direito** as rendas, o direito ao despejo só existe se a transmissão do prédio se der com a transmissão do direito às rendas).

– Ac. Rel. Porto, 24-10-1989, *Col. Jur.* IV, 223 (I – O **depósito condicional** das rendas (ou da parte delas, que não foi paga) e da respectiva indemnização é sempre liberatório, e, por isso, não só impede que se decrete no saneador o despejo provisório, como faz subsistir o arrendamento, mesmo que, a final, se prove a falta de pagamento das rendas.

II – A **realização de reparações urgentes pelo locatário** não lhe confere o direito de opor ao senhorio a **excepção do incumprimento do contrato** enquanto este o não reembolsar das importâncias que despendeu com tais reparações).

– Ac. Rel. Coimbra, 25-6-1996, *Col. Jur.* III, 29 (III – A norma especial de fixação de **indemnização pela mora prevista no art. 1045.º, do CC**, afasta a norma geral do art. 806.º, pelo que se o credor pede, como indemnização, 50% do valor das rendas, não pode cumular com esse o pedido **de juros**).

– Ac. Rel. Coimbra, 29-10-1996, *Col. Jur.* IV, 45 (A excepção de não pagamento da renda não tem aplicação ante o **incumprimento de eliminação dos defeitos pelo senhorio**).

– Ac. Rel. Porto, 9-10-1997, *Col. Jur.* IV, 217:

I – Celebrado por escritura pública um contrato de arrendamento para fins comerciais e habitacionais e estipulado na escritura que o pagamento das rendas deve ser feito na residência do senhorio, ou do representante que ele indicar, no primeiro dia útil do do mês a que respeitar, não constitui alteração desse lugar de pagamento o facto do **representante do senhorio se deslocar ao locado**

para receber as rendas e depois deixar de o fazer, visto que tal facto não se reveste de idoneidade para determinar alteração da estipulação contratual a respeito do lugar do pagamento das rendas, consistindo antes numa mera concessão por parte do representante do senhorio enquanto este o desejasse, sem que daí resultassem direitos para o arrendatário, a ponto este poder invocar o «uso» a que alude o art. 1039.°, n.° 1 do CC – conceito que não abarca a situação dos autos.

II – Assim, deixando os R.R.depagar a renda no lugar constante da escritura para esse efeito, constituíram-se os mesmos em mora logo em relação à renda vencida em 1 de Janeiro de 1995, mora essa a que só poderiam pôr termo oferecendo-a ou depositando-a com a indemnização de 50% para desse modo evitar os efeitos da mora, ou seja, a resolução do contrato em causa.

– Ac. Rel. Lisboa, 3-10-1996, *Col. Jur.* IV, 114 (I – O **depósito condicional das rendas e da indemnização** nos termos da lei implica a caducidade do direito à resolução do contrato de arrendamento mas sem prejuízo da discussão judicial sobre se ocorreu ou não mora no pagamento das rendas que constitua fundamento legal justificativo da exigência ou inexigência de indemnização.

II – Conforme resulta do disposto nos n.os 3 e 4 do art. 1041.° do CC, o facto de o **senhorio conhecer do cumprimento parcial da prestação de renda e não se opor ao seu recebimento, não significa que haja renunciado ao direito** que, nos termos do n.° 1 daquele art. lhe advinha da situação de mora, imputável ao locatário).

– Ac. Rel. Évora, 5-12-1996, *Col. Jur.* V, 268 (IV – O pagamento ou depósito das rendas e da indemnização referidas no art. 1048.° do CC deverá ser feito até à contestação da acção, devendo abranger, no tocante às rendas, todas as vencidas até esse momento).

– Ac. Rel. Lisboa, 9-10-1997, *Col. Jur.* IV, 112:

I – **A renda pode validamente ser paga ao senhorio por terceiro**, salvo se ocorrer algum dos casos previstos no art. 767.° n.° 2 do CC.

II – **Incorre pois em mora o senhorio que recusa receber rendas de terceiro**, não se verificando qualquer daqueles casos.

III – Devem por isso considerar-se liberatórios os depósitos efectuados após aquela recusa.
 – Ac. Rel. Porto, 9-10-1997, *Col. Jur.* IV, 217 (IV – No caso de mora no pagamento das rendas, o depósito destas, para ter eficácia liberatória, deve abranger a indemnização de 50% das rendas em dívida até à contestação da acção de despejo que tenha por fundamento a falta de pagamento, não sendo, pois, suficiente, no caso, para evitara resolução do contrato em apreço, o **depósito das rendas em singelo** feito pelos R.R.).
 – Ac. Rel. Lisboa, 30-10-1997, *Col. Jur.* IV, 126 (III – Havendo mora do senhorio, por se recusara receber rendas preexistentes, os depósitos, pelo inquilino, são facultativos).
 – Ac. Rel. Porto, 16-3-1998, *Col. Jur.* II, 208 (III – Havendo **mora do credor**, a consignação em depósito é facultativa).
 – Ac. Rel. Coimbra, 17-3-1998, *Col. Jur.* II, 28 (I – Proposta acção pelo inquilino para apurar o montante da renda e feito o depósito das rendas no decurso da acção, decidida esta deve o inquilino, nos termos do contrato, passar a pagar a renda em casa do senhorio.
 II – Não o fazendo e continuando a proceder ao seu depósito, entra em mora causal da resolução do contrato.
 IV – Considerado insubsistente o depósito para obstar ao despejo, apenas têm de ser pagas as rendas em singelo).
 – Ac. Rel. Porto, 11-3-1996, *Col. Jur.* II, 184 (I – Se o locatário continuou a depositar na conta dos locadores a renda mensal de 12.337$00 em vez da actualizada de 13.367$00, satisfaz o disposto no art. 1048.º do CC se depositar apenas a parte da renda que deixou de pagar e a respectiva indemnização).
 – Ac. Rel. Porto, 13-1-1997, *Col. Jur.* I, 199 (III – No caso de **mora por parte do senhorio** e dado o carácter facultativo de consignação em depósito, o arrendatário não é obrigado a depositar a renda não aceite, não ficando por esse facto constituído em mora, embora a renda continue a ser devida).
 – Ac. Rel. Porto, 9-10-1997, *Col. Jur.* IV, 217 (V – É lícito e possível o pedido de **juros legais moratórios relativos às rendas vencidas** desde a data da citação e das vincendas desde o respectivo

vencimento, até, umas e outras, efectiva desocupação do locado, na medida em que esses juros representam a compensação pelo dano sofrido pelo senhorio com a ocupação do locado após o incumprimento e privação do valor das rendas em tempo oportuno).
— Ac. Rel. Porto, 16-3-1998, *Col. Jur.* II, 208:
I — O arrendatário não fica constituído em mora se o senhorio não vier receber a renda no lugar próprio.

II — Verificada a **mora do senhorio em relação à renda de certo mês**, ela subsiste quanto às rendas subsequentes, enquanto o credor não torne possível o cumprimento, manifestando ao devedor, por um acto concreto, o seu desejo de as receber.

IV — Por isso, não constitui causa de resolução do contrato o facto do inquilino não depositar as rendas, ou não as depositar na totalidade, ou as depositar extemporaneamente, ou com irregularidades nos depósitos que tenham sido feitos, embora as rendas continuem a ser devidas.

V — Apesar de não estar em mora, se o arrendatário reconhece a obrigação de pagar as rendas, há lugar à condenação no pagamento das rendas devidas, por a citação para acção de despejo com fundamento em falta de pagamento das rendas, em que se cumulou o pedido do seu pagamento, valer como interpelação e das rendas se considerarem vencidas, à luz da doutrina do art. 662.°, n.° 2, al. *b*), do CPC.

VI — Mas, neste caso, os autores devem ser condenados nas custas e a satisfazer os honorários do advogado do réu, no que concerne ao pedido de pagamento das rendas.
— Ac. Rel. Coimbra, 31-3-1998, *Col. Jur.* II, 41:
I — Cabe ao arrendatário provar a existência dos casos (art. 22.° do RAU) em que lhe é permitido fazer depósito das rendas.

II — Não sendo feita essa prova o depósito não é liberatório.

III — Tendo o inquilino dado conhecimento ao senhorio que estava a fazer o depósito na C.G.D. à sua ordem (contrário ao acordo pelo qual a renda era pago num Banco ou em casa do senhorio) e tendo ele vindo a fazer a actualização das rendas, iniciando-se os depósitos em Dezembro de 1990 e sendo a acção de despejo pro-

posta em Março de 1994, é abusivo o exercício do direito à resolução com fundamento no não pagamento das rendas.
 – Acs. *in* Col. Jur., 2000, II, 122 (**Não pagamento de renda actualizada**) e 2004, I, 283 (**depósito das rendas em conta bancária com atraso**).

• **Obras não autorizadas e deteriorações consideráveis**

 – Ac. da Relação do Porto, de 24/11/1988, *Bol.* 381, 744 (se as obras forem efectuadas fora do arrendado não são fundamento do direito potestativo de resolução do arrendamento).
 – Acórdão da Relação de Lisboa, de 20-05-93, in *BMJ*, n.° 427/568 (a) Não constitui alteração substancial da estrutura do prédio e causa resolutiva do contrato de arrendamento nos termos do art. 64.°, n.° 1, alínea *d*), do Regime de Arrendamento Urbano a abertura numa das paredes laterais, em local pouco visível, de uma simples janela com as dimensões de 45 cm por 55 cm).
 – Acórdão da Relação de Lisboa, de 28-04-88, in *Col. Jur.*, ano XIII, t. 2, pág. 145 (a) Podem fundamentar a resolução do contarto de arrendamento as obras efectuadas no locado cujas alterações não correspondem a simples deteriorações inerentes a uma prudente utilização nem se justifiquem como pequenas alterações necessárias para assegurar o conforto ou comodidade dos inquilinos;
 – Acórdão da Relação de Lisboa, de 11-11-86, in *Col. Jur.*, ano XI, t. 5, pág. 115 (a) Para se poder considerar uma **alteração como substancial** e uma deterioração como considerável, há que se socorrer do significado etimológico das expressões usadas pelo legislador, em significação apropriada à hipótese que o mesmo teve em mente;
 b) Requere-se que as modificações feitas, sendo substanciais, sejam irreparáveis antes da restituição e também de carácter permanente.).
 b) **A estrutura externa** do edifício nada tem a ver com a ossatura ou esqueleto da construção, relacionando-se antes com as linhas externas de edifício, com a sua fisionomia exterior;

c) Daí que fundamentem a rescisão do contarto de arrendamento as obras que alterem a aparência ou configuração exterior do edifício, que revistam certo vulto.).

– Acórdão da Relação do Porto, de 03-04-90, in BMJ, n.º 396//433: ("a) **A autorização para as obras** no arrendado é nula quando não escrita; b) O senhorio que autoriza verbalmente a realização de obras no arrendado não comete abuso de direito ao exercer o direito de resolução do contrato de arrendamento com fundamento na alínea d) do n.º 1 do art. 1093.º do C. Civil (hoje, alínea d) do n.º 1 do art. 64.º do RAU); c) Fundamenta a resolução do arrendamento a realização de obras que alteraram a fisionomia externa do prédio e desfiguraram a sua disposição interior").

– Acs. da Relação de Lisboa, de 30/1/1970, Jur. Rel. 16, 39 e de 6/12/1983, Col. Jur. VIII, 5, 134 (que sustentam que o termo substancialmente, que se refere tanto à estrutura externa do prédio como à disposição interna das suas divisões tem de ser tomado na acepção de consideravelmente).

– Acórdão da Relação de Lisboa, de 03-11-92, in BMJ, n.º 421/482 (a) O consentimento do senhorio para a realização de obras, a que se refere o art. 64.º, n.º 1, alínea d), do Regime do Arrendamento Urbano, pode ser tacitamente concedido no contrato de arrendamento, reduzido a escrito, nos termos do disposto no art. 217.º, n.º 2, do C. Civil; b) A abertura de uma comunicação interior no prédio arrendado não integra alteração interna de divisões, para efeitos do disposto no art. 64.º, n.º 1, alínea d), do Regime do Arrendamento Urbano."

– A. in Bol. M.J., 407.º, 530 (colocação de reclamos).

– Acórdão da Relação de Lisboa, de 25-11-86, in Col. Jur., ano XI, t. 5, pág. 123 (a) Deve entender-se que a construção de duas divisões – um quarto de dormir e uma cozinha em casa arrendada, alterou substancialmente a disposição interna daquela casa e ampliou a mesma, alterando, igualmente, a sua fisionomia externa;

b) Tendo essas obras sido feitas sem autorização do senhorio, não merece censura a decisão que, com aquele fundamento, decretou a resolução do contrato de arrendamento e consequente despejo.).

– Ac. da Relação do Porto, de 15/11/1990, Col. Jur. XV, 5, 198 (escreveu-se aí que se não se conferisse ao A. o direito de ver demolida a garagem e reposto o espaço correspondente na situação em que o prédio anteriormente se encontrava, ficaria ele, pura e simplesmente, despojado desse seu direito, como porprietário e senhorio).
– Acórdão da Relação de Lisboa, de 09-06-94, in *Col. Jur.*, ano XIX, t. 3, pág. 111 (As obras alteram substancialmente a disposição interna de uma casa quando implicam uma modificação profunda ou fundamental da fisionomia interna respectiva, por forma a que fique desfigurada, descaracterizada, com uma nova distribuição e planificação.).
– Acs. da Relação de Évora, de 27/4/1989, Col. Jur. XIV, 2, 285, da Relação do Porto, de 31/5/1988, Bol. 377, 550 e da Relação de Coimbra, de 18/1/1983, Col. Jur. VIII, 1, 33 (o proprietário autoriza o arrendatário a efectuar as obras necessárias à adequação do arrendado à finalidade do arrendamento).
– Acs. da Relação de Évora, de 27/4/1989, Bol. 386, 527 e da Relação de Coimbra, de 10/11/1987, Bol. 371, 549 (**as alterações ou deteriorações têm de ser imputáveis ao arrendatário ou às pessoas que consigo convivem**. Se o autor for um terceiro, estranho ao contrato, não se verifica este fundamento de resolução do contrato).
– Acs. da Relação de Coimbra, de 7/6/1988, Bol. 378, 795 e da Relação de Coimbra, de 6/7/1982, Col. Jur. VII, 4, 37 (o julgador para formular um juízo seguro sobre as alterações ou deteriorações deve atender a um **critério de razoabilidade**, considerando, por um lado, a **boa-fé** do inquilino e o objectivo por ele tido em vista e, por outro a situação do senhorio que não pode sacrificar a estrutura do local às comodidades do arrendatário, sobretudo quando isso possa implicar uma diminuição do valor locativo; por deteriorações consideráveis dever-se-á entender aquelas que revestem um certo vulto, quer pela sua extensão, quer pelo custo da sua reparação, quer ainda em confronto com o valor e tamanho do prédio onde são praticadas).

– Acórdão da Relação do Porto, de 12-01-95, in *Col. Jur.*, ano XX, t. 1, pág. 194: (a) Salvo convenção em contrário, apenas as **pequenas deteriorações** realizadas pelo arrendatário, para assegurar o seu conforto e comodidade devem ser reparadas antes da restituição do prédio ao senhorio, mas não as que resultam duma prudente utilização do local arrendado de acordo com o fim do contrato; b) Depende sempre do prudente arbítrio do julgador, perante cada caso concreto, qualificar como pequena ou considerável certa deterioração, devendo usar para o efeito, critérios de razoabilidade, tendo em atenção os interesses em jogo do senhorio e inquilino. Assim não deixará de relevar a dimensão da obra causadora da deterioração e os seus reflexos no imóvel arrendado; c) Pratica não só **deteriorações consideráveis**, mas também executa obras de transformação, o inquilino que destrói muros, em ângulo, de suporte de terras do logradouro do prédio e os substitui por outros em curva, eliminando parte desse logradouro; d) No direito do arrendatário ao uso e fruição do arrendado, não se compreende o direito de transformação do imóvel, que permanece na esfera jurídica do senhorio, mesmo que tais deteriorações e obras se destinarem a melhorar o uso para os fins arrendados.).

– Ac. da Relação de Lisboa, de 18/9/1982, Col. Jur. VII, 5, 103 (onde se escreveu que bem vistas as coisas não há obras impossíveis. A própria destruição total do prédio é reparável, na medida em que é possível construir um prédio igual ao primeiro. O que releva para o efeito é saber se as obras são executadas com carácter definitivo, com materiais incorporados na própria estrutura do prédio).

– Acórdão da Relação do Porto de 21-09-93, in *Col. Jur.*, ano XVIII, t. 4, pág. 209 (a) Não constitui **deterioração considerável** a obra consistente na colocação de estendal na parede exterior de andar arrendado; b) Consequentemente, tal obra deve considerar-se pequena deterioração, não constituindo, por isso, fundamento para a resolução do contrato de arrendamento.).

– Ac. da Relação do Porto, de 27/5/1993, Rev. Leg. Jur. 126, 173 (com anotação do Prof. HENRIQUE MESQUITA.).

– Ac. da Relação de Lisboa, de 18/11/1982, Col. Jur. VII, 5, 103 (alteram substancialmente a estrutura externa ou a disposição interna de um prédio as obras efectuadas pelo arrendatário que colidam com a planificação a que o mesmo obedeceu. E isto não só quando são destruídas todas as divisórias dos vários compartimentos, como também quando essa destruição for parcial, quer diminuindo quer aumentando o número de compartimentos. Para esse efeito, releva não a possibilidade de reparabilidade das obras, mas sim a circunstância de terem sido feitas com carácter definitivo).

– Ac. da Relação de Évora, de 5/2/1987, Bol. 366, 580 (**deteriorações consideráveis** são todas aquelas que não sejam inerentes à prudente utilização do prédio, ou que não constituem pequena deteriorações necessárias ao conforto e comodidade do arrendatário, ou que revistam um certo vulto, quer pela sua extensão, quer pelo custo da reparação. quer pelo confronto com o valor e dimensão do prédio onde são praticadas).

– Ac. da Relação de Lisboa, de 8/11/1983, Col. Jur. VIII, 5, 107 (a **abertura de uma, duas ou três portas, para comodidade do arrendatário**, não constitui dano considerável. Todavia, as ditas aberturas, fazendo comunicar andares contíguos de titulares diferentes, fazem com que cada prédio perca a sua individualidade própria, integrando-se num bloco indefinido, e emprestam-lhe uma estrutura externa diferente).

– Ac. Rel. de Lisb., de 2.6.92, *Bol.* 418.º, 841 (a abertura e instalação de uma **chaminé** para extracção de fumos não constitui alteração substancial do locado).

– Lisboa, 19-6-1986, *Col. Jur.* III, 133 (I – A substituição da parede de uma «marquise», aumentando o espaço desta em 48 cm, não altera substancialmente a estrutura externa do predio, nem prefigura urna deterioração consideravel do arrendado ou deterioração inerente a uma prudente utilizaçao do locado.

II – Já uma abertura feita na placa da cobertura de uma garagem pode, eventualmente constituir uma alteração substancial da estrutura externa desse edifício).

– Lisboa, 16-3-1989, *Col. Jur.* II, 116 (O locatário responde pelas deteriorações no locado por motivo de **incêndio** nele lavrado, se não prova que aquele facto danoso lhe não é imputável).

– Coimbra, 19-9-1989, *Col. Jur.* IV, 58 (Não constitui alteração substancial da estrutura do locado a abertura, em arco, de um vão com 1,75 metros de largura e 2,20 metros de altura, na parede que delimita o mesmo locado do prédio vizinho. Com tal abertura os dois prédios passaram a comunicar, não obstante pertencerem a donos diferentes).

– Ac. Rel. de Guimarães, de 02.10.2002, in www,dgi.pt:

I – No âmbito da resolução pelo senhorio do contrato de arrendamento o termo substancialmente constante do artigo 64.°, n.° 1-*d*), do RAU, que se refere tanto à estrutura externa do prédio como à disposição interna das suas divisões, tem de ser tomado na acepção de consideravelmente.

II – O alargamento da abertura inicial na parede divisória que estabelecia a comunicação interior entre dois prédios não pode, seguramente, considerar-se alteração substancial.

III – Aliás, e quando muito, na devida altura, os senhorios do prédio poderão exigir a reposição da parede no estado anterior.

– Évora, 1-2-1990, *Col. Jur.* I, 287 (IV – A circunstância da obra não ter sido autorizada pelo senhorio, só por si não obsta a que seja autorizada a sua continuação requerida pelo arrendatário.

V – A **conclusão das obras embargadas** não impede que constituam fundamento de resolução do contrato de arrendamento, desde que se verifique o condicionalismo previsto na alínea *d*) do n.° 1 do art. 1093.° do Código Civil).

– Coimbra, 26-4-1990, II, 70:

I – A **alteração substancial do locado** que fundamenta a resolução do contrato envolve poderes latos de apreciação do julgador para de forma casuística e por bom senso, encontrar uma equilibrada decisão.

II – A utilização de critérios de razoabilidade e a apreciação de boa ou *má fé* do inquilino, conjugados com a averiguação do intuito que provoca as alterações, são e serão, em principio, critérios e factores essenciais para uma boa decisão.

III – A **boa fé** e o intuito de conseguir maior **conforto ou comodidade**, têm limites, já que não podem ser confrontados ou ultrapassar os direitos do senhorio, que não pode ver sacrificada a estrutura, a segurança e o valor arquitectónico do edifício, às comodidades do inquilino, sobretudo quando isso possa determinar uma diminuição do valor, seja locativo, seja de outra ordem.

– Ac. Rel. de Guimarães, de 11.03.2003, in www,dgi.pt:

Há lugar à resolução do contrato de arrendamento que tem por objecto um estabelecimento comercial e ao consequente despejo, quando os arrendatários, sem o conhecimento do locador, promovem a realização de obras no interior do locado de molde a alterar substancialmente a disposição dos espaços e das divisões, mediante o derrube da maior parte duma parede divisória, também suporte do andar superior, e a sua substituição por duas vigas em ferro.

– Ac. Rel. Lisboa, 7-6-1990, *Col. Jur.* III, 137:

II – O arrendatário, em caso de destruição parcial do arrendado, consequência de **incêndio**, não é obrigado a proceder à sua reconstrução se a perda da coisa lhe não for imputável, nem a terceiro a quem tenha permitido a utilização dela.

III – O art. 1044.º do C.C. estabelece uma presunção de culpa por parte do locatário.

IV – Em consequência, incide sobre este o **ónus da prova** de que a perda da coisa ocorreu sem culpa sua, devendo-se a **caso fortuito ou de força maior ou a qualquer outra causa que lhe seja alheia**.

V – O arrendatário, sendo obrigado a vigiar o locado e, em consequência dos princípios de responsabilidade civil, é ainda, responsável pelos danos produzidos nos andares adjacentes.

– Ac. Rel. Lisboa, 18-3-1993, *Col. Jur.* II, 113 (I – A realização de obras que alterem substancialmente a disposição interna das divisões do prédio, com carácter perene (no caso, onde antes havia um único espaço passaram a existir vários espaços, delimitados por paredes de tijolo e cimento) constitui o fundamento da resolução do contrato de arrendamento previsto no art. 1093.º, n.º 1-*d*) do CC, independentemente da reparabilidade das obras, da ausência de pre-

juízos para o prédio ou de as mesmas visarem o conforto ecomodidadedo inquilino).
– Ac. Rel. Porto, 21-9-1993, *Col. Jur.* IV, 209:
III – Não constitui deterioração considerável a obra consistente na colocação de estendal na parede exterior de andar arrendado.
IV – Consequentemente, tal obra deve considerar-se pequena deterioração, não constituindo, por isso, fundamento para a resolução do contrato de arrendamento.
– Ac. Rel. de Guimarães, de 25.01.2006, in www,dgi.pt:
I – As **obras de conservação extraordinária** reportam-se às ocasionadas por defeito do prédio, por caso fortuito ou de força maior, bem como as que, em geral, não sendo imputáveis a acções ou omissões ilícitas perpetradas pelo senhorio, ultrapassam no ano que se tornam necessárias, dois terços do rendimento líquido desse mesmo ano.
II – O senhorio apenas está adstrito à obrigação de proceder às obras de conservação extraordinária e de beneficiação, se a execução das mesmas lhe for ordenada pela câmara municipal competente, nos termos das leis administrativas vigentes, ou houver acordo escrito das partes no sentido de tal ser realizado em conformidade, discriminando-se os trabalhos a realizar.
III – No caso de obras de conservação extraordinária, determinadas pela câmara municipal, e a cargo do senhorio, se forem realizadas pelo inquilino ou pela câmara, face à inércia do senhorio, não fico estes eximido da respectiva responsabilidade, podendo o arrendatário recorrer à via judicial para impelir aquele ao cumprimento.
IV – A neutralização do direito, como modalidade de abuso do direito, resulta da combinação do decurso de um longo período de tempo sem que o titular o exerça, conduta esta que permite à contraparte obter a convicção justificada que o direito não será exercido.
V – Não se verifica uma situação de **abuso de direito** se as reparações a realizar respeitando ao gozo do arrendado em condições de segurança e salubridade, se são relevantes, face à previsível valorização do imóvel, para o senhorio, empresa que se dedica à compra, venda e administração de propriedades que adquiriu o imó-

vel em 2003, solicitando o inquilino a respectiva realização, pelo menos desde 1999.

VI – Ocorre a **caducidade do contrato de arrendamento** quando houver perda total do locado, considerando-se em tal âmbito todas as situações em que o estado de ruína atingiu proporções globais, exigindo a reconstrução na totalidade, dando lugar a um prédio novo diverso do arrendado.

VII – Apurando-se na acção declarativa a existência de danos, mas não se provando, com certeza, a sua quantidade, em termos da sua reparação, faltando dessa forma elementos necessários à respectiva contabilização, mas ainda susceptíveis de serem provados em sede executiva, não pode improceder a pretensão indemnizatória do lesado, antes deve o respectivo montante ser determinado posteriormente, isto é, a liquidar em execução de sentença.

– Ac. Rel. Lisboa, 9-6-1994, *Col. Jur.* III, 111:

II – As **obras alteram substancialmente a disposição interna de uma casa** quando implicam uma modificação profunda ou fundamental da fisionomia interna respectiva, por forma a que fique desfigurada, descaracterizada, com uma nova distribuição e planificação.

V – A **indemnização em dinheiro só é viável quando a reconstituição natural, sendo de outro tipo, não seja possíve**l.

– Ac. Rel. Lisboa, 23-6-1994, *Col. Jur.* III, 127 (I – Por envolver diminuição do gozo do 1.º andar de que o A. é arrendatário habitacional (diminuição traduzida no facto de não poder continuar a usar o respectivo terraço para secar roupa e como espaço de lazer) não é permitido ao inquilino do rés-do-chão, nos termos do art. 1037.º, n.ºs 1 e 2 do CC, ainda que autorizado para o efeito pelo senhorio, efectuar a abertura nesse terraço de um buraco para **colocação de uma chaminé** de escoamento de fumos, odores e vapores produzidos na casa de pasto instalada no rés-do-chão).

– Ac. Rel. Porto, 12-1-1995, *Col. Jur.* I, 194:

I – Salvo convenção em contrário, **apenas as pequenas deteriorações realizadas pelo arrendatário**, para assegurar o seu conforto e comodidade devem ser **reparadas antes da restituição do** prédio ao senhorio, mas não as que resultam duma prudente utilização do local arrendado de acordo com o fim do contrato.

II – Depende sempre do prudente arbítrio do julgador, perante cada caso concreto, qualificar como pequena ou considerável certa deterioração, devendo usar para o efeito, **critérios de razoabilidade**, tendo em atenção os interesses em jogo do senhorio e inquilino. Assim não deixará de relevar a dimensão da obra causadora da deterioração e os seus reflexos no imóvel arrendado.

III – Pratica não só deteriorações consideráveis, mas também executa obras de transformação, o inquilino que **destrói muros**, em ângulo, de suporte de terras do logradouro do prédio e os substitui por outros em curva, eliminando parte desse logradouro.

IV – No direito do arrendatário ao uso e fruição do arrendado, não se compreende o **direito de transformação do imóvel**, que permanece na esfera jurídica do senhorio, mesmo que tais deteriorações e obras se destinarem a melhorar o uso para os fins arrendados.

– Ac. Rel. de Guimarães, de 22.10.2003, in www,dgi.pt:

3 – A **resolução do contrato** de arrendamento urbano com fundamento na realização de obras sem consentimento escrito que **alteram substancialmente a estrutura externa do prédio, funda-se** na sanção ao arrendatário, pelo facto de violar o contrato, extrapolando os poderes de uso, e entrando no monopólio do proprietário, normalmente o locador, que detém o exclusivo dos poderes de transformação, modificação, alteração do prédio.

4 – Alterar substancialmente a estrutura externa do prédio significa modificar a sua fisionomia, imagem, rosto ou traço arquitectónico.

5 – E para se aquilatar desta modificação é necessário atender a todos os elementos que constituem a **unidade arquitectónica**, como as linhas arquitectónicas da fachada, do telhado, das empenas, a distribuição e forma das portas, janelas, terraços, os materiais, a sua cor, os elementos decorativos etc..

6 – A **alteração da disposição interna das divisões** obedece aos mesmos critérios acima apontados, modificando a substância, a essência do plano de concepção da distribuição das divisões inte-

riores do prédio, de molde a que se concretize uma descaracterização do mesmo.
– Ac. Rel. Évora, 19-11-1996, *Col. Jur.* I, 275 (I – As deteriorações lícitas permitidas ao arrendatário para assegurar o seu conforto ou comodidade, para além de pequenas, não podem constituir inovações da divisão interna designadamente vãos, tenham estes porta de fole ou não.

II – Uma **deterioração** pressupõe a permanência da estrutura ou do material deteriorado e um vão é, antes, uma nova configuração das paredes divisórias que praticamente, desaparecem).
– Ac. Rel. Lisboa, 2-5-1996, *Col. Jur.* III, 79 (Tendo um prédio **cobertura de terraço** (sobre o qual se andava) que a inquilina **substituiu por clarabóia** onde havia mosaicos vidrados no chão do terraço, tudo sem consentimento dos senhorios, tais obras alteram significativamente o aspecto e a estrutura externa do prédio que justificam a resolução do contrato).
– Ac. Rel. Évora, 16-1-1997, *Col. Jur.* I, 283 (II – O fundamento de resolução previsto no art. 1093.º n.º 1 *d*) do CC não se verifica se o senhorio, no contrato de arrendamento, concedeu autorização, ainda que em termos genéricos, para a realização de obras.

III – Contudo o poder de as realizar não é ilimitado, e, sendo o arrendamento para comércio, deve conter-se dentro do que se mostre útil e necessário ao exercício da actividade comercial em causa).
– Ac. Rel. Coimbra, 25-2-1997, *Col. Jur.* II, 10:

I – Constituem **obras ilícitas** todas aquelas que, efectuadas sem autorização do senhorio e sem se integrarem nas benfeitorias, inovem ou alterem a configuração do locado.

II – Algumas de tais obras (as que revistam as características referidas na al. *d*) do art. 64.º do RAU) constituem fundamento de despejo.

III – Em relação a todas elas (as que são fundamento de despejo, apenas no caso de a ele renunciar), pode o senhorio exigir a sua imediata demolição, sem esperar, como sucede com as obras lícitas (art. 1092.º do CC e 4.º do RAU), pelo termo do contrato de arrendamento.

– Acs. *in Col. Jur.*, 2004, I, 74 (Obras ilícitas – abuso do direito de requerer a resolução do contrato) e *Col. Jur.*, 2004, II, 100 (Obras sem o consentimento expresso do senhorio – unidade hoteleira).
– Ac. Rel. de Guimarães, de 22.01.2003, in www,dgi.pt (Arrendamento urbano – Despejo – Resolução do Contrato – Alteração da estrutura do prédio – Alteração substancial).

• **Dar hospedagem a número superior ao permitido por lei**

– Acórdão da Rel. de Lisboa, de 14.11.91, in *Col. Jur.*, ano XVI, t. 5, pág. 130, esclareceu que:

A **hospedagem** é um contrato que revela uma estrutura mista formada por um conjunto de contratos (um contrato de arrendamento, um contrato de aluguer e um contrato de prestação de serviços).

– Ac. Rel. Coimb., de 14.7.1987, *Bol.* 369, 608 (Improcede necessariamente a acção de despejo se o **autor apenas alegou ter existido hospedagem a *várias pessoas*,** de todo omitindo a respectiva simultaneidade).

– Acórdão da Relação de Évora, de 21-07-83, *in Col. Jur.*, ano VIII, t. 4, pág. 317 (a) Na linguagem corrente, o **termo hóspede** tem um sentido muito amplo e mal definido, que abarca mesmo situações de subarrendamento e de comodato não compreendidas no seu sentido jurídico; b) O juiz não pode, no despacho de condensação, substituir os conceitos de direito usados nos articulados por matéria de facto que neles possa ser subsumida.).

– Ac. Rel. de Lisb., de 2.2.1982, *Col. Jur.* VII, I, 166 (O que releva é apenas, e tão só, o número de hóspedes, e nestes devem incluir-se os filhos dos hóspedes nascidos já depois destes terem adquirido tal condição – *maxime* os recém-nascidos, ut Acs. RL, de 27.05.64, *JR*, ano 10.°, t. III, 505, de 12.12.60, *JR*, ano 6.°, t. I, pág.).

– Ac. Rel. Lisb., de 30.01.1970, *Col. Jur.* 16-38 (o **simples fornecimento de mobília** não caracteriza a hospedagem, e também a não caracteriza o fornecimento de água, luz e gás, que podem configurar-se negócios jurídicos autónomos).

– Acórdão da Relação de Lisboa, de 1, in *BMJ*, n.º 445/441 (a) O contrato de hospedagem supõe fornecimento remunerado de habitação, com prestação de serviços habitualmente relacionados com ela, ou fornecimento de alimento, embora possam verificar-se ambos; b) Findo o tempo para que o contrato foi celebrado, pode o livremente despedir o hóspede.).

• **Cobrança ao subarrendatário de renda superior à permitida pelo art. 1062.º do CC**

– Acs. da Relação de Lisboa, de 4/1/1980, *Col. Jur.* V, 1, 190 e da Relação de Lisboa, de 17/10/1978, *Col. Jur.* III, 1348 (onde se referiu que todo o preço locativo recebido pelo sublocador é sub-renda, inclusive para o efeito do limite legal do art. 1062.º do C.C., e ainda que tenha sido o sublocador a mobilar a casa subarrendada).

– Ac. da Relação de Évora, de 10/2/1977, *Col. Jur.* II, 159 (o art. 1062.º não abrange os casos de hospedagem autorizados pelo senhorio, pois que se este autorizou o arrendatário a exercer a indústria de hospedagem, é evidente que o autorizou a praticar uma actividade lucrativa, incompatível com o assinalado limite de 20%).

– Ac. da Relação de Lisboa, de 23/6/1972, *Bol.* 218, 303 (constitui fundamento de resolução do contrato é a **cobrança efectiva de renda e não a simples estipulação** de renda superior à admitida).

– Ac. Rel. Lisb., de 22.02.1980, *Col. Jur.* V, I, 259 (havendo o **primeiro senhorio autorizado ao inquilino a sublocação** e por qualquer preço, o novo senhorio não pode pedir, com tal fundamento, a resolução do contrato de arrendamento).

• **Caducidade do direito de pedir a resolução**

– Ac. da Relação de Évora, de 17/1/1980, *Bol.* 295, 478 (Tendo o inquilino cedido por diversas vezes o arrendado a pessoas diferentes, houve diversas faltas autónomas. contando-se o prazo de um ano a partir de cada uma delas).

– Ac. da Relação de Coimbra, de 28/2/1980, *Col. Jur.* V, 1, 135 (é tempestiva a acção de despejo desde que se mantenha a situação em que se alicerça o pedido ou desde que não decorrido um ano a partir do fim da situação infractora do contrato. Ver, ainda, Ac. da Relação de Lisboa, de 18/4/1980, *Col. Jur.* V, 2, 214).

– Ac. Rel. Évora, de 20-2-1992, *Col. Jur.*, 1992, II, 271:

I – A oposição do locador a que alude o art. 1056.º do CC não está sujeita a forma especial, podendo ser efectuada por qualquer dos meios por que a vontade possa manifestar-se.

II – É forma relevante de oposição a instauração de acção de despejo contra o locatário com fundamento em caducidade do arrendamento.

III – Essa oposição é relevante desde que a acção tenha sido proposta no prazo de um ano referido nesse artigo, não sendo necessário que a citação do Réu se realize dentro desse prazo.

IV – O prazo de um ano a que alude esse preceito conta-se do conhecimento em que ocorreu o facto gerador da caducidade do contrato de arrendamento e não do termo do prazo estabelecido no artigo 1051.º do CC.

– Ac. RL, de 29.09.94, *Col. Jur.* XIX, IV, 95 (a **cedência do locado** não constitui facto continuado ou duradouro, mas instantâneo, sendo ocupação pelo terceiro mera consequência desse facto).

– Ac. da Relação de Lisboa, de 29/5/1990, *Col. Jur.* XV, 3, 130 (o **conhecimento, pelo anterior senhorio**, de uma situação de facto geradora de caducidade do direito de acção de resolução, é, em princípio, oponível ao novo senhorio. Em sentido contrário os Acs. da Relação de Lisboa, de 19/4/1990, *Col. Jur.* XV, 2, 150 e de 28/9/1989. *Col. Jur.* XIV, 4, 134).

– Ac. da Relação de Lisboa, de 30/5/1980, *Col. Jur.* V, 3, 181 (**cada uma das prestações vencidas constitui um facto com autonomia** para o efeito de contagem do prazo de caducidade)

– Ac. RP, de 27.6.95, *Bol.* 448, 430 (o facto constitutivo do direito de resolução previsto na al. *d*) do art. 64.º-1 RAU é o acto de realizar as obras, e não os respectivos efeitos, operando-se a cadu-

cidade decorrido 1 ano sobre o conhecimento do facto por parte do senhorio. Não tem eficácia retroactiva a anterior demanda).
– Ac. Rel. Év., de 08.11.84, *Col. Jur.,* ano IX, t. 5, pág. 301 (o **prazo de caducidade** não se inicia com a primeira falta de pagamento de rendas invocada para a resolução contratual, antes **corre separadamente no tocante a cada falta**.

Atente-se, por outro lado, que as rendas só prescrevem nos termos do art. 310.º, alínea *b*) do C. Civil, prescrição de que não se pode conhecer oficiosamente (v. art. 303.º do C. Civil).).

– Ac. da Relação de Évora, de 14/2/1980, *Col. Jur.* V, 1, 167 (como a **caducidade não é do conhecimento oficioso** todas as rendas em dívida, mesmo as vencidas há mais de um ano, fundamentam a resolução do contrato, devendo o arrendatário ser condenado a pagá-las em singelo, face ao disposto na última parte do n.º 1 do art. 1041.º do C.C.).

– Ac. da Relação do Porto, de 17/12/1987, *Col. Jur.* XII, 5, 218 (pode o senhorio, prevenindo a hipótese do arrendatário invocar a caducidade, **formular pedido subsidiário** pedindo a condenação deste a pagar-lhe as rendas devidas há mais de um ano acrescidas da indemnização – V parte do art. 1041.º do C.C. –, e as devidas há menos de um ano, em singelo, reportando a resolução do contrato só a estas – última parte do art. 1041.º do C.C.)

– Acórdão da relação de Lisboa, de 09-06-94, in *Col. Jur.,* ano XIX, t. 3, pág. 111 (**havendo duas senhorias**, a excepção de caducidade do direito de acção delas só pode verificar-se provando-se o conhecimento por ambas do facto em causa, em tempo que a leve a concluir pelo decurso do prazo respectivo antes da propositura da acção.).

– Acórdão da Relação de Évora, de 16-03-89, in BMJ, n.º 385//627 (sobre **o abuso de direito no uso da excepção da caducidade da acção**. Assim, rege o aresto que a) O arrendatário que não usufrua nem pretenda usufruir o arrendado, não pode opor a caducidade da acção para, pagando renda que a inflação tornou irrisória, continuar a manter o prédio fechado; b) A invocação daquela excepção excederá, em tal caso, manifestamente, os limites impostos pela boa

fé, pelos bons costumes e pelo fim social e económico do direito respectivo (art. 334.º do C. Civil)).
– Acs. RL, de 28.9.89, *Col. Jur.* XIV-IV, 134 e da mesma Rel., de 19.4.90, *Col. Jur.* XV-II,162 (sobre a oponibilidade da caducidade ao novo senhorio).
– Ac. RC, de 23.10.1990, *Col. Jur.* XV-IV, 81 (**oponibilidade ao cônjuge do senhorio**).
– Acórdão da Relação de Lisboa, de 09-02-95, in *Col. Jur.*, ano XX, t. 1, pág. 125 (estando em causa um facto continuado ou duradouro, que ainda não cessou, o prazo de caducidade, para efeitos de resolução locatícia, ainda não pode começar a ser contado. E que a **lei aplicável a esta excepção peremptória é a vigente à data da propositura da acção.**).
– Ac. RC, de 14.6.85, *Col. Jur.* X, 3, 95 (rendas vencidas há mais de 1 ano, e não pagas – não estão abrangidas pela caducidade do direito de resolução).
– Ac. Rel. Coimbra, 13-1-1987, *Col.* I, 29 (O réu, para conseguir a declaração de caducidade de acção de despejo, pertencendo o prédio arrendado a **vários comproprietarios**, tem de provar que todos eles têm conhecimento há mais de um ano, do facto que serve de fundamento a acção. Só assim não será se os consortes tiverem confiado a administração do prédio a um deles, caso em que tudo se passa como se so este fosse o dono do prédio).
– Ac. Rel. Coimbra, 27-1-1987, *Col.* I, 45:
I – Desconhecendo-se em que data o inquilino deixou de ter necessidade, por razões de saúde, de se manter afastado da casa arrendada, impossível é fixar-se o inicio do prazo da caducidade da acção e, por isso, impõe-se julgar improcedente uma tal excepção.
– Ac. Rel. Coimbra, 17-2-1987, *Col.* I, 61 (III – Tendo o Inquilino deixado de residir permanentemente no arrendado com conhecimento do senhorio, passado um ano, começa a decorrer o prazo de caducidade (um ano).).
– Ac. Rel. Lisboa, 12-11-1987, V, 104 (A caducidade do direito à resolução do contrato de arrendamento quanto a um dos **co-senhorios** é extensiva aos demais).

– Ac. Rel. Évora, 23-6-1988, III, 298 (Tendo o **prédio sido utilizado para mais de um fim diferente** daquele para que haja sido arrendado, se tais fins foram também diferentes entre si, a caducidade do direito à resolução do contrato com base num deles não obsta a que o despejo seja decretado com fundamento no outro).
– Ac. Rel. Porto, 17-1-1989, I, 181 (Só passado mais de um ano sobre o encerramento do estabelecimento é que o senhorio adquire o direito de propor, com êxito, a acção de resolução do contrato de arrendamento).
– Ac. Rel. Évora, 9-3-1989, II, 269 (III – O **comproprietário** que conheça incumprimento do contrato pelo inquilino não é obrigado a dar, disso, conhecimento aos outros).
– Ac. Rel. RL, de 23.1.76, *Col. Jur.* I-I, 208 (transmissão da coisa locada por acto entre vivos).
– Acórdão da Relação de Lisboa, de 09-02-95, *Col. Jur.* XX, t. 1, 125 (a **caducidade não é de conhecimento oficioso**, pelo que tem de ser invocada pelo arrendatário na contestação – entendimento sufragado por P. COELHO (in Lições de Arrendamento, pág. 267). TEIXEIRA DE SOUSA (in Acção de Despejo, pág. 52) discorda).
– Acs. da Relação de Coimbra, de 13/1/1987, *Col. Jur. XII*, 1, 29 e de 23/10/90, *Col. Jur.* XV, 4, 81 (este, último relativamente a marido e mulher), da Relação de Lisboa, de 28/4/1989, *Bol.* 386, 496 (**quando o prédio arrendado pertence a vários comproprietários** é necessário provar-se que todos eles têm conhecimento, há mais de um ano, do facto que serve de fundamento à acção. Só não será assim se os consortes tiverem confiado a administração do prédio a um deles. Nesse caso tudo se passa como se só este fosse o dono do prédio).
– Ac. Rel. Porto, de 17.03.1987, *Col. Jur.* 2, 217 (prédio arrendado para fins diferentes sem subordinação de uns aos outros).
– Ac. Rel. Lisboa, 15-5-1997, *Col. Jur.* III, 87 (I – O arrendamento de prédio hipotecado celebrado pelo devedor/proprietário não caduca em caso de **venda do referido prédio, em execução**.
II – Nem o recurso ao princípio da adequação justifica, nem a via da interpretação teleológica ou da interpretação analógica per-

mitem que se faça valer para o arrendamento a solução legal prevista para os direitos reais no art. 824.º n.º 2 do CC).

– Ac. Rel. Lisboa, 6-5-1999, *Col. Jur.* III, 91 (**A mudança de ramo do comércio** exercido no arrendado é facto duradouro, pelo que o prazo de caducidade do respectivo direito de resolução só inicia a sua contagem após o termo daquela alteração).

– Ac. Rel. Lisboa, 12-11-1998, *Col. Jur.* V, 92:

I – A **lei aplicável à excepção de caducidade do direito a accionar** é a vigente à data da propositura da acção, pois só quando a acção é proposta é que nasce o direito do réu a excepcionar a caducidade do direito do autor a propô-la.

II – A norma contida no art. 65.º, n.º 2 do RAU não é retroactiva, mas antes retrospectiva ou de retroactividade inautêntica, pois que prevê consequências jurídicas para situações que se constituíram antes da sua entrada em vigor, mas que se mantêm nessa data.

III – O inquilino que incorre em violação contratual duradoura não é titular de qualquer direito adquirido, nem de qualquer expectativa, a não mais ser despejado, pelo facto de o senhorio não ter proposto a acção no ano subsequente ao conhecimento do facto-fundamento.

– Permitimo-nos inserir aqui o Parecer do Prof. Menezes Cordeiro e Dr. António Teles, *in Col. Jur.*, 1989, III, 35 ss., relativamente à *"Caducidade da resdolução do contrato de arrendamento do art. 1094.º do Cód. Civil, na **compropriedade***" (onde se concluiu que da natureza jurídica da **compropriedade** – como ainda da aplicação daquelas normas legais – decorre que a circunstincia de um dos **comproprietários** senhorios (ou mais do que um desde que não todos) ter conhecimento, há mais de um ano, do facto que é fundamento da resolução do contrato de arrendamento, não pode afectar a situação dos demais, relativamente ao arrendado).

3. LEGISLAÇÃO ESTRANGEIRA (VIGENTE[241]) MAIS RELEVANTE NO DOMÍNIO DO ARRENDAMENTO URBANO[242]

3.1. LEI ESPANHOLA DO ARRENDAMENTO

3.1.1. CÓDIGO CIVIL ESPAÑOL
(Aprobado por R.D. del 24 de julio de 1.889)

(...)

TÍTULO VI. **Del contrato de arrendamiento**

CAPÍTULO PRIMERO. **Disposiciones generales**

Art. 1.542
El arrendamiento puede ser de cosas, o de obras o servicios.

Art. 1.543
En el arrendamiento de cosas, una de las partes se obliga a dar a la otra el goce o uso de una cosa por tiempo determinado y precio cierto.

Art. 1.544
En el arrendamiento de obras o servicios, una de las partes se obliga a ejecutar una obra o a prestar a la otra un servicio por precio cierto.

---

[241] **Referimo-nos apenas (obviamente) à legislação dos países a que se reporta o estudo de *Direito Comparado* que antecede**.

[242] Se é certo que parte das normas que constam dos textos que seguem já forma total ou parcialmente transcritas aquando da análise dos respectivos regimes jurídicos, entende-se que é de relevante **interesse prático** fazer a transcrição integral e sistematizada dos textos legais estrangeiros referidos, não apenas como **rápido elemento de consulta** *maxime* **para os práticos do direito** que têm de recorrer a tais normativos, **mas, também, para melhor se compreender o teor e sentido das diferentes normas**, pois não podem deixar de ser vistas sempre no todo da respectiva legislação locatícia.

Art. 1.545

Los bienes fungibles que se consumen con el uso no pueden ser materia de este contrato. (Cfr. art. 1.753 del CC.)

CAPÍTULO II. De los arrendamientos de fincas rústicas y urbanas

Las normas del presente Capítulo, sin perjuicio de su subsidiariedad, son aplicables a los arrendamientos urbanos y rústicos solamente en la medida en que estén excluidos del ámbito de aplicación de las leyes especiales. Cfr. la Ley 83/1.980, del 31 de diciembre (B.O.E. del 30 de enero de 1.981), de Arrendamientos Rústicos, y la Ley 29/1.994, del 24 de noviembre (B.O.E. del 25 de noviembre), de Arrendamientos Urbanos.

SECCIÓN PRIMERA. Disposiciones generales

Art. 1.546

Se llama arrendador al que se obliga a ceder el uso de la cosa, ejecutar la obra o prestar el servicio; y arrendatario al que adquiere el uso de la cosa o el derecho a la obra o servicio que se obliga a pagar.

Art. 1.547

Cuando hubiese comenzado la ejecución de un contrato de arrendamiento verbal y faltare la prueba del precio convenido, el arrendatario devolverá al arrendador la cosa arrendada, abonándole, por el tiempo que la haya disfrutado, el precio que se regule.

Art. 1.548

Los padres o tutores, respecto de los bienes de los menores o incapacitados, y los administradores de bienes que no tengan poder especial, no podrán dar en arrendamiento las cosas por término que exceda de seis años.

Redactado por la Ley 14/1.975, del 2 de mayo (B.O.E. del 5 de mayo), sobre reforma de determinados artículos del Código Civil y del Código de Comercio, sobre la situación jurídica de la mujer casada y los derechos y deberes de los cónyuges.

Art. 1.549

Con relación a terceros, no surtirán efecto los arrendamientos de bienes raíces que no se hallen debidamente inscritos en el Registro de la Propiedad.

Art. 1.550

Cuando en el contrato de arrendamiento de cosas no se prohíba expresamente, podrá el arrendatario subarrendar en todo o en parte la cosa arrendada, sin perjuicio de su responsabilidad al cumplimiento del contrato para con el arrendador.

Art. 1.551

Sin perjuicio de su obligación para con el subarrendador, queda el subarrendatario obligado a favor del arrendador por todos los actos que se refieran al uso y conservación de la cosa arrendada en la forma pactada entre el arrendador y el arrendatario.

Art. 1.552

El subarrendatario queda también obligado para con el arrendador por el importe del precio convenido en el subarriendo que se halle debiendo al tiempo del requerimiento, considerando no hechos los pagos adelantados, a no haberlos verificado con arreglo a la costumbre.

Art. 1.553

Son aplicables al contrato de arrendamiento las disposiciones sobre saneamientos contenidas en el título de la compraventa.

En los casos en que proceda la devolución del precio, se hará la disminución proporcional al tiempo que el arrendatario haya disfrutado de la casa.

SECCIÓN SEGUNDA. *De los derechos y obligaciones del arrendador y del arrendatario*

Art. 1.554

El arrendador está obligado:
1.° A entregar al arrendatario la cosa objeto del contrato.
2.° A hacer en ella durante el arrendamiento todas las reparaciones a fin de conservarla en estado de servir para el uso a que ha sido destinada.
3.° A mantener al arrendatario en el goce pacífico del arrendamiento por todo el tiempo del contrato.

Art. 1.555

El arrendatario está obligado:
1.° A pagar el precio del arrendamiento en los términos convenidos.
2.° A usar de la cosa arrendada como un diligente padre de familia, destinándola al uso pactado; y, en defecto de pacto, al que se infiera de la naturaleza de la cosa arrendada según la costumbre de la tierra.
3.° A pagar los gastos que ocasione la escritura del contrato.

Art. 1.556

Si el arrendador o el arrendatario no cumplieren las obligaciones expresadas en los artículos anteriores, podrán pedir la rescisión del contrato y la indemnización de daños y perjuicios, o sólo esto último, dejando el contrato subsistente.

Art. 1.557

El arrendador no puede variar la forma de la cosa arrendada.

Art. 1.558

Si durante el arrendamiento es necesario hacer alguna reparación urgente en la cosa arrendada que no pueda diferirse hasta la conclusión del arriendo, tiene el arrendatario obligación de tolerar la obra, aunque le sea muy molesta, y aunque durante ella se vea privado de una parte de la finca.

Si la reparación dura más de cuarenta días, debe disminuirse el precio del arriendo a proporción del tiempo y de la parte de la finca de que el arrendatario se vea privado.

Si la obra es de tal naturaleza que hace inhabitable la parte que el arrendatario y su familia necesitan para su habitación, puede éste rescindir el contrato.

Art. 1.559

El arrendatario está obligado a poner en conocimiento del propietario, en el más breve plazo posible, toda usurpación o novedad dañosa que otro haya realizado o abiertamente prepare en la cosa arrendada.

También está obligado a poner en conocimiento del dueño, con la misma urgencia, la necesidad de todas las reparaciones comprendidas en el número 2.° del artículo 1.554.

En ambos casos será responsable el arrendatario de los daños y perjuicios que por su negligencia se ocasionaren al propietario.

Art. 1.560
El arrendador no está obligado a responder de la perturbación de mero hecho que un tercero causare en el uso de la finca arrendada; pero el arrendatario tendrá acción directa contra el perturbador.

No existe perturbación de hecho cuando el tercero, ya sea la Administración, ya un particular, haya obrado en virtud de un derecho que le corresponde.

Art. 1.561
El arrendatario debe devolver la finca, al concluir el arriendo, tal como la recibió, salvo lo que hubiese perecido o se hubiera menoscabado por el tiempo o por causa inevitable.

Art. 1.562
A falta de expresión del estado de la finca al tiempo de arrendarla, la ley presume que el arrendatario la recibió en buen estado, salvo prueba en contrario.

Art. 1.563
El arrendatario es responsable del deterioro o pérdida que tuviere la cosa arrendada, a no ser que pruebe haberse ocasionado sin culpa suya.

Art. 1.564
El arrendatario es responsable del deterioro causado por las personas de su casa.

Art. 1.565
Si el arrendamiento se ha hecho por tiempo determinado, concluye el día prefijado sin necesidad de requerimiento.

Art. 1.566
Si al terminar el contrato, permanece el arrendatario disfrutando quince días de la cosa arrendada con aquiescencia del arrendador, se entiende que hay tácita reconducción por el tiempo que establecen los artículos 1.577 y 1.581, a menos que haya precedido requerimiento.

Art. 1.567
En el caso de la tácita reconducción, cesan respecto de ella las obligaciones otorgadas por un tercero para la seguridad del contrato principal.

Art. 1.568
Si se pierde la cosa arrendada o alguno de los contratantes falta al cumplimiento de lo estipulado, se observará, respectivamente, lo dispuesto en los artículos 1.182 y 1.183 y en los 1.101 y 1.124.

Art. 1.569
El arrendador podrá desahuciar judicialmente al arrendatario por alguna de las causas siguientes:
1.º Haber expirado el término convencional o el que se fija para la duración de los arrendamientos en los artículos 1.577 y 1.581.
2.º Falta de pago en el precio convenido.

3.º Infracción de cualquiera de las condiciones estipuladas en el contrato.
4.º Destinar la cosa arrendada a usos o servicios no pactados que la hagan desmerecer; o no sujetarse en su uso a lo que se ordena en el número 2.º del artículo 1.555.

Art. 1.570
Fuera de los casos mencionados en el artículo anterior, tendrá el arrendatario derecho a aprovechar los términos establecidos en los artículos 1.577 y 1.581.

Art. 1.571
El comprador de una finca arrendada tiene derecho a que termine el arriendo vigente al verificarse la venta, salvo pacto en contrario y lo dispuesto en la Ley Hipotecaria.

Si el comprador usare de este derecho, el arrendatario podrá exigir que se le deje recoger los frutos de la cosecha que corresponda al año agrícola corriente y que el vendedor le indemnice los daños y perjuicios que se le causen.

Art. 1.572
El comprador con pacto de retraer no puede usar de la facultad de desahuciar al arrendatario hasta que haya concluido el plazo para usar del retracto.

Art. 1.573
El arrendatario tendrá, respecto de las mejoras útiles y voluntarias, el mismo derecho que se concede al usufructuario.

Art. 1.574
Si nada se hubiere pactado sobre el lugar y tiempo del pago del arrendamiento, se estará, en cuanto al lugar, a lo dispuesto en el artículo 1.171; y, en cuanto al tiempo, a la costumbre de la tierra.

[...]

SECCIÓN CUARTA. *Disposiciones especiales para el arrendamiento de predios urbanos*

Art. 1.580
En defecto de pacto especial, se estará a la costumbre del pueblo para las reparaciones de los predios urbanos que deban ser de cuenta del propietario. En caso de duda se entenderán de cargo de éste.

Art. 1.581
Si no se hubiese fijado plazo al arrendamiento, se entiende hecho por años cuando se ha fijado un alquiler anual, por meses cuando es mensual, por días cuando es diario.

En todo caso cesa el arrendamiento, sin necesidad de requerimiento especial, cumplido el término.

Art. 1.582
Cuando el arrendador de una casa, o de parte de ella, destinada a la habitación de una familia, o de una tienda, o almacén, o establecimiento industrial, arrienda también los muebles, el arrendamiento de éstos se entenderá por el tiempo que dure el de la finca arrendada.

3.1.2. ANTERIOR *LAU* – autorizada pela Lei de 11.06.1964, aprovada pelo Decreto 4104/1964, de 24.12.1964, que passou a constituir o assento fundamental da disciplina dos arrendamentos de *viviendas* e *locales de negocio*

TEXTO REFUNDIDO DE LA LEY DE ARRENDAMIENTOS URBANOS

CAPÍTULO I. **Ámbito de aplicación de la Ley, clases y características de los contratos que regula**

Artículo 1

1. El arrendamiento que regula esta Ley es el de fincas urbanas, y comprende el de viviendas o inquilinato y el de locales de negocio, refiriéndose esta última denominación a los contratos de arriendo que recaigan sobre aquellas otras edificaciones habitables cuyo destino primordial no sea la vivienda, sino el de ejercerse en ellas, con establecimiento abierto, una actividad de industria, comercio o de enseñanza con fin lucrativo.

2. Regula, asimismo, los subarriendos y cesiones de viviendas y de locales de negocio, así como el arrendamiento de viviendas amuebladas.

3. El arrendamiento de fincas urbanas construidas al amparo de Leyes especiales protectoras se regirá por las normas particulares de éstas, y en lo no previsto en ellas, por las de la presente Ley, que se aplicará íntegramente cuando el arrendamiento deje de estar sometido a dichas disposiciones particulares. La excepción no alcanzará a cuestiones de competencia y procedimiento, en las que se estará por entero a lo dispuesto en esta Ley, sin perjuicio de lo prevenido en la segunda de sus disposiciones finales.

Artículo 2

1. Quedan excluidos de la presente Ley y se regirán por lo pactado y por lo establecido con carácter necesario en el Código Civil o en la legislación foral, en su caso, y en las Leyes procesales comunes, los arrendamientos, cesiones y subarriendos de viviendas o locales de negocio, con o sin muebles, de fincas cuyo arrendatario las ocupe únicamente por la temporada de verano, o cualquier otra, aunque los plazos concertados para el arrendamiento fueran distintos.

2. Igualmente quedan excluidos de lo dispuesto en esta Ley, rigiéndose por lo pactado y por las Leyes comunes, los arrendamientos de locales para casinos o círculos dedicados al esparcimiento o recreo de sus componentes o asociados.

3. Se excluye también el uso de las viviendas y locales que los porteros, guardas, asalariados, empleados y funcionarios tuvieren asignados por razón del cargo que desempeñen o del servicio que presten.

4. Asimismo quedan excluidos de esta Ley y se atemperarán a lo dispuesto en la vigente legislación sobre arrendamientos rústicos aquellos contratos en que, arrendándose una finca con casa-habitación, sea el aprovechamiento del predio con que cuente la finalidad primordial del arriendo. Se presumirá, salvo prueba en contrario, que el objeto principal del arrendamiento es la explotación del predio cuando la contribución territorial de la finca por rústica sea superior a la urbana.

Artículo 3

1. El arrendamiento de industria o negocio, de la clase que fuere, queda excluido de esta Ley, rigiéndose por lo pactado y por lo dispuesto en la legislación civil, común o foral. Pero sólo se reputará existente dicho arrendamiento cuando el arrendatario recibiere, además del local, el negocio o industria en él establecido, de modo que el objeto del contrato sea no solamente los bienes que en el mismo se enumeren, sino una unidad patrimonial con vida propia y susceptible de ser inmediatamente explotada o pendiente de meras formalidades administrativas.

2. Cuando, conforme a lo dispuesto en el número anterior, el arrendamiento no lo fuere de industria o negocio, si la finalidad del contrato es el establecimiento por el arrendatario de su propio negocio o industria, quedará comprendido en la presente Ley y conceptuado como arrendamiento de local de negocio, por muy importantes, esenciales o diversas que fueren las estipulaciones pactadas o las cosas que con el local se hubieren arrendado, tales como viviendas, almacenes, terrenos, saltos de agua, fuerza motriz, maquinaria, instalaciones y, en general, cualquiera otra destinada a ser utilizada en la explotación del arrendatario.

3. No obstante lo dispuesto en el número 1, el arrendamiento de la industria o negocio de espectáculos que en 1 de enero de 1947 excediera de dos años de duración o que antes de la entrada en vigor de la presente Ley se haya celebrado por plazo igual o superior, quedará sujeto a las normas que esta Ley establece sobre prórroga obligatoria del arrendamiento de local de negocio, con las especialidades contenidas en el artículo 77 y a los particulares sobre la renta establecida en el artículo 104.

Artículo 4

1. El contrato de inquilinato no perderá su carácter por la circunstancia de que el inquilino, su cónyuge o pariente de uno u otro hasta el tercer grado, que con cualquiera de ellos conviva, ejerza en la vivienda o en sus dependencias una profesión, función pública o pequeña industria doméstica, aunque sea objeto de tributación.

2. Los locales ocupados por la Iglesia Católica, Estado, Provincia, Municipio, Entidades benéficas, Asociaciones piadosas, Sociedades o Entidades deportivas comprendidas en el artículo 32 de la Ley de Educación Física, Corporaciones de Derecho Público y, en general, cualquier otra que no persiga lucro, se regirán por las normas del contrato de inquilinato.

Artículo 5

1. El contrato de arrendamiento de local de negocio no perderá su carácter por la circunstancia de que el arrendatario, su familia o personas que trabajen a su servicio tengan en él su vivienda.

2. Se regirán por las normas aplicables al arrendamiento del local de negocio:
1.º El de los locales ocupados por las personas a que se refiere el artículo 4.º, número 2, cuando estén destinados al ejercicio de actividades económicas.
2.º El de los depósitos y almacenes, en todo caso, aunque el arrendatario sea una de las personas señaladas en el artículo 4, número 2.
3.º El de los locales destinados a escritorios y oficinas cuando el arrendatario se valga de ellos para ejercer actividad de comercio, de industria o de enseñanza con fin lucrativo, o para el desarrollo de las actividades mencionados en el apartado 1 de este número, aunque dichos locales no se hallaren abiertos al público.

CAPÍTULO II. **Naturaleza de los derechos que concede esta Ley**

Artículo 6

1. Los beneficios que la presente Ley otorga a los inquilinos de viviendas, con o sin muebles, y a los subarrendatarios de las mismas serán irrenunciables, considerándose nula y sin valor ni efecto alguno cualquier estipulación que los contradiga.

2. No obstante, serán renunciables, salvo el de prórroga, los concedidos a los que fueren de viviendas que, ocupadas por primera vez en las fechas que se indican, devengaren mensualmente en la respectiva fecha tope como renta del inquilinato una cantidad no inferior a la que seguidamente se expresa:

Hasta el 30 de septiembre de 1939, 500; del 1 de octubre de 1939 al 1 de enero de 1.942, 1.000; del 2 de enero de 1 942 al 31 de diciembre de 1946, 2.000; del 1 de enero de 1947 al 31 de diciembre de 1956, 3.000; del 1 de enero de 1957 al 31 de diciembre de 1959, 5.000, y a partir del 1 de enero de 1960, 6.000 pesetas.

La precedente escala será de aplicación en poblaciones de más de un millón de habitantes.

En las restantes se aplicarán en dicha escala las siguientes reducciones en los tipos de renta:

En poblaciones de menos de 20.000 habitantes; el 60 por 100; de 20.000 a 100.000, el 50 por 100; de 100.000 a 250.000, el 40 por 100; de 250.000 a 500.000, el 30 por 100, y de 500.000 a 1.000.000, el 20 por 100.

La renuncia a que se refiere este párrafo deberá ser expresa y escrita.

3. Serán asimismo renunciables los beneficios que la Ley confiere al arrendador, lo sea de vivienda o de local de negocio, y a los arrendatarios y subarrendatarios de estos últimos, salvo el de prórroga del contrato de arrendamiento, cuyo derecho no podrá ser renunciado por el arrendatario

Artículo 8

En aquellos casos en que la cuestión debatida, no obstante referirse a las materias que esta Ley regula, no aparezca expresamente prescrita en la misma, los Tribunales aplicarán sus preceptos por analogía.

Artículo 9

El ejercicio de los derechos y el cumplimiento de las obligaciones previstas en esta Ley se acomodará a las reglas de la buena fe.

Los Jueces y Tribunales rechazarán las pretensiones que impliquen manifiesto abuso o ejercicio anormal de un derecho o constituyan medio para eludir la aplicación de una norma imperativa, que deberá prevalecer en todos los casos frente al fraude de la Ley.

CAPÍTULO III. **Del subarriendo**

SECCIÓN 1.ª. Subarriendo de viviendas

(Arts. 10.º a 21.º).

SECCIÓN 2.ª. Subarriendo de locales de negocio

(Art. 22.º...).

CAPÍTULO IV. **Cesión de vivienda y traspaso de local de negocio**

SECCIÓN 1.ª. *Cesión de vivienda*

(Arts. 23.º a 28.º).

SECCIÓN 2.ª. *Traspaso de local de negocio*

(Arts. 29.º a 42.º).

CAPÍTULO V. **Del arrendamiento de viviendas amuebladas**

(Arts. 43.º a 46.º).

CAPÍTULO VI. **Derechos de tanteo y retracto del inquilino y del arrendatario de local de negocio**

(Arts. 47.º a 55.º).

CAPÍTULO VII. **Tiempo de duración de los contratos a que esta Ley se refiere**

Artículo 56

Durante el plazo estipulado en el contrato, el arrendatario o subarrendatario, lo sea de vivienda o de local de negocio, vendrá obligado al pago de la renta, y si antes de su terminación lo desaloja, deberá notificar su propósito por escrito al arrendador o subarrendador con treinta días de antelación, por lo menos, e indemnizarle con una cantidad equivalente a la renta que corresponda al plazo que, según el contrato, quedare por cumplir.

(Arts. 57.º a 61.º ...).

CAPÍTULO VIII. **Excepciones a la prórroga**

SECCIÓN 1.ª. *Disposición general*

(Art. 62.º).

SECCIÓN 2.ª. *De la causa primera de excepción a la prórroga*

SUBSECCIÓN 1.ª. *Viviendas*

(Arts. 63.º a 69.º).

SUBSECCIÓN 2.ª. *Locales de negocio*

(Arts. 70.º a 75.º).

SUBSECCIÓN 3.ª. *Disposición común a las viviendas y a los locales de negocio*

(Art. 76.º).

SUBSECCIÓN 4.ª. Industria o negocio de espectáculos
(Art. 77.º).

SECCIÓN 3.ª. De la causa segunda de excepción a la prórroga
(Arts. 78.º a 94.º).

CAPITULO IX. **De la renta, su revisión y de la fianza**

SECCIÓN 1.ª. Renta de las viviendas y locales de negocio en general

SUBSECCIÓN 1.ª. Renta base
(Art. 95.º-96.º).

SUBSECCIÓN 2.ª. Elevación y reducción de la renta base
(Arts. 98.º a 104.º).

SECCIÓN 3.ª. Fianza
(Art. 105.º).

SECCIÓN 4.ª. Caducidad de acciones
(Art. 106.º).

CAPITULO X. **Obras de conservación y mejora**

Artículo 107
Las reparaciones necesarias a fin de conservar la vivienda o local de negocio arrendado en estado de servir para el uso convenido serán de cargo del arrendador

Artículo 108
1. No obstante lo dispuesto en el artículo anterior, en las viviendas y locales de negocio relacionados en el artículo 95 podrá exigir el arrendador del inquilino o arrendatario, en compensación parcial del importe de las obras de reparación comprendidas en el artículo 107 o de las que realice por determinación de cualquier organismo o autoridad competente, el abono del 8 por 100 anual del capital invertido. Dicho porcentaje se distribuirá entre todos los inquilinos y arrendatarios, si aquéllas son comunes, o entre los afectados, si se limitan a la vivienda o local de negocio que ocupen, en proporción a las rentas que satisfagan, sin que en ningún caso pueda exceder el aumento, que no tendrá el concepto de renta y sí el de asimilado a ésta del 25 por 100 de la renta anual el cual se hará efectivo por recibos complementarios mensuales.
2. Del mismo modo le asistirá al arrendador el derecho regulado en el número anterior sobre el importe de las contribuciones especiales establecidas por los Ayuntamientos y abonadas por el arrendador.
3. Lo dispuesto en los números anteriores se entiende sin perjuicio de la aplicación de lo prevenido en los artículos 95, número 2; 96, número 6; 99, número 2, y 100, número 4.

Artículo 109

1. A los efectos prevenidos en el precedente artículo, el arrendador, una vez terminadas las obras o pagadas las contribuciones especiales, notificará a los inquilinos o arrendatarios por escrito: la naturaleza y alcance de las mismas, su importe, el del porcentaje de interés que corresponda al capital invertido o pagado y la participación con que cada uno de aquellos deba contribuir en la cantidad representativa de dicho interés.

2. En todo lo demás relativo a la aceptación u oposición al aumento por los inquilinos o arrendatarios, se estará a lo dispuesto en las reglas segunda a quinta del artículo 101, número 2.

Artículo 110

1. Cualquiera que fuere la fecha en que haya sido habitada la finca, cuando requerido el arrendador para la ejecución de reparaciones necesarias ordenadas por autoridad competente, a fin de conservar la vivienda o local de negocio en estado de servir para su uso, dejare transcurrir treinta días sin comenzarlas, o tres meses sin terminarlas, el inquilino o arrendatario podrá ejecutarlas o proseguirlas por sí.

2. El inquilino o arrendatario podrá en todo momento realizar las reparaciones urgentes encaminadas a evitar daño inminente o incomodidad grave.

3. En ambos casos el arrendador vendrá obligado a abonar su importe de una sola vez al inquilino o arrendatario que lo hubiese satisfecho, dentro de los quince días siguientes al en que fuere requerido para ello, sin perjuicio de recabar el aumento correspondiente en los términos prevenidos en el artículo 108, cuando sea de aplicación.

Artículo 111

Las obras de reparación que tengan su origen en daño doloso o negligentemente producido por el inquilino o arrendatario o por las personas que con él convivan, serán de su cargo, pudiendo el arrendador reclamarles su importe, sin perjuicio de ejercitar, cuando los daños fueren dolosos, la acción que autoriza la causa séptima del artículo 114.

Artículo 112

1. La realización de obras de mejora autorizará al arrendador para elevar la renta cuando las efectúe de acuerdo con el respectivo inquilino o arrendatario, o de los tres quintos de éstos cuando se trate de obras de mejora comunes.

2. Los inquilinos o arrendatarios no conformes vendrán también obligados a abonar la cuantía del aumento convenido por los demás con el arrendador en proporción a las rentas que, respectivamente, satisfagan.

3. No requerirá el acuerdo reclamado en el numero 1 de este artículo la instalación por parte del arrendador de aquellos aparatos contadores de los servicios o suministros que existan en la vivienda o local de negocio.

4. Salvo estipulación escrita en contrario, las obras de mejora a que se refiere este artículo quedarán en beneficio de la finca.

Artículo 113

A los efectos de la distribución del aumento autorizado en los artículos 108 y 112, se reputará que el arrendador es inquilino o arrendatario de la vivienda o local que ocupe, así como de los desalquilados.

CAPITULO XI. **Causas de resolución y suspensión de los contratos a que se refiere esta Ley**

SECCIÓN 1.ª. Causas de resolución del arrendamiento

Artículo 114

El contrato de arrendamiento urbano, lo sea de vivienda o de local de negocio, podrá resolverse a instancia del arrendador por alguna de las causas siguientes:

1.ª La falta de pago de la renta o de las cantidades que a esta se asimilan.

Cuando proceda la resolución por esta causa se tendrá en cuenta lo dispuesto en los capítulos anteriores y en el Decreto de 17 de octubre de 1940, relativo a los obreros y empleados españoles que se encuentren en paro forzoso, así como las disposiciones complementarias cuya vigencia se reitera. La exención de pago, cuando proceda con arreglo al citado Decreto y disposiciones complementarias, se producirá aunque la renta de la vivienda rebase de 300 pesetas mensuales, siempre que la diferencia en más se deba a la aplicación de los aumentos que autoriza esta Ley, y comprenderá las cantidades que, según lo dispuesto en los dos capítulos precedentes, corresponda abonar al inquilino en situación de paro, de las cuales podrá resarcirse el arrendador por derrama que se hará conforme al artículo octavo de dicho Decreto.

En estos casos, el arrendador deberá hacer las notificaciones de que tratan los dos capítulos anteriores a la Cámara de la Propiedad respectiva y ésta se subrogará en los derechos que se confieren al inquilino.

Cuando el inquilino que se hallare en la situación de paro a que se refiere el párrafo anterior tuviese subarrendada total o parcialmente la vivienda, al amparo de lo dispuesto en esta Ley, la exención de pago de renta se limitará a la diferencia que exista entre la merced del subarriendo o subarriendos y la del arrendamiento.

2.ª El haberse subarrendado la vivienda o el local de negocio o la tenencia de huéspedes, de modo distinto al autorizado en el capítulo tercero.

3.ª Cuando en el supuesto previsto en el artículo 21 o en los subarriendos parciales de vivienda, aunque se hubieren celebrado estos con autorización expresa y escrita del arrendador, perciba el subarrendador rentas superiores a las que autoriza la presente Ley.

Notificado fehacientemente el arrendador por cualquiera de los subarrendatarios de ser abusiva la renta percibida por el subarrendador, dentro de los treinta días siguientes deberá ejercitar la acción resolutoria del arriendo, y si no lo hiciere, el subarrendatario que primero hubiere hecho la notificación, continúe o no en la vivienda, tendrá acción contra el arrendador y el subarrendador para subrogarse como inquilino en los derechos y obligaciones de dicho subarrendador, el cual será lanzado de la vivienda. Esta acción caducará a los tres meses de la fecha en que pudo ejercitarse.

El mismo derecho asistirá a los huéspedes de que trata el artículo 21.

4.ª Cuando concurra la causa segunda, párrafo A), del artículo 117, y requerido el subarrendador por el arrendador, dentro de los dos meses siguientes, no se hubiere ejercitado la acción resolutoria contra el subarrendatario.

5.ª La cesión de vivienda o el traspaso de local de negocio realizado de modo distinto del autorizado en el capítulo cuarto de esta Ley.

6.ª La transformación de la vivienda en local de negocio, o viceversa, o el incumplimiento por el adquirente en traspaso de la obligación que le impone el apartado segundo del artículo 32.

7.ª Cuando el inquilino o arrendatario, o quienes con él convivan, causen dolosamente daños en la finca, o cuando lleven a cabo, sin el consentimiento del arrendador, obras que modifiquen la configuración de la vivienda o del local de negocio, o que debiliten la naturaleza y resistencia de los materiales empleados en la construcción.

Cuando el inquilino, antes de iniciar las obras, entregare o pusiere a disposición del arrendador la cantidad necesaria para volver la vivienda a su primitivo estado, no procederá esta causa si aquéllas no debilitan la naturaleza y resistencia de los materiales empleados en la construcción de la finca, y su cuantía no excede del importe de tres mensualidades de renta.

Cuando el arrendatario se proponga realizar obras en el local arrendado para mejora de sus instalaciones o servicios, adaptándolos a las necesidades de su negocio, y no obtenga el consentimiento del arrendador, podrá ser autorizado judicialmente para llevarlas a cabo, siempre que pruebe que las obras proyectadas no debilitan la naturaleza y resistencia de los materiales empleados en la construcción de la finca, y que no afectarán, una vez realizadas, al uso de ésta por los demás ocupantes, obligándose además, a pagar la elevación de la renta que la autoridad judicial determine, si así lo pide el arrendador y aquélla lo estima justo. Las obras realizadas quedarán en beneficio de la finca. El arrendatario estará obligado, respecto de las que no hayan supuesto mejora del inmueble, a reponer el local al estado anterior si así lo exigiere el arrendador a la terminación del arriendo por cualquier causa, debiendo afianzar el cumplimiento de esta obligación, si también lo exigiere el arrendador, en la forma y cuantía que señale la autoridad judicial.

Se presumirá, salvo prueba en contrario, la necesidad de realizar las obras cuando las mismas vengan expresamente impuestas por decisión administrativa. Las normas comprendidas en los tres párrafos anteriores serán de aplicación al arrendamiento de viviendas en cuanto a las obras que el inquilino se proponga realizar de su cuenta para establecer o mejorar las instalaciones o servicios.

8.ª Cuando en el interior de la vivienda o local de negocio tengan lugar actividades que de modo notorio resulten inmorales, peligrosas, incómodas o insalubres.

La resolución del contrato por causa de notoria incomodidad no procederá en los siguientes casos:

1.º Cuando los locales estuvieren arrendados con destino a oficinas o servicios del Estado Provincia, Municipio, Iglesia Católica o Corporaciones de Derecho público.

2.º Cuando se destinaren a Colegios o Escuelas públicas o particulares, siempre que estas últimas se hallaren constituidas y desenvolvieren su labor ajustándose a las disposiciones vigentes.

3.º Cuando se dedicaren a consultorios públicos, casas de socorro e instituciones piadosas o benéficas de cualquier clase que fueren.

Esta acción podrá ejercitarse por el arrendador a su iniciativa o a la de cualquiera de los inquilinos o arrendatarios.

La acción deberá obligatoriamente ejercitarla el arrendador cuando lo soliciten la mayoría de los inquilinos o arrendatarios que vivan en la finca, y si se desestima y fuere el arrendador condenado en costas, le asistirá el derecho de repetir contra aquellos inquilinos o arrendatarios que le hubiesen requerido para el ejercicio de dicha acción.

9.ª La expropiación forzosa del inmueble, dispuesta por autoridad competente, según resolución que no dé lugar a ulterior recurso.

En este caso podrá la administración proceder al lanzamiento por la vía administrativa, previa la indemnización a los inquilinos o arrendatarios de la finca expropiada, que nunca será inferior a las dispuestas en la sección segunda del capítulo octavo de esta Ley declarándolas y haciéndolas efectivas por dicha vía administrativa. El lanzamiento en estos casos tendrá lugar previo apercibimiento por plazo que nunca será inferior al de dos meses.

10.ª La declaración de ruina de la finca, acordada por resolución que no dé lugar a recurso y en expediente contradictorio tramitado ante la autoridad municipal, en el cual hubieren sido citados al tiempo de su iniciación todos los inquilinos y arrendatarios.

Cuando el peligro de ruina se declare inminente por la autoridad competente, aunque la resolución no fuere firme, podrá disponer la gubernativa que la finca sea desalojada.

11.ª Por no cumplirse los requisitos o no reunirse las circunstancias exigidas en el capítulo séptimo para la prórroga forzosa del contrato o concurrir alguna de las causas de denegación de la misma señaladas en el artículo 62.

12.ª En los casos de extinción de usufructo, cuando el titular dominical pruebe que las condiciones pactadas para el arrendamiento por el usufructuario anterior fueron notoriamente gravosas para la propiedad.

Artículo 115

El inquilino o arrendatario de local de negocio podrá resolver el contrato antes del tiempo pactado por cualquiera de las siguientes causas:

1.ª Las perturbaciones de hecho o de derecho que en la vivienda o local de negocio arrendado o en las cosas de uso necesario y común en la finca realice el arrendador, ello sin perjuicio de cualquier otra acción que pudiera asistirle.

2.ª Por no efectuar el arrendador las reparaciones necesarias, a fin de conservar la vivienda o el local de negocio, sus instalaciones o servicios o las cosas de uso necesario o común en la finca en estado de servir para lo pactado en el contrato.

3.ª La falta de prestación por el arrendador de los servicios propios de la vivienda o local de negocio, ya aparezcan especificadas en el contrato, ya resulten de las instalaciones con que cuente la finca.

Artículo 116

Cuando se dé lugar a alguna de las causas de resolución de que trata el artículo anterior, el inquilino o arrendatario perjudicado podrá optar entre dar por terminado el contrato o exigir que cese la perturbación, que se ejecuten las reparaciones o que se presten los servicios o suministros, y, en cualquier caso, tendrá derecho, además, al abono por el arrendador de las indemnizaciones siguientes:

1.º En el primer caso del artículo anterior, a una cantidad que no podrá ser nunca inferior al importe de una mensualidad de renta, y que guardará proporción con la importancia o gravedad de la perturbación. Cuando ésta se debiere a obras encaminadas precisamente a aumentar el número de las viviendas con que cuente la finca, los inquilinos o arrendatarios no tendrán derecho al abono de indemnización alguna, pero sí a dejar en suspenso sus respectivos contratos, con los efectos establecidos en el artículo 119.

2.º En el segundo caso del precedente artículo la cantidad que proceda, atendida la importancia y trascendencia del daño o incomodidad que la no reparación origina en el uso de la cosa arrendada.

3.º En el tercer caso del artículo anterior, sea cual fuere la causa de la no prestación, e incluso de ser debida a fuerza mayor, si el incumplimiento afectare al servicio de calefacción a cargo del arrendador y el mismo no se diere en absoluto o se prestare en forma notoria y ostensiblemente irregular o deficiente, la indemnización será del 20 por 100 del importe anual de la renta, salvo que esta prestación apareciere especificada separadamente en el contrato, en cuyo caso de haberse satisfecho su precio, la indemnización será igual a lo que por él hubiere pagado. Y tanto en uno como en otro caso, si el arrendador hubiere percibido diferencias por él coste del servicio, vendrá obligado a reintegrarlas.

Cuando el incumplimiento de que trata el párrafo anterior resultare de entidad menor y el perjudicado demostrare haber tenido necesidad de emplear medios de calefacción supletorios, la indemnización se limitará al importe del gasto que origine su entretenimiento, pero no la adquisición de aquéllos.

Si el incumplimiento del arrendador fuera total o afectare a los restantes servicios o suministros, la indemnización será igual al 5 por 100 del importe anual de la renta.

El derecho al percibo de las indemnizaciones a que se refiere este artículo en ningún caso eximirá de la obligación de pagar la renta y las cantidades que conforme a esta Ley se asimilan a ella.

SECCIÓN 2.ª. *Causas de resolución del subarriendo*

Artículo 117

Podrá resolverse el contrato de subarriendo, por haberse resuelto a su vez el contrato de arrendamiento y además por las siguientes causas:

A. Para el subarrendador:

1.ª La falta de pago de la renta pactada por el subarriendo.

2.ª El subarriendo o la cesión realizados por el subarrendatario, sin perjuicio de lo dispuesto en el artículo 27.

3.ª La transformación de la vivienda subarrendada en local de negocio o viceversa.

4.ª En los casos 7.º y 8.º del artículo 114, sustituida la referencia a inquilino o arrendatario por la de subarrendatario.

5.ª El vencimiento del plazo contractual, sin perjuicio de lo dispuesto en los números 2 y 3 del artículo 13.

B. Para el subarrendatario:

Las señaladas en los números 2 y 3 del artículo 13 y las que según el artículo 115 permiten al inquilino o arrendatario de local de negocio obtener la resolución, entendiendo referidas la primera y la segunda a las perturbaciones y omisiones imputables al arrendador o al subarrendador, y la tercer, a los servicios y suministros a cargo de cualquiera de ambos.

Será aplicable además lo dispuesto en el artículo 116, y las indemnizaciones se calcularán sobre la merced que pague el subarrendatario, siendo su abono a cargo del subarrendador, quien, en su caso, podrá repetir contra el arrendador.

SECCIÓN 3.ª. Causa de resolución común al arrendamiento y al subarriendo

Artículo 118

1. La pérdida o destrucción de la vivienda o local de negocio será causa común de resolución de todos los contratos a que se refiere este capítulo.

2. Se equipara a la destrucción el siniestro que para la reconstrucción de la vivienda o local de negocio haga preciso la ejecución de obras cuyo costo exceda del 50 por 100 de su valor real al tiempo de ocurrir aquél, sin que para esta valoración se tenga en cuenta la del suelo.

SECCIÓN 4.ª. Causa de suspensión de los contratos

Artículo 119

Cuando la autoridad competente disponga la ejecución de obras que impidan que la finca siga habitada, todos los contratos a que se refiere este capítulo se reputarán en suspenso por el tiempo que duren aquéllas, quedando asimismo suspendida por igual período la obligación de pago de rentas.

CAPITULO XII. Jurisdicción, competencia, procedimiento y recursos

SECCIÓN 1.ª. Jurisdicción y competência
(Arts. 120.º-123.º).

SECCIÓN 2.ª. Procedimiento de primera instancia
(Arts. 124.º-129.º).

SECCIÓN 3.ª. Recursos
(Arts. 130.º-141.º).

SECCIÓN 4.ª. Ejecución de sentencias
(Arts. 142.º-144.º).

SECCIÓN 5.ª. Disposiciones comunes y generales
(Arts. 145.º-151.º).

SECCIÓN 6.ª. De la Junta de Estimación
(Art. 152.º).

DISPOSICIONES TRANSITORIAS
A) **Disposiciones generales:**
(…)

DISPOSICIONES ADICIONALES
(…)

DISPOSICIONES FINALES

1.ª 1. El presente texto refundido entrará en vigor el día 1 de enero de 1965, rigiendo en esta materia hasta el 30 de junio de 1964 el texto articulado de la Ley de Bases de Arrendamientos Urbanos de 22 de diciembre de 1955, aprobado por Decreto de 13 de abril de 1956, y a partir de 1 de julio de 1964, el referido texto articulado, con las modificaciones y adiciones introducidas en él por la Ley de 11 de junio de 1964, todo ello hasta la entrada en vigor del presente texto refundido.
2. La fecha de entrada en vigor de la Ley a que se refieren los artículos 3.º, número 3, 95, 96 y 97 y las disposiciones transitorias 7.ª, 11, 12 y 15 a 18 de este texto refundido es la de 1 de julio de 1964.

2.ª **Quedan derogadas** todas las disposiciones especiales dictadas en materia de arrendamientos urbanos, con excepción de las contenidas en las Leyes especiales protectoras de la construcción de fincas urbanas y sus disposiciones complementarias, de las demás aludidas en la presente Ley y de las siguientes: Ley de 23 de septiembre de 1939 en los casos cuya aplicación está establecida; Decretos de 3 de febrero, 13 de abril y 25 de mayo de 1945 y 21 de marzo de 1952 sobre competencia y procedimiento administrativo de desahucio; Decreto de 3 de octubre de 1947, sobre aplicación y cumplimiento de la letra a) de la disposición transitoria 23 del texto articulado de la Ley de 31 de diciembre de 1946; Decreto de 22 de septiembre y Orden de 23 de octubre de 1947 y Decreto de 22 de abril de 1949 con normas singulares sobre arrendamientos de fincas urbanas en la ciudad de Cádiz: Decreto de 11 de marzo de 1949 sobre "papel de fianzas"; Orden de 12 de diciembre de 1947 sobre destino y aplicación de las cantidades a que se refiere el artículo 96 del texto articulado antes citado; Orden de 22 de febrero y Decreto de 26 de mayo de 1950, aclaratorios de los artículos 71 y 79, respectivamente, del mismo texto articulado; Ley de 16 de diciembre de 1954 sobre hipoteca mobiliaria y prenda sin desplazamiento de posesión; Decreto de 26 de julio de 1956 por el que se desarrolla lo dispuesto en los artículos 98, número primero, y 102 del presente texto articulado; Decretoley de 14 de septiembre y Decreto de 28 de septiembre de 1956 sobre aplicación de la disposición transitoria 8.ª del mismo texto; Decretos de 30 de noviembre de 1956 y 22 de julio de 1958, dictados en aplicación de la disposición adicional 6.ª del texto articulado aprobado por Decreto de 13 de abril de l956: Ley de 12 de mayo de 1956 y disposiciones complementarias sobre ordenación urbanística; Decreto de 22 de febrero de 1957, aclaratorio del artículo 7.º de este texto articulado: Decreto de 18 de octubre de 1957 sobre instalación de antenas receptoras de televisión: Decretos de 28 de marzo de 1958, 29 de enero de 1959 y 15 de diciembre de 1960, sobre aplicación de las medidas señaladas en el apartado b) de la disposición adicional segunda del texto articulado últimamente citado: Ley de 24 de abril y Decretos de 2 de julio de 1958, sobre préstamos a los inquilinos para la adquisición de sus viviendas: Decreto de 10 de octubre de 1958 sobre facultades de los Gobernadores Civiles en materia de vivienda: Decreto de 31 de octubre de 1958, complementario del artículo 62, número tercero, del mismo texto: Decreto de 8 de enero de 1959 sobre aplicación del artículo 76 y de la disposición adicional 1.ª de igual texto; Decreto de 17 de noviembre de 1960 sobre viviendas construidas al amparo de la Ley de 25 de junio de 1935; Decreto de 6 de septiembre de 1961 sobre revisión quinquenal de las rentas y artículo 32 de la Ley 77, de 23 de diciembre de 1961, sobre educación física.

Seguirán igualmente en vigor las disposiciones dictadas para la defensa del patrimonio artístico o histórico nacional.

3.1.3. ACTUAL LEI DO ARRENDAMENTO URBANO – *Ley 29/1994, de 24 de noviembre, de Arrendamientos Urbanos – LAU* (inclui-se um sumário do diploma, seguindo-se o preâmbulo do diploma e sua transcrição integral)

PREÁMBULO:

1. El régimen jurídico de los arrendamientos urbanos se encuentra en la actualidad regulado por el texto refundido de la Ley de Arrendamientos Urbanos de 1964, aprobado por ele Decreto 4104/1964, de 24 de diciembre.

Los principios que inspiraron la reforma de la ley arrendaticia llevada a cabo en 1964, según reza la Exposición de Motivos de la Ley 40/1964, fueron los de atemperar el movimiento liberalizador de la propiedad urbana a las circunstancias económicas del país y a las exigencias de la justicia. Sin embargo, el texto refundido no llegó a alcanzar sus objetivos de desbloquear la situación de las rentas congeladas. El citado texto consagró, además, un régimen de subrogaciones, tanto inter vivos como mortis causa, favorable a los intereses del arrendatario.

Ambas circunstancias determinaron un marco normativo que la práctica ha puesto de manifiesto que fomentaba escasamente la utilización del instituto arrendaticio.

Ante estas circunstancias, el real Decreto-ley 2/1985, de 30 de Abril, sobre Medidas de Política Económica, introdujo dos modificaciones en la regulación del régimen de los arrendamientos urbanos que han tenido un enorme impacto en el desarrollo posterior de este sector. Estas modificaciones fueron la libertad para la transformación de viviendas en locales de negocio y la libertad para pactar la duración del contrato, suprimiendo el carácter obligatorio de la prórroga forzosa en los contratos de arrendamientos urbanos.

El real Decreto-ley 2/1985 ha tenido resultados mixtos. Por un lado, ha permitido que la tendencia a la disminución en el porcentaje de viviendas alquiladas que se estaba produciendo a principios de la década de los ochenta se detuviera, aunque no ha podido revertir sustancialmente el signo de la tendencia. Por otro lado, sin embargo, ha generado una enorme inestabilidad en el mercado de viviendas en alquiler al dar lugar a un fenómeno de contratos de corta duración. Esto a su vez ha producido un movimiento de incremento de las rentas muy significativo, que se ha visto agravado por simultaneidad en el tiempo con un período de elevación de los precios en el mercado inmobiliario.

En la actualidad, el mercado de los arrendamientos urbanos en vivienda se caracteriza por la coexistencia de dos situaciones claramente diferenciadas. Por un lado, los contratos celebrados al amparo del Real Decreto-ley 2/1985, que representan aproximadamente el 20% del total y se caracterizan por tener rentas elevadas y un importante grado de rotación ocupacional por consecuencia de su generalizada duración anual. Por el otro, los contratos celebrados con anterioridad a la fecha de entrada en vigor del REAL Decreto-ley 2/1985. En general, se trata de contratos con rentas no elevadas y, en el caso de los contratos celebrados con anterioridad a la Ley de 1964, aproximadamente el 50% del total, con rentas que se pueden calificar como ineconómicas.

Las disfunciones que esta situación genera en el mercado son tales que han convertido el arrendamiento en una alternativa poco atractiva frente a la de la adquisición en propiedad en relación con la solución del problema de la vivienda. En este sentido, solo un 18% aproximadamente del parque total de viviendas se encuentra en régimen de alquiler.

Por ello, la finalidad última que persigue la reforma es la de coadyuvar a potenciar el mercado de los arrendamientos urbanos como pieza básica de una política de vivienda orientada por el mandato constitucional consagrado en el artículo 47, de reconocimiento del derecho de todos los españoles a disfrutar de una vivienda digna y adecuada.

La consecución de este objetivo exige una modificación normativa que permita establecer un equilibrio adecuado en las prestaciones de las partes, y aunque es evidente que el cambio normativo por sí mismo no constituye una condición suficiente para potenciar la oferta en este sector, sí es una condición necesaria para que ello se produzca.

La regulación sustantiva del contrato de arrendamiento debe partir de una clara diferenciación de trato entre los arrendamientos de vivienda y los destinados a cualquier otro uso distinto del de vivienda, por entender que las realidades económicas subyacentes son sustancialmente distintas y merecedoras, por tanto, de sistemas normativos disímiles que se hagan eco de esa diferencia.

En este sentido, al mismo tiempo que se mantiene el carácter tuitivo de la regulación de los arrendamientos de vivienda, se opta en relación con los destinados a otros usos por una regulación basada de forma absoluta en el libre acuerdo de las partes.

Además, la ley contiene una reforma parcial de la regulación de los procesos arrendaticios y la modificación del régimen de los contratos actualmente en vigor.

2. La regulación de los arrendamientos de vivienda presenta novedades significativas, fundamentalmente en relación con su duración. En este sentido, se ha optado por establecer un plazo mínimo de duración del contrato de cinco años, por entender que un plazo de estas características permite una cierta estabilidad para las unidades familiares que les posibilita contemplar el arrendamiento como alternativa válida a la propiedad. Al mismo tiempo, no es un plazo excesivo que pudiera constituir un freno para que tanto los propietarios privados como los promotores empresariales sitúen viviendas en este mercado.

Este plazo mínimo de duración se articula a partir del libre pacto entre las partes sobre la duración inicial del contrato más un sistema de prórrogas anuales obligatorias hasta alcanzar el mínimo de cinco años de duración, si el pacto inicial hubiera sido por un plazo inferior.

Se introduce también en la ley un mecanismo de prórroga tácita, transcurrido como mínimo el plazo de garantía de cinco años, que da lugar a un nuevo plazo articulado asimismo sobre períodos anuales, de tres años.

El reconocimiento de la existencia de situaciones que exigen plazos inferiores de duración ha hecho que la ley prevea esta posibilidad, aunque vinculada en exclusiva a la necesidad, conocida al tiempo de la celebración del contrato, de recuperar el uso de la vivienda arrendada para domicilio del propio arrendador.

El establecimiento de un plazo de duración limitado permite mitigar el impacto que el instituto de las subrogaciones pudiera tener sobre el equilibrio de las prestaciones. En la medida en que el derecho de las personas subrogadas a continuar en el uso de la vivienda arrendada sólo se mantiene hasta la terminación del plazo contractual, no existe inconveniente en mantener dicho derecho en el ámbito mortis causa a favor de aquellas personas con vinculación directa con el arrendatario. Destaca como novedad el reconocimiento de este derecho al conviviente *more uxorio*.

En relación con las subrogaciones inter vivos, sólo se reconoce su existencia previo consentimiento escrito del arrendador. Al mismo tiempo, se introduce una novedad en casos de resoluciones judiciales que, en procesos de nulidad, separación o divorcio, asignen la vivienda al cónyuge no titular. En estos casos, se reconoce *ex lege* a dicho cónyuge el derecho a continuar en el uso de la vivienda arrendada por el tiempo que restare de contrato.

El régimen de rentas se construye en torno al principio de la libertad de pactos entre las partes para la determinación de la renta inicial tanto para los contratos nuevos como para aquéllos que se mantengan con arrendatarios ya establecidos. Esto asegurará, cuando ello sea preciso, que las rentas de los contratos permitan reflejar la realidad del mercado, si esta realidad no hubiera podido trasladarse a la renta por la vía de las actualizaciones previstas. Ello puede ser así, dado que la norma establece un mecanismo de actualización de rentas vinculado a las variaciones porcentuales que pueda experimentar en un período anual el Indice de Precios al Consumo.

Por lo que se refiere a los derechos y obligaciones de las partes, la ley mantiene en líneas generales la regulación actual, sin introducir grandes novedades. Se exceptúa el establecimiento de una previsión especial para arrendatarios afectados de minusvalías o con personas minusválidas a su cargo, que pretendan efectuar modificaciones en la finca arrendada que les permitan mejorar la utilización de la misma.

También se mantiene el derecho de adquisición preferente en favor del arrendatario para el supuesto de enajenación de la vivienda arrendada durante la vigencia del arrendamiento aunque referido a condiciones de mercado, por entenderse que constituye un instrumento que sin suponer una grave onerosidad para el arrendador incrementa las posibilidades de permanencia del arrendatario en la vivienda.

Por último, por lo que se refiere a la formalización de los contratos, la ley mantiene la libertad de las partes de optar por la forma oral o escrita. Al mismo tiempo, se consagra expresamente la posibilidad de todos los contratos de arrendamiento, cualquier a que sea su duración, de acceder al Registro de la Propiedad, intentando, por otro lado, potenciar esta posibilidad de acceso mediante la vinculación de determinadas medidas de fomento o beneficio al hecho de la inscripción. Este hecho no sólo contribuye a reforzar las garantías de las partes, sino que incrementa la información disponible para el Estado, permitiéndole el diseño y ejecución de aquellas medidas que puedan contribuir a la mejora de la ordenación normativa y de la práctica de los arrendamientos.

3. La Ley abandona la distinción tradicional entre arrendamientos de vivienda y arrendamientos de locales de negocio y asimilados para diferenciar entre arrendamientos de vivienda, que son aquellos dedicados a satisfacer la necesidad de vivienda permanente del arrendatario, su cónyuge o sus hijos dependientes, y arrendamientos para usos distintos al de vivienda, categoría ésta que engloba los arrendamientos de segunda residencia, los de temporada, los tradicionales de local de negocio y los asimilados a éstos.

Este nuevo categorismo se asienta en la idea de conceder medidas de protección al arrendatario sólo allí donde la finalidad del arrendamiento sea la satisfacción de la necesidad de vivienda del individuo y de su familia, pero no en otros supuestos en los que se satisfagan necesidades económicas, recreativas o administrativas.

Para ello, en la regulación de los arrendamientos para uso distinto al de vivienda, la ley opta por dejar al libre pacto de las partes todos los elementos del contrato, configurándose una regulación supletoria del libre pacto que también permite un amplio recurso al régimen del Código Civil.

Se regulan así, con carácter supletorio de la voluntad expresa de arrendador y arrendatario, el régimen de obligaciones de conservación y obras, el derecho de adquisición preferente, el de traspaso y las subrogaciones *mortis causa*, aunque limitadas al cónyuge e hijos del arrendatario que continúen la actividad.

Se introduce en esta regulación una novedad consistente en el derecho del arrendatario a ser indemnizado cuando, queriendo continuar con el arrendamiento, deba abandonar el local por el trascurso del plazo previsto, siempre que de alguna forma el arrendador o un nuevo arrendatario se pudiesen beneficiar de la clientela obtenida por el antiguo arrendatario, o alternativamente, de los gastos de traslado y de los perjuicios derivados del mismo, cuando el arrendatario se vea obligado a trasladar su actividad.

4. La fianza arrendaticia mantiene su carácter obligatorio, tanto en vivienda como en uso distinto, fijándose su cuantía en una o dos mensualidades de renta, según sea arrendamiento de vivienda o de uso distinto. Al mismo tiempo se permite a las Comunidades Autónomas con competencias en materia de vivienda que regulen su depósito obligatorio en favor de la propia Comunidad, ya que los rendimientos generados por estos fondos se han revelado como una importante fuente de financiación de las políticas autonómicas de vivienda, que se considera debe de mantenerse.

5. En la regulación de los procesos arrendaticios se establece que la competencia para conocer de las controversias corresponde, en todo caso, al Juez de Primera Instancia del lugar donde esté sita la finca urbana, excluyendo la posibilidad de modificar la competencia funcional por vía de sumisión expresa o tácita a Juez distinto.

Esto no obsta para recordar la posibilidad de que las partes en la relación jurídica puedan pactar, para la solución de sus conflictos, la utilización del procedimiento arbitral.

La tramitación de los procesos arrendaticios se defiere al juicio de cognición, haciendo salvedad expresa de los supuestos de aplicación del juicio de desahucio y del juicio verbal cuando se ejecuten, en este último caso, acciones para determinar rentas o importes que corresponda abonar al arrendatario

Se regulan, asimismo, las condiciones en las que el arrendatario podrá enervar la acción en los desahucios promovidos por la falta de pago de cantidades debidas por virtud de la relación arrendaticia. Esta regulación matiza de forma significativa las posibilidades de enervación y rehabilitación contenidas en el Texto Refundido de 1964.

En los supuestos de acumulación de acciones se ha establecido, junto a la regulación tradicional, la posibilidad de acumulación que asiste a los arrendatarios cuando las acciones ejercitadas se funden en hechos comunes y se dirijan contra el mismo arrendador. También se permite a éste en los supuestos de resolución del contrato por falta de pago, el ejercicio acumulado y simultáneo de la acción de resolución del contrato y la reclamación de las cantidades adeudadas.

Por último, y como novedad más significativa de la ley en materia procesal, se establece la regulación del recurso de casación en materia arrendaticia por entender que la materia, dada su importancia y la transcendencia de los cambios normativos que esta norma introduce, debe poder ser objeto de una doctrina jurisprudencial elaborada en sede del Tribunal Supremo. Como notas más características del recurso de casación pueden señalarse las siguientes: sólo serán susceptibles de dicho recurso las sentencias dictadas en los procesos seguidos por los trámites del juicio de cognición, siempre que las sentencias de primera y segunda instancia no sean conformes, y la renta de los contratos se encuentre por debajo de los límites que por ley se consagran.

6. Por lo que se refiere a los contratos existentes a la entrada en vigor de esta Ley, los celebrados al amparo del real Decreto-Ley 2/1985 no presentan una especial problemática puesto que ha sido la libre voluntad de las partes la que ha determinado el régimen de la relación en lo que a duración y renta se refiere. Por ello, estos contratos continuarán hasta su extinción sometidos al mismo régimen al que hasta ahora lo venían estando. En ese momento, la nueva relación arrendaticia que se pueda constituir sobre la finca quedará sujeta a la nueva normativa. De esta regulación no quedan exceptuados los contratos que, aunque en fecha posterior al 9 de mayo de 1985, se hayan celebrado con sujeción al régimen de prórroga forzosa, al derivar éste del libre pacto entre las partes.

Por lo que se refiere a los contratos celebrados con anterioridad, la ley opta por una solución que intenta conjugar el máximo de sencillez posible con un trato equilibrado de las distintas situaciones en que las partes en conflicto se encuentran. Por ello, se introduce un planteamiento que mantiene el criterio de trato diferenciado entre los contratos de arrendamiento de vivienda y los de local de negocio otorgando condiciones más suaves de modificación del arrendatario de vivienda que al de local de negocio.

Teniendo en cuenta los perjudiciales efectos que ha tenido la prolongada vigencia de la prórroga obligatoria impuesta por la Ley de 1964, se aborda la necesidad de poner límite a la duración de esta prórroga obligatoria restableciendo la temporalidad de la relación arrendataria de conformidad con su propia naturaleza, pero esta modificación se realiza teniendo en cuenta los efectos sociales y económicos de la medida tomando en consideración la situación personal y familiar y la capacidad económica de los arrendatarios.

En este sentido, en el arrendamiento de viviendas se opta por la supresión total de la subrogación inter vivos, excepción hecha de la derivada de resolución judicial en procesos matrimoniales y por la supresión gradual de los derechos de subrogación mortis causa que el texto refundido de 1964 reconocía.

Como esta medida afecta a situaciones cuyos contenidos potenciales de derechos son diferentes, arrendatarios titulares iniciales del contrato, arrendatarios en primera subrogación y arrendatarios en segunda subrogación, la norma debe ofrecer respuestas adecuadas para cada una de ellas. De ahí que la supresión de las subrogaciones sea tanto más gradual cuanto mayor sea el contenido potencial de derechos que la ley contempla para cada supuesto, a partir del principio general de conservar al arrendatario actual y a su cónyuge el derecho a continuar en el uso de la vivienda arrendada hasta su fallecimiento, allí donde este derecho les estuviera reconocido por la legislación de 1964.

En cuanto al régimen de rentas, la ley opta por intentar desbloquear la situación de las rentas congeladas. Para ello, se establece un sistema de revisión aplicable a todos los contratos anteriores al 9 de mayo de 1985, que pretende recuperar las variaciones no repercutidas de la inflación desde la fecha de celebración del contrato o desde la última revisión legal, según proceda. Esta revisión no se produce de manera inmediata sino gradual, incrementándose el número de años en que se produce la revisión total en función inversa de la renta del arrendatario, posibilitando a los arrendatarios de menor nivel económico a que adapten sus economías a la nueva realidad.

En el caso de arrendatarios de bajo nivel de renta, por debajo de dos veces y media, tres o tres veces y media el salario mínimo interprofesional en función del número de personas que habiten en la vivienda arrendada, se excluye la revisión de las rentas mandatándose al Gobierno para que en el plazo de un año a partir de la entrada en vigor de la ley configure un mecanismo de compensación de naturaleza fiscal para aquellos arrendadores que no hayan podido, por las circunstancias antes señaladas proceder a la actualización de las rentas.

Asimismo, se concede a los arrendadores el derecho a disfrutar de beneficios en el Impuesto sobre el Patrimonio, en el Impuesto sobre Bienes Inmuebles, en los gastos de conservación de la finca arrendada y en el coste de los servicios y suministros de que disfrute la vivienda arrendada, en estos tres últimos casos mediante la imputación de sus importes a los arrendatarios.

En el caso de los arrendamientos de locales de negocio, se ha optado por articular un calendario de resolución temporal de estos contratos, aunque distinguiendo entre los arrendamientos en los que el arrendatario sea una persona física de aquéllos en los que sea una persona jurídica, presumiendo mayor solvencia económica allí donde el entramado organizativo sea más complejo.

Por ello, se mantienen, aunque de forma limitada, derechos de subrogación mortis causa en el primer supuesto, garantizándose al grupo familiar vinculado al desarrollo de la actividad, un plazo mínimo de veinte años, que podrá superarse mientras el arrendatario y su cónyuge vivan y continúen el ejercicio de la actividad que se venga desarrollando en el local.

Para los arrendamientos de personas jurídicas se configuran plazos de resolución tasados, entre cinco y veinte años, en función de la naturaleza y del volumen de la actividad desarrollada en el local arrendado, configurándose un plazo de duración breve para aquellos arrendamientos en los que se desarrollan actividades con un potencial económico tal que coloquen a los titulares de estos contratos en posiciones de equilibrio respecto de los arrendadores a la hora de negociar nuevas condiciones arrendaticias.

En cuanto a la renta pagada en estos contratos, se reproduce el esquema de revisión establecido para los arrendamientos de viviendas, graduando temporalmente el ritmo de la revisión en función de las categorías antes expuestas.

Para favorecer la continuidad de los arrendatarios, la ley regula una figura de nueva creación que es el derecho de arrendamiento preferente, que concede al arrendatario un derecho preferente a continuar en el uso del local arrendado al tiempo de la extinción del contrato, frente a cualquier tercero en condiciones de mercado.

Asimismo, se estipula un derecho indemnizatorio en caso de no continuar en el uso del local arrendado cuando otra persona, sea el propietario o sea un nuevo arrendatario, pueda beneficiarse de la clientela generada por la actividad del antiguo arrendatario.

En cuanto a los arrendamientos asimilados, tanto al inquilinato como al local de negocio, se les da un tratamiento similar al de los arrendamientos de local de negocio, en materia de duración y de régimen de renta.

TÍTULO I. Ambito de la ley

Artículo 1. **Ambito de aplicación**
La presente ley establece el régimen jurídico aplicable a los arrendamientos de fincas urbanas que se destinen a vivienda o a usos distintos del de vivienda.

Artículo 2. **Arrendamiento de vivienda**
1. Se considera arrendamiento de vivienda aquel arrendamiento que recae sobre una edificación habitable cuyo destino primordial sea satisfacer la necesidad permanente de vivienda del arrendatario.
2. Las normas reguladoras del arrendamiento de vivienda se aplicarán también al mobiliario, los trasteros, las plazas de garaje y cualesquiera otras dependencias, espacios arrendados o servicios cedidos como accesorios de la finca por el mismo arrendador.

Artículo 3. **Arrendamiento para uso distinto del de vivienda**
1. Se considera arrendamiento para uso distinto del de vivienda, aquel arrendamiento que recayendo sobre una edificación tenga como destino primordial uno distinto del establecido en el artículo anterior.
2. En especial, tendrán esta consideración los arrendamientos de fincas urbanas celebrados por temporada, sea ésta de verano o cualquier otra, y los celebrados para ejercerse en la finca una actividad industrial, comercial, artesanal, profesional, recreativa, asistencial, cultural o docente, cualquiera que sean las personas que los celebren.

Artículo 4. **Régimen aplicable**
1. Los arrendamientos regulados en la presente ley se someterán de forma imperativa a lo dispuesto en los Títulos I, IV y V de la misma y a los dispuesto en los apartados siguientes de este artículo.
2. Respetando lo establecido en el apartado anterior, los arrendamientos de vivienda se rigen por lo dispuesto en el Título II de la presente ley, en su defecto, por la voluntad de las partes y supletoriamente por lo dispuesto en el Código Civil.

Se exceptúan de lo así dispuesto los arrendamientos de viviendas cuya superficie sea superior a 300 metros cuadrados o en los que la renta inicial en cómputo anual exceda de 5,5 veces el salario mínimo interprofesional en cómputo anual. Estos arrendamientos se regirán por la voluntad de las partes, en su defecto, por lo dispuesto en el Título II de la presente Ley y, supletoriamente, por las disposiciones del Código Civil.

3. Sin perjuicio de lo dispuesto en el apartado 1, los arrendamientos para uso distinto del de vivienda se rigen por la voluntad de las partes; en su defecto, por lo dispuesto en el Título III de la presente Ley y, supletoriamente, por lo dispuesto en el Código Civil.

4. La exclusión de la aplicación de los preceptos de esta Ley, cuando ello sea posible, deberá hacerse de forma expresa respecto de cada uno de ellos.

Artículo 5. **Arrendamientos excluidos**

Quedan excluidos del ámbito de aplicación de esta Ley:

El uso de las viviendas que los porteros, guardas, asalariados, empleados y funcionarios tengan asignadas por razón del cargo que desempeñen o del servicio que presten.

El uso de las viviendas militares, cualquiera que fuese su calificación y régimen, que se regirán por lo dispuesto en su legislación específica.

Los contratos en que arrendándose una finca con casa-habitación, sea el aprovechamiento agrícola, pecuario o forestal del predio la finalidad primordial del arrendamiento. Estos contratos se regirán por lo dispuesto en la legislación aplicable sobre arrendamientos rústicos.

El uso de las viviendas universitarias, cuando éstas hayan sido calificadas expresamente como tales por la propia Universidad propietaria o responsable de las mismas, que sean asignadas a los alumnos matriculados en la correspondiente Universidad y al personal docente y de administración y servicios dependiente de aquélla, por razón del vínculo que se establece entre cada uno de ellos y la Universidad respectiva, a la que corresponderá en cada caso el establecimiento de las normas a que se someterá su uso.

TÍTULO II. De los arrendamientos de vivienda

CAPÍTULO I. Normas generales

Artículo 6. **Naturaleza de las normas**

Son nulas, y se tendrán por no puestas, las estipulaciones que modifiquen en perjuicio del arrendatario o subarrendatario las normas del presente Título, salvo los casos en que la propia norma expresamente lo autorice.

Artículo 7. **Condición de arrendamiento de vivienda**

El arrendamiento de vivienda no perderá esta condición aunque el arrendatario no tenga en la finca arrendada su vivienda permanente, siempre que en ella habiten su cónyuge no separado legalmente o de hecho, o sus hijos dependientes.

Artículo 8. **Cesión del contrato y subarriendo**

1. El contrato no se podrá ceder por el arrendatario sin el consentimiento escrito del arrendador. En caso de cesión, el cesionario se subrogará en la posición del cedente frente al arrendador.

2. La vivienda arrendada sólo se podrá subarrendar de forma parcial y previo el consentimiento escrito del arrendador.

El subarriendo se regirá por lo dispuesto en el presente Título para el arrendamiento cuando la parte de la finca subarrendada se destine por el subarrendatario a la finalidad indicada en el artículo 2.1. De no darse esta condición, se regirá por lo pactado entre las partes.

El derecho del subarrendatario se extinguirá, en todo caso, cuando lo haga el del arrendatario que subarrendó.

El precio del subarriendo no podrá exceder, en ningún caso, del que corresponda al arrendamiento.

CAPÍTULO II. **De la duración del contrato**

Artículo 9. **Plazo mínimo**

1. La duración del arrendamiento será libremente pactada por las partes. Si ésta fuera inferior a cinco años, llegado el día de vencimiento del contrato, éste se prorrogará obligatoriamente por plazos anuales hasta que el arrendamiento alcance una duración mínima de cinco años, salvo que el arrendatario manifieste al arrendador con treinta días de antelación como mínimo a la fecha de terminación del contrato o de cualquiera de sus prórrogas, su voluntad de no renovarlo.

El plazo comenzará a contarse desde la fecha del contrato o desde la puesta del inmueble a disposición del arrendatario, si ésta fuere posterior. Corresponderá al arrendatario la prueba de la fecha de la puesta a disposición.

2. Se entenderán celebrados por un año los arrendamientos para los que no se haya estipulado plazo de duración o éste sea indeterminado, sin perjuicio del derecho de prórroga anual para el arrendatario, en los términos resultantes del apartado anterior.

3. No procederá la prórroga obligatoria del contrato cuando, al tiempo de su celebración, se haga constar en el mismo, de forma expresa, la necesidad para el arrendador de ocupar la vivienda arrendada antes del transcurso de cinco años para destinarla a vivienda permanente para sí.

Si transcurridos tres meses a contar de la extinción del contrato, no hubiera el arrendador procedido a ocupar la vivienda por sí, deberá reponer al arrendatario en el uso y disfrute de la vivienda arrendada por un nuevo período de hasta cinco años con indemnización de los gastos que el desalojo de la vivienda le hubiera supuesto hasta el momento de la reocupación o indemnizarle, a elección del arrendatario, con una cantidad igual al importe de la renta por los años que quedaren hasta completar cinco.

Artículo 10. **Prórroga del contrato**

Si llegada la fecha de vencimiento del contrato, una vez transcurridos como mínimo cinco años de duración de aquél, ninguna de las partes hubiese notificado a la otra, al menos con un mes de antelación a aquella fecha, su voluntad de no renovarlo, el contrato se prorrogará obligatoriamente por plazos anuales hasta un máximo de tres años más, salvo que el arrendatario manifieste al arrendador con un mes de antelación a la fecha de terminación de cualquiera de las anualidades, su voluntad de no renovar el contrato.

Al contrato prorrogado, le seguirá siendo de aplicación el régimen legal y convencional al que estuviera sometido.

Artículo 11. **Desistimiento del contrato**

En arrendamientos de duración pactada superior a cinco años, podrá el arrendatario desistir del contrato siempre que el mismo hubiere durado al menos cinco años y dé el correspondiente preaviso al arrendador con una antelación mínima de dos meses.

Las partes podrán pactar en el contrato que, para el caso de desistimiento, deba el arrendatario indemnizar al arrendador con una cantidad equivalente a una mensualidad de la renta en vigor por cada año de contrato que reste por cumplir. Los períodos de tiempo inferiores al año darán lugar a la parte proporcional de la indemnización.

Artículo 12. **Desistimiento y vencimiento en caso de matrimonio o convivencia del arrendatario**
    1. Si el arrendatario manifestase su voluntad de no renovar el contrato o de desistir de él, sin el consentimiento del cónyuge que conviviera con dicho arrendatario, podrá el arrendamiento continuar en beneficio de dicho cónyuge.
    2. A estos efectos, podrá el arrendador requerir al cónyuge del arrendatario para que manifieste su voluntad al respecto.
    Efectuado el requerimiento, el arrendamiento se extinguirá si el cónyuge del arrendatario no contesta en un plazo de quince días a contar de aquél. El cónyuge deberá abonar la renta correspondiente hasta la extinción del contrato, si la misma no estuviera ya abonada.
    3. Si el arrendatario abandonara la vivienda sin manifestación expresa de desistimiento o de no renovación, el arrendamiento podrá continuar en beneficio del cónyuge que conviviera con aquél, siempre que en el plazo de un mes de dicho abandono, el arrendador reciba notificación escrita del cónyuge manifestando su voluntad de ser arrendatario.
    Si el contrato se extinguiera por falta de notificación, el cónyuge quedará obligado al pago de la renta correspondiente a dicho mes.
    4. Lo dispuesto en los apartados anteriores será también de aplicación en favor de la persona que hubiera venido conviviendo con el arrendatario de forma permanente en análoga relación de afectividad a la de cónyuge, con independencia de su orientación sexual, durante, al menos, los dos años anteriores al desistimiento o abandono, salvo que hubieran tenido descendencia en común, en cuyo caso bastará la mera convivencia.

Artículo 13. **Resolución del derecho del arrendador**
    1. Si durante los cinco primeros años de duración del contrato el derecho del arrendador quedara resuelto por el ejercicio de un retracto convencional, la apertura de una sustitución fideicomisaria, la enajenación forzosa derivada de una ejecución hipotecaria o de sentencia judicial o el ejercicio de un derecho de opción de compra, el arrendatario tendrá derecho, en todo caso, a continuar en el arrendamiento hasta que se cumplan cinco años, sin perjuicio de la facultad de no renovación prevista en el artículo 9.1.
    En contratos de duración pactada superior a cinco años, si, transcurridos los cinco primeros años del mismo, el derecho del arrendador quedara resuelto por cualquiera de las circunstancias mencionadas en el párrafo anterior, quedará extinguido el arrendamiento. Se exceptúa el supuesto en que el contrato de arrendamiento haya accedido al Registro de la Propiedad con anterioridad a los derechos determinantes de la resolución del derecho del arrendador. En este caso continuará el arrendamiento por la duración pactada.
    2. Los arrendamientos otorgados por usufructuario superficiario y cuantos tengan un análogo derecho de goce sobre el inmueble, se extinguirán al término del derecho del arrendador, además de por las demás causas de extinción que resulten de lo dispuesto en la presente Ley.
    3. Durarán cinco años los arrendamientos de vivienda ajena que el arrendatario haya concertado de buena fe con la persona que aparezca como propietario de la finca en el Registro de la Propiedad, o que parezca serlo en virtud de un estado de cosas cuya creación sea imputable el verdadero propietario, sin perjuicio de la facultad de no renovación a que se refiere el artículo 9.1.

Artículo 14. **Enajenación de la vivienda arrendada**
El adquirente de una vivienda arrendada quedará subrogado en los derechos y obligaciones del arrendador durante los cinco primeros años de vigencia del contrato, aún cuando concurran en él los requisitos del artículo 34 de la Ley Hipotecaria.

Si la duración pactada fuera superior a cinco años, el adquirente quedará subrogado por la totalidad de la duración pactada, salvo que concurran en él los requisitos del artículo 34 de la Ley Hipotecaria. En este caso, el adquirente sólo deberá soportar el arrendamiento durante el tiempo que reste para el transcurso del plazo de cinco años, debiendo el enajenante indemnizar al arrendatario con una cantidad equivalente a una mensualidad de la renta en vigor por cada año del contrato que, excediendo del plazo citado de cinco años, reste por cumplir.

Cuando las partes hayan estipulado que la enajenación de la vivienda extinguirá el arrendamiento, el adquirente sólo deberá soportar el arrendamiento durante el tiempo que reste para el transcurso del plazo de cinco años.

Artículo 15. **Separación, divorcio o nulidad del matrimonio del arrendatario**
1. En los casos de nulidad del matrimonio, separación judicial o divorcio del arrendatario, el cónyuge no arrendatario podrá continuar en el uso de la vivienda arrendada cuando le sea atribuida de acuerdo con lo dispuesto en los artículos 90 y 96 del Código Civil.

2. La voluntad del cónyuge de continuar en el uso de la vivienda deberá ser comunicada al arrendador en el plazo de dos meses desde que fue notificada la resolución judicial correspondiente, acompañando copia de dicha resolución judicial o de la parte de la misma que afecte al uso de la vivienda.

Artículo 16. **Muerte del arrendatario**
1. En caso de muerte del arrendatario, podrán subrogarse en el contrato:

El cónyuge del arrendatario que al tiempo del fallecimiento conviviera con él.

La persona que hubiera venido conviviendo con el arrendatario de forma permanente en análoga relación de afectividad a la de cónyuge, con independencia de su orientación sexual, durante, al menos, los dos años anteriores al tiempo del fallecimiento, salvo que hubieran tenido descendencia en común, en cuyo caso bastará la mera convivencia.

Los descendientes del arrendatario que en el momento de su fallecimiento estuvieran sujetos a su patria potestad o tutela, o hubiesen convivido habitualmente con él durante los dos años precedentes.

Los ascendientes del arrendatario que hubieran convivido habitualmente con él durante los dos años precedentes a su fallecimiento.

Los hermanos del arrendatario en quienes concurra la circunstancia prevista en la letra anterior.

Las personas distintas de las mencionadas en las letras anteriores que sufran una minusvalía igual o superior al 65%, siempre que tengan una relación de parentesco hasta el tercer grado colateral con el arrendatario y hayan convivido con éste durante los dos años anteriores al fallecimiento.

Si al tiempo del fallecimiento del arrendatario no existiera ninguna de estas personas, el arrendamiento quedará extinguido.

2. Si existiesen varias de las personas mencionadas, a falta de acuerdo unánime sobre quién de ellos será el beneficiario de la subrogación, regirá el orden de prelación establecido en el apartado anterior, salvo en que los padres septuagenarios serán preferidos a los descendientes. Entre los descendientes y entre los ascendientes, tendrá preferencia el más próximo en grado, y entre los hermanos, el de doble vínculo sobre el medio hermano.

Los casos de igualdad se resolverán en favor de quien tuviera una minusvalía igual o superior al 65%; en defecto de esta situación, de quien tuviera mayores cargas familiares y, en última instancia, en favor del descendiente de menor edad, el ascendiente de mayor edad o el hermano más joven.

3. El arrendamiento se extinguirá si en el plazo de tres meses desde la muerte del arrendatario el arrendador no recibe notificación por escrito del hecho del fallecimiento, con certificado registral de defunción, y de la identidad del subrogado, indicando su parentesco con el fallecido y ofreciendo, en su caso, un principio de prueba de que cumple los requisitos legales para subrogarse. Si la extinción se produce, todos los que pudieran suceder al arrendatario salvo los que renuncien a su opción, notificándolo por escrito al arrendador en el plazo del mes siguiente al fallecimiento, quedarán solidariamente obligados al pago de la renta de dichos tres meses.

Si el arrendador recibiera en tiempo y forma varias notificaciones cuyos remitentes sostengan su condición de beneficiarios de la subrogación, podrá considerarles deudores solidarios de las obligaciones propias del arrendatario, mientras mantengan su pretensión de subrogarse.

4. En arrendamientos cuya duración inicial sea superior a cinco años, las partes podrán pactar que no haya derecho de subrogación en caso de fallecimiento del arrendatario, cuando éste tenga lugar transcurridos los cinco primeros años de duración del arrendamiento, o que el arrendamiento se extinga a los cinco años cuando el fallecimiento se hubiera producido con anterioridad.

CAPÍTULO III. De la renta

Artículo 17. **Determinación de la renta**

1. La renta será la que libremente estipulen las partes.

2. Salvo pacto en contrario, el pago de la renta será mensual y habrá de efectuarse en los siete primeros días del mes. En ningún caso podrá el arrendador exigir el pago anticipado de más de una mensualidad de renta.

3. El pago se efectuará en el lugar y por el procedimiento que acuerden las partes, o, en su defecto, en metálico y en la vivienda arrendada.

4. El arrendador queda obligado a entregar al arrendatario recibo del pago, salvo que se hubiera pactado que éste se realice mediante procedimientos que acrediten el efectivo cumplimiento de la obligación de pago por el arrendatario.

El recibo o documento acreditativo que lo sustituya deberá contener separadamente las cantidades abonadas por los distintos conceptos de los que se componga la totalidad del pago, y específicamente, la renta en vigor.

Si el arrendador no hace entrega del recibo, serán de su cuenta todos los gastos que se originen al arrendatario para dejar constancia del pago.

Artículo 18. **Actualización de la renta**

1. Durante los cinco primeros años de duración del contrato la renta sólo podrá ser actualizada por el arrendador o el arrendatario en la fecha en que se cumpla cada año de vigencia del contrato, aplicando a la renta correspondiente a la anualidad anterior la variación porcentual experimentada por el Indice General Nacional del Sistema de Indices de Precios de Consumo en un período de doce meses inmediatamente anteriores a la fecha de cada actualización, tomando como mes de referencia para la primera actualización el que corresponda al último índice que estuviera publicado en la fecha de celebración del contrato y en las sucesivas el que corresponda al último aplicado.

2. A partir del sexto año de duración la actualización de la renta se regirá por lo estipulado al respecto por las partes y, en su defecto, por lo establecido en el apartado anterior.

3. La renta actualizada será exigible al arrendatario a partir del mes siguiente a aquel en que la parte interesada lo notifique a la otra parte por escrito, expresando el porcentaje de alteración aplicado y acompañando, si el arrendatario lo exigiera, la oportuna certificación del Instituto Nacional de Estadística, o haciendo referencia al *Boletín Oficial* en que se haya publicado.

Será válida la notificación efectuada por nota en el recibo de la mensualidad del pago precedente.

Artículo 19. **Elevación de renta por mejoras**

1. La realización por el arrendador de obras de mejora, transcurridos cinco años de duración del contrato le dará derecho, salvo pacto en contrario, a elevar la renta anual en la cuantía que resulte de aplicar al capital invertido en la mejora el tipo de interés legal del dinero en el momento de la terminación de las obras incrementado en tres puntos, sin que pueda exceder el aumento del 20% de la renta vigente en aquel momento.

Para el cálculo del capital invertido, deberán descontarse las subvenciones públicas obtenidas para la realización de la obra.

2. Cuando la mejora afecte a varias fincas de un edificio en régimen de propiedad horizontal, el arrendador deberá repartir proporcionalmente entre todas ellas el capital invertido, aplicando, a tal efecto, las cuotas de participación que correspondan a cada una de aquéllas.

En el supuesto de edificios que no se encuentren en régimen de propiedad horizontal, el capital invertido se repartirá proporcionalmente entre las fincas afectadas por acuerdo entre arrendador y arrendatarios. En defecto de acuerdo, se repartirá proporcionalmente en función de la superficie de la finca arrendada.

3. La elevación de renta se producirá desde el mes siguiente a aquel en que, ya finalizadas las obras, el arrendador notifique por escrito al arrendatario la cuantía de aquella, detallando los cálculos que conducen a su determinación, y aportando copias de los documentos de los que resulte el coste de las obras realizadas.

Artículo 20. **Gastos generales y de servicios individuales**

1. Las partes podrán pactar que los gastos generales para el adecuado sostenimiento del inmueble, sus servicios, tributos, cargas y responsabilidades que no sean susceptibles de individualización y que correspondan a la vivienda arrendada o a sus accesorios, sean a cargo del arrendatario.

En edificios en régimen de propiedad horizontal, tales gastos serán los que correspondan a la finca arrendada en función de su cuota de participación.

En edificios que no se encuentren en régimen de propiedad horizontal, tales gastos serán los que se hayan asignado a la finca arrendada en función de su superficie.

Para su validez, este pacto deberá constar por escrito y determinar el importe anual de dichos gastos a la fecha del contrato. El pacto que se refiera a tributos no afectará a la Administración.

2. Durante los cinco primeros años de vigencia del contrato, la suma que el arrendatario haya de abonar por el concepto a que se refiere al apartado anterior, con excepción de los tributos, sólo podrá incrementarse anualmente, y nunca en un porcentaje superior al doble de aquel en que pueda incrementarse la renta, conforme a lo dispuesto en el artículo 18.1.

3. Los gastos por servicios con que cuente la finca arrendada que se individualicen mediante aparatos contadores serán en todo caso de cuenta del arrendatario.

4. El pago de los gastos a que se refiere el presente artículo se acreditará en la forma prevista en el artículo 17.4.

CAPÍTULO IV. **De los derechos y obligaciones de las partes**

Artículo 21. **Conservación de la vivienda**

1. El arrendador está obligado a realizar, sin derecho a elevar por ello la renta, todas las reparaciones que sean necesarias para conservar la vivienda en las condiciones de habitabilidad para servir al uso convenido, salvo cuando el deterioro de cuya reparación se trate sea imputable al arrendatario, a tenor de lo dispuesto en los artículos 1.563 y 1.564 del Código Civil.

La obligación de reparación tiene su límite en la destrucción de la vivienda por causa no imputable al arrendador. A este efecto, se estará a lo dispuesto en el artículo 28.

2. Cuando la ejecución de una obra de conservación no pueda razonablemente diferirse hasta la conclusión del arrendamiento, el arrendatario estará obligado a soportarla, aunque le sea muy molesta o durante ella se vea privado de una parte de la vivienda.

Si la obra durase más de veinte días, habrá de disminuirse la renta en proporción a la parte de la vivienda de la que el arrendatario se vea privado.

3. El arrendatario deberá poner en conocimiento del arrendador, en el plazo más breve posible, la necesidad de las reparaciones que contempla el apartado 1 de este artículo, a cuyos solos efectos deberá facilitar al arrendador la verificación directa, por si mismo o por los técnicos que designe, del estado de la vivienda. En todo momento, y previa comunicación al arrendador, podrá realizar las que sean urgentes para evitar un daño inminente o una incomodidad grave, y exigir de inmediato su importe al arrendador.

4. Las pequeñas reparaciones que exija el desgaste por el uso ordinario de la vivienda serán de cargo del arrendatario.

Artículo 22. **Obras de mejora**

1. El arrendatario estará obligado a soportar la realización por el arrendador de obras de mejora cuya ejecución no pueda razonablemente diferirse hasta la conclusión del arrendamiento.

2. El arrendador que se proponga realizar una de tales obras, deberá notificar por escrito al arrendatario, al menos con tres meses de antelación, su naturaleza, comienzo, duración y coste previsible. Durante el plazo de un mes desde dicha notificación, el arrendatario podrá desistir del contrato, salvo que las obras no afecten o afecten de modo irre-

levante a la vivienda arrendada. El arrendamiento se extinguirá en el plazo de dos meses a contar desde el desistimiento, durante los cuales no podrán comenzar las obras.

3. El arrendatario que soporte las obras tendrá derecho a una reducción de la renta en proporción a la parte de la vivienda de la que se vea privado por causa de aquéllas, así como a la indemnización de los gastos que las obras le obliguen a efectuar.

Artículo 23. **Obras del arrendatario**

1. El arrendatario no podrá realizar, sin el consentimiento del arrendador, expresado por escrito, obras que modifiquen la configuración de la vivienda o de los accesorios a que se refiere el apartado 2, del artículo 2, o que provoquen una disminución en la estabilidad o seguridad de la misma.

2. Sin perjuicio de la facultad de resolver el contrato, el arrendador que no haya autorizado la realización de las obras podrá exigir, al concluir el contrato, que el arrendatario reponga las cosas al estado anterior o conservar la modificación efectuada, sin que éste pueda reclamar indemnización alguna.

Si las obras han provocado una disminución de la estabilidad de la edificación o de la seguridad de la vivienda o sus accesorios, el arrendador podrá exigir de inmediato del arrendatario la reposición de las cosas al estado anterior.

Artículo 24. **Arrendatarios con minusvalía**

1. El arrendatario, previa notificación escrita al arrendador, podrá realizar en la vivienda las obras que sean necesarias para adecuar ésta a su condición de minusválido o a la de su cónyuge o de la persona con quien conviva de forma permanente en análoga relación de afectividad, con independencia de su orientación sexual, o a la de los familiares que con él convivan.

2. El arrendatario estará obligado al término del contrato, a reponer la vivienda al estado anterior si así lo exige el arrendador.

Artículo 25. **Derecho de adquisición preferente**

1. En caso de venta de la vivienda arrendada, tendrá el arrendatario derecho de adquisición preferente sobre la misma, en las condiciones previstas en los apartados siguientes.

2. El arrendatario podrá ejercitar un derecho de tanteo sobre la finca arrendada en un plazo de treinta días naturales a contar desde el siguiente en que se le notifique en forma fehaciente la decisión de vender la finca arrendada, el precio y las demás condiciones esenciales de la transmisión.

Los efectos de la notificación prevenida en el párrafo anterior caducarán a los ciento ochenta días naturales siguientes a la misma.

3. En el caso a que se refiere el apartado anterior podrá el arrendatario ejercitar el derecho de retracto, con sujeción a lo dispuesto en el artículo 1.518 del Código Civil, cuando no se le hubiese hecho la notificación prevenida o se hubiese omitido en ella cualquiera de los requisitos exigidos, así como cuando resultase inferior el precio efectivo de la compraventa o menos onerosas sus restantes condiciones esenciales. El derecho de retracto caducará a los treinta días naturales, contados desde el siguiente a la notificación que en forma fehaciente deberá hacer el adquirente al arrendatario de las condiciones esenciales en que se efectuó la compraventa, mediante entrega de copia de la escritura o documento en que fuere formalizada.

4. El derecho de tanteo o retracto del arrendatario tendrá preferencia sobre cualquier otro derecho similar, excepto el retracto reconocido al condueño de la vivienda o el convencional que figurase inscrito en el Registro de la Propiedad al tiempo de celebrarse el contrato de arrendamiento.

5. Para inscribir en el Registro de la Propiedad los títulos de venta de viviendas arrendadas deberá justificarse que han tenido lugar en sus respectivos casos, las notificaciones prevenidas en los apartados anteriores, con los requisitos en ellos exigidos. Cuando la vivienda vendida no estuviese arrendada, para que sea inscribible la adquisición deberá el vendedor declararlo así en la escritura, bajo la pena de falsedad en documento público.

6. Cuando la venta recaiga, además de sobre la vivienda arrendada, sobre los demás objetos alquilados como accesorios de la vivienda por el mismo arrendador a que se refiere el artículo 3, no podrá el arrendatario ejercitar los derechos de adquisición preferente sólo sobre la vivienda.

7. No habrá lugar a los derechos de tanteo o retracto cuando la vivienda arrendada se venda conjuntamente con las restantes viviendas o locales propiedad del arrendador que formen parte de un mismo inmueble ni tampoco cuando se vendan de forma conjunta por distintos propietarios a un mismo comprador la totalidad de los pisos y locales del inmueble.

Si en el inmueble sólo existiera una vivienda, el arrendatario tendrá los derechos de tanteo y retracto previstos en este artículo.

8. El pacto por el cual el arrendatario renuncia a los derechos de tanteo y retracto será válido en contratos de duración pactada superior a cinco años.

CAPÍTULO V. **De la suspensión, resolución y extinción del contrato**

Artículo 26. **Habitabilidad de la vivienda**

Cuando la ejecución en la vivienda arrendada de obras de conservación o de obras acordadas por una autoridad competente la hagan inhabitable, tendrá el arrendatario la opción de suspender el contrato o de desistir del mismo, sin indemnización alguna.

La suspensión del contrato supondrá, hasta la finalización de las obras, la paralización del plazo del contrato y la suspensión de la obligación de pago de la renta.

Artículo 27. **Incumplimiento de obligaciones**

1. El incumplimiento por cualquiera de las partes de las obligaciones resultantes del contrato dará derecho a la parte que hubiere cumplido las suyas a exigir el cumplimiento de la obligación o **promover la resolución del contrato** de acuerdo con lo dispuesto en el artículo 1124 del Código Civil.

2. Además, el arrendador podrá resolver de pleno derecho el contrato por las siguientes causas:

    La falta de pago de la renta o, en su caso, de cualquiera de las cantidades cuyo pago haya asumido o corresponda al arrendatario.

    La falta de pago del importe de la fianza o de su actualización.

    El subarriendo o la cesión inconsentidos.

    La realización de daños causados dolosamente en la finca o de obras no consentidas por el arrendador, cuando el consentimiento de éste sea necesario.

    Cuando en la vivienda tengan lugar actividades molestas, insalubres, nocivas, peligrosas o ilícitas.

Cuando la vivienda deje de estar destinada de forma primordial a satisfacer la necesidad permanente de vivienda del arrendatario o de quien efectivamente la viniera ocupando de acuerdo con lo dispuesto en el artículo 7.

3. Del mismo modo, el arrendatario podrá resolver el contrato por las siguientes causas:
   a) La no realización por el arrendador de las reparaciones a que se refiere al artículo 21.
   b) La perturbación de hecho o de derecho que realice el arrendador en la utilización de la vivienda.

Artículo 28. **Extinción del arrendamiento**
El contrato de arrendamiento se extinguirá, además de por las restantes causas contempladas en el presente Título, por las siguientes:
Por la pérdida de la finca arrendada por causa no imputable al arrendador.
Por la declaración firme de ruina acordada por la autoridad competente.

TÍTULO III. De los arrendamientos para uso distinto del de vivienda

Artículo 29. **Enajenación de la finca arrendada**
El adquirente de la finca arrendada quedará subrogado en los derechos y obligaciones del arrendador salvo que concurran en el adquirente los requisitos del artículo 34 de la Ley Hipotecaria.

Artículo 30. **Conservación, mejora y obras del arrendatario**
Lo dispuesto en los artículos 21, 22, 23 y 26 de esta ley será también aplicable a los arrendamientos que regula el presente Título. También lo será lo dispuesto en el artículo 19, desde el comienzo del arrendamiento.

Artículo 31. **Derecho de adquisición preferente**
Lo dispuesto en el artículo 25 de la presente ley será de aplicación a los arrendamientos que regula este Título.

Artículo 32. **Cesión del contrato y subarriendo**
1. Cuando en la finca arrendada se ejerza una actividad empresarial o profesional, el arrendatario podrá subarrendar la finca o ceder el contrato de arrendamiento, sin necesidad de contar con el consentimiento del arrendador.

2. El arrendador tiene derecho a una elevación de renta del 10% de la renta en vigor en el caso de producirse un subarriendo parcial, y del 20 en el caso de producirse la cesión del contrato o el subarriendo total de la finca arrendada.

3. No se reputará cesión el cambio producido en la persona del arrendatario por consecuencia de la fusión, transformación o escisión de la sociedad arrendataria, pero el arrendador tendrá derecho a la elevación de la renta prevista en el apartado anterior.

4. Tanto la cesión como el subarriendo, deberán notificarse de forma fehaciente al arrendador en el plazo de un mes desde que aquéllos se hubieran concertado.

Artículo 33. **Muerte del arrendatario**

En caso de fallecimiento del arrendatario, cuando en el local se ejerza una actividad empresarial o profesional, el heredero o legatario que continúe el ejercicio de la actividad, podrá subrogarse en los derechos y obligaciones del arrendatario hasta la extinción del contrato.

La subrogación deberá notificarse por escrito al arrendador dentro de los dos meses siguientes a la fecha del fallecimiento del arrendatario.

Artículo 34. **Indemnización al arrendatario**

La extinción por transcurso del término convencional del arrendamiento de una finca en la que durante los últimos cinco años se haya venido ejerciendo una actividad comercial de venta al público dará al arrendatario derecho a una indemnización a cargo del arrendador siempre que el arrendatario haya manifestado con cuatro meses de antelación a la expiración del plazo su voluntad de renovar el contrato por un mínimo de cinco años más y por una renta de mercado. Se considerará renta de mercado la que al efecto acuerden las partes; en defecto de pacto, la que, al efecto, determine el árbitro designado por las partes.

La cuantía de la indemnización se determinará en la forma siguiente:

Si el arrendatario iniciara en el mismo municipio, dentro de los seis meses siguientes a la expiración del arrendamiento el ejercicio de la misma actividad a la que viniera estando dedicada, la indemnización comprenderá los gastos del traslado y los perjuicios derivados de la pérdida de clientela ocurrida con respecto a la que tuviera en el local anterior, calculada con respecto a la habida durante los seis primeros meses de la nueva actividad.

Si el arrendatario iniciara dentro de los seis meses siguientes a la extinción del arrendamiento una actividad diferente o no iniciara actividad alguna, y el arrendador o un tercero desarrollan en la finca dentro del mismo plazo la misma actividad o una afín a la desarrollada por el arrendatario, la indemnización será de una mensualidad por año de duración del contrato, con un máximo de dieciocho mensualidades.

Se considerarán afines las actividades típicamente aptas para beneficiarse, aunque sólo sea en parte, de la clientela captada por la actividad que ejerció el arrendatario.

En caso de falta de acuerdo entre las partes sobre la cuantía de la indemnización, la misma será fijada por el árbitro designado por aquéllas.

Artículo 35. **Resolución de pleno derecho**

El arrendador podrá resolver de pleno derecho el contrato por las causas previstas en las letras a), b) y e) del artículo 27.2 y por la cesión o subarriendo del local incumpliendo lo dispuesto en el artículo 32.

TÍTULO IV. **Disposiciones comunes**

Artículo 36. **Fianza**

1. A la celebración del contrato será obligatoria la exigencia y prestación de fianza en metálico, en cantidad equivalente a una mensualidad de renta en el arrendamiento de viviendas y de dos en el arrendamiento para uso distinto del de vivienda.

2. Durante los cinco primeros años de duración del contrato, la fianza no estará sujeta a actualización. Pero cada vez que el arrendamiento se prorrogue, el arrendador podrá

exigir que la fianza sea incrementada, o el arrendatario que disminuya, hasta hacerse igual a una o dos mensualidades de la renta vigente, según proceda, al tiempo de la prórroga.

3. La actualización de la fianza durante el período de tiempo en que el plazo pactado para el arrendamiento exceda de cinco años, se regirá por lo estipulado al efecto por las partes. A falta de pacto específico, lo acordado sobre actualización de la renta se presumirá querido también para la actualización de la fianza.

4. El saldo de la fianza en metálico que deba ser restituido al arrendatario al final del arriendo devengará el interés legal, transcurrido un mes desde la entrega de las llaves por el mismo sin que se hubiere hecho efectiva dicha restitución.

5. Las partes podrán pactar cualquier tipo de garantía del cumplimiento por el arrendatario de sus obligaciones arrendaticias adicional a la fianza en metálico.

6. Quedan exceptuadas de la obligación de prestar fianza las Administraciones Públicas, la Administración General del Estado, las Administraciones de las Comunidades Autónomas y las entidades que integran la Administración Local, así como los organismos autónomos, entidades de derecho público y demás entes públicos dependientes de ellas, cuando la renta haya de ser satisfecha con cargo a sus respectivos presupuestos.

Artículo 37. **Formalización del arrendamiento**

Las partes podrán compelerse recíprocamente a la formalización por escrito del contrato de arrendamiento.

En este caso, se hará constar la identidad de los contratantes, la identificación de la finca arrendada, la duración pactada, la renta inicial del contrato y las demás cláusulas que las partes hubieran libremente acordado.

TÍTULO V. Procesos arrendaticios

Artículo 38. **Competencia**

Artículo 39. **Procedimiento**

Artículo 40. **Acumulación de acciones**

DISPOSICIÓN ADICIONAL PRIMERA. **Régimen de las Viviendas de Protección Oficial en arrendamiento**

1. El plazo de duración del régimen legal de las viviendas de protección oficial, que se califiquen para arrendamiento a partir de la entrada en vigor de la presente Ley, concluirá al transcurrir totalmente el período establecido en la normativa aplicable para la amortización del préstamo cualificado obtenido para su promoción o, en caso de no existir dicho préstamo, transcurridos veinticinco años a contar desde la fecha de la correspondiente calificación definitiva.

2. La renta máxima inicial por metro cuadrado útil de las viviendas de protección oficial a que se refiere el apartado anterior, será el porcentaje del precio máximo de venta que corresponda de conformidad con la normativa estatal o autonómica aplicable.

3. En todo caso, la revisión de las rentas de las viviendas de protección oficial, cualquiera que fuera la legislación a cuyo amparo estén acogidas, podrá practicarse anualmente en función de las variaciones porcentuales del Índice Nacional General del Sistema de Índices de Precios de Consumo.

4. Además de las rentas iniciales o revisadas, el arrendador podrá percibir el coste real de los servicios de que disfrute el arrendatario y satisfaga el arrendador.

5. Sin perjuicio de las sanciones administrativas que procedan, serán nulas las cláusulas y estipulaciones que establezcan rentas superiores a las máximas autorizadas en la normativa aplicable para las viviendas de protección oficial.

6. Lo dispuesto en los apartados anteriores no será de aplicación a las viviendas de promoción pública reguladas por el Real Decreto-Ley 31/1978.

7. Lo dispuesto en los apartados anteriores será de aplicación general en defecto de legislación específica de las Comunidades Autónomas con competencia en la materia.

8. El arrendamiento de viviendas de protección oficial de promoción pública se regirá por las normas particulares de éstas respecto del plazo de duración del contrato, las variaciones de la renta, los límites de repercusión de cantidades por reparación de daños y mejoras, y lo previsto respecto del derecho de cesión y subrogación en el arrendamiento, y en lo no regulado por ellas por las de la presente ley, que se aplicará íntegramente cuando el arrendamiento deje de estar sometido a dichas disposiciones particulares.

La excepción no alcanzará a las cuestiones de competencia y procedimiento en las que se estará por entero a lo dispuesto en la presente Ley.

DISPOSICIÓN ADICIONAL SEGUNDA. **Modificación de la Ley Hipotecaria**

1. El artículo 2 número 5 de la Ley Hipotecaria, aprobada por Decreto de 8 de febrero de 1946, tendrá la siguiente redacción:

5. *Los contratos de arrendamiento de bienes inmuebles y los subarriendos, cesiones y subrogaciones de los mismos.*

2. En el plazo de nueve meses desde la entrada en vigor de esta ley se establecerán reglamentariamente los requisitos de acceso de los contratos de arrendamientos urbanos al Registro de la Propiedad.

DISPOSICIÓN ADICIONAL TERCERA. **Depósito de fianzas**

Las Comunidades Autónomas podrán establecer la obligación de que los arrendadores de finca urbana sujetos a la presente ley depositen el importe de la parte en metálico de la fianza regulada en el artículo 36.1 de esta Ley, sin devengo de interés, a disposición de la Administración autonómica o del ente público que se designe hasta la extinción del correspondiente contrato. Si transcurrido un mes desde la finalización del contrato, la Administración autonómica o el Ente Público competente no procediere a la devolución de la cantidad depositada, ésta devengará el interés legal correspondiente.

DISPOSICIÓN ADICIONAL CUARTA. **Ayudas para acceso a vivienda**

Las personas que, en aplicación de lo establecido en la Disposición Transitoria Segunda de la presente Ley, se vean privadas del derecho a la subrogación *mortis causa* que les reconocía el Texto Refundido de la Ley de Arrendamientos Urbanos, aprobado por Decreto 4104/1964, de 24 de diciembre, serán sujeto preferente de los programas de ayudas públicas para el acceso a vivienda, siempre que cumplan los requisitos en cuanto a ingresos máximos que se establezcan en dichos programas.

DISPOSICIÓN ADICIONAL QUINTA. **Modificación de la Ley de Enjuiciamiento Civil**

1. El artículo 1563 de la Ley de Enjuiciamiento Civil quedará redactado en la forma siguiente:
   1) El desahucio por falta de pago de las rentas, de las cantidades asimiladas o de las cantidades cuyo pago hubiera asumido el arrendatario en el arrendamiento de viviendas o en el arrendamiento de una finca urbana habitable en la que se realicen actividades profesionales, comerciales o industriales, podrá ser enervado por el arrendatario si en algún momento anterior al señalado para la celebración del juicio, paga al actor o pone a su disposición en el Juzgado o notarialmente el importe de las cantidades en cuya inefectividad se sustente la demanda y el de las que en dicho instante adeude.
   2) Esta enervación no tendrá lugar cuando se hubiera producido otra anteriormente, ni cuando el arrendador hubiese requerido, por cualquier medio que permita acreditar su constancia, de pago al arrendatario con cuatro meses de antelación a la presentación de la demanda y éste no hubiese pagado las cantidades adeudadas al tiempo de dicha presentación.
   3) En todo caso, deberán indicarse en el escrito de interposición de la demanda las circunstancias concurrentes que puedan permitir o no la enervación. Cuando ésta proceda, el Juzgado indicará en la citación el deber de pagar o de consignar el importe antes de la celebración del juicio.

2. Los recursos contra sentencias en las materias a que se refiere el artículo 38, tendrán tramitación preferente tanto ante las Audiencias Provinciales, como ante los Tribunales Superiores.

En los procesos que lleven aparejado el lanzamiento, no se admitirán al demandado los recursos de apelación y de casación, cuando procedan, si no acredita al interponerlos tener satisfechas las rentas vencidas y las que con arreglo al contrato deba pagar adelantadas, o si no las consigna judicial o notarialmente.

Si el arrendatario no cumpliese lo anterior, se tendrá por firme la sentencia y se procederá a su ejecución, siempre que requerido por el juez o tribunal que conozca de los mismos no cumpliere su obligación de pago o consignación en el plazo de cinco días.

También se tendrá por desierto el recurso de casación o apelación interpuesto por el arrendatario, cualquiera que sea el estado en que se halle, si durante la sustanciación del mismo dejare aquél de pagar los plazos que venzan o los que deba adelantar. Sin embargo, el arrendatario podrá cautelarmente adelantar o consignar el pago de varios períodos no vencidos, los cuales se sujetarán a liquidación una vez firme la sentencia. En todo caso, el abono de dichos importes no se entenderá novación contractual.

3. El artículo 1687.3 de la Ley de Enjuiciamiento Civil quedará redactado de la forma siguiente:

Artículo 1687.3

Las sentencias dictadas por las Audiencias en los juicios de desahucio que no tengan regulación especial, salvo las dictadas en juicio de desahucio por falta de pago de la renta, las dictadas en procesos sobre arrendamientos urbanos seguidos por los trámites del juicio de cognición, en este último supuesto cuando no fuesen conformes con la dictada en primera instancia, y las recaídas en los juicios de retracto, cuando en todos los casos alcancen la cuantía requerida para esta clase de recursos en los declarativos ordinarios.

No obstante, si se tratase de arrendamiento de vivienda bastará con que la cuantía exceda de 1.500.000 pesetas.

Se entenderá que son conformes la sentencia de apelación y de primera instancia, aunque difieran en lo relativo a la imposición de costas.

DISPOSICIÓN ADICIONAL SEXTA. **Censo de Arrendamientos Urbanos**

1. El Gobierno procederá, a través del Ministerio de Obras Públicas, Transportes y Medio Ambiente, en el plazo de un año a partir de la entrada en vigor de la presente ley, a elaborar un censo de los contratos de arrendamiento de viviendas sujetos a la presente ley subsistentes a su entrada en vigor.

2. Este censo comprenderá datos identificativos del arrendador y del arrendatario, de la renta del contrato, de la existencia o no de cláusulas de revisión, de su duración y de la fecha del contrato.

3. A estos efectos, los arrendadores deberán remitir, al Ministerio de Obras Públicas, Transportes y Medio Ambiente, en plazo máximo de tres meses a partir de la entrada en vigor de la Ley, los datos del contrato a que se refiere el párrafo anterior.

4. Los arrendatarios tendrán derecho a solicitar la inclusión en el censo a que se refiere esta Disposición de sus respectivos contratos, dando cuenta por escrito al arrendador de los datos remitidos.

5. El incumplimiento de la obligación prevista en el anterior apartado 3 privará al arrendador que la hubiera incumplido del derecho a los beneficios fiscales a que se refiere la Disposición Final Cuarta de la presente Ley.

DISPOSICIÓN ADICIONAL SÉPTIMA. **Modificación Ley 36/1988, de 5 de diciembre, de Arbitraje**

Se añade al artículo 30 de la Ley 36/1988, de 5 de diciembre, de Arbitraje, un número 3, cuyo contenido será el siguiente:

En los procedimientos arbitrales que traigan causa de contratos sometidos al régimen jurídico de la Ley de Arrendamientos Urbanos, a falta de pacto expreso de las partes, los árbitros deberán dictar el laudo en el término de tres meses, contado como se dispone en el número 1 de este artículo

DISPOSICIÓN ADICIONAL OCTAVA. **Derecho de retorno**

El derecho de retorno regulado en la Disposición Adicional Cuarta.3 del Texto Refundido de la Ley sobre el Régimen del Suelo y Ordenación Urbana aprobado por el Real Decreto Legislativo 1/1992, de 26 de junio, se regirá por lo previsto en esta Disposición y en su defecto por las normas del Texto Refundido de la Ley de Arrendamientos Urbanos de 1964.

Cuando en las actuaciones urbanísticas aisladas no expropiatorias exigidas por el Planeamiento Urbanístico, fuera necesario proceder a la demolición total o a la rehabilitación integral con conservación de fachada o de estructura de un edificio, en el que existan viviendas urbanas arrendadas sea cualquiera la fecha del arrendamiento, el arrendatario tendrá derecho a que el arrendador de la citada finca le proporcione una nueva vivienda de una superficie no inferior al 50% de la anterior, siempre que tenga al menos 90 metros cuadrados, o no inferior a la que tuviere, si no alcanzaba dicha superficie, de características análogas a aquélla y que esté ubicada en el mismo solar o en el entorno del edificio demolido o rehabilitado.

DISPOSICIÓN ADICIONAL NOVENA. **Declaración de la situación de minusvalía**

A los efectos prevenidos en esta ley, la situación de minusvalía y su grado deberán ser declarados, de acuerdo con la normativa vigente, por los centros y servicios de las Administraciones Públicas competentes.

DISPOSICIÓN ADICIONAL DÉCIMA. **Prescripción**

Todos los derechos, obligaciones y acciones que resulten de los contratos de arrendamiento contemplados en la presente ley, incluidos los subsistentes a la entrada en vigor de la misma, prescribirán, cuando no exista plazo específico de prescripción previsto, de acuerdo con lo dispuesto en el régimen general contenido en el Código Civil.

DISPOSICIÓN TRANSITORIA PRIMERA. **Contratos celebrados a partir del 9 de mayo de 1985**

1. Los contratos de arrendamiento de vivienda celebrados a partir del 9 de mayo de 1985 que subsistan a la fecha de entrada en vigor de la presente Ley, continuarán rigiéndose por lo dispuesto en el artículo 9 del Real Decreto-Ley 2/1985, de 30 de abril, sobre medidas de política económica, y por lo dispuesto para el contrato de inquilinato en el Texto Refundido de la Ley de Arrendamientos Urbanos, aprobada por Decreto 4104/1964, de 24 de diciembre.

Será aplicable a estos contratos lo dispuesto en los apartados 2 y 3 de la Disposición Transitoria Segunda.

La tácita reconducción prevista en el artículo 1566 del Código Civil lo será por un plazo de tres años, sin perjuicio de la facultad de no renovación prevista en el artículo 9 de esta Ley. El arrendamiento renovado se regirá por lo dispuesto en la presente ley para los arrendamientos de vivienda.

2. Los contratos de arrendamiento de local de negocio celebrados a partir del 9 de mayo de 1985, que subsistan en la fecha de entrada en vigor de esta Ley, continuarán rigiéndose por lo dispuesto en el artículo 9 del Real Decreto-Ley 2/1985, de 30 de abril, y por lo dispuesto en el Texto Refundido de la Ley de Arrendamientos Urbanos de 1964. En el caso de tácita reconducción conforme a lo dispuesto en el artículo 1566 del Código Civil, el arrendamiento renovado se regirá por las normas de la presente ley relativas a los arrendamientos para uso distinto al de vivienda.

Lo dispuesto en el párrafo anterior será de aplicación a los contratos de arrendamiento asimilados al de inquilinato y al de local de negocio que se hubieran celebrado a partir del 9 de mayo de 1985 y que subsistan en la fecha de entrada en vigor de esta Ley.

DISPOSICIÓN TRANSITORIA SEGUNDA. **Contratos de arrendamiento de vivienda celebrados con anterioridad a 19 de mayo de 1985**

A) *Régimen normativo aplicable*

1. Los contratos de arrendamiento de vivienda celebrados antes del 9 de mayo de 1985 que subsistan en la fecha de entrada en vigor de la presente Ley, continuarán rigién-

dose por las normas relativas al contrato de inquilinato del Texto Refundido de la Ley de Arrendamientos Urbanos de 1964, salvo las modificaciones contenidas en los apartados siguientes de esta disposición transitoria.

2. Será aplicable a estos contratos lo dispuesto en el artículo 12, 15 y 24 de la presente Ley.

3. Dejará de ser aplicable lo dispuesto en el apartado 1 del artículo 24 del Texto Refundido de la Ley de Arrendamientos Urbanos de 1964.

No procederán los derechos de tanteo y retracto, regulados en el Capítulo VI del Texto Refundido de la Ley de Arrendamientos Urbanos de 1964, en los casos de adjudicación de vivienda por consecuencia de división de cosa común cuando los contratos de arrendamiento hayan sido otorgados con posterioridad a la constitución de la comunidad sobre la cosa, ni tampoco en los casos de división y adjudicación de cosa común adquirida por herencia o legado.

B) *Extinción y subrogación*

4. A partir de la entrada en vigor de esta Ley, la subrogación a que se refiere el artículo 58 del Texto Refundido de la Ley de Arrendamientos Urbanos de 1964 sólo podrá tener lugar a favor del cónyuge del arrendatario no separado legalmente o de hecho o en su defecto de los hijos, que conviviesen con él durante los dos años anteriores a su fallecimiento; en defecto de los anteriores, se podrán subrogar los ascendientes del arrendatario que estuviesen a su cargo y conviviesen con él con tres años, como mínimo, de antelación a la fecha de su fallecimiento.

El contrato se extinguirá al fallecimiento del subrogado, salvo que lo fuera un hijo del arrendatario no afectado por una minusvalía igual o superior al sesenta y cinco por ciento, en cuyo caso se extinguirá a los dos años o en la fecha en que el subrogado cumpla veinticinco años, si ésta fuese posterior.

No obstante, si el subrogado fuese el cónyuge y al tiempo de su fallecimiento hubiese hijos del arrendatario que conviviesen con aquél, podrá haber una ulterior subrogación. En este caso, el contrato quedará extinguido a los dos años o cuando el hijo alcance la edad de veinticinco años si esta fecha es posterior, o por su fallecimiento si está afectado por la minusvalía mencionada en el párrafo anterior.

5. Al fallecimiento de la persona que, a tenor de lo dispuesto en el artículo 24.1 y 58 del Texto Refundido de la Ley de Arrendamientos Urbanos de 1964, se hubiese subrogado en la posición del inquilino antes de la entrada en vigor de la presente ley, sólo se podrá subrogar su cónyuge no separado legalmente o de hecho y, en su defecto, los hijos del arrendatario que habitasen en la vivienda arrendada y hubiesen convivido con él durante los dos años anteriores a su fallecimiento.

El contrato se extinguirá al fallecimiento del subrogado, salvo que lo fuera un hijo del arrendatario no afectado por una minusvalía igual o superior al sesenta y cinco por ciento, en cuyo caso se extinguirá a los dos años o cuando el hijo alcance la edad de veinticinco años si esta fecha es posterior.

No se autorizan ulteriores subrogaciones.

6. Al fallecimiento de la persona que de acuerdo con el artículo 59 del Texto Refundido de la Ley de Arrendamientos Urbanos de 1964 ocupase la vivienda por segunda subrogación no se autorizan ulteriores subrogaciones.

7. Los derechos reconocidos en los apartados 4 y 5 de esta Disposición al cónyuge del arrendatario, serán también de aplicación respecto de la persona que hubiera venido conviviendo con el arrendatario de forma permanente en análoga relación de afectividad a la de cónyuge, con independencia de su orientación sexual, durante, al menos, los dos años anteriores al tiempo del fallecimiento, salvo que hubieran tenido descendencia en común, en cuyo caso bastará la mera convivencia.

8. Durante los diez años siguientes a la entrada en vigor de la ley, si la subrogación prevista en los apartados 4 y 5 anteriores se hubiera producido a favor de hijos mayores de sesenta y cinco años o que fueren perceptores de prestaciones públicas por jubilación o invalidez permanente en grado de incapacidad permanente absoluta o gran invalidez el contrato se extinguirá por el fallecimiento del hijo subrogado.

9. Corresponde a las personas que ejerciten la subrogación contemplada en los apartados 4, 5 y 7 de esta Disposición probar la condición de convivencia con el arrendatario fallecido que para cada supuesto proceda.

La condición de convivencia con el arrendatario fallecido deberá ser habitual y darse necesariamente en la vivienda arrendada.

Serán de aplicación a la subrogación por causa de muerte regulada en los apartados 4 a 7 anteriores, las disposiciones sobre procedimiento y orden de prelación establecidas en el artículo 16 de la presente Ley.

En ningún caso, los beneficiarios de una subrogación, podrán renunciarla a favor de otro de distinto grado de prelación.

C) *Otros derechos del arrendador*

10. Para las anualidades del contrato que se inicien a partir de la entrada en vigor de esta Ley, el arrendador tendrá los siguientes derechos:

En el Impuesto sobre el Patrimonio, el valor del inmueble arrendado se determinará por capitalización al 4% de la renta devengada, siempre que el resultado sea inferior al que resultaría de la aplicación de las reglas de valoración de bienes inmuebles previstas en la Ley del Impuesto sobre el Patrimonio.

Podrá exigir del arrendatario el total importe de la cuota del Impuesto sobre Bienes Inmuebles que corresponda al inmueble arrendado. Cuando la cuota no estuviese individualizada se dividirá en proporción a la superficie de cada vivienda.

Podrá repercutir en el arrendatario el importe de las obras de reparación necesarias para mantener la vivienda en estado de servir para el uso convenido, en los términos resultantes del artículo 108 del Texto Refundido de la Ley de Arrendamientos Urbanos de 1964 o de acuerdo con las reglas siguientes:

Que la reparación haya sido solicitada por el arrendatario o acordada por resolución judicial o administrativa firme.

En caso de ser varios los arrendatarios afectados la solicitud deberá haberse efectuado por la mayoría de los arrendatarios afectados o, en su caso, por arrendatarios que representen la mayoría de las cuotas de participación correspondientes a los pisos afectados.

Del capital invertido en los gastos realizados, se deducirán los auxilios o ayudas públicas percibidos por el propietario.

Al capital invertido se le sumará el importe del interés legal del dinero correspondiente a dicho capital calculado para un período de cinco años.

El arrendatario abonará anualmente un importe equivalente al 10% de la cantidad referida en la regla anterior, hasta su completo pago.

En el caso de ser varios los arrendatarios afectados, la cantidad referida en la regla anterior se repartirá entre éstos de acuerdo con los criterios establecidos en el apartado 2 del artículo 19 de la presente Ley.

La cantidad anual pagada por el arrendatario no podrá superar la menor de las dos cantidades siguientes: cinco veces su renta vigente más las cantidades asimiladas a la misma o el importe del salario mínimo interprofesional, ambas consideradas en su cómputo anual.

Si el arrendador hubiera optado por realizar la repercusión con arreglo a lo dispuesto en el artículo 108 antes citado, la repercusión se hará de forma proporcional a la superficie de la finca afectada.

Podrá repercutir en el arrendatario el importe del coste de los servicios y suministros que se produzcan a partir de la entrada en vigor de la ley.

Se exceptúa el supuesto de que por pacto expreso entre las partes todos estos gastos sean por cuenta del arrendador.

D) *Actualización de la renta*

11. La renta del contrato podrá ser actualizada a instancia del arrendador previo requerimiento fehaciente al arrendatario.

Este requerimiento podrá ser realizado en la fecha en que, a partir de la entrada en vigor de la Ley, se cumpla una anualidad de vigencia del contrato.

Efectuado dicho requerimiento, en cada uno de los años en que aplique esta actualización, el arrendador deberá notificar al arrendatario el importe de la actualización, acompañando certificación del Instituto Nacional de Estadística expresiva de los índices determinantes de la cantidad notificada.

La actualización se desarrollará de acuerdo con las siguientes reglas:

La renta pactada inicialmente en el contrato que dio origen al arrendamiento deberá mantener durante cada una de las anualidades en que se desarrolle la actualización, con la renta actualizada la misma proporción que el Índice General Nacional del Sistema de Índices de Precios de Consumo o que el Índice General Nacional o Índice General Urbano del Sistema de Índices de Costes de la Vida del mes anterior a la fecha del contrato con respecto al Índice correspondiente al mes anterior a la fecha de actualización.

En los arrendamientos de viviendas comprendidos en el artículo 6.2 del Texto Refundido de la Ley de Arrendamientos Urbanos de 1964 celebrados con anterioridad al 12 de mayo de 1956, se tomará como renta inicial la revalorizada a que se refiere el artículo 96.10 del citado Texto Refundido, háyase o no exigido en su día por el arrendador, y como índice correspondiente a la fecha del contrato el del mes de junio de 1964.

En los arrendamientos de viviendas no comprendidos en el artículo 6.2 del citado Texto Refundido celebrados antes del 12 de mayo de 1956, se tomará como renta inicial, la que se viniera percibiendo en el mes de julio de 1954, y como índice correspondiente a la fecha del contrato el mes de marzo de 1954.

De la renta actualizada que corresponda a cada período anual calculado con arreglo a los dispuesto en la regla anterior o en la regla 5, sólo será exigible al arrendatario el porcentaje que resulta de lo dispuesto en las reglas siguientes siempre que este importe sea mayor que la renta que viniera pagando el arrendatario en ese momento incrementada en las cantidades asimiladas a la renta.

En el supuesto de que al aplicar la tabla de porcentajes que corresponda resultase que la renta que estuviera pagando en ese momento fuera superior a la cantidad que corresponda en aplicación de tales tablas, se pasaría a aplicar el porcentaje inmediatamente superior, o en su caso el siguiente o siguientes que correspondan, hasta que la cantidad exigible de la renta actualizada sea superior a la que estuviera pagando.

La renta actualizada absorberá las cantidades asimiladas a la renta desde la primera anualidad de la revisión.

Se consideran cantidades asimiladas a la renta a estos exclusivos efectos la repercusión al arrendatario del aumento de coste de los servicios y suministros a que se refiere el artículo 102 del Texto Refundido de la Ley de Arrendamientos Urbanos y la repercusión del coste de las obras a que se refiere el artículo 107 del citado Texto legal.

A partir del año en que se alcance el cien por cien de actualización, la renta que corresponda pagar podrá ser actualizada por el arrendador o por el arrendatario conforme a la variación porcentual experimentada en los doce meses anteriores por el Índice General del Sistema de Índices de Precios de Consumo, salvo cuando el contrato contuviera expreso otro sistema de actualización en cuyo caso será éste de aplicación.

Cuando la renta actualizada calculada de acuerdo con lo dispuesto en la regla 1 sea superior a la que resulte de aplicar lo dispuesto en el párrafo siguiente, se tomará como renta revisada esta última.

La renta a estos efectos se determinará aplicando sobre el valor catastral de la finca arrendada vigente en 1994, los siguientes porcentajes:

El 12%, cuando el valor catastral derivara de una revisión que hubiera surtido efectos con posterioridad a 1989.

El 24% para el resto de los supuestos.

Para fincas situadas en el País Vasco se aplicará sobre el valor catastral el porcentaje del 24%; para fincas situadas en Navarra se aplicará sobre el valor catastral el porcentaje del 12%.

El inquilino podrá oponerse a la actualización de renta comunicándoselo fehacientemente al arrendador en el plazo de los treinta días naturales siguientes a la recepción del requerimiento de éste, en cuyo caso la renta que viniere abonando el inquilino hasta ese momento, incrementada con las cantidades asimiladas a ella, sólo podrá actualizarse anualmente con la variación experimentada por el Índice General Nacional del Sistema de Índices de Precios de Consumo en los doce meses inmediatamente anteriores a la fecha de cada actualización.

Los contratos de arrendamientos respecto de los que el inquilino ejercite la opción a que se refiere esta regla, quedarán extinguidos en un plazo de ocho años, aún cuando se produzca una subrogación, contándose dicho plazo a partir de la fecha del requerimiento fehaciente del arrendador.

No procederá la actualización de renta prevista en este apartado cuando la suma de los ingresos totales que perciba el arrendatario y las personas que con él convivan habitualmente en la vivienda arrendada, no excedan de los límites siguientes:

Número de personas que convivan en la vivienda arrendada	Límite en número de veces el salario mínimo interprofesional
1 ó 2	2,5
3 ó 4	3
Más de 4	3,5

Los ingresos a considerar serán la totalidad de los obtenidos durante el ejercicio impositivo anterior a aquel en que se promueva por el arrendador la actualización de la renta.

En defecto de acreditación por el arrendatario de los ingresos percibidos por el conjunto de las personas que convivan en la vivienda arrendada, se presumirá que procede la actualización pretendida.

En los supuestos en que no proceda la actualización, la renta que viniese abonando el inquilino, incrementada en las cantidades asimiladas a ella, podrá actualizarse anualmente a tenor de la variación experimentada por el Índice General de Precios al Consumo en los doce meses inmediatamente anteriores a la fecha de cada actualización.

La actualización de renta cuando proceda, se realizará en los plazos siguientes:

En diez años, cuando la suma de los ingresos totales percibidos por el arrendatario y las personas que con él convivan habitualmente en la vivienda arrendada no exceda de 5,5 veces el Salario Mínimo Interprofesional.

En este caso, los porcentajes exigibles de la renta actualizada serán los siguientes:

Período anual de actualización a partir de la entrada en vigor de la Ley	Porcentaje exigible de la renta actualizada
1	10%
2	20%
3	30%
4	40%
5	50%
6	60%
7	70%
8	80%
9	90%
10	100%

En cinco años, cuando la indicada suma sea igual o superior a 5,5 veces el Salario Mínimo Interprofesional.

En este caso, los porcentajes exigibles de la renta actualizada serán el doble de los indicados en la letra a) anterior.

Lo dispuesto en el presente apartado sustituirá a lo dispuesto para los arrendamientos de vivienda en los números 1 y 4 del artículo 100 del Texto Refundido de la Ley de Arrendamientos Urbanos de 1964.

DISPOSICIÓN TRANSITORIA TERCERA. **Contratos de arrendamiento de local de negocio, celebrados antes de 19 de mayo de 1985**

A) *Régimen normativo aplicable*

1. Los contratos de arrendamiento de local de negocio celebrados antes del 9 de mayo de 1985 que subsistan en la fecha de entrada en vigor de la presente Ley, continuarán rigiéndose por las normas del Texto Refundido de la Ley de Arrendamientos Urbanos de 1964 relativas al contrato de arrendamiento de local de negocio, salvo las modificaciones contenidas en los apartados siguientes de esta disposición transitoria.

B) *Extinción y subrogación*

2. Los contratos que en la fecha de entrada en vigor de la presente Ley se encuentren en situación de prórroga legal, quedarán extinguidos de acuerdo con lo dispuesto en los apartados 3 a 4 siguientes.

3. Los arrendamientos cuyo arrendatario fuera una persona física se extinguirán por su jubilación o fallecimiento, salvo que se subrogue su cónyuge y continúe la misma actividad desarrollada en el local.

En defecto de cónyuge supérstite que continúe la actividad o en caso de haberse subrogado éste, a su jubilación o fallecimiento, si en ese momento no hubieran transcurrido veinte años a contar desde la aprobación de la ley, podrá subrogarse en el contrato un descendiente del arrendatario que continúe la actividad desarrollada en el local. En este caso el contrato durará por el número de años suficiente hasta completar veinte años a contar desde la entrada en vigor de la Ley.

La primera subrogación prevista en los párrafos anteriores no podrá tener lugar cuando ya se hubieran producido en el arrendamiento dos transmisiones de acuerdo con lo previsto en el artículo 60 del texto refundido de la Ley de Arrendamientos Urbanos. La segunda subrogación prevista no podrá tener lugar cuando ya se hubiera producido en el arrendamiento una transmisión de acuerdo con lo previsto en el citado artículo 60.

El arrendatario actual y su cónyuge, si se hubiera subrogado, podrán traspasar el local de negocio en los términos previstos en el artículo 32 del Texto Refundido de la Ley de Arrendamientos Urbanos.

Este traspaso permitirá la continuación del arrendamiento por un mínimo de diez años a contar desde su realización o por el número de años que quedaren desde el momento en que se realice el traspaso hasta computar veinte años a contar desde la aprobación de la ley.

Cuando en los diez años anteriores a la entrada en vigor de la Ley se hubiera producido el traspaso del local de negocio, los plazos contemplados en este apartado se incrementarán en cinco años.

Se tomará como fecha del traspaso, a los efectos de este apartado, la de la escritura a que se refiere el artículo 32 del Texto Refundido de la Ley de Arrendamientos Urbanos de 1964.

4. Los arrendamientos de local de negocio cuyo arrendatario sea una persona jurídica se extinguirán de acuerdo con las reglas siguientes:

Los arrendamientos de locales en los que se desarrollen actividades comerciales, en veinte años.

Se consideran actividades comerciales a estos efectos las comprendidas en la División 6 de la Tarifa del Impuesto sobre Actividades Económicas.

Se exceptúan los locales cuya superficie sea superior a 2.500 m², en cuyo caso, la extinción se producirá en cinco años.

Los arrendamientos de locales en los que se desarrollen actividades distintas de aquellas a las que se refiere la regla 1 a las que correspondan cuotas según las Tarifas del Impuesto sobre Actividades Económicas:

De menos de 85.000 ptas., en 20 años
Entre 85.001 y 130.000 ptas., en 15 años
Entre 130.001 y 190.000 ptas., en 10 años
De más de 190.000 ptas., en 5 años

Las cuotas que deben ser tomadas en consideración a los efectos dispuestos en el presente apartado son las cuotas mínimas municipales o cuotas mínimas según tarifa, que incluyen, cuando proceda, el complemento de superficie,correspondientes al ejercicio 1994. En aquellas actividades a las que corresponda una bonificación en la cuota del Impuesto sobre Actividades Económicas, dicha bonificación se aplicará a la cuota mínima municipal o cuota mínima según tarifa a los efectos de determinar la cantidad que corresponda.

Los plazos citados en las reglas anteriores se contarán a partir de la entrada en vigor de la presente Ley. Cuando en los diez años anteriores a dicha entrada en vigor se hubiera producido el traspaso del local de negocio, los plazos de extinción de los contratos se incrementarán en cinco años. Se tomará como fecha del traspaso la de la escritura a que se refiere el artículo 32 del Texto Refundido de la Ley de Arrendamientos Urbanos.

Cuando en un local se desarrollen varias actividades a las que correspondan distintas cuotas, sólo se tomará en consideración a los efectos de este apartado la mayor de ellas.

Incumbe al arrendatario la prueba de la cuota que corresponde a la actividad desarrollada en el local arrendado. En defecto de prueba, el arrendamiento tendrá la mínima de las duraciones previstas en el párrafo primero.

5. Los contratos en los que, en la fecha de entrada en vigor de la presente ley, no haya transcurrido aún el plazo determinado pactado en el contrato, durarán el tiempo que reste para que dicho plazo se cumpla. Cuando este período de tiempo sea inferior al que resultaría de la aplicación de las reglas del apartado 4 el arrendatario podrá hacer durar el arriendo el plazo que resulte de la aplicación de dichas reglas.

En los casos previstos en este apartado y en el apartado 4, la tácita reconducción se regirá por lo dispuesto en el artículo 1566 del Código Civil y serán aplicables al arrendamiento renovado las normas de la presente Ley relativas a los arrendamientos de fincas urbanas para uso distinto del de vivienda.

C) *Actualización de la renta*

6. A partir de la entrada en vigor de la presente Ley, en la fecha en que se cumpla cada año de vigencia del contrato, la renta de los arrendamientos de locales de negocio podrá ser actualizada, a instancia del arrendador, previo requerimiento fehaciente al arrendatario, de acuerdo con las siguientes reglas:

La renta pactada inicialmente en el contrato que dio origen al arrendamiento deberá mantener con la renta actualizada la misma proporción que el Índice General Nacional del Sistema de Índices de Precios de Consumo o que el Índice General Nacional o Índice General Urbano del Sistema de Índices de Costes de la Vida del mes anterior a la fecha del contrato con respecto al Índice correspondiente al mes anterior a la fecha de cada actualización.

En los contratos celebrados con anterioridad al 12 de mayo de 1956, se tomará como renta inicial la revalorizada a que se refiere el artículo 96.10 del citado Texto Refundido, háyase o no exigido en su día por el arrendador, y como índice correspondiente a la fecha del contrato el del mes de junio de 1964.

De la renta actualizada que corresponda a cada período anual calculado con arreglo a lo dispuesto en la regla anterior, sólo será exigible al arrendatario el porcentaje que resulte de las tablas de porcentajes previstas en las reglas siguientes en función del período de actualización que corresponda, siempre que este importe sea mayor que la renta que viniera pagando el arrendatario en ese momento incrementada en las cantidades asimiladas a la renta.

En el supuesto de que al aplicar la tabla de porcentajes que corresponda resultase que la renta que estuviera cobrando en ese momento fuera superior a la cantidad que corresponda en aplicación de tales tablas, se pasaría a aplicar el porcentaje inmediatamente superior, o en su caso el siguiente o siguientes que correspondan, hasta que la cantidad exigible de la renta actualizada sea superior a la que estuviera cobrando sin la actualización.

En los arrendamientos a los que corresponda, de acuerdo con lo dispuesto en el apartado 4, un período de extinción de cinco o diez años, la revisión de renta se hará de acuerdo con la tabla siguiente:

Actualización a partir entrada en vigor de la Ley	Porcentaje exigible de la renta actualizada
1	10%
2	20%
3	35%
4	60%
5	100%

En los arrendamientos comprendidos en el apartado 3, y en aquellos a los que corresponda, de acuerdo con lo dispuesto en el apartado 4, un período de extinción de quince o veinte años, la revisión de la renta se hará con arreglo a los porcentajes y plazos previstos en la regla 9, a) del apartado 11 de la disposición transitoria segunda.

La renta actualizada absorberá las cantidades asimiladas a la renta desde la primera anualidad de revisión.

Se consideran cantidades asimiladas a la renta a estos exclusivos efectos la repercusión al arrendatario del aumento de coste de los servicios y suministros a que se refiere el artículo 102 del Texto Refundido de la Ley de Arrendamientos Urbanos y la repercusión del coste de las obras a que se refiere el artículo 107 del citado Texto Legal.

A partir del año en que se alcance el cien por cien de actualización, la renta que corresponda pagar podrá ser actualizada por el arrendador o por el arrendatario conforme a la variación porcentual experimentada en los doce meses anteriores por el Índice General del Sistema de Índices de Precios de Consumo, salvo cuando el contrato contuviera expreso otro sistema de actualización, en cuyo caso será éste de aplicación.

Lo dispuesto en el presente apartado sustituirá a lo dispuesto para los arrendamientos de locales de negocio en el número 1 del artículo 100 del Texto Refundido de la Ley de Arrendamientos Urbanos de 1964.

Para determinar a estos efectos la fecha de celebración del contrato, se atenderá a aquélla en que se suscribió, con independencia de que el arrendatario actual sea el originario o la persona subrogada en su posición.

7. El arrendatario podrá revisar la renta de acuerdo con lo dispuesto en las reglas 1, 5 y 6 del apartado anterior en la primera renta que corresponda pagar, a partir del requerimiento de revisión efectuado por el arrendador o a iniciativa propia.

En este supuesto, el plazo mínimo de duración previsto en el apartado 3 y los plazos previstos en el apartado 4, se incrementarán en cinco años.

Lo dispuesto en el párrafo anterior será también de aplicación en el supuesto en que la renta que se estuviera pagando en el momento de entrada en vigor de la ley fuera mayor que la resultante de la actualización prevista en el apartado 7

8. La revisión de la renta prevista para los contratos a que se refiere el apartado 3 y para aquellos de los contemplados en el apartado 4 que tengan señalado un período de extinción de quince a veinte años, no procederá cuando el arrendatario opte por la no aplicación de la misma.

Para ello, el arrendatario deberá comunicar por escrito al arrendador su voluntad en un plazo de treinta días naturales siguientes a la recepción del requerimiento de éste para la revisión de la renta.

Los contratos de arrendamiento respecto de los que el arrendatario ejercite la opción de no revisión de la renta, se extinguirán cuando venza la quinta anualidad contada a partir de la entrada en vigor de la presente Ley.

D) *Otros derechos del arrendador*

9. Para las anualidades del contrato que se inicien a partir de la entrada en vigor de esta ley, y hasta que se produzca la extinción del mismo, será también de aplicación a estos contratos lo previsto en el apartado 10 de la disposición transitoria segunda.

E) *Otros derechos del arrendatario*

10. El arrendatario tendrá derecho a una indemnización de una cuantía igual a dieciocho mensualidades de la renta vigente al tiempo de la extinción del arrendamiento cuando antes del transcurso de un año desde la extinción del mismo, cualquier persona comience a ejercer en el local la misma actividad o una actividad afín a la que aquél ejercitaba. Se considerarán afines las actividades típicamente aptas para beneficiarse, aunque sólo sea en parte, de la clientela captada por la actividad que ejerció el arrendatario.

11. Extinguido el contrato de arrendamiento conforme a lo dispuesto en los apartados precedentes, el arrendatario tendrá derecho preferente para continuar en el local arrendado si el arrendador pretendiese celebrar un nuevo contrato con distinto arrendatario antes de haber transcurrido un año a contar desde la extinción legal del arrendamiento.

A tal efecto, el arrendador deberá notificar fehacientemente al arrendatario su propósito de celebrar un nuevo contrato de arrendamiento, la renta ofrecida, las condiciones esenciales del contrato y el nombre, domicilio y circunstancias del nuevo arrendatario.

El derecho preferente a continuar en el local arrendado conforme a las condiciones ofrecidas, deberá ejercitarse por el arrendatario en el plazo de treinta días naturales a contar desde el siguiente al de la notificación, procediendo en este plazo a la firma del contrato.

El arrendador, transcurrido el plazo de treinta días naturales desde la notificación sin que el arrendatario hubiere procedido a firmar el contrato de arrendamiento propuesto, deberá formalizar el nuevo contrato de arrendamiento en el plazo de ciento veinte días naturales a contar desde la notificación al arrendatario cuyo contrato se extinguió.

Si el arrendador no hubiese hecho la notificación prevenida u omitiera en ella cualquiera de los requisitos exigidos o resultaran diferentes la renta pactada, la persona del nuevo arrendatario o las restantes condiciones esenciales del contrato, tendrá derecho el arrendatario cuyo contrato se extinguió a subrogarse, por ministerio de la ley, en el nuevo contrato de arrendamiento en el plazo de sesenta días naturales desde que el arrendador le remitiese fehacientemente copia legalizada del nuevo contrato celebrado seguido a tal efecto, estando legitimado para ejercitar la acción de desahucio por el procedimiento establecido para el ejercicio de la acción de retracto.

El arrendador está obligado a remitir al arrendatario cuyo contrato se hubiera extinguido, copia del nuevo contrato celebrado dentro del año siguiente a la extinción, en el plazo de quince días desde su celebración.

El ejercicio de este derecho preferente será incompatible con la percepción de la indemnización prevista en el apartado anterior, pudiendo el arrendatario optar entre uno u otro.

12. La presente disposición transitoria se aplicará a los contratos de arrendamiento de local de negocio para oficina de farmacia celebrados antes del 9 de mayo de 1985 y que subsistan el 31 de diciembre de 1999.

DISPOSICIÓN TRANSITORIA CUARTA. Contratos de arrendamiento asimilados al inquilinato celebrados con anterioridad al 9 de mayo de 1985

1. Los contratos asimilados a los de inquilinato a que se refiere el artículo 4.2 del Texto Refundido de la Ley de Arrendamientos Urbanos de 1964 y los asimilados a los de local de negocio a que se refiere el artículo 5.2 del mismo Texto Legal, celebrados antes del 9 de mayo de 1985 y que subsisten en la fecha de entrada en vigor de la presente Ley, continuarán rigiéndose por las normas del citado Texto Refundido que les sean de aplicación, salvo las modificaciones contenidas en los apartados siguientes de esta disposición transitoria.

2. Los arrendamientos asimilados al inquilinato se regirán por lo estipulado en la Disposición Transitoria Tercera. A estos efectos, los contratos celebrados por la Iglesia Católica y por Corporaciones que no persigan ánimo de lucro, se entenderán equiparados a aquellos de los mencionados en la regla 2 del apartado 4 a los que corresponda un plazo de extinción de quince años. Los demás se entenderán equiparados a aquéllos de los mencionados en la citada regla 2 a los que corresponda un plazo de extinción de diez años.

3. Los arrendamientos asimilados a los de local de negocio se regirán por lo estipulado en la Disposición Transitoria Tercera para los arrendamientos de local a que se refiere la regla 2 del apartado 4 a los que corresponda una cuota superior a 190.000 pesetas.

4. Los arrendamientos de fincas urbanas en los que se desarrollen actividades profesionales se regirán por lo dispuesto en el apartado anterior.

DISPOSICIÓN TRANSITORIA QUINTA. Arrendamientos de Viviendas de Protección Oficial

Los arrendamientos de Viviendas de Protección Oficial que subsistan a la entrada en vigor de la presente ley, continuarán rigiéndose por la normativa que les viniera siendo de aplicación.

DISPOSICIÓN TRANSITORIA SEXTA. **Procesos judiciales**

1. El Título V de la presente Ley será aplicable a los litigios relativos a contratos de arrendamiento de finca urbana que subsistan a la fecha de entrada en vigor de esta ley.

2. Se exceptúa lo establecido respecto al valor de la demanda y a la conformidad de las sentencias, que será inmediatamente aplicable a los recursos de casación en los litigios sobre contratos de arrendamiento de local de negocios en los que la sentencia de la Audiencia Provincial se haya dictado después de la entrada en vigor de la presente Ley.

DISPOSICIÓN DEROGATORIA UNICA. **Disposiciones que se derogan**

Quedan derogados, sin perjuicio de lo previsto en las Disposiciones Transitorias de la presente Ley, el Decreto 4104/1964, de 24 de diciembre, por el que se aprueba el Texto Refundido de la Ley de Arrendamientos Urbanos de 1964, los artículos 8 y 9 del Real Decreto-ley 2/1985, de 30 de abril, sobre Medidas de Política Económica, y cuantas disposiciones de igual o inferior rango se opongan a lo establecido en esta Ley.

También queda derogado el Decreto de 11 de marzo de 1949. Esta derogación producirá sus efectos en el ámbito territorial de cada Comunidad Autónoma cuando se dicten las disposiciones a que se refiere la Disposición Adicional Tercera de la presente Ley.

DISPOSICIÓN FINAL PRIMERA. **Naturaleza de la Ley**

La presente Ley se dicta al amparo del artículo 149.1.8 de la Constitución.

DISPOSICIÓN FINAL SEGUNDA. **Entrada en vigor**

Esta ley entrará en vigor el día 1 de enero de 1995.

El apartado 3 de la Disposición Transitoria Segunda entrará en vigor el día siguiente al de la publicación de la presente Ley en el *Boletín Oficial del Estado*.

Los traspasos de local de negocio producidos a partir de la fecha señalada en el párrafo anterior se considerarán producidos a partir de la entrada en vigor de la Ley.

DISPOSICIÓN FINAL TERCERA. **Publicación por el Gobierno de los Índices de Precios al Consumo a que se refiere esta Ley**

El Gobierno en el plazo de un mes desde la entrada en vigor de la presente Ley, publicará en el *Boletín Oficial del Estado* una relación de los Índices de Precios al Consumo desde el año 1954 hasta la entrada en vigor de la misma.

Una vez publicada la relación a que se refiere el párrafo anterior, el Instituto Nacional de Estadística, al anunciar mensualmente las modificaciones sucesivas del Índice de Precios al Consumo, hará constar también la variación de la proporción con el índice base de 1954.

DISPOSICIÓN FINAL CUARTA. **Compensaciones por vía fiscal**

El Gobierno procederá, transcurrido un año a contar desde la entrada en vigor de la Ley, a presentar a las Cortes Generales un proyecto de ley mediante el que se arbitre un sistema de beneficios fiscales para compensar a los arrendadores, en contratos celebrados con anterioridad al 9 de mayo de 1985 que subsistan a la entrada en vigor de la Ley, mientras el contrato siga en vigor, cuando tales arrendadores no disfruten del derecho a la revisión de la renta del contrato por aplicación de la regla 7 del apartado 11 de la Disposición Transitoria Segunda de esta Ley.

Por tanto, mando a todos los españoles, particulares y autoridades que guarden y hagan guardar esta Ley.
Madrid, 24 de noviembre de 1994.
– Juan Carlos R. –

El Presidente del Gobierno,
Felipe González Márquez

Notas:

Disposición Adicional Quinta (apdo. 2):
Redacción según Ley 50/1998, de 30 de diciembre, de Medidas Fiscales, Administrativas y de Orden Social.

Disposición transitoria Tercera:
Redacción según Ley 55/1999, de 29 de diciembre, de Medidas fiscales, administrativas y del orden social.

Artículos 38, 39, y 40:
Derogados por Ley 1/2000, de 7 de enero, de Enjuiciamiento Civil.

Artículo 36.6:
Incorporado por Ley 13/1996, de 30 de diciembre, de Medidas fiscales, administrativas y del orden social.

3.2. LEI BRASILEIRA DO ARRENDAMENTO URBANO

LEI N.º 8.245, DE 18 DE OUTUBRO DE 1991

(Dispõe sobre as locações dos imóveis urbanos e os procedimentos a elas pertinentes e foi publicada no Diário Oficial da União, de 21.10.1991):

TÍTULO I. Da Locação

CAPÍTULO I. Disposições Gerais

SEÇÃO I. Da locação em geral

Art. 1.º A locação de imóvel urbano regula-se pelo disposto nesta lei:

Parágrafo único. Continuam regulados pelo Código Civil e pelas leis especiais[243]:
a) as locações:
   1. de imóveis de propriedade da União, dos Estados e dos Municípios, de suas autarquias e fundações públicas;
   2. de vagas autônomas de garagem ou de espaços para estacionamento de veículos;
   3. de espaços destinados à publicidade;
   4. em *apart*-hotéis, hotéis-residência ou equiparados, assim considerados aqueles que prestam serviços regulares a seus usuários e como tais sejam autorizados a funcionar;
b) o arrendamento mercantil, em qualquer de suas modalidades.

Art. 2.º Havendo mais de um locador ou mais de um locatário, entende-se que são solidários se o contrário não se estipulou.

Parágrafo único. Os ocupantes de habitações coletivas multifamiliares presumem-se locatários ou sublocatários.

Art. 3.º O contrato de locação pode ser ajustado por qualquer prazo, dependendo de vênia conjugal, se igual ou superior a dez anos.

Parágrafo único. Ausente a vênia conjugal, o cônjuge não estará obrigado a observar o prazo excedente.

---

[243] A referência é feita ao Código Civil de 1916. Vide os arts. 565.º a 578.º e 2036.º do Código vigente.

Art. 4.º Durante o prazo estipulado para a duração do contrato, não poderá o locador reaver o imóvel alugado. O locatário, todavia, poderá devolvê-lo, pagando a multa pactuada, segundo a proporção prevista no art. 924 do Código Civil e, na sua falta, a que for judicialmente estipulada[244].

Parágrafo único. O locatário ficará dispensado da multa se a devolução do imóvel decorrer de transferência, pelo seu empregador, privado ou público, para prestar serviços em localidades diversas daquela do início do contrato, e se notificar, por escrito, o locador com prazo de, no mínimo, trinta dias de antecedência.

Art. 5.º Seja qual for o fundamento do término da locação, a ação do locador para reaver o imóvel é a de despejo.

Parágrafo único. O disposto neste artigo não se aplica se a locação termina em decorrência de desapropriação, com a missão do expropriante na posse do imóvel.

Art. 6.º O locatário poderá denunciar a locação por prazo indeterminado mediante aviso por escrito ao locador, com antecedência mínima de trinta dias.

Parágrafo único. Na ausência do aviso, o locador poderá exigir quantia correspondente a um mês de aluguel e encargos, vigentes quando da resilição.

Art. 7.º Nos casos de extinção de usufruto ou de fideicomisso, a locação celebrada pelo usufrutuário ou fiduciário poderá ser denunciada, com o prazo de trinta dias para a desocupação, salvo se tiver havido aquiescência escrita do nuproprietário ou do fideicomissário, ou se a propriedade estiver consolidada em mãos do usufrutuário ou do fiduciário.

Parágrafo único. A denúncia deverá ser exercitada no prazo de noventa dias contados da extinção do fideicomisso ou da averbação da extinção do usufruto, presumindo-se, após esse prazo, a concordância na manutenção da locação.

Art. 8.º Se o imóvel for alienado durante a locação, o adquirente poderá denunciar o contrato, com o prazo de noventa dias para a desocupação, salvo se a locação for por tempo determinado e o contrato contiver cláusula de vigência em caso de alienação e estiver averbado junto à matrícula do imóvel.

§ 1.º Idêntico direito terá o promissário comprador e o promissário cessionário, em caráter irrevogável, com imissão na posse do imóvel e título registrado junto à matrícula do mesmo.

§ 2.º A denúncia deverá ser exercitada no prazo de noventa dias contados do registro da venda ou do compromisso, presumindo-se, após esse prazo, a concordância na manutenção da locação.

Art. 9.º A locação também poderá ser desfeita:
I – por mútuo acordo;
II – em decorrência da prática de infração legal ou contratual;
III – em decorrência da falta de pagamento do aluguel e demais encargos;

---

[244] A referência é feita a dispositivo do Código Civil de 1916. Vide art. 413.º do Código vigente.

IV – para a realização de reparações urgentes determinadas pelo Poder Público, que não possam ser normalmente executadas com a permanência do locatário no imóvel ou, podendo, ele se recuse a consenti-las.

Art. 10. Morrendo o locador, a locação transmite-se aos herdeiros.

Art. 11. Morrendo o locatário, ficarão sub-rogados nos seus direitos e obrigações:
I – nas locações com finalidade residencial, o cônjuge sobrevivente ou o companheiro e, sucessivamente, os herdeiros necessários e as pessoas que viviam na dependência econômica do *de cujus*, desde que residentes no imóvel;
II – nas locações com finalidade não residencial, o espólio e, se for o caso, seu sucessor no negócio.

Art. 12. Em casos de separação de fato, separação judicial, divórcio ou dissolução da sociedade concubinária, a locação prosseguirá automaticamente com o cônjuge ou companheiro que permanecer no imóvel.
Parágrafo único. Nas hipóteses previstas neste artigo, a sub-rogação será comunicada por escrito ao locador, o qual terá o direito de exigir, no prazo de trinta dias, a substituição do fiador ou o oferecimento de qualquer das garantias previstas nesta lei.

Art. 13. A cessão da locação, a sublocação e o empréstimo do imóvel, total ou parcialmente, dependem do consentimento prévio e escrito do locador.
1.º Não se presume o consentimento pela simples demora do locador em manifestar formalmente a sua oposição.
2.º Desde que notificado por escrito pelo locatário, de ocorrência de uma das hipóteses deste artigo, o locador terá o prazo de trinta dias para manifestar formalmente a sua oposição.

SEÇÃO II. *Das sublocações*

Art. 14. Aplicam-se às sublocações, no que couber, as disposições relativas às locações.

Art. 15. Rescindida ou finda a locação, qualquer que seja sua causa, resolvem-se as sublocações, assegurado o direito de indenização do sublocatário contra o sublocador.

Art. 16. O sublocatário responde subsidiariamente ao locador pela importância que dever ao sublocador, quando este for demandado e, ainda, pelos aluguéis que se vencerem durante a lide.

SEÇÃO III. *Do aluguel*

Art. 17. É livre a convenção do aluguel, vedada a sua estipulação em moeda estrangeira e a sua vinculação à variação cambial ou ao salário mínimo.
Parágrafo único. Nas locações residenciais serão observadas os critérios de reajustes previstos na legislação específica.

Art. 18. É lícito às partes fixar, de comum acordo, novo valor para o aluguel, bem como inserir ou modificar cláusula de reajuste.

Art. 19. Não havendo acordo, o locador ou locatário, após três anos de vigência do contrato ou do acordo anteriormente realizado, poderão pedir revisão judicial do aluguel, a fim de ajustá-lo ao preço de mercado.

Art. 20. Salvo as hipóteses do art. 42 e da locação para temporada, o locador não poderá exigir o pagamento antecipado do aluguel.

Art. 21. O aluguel da sublocação não poderá exceder o da locação; nas habitações coletivas multifamiliares, a soma dos aluguéis não poderá ser superior ao dobro do valor da locação.

Parágrafo único. O descumprimento deste artigo autoriza o sublocatário a reduzir o aluguel até os limites nele estabelecidos.

SEÇÃO IV. Dos deveres do locador e do locatário

Art. 22. O locador é obrigado a:

I – entregar ao locatário o imóvel alugado em estado de servir ao uso a que se destina;

II – garantir, durante o tempo da locação, o uso pacífico do imóvel locado;

III – manter, durante a locação, a forma e o destino do imóvel;

IV – responder pelos vícios ou defeitos anteriores à locação;

V – fornecer ao locatário, caso este solicite, descrição minuciosa do estado do imóvel, quando de sua entrega, com expressa referência aos eventuais defeitos existentes;

VI – fornecer ao locatário recibo discriminado das importâncias por este pagas, vedada a quitação genérica;

VII – pagar as taxas de administração imobiliária, se houver, e de intermediações, nestas compreendidas as despesas necessárias à aferição da idoneidade do pretendente ou de seu fiador;

VIII – pagar os impostos e taxas, e ainda o prêmio de seguro complementar contra fogo, que incidam ou venham a incidir sobre o imóvel, salvo disposição expressa em contrário no contrato;

IX – exibir ao locatário, quando solicitado, os comprovantes relativos às parcelas que estejam sendo exigidas;

X – pagar as despesas extraordinárias de condomínio.

Parágrafo único. Por despesas extraordinárias de condomínio se entendem aquelas que não se refiram aos gastos rotineiros de manutenção do edifício, especialmente:

a) obras de reformas ou acréscimos que interessem à estrutura integral do imóvel;
b) pintura das fachadas, empenas, poços de aeração e iluminação, bem como das esquadrias externas;
c) obras destinadas a repor as condições de habitabilidade do edifício;
d) indenizações trabalhistas e previdenciárias pela dispensa de empregados, ocorridas em data anterior ao início da locação;
e) instalação de equipamento de segurança e de incêndio, de telefonia, de intercomunicação, de esporte e de lazer;
f) despesas de decoração e paisagismo nas partes de uso comum;
g) constituição de fundo de reserva.

Art. 23. O locatário é obrigado a:

I – pagar pontualmente o aluguel e os encargos da locação, legal ou contratualmente exigíveis, no prazo estipulado ou, em sua falta, até o sexto dia útil do mês seguinte ao vencido, no imóvel locado, quando outro local não tiver sido indicado no contrato;

II – servir-se do imóvel para o uso convencionado ou presumido, compatível com a natureza deste e com o fim a que se destina, devendo tratá-lo com o mesmo cuidado como se fosse seu;

III – restituir o imóvel, finda a locação, no estado em que o recebeu, salvo as deteriorações decorrentes do seu uso normal;

IV – levar imediatamente ao conhecimento do locador o surgimento de qualquer dano ou defeito cuja reparação a este incumba, bem como as eventuais turbações de terceiros;

V – realizar a imediata reparação dos danos verificados no imóvel, ou nas suas instalações, provocadas por si, seus dependentes, familiares, visitantes ou prepostos;

VI – não modificar a forma interna ou externa do imóvel sem o consentimento prévio e por escrito do locador;

VII – entregar imediatamente ao locador os documentos de cobrança de tributos e encargos condominiais, bem como qualquer intimação, multa ou exigência de autoridade pública, ainda que dirigida a ele, locatário;

VIII – pagar as despesas de telefone e de consumo de força, luz e gás, água e esgoto;

IX – permitir a vistoria do imóvel pelo locador ou por seu mandatário, mediante combinação prévia de dia e hora, bem como admitir que seja o mesmo visitado e examinado por terceiros, na hipótese prevista no art. 27;

X – cumprir integralmente a convenção de condomínio e os regulamentos internos;

XI – pagar o prêmio do seguro de fiança;

XII – pagar as despesas ordinárias de condomínio.

1.° Por despesas ordinárias de condomínio se entendem as necessárias à administração respectiva, especialmente:

a) salários, encargos trabalhistas, contribuições previdenciárias e sociais dos empregados do condomínio;
b) consumo de água e esgoto, gás, luz e força das áreas de uso comum;
c) limpeza, conservação e pintura das instalações e dependências de uso comum;
d) manutenção e conservação das instalações e equipamentos hidráulicos, elétricos, mecânicos e de segurança, de uso comum;
e) manutenção e conservação das instalações e equipamentos de uso comum destinados à prática de esportes e lazer;
f) manutenção e conservação de elevadores, porteiro eletrônico e antenas coletivas;
g) pequenos reparos nas dependências e instalações elétricas e hidráulicas de uso comum;
h) rateios de saldo devedor, salvo se referentes a período anterior ao início da locação;
i) reposição do fundo de reserva, total ou parcialmente utilizado no custeio ou complementação das despesas referidas nas alíneas anteriores, salvo se referentes a período anterior ao início da locação.

2.° O locatário fica obrigado ao pagamento das despesas referidas no parágrafo anterior, desde que comprovadas a previsão orçamentária e o rateio mensal, podendo exigir a qualquer tempo a comprovação das mesmas.

3.º No edifício constituído por unidades imobiliárias autônomas, de propriedade da mesma pessoa, os locatários ficam obrigados ao pagamento das despesas referidas no § 1.º deste artigo, desde que comprovadas.

Art. 24. Nos imóveis utilizados como habitação coletiva multifamiliar, os locatários ou sublocatários poderão depositar judicialmente o aluguel e encargos se a construção for considerada em condições precárias pelo Poder Público.

1.º O levantamento dos depósitos somente será deferido com a comunicação, pela autoridade pública, da regularização do imóvel.

2.º Os locatários ou sublocatários que deixarem o imóvel estarão desobrigados do aluguel durante a execução das obras necessárias à regularização.

3.º Os depósitos efetuados em juízo pelos locatários e sublocatários poderão ser levantados, mediante ordem judicial, para realização das obras ou serviços necessários à regularização do imóvel.

Art. 25. Atribuída ao locatário a responsabilidade pelo pagamento dos tributos, encargos e despesas ordinárias de condomínio, o locador poderá cobrar tais verbas juntamente com o aluguel do mês a que se refiram.

Parágrafo único. Se o locador antecipar os pagamentos, a ele pertencerão as vantagens daí advindas, salvo se o locatário reembolsá-lo integralmente.

Art. 26. Necessitando o imóvel de reparos urgentes, cuja realização incumba ao locador, o locatário é obrigado a consenti-los.

Parágrafo único. Se os reparos durarem mais de dez dias, o locatário terá direito ao abatimento do aluguel, proporcional ao período excedente; se mais de trinta dias, poderá resilir o contrato.

SEÇÃO V. *Do direito de preferência*

Art. 27. No caso de venda, promessa de venda, cessão ou promessa de cessão de direitos ou dação em pagamento, o locatário tem preferência para adquirir o imóvel locado, em igualdade de condições com terceiros, devendo o locador dar-lhe conhecimento do negócio mediante notificação judicial, extrajudicial ou outro meio de ciência inequívoca.

Parágrafo único. A comunicação deverá conter todas as condições do negócio e, em especial, o preço, a forma de pagamento, a existência de ônus reais, bem como o local e horário em que pode ser examinada a documentação pertinente.

Art. 28. O direito de preferência do locatário caducará se não manifestada, de maneira inequívoca, sua aceitação integral à proposta, no prazo de trinta dias.

Art. 29. Ocorrendo aceitação da proposta, pelo locatário, a posterior desistência do negócio pelo locador acarreta, a este, responsabilidade pelos prejuízos ocasionados, inclusive lucros cessantes.

Art. 30. Estando o imóvel sublocado em sua totalidade, caberá a preferência ao sublocatário e, em seguida, ao locatário. Se forem vários os sublocatários, a preferência caberá a todos, em comum, ou a qualquer deles, se um só for o interessado.

Parágrafo único. Havendo pluralidade de pretendentes, caberá a preferência ao locatário mais antigo, e, se da mesma data, ao mais idoso.

Art. 31. Em se tratando de alienação de mais de uma unidade imobiliária, o direito de preferência incidirá sobre a totalidade dos bens objeto da alienação.

Art. 32. O direito de preferência não alcança os casos de perda da propriedade ou venda por decisão judicial, permuta, doação, integralização de capital, cisão, fusão e incorporação.

Parágrafo único. Nos contratos firmados a partir de 1.º de outubro de 2001, o direito de preferência de que trata este artigo não alcançará também os casos de constituição da propriedade fiduciária e de perda da propriedade ou venda por quaisquer formas de realização de garantia, inclusive mediante leilão extrajudicial, devendo essa condição constar expressamente em cláusula contratual específica, destacando-se das demais por sua apresentação gráfica[245].

Art. 33. O locatário preterido no seu direito de preferência poderá reclamar do alienante as perdas e danos ou, depositando o preço e demais despesas do ato de transferência, haver para si o imóvel locado, se o requerer no prazo de seis meses, a contar do registro do ato no cartório de imóveis, desde que o contrato de locação esteja averbado pelo menos trinta dias antes da alienação junto à matrícula do imóvel.

Parágrafo único. A averbação far-se-á à vista de qualquer das vias do contrato de locação desde que subscrito também por duas testemunhas.

Art. 34. Havendo condomínio no imóvel, a preferência do condômino terá prioridade sobre a do locatário.

SEÇÃO VI. Das benfeitorias

Art. 35. Salvo expressa disposição contratual em contrário, as benfeitorias necessárias introduzidas pelo locatário, ainda que não autorizadas pelo locador, bem como as úteis, desde que autorizadas, serão indenizáveis e permitem o exercício do direito de retenção.

Art. 36. As benfeitorias voluptuárias não serão indenizáveis, podendo ser levantadas pelo locatário, finda a locação, desde que sua retirada não afete a estrutura e a substância do imóvel.

SEÇÃO VII. Das garantias locatícias

Art. 37. No contrato de locação, pode o locador exigir do locatário as seguintes modalidades de garantia:
I – caução;
II – fiança;
III – seguro de fiança locatícia[246];
IV – cessão fiduciária de quotas de fundo de investimento[247].

Parágrafo único. É vedada, sob pena de nulidade, mais de uma das modalidades de garantia num mesmo contrato de locação.

---

[245] Parágrafo único acrescentado pela Lei n.º 10.931, de 2 de Agosto de 2004.
[246] Inserir Circular n.º 1, de 14 de Janeiro de 1992, da Superintendência de Seguros Privados.
[247] Inciso IV acrescentado pela Lei n.º 11.196, de 21 de Novembro de 2005 (DOU de 22-11-2005, em vigor desde a publicação, produzindo efeitos a partir de 1-1-2006).

Art. 38. A caução poderá ser em bens móveis ou imóveis.

§ 1.º A caução em bens móveis deverá ser registrada em cartório de títulos e documentos; a em bens imóveis deverá ser averbada à margem da respectiva matrícula.

§ 2.º A caução em dinheiro, que não poderá exceder o equivalente a três meses de aluguel, será depositada em caderneta de poupança, autorizada, pelo Poder Público e por ele regulamentada, revertendo em benefício do locatário todas as vantagens dela decorrentes por ocasião do levantamento da soma respectiva.

§ 3.º A caução em títulos e ações deverá ser substituída, no prazo de trinta dias, em caso de concordata, falência ou liquidação das sociedades emissoras.

Art. 39. Salvo disposição contratual em contrário, qualquer das garantias da locação se estende até a efetiva devolução do imóvel[248].

Art. 40. O locador poderá exigir novo fiador ou a substituição da modalidade de garantia, nos seguintes casos:

I – morte do fiador;

II – ausência, interdição, falência ou insolvência do fiador, declaradas judicialmente;

III – alienação ou gravação de todos os bens imóveis do fiador ou sua mudança de residência sem comunicação ao locador;

IV – exoneração do fiador;

V – prorrogação da locação por prazo indeterminado, sendo a fiança ajustada por prazo certo;

VI – desaparecimento dos bens móveis;

VII – desapropriação ou alienação do imóvel;

VIII – exoneração de garantia constituída por quotas de fundo de investimento[249];

IX – liquidação ou encerramento do fundo de investimento de que trata o inciso IV do art. 37 desta Lei[250].

Art. 41. O seguro de fiança locatícia abrangerá a totalidade das obrigações do locatário.

Art. 42. Não estando a locação garantida por qualquer das modalidades, o locador poderá exigir do locatário o pagamento do aluguel e encargos até o sexto dia útil do mês vincendo.

SEÇÃO VIII. *Das penalidades criminais e civis*

Art. 43. Constitui contravenção penal, punível com prisão simples de cinco dias a seis meses ou multa de três a doze meses do valor do último aluguel atualizado, revertida em favor do locatário:

I – exigir, por motivo de locação ou sublocação, quantia ou valor além do aluguel e encargos permitidos;

---

[248] A Lei n.º 10.931, de 2 de Agosto de 2004, propôs nova redacção para este artigo. Porém, o texto sofreu veto presidencial.

[249] Inciso VIII acrescentado pela Lei n.º 11.196, de 21.11.2005 (DOU de 22.11.2005, em vigor desde a publicação, porduzindo efeitos a partir de 1-1-2006).

[250] Idem nota anterior.

II – exigir, por motivo de locação ou sublocação, mais de uma modalidade de garantia num mesmo contrato de locação;
III – cobrar antecipadamente o aluguel, salvo a hipótese do art. 42 e da locação para temporada.

Art. 44. Constitui crime de ação pública, punível com detenção de três meses a um ano, que poderá ser substituída pela prestação de serviços à comunidade:
I – recusar-se o locador ou sublocador, nas habitações coletivas multifamiliares, a fornecer recibo discriminado do aluguel e encargos;
II – deixar o retomante, dentro de cento e oitenta dias após a entrega do imóvel, no caso do inciso III do art. 47, de usá-lo para o fim declarado ou, usando-o, não o fizer pelo prazo mínimo de um ano;
III – não iniciar o proprietário, promissário comprador ou promissário cessionário, nos casos do inciso IV do art. 9.°, inciso IV do art. 47, inciso I do art. 52 e inciso II do art. 53, a demolição ou a reparação do imóvel, dentro de sessenta dias contados de sua entrega;
IV – executar o despejo com inobservância do disposto no § 2.° do art. 65.

Parágrafo único. Ocorrendo qualquer das hipóteses previstas neste artigo, poderá o prejudicado reclamar, em processo próprio, multa equivalente a um mínimo de doze e um máximo de vinte e quatro meses do valor do último aluguel atualizado ou do que esteja sendo cobrado do novo locatário, se realugado o imóvel.

SEÇÃO IX. Das nulidades

Art. 45. São nulas de pleno direito as cláusulas do contrato de locação que visem a elidir os objetivos da presente lei, notadamente as que proíbam a prorrogação prevista no art. 47, ou que afastem o direito à renovação, na hipótese do art. 51, ou que imponham obrigações pecuniárias para tanto.

CAPÍTULO II. **Das Disposições Especiais**

SEÇÃO I. Da locação residencial

Art. 46. Nas locações ajustadas por escrito e por prazo igual ou superior a trinta meses, a resolução do contrato ocorrerá findo o prazo estipulado, independentemente de notificação ou aviso.

§ 1.° Findo o prazo ajustado, se o locatário continuar na posse do imóvel alugado por mais de trinta dias sem oposição do locador, presumir-se-á prorrogada a locação por prazo indeterminado, mantidas as demais cláusulas e condições do contrato.

§ 2.° Ocorrendo a prorrogação, o locador poderá denunciar o contrato a qualquer tempo, concedido o prazo de trinta dias para desocupação.

Art. 47. Quando ajustada verbalmente ou por escrito e como prazo inferior a trinta meses, findo o prazo estabelecido, a locação prorroga-se automaticamente, por prazo indeterminado, somente podendo ser retomado o imóvel:
I – Nos casos do art. 9.°;
II – em decorrência de extinção do contrato de trabalho, se a ocupação do imóvel pelo locatário relacionada com o seu emprego;

III – se for pedido para uso próprio, de seu cônjuge ou companheiro, ou para uso residencial de ascendente ou descendente que não disponha, assim como seu cônjuge ou companheiro, de imóvel residencial próprio;

IV – se for pedido para demolição e edificação licenciada ou para a realização de obras aprovadas pelo Poder Público, que aumentem a área construída, em, no mínimo, vinte por cento ou, se o imóvel for destinado a exploração de hotel ou pensão, em cinqüenta por cento;

V – se a vigência ininterrupta da locação ultrapassar cinco anos.

§ 1.º Na hipótese do inciso III, a necessidade deverá ser judicialmente demonstrada, se:
a) O retomante, alegando necessidade de usar o imóvel, estiver ocupando, com a mesma finalidade, outro de sua propriedade situado nas mesma localidade ou, residindo ou utilizando imóvel alheio, já tiver retomado o imóvel anteriormente;
b) o ascendente ou descendente, beneficiário da retomada, residir em imóvel próprio.

§ 2.º Nas hipóteses dos incisos III e IV, o retomante deverá comprovar ser proprietário, promissário comprador ou promissário cessionário, em caráter irrevogável, com imissão na posse do imóvel e título registrado junto à matrícula do mesmo.

SEÇÃO II. Das locação para temporada

Art. 48. Considera-se locação para temporada aquela destinada à residência temporária do locatário, para prática de lazer, realização de cursos, tratamento de saúde, feitura de obras em seu imóvel, e outros fatos que decorrem tão-somente de determinado tempo, e contratada por prazo não superior a noventa dias, esteja ou não mobiliado o imóvel.

Parágrafo único. No caso de a locação envolver imóvel mobiliado, constará do contrato, obrigatoriamente, a descrição dos móveis e utensílios que o guarnecem, bem como o estado em que se encontram.

Art. 49. O locador poderá receber de uma só vez e antecipadamente os aluguéis e encargos, bem como exigir qualquer das modalidades de garantia previstas no art. 37 para atender as demais obrigações do contrato.

Art. 50. Findo o prazo ajustado, se o locatário permanecer no imóvel sem oposição do locador por mais de trinta dias, presumir-se-á prorrogada a locação por tempo indeterminado, não mais sendo exigível o pagamento antecipado do aluguel e dos encargos.

Parágrafo único. Ocorrendo a prorrogação, o locador somente poderá denunciar o contrato após trinta meses de seu início ou nas hipóteses do art. 47.

SEÇÃO III. Da locação não residencial

Art. 51. Nas locações de imóveis destinados ao comércio, o locatário terá direito a renovação do contrato, por igual prazo, desde que, cumulativamente:

I – o contrato a renovar tenha sido celebrado por escrito e com prazo determinado;

II – o prazo mínimo do contrato a renovar ou a soma dos prazos ininterruptos dos contratos escritos seja de cinco anos;

III – o locatário esteja explorando seu comércio, no mesmo ramo, pelo prazo mínimo e ininterrupto de três anos.

1.º O direito assegurado neste artigo poderá ser exercido pelos cessionários ou sucessores da locação; no caso de sublocação total do imóvel, o direito a renovação somente poderá ser exercido pelo sublocatário.

2.º Quando o contrato autorizar que o locatário utilize o imóvel para as atividades de sociedade de que faça parte e que a esta passe a pertencer o fundo de comércio, o direito a renovação poderá ser exercido pelo locatário ou pela sociedade.

3.º Dissolvida a sociedade comercial por morte de um dos sócios, o sócio sobrevivente fica sub-rogado no direito a renovação, desde que continue no mesmo ramo.

4.º O direito a renovação do contrato estende-se às locações celebradas por indústrias e sociedades civis com fim lucrativo, regularmente constituídas, desde que ocorrentes os pressupostos previstos neste artigo.

5.º Do direito a renovação decai aquele que não propuser a ação no interregno de um ano, no máximo, até seis meses, no mínimo, anteriores à data da finalização do prazo do contrato em vigor.

Art. 52. O locador não estará obrigado a renovar o contrato se:

I – por determinação do Poder Público, tiver que realizar no imóvel obras que importarem na sua radical transformação; ou para fazer modificações de tal natureza que aumente o valor do negócio ou da propriedade;

II – o imóvel vier a ser utilizado por ele próprio ou para transferência de fundo de comércio existente há mais de um ano, sendo detentor da maioria do capital o locador, seu cônjuge, ascendente ou descendente.

1.º Na hipótese do inciso II, o imóvel não poderá ser destinado ao uso do mesmo ramo do locatário, salvo se a locação também envolvia o fundo de comércio, com as instalações e pertences.

2.º Nas locações de espaço em *shopping centers,* o locador não poderá recusar a renovação do contrato com fundamento no inciso II deste artigo.

3.º O locatário terá direito a indenização para ressarcimento dos prejuízos e dos lucros cessantes que tiver que arcar com mudança, perda do lugar e desvalorização do fundo de comércio, se a renovação não ocorrer em razão de proposta de terceiro, em melhores condições, ou se o locador, no prazo de três meses da entrega do imóvel, não der o destino alegado ou não iniciar as obras determinadas pelo Poder Público ou que declarou pretender realizar.

Art. 53. Nas locações de imóveis utilizados por hospitais, unidades sanitárias oficiais, asilos, estabelecimentos de saúde e de ensino autorizados e fiscalizados pelo Poder Público, bem como por entidades religiosas devidamente registradas, o contrato somente poderá ser rescindido[251].

I – nas hipóteses do art. 9.º;

II – se o proprietário, promissário comprador ou promissário cessionário, em caráter irrevogável e imitido na posse, com título registrado, que haja quitado o preço da promessa ou que, não o tendo feito, seja autorizado pelo proprietário, pedir o imóvel para demolição, edificação, licenciada ou reforma que venha a resultar em aumento mínimo de cinqüenta por cento da área útil.

---

[251] Redacção dada pela Lei n.º 9.256, de 9 de Janeiro de 1996.

Art. 54. Nas relações entre lojistas e empreendedores de *shopping center*, prevalecerão as condições livremente pactuadas nos contratos de locação respectivos e as disposições procedimentais previstas nesta lei.

1.º O empreendedor não poderá cobrar do locatário em *shopping center*:
a) as despesas referidas nas alíneas *a*, *b* e *d* do parágrafo único do art. 22; e
b) as despesas com obras ou substituições de equipamentos, que impliquem modificar o projeto ou o memorial descritivo da data do habite-se e obras de paisagismo nas partes de uso comum.

2.º As despesas cobradas do locatário devem ser previstas em orçamento, salvo casos de urgência ou força maior, devidamente demonstradas, podendo o locatário, a cada sessenta dias, por si ou entidade de classe exigir a comprovação das mesmas.

Art. 55. Considera-se locação não residencial quando o locatário for pessoa jurídica e o imóvel, destinar-se ao uso de seus titulares, diretores, sócios, gerentes, executivos ou empregados.

Art. 56. Nos demais casos de locação não residencial, o contrato por prazo determinado cessa, de pleno direito, findo o prazo estipulado, independentemente de notificação ou aviso.

Parágrafo único. Findo o prazo estipulado, se o locatário permanecer no imóvel por mais de trinta dias sem oposição do locador, presumir-se-á prorrogada a locação nas condições ajustadas, mas sem prazo determinado.

Art. 57. O contrato de locação por prazo indeterminado pode ser denunciado por escrito, pelo locador, concedidos ao locatário trinta dias para a desocupação.

TÍTULO II. Dos Procedimentos

CAPÍTULO I. Das Disposições Gerais

Art. 58. Ressalvados os casos previstos no parágrafo único do art. 1.º, nas ações de despejo, consignação em pagamento de aluguel e acessório da locação, revisionais de aluguel e renovatórias de locação, observar-se-á o seguinte:

I – os processos tramitam durante as férias forenses e não se suspendem pela superveniência delas;

II – é competente para conhecer e julgar tais ações o foro do lugar da situação do imóvel, salvo se outro houver sido eleito no contrato;

III – o valor da causa corresponderá a doze meses de aluguel, ou, na hipótese do inciso II do art. 47, a três salários vigentes por ocasião do ajuizamento;

IV – desde que autorizado no contrato, a citação, intimação ou notificação far-se-á mediante correspondência com aviso de recebimento, ou, tratando-se de pessoa jurídica ou firma individual, também mediante telex ou *fac-símile*, ou, ainda, sendo necessário, pelas demais formas previstas no Código de Processo Civil;

V – os recursos interpostos contra as sentenças terão efeito somente devolutivo.

CAPÍTULO II. Das Ações de Despejo

Art. 59. Com as modificações constantes deste capítulo, as ações de despejo terão o rito ordinário.

§ 1.º Conceder-se-á liminar para desocupação em quinze dias, independentemente da audiência da parte contrária e desde que prestada a caução no valor equivalente a três meses de aluguel, nas ações que tiverem por fundamento exclusivo:

I – o descumprimento do mútuo acordo (art. 9.º, inciso I), celebrado por escrito e assinado pelas partes e por duas testemunhas, no qual tenha sido ajustado o prazo mínimo de seis meses para desocupação, contado da assinatura do instrumento;

II – o disposto no inciso II do art. 47, havendo prova escrita da rescisão do contrato de trabalho ou sendo ela demonstrada em audiência prévia;

III – o término do prazo da locação para temporada, tendo sido proposta a ação de despejo em até trinta dias após o vencimento do contrato;

IV – a morte do locatário sem deixar sucessor legítimo na locação, de acordo com o referido no inciso I do art. 11, permanecendo no imóvel pessoas não autorizadas por lei;

V – a permanência do sublocatário no imóvel, extinta a locação, celebrada com o locatário.

2.º Qualquer que seja o fundamento da ação dar-se-á ciência do pedido aos sublocatários, que poderão intervir no processo como assistentes.

Art. 60. Nas ações de despejo fundadas no inciso IV do art. 9.º, inciso IV do art. 47 e inciso II do art. 53, a petição inicial deverá ser instruída com prova da propriedade do imóvel ou do compromisso registrado.

Art. 61. Nas ações fundadas no § 2.º do art. 46 e nos incisos III e IV do art. 47, se o locatário, no prazo da contestação, manifestar sua concordância com a desocupação do imóvel, o juiz acolherá o pedido fixando prazo de seis meses para a desocupação, contados da citação, impondo ao vencido a responsabilidade pelas custas e honorários advocatícios de vinte por cento sobre o valor dado à causa. Se a desocupação ocorrer dentro do prazo fixado, o réu ficará isento dessa responsabilidade; caso contrário, será expedido mandado de despejo.

Art. 62. Nas ações de despejo fundadas na falta de pagamento de aluguel e acessórios da locação, observar-se-á o seguinte:

I – o pedido de rescisão da locação poderá ser cumulado com o de cobrança dos aluguéis e acessórios da locação, devendo ser apresentado, com a inicial, cálculo discriminado do valor do débito;

II – o locatário poderá evitar a rescisão da locação requerendo, no prazo da contestação, autorização para o pagamento do débito atualizado, independentemente de cálculo e mediante depósito judicial, incluídos:

   a) os aluguéis e acessórios da locação que vencerem até a sua efetivação;
   b) as multas ou penalidades contratuais, quando exigíveis;
   c) os juros de mora;
   d) as custas e os honorários do advogado do locador, fixados em dez por cento sobre o montante devido, se do contrato não constar disposição diversa;

III – autorizada a emenda da mora e efetuado o depósito judicial até quinze dias após a intimação do deferimento, se o locador alegar que a oferta não é integral, justificando a diferença, o locatário poderá complementar o depósito no prazo de dez dias, contados da ciência dessa manifestação;

IV – não sendo complementado o depósito, pedido de rescisão prosseguirá pela diferença, podendo o locador levantar a quantia depositada;

V – os aluguéis que forem vencendo até a sentença deverão ser depositados à disposição do juízo, nos respectivos vencimentos, podendo o locador levantá-los desde que incontroversos;

VI – havendo cumulação dos pedidos de rescisão da locação e cobrança dos aluguéis, a execução desta pode ter início antes da desocupação do imóvel, caso ambos tenham sido acolhidos.

Parágrafo único. Não se admitirá a emenda da mora se o locatário já houver utilizado essa faculdade por duas vezes nos doze meses imediatamente anteriores à propositura da ação.

Art. 63. Julgada procedente a ação de despejo, o juiz fixará prazo de trinta dias para a desocupação voluntária, ressalvado o disposto nos parágrafos seguintes:

§ 1.º O prazo será de quinze dias se:
   a) entre a citação e a sentença de primeira instância houverem decorrido mais de quatro meses; ou
   b) o despejo houver sido decretado com fundamento nos incisos II e III do art. 9.º ou no § 2.º do art. 46.

§ 2.º Tratando-se de estabelecimento de ensino autorizado e fiscalizado pelo Poder Público, respeitado o prazo mínimo de seis meses e o máximo de um ano, o juiz disporá de modo que a desocupação coincida com o período de férias escolares.

§ 3.º Tratando-se de hospitais, repartições públicas, unidades sanitárias oficiais, asilos, estabelecimentos de saúde e de ensino autorizados e fiscalizados pelo Poder Público, bem como por entidades religiosas devidamente registradas, e o despejo for decretado com fundamento no inciso IV do art. 9.º ou no inciso II do art. 53, o prazo será de um ano, exceto no caso em que entre a citação e a sentença de primeira instância houver decorrido mais de um ano, hipótese em que o prazo será de seis meses[252]

§ 4.º A sentença que decretar o despejo fixará o valor da caução para o caso de ser executada provisoriamente.

Art. 64. Salvo nas hipóteses das ações fundadas nos incisos I, II e IV do art. 9.º, a execução provisória do despejo dependerá de caução não inferior a doze meses e nem superior a dezoito meses do aluguel, atualizado até a data do depósito da caução.

§ 1.º A caução poderá ser real ou fidejussória e será prestada nos autos da execução provisória.

§ 2.º Ocorrendo a reforma da sentença ou da decisão que concedeu liminarmente o despejo, o valor da caução reverterá em favor do réu, como indenização mínima das perdas e danos, podendo este reclamar, em ação própria, a diferença pelo que a exceder.

---

[252] § 3.º com redacção determinada pela Lei n.º 9.256, de 9 de Janeiro de 1996.

Art. 65. Findo o prazo assinado para a desocupação, contado da data da notificação, será efetuado o despejo, se necessário com emprego de força, inclusive arrombamento.

1.º Os móveis e utensílios serão entregues à guarda de depositário, se não os quiser retirar o despejado.

2.º O despejo não poderá ser executado até o trigésimo dia seguinte ao do falecimento do cônjuge, ascendente, descendente ou irmão de qualquer das pessoas que habitem o imóvel.

Art. 66. Quando o imóvel for abandonado após ajuizada a ação, o locador poderá imitir-se na posse do imóvel.

CAPÍTULO III. **Da Ação de Consignação de Aluguel e Acessórios da Locação**

Art. 67. Na ação que objetivar o pagamento dos aluguéis e acessórios da locação mediante consignação, será observado o seguinte:

I – a petição inicial, além dos requisitos exigidos pelo art. 282 do Código de Processo Civil, deverá especificar os aluguéis e acessórios da locação com indicação dos respectivos valores;

II – determinada a citação do réu, o autor será intimado a, no prazo de vinte e quatro horas, efetuar o depósito judicial da importância indicada na petição inicial, sob pena de ser extinto o processo;

III – o pedido envolverá a quitação das obrigações que vencerem durante a tramitação do feito e até ser prolatada a sentença de primeira instância, devendo o autor promover os depósitos nos respectivos vencimentos;

IV – não sendo oferecida a contestação, ou se o locador receber os valores depositados, o juiz acolherá o pedido, declarando quitadas as obrigações, condenando o réu ao pagamento das custas e honorários de vinte por cento do valor dos depósitos;

V – a contestação do locador, além da defesa de direito que possa caber, ficará adstrita, quanto à matéria de fato, a:

a) não ter havido recusa ou mora em receber a quantia devida;
b) ter sido justa a recusa;
c) não ter sido efetuado o depósito no prazo ou no lugar do pagamento;
d) não ter sido o depósito integral;

VI – além de contestar, o réu poderá, em reconvenção, pedir o despejo e a cobrança dos valores objeto da consignatória ou da diferença do depósito inicial, na hipótese de ter sido alegado não ser o mesmo integral;

VII – o autor poderá complementar o depósito inicial, no prazo de cinco dias contados da ciência do oferecimento da resposta, com acréscimo de dez por cento sobre o valor da diferença. Se tal ocorrer, o juiz declarará quitadas as obrigações, elidindo a rescisão da locação, mas imporá ao autor-reconvindo a responsabilidade pelas custas e honorários advocatícios de vinte por cento sobre o valor dos depósitos;

VIII – havendo, na reconvenção, cumulação dos pedidos de rescisão da locação e cobrança dos valores objeto da consignatória, a execução desta somente poderá ter início após obtida a desocupação do imóvel, caso ambos tenham sido acolhidos.

Parágrafo único. O réu poderá levantar a qualquer momento as importâncias depositadas sobre as quais não penda controvérsia.

CAPÍTULO IV. **Da Ação Revisional de Aluguel**

Art. 68. Na ação revisional de aluguel, que terá o rito sumaríssimo, observar-se-á o seguinte:

I – além dos requisitos exigidos pelos arts. 276 e 282 do Código de Processo Civil, a petição inicial deverá indicar o valor do aluguel cuja fixação é pretendida;

II – ao designar a audiência de instrução e julgamento, o juiz, se houver pedido e com base nos elementos fornecidos pelo autor ou nos que indicar, fixará aluguel provisório, não excedente a oitenta por cento do pedido, que será devido desde a citação;

III – sem prejuízo da contestação e até a audiência, o réu poderá pedir seja revisto o aluguel provisório, fornecendo os elementos para tanto;

IV – na audiência de instrução e julgamento, apresentada a contestação, que deverá conter contraproposta se houver discordância quanto ao valor pretendido, o juiz tentará a conciliação e, não sendo esta possível, suspenderá o ato para a realização de perícia, se necessária, designando, desde logo, audiência em continuação.

1.º Não caberá ação revisional na pendência de prazo para desocupação do imóvel (arts. 46, parágrafo 2.º e 57), ou quando tenha sido este estipulado amigável ou judicialmente.

2.º No curso da ação de revisão, o aluguel provisório será reajustado na periodicidade pactuada ou na fixada em lei.

Art. 69. O aluguel fixado na sentença retroage à citação, e as diferenças devidas durante a ação de revisão, descontados os alugueres provisórios satisfeitos, serão pagas corrigidas, exigíveis a partir do trânsito em julgado da decisão que fixar o novo aluguel.

1.º Se pedido pelo locador, ou sublocador, a sentença poderá estabelecer periodicidade de reajustamento do aluguel diversa daquela prevista no contrato revisando, bem como adotar outro indexador para reajustamento do aluguel.

2.º A execução das diferenças será feita nos autos da ação de revisão.

Art. 70. Na ação de revisão do aluguel, o juiz poderá homologar acordo de desocupação, que será executado mediante expedição de mandado de despejo.

CAPÍTULO V. **Da Ação Renovatória**

Art. 71. Além dos demais requisitos exigidos no art. 282 do Código de Processo Civil, a petição inicial da ação renovatória deverá ser instruída com:

I – prova do preenchimento dos requisitos dos incisos I, II e III do art. 51;

II – prova do exato cumprimento do contrato em curso;

III – prova da quitação dos impostos e taxas que incidiram sobre o imóvel e cujo pagamento lhe incumbia;

IV – indicação clara e precisa das condições oferecidas para a renovação da locação;

V – indicação de fiador quando houver no contrato a renovar e, quando não for o mesmo, com indicação do nome ou denominação completa, número de sua inscrição no Ministério da Economia, Fazenda e Planejamento, endereço e, tratando-se de pessoa natural, a nacionalidade, o estado civil, a profissão e o número da carteira de identidade, comprovando, em qualquer caso e desde logo, a idoneidade financeira;

VI – prova de que o fiador do contrato ou o que o substituir na renovação aceita os encargos da fiança, autorizado por seu cônjuge, se casado for;

VII – prova, quando for o caso, de ser cessionário ou sucessor, em virtude de título oponível ao proprietário.

Parágrafo único. Proposta a ação pelo sublocatário do imóvel ou de parte dele, serão citados o sublocador e o locador, como litisconsortes, salvo se, em virtude de locação originária ou renovada, o sublocador dispuser de prazo que admita renovar a sublocação; na primeira hipótese, procedente a ação, o proprietário ficará diretamente obrigado à renovação.

Art. 72. A contestação do locador, além da defesa de direito que possa caber, ficará adstrita, quanto à matéria de fato, ao seguinte:

I – não preencher o autor os requisitos estabelecidos nesta lei;

II – não atender, a proposta do locatário, o valor locativo real do imóvel na época da renovação, excluída a valorização trazida por aquele ao ponto ou lugar;

III – ter proposta de terceiro para a locação, em condições melhores;

IV – não estar obrigado a renovar a locação (incisos I e II do art. 52).

1.º No caso do inciso II, o locador deverá apresentar, em contraproposta, as condições de locação que repute compatíveis com o valor locativo real e atual do imóvel.

2.º No caso do inciso III, o locador deverá juntar prova documental da proposta do terceiro, subscrita por este e por duas testemunhas, com clara indicação do ramo a ser explorado, que não poderá ser o mesmo do locatário. Nessa hipótese, o locatário poderá, em réplica, aceitar tais condições para obter a renovação pretendida.

3.º No caso do inciso I do art. 52, a contestação deverá trazer prova da determinação do Poder Público ou relatório pormenorizado das obras a serem realizadas e da estimativa de valorização que sofrerá o imóvel, assinado por engenheiro devidamente habilitado.

4.º Na contestação, o locador, ou sublocador, poderá pedir, ainda, a fixação de aluguel provisório, para vigorar a partir do primeiro mês do prazo do contrato a ser renovado, não excedente a oitenta por cento do pedido, desde que apresentados elementos hábeis para aferição do justo valor do aluguel.

5.º Se pedido pelo locador, ou sublocador, a sentença poderá estabelecer periodicidade de reajustamento do aluguel diversa daquela prevista no contrato renovando, bem como adotar outro indexador para reajustamento do aluguel.

Art. 73. Renovada a locação, as diferenças dos aluguéis vencidos serão executadas nos próprios autos da ação e pagas de uma só vez.

Art. 74. Não sendo renovada a locação, o juiz fixará o prazo de até seis meses após o trânsito em julgado da sentença para desocupação, se houver pedido na contestação.

Art. 75. Na hipótese do inciso III do art. 72, a sentença fixará desde logo a indenização devida ao locatário em consequência da não prorrogação da locação, solidariamente devida pelo locador e o proponente.

TÍTULO III. Das Disposições Finais e Transitórias

Art. 76. Não se aplicam as disposições desta lei aos processos em curso.

Art. 77. Todas as locações residenciais que tenham sido celebradas anteriormente à vigência desta lei serão automaticamente prorrogadas por tempo indeterminado, ao término do prazo ajustado no contrato.

Art. 78. As locações residenciais que tenham sido celebradas anteriormente à vigência desta lei e que já vigorem ou venham a vigorar por prazo indeterminado, poderão ser denunciadas pelo locador, concedido o prazo de doze meses para a desocupação.
Parágrafo único. Na hipótese de ter havido revisão judicial ou amigável do aluguel, atingindo o preço do mercado, a denúncia somente poderá ser exercitada após vinte e quatro meses da data da revisão, se esta ocorreu nos doze meses anteriores à data da vigência desta lei.

Art. 79. No que for omissa esta lei aplicam-se as normas do Código Civil e do Código de Processo Civil[253].

Art. 80. Para os fins do inciso I do art. 98 da Constituição Federal, as ações de despejo poderão ser consideradas como causas cíveis de menor complexidade.

Art. 81. O inciso II do art. 167 e o art. 169 da Lei n.º 6.015, de 31 de dezembro de 1973, passam a vigorar com as seguintes alterações:
"Art. 167. ...
II – ...
16) do contrato de locação, para os fins de exercício de direito de preferência."
"Art. 169. ...
...
III – o registro previsto no n.º 3 do inciso I do art. 167, e a averbação prevista no n.º 16 do inciso II do art. 167 serão efetuados no cartório onde o imóvel esteja matriculado mediante apresentação de qualquer das vias do contrato, assinado pelas partes e subscrito por duas testemunhas, bastando a coincidência entre o nome de um dos proprietários e o locador."

Art. 82. O art. 3.º da Lei n.º 8.009, de 29 de março de 1990, passa a vigorar acrescido do seguinte inciso VII:
"Art. 3.º ...
...
VII – por obrigação decorrente de fiança concedida em contrato de locação."

Art. 83. Ao art. 24 da Lei n.º 4.591, de 16 de dezembro de 1964 fica acrescido o seguinte § 4.º:
"Art. 24. ...
...

---

[253] Refere-se ao Código Civil de 1916. Vide arts. 565 a 578 e 2036 do Código vigente.

4.º Nas decisões da assembléia que envolvam despesas ordinárias do condomínio, o locatário poderá votar, caso o condômino locador a ela não compareça."

Art. 84. Reputam-se válidos os registros dos contratos de locação de imóveis, realizados até a data da vigência desta lei.

Art. 85. Nas locações residenciais, é livre a convenção do aluguel quanto a preço, periodicidade e indexador de reajustamento, vedada a vinculação à variação do salário mínimo, variação cambial e moeda estrangeira:

I – dos imóveis novos, com habite-se concedido a partir da entrada em vigor desta lei;

II – dos demais imóveis não enquadrados no inciso anterior, em relação aos contratos celebrados, após cinco anos de entrada em vigor desta lei.

Art. 86. O art. 8.º da Lei n.º 4.380, de 21 de agosto de 1964, passa a vigorar com a seguinte redação:

"Art. 8.º O sistema financeiro da habitação, destinado a facilitar e promover a construção e a aquisição da casa própria ou moradia, especialmente pelas classes de menor renda da população, será integrado."

[...]

Art. 89. Esta lei entrará em vigor sessenta dias após a sua publicação.

Art. 90. Revogam-se as disposições em contrário, especialmente:
I – o Decreto n.º 24.150, de 20, de Abril de 1934;
II – a Lei n.º 6.239, de 19 de Setembro de 1975;
III – a Lei n.º 6.649, de 16 de Maio de 1979;
IV – a Lei n.º 6.698, de 15 de Outubro de 1979;
V – a Lei n.º 7.355, de 31 de Agosto de 1985;
VI – a Lei n.º 7.538, de 24 de Setembro de 1986;
VII – a Lei n.º 7.612, de 9 de Julho de 1987; e
VIII – a Lei n.º 8.157, de 3 de Janeiro de 1991.

Brasília, 18 de outubro de 1991.

3.3. LEGISLAÇÃO ALEMÃ DO ARRENDAMENTO URBANO *(IN BGB)* – Normas mais relevantes

(...)

§ 535 BGB Inhalt und Hauptpflichten des Mietvertrags
Gesetzestext

(1) Durch den Mietvertrag wird der Vermieter verpflichtet, dem Mieter den Gebrauch der Mietsache während der Mietzeit zu gewähren. Der Vermieter hat die Mietsache dem Mieter in einem zum vertragsgemäßen Gebrauch geeigneten Zustand zu überlassen und sie während der Mietzeit in diesem Zustand zu erhalten. Er hat die auf der Mietsache ruhenden Lasten zu tragen.

(2) Der Mieter ist verpflichtet, dem Vermieter die vereinbarte Miete zu entrichten.

§ 536 BGB Mietminderung bei Sach- und Rechtsmängeln
Gesetzestext

(1) Hat die Mietsache zur Zeit der Überlassung an den Mieter einen Mangel, der ihre Tauglichkeit zum vertragsgemäßen Gebrauch aufhebt, oder entsteht während der Mietzeit ein solcher Mangel, so ist der Mieter für die Zeit, in der die Tauglichkeit aufgehoben ist, von der Entrichtung der Miete befreit. Für die Zeit, während der die Tauglichkeit gemindert ist, hat er nur eine angemessen herabgesetzte Miete zu entrichten. Eine unerhebliche Minderung der Tauglichkeit bleibt außer Betracht.

(2) Absatz 1 Satz 1 und 2 gilt auch, wenn eine zugesicherte Eigenschaft fehlt oder später wegfällt.

(3) Wird dem Mieter der vertragsgemäße Gebrauch der Mietsache durch das Recht eines Dritten ganz oder zum Teil entzogen, so gelten die Absätze 1 und 2 entsprechend.

(4) Bei einem Mietverhältnis über Wohnraum ist eine zum Nachteil des Mieters abweichende Vereinbarung unwirksam.

§ 536a BGB Schadens- und Aufwendungsersatzanspruch des Mieters wegen eines Mangels
Gesetzestext

(1) Ist ein Mangel im Sinne des § 536 bei Vertragsschluss vorhanden oder entsteht ein solcher Mangel später wegen eines Umstands, den der Vermieter zu vertreten hat, oder kommt der Vermieter mit der Beseitigung eines Mangels in Verzug, so kann der Mieter unbeschadet der Rechte aus § 536 Schadensersatz verlangen.

(2) Der Mieter kann den Mangel selbst beseitigen und Ersatz der erforderlichen Aufwendungen verlangen, wenn
> der Vermieter mit der Beseitigung des Mangels in Verzug ist oder
> 2. die umgehende Beseitigung des Mangels zur Erhaltung oder Wiederherstellung des Bestands der Mietsache notwendig ist.

§ 536b BGB Kenntnis des Mieters vom Mangel bei Vertragsschluss oder Annahme
Gesetzestext

Kennt der Mieter bei Vertragsschluss den Mangel der Mietsache, so stehen ihm die Rechte aus den §§ 536 und 536a nicht zu. Ist ihm der Mangel infolge grober Fahrlässigkeit unbekannt geblieben, so stehen ihm diese Rechte nur zu, wenn der Vermieter den Mangel arglistig verschwiegen hat. Nimmt der Mieter eine mangelhafte Sache an, obwohl er den Mangel kennt, so kann er die Rechte aus den §§ 536 und 536a nur geltend machen, wenn er sich seine Rechte bei der Annahme vorbehält.

§ 536c BGB Während der Mietzeit auftretende Mängel; Mängelanzeige durch den Mieter
Gesetzestext

(1) Zeigt sich im Laufe der Mietzeit ein Mangel der Mietsache oder wird eine Maßnahme zum Schutz der Mietsache gegen eine nicht vorhergesehene Gefahr erforderlich, so hat der Mieter dies dem Vermieter unverzüglich anzuzeigen. Das Gleiche gilt, wenn ein Dritter sich ein Recht an der Sache anmaßt.

(2) Unterlässt der Mieter die Anzeige, so ist er dem Vermieter zum Ersatz des daraus entstehenden Schadens verpflichtet. Soweit der Vermieter infolge der Unterlassung der Anzeige nicht Abhilfe schaffen konnte, ist der Mieter nicht berechtigt,
> die in § 536 bestimmten Rechte geltend zu machen,
> nach § 536a Abs. 1 Schadensersatz zu verlangen oder
> ohne Bestimmung einer angemessenen Frist zur Abhilfe nach § 543 Abs. 3 Satz 1 zu kündigen.

§ 536d BGB Vertraglicher Ausschluss von Rechten des Mieters wegen eines Mangels
Gesetzestext

Auf eine Vereinbarung, durch die die Rechte des Mieters wegen eines Mangels der Mietsache ausgeschlossen oder beschränkt werden, kann sich der Vermieter nicht berufen, wenn er den Mangel arglistig verschwiegen hat

§ 537 BGB Entrichtung der Miete bei persönlicher Verhinderung des Mieters
Gesetzestext

(1) Der Mieter wird von der Entrichtung der Miete nicht dadurch befreit, dass er durch einen in seiner Person liegenden Grund an der Ausübung seines Gebrauchsrechts gehindert wird. Der Vermieter muss sich jedoch den Wert der ersparten Aufwendungen sowie derjenigen Vorteile anrechnen lassen, die er aus einer anderweitigen Verwertung des Gebrauchs erlangt.

(2) Solange der Vermieter infolge der Überlassung des Gebrauchs an einen Dritten außerstande ist, dem Mieter den Gebrauch zu gewähren, ist der Mieter zur Entrichtung der Miete nicht verpflichtet.

§ 538 BGB Abnutzung der Mietsache durch vertragsgemäßen Gebrauch
Gesetzestext
Veränderungen oder Verschlechterungen der Mietsache, die durch den vertragsgemäßen Gebrauch herbeigeführt werden, hat der Mieter nicht zu vertreten.

§ 539 BGB Ersatz sonstiger Aufwendungen und Wegnahmerecht des Mieters
Gesetzestext
(1) Der Mieter kann vom Vermieter Aufwendungen auf die Mietsache, die der Vermieter ihm nicht nach § 536a Abs. 2 zu ersetzen hat, nach den Vorschriften über die Geschäftsführung ohne Auftrag ersetzt verlangen.

(2) Der Mieter ist berechtigt, eine Einrichtung wegzunehmen, mit der er die Mietsache versehen hat.

§ 540 BGB Gebrauchsüberlassung an Dritte
Gesetzestext
(1) Der Mieter ist ohne die Erlaubnis des Vermieters nicht berechtigt, den Gebrauch der Mietsache einem Dritten zu überlassen, insbesondere sie weiter zu vermieten. Verweigert der Vermieter die Erlaubnis, so kann der Mieter das Mietverhältnis außerordentlich mit der gesetzlichen Frist kündigen, sofern nicht in der Person des Dritten ein wichtiger Grund vorliegt.

(2) Überlässt der Mieter den Gebrauch einem Dritten, so hat er ein dem Dritten bei dem Gebrauch zur Last fallendes Verschulden zu vertreten, auch wenn der Vermieter die Erlaubnis zur Überlassung erteilt hat.

§ 541 BGB Unterlassungsklage bei vertragswidrigem Gebrauch
Gesetzestext
Setzt der Mieter einen vertragswidrigen Gebrauch der Mietsache trotz einer Abmahnung des Vermieters fort, so kann dieser auf Unterlassung klagen.

§ 542 BGB Ende des Mietverhältnisses
Gesetzestext
(1) Ist die Mietzeit nicht bestimmt, so kann jede Vertragspartei das Mietverhältnis nach den gesetzlichen Vorschriften kündigen.

(2) Ein Mietverhältnis, das auf bestimmte Zeit eingegangen ist, endet mit dem Ablauf dieser Zeit, sofern es nicht
> in den gesetzlich zugelassenen Fällen außerordentlich gekündigt oder
> verlängert wird.

§ 543 BGB Außerordentliche fristlose Kündigung aus wichtigem Grund
Gesetzestext
(1) Jede Vertragspartei kann das Mietverhältnis aus wichtigem Grund außerordentlich fristlos kündigen. Ein wichtiger Grund liegt vor, wenn dem Kündigenden unter Berücksichtigung aller Umstände des Einzelfalls, insbesondere eines Verschuldens der Vertragsparteien, und unter Abwägung der beiderseitigen Interessen die Fortsetzung des Mietverhältnisses bis zum Ablauf der Kündigungsfrist oder bis zur sonstigen Beendigung des Mietverhältnisses nicht zugemutet werden kann.

(2) Ein wichtiger Grund liegt insbesondere vor, wenn
1. dem Mieter der vertragsgemäße Gebrauch der Mietsache ganz oder zum Teil nicht rechtzeitig gewährt oder wieder entzogen wird,
2. der Mieter die Rechte des Vermieters dadurch in erheblichem Maße verletzt, dass er die Mietsache durch Vernachlässigung der ihm obliegenden Sorgfalt erheblich gefährdet oder sie unbefugt einem Dritten überlässt oder
3. der Mieter
   a) für zwei aufeinander folgende Termine mit der Entrichtung der Miete oder eines nicht unerheblichen Teils der Miete in Verzug ist oder
   b) in einem Zeitraum, der sich über mehr als zwei Termine erstreckt, mit der Entrichtung der Miete in Höhe eines Betrages in Verzug ist, der die Miete für zwei Monate erreicht. Im Falle des Satzes 1 Nr. 3 ist die Kündigung ausgeschlossen, wenn der Vermieter vorher befriedigt wird. Sie wird unwirksam, wenn sich der Mieter von seiner Schuld durch Aufrechnung befreien konnte und unverzüglich nach der Kündigung die Aufrechnung erklärt.

(3) Besteht der wichtige Grund in der Verletzung einer Pflicht aus dem Mietvertrag, so ist die Kündigung erst nach erfolglosem Ablauf einer zur Abhilfe bestimmten angemessenen Frist oder nach erfolgloser Abmahnung zulässig. Dies gilt nicht, wenn
1. eine Frist oder Abmahnung offensichtlich keinen Erfolg verspricht,
2. die sofortige Kündigung aus besonderen Gründen unter Abwägung der beiderseitigen Interessen gerechtfertigt ist oder
3. der Mieter mit der Entrichtung der Miete im Sinne des Absatzes 2 Nr. 3 in Verzug ist.

(4) Auf das dem Mieter nach Absatz 2 Nr. 1 zustehende Kündigungsrecht sind die §§ 536b und 536d entsprechend anzuwenden. Ist streitig, ob der Vermieter den Gebrauch der Mietsache rechtzeitig gewährt oder die Abhilfe vor Ablauf der hierzu bestimmten Frist bewirkt hat, so trifft ihn die Beweislast.

§ 544 BGB Vertrag über mehr als 30 Jahre
Gesetzestext

Wird ein Mietvertrag für eine längere Zeit als 30 Jahre geschlossen, so kann jede Vertragspartei nach Ablauf von 30 Jahren nach Überlassung der Mietsache das Mietverhältnis außerordentlich mit der gesetzlichen Frist kündigen. Die Kündigung ist unzulässig, wenn der Vertrag für die Lebenszeit des Vermieters oder des Mieters geschlossen worden ist.

§ 545 BGB Stillschweigende Verlängerung des Mietverhältnisses
Gesetzestex

Setzt der Mieter nach Ablauf der Mietzeit den Gebrauch der Mietsache fort, so verlängert sich das Mietverhältnis auf unbestimmte Zeit, sofern nicht eine Vertragspartei ihren entgegenstehenden Willen innerhalb von zwei Wochen dem anderen Teil erklärt. Die Frist beginnt
   für den Mieter mit der Fortsetzung des Gebrauchs,
   für den Vermieter mit dem Zeitpunkt, in dem er von der Fortsetzung Kenntnis erhält.

§ 546 BGB Rückgabepflicht des Mieters
Gesetzestext
(1) Der Mieter ist verpflichtet, die Mietsache nach Beendigung des Mietverhältnisses zurückzugeben.

(2) Hat der Mieter den Gebrauch der Mietsache einem Dritten überlassen, so kann der Vermieter die Sache nach Beendigung des Mietverhältnisses auch von dem Dritten zurückfordern.

§ 546a BGB Entschädigung des Vermieters bei verspäteter Rückgabe
Gesetzestext
(1) Gibt der Mieter die Mietsache nach Beendigung des Mietverhältnisses nicht zurück, so kann der Vermieter für die Dauer der Vorenthaltung als Entschädigung die vereinbarte Miete oder die Miete verlangen, die für vergleichbare Sachen ortsüblich ist.

(2) Die Geltendmachung eines weiteren Schadens ist nicht ausgeschlossen.

§ 547 BGB Erstattung von im Voraus entrichteter Miete
Gesetzestext
(1) Ist die Miete für die Zeit nach Beendigung des Mietverhältnisses im Voraus entrichtet worden, so hat der Vermieter sie zurückzuerstatten und ab Empfang zu verzinsen. Hat der Vermieter die Beendigung des Mietverhältnisses nicht zu vertreten, so hat er das Erlangte nach den Vorschriften über die Herausgabe einer ungerechtfertigten Bereicherung zurückzuerstatten.

(2) Bei einem Mietverhältnis über Wohnraum ist eine zum Nachteil des Mieters abweichende Vereinbarung unwirksam.

§ 548 BGB Verjährung der Ersatzansprüche und des Wegnahmerechts
Gesetzestext
(1) Die Ersatzansprüche des Vermieters wegen Veränderungen oder Verschlechterungen der Mietsache verjähren in sechs Monaten. Die Verjährung beginnt mit dem Zeitpunkt, in dem er die Mietsache zurückerhält. Mit der Verjährung des Anspruchs des Vermieters auf Rückgabe der Mietsache verjähren auch seine Ersatzansprüche.

(2) Ansprüche des Mieters auf Ersatz von Aufwendungen oder auf Gestattung der Wegnahme einer Einrichtung verjähren in sechs Monaten nach der Beendigung des Mietverhältnisses.

(3) (aufgehoben)

§ 556 BGB Vereinbarungen über Betriebskosten
Gesetzestext
(1) Die Vertragsparteien können vereinbaren, dass der Mieter Betriebskosten trägt. Betriebskosten sind die Kosten, die dem Eigentümer oder Erbbauberechtigten durch das Eigentum oder das Erbbaurecht am Grundstück oder durch den bestimmungsmäßigen Gebrauch des Gebäudes, der Nebengebäude, Anlagen, Einrichtungen und des Grundstücks laufend entstehen. Für die Aufstellung der Betriebskosten gilt die Betriebskostenverordnung vom 25. November 2003 (BGBl. I S. 2346, 2347) fort. Die Bundesregierung wird

ermächtigt, durch Rechtsverordnung ohne Zustimmung des Bundesrates Vorschriften über die Aufstellung der Betriebskosten zu erlassen.

(2) Die Vertragsparteien können vorbehaltlich anderweitiger Vorschriften vereinbaren, dass Betriebskosten als Pauschale oder als Vorauszahlung ausgewiesen werden. Vorauszahlungen für Betriebskosten dürfen nur in angemessener Höhe vereinbart werden.

(3) Über die Vorauszahlungen für Betriebskosten ist jährlich abzurechnen; dabei ist der Grundsatz der Wirtschaftlichkeit zu beachten. Die Abrechnung ist dem Mieter spätestens bis zum Ablauf des zwölften Monats nach Ende des Abrechnungszeitraums mitzuteilen. Nach Ablauf dieser Frist ist die Geltendmachung einer Nachforderung durch den Vermieter ausgeschlossen, es sei denn, der Vermieter hat die verspätete Geltendmachung nicht zu vertreten. Der Vermieter ist zu Teilabrechnungen nicht verpflichtet. Einwendungen gegen die Abrechnung hat der Mieter dem Vermieter spätestens bis zum Ablauf des zwölften Monats nach Zugang der Abrechnung mitzuteilen. Nach Ablauf dieser Frist kann der Mieter Einwendungen nicht mehr geltend machen, es sei denn, der Mieter hat die verspätete Geltendmachung nicht zu vertreten.

(4) Eine zum Nachteil des Mieters von Absatz 1, Absatz 2 Satz 2 oder Absatz 3 abweichende Vereinbarung ist unwirksam.

§ 556a BGB Abrechnungsmaßstab für Betriebskosten
Gesetzestext

(1) Haben die Vertragsparteien nichts anderes vereinbart, sind die Betriebskosten vorbehaltlich anderweitiger Vorschriften nach dem Anteil der Wohnfläche umzulegen. Betriebskosten, die von einem erfassten Verbrauch oder einer erfassten Verursachung durch die Mieter abhängen, sind nach einem Maßstab umzulegen, der dem unterschiedlichen Verbrauch oder der unterschiedlichen Verursachung Rechnung trägt.

(2) Haben die Vertragsparteien etwas anderes vereinbart, kann der Vermieter durch Erklärung in Textform bestimmen, dass die Betriebskosten zukünftig abweichend von der getroffenen Vereinbarung ganz oder teilweise nach einem Maßstab umgelegt werden dürfen, der dem erfassten unterschiedlichen Verbrauch oder der erfassten unterschiedlichen Verursachung Rechnung trägt. Die Erklärung ist nur vor Beginn eines Abrechnungszeitraums zulässig. Sind die Kosten bislang in der Miete enthalten, so ist diese entsprechend herabzusetzen.

(3) Eine zum Nachteil des Mieters von Absatz 2 abweichende Vereinbarung ist unwirksam.

§ 556b BGB Fälligkeit der Miete, Aufrechnungs- und Zurückbehaltungsrecht
Gesetzestext

(1) Die Miete ist zu Beginn, spätestens bis zum dritten Werktag der einzelnen Zeitabschnitte zu entrichten, nach denen sie bemessen ist.

(2) Der Mieter kann entgegen einer vertraglichen Bestimmung gegen eine Mietforderung mit einer Forderung auf Grund der §§ 536a, 539 oder aus ungerechtfertigter Bereicherung wegen zu viel gezahlter Miete aufrechnen oder wegen einer solchen Forderung ein Zurückbehaltungsrecht ausüben, wenn er seine Absicht dem Vermieter mindestens einen Monat vor der Fälligkeit der Miete in Textform angezeigt hat. Eine zum Nachteil des Mieters abweichende Vereinbarung ist unwirksam.

§ 557 BGB Mieterhöhungen nach Vereinbarung oder Gesetz
Gesetzestext

(1) Während des Mietverhältnisses können die Parteien eine Erhöhung der Miete vereinbaren.

(2) Künftige Änderungen der Miethöhe können die Vertragsparteien als Staffelmiete nach § 557a oder als Indexmiete nach § 557b vereinbaren.

(3) Im Übrigen kann der Vermieter Mieterhöhungen nur nach Maßgabe der §§ 558 bis 560 verlangen, soweit nicht eine Erhöhung durch Vereinbarung ausgeschlossen ist oder sich der Ausschluss aus den Umständen ergibt.

(4) Eine zum Nachteil des Mieters abweichende Vereinbarung ist unwirksam.

§ 557a BGB Staffelmiete
Gesetzestext

(1) Die Miete kann für bestimmte Zeiträume in unterschiedlicher Höhe schriftlich vereinbart werden; in der Vereinbarung ist die jeweilige Miete oder die jeweilige Erhöhung in einem Geldbetrag auszuweisen (Staffelmiete).

(2) Die Miete muss jeweils mindestens ein Jahr unverändert bleiben. Während der Laufzeit einer Staffelmiete ist eine Erhöhung nach den §§ 558 bis 559b ausgeschlossen.

(3) Das Kündigungsrecht des Mieters kann für höchstens vier Jahre seit Abschluss der Staffelmietvereinbarung ausgeschlossen werden. Die Kündigung ist frühestens zum Ablauf dieses Zeitraums zulässig.

(4) Eine zum Nachteil des Mieters abweichende Vereinbarung ist unwirksam.

§ 557b BGB Indexmiete
Gesetzestext

(1) Die Vertragsparteien können schriftlich vereinbaren, dass die Miete durch den vom Statistischen Bundesamt ermittelten Preisindex für die Lebenshaltung aller privaten Haushalte in Deutschland bestimmt wird (Indexmiete).

(2) Während der Geltung einer Indexmiete muss die Miete, von Erhöhungen nach den §§ 559 bis 560 abgesehen, jeweils mindestens ein Jahr unverändert bleiben. Eine Erhöhung nach § 559 kann nur verlangt werden, soweit der Vermieter bauliche Maßnahmen auf Grund von Umständen durchgeführt hat, die er nicht zu vertreten hat. Eine Erhöhung nach § 558 ist ausgeschlossen.

(3) Eine Änderung der Miete nach Absatz 1 muss durch Erklärung in Textform geltend gemacht werden. Dabei sind die eingetretene Änderung des Preisindexes sowie die jeweilige Miete oder die Erhöhung in einem Geldbetrag anzugeben. Die geänderte Miete ist mit Beginn des übernächsten Monats nach dem Zugang der Erklärung zu entrichten.

(4) Eine zum Nachteil des Mieters abweichende Vereinbarung ist unwirksam.

§ 558 BGB Mieterhöhung bis zur ortsüblichen Vergleichsmiete
Gesetzestext

(1) Der Vermieter kann die Zustimmung zu einer Erhöhung der Miete bis zur ortsüblichen Vergleichsmiete verlangen, wenn die Miete in dem Zeitpunkt, zu dem die Erhöhung eintreten soll, seit 15 Monaten unverändert ist. Das Mieterhöhungsverlan-

gen kann frühestens ein Jahr nach der letzten Mieterhöhung geltend gemacht werden. Erhöhungen nach den §§ 559 bis 560 werden nicht berücksichtigt.

(2) Die ortsübliche Vergleichsmiete wird gebildet aus den üblichen Entgelten, die in der Gemeinde oder einer vergleichbaren Gemeinde für Wohnraum vergleichbarer Art, Größe, Ausstattung, Beschaffenheit und Lage in den letzten vier Jahren vereinbart oder, von Erhöhungen nach § 560 abgesehen, geändert worden sind. Ausgenommen ist Wohnraum, bei dem die Miethöhe durch Gesetz oder im Zusammenhang mit einer Förderzusage festgelegt worden ist.

(3) Bei Erhöhungen nach Absatz 1 darf sich die Miete innerhalb von drei Jahren, von Erhöhungen nach den §§ 559 bis 560 abgesehen, nicht um mehr als 20 vom Hundert erhöhen (Kappungsgrenze).

(4) Die Kappungsgrenze gilt nicht,
 wenn eine Verpflichtung des Mieters zur Ausgleichszahlung nach den Vorschriften über den Abbau der Fehlsubventionierung im Wohnungswesen wegen des Wegfalls der öffentlichen Bindung erloschen ist und
 soweit die Erhöhung den Betrag der zuletzt zu entrichtenden Ausgleichszahlung nicht übersteigt.
Der Vermieter kann vom Mieter frühestens vier Monate vor dem Wegfall der öffentlichen Bindung verlangen, ihm innerhalb eines Monats über die Verpflichtung zur Ausgleichszahlung und über deren Höhe Auskunft zu erteilen. Satz 1 gilt entsprechend, wenn die Verpflichtung des Mieters zur Leistung einer Ausgleichszahlung nach den §§ 34 bis 37 des Wohnraumförderungsgesetzes und den hierzu ergangenen landesrechtlichen Vorschriften wegen Wegfalls der Mietbindung erloschen ist.

(5) Von dem Jahresbetrag, der sich bei einer Erhöhung auf die ortsübliche Vergleichsmiete ergäbe, sind Drittmittel im Sinne des § 559a abzuziehen, im Falle des § 559a Abs. 1 mit 11 vom Hundert des Zuschusses.

(6) Eine zum Nachteil des Mieters abweichende Vereinbarung ist unwirksam.

§ 558a BGB Form und Begründung der Mieterhöhung
Gesetzestext

(1) Das Mieterhöhungsverlangen nach § 558 ist dem Mieter in Textform zu erklären und zu begründen.

(2) Zur Begründung kann insbesondere Bezug genommen werden auf
 einen Mietspiegel (§§ 558c, 558d),
 eine Auskunft aus einer Mietdatenbank (§ 558e),
 ein mit Gründen versehenes Gutachten eines öffentlich bestellten und vereidigten Sachverständigen,
 entsprechende Entgelte für einzelne vergleichbare Wohnungen; hierbei genügt die Benennung von drei Wohnungen.

(3) Enthält ein qualifizierter Mietspiegel (§ 558d Abs. 1), bei dem die Vorschrift des § 558d Abs. 2 eingehalten ist, Angaben für die Wohnung, so hat der Vermieter in seinem Mieterhöhungsverlangen diese Angaben auch dann mitzuteilen, wenn er die Mieterhöhung auf ein anderes Begründungsmittel nach Absatz 2 stützt.

(4) Bei der Bezugnahme auf einen Mietspiegel, der Spannen enthält, reicht es aus, wenn die verlangte Miete innerhalb der Spanne liegt. Ist in dem Zeitpunkt, in dem der

Vermieter seine Erklärung abgibt, kein Mietspiegel vorhanden, bei dem § 558c Abs. 3 oder § 558d Abs. 2 eingehalten ist, so kann auch ein anderer, insbesondere ein veralteter Mietspiegel oder ein Mietspiegel einer vergleichbaren Gemeinde verwendet werden.

(5) Eine zum Nachteil des Mieters abweichende Vereinbarung ist unwirksam.

§ 558b BGB Zustimmung zur Mieterhöhung
Gesetzestext

(1) Soweit der Mieter der Mieterhöhung zustimmt, schuldet er die erhöhte Miete mit Beginn des dritten Kalendermonats nach dem Zugang des Erhöhungsverlangens.

(2) Soweit der Mieter der Mieterhöhung nicht bis zum Ablauf des zweiten Kalendermonats nach dem Zugang des Verlangens zustimmt, kann der Vermieter auf Erteilung der Zustimmung klagen. Die Klage muss innerhalb von drei weiteren Monaten erhoben werden.

(3) Ist der Klage ein Erhöhungsverlangen vorausgegangen, das den Anforderungen des § 558a nicht entspricht, so kann es der Vermieter im Rechtsstreit nachholen oder die Mängel des Erhöhungsverlangens beheben. Dem Mieter steht auch in diesem Fall die Zustimmungsfrist nach Absatz 2 Satz 1 zu.

(4) Eine zum Nachteil des Mieters abweichende Vereinbarung ist unwirksam.

§ 558c BGB Mietspiegel
Gesetzestext

(1) Ein Mietspiegel ist eine Übersicht über die ortsübliche Vergleichsmiete, soweit die Übersicht von der Gemeinde oder von Interessenvertretern der Vermieter und der Mieter gemeinsam erstellt oder anerkannt worden ist.

(2) Mietspiegel können für das Gebiet einer Gemeinde oder mehrerer Gemeinden oder für Teile von Gemeinden erstellt werden.

(3) Mietspiegel sollen im Abstand von zwei Jahren der Marktentwicklung angepasst werden.

(4) Gemeinden sollen Mietspiegel erstellen, wenn hierfür ein Bedürfnis besteht und dies mit einem vertretbaren Aufwand möglich ist. Die Mietspiegel und ihre Änderungen sollen veröffentlicht werden.

(5) Die Bundesregierung wird ermächtigt, durch Rechtsverordnung mit Zustimmung des Bundesrates Vorschriften über den näheren Inhalt und das Verfahren zur Aufstellung und Anpassung von Mietspiegeln zu erlassen.

§ 558d BGB Qualifizierter Mietspiegel
Gesetzestext

(1) Ein qualifizierter Mietspiegel ist ein Mietspiegel, der nach anerkannten wissenschaftlichen Grundsätzen erstellt und von der Gemeinde oder von Interessenvertretern der Vermieter und der Mieter anerkannt worden ist.

(2) Der qualifizierte Mietspiegel ist im Abstand von zwei Jahren der Marktentwicklung anzupassen. Dabei kann eine Stichprobe oder die Entwicklung des vom Statistischen Bundesamt ermittelten Preisindexes für die Lebenshaltung aller privaten Haushalte in Deutschland zugrunde gelegt werden. Nach vier Jahren ist der qualifizierte Mietspiegel neu zu erstellen.

(3) Ist die Vorschrift des Absatzes 2 eingehalten, so wird vermutet, dass die im qualifizierten Mietspiegel bezeichneten Entgelte die ortsübliche Vergleichsmiete wiedergeben.

§ 558e BGB Mietdatenbank
Gesetzestext
Eine Mietdatenbank ist eine zur Ermittlung der ortsüblichen Vergleichsmiete fortlaufend geführte Sammlung von Mieten, die von der Gemeinde oder von Interessenvertretern der Vermieter und der Mieter gemeinsam geführt oder anerkannt wird und aus der Auskünfte gegeben werden, die für einzelne Wohnungen einen Schluss auf die ortsübliche Vergleichsmiete zulassen.

§ 559 BGB Mieterhöhung bei Modernisierung
Gesetzestext
(1) Hat der Vermieter bauliche Maßnahmen durchgeführt, die den Gebrauchswert der Mietsache nachhaltig erhöhen, die allgemeinen Wohnverhältnisse auf Dauer verbessern oder nachhaltig Einsparungen von Energie oder Wasser bewirken (Modernisierung), oder hat er andere bauliche Maßnahmen auf Grund von Umständen durchgeführt, die er nicht zu vertreten hat, so kann er die jährliche Miete um 11 vom Hundert der für die Wohnung aufgewendeten Kosten erhöhen.

(2) Sind die baulichen Maßnahmen für mehrere Wohnungen durchgeführt worden, so sind die Kosten angemessen auf die einzelnen Wohnungen aufzuteilen.

(3) Eine zum Nachteil des Mieters abweichende Vereinbarung ist unwirksam.

§ 559a BGB Anrechnung von Drittmitteln
Gesetzestext
(1) Kosten, die vom Mieter oder für diesen von einem Dritten übernommen oder die mit Zuschüssen aus öffentlichen Haushalten gedeckt werden, gehören nicht zu den aufgewendeten Kosten im Sinne des § 559.

(2) Werden die Kosten für die baulichen Maßnahmen ganz oder teilweise durch zinsverbilligte oder zinslose Darlehen aus öffentlichen Haushalten gedeckt, so verringert sich der Erhöhungsbetrag nach § 559 um den Jahresbetrag der Zinsermäßigung. Dieser wird errechnet aus dem Unterschied zwischen dem ermäßigten Zinssatz und dem marktüblichen Zinssatz für den Ursprungsbetrag des Darlehens. Maßgebend ist der marktübliche Zinssatz für erstrangige Hypotheken zum Zeitpunkt der Beendigung der Maßnahmen. Werden Zuschüsse oder Darlehen zur Deckung von laufenden Aufwendungen gewährt, so verringert sich der Erhöhungsbetrag um den Jahresbetrag des Zuschusses oder Darlehens.

(3) Ein Mieterdarlehen, eine Mietvorauszahlung oder eine von einem Dritten für den Mieter erbrachte Leistung für die baulichen Maßnahmen stehen einem Darlehen aus öffentlichen Haushalten gleich. Mittel der Finanzierungsinstitute des Bundes oder eines Landes gelten als Mittel aus öffentlichen Haushalten.

(4) Kann nicht festgestellt werden, in welcher Höhe Zuschüsse oder Darlehen für die einzelnen Wohnungen gewährt worden sind, so sind sie nach dem Verhältnis der für die einzelnen Wohnungen aufgewendeten Kosten aufzuteilen.

(5) Eine zum Nachteil des Mieters abweichende Vereinbarung ist unwirksam.

§ 559b BGB Geltendmachung der Erhöhung, Wirkung der Erhöhungserklärung
Gesetzestext

(1) Die Mieterhöhung nach § 559 ist dem Mieter in Textform zu erklären. Die Erklärung ist nur wirksam, wenn in ihr die Erhöhung auf Grund der entstandenen Kosten berechnet und entsprechend den Voraussetzungen der §§ 559 und 559a erläutert wird.

(2) Der Mieter schuldet die erhöhte Miete mit Beginn des dritten Monats nach dem Zugang der Erklärung. Die Frist verlängert sich um sechs Monate, wenn der Vermieter dem Mieter die zu erwartende Erhöhung der Miete nicht nach § 554 Abs. 3 Satz 1 mitgeteilt hat oder wenn die tatsächliche Mieterhöhung mehr als 10 vom Hundert höher ist als die mitgeteilte.

(3) Eine zum Nachteil des Mieters abweichende Vereinbarung ist unwirksam.

§ 560 BGB Veränderungen von Betriebskosten
Gesetzestext

(1) Bei einer Betriebskostenpauschale ist der Vermieter berechtigt, Erhöhungen der Betriebskosten durch Erklärung in Textform anteilig auf den Mieter umzulegen, soweit dies im Mietvertrag vereinbart ist. Die Erklärung ist nur wirksam, wenn in ihr der Grund für die Umlage bezeichnet und erläutert wird.

(2) Der Mieter schuldet den auf ihn entfallenden Teil der Umlage mit Beginn des auf die Erklärung folgenden übernächsten Monats. Soweit die Erklärung darauf beruht, dass sich die Betriebskosten rückwirkend erhöht haben, wirkt sie auf den Zeitpunkt der Erhöhung der Betriebskosten, höchstens jedoch auf den Beginn des der Erklärung vorausgehenden Kalenderjahres zurück, sofern der Vermieter die Erklärung innerhalb von drei Monaten nach Kenntnis von der Erhöhung abgibt.

(3) Ermäßigen sich die Betriebskosten, so ist eine Betriebskostenpauschale vom Zeitpunkt der Ermäßigung an entsprechend herabzusetzen. Die Ermäßigung ist dem Mieter unverzüglich mitzuteilen.

(4) Sind Betriebskostenvorauszahlungen vereinbart worden, so kann jede Vertragspartei nach einer Abrechnung durch Erklärung in Textform eine Anpassung auf eine angemessene Höhe vornehmen.

(5) Bei Veränderungen von Betriebskosten ist der Grundsatz der Wirtschaftlichkeit zu beachten.

(6) Eine zum Nachteil des Mieters abweichende Vereinbarung ist unwirksam.

§ 561 BGB Sonderkündigungsrecht des Mieters nach Mieterhöhung
Gesetzestext

(1) Macht der Vermieter eine Mieterhöhung nach § 558 oder § 559 geltend, so kann der Mieter bis zum Ablauf des zweiten Monats nach dem Zugang der Erklärung des Vermieters das Mietverhältnis außerordentlich zum Ablauf des übernächsten Monats kündigen. Kündigt der Mieter, so tritt die Mieterhöhung nicht ein.

(2) Eine zum Nachteil des Mieters abweichende Vereinbarung ist unwirksam.

§ 562 BGB Umfang des Vermieterpfandrechts
Gesetzestext

(1) Der Vermieter hat für seine Forderungen aus dem Mietverhältnis ein Pfandrecht an den eingebrachten Sachen des Mieters. Es erstreckt sich nicht auf die Sachen, die der Pfändung nicht unterliegen.

(2) Für künftige Entschädigungsforderungen und für die Miete für eine spätere Zeit als das laufende und das folgende Mietjahr kann das Pfandrecht nicht geltend gemacht werden.

§ 562a BGB Erlöschen des Vermieterpfandrechts
Gesetzestext

Das Pfandrecht des Vermieters erlischt mit der Entfernung der Sachen von dem Grundstück, außer wenn diese ohne Wissen oder unter Widerspruch des Vermieters erfolgt. Der Vermieter kann nicht widersprechen, wenn sie den gewöhnlichen Lebensverhältnissen entspricht oder wenn die zurückbleibenden Sachen zur Sicherung des Vermieters offenbar ausreichen.

§ 562b BGB Selbsthilferecht, Herausgabeanspruch
Gesetzestext

(1) Der Vermieter darf die Entfernung der Sachen, die seinem Pfandrecht unterliegen, auch ohne Anrufen des Gerichts verhindern, soweit er berechtigt ist, der Entfernung zu widersprechen. Wenn der Mieter auszieht, darf der Vermieter diese Sachen in seinen Besitz nehmen.

(2) Sind die Sachen ohne Wissen oder unter Widerspruch des Vermieters entfernt worden, so kann er die Herausgabe zum Zwecke der Zurückschaffung auf das Grundstück und, wenn der Mieter ausgezogen ist, die Überlassung des Besitzes verlangen. Das Pfandrecht erlischt mit dem Ablauf eines Monats, nachdem der Vermieter von der Entfernung der Sachen Kenntnis erlangt hat, wenn er diesen Anspruch nicht vorher gerichtlich geltend gemacht hat.

§ 562c BGB Abwendung des Pfandrechts durch Sicherheitsleistung
Gesetzestext

Der Mieter kann die Geltendmachung des Pfandrechts des Vermieters durch Sicherheitsleistung abwenden. Er kann jede einzelne Sache dadurch von dem Pfandrecht befreien, dass er in Höhe ihres Wertes Sicherheit leistet.

§ 562d BGB Pfändung durch Dritte
Gesetzestext

Wird eine Sache, die dem Pfandrecht des Vermieters unterliegt, für einen anderen Gläubiger gepfändet, so kann diesem gegenüber das Pfandrecht nicht wegen der Miete für eine frühere Zeit als das letzte Jahr vor der Pfändung geltend gemacht werden.

§ 563 BGB Eintrittsrecht bei Tod des Mieters
Gesetzestext

(1) Der Ehegatte, der mit dem Mieter einen gemeinsamen Haushalt führt, tritt mit dem Tod des Mieters in das Mietverhältnis ein. Dasselbe gilt für den Lebenspartner.

(2) Leben in dem gemeinsamen Haushalt Kinder des Mieters, treten diese mit dem Tod des Mieters in das Mietverhältnis ein, wenn nicht der Ehegatte eintritt. Der Eintritt des Lebenspartners bleibt vom Eintritt der Kinder des Mieters unberührt. Andere Familienangehörige, die mit dem Mieter einen gemeinsamen Haushalt führen, treten mit dem Tod des Mieters in das Mietverhältnis ein, wenn nicht der Ehegatte oder der Lebenspartner eintritt. Dasselbe gilt für Personen, die mit dem Mieter einen auf Dauer angelegten gemeinsamen Haushalt führen.

(3) Erklären eingetretene Personen im Sinne des Absatzes 1 oder 2 innerhalb eines Monats, nachdem sie vom Tod des Mieters Kenntnis erlangt haben, dem Vermieter, dass sie das Mietverhältnis nicht fortsetzen wollen, gilt der Eintritt als nicht erfolgt. Für geschäftsunfähige oder in der Geschäftsfähigkeit beschränkte Personen gilt § 210 entsprechend. Sind mehrere Personen in das Mietverhältnis eingetreten, so kann jeder die Erklärung für sich abgeben.

(4) Der Vermieter kann das Mietverhältnis innerhalb eines Monats, nachdem er von dem endgültigen Eintritt in das Mietverhältnis Kenntnis erlangt hat, außerordentlich mit der gesetzlichen Frist kündigen, wenn in der Person des Eingetretenen ein wichtiger Grund vorliegt.

(5) Eine abweichende Vereinbarung zum Nachteil des Mieters oder solcher Personen, die nach Absatz 1 oder 2 eintrittsberechtigt sind, ist unwirksam.

§ 563a BGB Fortsetzung mit überlebenden Mietern
Gesetzestext

(1) Sind mehrere Personen im Sinne des § 563 gemeinsam Mieter, so wird das Mietverhältnis beim Tod eines Mieters mit den überlebenden Mietern fortgesetzt.

(2) Die überlebenden Mieter können das Mietverhältnis innerhalb eines Monats, nachdem sie vom Tod des Mieters Kenntnis erlangt haben, außerordentlich mit der gesetzlichen Frist kündigen.

(3) Eine abweichende Vereinbarung zum Nachteil der Mieter ist unwirksam.

§ 563b BGB Haftung bei Eintritt oder Fortsetzung
Gesetzestext

(1) Die Personen, die nach § 563 in das Mietverhältnis eingetreten sind oder mit denen es nach § 563a fortgesetzt wird, haften neben dem Erben für die bis zum Tod des Mieters entstandenen Verbindlichkeiten als Gesamtschuldner. Im Verhältnis zu diesen Personen haftet der Erbe allein, soweit nichts anderes bestimmt ist.

(2) Hat der Mieter die Miete für einen nach seinem Tod liegenden Zeitraum im Voraus entrichtet, sind die Personen, die nach § 563 in das Mietverhältnis eingetreten sind oder mit denen es nach § 563a fortgesetzt wird, verpflichtet, dem Erben dasjenige herauszugeben, was sie infolge der Vorausentrichtung der Miete ersparen oder erlangen.

(3) Der Vermieter kann, falls der verstorbene Mieter keine Sicherheit geleistet hat, von den Personen, die nach § 563 in das Mietverhältnis eingetreten sind oder mit denen es nach § 563a fortgesetzt wird, nach Maßgabe des § 551 eine Sicherheitsleistung verlangen.

§ 564 BGB Fortsetzung des Mietverhältnisses mit dem Erben, außerordentliche Kündigung
Gesetzestext

Treten beim Tod des Mieters keine Personen im Sinne des § 563 in das Mietverhältnis ein oder wird es nicht mit ihnen nach § 563a fortgesetzt, so wird es mit dem Erben fortgesetzt. In diesem Fall ist sowohl der Erbe als auch der Vermieter berechtigt, das Mietverhältnis innerhalb eines Monats außerordentlich mit der gesetzlichen Frist zu kündigen, nachdem sie vom Tod des Mieters und davon Kenntnis erlangt haben, dass ein Eintritt in das Mietverhältnis oder dessen Fortsetzung nicht erfolgt sind.

§ 565 BGB Gewerbliche Weitervermietung
Gesetzestext

(1) Soll der Mieter nach dem Mietvertrag den gemieteten Wohnraum gewerblich einem Dritten zu Wohnzwecken weitervermieten, so tritt der Vermieter bei der Beendigung des Mietverhältnisses in die Rechte und Pflichten aus dem Mietverhältnis zwischen dem Mieter und dem Dritten ein. Schließt der Vermieter erneut einen Mietvertrag zur gewerblichen Weitervermietung ab, so tritt der Mieter anstelle der bisherigen Vertragspartei in die Rechte und Pflichten aus dem Mietverhältnis mit dem Dritten ein.

(2) Die §§ 566a bis 566e gelten entsprechend.

(3) Eine zum Nachteil des Dritten abweichende Vereinbarung ist unwirksam.

§ 566 BGB Kauf bricht nicht Miete
Gesetzestext

(1) Wird der vermietete Wohnraum nach der Überlassung an den Mieter von dem Vermieter an einen Dritten veräußert, so tritt der Erwerber anstelle des Vermieters in die sich während der Dauer seines Eigentums aus dem Mietverhältnis ergebenden Rechte und Pflichten ein.

(2) Erfüllt der Erwerber die Pflichten nicht, so haftet der Vermieter für den von dem Erwerber zu ersetzenden Schaden wie ein Bürge, der auf die Einrede der Vorausklage verzichtet hat. Erlangt der Mieter von dem Übergang des Eigentums durch Mitteilung des Vermieters Kenntnis, so wird der Vermieter von der Haftung befreit, wenn nicht der Mieter das Mietverhältnis zum ersten Termin kündigt, zu dem die Kündigung zulässig ist.

§ 566a BGB Mietsicherheit
Gesetzestext

Hat der Mieter des veräußerten Wohnraums dem Vermieter für die Erfüllung seiner Pflichten Sicherheit geleistet, so tritt der Erwerber in die dadurch begründeten Rechte und Pflichten ein. Kann bei Beendigung des Mietverhältnisses der Mieter die Sicherheit von dem Erwerber nicht erlangen, so ist der Vermieter weiterhin zur Rückgewähr verpflichtet

§ 566b BGB Vorausverfügung über die Miete
Gesetzestext

(1) Hat der Vermieter vor dem Übergang des Eigentums über die Miete verfügt, die auf die Zeit der Berechtigung des Erwerbers entfällt, so ist die Verfügung wirksam, soweit sie sich auf die Miete für den zur Zeit des Eigentumsübergangs laufenden Kalendermonat bezieht. Geht das Eigentum nach dem 15. Tag des Monats über, so ist die Verfügung auch wirksam, soweit sie sich auf die Miete für den folgenden Kalendermonat bezieht.

(2) Eine Verfügung über die Miete für eine spätere Zeit muss der Erwerber gegen sich gelten lassen, wenn er sie zur Zeit des Übergangs des Eigentums kennt.

§ 566c BGB Vereinbarung zwischen Mieter und Vermieter über die Miete
Gesetzestext

Ein Rechtsgeschäft, das zwischen dem Mieter und dem Vermieter über die Mietforderung vorgenommen wird, insbesondere die Entrichtung der Miete, ist dem Erwerber gegenüber wirksam, soweit es sich nicht auf die Miete für eine spätere Zeit als den Kalendermonat bezieht, in welchem der Mieter von dem Übergang des Eigentums Kenntnis erlangt. Erlangt der Mieter die Kenntnis nach dem 15. Tag des Monats, so ist das Rechtsgeschäft auch wirksam, soweit es sich auf die Miete für den folgenden Kalendermonat bezieht. Ein Rechtsgeschäft, das nach dem Übergang des Eigentums vorgenommen wird, ist jedoch unwirksam, wenn der Mieter bei der Vornahme des Rechtsgeschäfts von dem Übergang des Eigentums Kenntnis hat.

§ 566d BGB Aufrechnung durch den Mieter
Gesetzestext

Soweit die Entrichtung der Miete an den Vermieter nach § 566c dem Erwerber gegenüber wirksam ist, kann der Mieter gegen die Mietforderung des Erwerbers eine ihm gegen den Vermieter zustehende Forderung aufrechnen. Die Aufrechnung ist ausgeschlossen, wenn der Mieter die Gegenforderung erworben hat, nachdem er von dem Übergang des Eigentums Kenntnis erlangt hat, oder wenn die Gegenforderung erst nach der Erlangung der Kenntnis und später als die Miete fällig geworden ist.

§ 566e BGB Mitteilung des Eigentumsübergangs durch den Vermieter
Gesetzestext

(1) Teilt der Vermieter dem Mieter mit, dass er das Eigentum an dem vermieteten Wohnraum auf einen Dritten übertragen hat, so muss er in Ansehung der Mietforderung dem Mieter gegenüber die mitgeteilte Übertragung gegen sich gelten lassen, auch wenn sie nicht erfolgt oder nicht wirksam ist.

(2) Die Mitteilung kann nur mit Zustimmung desjenigen zurückgenommen werden, der als der neue Eigentümer bezeichnet worden ist.

§ 567 BGB Belastung des Wohnraums durch den Vermieter
Gesetzestext

Wird der vermietete Wohnraum nach der Überlassung an den Mieter von dem Vermieter mit dem Recht eines Dritten belastet, so sind die §§ 566 bis 566e entsprechend anzuwenden, wenn durch die Ausübung des Rechts dem Mieter der vertragsgemäße Gebrauch entzogen wird. Wird der Mieter durch die Ausübung des Rechts in dem vertragsgemäßen Gebrauch beschränkt, so ist der Dritte dem Mieter gegenüber verpflichtet, die Ausübung zu unterlassen, soweit sie den vertragsgemäßen Gebrauch beeinträchtigen würde.

§ 567a BGB Veräußerung oder Belastung vor der Überlassung des Wohnraums
Gesetzestext

Hat vor der Überlassung des vermieteten Wohnraums an den Mieter der Vermieter den Wohnraum an einen Dritten veräußert oder mit einem Recht belastet, durch dessen Ausübung der vertragsgemäße Gebrauch dem Mieter entzogen oder beschränkt wird, so gilt das Gleiche wie in den Fällen des § 566 Abs. 1 und des § 567, wenn der Erwerber dem Vermieter gegenüber die Erfüllung der sich aus dem Mietverhältnis ergebenden Pflichten übernommen hat.

§ 567b BGB Weiterveräußerung oder Belastung durch Erwerber
Gesetzestext

Wird der vermietete Wohnraum von dem Erwerber weiterveräußert oder belastet, so sind § 566 Abs. 1 und die §§ 566a bis 567a entsprechend anzuwenden. Erfüllt der neue

Erwerber die sich aus dem Mietverhältnis ergebenden Pflichten nicht, so haftet der Vermieter dem Mieter nach § 566 Abs. 2.

§ 568 BGB Form und Inhalt der Kündigung
Gesetzestext
(1) Die Kündigung des Mietverhältnisses bedarf der schriftlichen Form.

(2) Der Vermieter soll den Mieter auf die Möglichkeit, die Form und die Frist des Widerspruchs nach den §§ 574 bis 574b rechtzeitig hinweisen.

§ 569 BGB Außerordentliche fristlose Kündigung aus wichtigem Grund
Gesetzestext
(1) Ein wichtiger Grund im Sinne des § 543 Abs. 1 liegt für den Mieter auch vor, wenn der gemietete Wohnraum so beschaffen ist, dass seine Benutzung mit einer erheblichen Gefährdung der Gesundheit verbunden ist. Dies gilt auch, wenn der Mieter die Gefahr bringende Beschaffenheit bei Vertragsschluss gekannt oder darauf verzichtet hat, die ihm wegen dieser Beschaffenheit zustehenden Rechte geltend zu machen.

(2) Ein wichtiger Grund im Sinne des § 543 Abs. 1 liegt ferner vor, wenn eine Vertragspartei den Hausfrieden nachhaltig stört, so dass dem Kündigenden unter Berücksichtigung aller Umstände des Einzelfalls, insbesondere eines Verschuldens der Vertragsparteien, und unter Abwägung der beiderseitigen Interessen die Fortsetzung des Mietverhältnisses bis zum Ablauf der Kündigungsfrist oder bis zur sonstigen Beendigung des Mietverhältnisses nicht zugemutet werden kann.

(3) Ergänzend zu § 543 Abs. 2 Satz 1 Nr. 3 gilt:

Im Falle des § 543 Abs. 2 Satz 1 Nr. 3 Buchstabe a ist der rückständige Teil der Miete nur dann als nicht unerheblich anzusehen, wenn er die Miete für einen Monat übersteigt. Dies gilt nicht, wenn der Wohnraum nur zum vorübergehenden Gebrauch vermietet ist.

Die Kündigung wird auch dann unwirksam, wenn der Vermieter spätestens bis zum Ablauf von zwei Monaten nach Eintritt der Rechtshängigkeit des Räumungsanspruchs hinsichtlich der fälligen Miete und der fälligen Entschädigung nach § 546a Abs. 1 befriedigt wird oder sich eine öffentliche Stelle zur Befriedigung verpflichtet. Dies gilt nicht, wenn der Kündigung vor nicht länger als zwei Jahren bereits eine nach Satz 1 unwirksam gewordene Kündigung vorausgegangen ist.

Ist der Mieter rechtskräftig zur Zahlung einer erhöhten Miete nach den §§ 558 bis 560 verurteilt worden, so kann der Vermieter das Mietverhältnis wegen Zahlungsverzugs des Mieters nicht vor Ablauf von zwei Monaten nach rechtskräftiger Verurteilung kündigen, wenn nicht die Voraussetzungen der außerordentlichen fristlosen Kündigung schon wegen der bisher geschuldeten Miete erfüllt sind.

(4) Der zur Kündigung führende wichtige Grund ist in dem Kündigungsschreiben anzugeben.

(5) Eine Vereinbarung, die zum Nachteil des Mieters von den Absätzen 1 bis 3 dieser Vorschrift oder von § 543 abweicht, ist unwirksam. Ferner ist eine Vereinbarung unwirksam, nach der der Vermieter berechtigt sein soll, aus anderen als den im Gesetz zugelassenen Gründen außerordentlich fristlos zu kündigen.

§ 570 BGB Ausschluss des Zurückbehaltungsrechts
Gesetzestext
Dem Mieter steht kein Zurückbehaltungsrecht gegen den Rückgabeanspruch des Vermieters zu.

§ 571 BGB Weiterer Schadensersatz bei verspäteter Rückgabe von Wohnraum
Gesetzestext
(1) Gibt der Mieter den gemieteten Wohnraum nach Beendigung des Mietverhältnisses nicht zurück, so kann der Vermieter einen weiteren Schaden im Sinne des § 546a Abs. 2 nur geltend machen, wenn die Rückgabe infolge von Umständen unterblieben ist, die der Mieter zu vertreten hat. Der Schaden ist nur insoweit zu ersetzen, als die Billigkeit eine Schadloshaltung erfordert. Dies gilt nicht, wenn der Mieter gekündigt hat.

(2) Wird dem Mieter nach § 721 oder § 794a der Zivilprozessordnung eine Räumungsfrist gewährt, so ist er für die Zeit von der Beendigung des Mietverhältnisses bis zum Ablauf der Räumungsfrist zum Ersatz eines weiteren Schadens nicht verpflichtet.

(3) Eine zum Nachteil des Mieters abweichende Vereinbarung ist unwirksam.

§ 572 BGB Vereinbartes Rücktrittsrecht; Mietverhältnis unter auflösender Bedingung
Gesetzestext
(1) Auf eine Vereinbarung, nach der der Vermieter berechtigt sein soll, nach Überlassung des Wohnraums an den Mieter vom Vertrag zurückzutreten, kann der Vermieter sich nicht berufen.

(2) Ferner kann der Vermieter sich nicht auf eine Vereinbarung berufen, nach der das Mietverhältnis zum Nachteil des Mieters auflösend bedingt ist.

§ 573 BGB Ordentliche Kündigung des Vermieters
Gesetzestext
(1) Der Vermieter kann nur kündigen, wenn er ein berechtigtes Interesse an der Beendigung des Mietverhältnisses hat. Die Kündigung zum Zwecke der Mieterhöhung ist ausgeschlossen.

(2) Ein berechtigtes Interesse des Vermieters an der Beendigung des Mietverhältnisses liegt insbesondere vor, wenn

der Mieter seine vertraglichen Pflichten schuldhaft nicht unerheblich verletzt hat,

der Vermieter die Räume als Wohnung für sich, seine Familienangehörigen oder Angehörige seines Haushalts benötigt oder

der Vermieter durch die Fortsetzung des Mietverhältnisses an einer angemessenen wirtschaftlichen Verwertung des Grundstücks gehindert und dadurch erhebliche Nachteile erleiden würde; die Möglichkeit, durch eine anderweitige Vermietung als Wohnraum eine höhere Miete zu erzielen, bleibt außer Betracht; der Vermieter kann sich auch nicht darauf berufen, dass er die Mieträume im Zusammenhang mit einer beabsichtigten oder nach Überlassung an den Mieter erfolgten Begründung von Wohnungseigentum veräußern will.

(3) Die Gründe für ein berechtigtes Interesse des Vermieters sind in dem Kündigungsschreiben anzugeben. Andere Gründe werden nur berücksichtigt, soweit sie nachträglich entstanden sind.

(4) Eine zum Nachteil des Mieters abweichende Vereinbarung ist unwirksam.

§ 573a BGB Erleichterte Kündigung des Vermieters
Gesetzestext

(1) Ein Mietverhältnis über eine Wohnung in einem vom Vermieter selbst bewohnten Gebäude mit nicht mehr als zwei Wohnungen kann der Vermieter auch kündigen, ohne dass es eines berechtigten Interesses im Sinne des § 573 bedarf. Die Kündigungsfrist verlängert sich in diesem Fall um drei Monate.

(2) Absatz 1 gilt entsprechend für Wohnraum innerhalb der vom Vermieter selbst bewohnten Wohnung, sofern der Wohnraum nicht nach § 549 Abs. 2 Nr. 2 vom Mieterschutz ausgenommen ist.

(3) In dem Kündigungsschreiben ist anzugeben, dass die Kündigung auf die Voraussetzungen des Absatzes 1 oder 2 gestützt wird.

(4) Eine zum Nachteil des Mieters abweichende Vereinbarung ist unwirksam.

§ 573b BGB Teilkündigung des Vermieters
Gesetzestext

(1) Der Vermieter kann nicht zum Wohnen bestimmte Nebenräume oder Teile eines Grundstücks ohne ein berechtigtes Interesse im Sinne des § 573 kündigen, wenn er die Kündigung auf diese Räume oder Grundstücksteile beschränkt und sie dazu verwenden will,
  Wohnraum zum Zwecke der Vermietung zu schaffen oder
  den neu zu schaffenden und den vorhandenen Wohnraum mit Nebenräumen oder Grundstücksteilen auszustatten.

(2) Die Kündigung ist spätestens am dritten Werktag eines Kalendermonats zum Ablauf des übernächsten Monats zulässig.

(3) Verzögert sich der Beginn der Bauarbeiten, so kann der Mieter eine Verlängerung des Mietverhältnisses um einen entsprechenden Zeitraum verlangen.

(4) Der Mieter kann eine angemessene Senkung der Miete verlangen.

(5) Eine zum Nachteil des Mieters abweichende Vereinbarung ist unwirksam.

§ 573c BGB Fristen der ordentlichen Kündigung
Gesetzestext

(1) Die Kündigung ist spätestens am dritten Werktag eines Kalendermonats zum Ablauf des übernächsten Monats zulässig. Die Kündigungsfrist für den Vermieter verlängert sich nach fünf und acht Jahren seit der Überlassung des Wohnraums um jeweils drei Monate.

(2) Bei Wohnraum, der nur zum vorübergehenden Gebrauch vermietet worden ist, kann eine kürzere Kündigungsfrist vereinbart werden.

(3) Bei Wohnraum nach § 549 Abs. 2 Nr. 2 ist die Kündigung spätestens am 15. eines Monats zum Ablauf dieses Monats zulässig.

(4) Eine zum Nachteil des Mieters von Absatz 1 oder 3 abweichende Vereinbarung ist unwirksam.

§ 573d BGB Außerordentliche Kündigung mit gesetzlicher Frist
Gesetzestext

(1) Kann ein Mietverhältnis außerordentlich mit der gesetzlichen Frist gekündigt werden, so gelten mit Ausnahme der Kündigung gegenüber Erben des Mieters nach § 564 die §§ 573 und 573a entsprechend.

(2) Die Kündigung ist spätestens am dritten Werktag eines Kalendermonats zum Ablauf des übernächsten Monats zulässig, bei Wohnraum nach § 549 Abs. 2 Nr. 2 spätestens am 15. eines Monats zum Ablauf dieses Monats (gesetzliche Frist). § 573a Abs. 1 Satz 2 findet keine Anwendung.

(3) Eine zum Nachteil des Mieters abweichende Vereinbarung ist unwirksam.

§ 574 BGB Widerspruch des Mieters gegen die Kündigung
Gesetzestext

(1) Der Mieter kann der Kündigung des Vermieters widersprechen und von ihm die Fortsetzung des Mietverhältnisses verlangen, wenn die Beendigung des Mietverhältnisses für den Mieter, seine Familie oder einen anderen Angehörigen seines Haushalts eine Härte bedeuten würde, die auch unter Würdigung der berechtigten Interessen des Vermieters nicht zu rechtfertigen ist. Dies gilt nicht, wenn ein Grund vorliegt, der den Vermieter zur außerordentlichen fristlosen Kündigung berechtigt.

(2) Eine Härte liegt auch vor, wenn angemessener Ersatzwohnraum zu zumutbaren Bedingungen nicht beschafft werden kann.

(3) Bei der Würdigung der berechtigten Interessen des Vermieters werden nur die in dem Kündigungsschreiben nach § 573 Abs. 3 angegebenen Gründe berücksichtigt, außer wenn die Gründe nachträglich entstanden sind.

(4) Eine zum Nachteil des Mieters abweichende Vereinbarung ist unwirksam.

§ 574a BGB Fortsetzung des Mietverhältnisses nach Widerspruch
Gesetzestext

(1) Im Falle des § 574 kann der Mieter verlangen, dass das Mietverhältnis so lange fortgesetzt wird, wie dies unter Berücksichtigung aller Umstände angemessen ist. Ist dem Vermieter nicht zuzumuten, das Mietverhältnis zu den bisherigen Vertragsbedingungen fortzusetzen, so kann der Mieter nur verlangen, dass es unter einer angemessenen Änderung der Bedingungen fortgesetzt wird.

(2) Kommt keine Einigung zustande, so werden die Fortsetzung des Mietverhältnisses, deren Dauer sowie die Bedingungen, zu denen es fortgesetzt wird, durch Urteil bestimmt. Ist ungewiss, wann voraussichtlich die Umstände wegfallen, auf Grund deren die Beendigung des Mietverhältnisses eine Härte bedeutet, so kann bestimmt werden, dass das Mietverhältnis auf unbestimmte Zeit fortgesetzt wird.

(3) Eine zum Nachteil des Mieters abweichende Vereinbarung ist unwirksam.

§ 574b BGB Form und Frist des Widerspruchs
Gesetzestext

(1) Der Widerspruch des Mieters gegen die Kündigung ist schriftlich zu erklären. Auf Verlangen des Vermieters soll der Mieter über die Gründe des Widerspruchs unverzüglich Auskunft erteilen.

(2) Der Vermieter kann die Fortsetzung des Mietverhältnisses ablehnen, wenn der Mieter ihm den Widerspruch nicht spätestens zwei Monate vor der Beendigung des Mietverhältnisses erklärt hat. Hat der Vermieter nicht rechtzeitig vor Ablauf der Widerspruchsfrist auf die Möglichkeit des Widerspruchs sowie auf dessen Form und Frist hingewiesen, so kann der Mieter den Widerspruch noch im ersten Termin des Räumungsrechtsstreits erklären.

(3) Eine zum Nachteil des Mieters abweichende Vereinbarung ist unwirksam.

§ 574c BGB Weitere Fortsetzung des Mietverhältnisses bei unvorhergesehenen Umständen
Gesetzestext

(1) Ist auf Grund der §§ 574 bis 574b durch Einigung oder Urteil bestimmt worden, dass das Mietverhältnis auf bestimmte Zeit fortgesetzt wird, so kann der Mieter dessen weitere Fortsetzung nur verlangen, wenn dies durch eine wesentliche Änderung der Umstände gerechtfertigt ist oder wenn Umstände nicht eingetreten sind, deren vorgesehener Eintritt für die Zeitdauer der Fortsetzung bestimmend gewesen war.

(2) Kündigt der Vermieter ein Mietverhältnis, dessen Fortsetzung auf unbestimmte Zeit durch Urteil bestimmt worden ist, so kann der Mieter der Kündigung widersprechen und vom Vermieter verlangen, das Mietverhältnis auf unbestimmte Zeit fortzusetzen. Haben sich die Umstände verändert, die für die Fortsetzung bestimmend gewesen waren, so kann der Mieter eine Fortsetzung des Mietverhältnisses nur nach § 574 verlangen; unerhebliche Veränderungen bleiben außer Betracht.

(3) Eine zum Nachteil des Mieters abweichende Vereinbarung ist unwirksam.

§ 575 BGB Zeitmietvertrag
Gesetzestext

(1) Ein Mietverhältnis kann auf bestimmte Zeit eingegangen werden, wenn der Vermieter nach Ablauf der Mietzeit

die Räume als Wohnung für sich, seine Familienangehörigen oder Angehörige seines Haushalts nutzen will,

in zulässiger Weise die Räume beseitigen oder so wesentlich verändern oder instand setzen will, dass die Maßnahmen durch eine Fortsetzung des Mietverhältnisses erheblich erschwert würden, oder

die Räume an einen zur Dienstleistung Verpflichteten vermieten will

und er dem Mieter den Grund der Befristung bei Vertragsschluss schriftlich mitteilt. Anderenfalls gilt das Mietverhältnis als auf unbestimmte Zeit abgeschlossen.

(2) Der Mieter kann vom Vermieter frühestens vier Monate vor Ablauf der Befristung verlangen, dass dieser ihm binnen eines Monats mitteilt, ob der Befristungsgrund noch besteht. Erfolgt die Mitteilung später, so kann der Mieter eine Verlängerung des Mietverhältnisses um den Zeitraum der Verspätung verlangen.

(3) Tritt der Grund der Befristung erst später ein, so kann der Mieter eine Verlängerung des Mietverhältnisses um einen entsprechenden Zeitraum verlangen. Entfällt der Grund, so kann der Mieter eine Verlängerung auf unbestimmte Zeit verlangen. Die Beweislast für den Eintritt des Befristungsgrundes und die Dauer der Verzögerung trifft den Vermieter.

(4) Eine zum Nachteil des Mieters abweichende Vereinbarung ist unwirksam.

§ 575a BGB Außerordentliche Kündigung mit gesetzlicher Frist
Gesetzestext

(1) Kann ein Mietverhältnis, das auf bestimmte Zeit eingegangen ist, außerordentlich mit der gesetzlichen Frist gekündigt werden, so gelten mit Ausnahme der Kündigung gegenüber Erben des Mieters nach § 564 die §§ 573 und 573a entsprechend.

(2) Die §§ 574 bis 574c gelten entsprechend mit der Maßgabe, dass die Fortsetzung des Mietverhältnisses höchstens bis zum vertraglich bestimmten Zeitpunkt der Beendigung verlangt werden kann.

(3) Die Kündigung ist spätestens am dritten Werktag eines Kalendermonats zum Ablauf des übernächsten Monats zulässig, bei Wohnraum nach § 549 Abs. 2 Nr. 2 spätestens am 15. eines Monats zum Ablauf dieses Monats (gesetzliche Frist). § 573a Abs. 1 Satz 2 findet keine Anwendung.

(4) Eine zum Nachteil des Mieters abweichende Vereinbarung ist unwirksam.

§ 576 BGB Fristen der ordentlichen Kündigung bei Werkmietwohnungen
Gesetzestext

(1) Ist Wohnraum mit Rücksicht auf das Bestehen eines Dienstverhältnisses vermietet, so kann der Vermieter nach Beendigung des Dienstverhältnisses abweichend von § 573c Abs. 1 Satz 2 ist mit folgenden Fristen kündigen:

bei Wohnraum, der dem Mieter weniger als zehn Jahre überlassen war, spätestens am dritten Werktag eines Kalendermonats zum Ablauf des übernächsten Monats, wenn der Wohnraum für einen anderen zur Dienstleistung Verpflichteten benötigt wird;

spätestens am dritten Werktag eines Kalendermonats zum Ablauf dieses Monats, wenn das Dienstverhältnis seiner Art nach die Überlassung von Wohnraum erfordert hat, der in unmittelbarer Beziehung oder Nähe zur Arbeitsstätte steht, und der Wohnraum aus dem gleichen Grund für einen anderen zur Dienstleistung Verpflichteten benötigt wird.

(2) Eine zum Nachteil des Mieters abweichende Vereinbarung ist unwirksam.

§ 576a BGB Besonderheiten des Widerspruchsrechts bei Werkmietwohnungen
Gesetzestext

(1) Bei der Anwendung der §§ 574 bis 574c auf Werkmietwohnungen sind auch die Belange des Dienstberechtigten zu berücksichtigen.

(2) Die §§ 574 bis 574c gelten nicht, wenn
der Vermieter nach § 576 Abs. 1 Nr. 2 gekündigt hat;
der Mieter das Dienstverhältnis gelöst hat, ohne dass ihm von dem Dienstberechtigten gesetzlich begründeter Anlass dazu gegeben war, oder der Mieter durch sein Verhalten dem Dienstberechtigten gesetzlich begründeten Anlass zur Auflösung des Dienstverhältnisses gegeben hat.

(3) Eine zum Nachteil des Mieters abweichende Vereinbarung ist unwirksam.

§ 576b BGB Entsprechende Geltung des Mietrechts bei Werkdienstwohnungen
Gesetzestext

(1) Ist Wohnraum im Rahmen eines Dienstverhältnisses überlassen, so gelten für die Beendigung des Rechtsverhältnisses hinsichtlich des Wohnraums die Vorschriften über Mietverhältnisse entsprechend, wenn der zur Dienstleistung Verpflichtete den Wohnraum überwiegend mit Einrichtungsgegenständen ausgestattet hat oder in dem Wohnraum mit seiner Familie oder Personen lebt, mit denen er einen auf Dauer angelegten gemeinsamen Haushalt führt.

(2) Eine zum Nachteil des Mieters abweichende Vereinbarung ist unwirksam.

§ 577 BGB Vorkaufsrecht des Mieters
Gesetzestext

(1) Werden vermietete Wohnräume, an denen nach der Überlassung an den Mieter Wohnungseigentum begründet worden ist oder begründet werden soll, an einen Dritten verkauft, so ist der Mieter zum Vorkauf berechtigt. Dies gilt nicht, wenn der Vermieter die Wohnräume an einen Familienangehörigen oder an einen Angehörigen seines Haushalts verkauft. Soweit sich nicht aus den nachfolgenden Absätzen etwas anderes ergibt, finden auf das Vorkaufsrecht die Vorschriften über den Vorkauf Anwendung.

(2) Die Mitteilung des Verkäufers oder des Dritten über den Inhalt des Kaufvertrags ist mit einer Unterrichtung des Mieters über sein Vorkaufsrecht zu verbinden.

(3) Die Ausübung des Vorkaufsrechts erfolgt durch schriftliche Erklärung des Mieters gegenüber dem Verkäufer.

(4) Stirbt der Mieter, so geht das Vorkaufsrecht auf diejenigen über, die in das Mietverhältnis nach § 563 Abs. 1 oder 2 eintreten.

(5) Eine zum Nachteil des Mieters abweichende Vereinbarung ist unwirksam.

§ 577a BGB Kündigungsbeschränkung bei Wohnungsumwandlung
Gesetzestext

(1) Ist an vermieteten Wohnräumen nach der Überlassung an den Mieter Wohnungseigentum begründet und das Wohnungseigentum veräußert worden, so kann sich ein Erwerber auf berechtigte Interessen im Sinne des § 573 Abs. 2 Nr. 2 oder 3 erst nach Ablauf von drei Jahren seit der Veräußerung berufen.

(2) Die Frist nach Absatz 1 beträgt bis zu zehn Jahre, wenn die ausreichende Versorgung der Bevölkerung mit Mietwohnungen zu angemessenen Bedingungen in einer Gemeinde oder einem Teil einer Gemeinde besonders gefährdet ist und diese Gebiete nach Satz 2 bestimmt sind. Die Landesregierungen werden ermächtigt, diese Gebiete und die Frist nach Satz 1 durch Rechtsverordnung für die Dauer von jeweils höchstens zehn Jahren zu bestimmen.

(3) Eine zum Nachteil des Mieters abweichende Vereinbarung ist unwirksam.

§ 578 BGB Mietverhältnisse über Grundstücke und Räume
Gesetzestext

(1) Auf Mietverhältnisse über Grundstücke sind die Vorschriften der §§ 550, 562 bis 562d, 566 bis 567b sowie 570 entsprechend anzuwenden.

(2) Auf Mietverhältnisse über Räume, die keine Wohnräume sind, sind die in Absatz 1 genannten Vorschriften sowie § 552 Abs. 1, § 554 Abs. 1 bis 4 und § 569 Abs. 2 entsprechend anzuwenden. Sind die Räume zum Aufenthalt von Menschen bestimmt, so gilt außerdem § 569 Abs. 1 entsprechend.

§ 578a BGB Mietverhältnisse über eingetragene Schiffe
Gesetzestext

(1) Die Vorschriften der §§ 566, 566a, 566e bis 567b gelten im Falle der Veräußerung oder Belastung eines im Schiffsregister eingetragenen Schiffs entsprechend.

(2) Eine Verfügung, die der Vermieter vor dem Übergang des Eigentums über die Miete getroffen hat, die auf die Zeit der Berechtigung des Erwerbers entfällt, ist dem Erwerber gegenüber wirksam. Das Gleiche gilt für ein Rechtsgeschäft, das zwischen dem

Mieter und dem Vermieter über die Mietforderung vorgenommen wird, insbesondere die Entrichtung der Miete; ein Rechtsgeschäft, das nach dem Übergang des Eigentums vorgenommen wird, ist jedoch unwirksam, wenn der Mieter bei der Vornahme des Rechtsgeschäfts von dem Übergang des Eigentums Kenntnis hat. § 566d gilt entsprechend.

§ 579 BGB Fälligkeit der Miete
Gesetzestext

(1) Die Miete für ein Grundstück, ein im Schiffsregister eingetragenes Schiff und für bewegliche Sachen ist am Ende der Mietzeit zu entrichten. Ist die Miete nach Zeitabschnitten bemessen, so ist sie nach Ablauf der einzelnen Zeitabschnitte zu entrichten. Die Miete für ein Grundstück ist, sofern sie nicht nach kürzeren Zeitabschnitten bemessen ist, jeweils nach Ablauf eines Kalendervierteljahrs am ersten Werktag des folgenden Monats zu entrichten.

(2) Für Mietverhältnisse über Räume gilt § 556b Abs. 1 entsprechend.

§ 580 BGB Außerordentliche Kündigung bei Tod des Mieters
Gesetzestext

Stirbt der Mieter, so ist sowohl der Erbe als auch der Vermieter berechtigt, das Mietverhältnis innerhalb eines Monats, nachdem sie vom Tod des Mieters Kenntnis erlangt haben, außerordentlich mit der gesetzlichen Frist zu kündigen.

§ 580a BGB Kündigungsfristen
Gesetzestext

(1) Bei einem Mietverhältnis über Grundstücke, über Räume, die keine Geschäftsräume sind, oder über im Schiffsregister eingetragene Schiffe ist die ordentliche Kündigung zulässig,

 wenn die Miete nach Tagen bemessen ist, an jedem Tag zum Ablauf des folgenden Tages;

 wenn die Miete nach Wochen bemessen ist, spätestens am ersten Werktag einer Woche zum Ablauf des folgenden Sonnabends;

 wenn die Miete nach Monaten oder längeren Zeitabschnitten bemessen ist, spätestens am dritten Werktag eines Kalendermonats zum Ablauf des übernächsten Monats, bei einem Mietverhältnis über gewerblich genutzte unbebaute Grundstücke oder im Schiffsregister eingetragene Schiffe jedoch nur zum Ablauf eines Kalendervierteljahrs.

(2) Bei einem Mietverhältnis über Geschäftsräume ist die ordentliche Kündigung spätestens am dritten Werktag eines Kalendervierteljahres zum Ablauf des nächsten Kalendervierteljahrs zulässig.

(3) Bei einem Mietverhältnis über bewegliche Sachen ist die ordentliche Kündigung zulässig,

 wenn die Miete nach Tagen bemessen ist, an jedem Tag zum Ablauf des folgenden Tages;

 wenn die Miete nach längeren Zeitabschnitten bemessen ist, spätestens am dritten Tag vor dem Tag, mit dessen Ablauf das Mietverhältnis enden soll.

(4) Absatz 1 Nr. 3, Absatz 2 und 3 Nr. 2 sind auch anzuwenden, wenn ein Mietverhältnis außerordentlich mit der gesetzlichen Frist gekündigt werden kann.

3.4. LEGISLAÇÃO ITALIANA DO ARRENDAMENTO URBANO

3.4.1. IL *CODICE CIVILE* ITALIANO

(...)

LIBRO QUARTO. *Delle Obbligazioni*

TITOLO I. **Delle Obbligazioni in Generale**

CAPO VI. **Della locazione**

SEZIONI I. Disposizioni generali

Art. 1571 Nozione
La locazione è il contratto col quale una parte si obbliga a far godere all'altra una cosa mobile o immobile per un dato tempo (1572 e seguenti), verso un determinato corrispettivo.

Art. 1572 Locazioni e anticipazioni eccedenti l'ordinaria amministrazione
Il contratto di locazione per una durata superiore a nove anni è atto eccedente l'ordinaria amministrazione.

Sono altresì atti eccedenti l'ordinaria amministrazione le anticipazioni del corrispettivo della locazione per una durata superiore a un anno.

Art. 1573 Durata della locazione
Salvo diverse norme di legge, la locazione non può stipularsi per un tempo eccedente i trenta anni. Se stipulata per un periodo più lungo o in perpetuo, e ridotta al termine suddetto.

Art. 1574 Locazione senza determinazione di tempo
Quando le parti non hanno determinato la durata della locazione, questa s'intende convenuta:
1) se si tratta di case senza arredamento di mobili o di locali per l'esercizio di una professione, di un'industria o di un commercio, per la durata di un anno, salvi gli usi locali;
2) se si tratta di camere o di appartamenti mobiliati, per la durata corrispondente all'unità di tempo a cui è commisurata la pigione;

3) se si tratta di cose mobili, per la durata corrispondente all'unità di tempo a cui è commisurato il corrispettivo;
4) se si tratta di mobili forniti dal locatore per l'arredamento di un fondo urbano, per la durata della locazione del fondo stesso.

Art. 1575 Obbligazioni principali del locatore
Il locatore deve:
1) consegnare al conduttore la cosa locata in buono stato di manutenzione;
2) mantenerla in istato da servire all'uso convenuto;
3) garantirne il pacifico godimento durante la locazione.

Art. 1576 Mantenimento della cosa in buono stato locativo
Il locatore deve eseguire, durante la locazione, tutte le riparazioni necessarie, eccettuate quelle di piccola manutenzione che sono a carico del conduttore.

Se si tratta di cose mobili, le spese di conservazione e di ordinaria manutenzione sono, salvo patto contrario, a carico del conduttore.

Art. 1577 Necessità di riparazioni
Quando la cosa locata abbisogna di riparazioni che non sono a carico del conduttore, questi è tenuto a darne avviso al locatore.

Se si tratta di riparazioni urgenti, il conduttore può eseguirle direttamente, salvo rimborso, purché ne dia contemporaneamente avviso al locatore.

Art. 1578 Vizi della cosa locata
Se al momento della consegna la cosa locata è affetta da vizi che ne diminuiscono in modo apprezzabile l'idoneità all'uso pattuito, il conduttore può domandare la risoluzione del contratto o una riduzione del corrispettivo, salvo che si tratti di vizi da lui conosciuti o facilmente riconoscibili.

Il locatore è tenuto a risarcire al conduttore i danni derivati da vizi della cosa, se non prova di avere senza colpa ignorato i vizi stessi al momento della consegna.

Art. 1579 Limitazioni convenzionali della responsabilità
Il patto con cui si esclude o si limita la responsabilità del locatore per i vizi della cosa non ha effetto se il locatore li ha in mala fede taciuti al conduttore oppure se i vizi sono tali da rendere impossibile il godimento della cosa.

Art. 1580 Cose pericolose per la salute
Se i vizi della cosa o di parte notevole di essa espongono a serio pericolo la salute del conduttore o dei suoi familiari o dipendenti, il conduttore può ottenere la risoluzione del contratto, anche se i vizi gli erano noti, nonostante qualunque rinunzia.

Art. 1581 Vizi sopravvenuti
Le disposizioni degli articoli precedenti si osservano in quanto applicabili, anche nel caso di vizi della cosa sopravvenuti nel corso della locazione.

Art. 1582 Divieto d'innovazione
Il locatore non può compiere sulla cosa innovazioni che diminuiscano il godimento da parte del conduttore.

Art. 1583 Mancato godimento per riparazioni urgenti
Se nel corso della locazione la cosa abbisogna di riparazioni che non possono differirsi fino al termine del contratto, il conduttore deve tollerarle anche quando importano privazione del godimento di parte della cosa locata.

Art. 1584 Diritti del conduttore in caso di riparazioni
Se l'esecuzione delle riparazioni si protrae per oltre un sesto della durata della locazione e, in ogni caso, per oltre venti giorni, il conduttore ha diritto a una riduzione del corrispettivo, proporzionata all'intera durata delle riparazioni stesse e all'entità del mancato godimento.

Indipendentemente dalla sua durata, se l'esecuzione delle riparazioni rende inabitabile quella parte della cosa che è necessaria per l'alloggio del conduttore e della sua famiglia, il conduttore può ottenere, secondo le circostanze, lo scioglimento del contratto.

Art. 1585 Garanzia per molestie
Il locatore è tenuto a garantire il conduttore dalle molestie che diminuiscono l'uso o il godimento della cosa, arrecate da terzi che pretendono di avere diritti sulla cosa medesima.

Non è tenuto a garantirlo dalle molestie di terzi che non pretendono di avere diritti, salva al conduttore la facoltà di agire contro di essi in nome proprio.

Art. 1586 Pretese da parte di terzi
Se i terzi che arrecano le molestie pretendono di avere diritti sulla cosa locata, il conduttore è tenuto a darne pronto avviso al locatore, sotto pena del risarcimento dei danni.

Se i terzi agiscono in via giudiziale, il locatore è tenuto ad assumere la lite, qualora sia chiamato nel processo. Il conduttore deve esserne estromesso con la semplice indicazione del locatore, se non ha interesse a rimanervi.

Art. 1587 Obbligazioni principali del conduttore
Il conduttore deve:
1) prendere in consegna la cosa e osservare la diligenza del buon padre di famiglia (1176) nel servirsene per l'uso determinato nel contratto o per l'uso che può altrimenti presumersi dalle circostanze;
2) dare il corrispettivo nei termini convenuti.

Art. 1588 Perdita e deterioramento della cosa locata
Il conduttore risponde della perdita e del deterioramento della cosa che avvengono nel corso della locazione, anche se derivanti da incendio, qualora non provi che siano accaduti per causa a lui non imputabile.

E' pure responsabile della perdita e del deterioramento cagionati da persone che egli ha ammesse, anche temporaneamente, all'uso o al godimento della cosa.

Art. 1589 Incendio di cosa assicurata

Se la cosa distrutta o deteriorata per incendio era stata assicurata dal locatore o per conto di questo la responsabilità del conduttore verso il locatore è limitata alla differenza tra l'indennizzo corrisposto dall'assicuratore e il danno effettivo.

Quando si tratta di cosa mobile stimata e l'assicurazione è stata fatta per valore uguale alla stima, cessa ogni responsabilità del conduttore in confronto del locatore, se questi è indennizzato dall'assicuratore.

Sono salve in ogni caso le norme concernenti il diritto di surrogazione dell'assicuratore.

Art. 1590 Restituzione della cosa locata

Il conduttore deve restituire la cosa al locatore nello stato medesimo in cui l'ha ricevuta, in conformità della descrizione che ne sia stata fatta dalle parti, salvo il deterioramento o il consumo risultante dall'uso della cosa in conformità del contratto.

In mancanza di descrizione, si presume che il conduttore abbia ricevuto la cosa in buono stato di manutenzione.

Il conduttore non risponde del perimento o del deterioramento dovuti a vetusta.

Le cose mobili si devono restituire nel luogo dove sono state consegnate.

Art. 1591 Danni per ritardata restituzione

Il conduttore in mora a restituire la cosa è tenuto a dare al locatore il corrispettivo convenuto fino alla riconsegna, salvo l'obbligo di risarcire il maggior danno.

Art. 1592 Miglioramenti

Salvo disposizioni particolari della legge o degli usi, il conduttore non ha diritto a indennità per i miglioramenti apportati alla cosa locata. Se però vi è stato il consenso del locatore, questi è tenuto a pagare un'indennità corrispondente alla minor somma tra l'importo della spesa e il valore del risultato utile al tempo della riconsegna.

Anche nel caso in cui il conduttore non ha diritto a indennità, il valore dei miglioramenti può compensare i deterioramenti che si sono verificati senza colpa grave del conduttore.

Art. 1593 Addizioni

Il conduttore che ha eseguito addizioni sulla cosa locata ha diritto di toglierle alla fine della locazione qualora ciò possa avvenire senza nocumento della cosa, salvo che il proprietario preferisca ritenere le addizioni stesse. In tal caso questi deve pagare al conduttore un'indennità pari alla minor somma tra l'importo della spesa e il valore delle addizioni al tempo della riconsegna.

Se le addizioni non sono separabili senza nocumento della cosa e ne costituiscono un miglioramento, si osservano le norme dell'articolo precedente.

Art. 1594 Sublocazione o cessione della locazione

Il conduttore, salvo patto contrario, ha facoltà di sublocare la cosa locatagli, ma non può cedere il contratto senza il consenso del locatore.

Trattandosi di cosa mobile, la sublocazione deve essere autorizzata dal locatore o consentita dagli usi.

Art. 1595 Rapporti tra il locatore e il subconduttore

Il locatore, senza pregiudizio dei suoi diritti verso il conduttore, ha azione diretta contro il subconduttore per esigere il prezzo della sublocazione, di cui questi sia ancora debitore al momento della domanda giudiziale, e per costringerlo ad adempiere tutte le altre obbligazioni derivanti dal contratto di sublocazione.

Il subconduttore non può opporgli pagamenti anticipati, salvo che siano stati fatti secondo gli usi locali.

Senza pregiudizio delle ragioni del subconduttore verso il sublocatore, la nullità o la risoluzione del contratto di locazione ha effetto anche nei confronti del subconduttore, e la sentenza pronunciata tra locatore e conduttore ha effetto anche contro di lui.

Art. 1596 Fine della locazione per lo spirare del termine

La locazione per un tempo determinato dalle parti cessa con lo spirare del termine, senza che sia necessaria la disdetta.

La locazione senza determinazione di tempo non cessa, se prima della scadenza stabilita a norma dell'art. 1574 una delle parti non comunica all'altra disdetta nel termine (fissato dalle norme corporative o, in mancanza, in quello) determinato dalle parti o dagli usi.

Art. 1597 Rinnovazione tacita del contratto

La locazione si ha per rinnovata se, scaduto il termine di essa, il conduttore rimane ed è lasciato nella detenzione della cosa locata o se, trattandosi di locazione a tempo indeterminato, non è stata comunicata la disdetta a norma dell'articolo precedente.

La nuova locazione è regolata dalle stesse condizioni della precedente, ma la sua durata è quella stabilita per le locazioni a tempo indeterminato.

Se è stata data licenza, il conduttore non può opporre la tacita rinnovazione, salvo che consti la volontà del locatore di rinnovare il contratto.

Art. 1598 Garanzie della locazione

Le garanzie prestate da terzi non si estendono alle obbligazioni derivanti da proroghe della durata del contratto.

Art. 1599 Trasferimento a titolo particolare della cosa locata

Il contratto di locazione è opponibile al terzo acquirente, se ha data certa (2704) anteriore all'alienazione della cosa.

La disposizione del comma precedente non si applica alla locazione di beni mobili non iscritti in pubblici registri, se l'acquirente ne ha conseguito il possesso in buona fede.

Le locazioni di beni immobili non trascritte non sono opponibili al terzo acquirente, se non nei limiti di un novennio dall'inizio della locazione. L'acquirente è in ogni caso tenuto a rispettare la locazione, se ne ha assunto l'obbligo verso l'alienante.

Art. 1600 Detenzione anteriore al trasferimento

Se la locazione non ha data certa, ma la detenzione del conduttore è anteriore al trasferimento, l'acquirente non è tenuto a rispettare la locazione che per una durata corrispondente a quella stabilita per le locazioni a tempo indeterminato.

Art. 1601 Risarcimento del danno al conduttore licenziato
Se il conduttore è stato licenziato dall'acquirente perché il contratto di locazione non aveva data certa anteriore al trasferimento, il locatore è tenuto a risarcirgli il danno.

Art. 1602 Effetti dell'opponibilità della locazione al terzo acquirente
Il terzo acquirente tenuto a rispettare la locazione subentra, dal giorno del suo acquisto, nei diritti e nelle obbligazioni derivanti dal contratto di locazione.

Art. 1603 Clausola di scioglimento del contratto in caso di alienazione
Se si è convenuto che il contratto possa sciogliersi in caso di alienazione della cosa locata, l'acquirente che vuole valersi di tale facoltà deve dare licenza al conduttore rispettando il termine di preavviso stabilito dal secondo comma dell'**art. 1596**. In tal caso al conduttore licenziato non spetta il risarcimento dei danni, salvo patto contrario.

Art. 1604 Vendita della cosa locata con patto di riscatto
Il compratore con patto di riscatto non può esercitare la facoltà di licenziare il conduttore fino a che il suo acquisto non sia divenuto irrevocabile con la scadenza del termine fissato per il riscatto.

Art. 1605 Liberazione o cessione del corrispettivo della locazione
La liberazione o la cessione del corrispettivo della locazione non ancora scaduto non può opporsi al terzo acquirente della cosa locata, se non risulta da atto scritto avente data certa anteriore al trasferimento. Si può in ogni caso opporre il pagamento anticipato eseguito in conformità degli usi locali.

Se la liberazione o la cessione è stata fatta per un periodo eccedente i tre anni e non è stata trascritta, può essere opposta solo entro i limiti di un triennio; se il triennio è già trascorso, può essere opposta solo nei limiti dell'anno in corso nel giorno del trasferimento.

Art. 1606 Estinzione del diritto del locatore
Nei casi in cui il diritto del locatore sulla cosa locata si estingue con effetto retroattivo, le locazioni da lui concluse aventi data certa (2704) sono mantenute, purché siano state fatte senza frode e non eccedano il triennio.

Sono salve le diverse disposizioni di legge.

SEZIONE II. Della locazione di fondi urbani (1)

Art. 1607 Durata massima della locazione di case
La locazione di una casa per abitazione può essere convenuta per tutta la durata della vita dell'inquilino e per due anni successivi alla sua morte.

(Vedere anche Legge 27 luglio 1978, n. 392, Leggi Speciali)

Art. 1608 Garanzie per il pagamento della pigione
Nelle locazioni di case non mobiliate l'inquilino può essere licenziato se non fornisce la casa di mobili sufficienti o non presta altre garanzie idonee ad assicurare il pagamento della pigione.

Art. 1609 Piccole riparazioni a carico dell'inquilino

Le riparazioni di piccola manutenzione, che a norma dell'**art. 1576** devono essere eseguite dall'inquilino a sue spese, sono quelle dipendenti da deterioramenti prodotti dall'uso, e non quelle dipendenti da vetustà o da caso fortuito.

Le suddette riparazioni, in mancanza di patto, sono determinate dagli usi locali.

Art. 1610 Spurgo dei pozzi e di latrine

Lo spurgo dei pozzi e delle latrine è a carico del locatore.

Art. 1611 Incendio di casa abitata da più inquilini

Se si tratta di casa occupata da più inquilini, tutti sono responsabili verso il locatore del danno prodotto dall'incendio (1588), proporzionalmente al valore della parte occupata. Se nella casa abita anche il locatore, si detrae dalla somma dovuta una quota corrispondente alla parte da lui occupata.

La disposizione del comma precedente non si applica se si prova che l'incendio è cominciato dall'abitazione di uno degli inquilini, ovvero se alcuno di questi prova che l'incendio non è potuto cominciare nella sua abitazione.

Art. 1612 Recesso convenzionale del locatore

Il locatore che si è riservata la facoltà di recedere dal contratto per abitare egli stesso nella casa locata deve dare licenza motivata nel termine stabilito dagli usi locali. (tacitamente abrogato dalla Legge 27 luglio 1978, n. 392, Leggi Speciali)

Art. 1613 Facoltà di recesso degli impiegati pubblici

Gli impiegati delle pubbliche amministrazioni possono, nonostante patto contrario, recedere dal contratto nel caso di trasferimento, purché questo non sia stato disposto su loro domanda.

Tale facoltà si esercita mediante disdetta motivata, e il recesso ha effetto dal secondo mese successivo a quello in corso alla data della disdetta.

Art. 1614 Morte dell'inquilino

Nel caso di morte dell'inquilino, se la locazione deve ancora durare per più di un anno ed è stata vietata la sublocazione, gli eredi possono recedere dal contratto entro tre mesi dalla morte.

Il recesso si deve esercitare mediante disdetta comunicata con preavviso non inferiore a tre mesi.

SEZIONE III. Dell'affitto

§ 1 Disposizioni generali

(Arts. 1615.° a 1627.°)

...

§ 2 Dell'affitto di fondi rustici

(Arts. 1628.° a 1646.°)

...

3.4.2. LEGGE 9 DICIEMBRE 1998 N. 431 – Disciplina delle locazione e del rilascio degli immobili adibiti ad uso abitativo

LA LEGGE DI RIFORMA DELLE LOCAZIONI

Testo aggiornato con le modifiche apportate dalla legge 8 gennaio 2002 n. 2 (legge Foti) (G.U. 14 gennaio 2002, n. 11) nonchè con le modifiche apportate dal decreto legge 13 settembre 2004, n. 240, così come convertito dalla legge 12 novembre 2004, n. 269 (G.U. 13 settembre 2004, n. 215 e 12 novembre 2004, n. 266)

CAPO I. Locazione di immobili adibiti ad uso abitativo

Art. 1. Ambito di applicazione

1. I contratti di locazione di immobili adibiti ad uso abitativo, di seguito denominati contratti di locazione, sono stipulati o rinnovati, successivamente alla data di entrata in vigore della presente legge, ai sensi dei commi 1 e 3 dell'articolo 2.

2. Le disposizioni di cui agli articoli 2, 3, 4, 4-bis, 7, 8 e 13 della presente legge non si applicano:
   a) ai contratti di locazione relativi agli immobili vincolati ai sensi della legge 1.° giugno 1939, n. 1089, o inclusi nelle categorie catastali A/1, A/8 e A/9, che sono sottoposti esclusivamente alla disciplina di cui agli articoli 1571 e seguenti del codice civile qualora non siano stipulati secondo le modalità di cui al comma 3 dell'articolo 2 della presente legge;
   b) agli alloggi di edilizia residenziale pubblica, ai quali si applica la relativa normativa vigente, statale e regionale;
   c) agli alloggi locati esclusivamente per finalità turistiche (1).

3. Le disposizioni di cui agli articoli 2, 3, 4, 4-bis, 7 e 13 della presente legge non si applicano ai contratti di locazione stipulati dagli enti locali in qualità di conduttori per soddisfare esigenze abitative di carattere transitorio, ai quali si applicano le disposizioni di cui agli articoli 1571 e seguenti del codice civile. A tali contratti non si applica l'articolo 56 della legge 27 luglio 1978, n. 392 (2).

4. A decorrere dalla data di entrata in vigore della presente legge, per la stipula di validi contratti di locazione è richiesta la forma scritta.

Art. 2. Modalità di stipula e di rinnovo dei contratti di locazione

1. Le parti possono stipulare contratti di locazione di durata non inferiore a quattro anni, decorsi i quali i contratti sono rinnovati per un periodo di quattro anni, fatti salvi i casi in cui il locatore intenda adibire l'immobile agli usi o effettuare sullo stesso le opere di cui all'articolo 3, ovvero vendere l'immobile alle condizioni e con le modalità di cui al medesimo articolo 3. Alla seconda scadenza del contratto, ciascuna delle parti ha diritto di attivare la procedura per il rinnovo a nuove condizioni o per la rinuncia al rinnovo del contratto, comunicando la propria intenzione con lettera raccomandata da inviare all'altra parte almeno sei mesi prima della scadenza. La parte interpellata deve rispondere a mezzo let-

tera raccomandata entro sessanta giorni dalla data di ricezione della raccomandata di cui al secondo periodo. In mancanza di risposta o di accordo il contratto si intenderà scaduto alla data di cessazione della locazione. In mancanza della comunicazione di cui al secondo periodo il contratto è rinnovato tacitamente alle medesime condizioni.

2. Per i contratti stipulati o rinnovati ai sensi del comma 1, i contraenti possono avvalersi dell'assistenza delle organizzazioni della proprietà edilizia e dei conduttori.

3. In alternativa a quanto previsto dal comma 1, le parti possono stipulare contratti di locazione, definendo il valore del canone, la durata del contratto, anche in relazione a quanto previsto dall'articolo 5, comma 1, nel rispetto comunque di quanto previsto dal comma 5 del presente articolo, ed altre condizioni contrattuali sulla base di quanto stabilito in appositi accordi definiti in sede locale fra le organizzazioni della proprietà edilizia e le organizzazioni dei conduttori maggiormente rappresentative. Al fine di promuovere i predetti accordi, i comuni, anche in forma associata, provvedono a convocare le predette organizzazioni entro sessanta giorni dalla emanazione del decreto di cui al comma 2 dell'articolo 4. I medesimi accordi sono depositati, a cura delle organizzazioni firmatarie, presso ogni comune dell'area territoriale interessata (1).

4. Per favorire la realizzazione degli accordi di cui al comma 3, i comuni possono deliberare, nel rispetto dell'equilibrio di bilancio, aliquote dell'imposta comunale sugli immobili (ICI) più favorevoli per i proprietari che concedono in locazione a titolo di abitazione principale immobili alle condizioni definite dagli accordi stessi. I comuni che adottano tali delibere possono derogare al limite minimo stabilito, ai fini della determinazione delle aliquote, dalla normativa vigente al momento in cui le delibere stesse sono assunte. I comuni di cui all'articolo 1 del decreto-legge 30 dicembre 1988, n. 551, convertito, con modificazioni, dalla legge 21 febbraio 1989, n. 61, e successive modificazioni, per la stessa finalità di cui al primo periodo possono derogare al limite massimo stabilito dalla normativa vigente in misura non superiore al 2 per mille, limitatamente agli immobili non locati per i quali non risultino essere stati registrati contratti di locazione da almeno due anni.

5. I contratti di locazione stipulati ai sensi del comma 3 non possono avere durata inferiore ai tre anni, ad eccezione di quelli di cui all'articolo 5. Alla prima scadenza del contratto, ove le parti non concordino sul rinnovo del medesimo, il contratto è prorogato di diritto per due anni fatta salva la facoltà di disdetta da parte del locatore che intenda adibire l'immobile agli usi o effettuare sullo stesso le opere di cui all'articolo 3, ovvero vendere l'immobile alle condizioni e con le modalità di cui al medesimo articolo 3. Alla scadenza del periodo di proroga biennale ciascuna delle parti ha diritto di attivare la procedura per il rinnovo a nuove condizioni o per la rinuncia al rinnovo del contratto comunicando la propria intenzione con lettera raccomandata da inviare all'altra parte almeno sei mesi prima della scadenza. In mancanza della comunicazione il contratto è rinnovato tacitamente alle medesime condizioni.

6. I contratti di locazione stipulati prima della data di entrata in vigore della presente legge che si rinnovino tacitamente sono disciplinati dal comma 1 del presente articolo.

Art. 3. Disdetta del contratto da parte del locatore

1. Alla prima scadenza dei contratti stipulati ai sensi del comma 1 dell'articolo 2 e alla prima scadenza dei contratti stipulati ai sensi del comma 3 del medesimo articolo,

il locatore può avvalersi della facoltà di diniego del rinnovo del contratto, dandone comunicazione al conduttore con preavviso di almeno sei mesi, per i seguenti motivi:
   a) quando il locatore intenda destinare l'immobile ad uso abitativo, commerciale, artigianale o professionale proprio, del coniuge, dei genitori, dei figli o dei parenti entro il secondo grado;
   b) quando il locatore, persona giuridica, società o ente pubblico o comunque con finalità pubbliche, sociali, mutualistiche, cooperative, assistenziali, culturali o di culto intenda destinare l'immobile all'esercizio delle attività dirette a perseguire le predette finalità ed offra al conduttore altro immobile idoneo e di cui il locatore abbia la piena disponibilità;
   c) quando il conduttore abbia la piena disponibilità di un alloggio libero ed idoneo nello stesso comune;
   d) quando l'immobile sia compreso in un edificio gravemente danneggiato che debba essere ricostruito o del quale debba essere assicurata la stabilità e la permanenza del conduttore sia di ostacolo al compimento di indispensabili lavori;
   e) quando l'immobile si trovi in uno stabile del quale è prevista l'integrale ristrutturazione, ovvero si intenda operare la demolizione o la radicale trasformazione per realizzare nuove costruzioni, ovvero, trattandosi di immobile sito all'ultimo piano, il proprietario intenda eseguire sopraelevazioni a norma di legge e per eseguirle sia indispensabile per ragioni tecniche lo sgombero dell'immobile stesso;
   f) quando, senza che si sia verificata alcuna legittima successione nel contratto, il conduttore non occupi continuativamente l'immobile senza giustificato motivo;
   g) quando il locatore intenda vendere l'immobile a terzi e non abbia la proprietà di altri immobili ad uso abitativo oltre a quello eventualmente adibito a propria abitazione. In tal caso al conduttore è riconosciuto il diritto di prelazione, da esercitare con le modalità di cui agli articoli 38 e 39 della legge 27 luglio 1978, n. 392.

2. Nei casi di disdetta del contratto da parte del locatore per i motivi di cui al comma 1, lettere d) ed e), il possesso, per l'esecuzione dei lavori ivi indicati, della concessione o dell'autorizzazione edilizia è condizione di procedibilità dell'azione di rilascio. I termini di validità della concessione o dell'autorizzazione decorrono dall'effettiva disponibilità a seguito del rilascio dell'immobile. Il conduttore ha diritto di prelazione, da esercitare con le modalità di cui all'articolo 40 della legge 27 luglio 1978, n. 392, se il proprietario, terminati i lavori, concede nuovamente in locazione l'immobile. Nella comunicazione del locatore deve essere specificato, a pena di nullità, il motivo, fra quelli tassativamente indicati al comma 1, sul quale la disdetta è fondata.

3. Qualora il locatore abbia riacquistato la disponibilità dell'alloggio a seguito di illegittimo esercizio della facoltà di disdetta ai sensi del presente articolo, il locatore stesso è tenuto a corrispondere un risarcimento al conduttore da determinare in misura non inferiore a trentasei mensilità dell'ultimo canone di locazione percepito.

4. Per la procedura di diniego di rinnovo si applica l'articolo 30 della legge 27 luglio 1978, n. 392, e successive modificazioni.

5. Nel caso in cui il locatore abbia riacquistato, anche con procedura giudiziaria, la disponibilità dell'alloggio e non lo adibisca, nel termine di dodici mesi dalla data in cui ha riacquistato la disponibilità, agli usi per i quali ha esercitato facoltà di disdetta ai sensi

del presente articolo, il conduttore ha diritto al ripristino del rapporto di locazione alle medesime condizioni di cui al contratto disdettato o, in alternativa, al risarcimento di cui al comma 3.

6. Il conduttore, qualora ricorrano gravi motivi, può recedere in qualsiasi momento dal contratto, dando comunicazione al locatore con preavviso di sei mesi.

CAPO II. **Contratti di locazione stipulati in base ad accordi definiti in sede locale**

Art. 4. Convenzione nazionale

1. Al fine di favorire la realizzazione degli accordi di cui al comma 3 dell'articolo 2, il Ministro dei lavori pubblici convoca le organizzazioni della proprietà edilizia e dei conduttori maggiormente rappresentative a livello nazionale entro sessanta giorni dalla data di entrata in vigore della presente legge e, successivamente, ogni tre anni a decorrere dalla medesima data, al fine di promuovere una convenzione, di seguito denominata convenzione nazionale, che individui i criteri generali per la definizione dei canoni, anche in relazione alla durata dei contratti, alla rendita catastale dell'immobile e ad altri parametri oggettivi, nonché delle modalità per garantire particolari esigenze delle parti. In caso di mancanza di accordo delle parti, i predetti criteri generali sono stabiliti dal Ministro dei lavori pubblici, di concerto con il Ministro delle finanze, con il decreto di cui al comma 2 del presente articolo, sulla base degli orientamenti prevalenti espresso dalle predette organizzazioni. I criteri generali definiti ai sensi del presente comma costituiscono la base per la realizzazione degli accordi locali di cui al comma 3 dell'articolo 2 e il loro rispetto,unitamente all'utilizzazione dei tipi di contratto di cui all'articolo 4-bis, costituisce condizione per l'applicazione dei benefici di cui all'articolo 8.

2. I criteri generali di cui al comma 1, sono indicati in apposito decreto del Ministro dei lavori pubblici, di concerto con il Ministro delle finanze, da emanare entro trenta giorni dalla conclusione della convenzione nazionale ovvero dalla constatazione, da parte del Ministro dei lavori pubblici, della mancanza di accordo delle parti, trascorsi novanta giorni dalla loro convocazione. Con il medesimo decreto sono stabilite le modalità di applicazione dei benefici di cui all'articolo 8 per i contratti di locazione stipulati ai sensi del comma 3 dell'articolo 2 in conformità ai criteri generali di cui al comma 1 del presente articolo.

3. Entro quattro mesi dalla data di emanazione del decreto di cui al comma 2, il Ministro dei lavori pubblici, di concerto con il Ministro delle finanze, fissa con apposito decreto le condizioni alle quali possono essere stipulati i contratti di cui al comma 3 dell'articolo 2 nonché dell'articolo 5 (4bis), nel caso in cui non vengano convocate da parte dei comuni le organizzazioni della proprietà edilizia e dei conduttori ovvero non siano definiti gli accordi di cui al medesimo comma 3 dell'articolo 2.

4. Fermo restando quanto stabilito dall'articolo 60, comma 1, lettera e), del decreto legislativo 31 marzo 1998, n. 112, con apposito atto di indirizzo e coordinamento, da adottare con decreto del Presidente della Repubblica, previa deliberazione del Consiglio dei ministri, ai sensi dell'articolo 8 della legge 15 marzo 1997, n. 59, sono definiti, in sostituzione di quelli facenti riferimento alla legge 27 luglio 1978, n. 392, e successive modificazioni, criteri in materia di determinazione da parte delle regioni dei canoni di locazione per

gli alloggi di edilizia residenziale pubblica. Gli attuali criteri di determinazione dei canoni restano validi fino all'adeguamento da parte delle regioni ai criteri stabiliti ai sensi del presente comma.

Art. 4-bis. Tipi di contratto

1. La convenzione nazionale di cui all'articolo 4, comma 1, approva i tipi di contratto per la stipula dei contratti agevolati di cui all'articolo 2, comma 3, nonché dei contratti di locazione di natura transitoria di cui all'articolo 5, comma 1, e dei contratti di locazione per studenti universitari di cui all'articolo 5, commi 2 e 3.

2. I tipi di contratto possono indicare scelte alternative, da definire negli accordi locali, in relazione a specifici aspetti contrattuali, con particolare riferimento ai criteri per la misurazione delle superfici degli immobili.

3. In caso di mancanza di accordo delle parti, i tipi di contratto sono definiti con il decreto di cui all'articolo 4, comma 2.

Art. 5. Contratti di locazione di natura transitoria

1. Il decreto di cui al comma 2 dell'articolo 4 definisce le condizioni e le modalità per la stipula di contratti di locazione di natura transitoria anche di durata inferiore ai limiti previsti dalla presente legge per soddisfare particolari esigenze delle parti.

2. In alternativa a quanto previsto dal comma 1, possono essere stipulati contratti di locazione per soddisfare le esigenze abitative di studenti universitari sulla base dei tipi di contratto di cui all'articolo 4-bis (6).

3. È facoltà dei comuni sede di università o di corsi universitari distaccati, eventualmente d'intesa con comuni limitrofi, promuovere specifici accordi locali per la definizione, sulla base dei criteri stabiliti ai sensi del comma 2 dell'articolo 4, dei canoni di locazione di immobili ad uso abitativo per studenti universitari. Agli accordi partecipano, oltre alle organizzazioni di cui al comma 3 dell'articolo 2, le aziende per il diritto allo studio e le associazioni degli studenti, nonché cooperative ed enti non lucrativi operanti nel settore.

CAPO III. Esecuzione dei provvedimenti di rilascio degli immobili adibiti ad uso abitativo

Art. 6. Rilascio degli immobili

1. Nei comuni indicati all'articolo 1 del decreto legge 30 dicembre 1988, n. 551, convertito, con modificazioni, dalla legge 21 febbraio 1989, n. 61, e successive modificazioni, le esecuzioni dei provvedimenti di rilascio di immobili adibiti ad uso abitativo per finita locazione sono sospese per un periodo di centottanta giorni a decorrere dalla data di entrata in vigore della presente legge.

2. Il locatore ed il conduttore di immobili adibiti ad uso abitativo, per i quali penda provvedimento esecutivo di rilascio per finita locazione, avviano entro il termine di sospensione di cui al comma 1, a mezzo di lettera raccomandata con avviso di ricevimento, anche tramite le rispettive organizzazioni sindacali, trattative per la stipula di un nuovo contratto di locazione in base alle procedure definite all'articolo 2 della presente legge.

3. Trascorso il termine di cui al comma 1 ed in mancanza di accordo fra le parti per il rinnovo della locazione, i conduttori interessati possono chiedere, entro e non oltre i trenta giorni dalla scadenza del termine fissato dal comma 1, con istanza rivolta al pretore competente ai sensi dell'articolo 26, primo comma, del codice di procedura civile, che sia nuovamente fissato il giorno dell'esecuzione. Si applicano i commi dal secondo al settimo dell'articolo 11 del decreto legge 23 gennaio 1982, n. 9, convertito, con modificazioni, dalla legge 25 marzo 1982, n. 94. Avverso il decreto del pretore è ammessa opposizione al tribunale che giudica con le modalità di cui all'articolo 618 del codice di procedura civile. Il decreto con cui il pretore fissa nuovamente la data dell'esecuzione vale anche come autorizzazione all'ufficiale giudiziario a servirsi dell'assistenza della forza pubblica.

4. Per i provvedimenti esecutivi di rilascio per finita locazione emessi dopo la data di entrata in vigore della presente legge, il conduttore può chiedere una sola volta, con istanza rivolta al pretore competente ai sensi dell'articolo 26, primo comma, del codice di procedura civile, che sia nuovamente fissato il giorno dell'esecuzione entro un termine di sei mesi salvi i casi di cui al comma 5. Si applicano i commi dal secondo al settimo dell'articolo 11 del citato decreto-legge n. 9 del 1982, convertito, con modificazioni, dalla legge n. 94 del 1982. Avverso il decreto del pretore il locatore ed il conduttore possono proporre opposizione per qualsiasi motivo al tribunale che giudica con le modalità di cui all'articolo 618 del codice di procedura civile.

5. Il differimento del termine delle esecuzioni di cui ai commi 3 e 4 può essere fissato fino a diciotto mesi nei casi in cui il conduttore abbia compiuto i 65 anni di età, abbia cinque o più figli a carico, sia iscritto nelle liste di mobilità, percepisca un trattamento di disoccupazione o di integrazione salariale, sia formalmente assegnatario di alloggio di edilizia residenziale pubblica ovvero di ente previdenziale o assicurativo, sia prenotatario di alloggio cooperativo in corso di costruzione, sia acquirente di un alloggio in costruzione, sia proprietario di alloggio per il quale abbia iniziato azione di rilascio. Il medesimo differimento del termine delle esecuzioni può essere fissato nei casi in cui il conduttore o uno dei componenti il nucleo familiare, convivente con il conduttore da almeno sei mesi, sia portatore di handicap o malato terminale.

6. Durante i periodi di sospensione delle esecuzioni di cui al comma 1 del presente articolo e al comma quarto dell'articolo 11 del citato decreto legge n. 9 del 1982, convertito, con modificazioni, dalla legge n. 94 del 1982, nonché per i periodi di cui all'articolo 3 del citato decreto legge n. 551 del 1988, convertito, con modificazioni, dalla legge n. 61 del 1989, come successivamente prorogati, e comunque fino all'effettivo rilascio, i conduttori sono tenuti a corrispondere, ai sensi dell'articolo 1591 del codice civile, una somma mensile pari all'ammontare del canone dovuto alla cessazione del contratto, al quale si applicano automaticamente ogni anno aggiornamenti in misura pari al settantacinque per cento della variazione, accertata dall'Istituto nazionale di statistica (ISTAT), dell'indice dei prezzi al consumo per le famiglie di operai e impiegati verificatasi nell'anno precedente; l'importo così determinato è maggiorato del venti per cento. La corresponsione di tale maggiorazione esime il conduttore dall'obbligo di risarcire il maggior danno ai sensi dell'articolo 1591 del codice civile. Durante i predetti periodi di sospensione sono dovuti gli oneri accessori di cui all'articolo 9 della legge 27 luglio 1978, n. 392, e successive modificazioni. In caso di inadempimento, il conduttore decade dal beneficio, comunque

concesso, della sospensione dell'esecuzione del provvedimento di rilascio, fatto salvo quanto previsto dall'articolo 55 della citata legge n. 392 del 1978 (8).

7. Fatto salvo quanto previsto dai commi 2 bis e 2 ter dell'articolo 1 del citato decreto-legge n. 551 del 1988, convertito, con modificazioni, dalla legge n. 61 del 1989, nonché quanto previsto dai commi primo, secondo e terzo dell'articolo 17 del citato decreto-legge n. 9 del 1982, convertito, con modificazioni, dalla legge n. 94 del 1982, è data priorità ai destinatari di provvedimenti di rilascio con data di esecuzione fissata entro il termine di tre mesi.

Art. 7. Condizione per la messa in esecuzione del provvedimento di rilascio dell'immobile

1. Condizione per la messa in esecuzione del provvedimento di rilascio dell'immobile locato è la dimostrazione che il contratto di locazione è stato registrato, che l'immobile è stato denunciato ai fini dell'applicazione dell'ICI e che il reddito derivante dall'immobile medesimo è stato dichiarato ai fini dell'applicazione delle imposte sui redditi. Ai fini della predetta dimostrazione, nel precetto di cui all'articolo 480 del codice di procedura civile devono essere indicati gli estremi di registrazione del contratto di locazione, gli estremi dell'ultima denuncia dell'unità immobiliare alla quale il contratto si riferisce ai fini dell'applicazione dell'ICI, gli estremi dell'ultima dichiarazione dei redditi nella quale il reddito derivante dal contratto è stato dichiarato nonché gli estremi delle ricevute di versamento dell'ICI relative all'anno precedente a quello di competenza.

CAPO IV. Misure di sostegno al mercato delle locazioni

Art. 8. Agevolazioni fiscali

1. Nei comuni di cui all'articolo 1 del decreto legge 30 dicembre 1988, n. 551, convertito, con modificazioni, dalla legge 21 febbraio 1989, n. 61, e successive modificazioni, il reddito imponibile derivante al proprietario dai contratti stipulati o rinnovati ai sensi del comma 3 dell'articolo 2 a seguito di accordo definito in sede locale e nel rispetto dei criteri indicati dal decreto di cui al comma 2 dell'articolo 4, ovvero nel rispetto delle condizioni fissate dal decreto di cui al comma 3 del medesimo articolo 4, determinato ai sensi dell'articolo 34 del testo unico delle imposte sui redditi, approvato con decreto del Presidente della Repubblica 22 dicembre 1986, n. 917, e successive modificazioni, è ulteriormente ridotto del 30 per cento. Per i suddetti contratti il corrispettivo annuo ai fini della determinazione della base imponibile per l'applicazione dell'imposta proporzionale di registro è assunto nella misura minima del 70 per cento.

2. Il locatore, per usufruire dei benefici di cui al comma 1, deve indicare nella dichiarazione dei redditi gli estremi di registrazione del contratto di locazione nonché quelli della denuncia dell'immobile ai fini dell'applicazione dell'ICI.

3. Le agevolazioni di cui al presente articolo non si applicano ai contratti di locazione volti a soddisfare esigenze abitative di natura transitoria, fatta eccezione per i contratti di cui al comma 2 dell'articolo 5 e per i contratti di cui al comma 3 dell'articolo 1.

4. Il Comitato interministeriale per la programmazione economica (CIPE), su proposta del Ministro dei lavori pubblici, di intesa con i Ministri dell'interno e di grazia e giustizia, provvede, ogni ventiquattro mesi, all'aggiornamento dell'elenco dei comuni di cui

al comma 1, anche articolando ed ampliando i criteri previsti dall'articolo 1 del decreto legge 29 ottobre 1986, n. 708, convertito, con modificazioni, dalla legge 23 dicembre 1986, n. 899. La proposta del Ministro dei lavori pubblici è formulata avuto riguardo alle risultanze dell'attività dell'Osservatorio della condizione abitativa di cui all'articolo 12. Qualora le determinazioni del CIPE comportino un aumento del numero dei beneficiari dell'agevolazione fiscale prevista dal comma 1, è corrispondentemente aumentata, con decreto del Ministro delle finanze, di concerto con il Ministro del tesoro, del bilancio e della programmazione economica, la percentuale di determinazione della base imponibile prevista dal medesimo comma. Tale aumento non si applica ai contratti stipulati prima della data di entrata in vigore del predetto decreto del Ministro delle finanze.

5. (omissis).

6. Per l'attuazione dei commi da 1 a 4 è autorizzata la spesa di lire 4 miliardi per l'anno 1999, di lire 157,5 miliardi per l'anno 2000, di lire 247,5 miliardi per l'anno 2001, di lire 337,5 miliardi per l'anno 2002, di lire 427,5 miliardi per l'anno 2003 e di lire 360 miliardi a decorrere dall'anno 2004.

7. Per l'attuazione del comma 5 è autorizzata la spesa di lire 94 miliardi per l'anno 2000 e di lire 60 miliardi a decorrere dall'anno 2001.

Art. 9. Disposizioni per i fondi per la previdenza complementare

1. I fondi per la previdenza complementare regolamentati dal decreto legislativo 21 aprile 1993, n. 124, che detengono direttamente beni immobili possono optare per la libera determinazione dei canoni di locazione oppure per l'applicazione dei contratti previsti dall'articolo 2, comma 3, della presente legge. Nel primo caso, tuttavia, i redditi derivanti dalle locazioni dei suddetti immobili sono soggetti all'IRPEG.] = Abrogato dall'art. 7 d. Lgs febbraio 2000, n.47, a decorrere dal 1.° giugno 2000

Art. 10. Ulteriori agevolazioni fiscali

1. Con provvedimento collegato alla manovra finanziaria per il triennio 2000-2002 è istituito, a decorrere dall'anno 2001, un fondo per la copertura delle minori entrate derivanti dalla concessione, secondo modalità determinate dal medesimo provvedimento collegato, di una detrazione ai fini dell'imposta sul reddito delle persone fisiche in favore dei conduttori, appartenenti a determinate categorie di reddito, di alloggi locati a titolo di abitazione principale, da stabilire anche nell'ambito di una generale revisione dell'imposizione sugli immobili. Per gli esercizi successivi al triennio 2000-2002, alla dotazione del fondo si provvede con stanziamento determinato dalla legge finanziaria, ai sensi dell'articolo 11, comma 3, lettera d), della legge 5 agosto 1978, n. 468, e successive modificazioni.

2. Le detrazioni di cui al comma 1 non sono cumulabili con i contributi previsti dal comma 3 dell'articolo 11.

Art. 11. Fondo nazionale

1. Presso il Ministero dei lavori pubblici è istituito il Fondo nazionale per il sostegno all'accesso alle abitazioni in locazione, la cui dotazione annua è determinata dalla legge finanziaria, ai sensi dell'articolo 11, comma 3, lettera d), della legge 5 agosto 1978, n. 468, e successive modificazioni.

2. Per ottenere i contributi di cui al comma 3 i conduttori devono dichiarare sotto la propria esponsabilità che il contratto di locazione è stato registrato.

3. Le somme assegnate al Fondo di cui al comma 1 sono utilizzate per la concessione, ai conduttori aventi i requisiti minimi individuati con le modalità di cui al comma 4, di contributi integrativi per il pagamento dei canoni di locazione dovuti ai proprietari degli immobili, di proprietà sia pubblica sia privata, nonché, qualora le disponibilità del Fondo lo consentano, per sostenere le iniziative intraprese dai comuni anche attraverso la costituzione di agenzie o istituti per la locazione o attraverso attività di promozione in convenzione con cooperative edilizie per la locazione, tese a favorire la mobilità nel settore della locazione attraverso il reperimento di alloggi da concedere in locazione per periodi determinati. I comuni possono, con delibera della propria giunta, prevedere che i contributi integrativi destinati ai conduttori vengano, in caso di morosità, erogati al locatore interessato a sanatoria della morosità medesima, anche tramite l'associazione della proprietà edilizia dallo stesso locatore per iscritto designata, che attesta l'avvenuta sanatoria con dichiarazione sottoscritta anche dal locatore.

4. Il Ministro dei lavori pubblici, entro novanta giorni dalla data di entrata in vigore della presente legge, previa intesa in sede di Conferenza permanente per i rapporti fra lo Stato, le regioni e le province autonome di Trento e di Bolzano, definisce, con proprio decreto, i requisiti minimi necessari per beneficiare dei contributi integrativi di cui al comma 3 e i criteri per la determinazione dell'entità dei contributi stessi in relazione al reddito familiare e all'incidenza sul reddito medesimo del canone di locazione.

5. Le risorse assegnate al Fondo di cui al comma 1 sono ripartite, entro il 31 marzo di ogni anno, tra le regioni e le province autonome di Trento e di Bolzano. A decorrere dall'anno 2005 la ripartizione è effettuata dal Ministro delle Infrastrutture e dei Trasporti, previa intesa con la Conferenza permanente per i rapporti tra lo Stato, le regioni e le province autonome di Trento e di Bolzano, sulla base dei criteri fissati con apposito decreto del Ministro delle infrastrutture e dei trasporti, previa medesima intesa ed in rapporto alla quota di risorse messe a disposizione dalle singole regioni e province autonome, ai sensi del comma 6.

6. Le regioni e le province autonome di Trento e di Bolzano possono concorrere al finanziamento degli interventi di cui al comma 3 con proprie risorse iscritte nei rispettivi bilanci.

7. Le regioni e le province autonome di Trento e di Bolzano provvedono alla ripartizione fra i comuni delle risorse di cui al comma 6 nonché di quelle ad esse attribuite ai sensi del comma 5, sulla base di parametri che premino anche la disponibilità dei comuni a concorrere con proprie risorse alla realizzazione degli interventi di cui al comma 3. Qualora le risorse di cui al comma 5 non siano trasferite ai comuni entro novanta giorni dall'effettiva attribuzione delle stesse alle regioni e alle province autonome, il Presidente del Consiglio dei ministri, su proposta del Ministro dei lavori pubblici, previa diffida alla regione o alla provincia autonoma inadempiente, nomina un commissario ad acta; gli oneri connessi alla nomina ed all'attività del commissario ad acta sono posti a carico dell'ente inadempiente.

8. I comuni definiscono l'entità e le modalità di erogazione dei contributi di cui al comma 3, individuando con appositi bandi pubblici i requisiti dei conduttori che possono beneficiarne, nel rispetto dei criteri e dei requisiti minimi di cui al comma 4.

9. Per gli anni 1999, 2000 e 2001, ai fini della concessione dei contributi integrativi di cui al comma 3, è assegnata al Fondo una quota, pari a lire 600 miliardi per ciascuno degli anni 1999, 2000 e 2001, delle risorse di cui alla legge 14 febbraio 1963, n. 60, relative alle annualità 1996, 1997 e 1998. Tali disponibilità sono versate all'entrata del bilancio dello Stato per essere riassegnate, con decreti del Ministro del tesoro, del bilancio e della programmazione economica, ad apposita unità previsionale di base dello stato di previsione del Ministero dei lavori pubblici. Le predette risorse, accantonate dalla deliberazione del CIPE 6 maggio 1998, non sono trasferite ai sensi dell'articolo 61 del decreto legislativo 31 marzo 1998, n. 112, e restano nella disponibilità della Sezione autonoma della Cassa depositi e prestiti per il predetto versamento.

10. Il Ministero dei lavori pubblici provvederà, a valere sulle risorse del Fondo di cui al comma 1, ad effettuare il versamento all'entrata del bilancio dello Stato nell'anno 2003 delle somme occorrenti per la copertura delle ulteriori minori entrate derivanti, in tale esercizio, dall'applicazione dell'articolo 8, commi da 1 a 4, pari a lire 67,5 miliardi, intendendosi ridotta per un importo corrispondente l'autorizzazione di spesa per l'anno medesimo determinata ai sensi del comma 1 del presente articolo 11. Le disponibilità del Fondo sociale, istituito ai sensi dell'articolo 75 della legge 27 luglio 1978, n. 392, sono versate all'entrata del bilancio dello Stato per essere riassegnate con decreto del Ministro del tesoro, del bilancio e della programmazione economica al Fondo di cui al comma 1.

CAPO V. **Disposizioni finali**

Art. 12. Osservatorio della condizione abitativa

1. L'Osservatorio della condizione abitativa, istituito dall'articolo 59 del decreto legislativo 31 marzo 1998, n. 112, è costituito presso il Ministero dei lavori pubblici ed effettua la raccolta dei dati nonché il monitoraggio permanente della situazione abitativa. Il Ministro dei lavori pubblici, con proprio decreto da emanare entro sessanta giorni dalla data di entrata in vigore della presente legge, definisce l'organizzazione e le funzioni dell'Osservatorio, anche ai fini del collegamento con gli osservatori istituiti dalle regioni con propri provvedimenti.

Art. 13. Patti contrari alla legge

1. È nulla ogni pattuizione volta a determinare un importo del canone di locazione superiore a quello risultante dal contratto scritto e registrato.

2. Nei casi di nullità di cui al comma 1 il conduttore, con azione proponibile nel termine di sei mesi dalla riconsegna dell'immobile locato, può chiedere la restituzione delle somme corrisposte in misura superiore al canone risultante dal contratto scritto e registrato.

3. È nulla ogni pattuizione volta a derogare ai limiti di durata del contratto stabiliti dalla presente legge.

4. Per i contratti di cui al comma 3 dell'articolo 2 è nulla ogni pattuizione volta ad attribuire al locatore un canone superiore a quello massimo definito, per immobili aventi le medesime caratteristiche e appartenenti alle medesime tipologie, dagli accordi definiti in sede locale. Per i contratti stipulati in base al comma 1 dell'articolo 2, sono nulli, ove in

contrasto con le disposizioni della presente legge, qualsiasi obbligo del conduttore nonché qualsiasi clausola o altro vantaggio economico o normativo diretti ad attribuire al locatore un canone superiore a quello contrattualmente stabilito.

5. Nei casi di nullità di cui al comma 4 il conduttore, con azione proponibile nel termine di sei mesi dalla riconsegna dell'immobile locato, può richiedere la restituzione delle somme indebitamente versate. Nei medesimi casi il conduttore può altresì richiedere, con azione proponibile dinanzi al pretore, che la locazione venga ricondotta a condizioni conformi a quanto previsto dal comma 1 dell'articolo 2 ovvero dal comma 3 dell'articolo 2. Tale azione è altresì consentita nei casi in cui il locatore ha preteso l'instaurazione di un rapporto di locazione di fatto, in violazione di quanto previsto dall'articolo 1, comma 4, e nel giudizio che accerta l'esistenza del contratto di locazione il pretore determina il canone dovuto, che non può eccedere quello definito ai sensi del comma 3 dell'articolo 2 ovvero quello definito ai sensi dell'articolo 5, commi 2 e 3, nel caso di conduttore che abiti stabilmente l'alloggio per i motivi ivi regolati; nei casi di cui al presente periodo il pretore stabilisce la restituzione delle somme eventualmente eccedenti.

6. I riferimenti alla registrazione del contratto di cui alla presente legge non producono effetti se non vi è obbligo di registrazione del contratto stesso.

Art. 14. Disposizioni transitorie e abrogazione di norme
1. In sede di prima applicazione dell'articolo 4 della presente legge, non trova applicazione il termine di novanta giorni di cui al comma 2 del medesimo articolo 4.

2. Con l'attuazione del decreto legislativo 19 febbraio 1998, n. 51, nell'articolo 6 e nell'articolo 13, comma 5, della presente legge al pretore si intende sostituito il tribunale in composizione monocratica e al tribunale il tribunale in composizione collegiale.

3. Sono abrogati l'articolo 11 del decreto legge 11 luglio 1992, n. 333, convertito, con modificazioni, dalla legge 8 agosto 1992, n. 359, nonché gli articoli 1 bis, 2, 3, 4, 5 e 8 del decreto-legge 30 dicembre 1988, n. 551, convertito, con modificazioni, dalla legge 21 febbraio 1989, n. 61.

4. Sono altresì abrogati gli articoli 1, 3, 12, 13, 14, 15, 16, 17, 18, 19, 20, 21, 22, 23, 24, 25, 26, 54, 60, 61, 62, 63, 64, 65, 66, 75, 76, 77, 78, 79, limitatamente alle locazioni abitative, e 83 della legge 27 luglio 1978, n. 392, e successive modificazioni.

5. Ai contratti per la loro intera durata ed ai giudizi in corso alla data di entrata in vigore della presente legge continuano ad applicarsi ad ogni effetto le disposizioni normative in materia di locazioni vigenti prima di tale data.

Art. 15. Copertura finanziaria
1. All'onere derivante dall'attuazione dei commi da 1 a 5 dell'articolo 8, valutato in lire 4 miliardi per l'anno 1999 e in lire 420 miliardi a decorrere dall'anno 2000, si provvede mediante utilizzo delle proiezioni per i medesimi anni degli stanziamenti iscritti, ai fini del bilancio triennale 1998-2000, nell'ambito dell'unità previsionale di base di parte corrente Fondo speciale dello stato di previsione del Ministero del tesoro, del bilancio e della programmazione economica per l'anno finanziario 1998, allo scopo parzialmente utilizzando, quanto a lire 4 miliardi per l'anno 1999 e quanto a lire 299 miliardi per l'anno 2000, l'accantonamento relativo al Ministero dei lavori pubblici, nonché, quanto a Lire 107

miliardi per l'anno 2000, l'accantonamento relativo alla Presidenza del Consiglio dei ministri e, quanto a lire 14 miliardi per l'anno 2000, l'accantonamento relativo al Ministero di grazia e giustizia.

2. Il Ministro del tesoro, del bilancio e della programmazione economica è autorizzato ad apportare, con propri decreti, le occorrenti variazioni di bilancio.

(1) Comma così modificato dall'art. 2, comma 1, lettera a), della L. 8 gennaio 2002, n. 2.
(2) Comma così modificato dall'art. 2, comma 1, lettera a), della L. 8 gennaio 2002, n. 2.
(2) Comma così modificato dall'art. 2, comma 1, lettera a), della L. 8 gennaio 2002, n. 2.
(3) Comma così modificato dall'art. 2, comma 1, lettera b), della L. 8 gennaio 2002, n. 2.
(4) Comma così modificato dall'art. 2, comma 1, lettera c), della L. 8 gennaio 2002, n. 2.
(4-bis) Comma così modificato dall'art. 7, comma 1, del D.L. 13 settembre 2004, n. 240, così come convertito dalla L. 12 novembre 2004, n. 269.
(5) Articolo inserito dall'art. 1 della L. 8 gennaio 2002, n. 2.
(6) Comma così modificato dall'art. 2, comma 1, lettera d), punto 1), della L. 8 gennaio 2002, n. 2.
(7) Comma così modificato dall'art. 2, comma 1, lettera d), punto 2), della L. 8 gennaio 2002, n. 2.
(8) La Corte costituzionale con sentenza n. 482 del 9 novembre 2000 ha dichiarato l'illegittimità costituzionale di questo comma, nella parte in cui si esime il conduttore dall'obbligo di risarcire il maggior danno, ai sensi dell'art.1591 del codice civile, anche nel periodo successivo alla scadenza del termine di sospensione della esecuzione ope legis o di quello giudizialmente fissato per il rilascio dell'immobile.
(9) La Corte costituzionale, con sentenza n. 333 del 5 ottobre 2001, ha dichiarato l'illegittimità costituzionale di questo articolo.
(10) Articolo abrogato dall'art. 7 del D.Lgs. 18 febbraio 2000, n. 47.
(10-bis) Comma così modificato dall'art. 7, comma 2-bis, del D.L. 13 settembre 2004, n. 240, così come convertiro dalla L. 12 novembre 2004, n. 269.
(11) Comma prima sostituito dall'art. 1 della L. 8 febbraio 2001, n. 21 e poi sostituito dall'art. 7 comma 2, del D.L. 13 settembre 2004, n. 240, così come convertito dalla L. 12 novembre 2004, n. 269.
(12) L'ultimo periodo è stato inserito dall'art. 2 della L. 8 febbraio 2001, n. 21.

3.4.3. *LEGGE 27 LUGLIO 1978 N. 392 – Disciplina delle locazioni di immobili urbani*

(Obviamente que se não transcrevem os artigos que foram *abrogati* pela *Legge 9 dicciembre 1998 n. 431*)

TITOLO I. Del contratto di locazione

CAPO I. Locazione di immobili urbani adibito ad uso di abitazione

Art. 2. Disciplina della sublocazione

Il conduttore non può sublocare totalmente l'immobile, né può cedere ad altri il contratto senta il consenso del locatore.

Salvo patto contrario il conduttore ha facoltà di sublocare parzialmente l'immobile, previa comunicazione al locatore con lettera raccomandata che indichi la persona dei subconduttore, la durata del contratto ed i vani sublocari.

Art. 4. Recesso del conduttore

È in facoltà delle parti consentire contrattualmente che il conduttore possa recedere in qualsiasi momento dal contratto dandone avviso al locatore, con lettera raccomandata, almeno sei mesi prima della data in cui il recesso deve avere esecuzione.

*Indipendentemente dalle previsioni contrattuali il conduttore, qualora ricorrano **gravi motivi**, può recedere in qualsiasi momento dal contratto con preavviso di almeno sei mesi da comunicarsi con lettera raccomandata.*

Art. 5. Inadempimento del conduttore

Salvo quanto previsto dall'articolo 55, il mancato pagamento del canone decorsi venti giorni dalla scadenza prevista, ovvero il manca, pagamento, nel termine previsto, degli oneri accessori quando l'importo non pagato superi quello di due mensilità del canone, costituis (motivo di risoluzione, ai sensi dell'articolo 1455 del codice civile).

Art. 6. Successione nel contratto

In caso di morte del conduttore, gli succedono nel contratto il coniuge, gli eredi ed i parenti ed affini con lui abitualmente conviventi.

In caso di separazione giudiziale, di scioglimento dei matrimónio o di cessazione degli effetti civili dello stesso, nel contratto di locazione sueeede al conduttore l'altro coniuge, se il diritto di abitare nella casa familiare sia stato attribuito dal giudice a quest'ultimo.

In caso di separazione consensuale o di nullità matrimoniale al conduttore succede l'altro coniuge se tra i due si sia così convenuto.

Art. 7. Clausola di scioglimento in caso di alienazione

È nulla la clausola che prevede la risoluzione in caso di alienazione.

Art. 8. Lpese di registrazione

Le spese di registrazione del contratto di locazione sono a carico del conduttore e del locatore in parti uguali.

Art. 9. Oneri aceessori

Sono interamente a carico del conduttore, salvo patto contrario, le spese relative al servizio di pulizia, al funzionamento e all'ordinaria manutenzione dell'ascensore, alfa fornitura dell'acqua, deli'energia elettrica, dei riscaldamento e del condizionamento dell'aria, allo spurgo dei pozzi neri e delle latrine, nonché alfa fornitura di altri servizi comuni.

Le spese per il servizio di portineria sono a carito dei conduttore nella misura del 90 per cento, salvo che le parti abbiano convenuto una misura inferiore.

Il pagamento deve avvenire entro due mesi dalla riehiesta. Prima di effettuare il pagamento il conduttore ha diritto di ottenere l'indicazione specifica delle spese di cui ai cometi precedenti con Ia menzione dei criteri di ripartizione. Il conduttore ha inoltre diritto di prendere visione dei documenti giustificativi delle spese effettuate.

Gli oneri di cai al primo comma addebitati dal locatore al conduttore devono intendersi corrispettivi di prestazioni aeeessorie a quella di locazione ai sensi e per gli effetti dell'artieolo 12 del decreto dei Presidente delta Repubbüea 26 ottobre 1972, n. 633.

Laa disposizione di cui al quarto comma non si applica ove i servizi aceessori al contralto di locazione forniti siano per loro particolare natura e caratteristiche riferibili a specifica attività imprenditoriali del locatore e configurino oggetto di un autónomo contrattp di prestazione dei servizi stessi.

Art. 10. Partecipazione del conduttore all'assemblea del condomini

Il conduttore ha diritto di voto, in luogo del proprietario dell'apparlamento loeatogli, nelle delibere dell'assemblea eondominiale relative alle spese e alle modalità di gestione dei servizi di riscaldamento e di condizionamento d'aria.

Egli ha inoltre diritto di intervenire, senza diritto di voto, sulle delibere relative alla modificazione degli altri servizi comuni.

La disciplina di cui al primo comma si applica anche qualora si tratti di edificio non in condominio.

In tale ipotesi i conduttori si riuniscono in apposita assemblea convocati dal proprietario dell'edificio o da almeno tre conduttori.

Si osservano, in quanto applieabili, le disposizioni dei codice civile sull'assemblea dei condomini.

Art. 11. Deposito cauzionale

Il deposito cauzionale non puo essere superiore a tre mensalità del cânone. Esso è produttivo di interessi legali che debbono essere corrisposti al conduttore alla fine di ogni anno.

Art. 27. Durata della locazione

La durata delle locazioni e delle sublocazioni di immobili urbani non puà essere inferiore a sei anui se gli immobili sono adibiti ad una delle attività appresso indicate:

1) industriali, commerciali e artigianali;
2) di interesse turistico comprese ira quelle di cui all'articolo 2 della legge 12 marzo 1968 n. 326.

La disposizione di cui al comma precedente si applica anche ai contratti relativi ad immobili adibiti all'esercizio abituale e professionale di qualsiasi attività di lavoro autonomo.

La durata della locazione non puà essere inferiore a nove anni se l'immobile, anche se ammobiliato, è adibito ad attività alberghiere.

Se è convenuta una durata inferiore o non è convenuta alcuna durata, Ia locazione si intende pattuita per la durata rispettivamente prevista nei commi precedenti.

Il contratto di locazione può essere stipulato per un periodo più breve qualora l'attività esercitata o da esercitare nell'immobile abbia, per sua natura, carattere transitorio.

Se la locazione ha carattere stagionale, il locatore è obbligato a locare l'immobile, per la medesima stagione dell'anno successivo, allo stesso conduttore che gliene abbia fatia richiesta con lettera raccomandata prima della scadenza del contratto. L'obbligo del locatore ha Ia durata massima di sei anni consecutivi o di nove se si tratti di utilizzazione alberghiera.

È facoltà delle parti consentire contrattualmente che il conduttorf possa **recedere in qualsiasi momento dal contratto,** dandone avviso a, locatore, mediante lettera raccomandata, almeno sei mesi prima della data in cui il recesso deve avere esecuzione.

Indipendentemente dane previsioni contrattuali il conduttore qualora **ricorrano gravi motivi, può recedere in qualsiasi momento dal contratto** *con preavviso di almeno sei mesi da comunicarsi con lettera raccomandata.*

Art. 28. Rinnovazione tacita del contratto

Per le locazione di immobili nei quali siano esercitate le attività indicate nei commi primo e secondo dell'articolo 27, il contratto si rinnova tacitamente di sei anui in sei anni e, per quelle di immobili, adibiti ad attività alberghiere, di nove anni in nove anni; tale rinnovazione non ha luogo se interviene disdetta da comunicarsi all'altra parte, a mezzo lettera raccomandata, rispettivamente almeno 12 o 18 mesi prima della scadenza.

Alta prima scadenza contrattuale, rispettivamente di sei o di nove anni, il locatore può esercitare la facoltà di diniego della rinnovazione soltanto per i motivi di cui all'articolo 29 e con le modalità e i termini ivi previsti.

Art. 29. Diniego di rinnovazione afia prima scadenza

Il diniego di rinnovazione del contratto alfa prima scadenza di cui all'artieolo precedente è consentito al locatore ove egli intenda:

a) *adibire l'immobile ad abitazione propria o del coniuge o dei parenti entro il secondo grado in linea retta;*

b) *adibire l'immobile all'esereizio, in proprio o da parte del coniuge o dei parenti entro il secondo grado in linea retta, di una delle attività indicate nell'artieolo 27 e, se si tratta di pubbliche arnmini strazioni, enti pubblici o di diritto pubblico, all'esercizio di attività tendenti al conseguimento delle loco finalità istituzionali;*

c) *demolire l'immobile per ricostruirlo, ovvero procedere alla sua integrale ristrutturazione o completo restauro, ovvero eseguire su di esso un intervento sulla base di un programma comunale pluriennale di attuazione ai sensi delle leggi vigenti. Nei casi suddetti il possesso della prescritta licenza o concessione è condizione per l'azione di rilascio; gli effetti del provvedimento di rilascio si risolvono se, prima della sua esecuzione, siano scaduti i termini della licenza o della concessione e quest'ultima non sia stata nuovamente disposta;*

d) *ristrutturare l'immobile al fine di rendere la superficie dei locali adibiti alia vendita conforme a quanto previsto dall'articolo 12 delia legge 11 giugno 1971 n. 426, e ai relativi piani comunali, sempre che le opere da effettuarsi rendano incompatibile la permanenza del conduttore nell'immobile. Anche in tal caso il possesso della prescritta licenza o concessione è condizione per l'azione di rilascio; gli effetti del provvedimento di rilascio si risolvono alle condizioni previste nella precedente lettera c).*

Per le loeazioni di immobili adibiti all'esercizio di albergo, penasione o locanda, anche se ammobiliati, il locatore può negare la rinnovazione del contratto nelle ipotesi previste dall'artieolo 7 della 1. 2 marzo 1963 n. 191, modificato dall'articolo 4-bis dei decreto 1. 27 giugno 1967 n. 460, convertito con modificazioni, nella 1. 28 luglio 1967 n. 628, qualora l'immobile sia oggetto di intervento sulla base di un programma comunale pluriennale di attuazione ai sensi delle leggi vigenti. Nei casi suddetti it possesso della prescritta licenza o concessione è condizione per l'azione di rilascio. Gli effetti del

*provvedimento di rilascio si risolvono alle condizioni previste nella precedente lettera c).
Il locatore può altresi negare Ia rinnovazione se intenndr esercitare personalmente nell'immobile o farvi esercitare dal coniuge o da parenti entro il secando grado in linea retta la medesima attività del conduttore, osservate le disposizioni di cui, all'articolo 5 della 1. 2 marzo 1963 n. 1912, modificato dall'artieolo 4-bis del decreto 1. 2, giugno 1967 n. 460, convertito con modificazioni, nella 1. 28 luglh 1967 n. 628.*

Ai fini di cui ai commi precedenti il locatore a pena di decadenza. deve dichiarare la propria volontà di conseguire, alta scadenza del contratto, la disponibilità dell'immobile locato; tale dichiarazione deve essere effettuata, con lettera raccomandata, almeno 12 o 18 mesi prima della scadenza, rispettivamente per le attività indicate nei commi primo e secondo dell'articolo 27 e per le attività alberghiere.

Nella comunicazione deve essere specificato, a pena di nullità, il motivo, tra quelli tassativamente indicati nei commi precedenti, sul quale la disdetta è fondata.

Se il locatore non adempie alie prescrizioni di cui ai precedenti commi il contratto si intende rinnovato a norma dell'articolo precedente.

Art. 30-31. (Omissis)

Art. 32. Aggiornamento dei canone

Le parti possono convenire che il canone di locazione sia aggíornato annualmente su richiesta del locatore per eventuali variazioni del potere di acquisto della lira.

Le variazioni in aumento del canone non possono essere superiori al 75 per cento di quelle, accertate dall'Istat, dell'indice dei prezzi al consumo per famiglie di impiegati ed operai.

Le disposizioni del presente articolo si applicano anche ai contratti di locazione stagionale.

Art. 33. Canone delle locazioni stagionali

Il canone delle loeazioni stagionali può essere aggiornato con le modalità di cui all'art. 32 ([1]).

([1]) La disposizione e stata superata dalla norma del terno comina dell'art. 32 nel testo novellato dall'art. 1, comina 9-*sexies*, delia legge n. *118 del 1985*.

Art. 34. Indennità per la perdita dell'avviamento

In caso di cessazione del rapporto di locazione relativo agli immobili di cui all'articolo 27, che non sia dovuta a risoluzione per inadempimento o disdetta o recesso del conduttore o a una delle procedure previste dal regio decreto 16 mamo 1942 n. 267, il conduttore ha diritto, per le attività indicate nei numeri 1) e 2) dell'articolo 27, ad una indennità pari a 18 mensilità dell'ultimo canone corrisposto; per le attività alberghiere l'indennità è pari a 21 mensilità.

Il conduttore ha diritto ad una ulteriore indennità pari all'importo di quelle rispettivamente sopra previste qualora l'immobile venga, da chiunque, adibito all'esercizio delta stessa attività o di attività incluse nella lnedesima tabella merceologica che siano affini a quella già esercitata dal conduttore uscente ed ove il nu ovo esercizio venga iniziato entro un anno dana cessazione del precedente.

L'esecuzione del provvedimento di rilaceio dell'immobile è condizionata dall'avvenuta corresponsione dell'indennità di cui ai primo comma. L'indennità di cui al secondo comma deve essere corrisposta all'inizio del nuovo esercizio.

Nel giudizio relativo alfa spettanza ed alla determinazione dell'indennità per la perdita dell'avviamento, le parti hanno l'onere di quantificare specificatamente Ia entità delta somma reclamata o offerta e la corresponsione dell'importo indicato dal conduttore o, in difetto, offerto dal locatore o comungue risultante dana sentenza di primo grado, consente, salvo conguaglio all'esito del giudizio, l'esecuzione del provvedimento di rilascio dell'immobile.

Art. 35. Limiti

Le disposizioni di cui all'articolo precedente non si applicano caso di cessazione di rapporti di locazione relativi ad immol utilizzati per lo svolgimento di attività che non comportino conta diretti con il pubblico degli utenti e dei consumatori nonché destine all'esercizio di attività professionali, ad attività di carattere transitorio, ed agli immobili complementari o interni a stazioni ferroviari porti, aeroporti, aree di servizio stradali o autostradali, alberghi villaggi turistici.

Art. 36. Sublocazione e cessione dei contratto di locazione

Il conduttore può sublocare i'immobile o cedere il contratto di locazione ancho senza il consenso del locatore, purché venga insieme ceduta o beata l'azienda, dandone eomunicazione al locatore mediante lettera raecomandata con avviso di ricevimento. Il locatore puà opporsi, per gravi motivi, entro trenta giorni dal ricevimento della comunicazione. Nel caso di cessione, il locatore, se non ha liberato il cedente, può agire contro il medesimo qualora il cessionario non adempia le obbligazioni assunte.

Le indennità previste dall'articolo 34 sono liquidate a favore di colui che risulta conduttore al momento delta cessazione effettiva della locazione.

Art. 37. Successione nel contratto

In caso di morte del conduttore, gli succedono nel contratto coloro che, per successione o per precedente rapporto risultante da alto di data certa anteriore alfa apertura della successione, hanno diritto a continuarne l'attività.

In caso di separazione legale o consensuale, di scioglimento o di cessazione degli effetti civili del matrimonio, il contratto di locazione si trasferisce al coniuge, anche se non conduttore, che continui neli'immobile la stessa attività già ivi esercitata assieme all'altro coniuge prima delta separazione legale o consensuale ovvero prima dello scioglimento o della cessazione degli effetti civili dei matrimonio.

Se l'immobile è adibito all'uso di piú professionisti, artigiani o commercianti e uno solo di essi è titolare dei contratto, in caso di morte gli succedono nel contratto, in concorso con gli aventi diritto di cui ai commi precedenti, gli altri professionisti, artigiani o commercianti.

Nelle ipotesi di recesso del titolare dei contratto, succedono nello stesso gli altri professionisti, artigiani o commercianti. In tal caso il locatore può opporsi alfa suceessione nel contratto, per gravi motivi, con le modalità di cui all'articolo precedente.

Art. 38. Diritto di prelazione

Nel caso in cui il locatore intenda trasferire a titolo oneroso l'immobile locato, deve darne comunicazione al conduttore con alto notificato a mezzo di ufficiale giudiziario.

Nella comunicazione devono essere indicati il corrispettivo, da quantificare in ogni caso in denaro, le altre condizioni alfa quale Ia compravendita dovrebbe essere conclusa e l'invito ad esercitare o meno il diritto di prelazione.

Il conduttore deve esercitare il diritto di prelazione entro il termine di sessanta giorni dalla ricezione delta comunicazione, con atto notificato al proprietario a mezzo di ufficiale giudiziario, offrendo condizioni uguali a quelle comunicategli.

Ove il diritto di prelazione sia esercitato, il versamento del prezzo di acquisto, salvo diversa condizione indicata nella comunicazione del locatore, deve essere effettuato entro il termine di trenta giorni decorrente dal sessantesimo giorno successivo a quello dell'avvenuta notificazione della comunicazione da parte del proprietario, contestualmente alla, stipulazione del contratto di compravendita o del contracto preliminare.

Nel caso in cui l'immobile risulti locato a più persone, la eomunicazione di cui al comina 1 deve essere effettuata a ciascuna di esse.

Il diritto di prelazione può essere esercitato congiuntamente da tutti i conduttori, ovvero qualora taluno vi rinunci, dai rimanenti o dal rimanente conduttore.

L'avente titolo che, entro trenta giorni dalla noti cazione di cui al comina 1 non abbia comunicato agli altri aventi diritto l'intenzione di avvalersi della prelazione, si considera avere rinunciato alla prelazione medesima.

Le norme del presente articolo non si applicano nelle ipotesi previste dall'articolo 732 del codice civile, per le quali la prelazione opera a favore dei coeredi, e nella ipotesi di trasferimento effettuato a favore dei coniugi o dei parenti entro il secondo grado.

Art. 39. Diritto di riscatto

Qualora il proprietario non provveda alla notificazione di cui all'articolo precedente, o il corrispettivo indicato sia superiore a quello risultante dall'atto di trasferimento a titolo oneroso dell'immobile, l'avente diritto alla prelazione può, entro sei mesi dalla trascrizione del contratto, riscattare i'immobile dall'acquirente e da ogni successivo avente causa.

Ove sia stato esercitato il diritto di riscatto, il versamento del prezzo deve essere effettuato entro il termine di tre mesi che decorrono, quando non vi sia opposizione al riscatto, dalla prima udienza del relativo giudizio, o dalla ricezione dell'atto notificato conn cui l'acquirente o successivo avente causa comunichi prima di tale udienza di non opporsi al riscatto.

Se per qualsiasi motivo, l'acquirente o successivo avente causa faccia opposizione al riscatto, il termine di tre mesi decorre dal giorno del passaggio in giudicato della sentenza che definisce il giudizio

Art. 40. Diritto di prelazione in caso di nuova locazione

Il locatore che intende locare a terzi l'immobile, alla scadenza del contratto rinnovato ai sensi deli'articolo 28, deve comunicare le offerte al conduttore, mediante raccomandata con avviso di ricevimento, almeno sessanta giorni prima della seadenza.

Tale obbligo non ricorre quando il conduttore abbia comunicato che non intende rinnovare la locazione e nei cosi di cessazione del rapporto di locazione dovuti a risoluzione per inadempimento o recesso del conduttore o ad una delle procedure previste dal regio decreto 16 marzo 1942 n. 267, e successive modificazioni, relative al conduttore medesimo.

Il conduttore ha diritto di prelazione se, nelle forme predette ed entro trenta giorni dana ricezione della comunicazione di cui al primo comma, offra condizioni uguali a quelle comunicategli dal locatore.

Egli conserva tale diritto anche nel caso in cui il contratto tra il locatore ed il nuoocnttore sia sciolto entro un anno, ovvero quando il locatore abbia otteo il rilascio dell'immobile non intendendo locarlo a terzi, e, viceversa, lo abbia concesso in locazione entro i sei mesi sucessivi.

Art. 41. Norme applicabili

Ai contratti previsti nell'articolo 27 si applicano le disposizioni degli articoli da 7 a 11.

Le dispsiziodi cui agli articoli 38, 39 e 40 non si applicano ai rapporti di locazionedi cui all'articol.

Art. 42. Destinazione degli immobili a particolari attività

I contratti di locazione e sublocazione di immobili urbani adibiti ad attività ricreative, assistenziali, culturali e scolastiche, nonché a sede di partiti o di sindacati, e quelli stipulati dallo Stato o da altri enti pubblici territoriali in qualità di conduttori, hanno la durata di cui al comma 1 dell'articolo 27.

A tali contratti si applicano le disposizioni degli articoli 32 e 41, nonché le disposizioni processuali di cai al titolo I, capo III, ed il preavviso per il rilascio di cui all'articolo 28.

Art. 43-54. *(Omissi)*

CAPO III. Disposizioni processuali

(...)

TITOLO IV. Disposizioni finali

Art. 79. Patti contrari alia legge

È nulla ogni pattuizione diretta a limitare la durata legale del contratto o ad attribuire al locatore un canone maggiore rispetto a quello previsto dagli articoli precedenti ovvero ad attribuirgli altro vantaggio in contrasto con le disposizioni delta presente legge.

Il conduttore, con azione proponibile fino a sei mesi dopo la riconsegna dell'immobile locato, può ripetere le somme sotto qualsiasi forma corrisposte in violazione dei divieti e dei limiti previsti dalla presente legge [1].

[1] *Abrogato limitatamente alie locazioni abitative dall'art. 14 comma 4 1. 9 dicembre 1998, n. 431.*

Art. 80. Uso diverso da quello pattuito
Se il conduttore adibisce l'immobile ad un uso diverso da quello pattuito, **il locatore può chiedere la risoluzione del contratto** entro tre mesi dal momento in cui ne ha avuto conoscenza *[e comunque entro un anno dal mutamento di destinazione]*[1].

Decorso tale termine senza che la risoluzione sia stata chiesta, al contratto si applica il regime giuridico corrispondente all'uso effettivo dell'immobile. Qualora la destinazione ad uso diverso da quello pattuito sia parziale, al contratto si applica il regime giuridico corrispondente all'uso prevalente.

[1] L'ineiso è stato dichiarato costituzionalmente illegittimo da Corte cost. 18 febbraio 1988 n. 185.

Art. 81. Pubblicazione dei dati Istat nella Gazzetta Ufficiale
La variazioni dell'indice dei prezzi al consumo per le famiglie di operai e impiegati accertate dall'Istat sono pubblicate nella Gazzetta Ufficiale della Repubblica italiana.

Art. 82. Giudizi in corso
Ai giudizi in corso al momento dell'entrata in vigore della presente legge continuano ad applicarsi ad ogni effetto le leggi precedenti.

Art. 84. Abrogazione
Sono abrogate tutte le disposizioni incompatibili con la presente legge.

3.5. LEGISLAÇÃO FRANCESA DO ARRENDAMENTO URBANO

3.5.1. NO *CODE CIVIL*

(...)

TITRE VIII. **Du contrat de louage**

CHAPITRE I. **Dispositions générales**

Article 1708

Il y a deux sortes de contrats de louage:
Celui des choses,
Et celui d'ouvrage.

Article 1709

Le louage des choses est un contrat par lequel l'une des parties s'oblige à faire jouir l'autre d'une chose pendant un certain temps, et moyennant un certain prix que celle-ci s'oblige de lui payer.

Article 1710

Le louage d'ouvrage est un contrat par lequel l'une des parties s'engage à faire quelque chose pour l'autre, moyennant un prix convenu entre elles.

Article 1711

Ces deux genres de louage se subdivisent encore en plusieurs espèces particulières:
On appelle "bail à loyer", le louage des maisons et celui des meubles;
"Bail à ferme", celui des héritages ruraux;
"Loyer", le louage du travail ou du service;
"Bail à cheptel", celui des animaux dont le profit se partage entre le propriétaire et celui à qui il les confie.
Les devis, marché ou prix fait, pour l'entreprise d'un ouvrage moyennant un prix déterminé, sont aussi un louage, lorsque la matière est fournie par celui pour qui l'ouvrage se fait.
Ces trois dernières espèces ont des règles particulières.

Article 1712

Les baux des biens nationaux, des biens des communes et des établissements publics sont soumis à des règlements particuliers.

CHAPITRE II. Du louage des choses

Article 1713
On peut louer toutes sortes de biens meubles ou immeubles.

SECTION 1. *Des règles communes aux baux des maisons et des biens ruraux*

Article 1714
(Ordonnance n.° 45-2380 du 17 octobre 1945 Journal Officiel du 18 octobre 1945 rectificatif JORF 30 octobre 1945; Loi n.° 46-682 du 13 avril 1946 Journal Officiel du 14 avril 1946 rectificatif JORF 16 et 24 avril 1946)

On peut louer ou par écrit ou verbalement, sauf, en ce qui concerne les biens ruraux, application des règles particulières aux baux à ferme et à colonat partiaire.

Article 1715
Si le bail fait sans écrit n'a encore reçu aucune exécution, et que l'une des parties le nie, la preuve ne peut être reçue par témoins, quelque modique qu'en soit le prix, et quoiqu'on allègue qu'il y a eu des arrhes données.

Le serment peut seulement être déféré à celui qui nie le bail.

Article 1716
Lorsqu'il y aura contestation sur le prix du bail verbal dont l'exécution a commencé, et qu'il n'existera point de quittance, le propriétaire en sera cru sur son serment, si mieux n'aime le locataire demander l'estimation par experts; auquel cas les frais de l'expertise restent à sa charge, si l'estimation excède le prix qu'il a déclaré.

Article 1717
Le preneur a le droit de sous-louer, et même de céder son bail à un autre, si cette faculté ne lui a pas été interdite.

Elle peut être interdite pour le tout ou partie.

Cette clause est toujours de rigueur.

Article 1718
(Loi n.° 65-570 du 13 juillet 1965 Journal Officiel du 14 juillet 1965 rectificatif JORF 13 novembre en vigueur le 1er février 1966)

Les dispositions des deuxième et troisième alinéas de l'article 595 relatif aux baux passés par les usufruitiers sont applicables aux baux passés par le tuteur sans l'autorisation du conseil de famille.

Article 1719
(Loi n.° 46-682 du 13 avril 1946 Journal Officiel du 14 avril 1946 rectificatif JORF 16, 24 avril; Loi n.° 2000-1208 du 13 décembre 2000 art. 187 I Journal Officiel du 14 décembre 2000)

Le bailleur est obligé, par la nature du contrat, et sans qu'il soit besoin d'aucune stipulation particulière:

1.° De délivrer au preneur la chose louée et, s'il s'agit de son habitation principale, un logement décent;

2.° D'entretenir cette chose en état de servir à l'usage pour lequel elle a été louée;
3.° D'en faire jouir paisiblement le preneur pendant la durée du bail;
4.° D'assurer également la permanence et la qualité des plantations.

Article 1720
Le bailleur est tenu de délivrer la chose en bon état de réparations de toute espèce.
Il doit y faire, pendant la durée du bail, toutes les réparations qui peuvent devenir nécessaires, autres que les locatives.

Article 1721
Il est dû garantie au preneur pour tous les vices ou défauts de la chose louée qui en empêchent l'usage, quand même le bailleur ne les aurait pas connus lors du bail.
S'il résulte de ces vices ou défauts quelque perte pour le preneur, le bailleur est tenu de l'indemniser.

Article 1722
Si, pendant la durée du bail, la chose louée est détruite en totalité par cas fortuit, le bail est résilié de plein droit; si elle n'est détruite qu'en partie, le preneur peut, suivant les circonstances, demander ou une diminution du prix, ou la résiliation même du bail. Dans l'un et l'autre cas, il n'y a lieu à aucun dédommagement.

Article 1723
Le bailleur ne peut, pendant la durée du bail, changer la forme de la chose louée.

Article 1724
Si, durant le bail, la chose louée a besoin de réparations urgentes et qui ne puissent être différées jusqu'à sa fin, le preneur doit les souffrir, quelque incommodité qu'elles lui causent, et quoiqu'il soit privé, pendant qu'elles se font, d'une partie de la chose louée.
Mais, si ces réparations durent plus de quarante jours, le prix du bail sera diminué à proportion du temps et de la partie de la chose louée dont il aura été privé.
Si les réparations sont de telle nature qu'elles rendent inhabitable ce qui est nécessaire au logement du preneur et de sa famille, celui-ci pourra faire résilier le bail.

Article 1725
Le bailleur n'est pas tenu de garantir le preneur du trouble que des tiers apportent par voies de fait à sa jouissance, sans prétendre d'ailleurs aucun droit sur la choses louée; sauf au preneur à les poursuivre en son nom personnel.

Article 1726
Si, au contraire, le locataire ou le fermier ont été troublés dans leur jouissance par suite d'une action concernant la propriété du fonds, ils ont droit à une diminution proportionnée sur le prix du bail à loyer ou à ferme, pourvu que le trouble et l'empêchement aient été dénoncés au propriétaire.

Article 1727
Si ceux qui ont commis les voies de fait, prétendent avoir quelque droit sur la chose louée, ou si le preneur est lui-même cité en justice pour se voir condamner au délaissement de la totalité ou de partie de cette chose, ou à souffrir l'exercice de quelque servitude, il

doit appeler le bailleur en garantie, et doit être mis hors d'instance, s'il l'exige, en nommant le bailleur pour lequel il possède.

Article 1728
Le preneur est tenu de deux obligations principales:
1.° D'user de la chose louée en bon père de famille, et suivant la destination qui lui a été donnée par le bail, ou suivant celle présumée d'après les circonstances, à défaut de convention;
2.° De payer le prix du bail aux termes convenus.

Article 1729
(Loi n.° 2007-297 du 5 mars 2007 art. 18 I Journal Officiel du 7 mars 2007)
Si le preneur n'use pas de la chose louée en bon père de famille ou emploie la chose louée à un autre usage que celui auquel elle a été destinée, ou dont il puisse résulter un dommage pour le bailleur, celui-ci peut, suivant les circonstances, faire résilier le bail.

Article 1730
S'il a été fait un état des lieux entre le bailleur et le preneur, celui-ci doit rendre la chose telle qu'il l'a reçue, suivant cet état, excepté ce qui a péri ou a été dégradé par vétusté ou force majeure.

Article 1731
S'il n'a pas été fait d'état des lieux, le preneur est présumé les avoir reçus en bon état de réparations locatives, et doit les rendre tels, sauf la preuve contraire.

Article 1732
Il répond des dégradations ou des pertes qui arrivent pendant sa jouissance, à moins qu'il ne prouve qu'elles ont eu lieu sans sa faute.

Article 1733
Il répond de l'incendie, à moins qu'il ne prouve:
Que l'incendie est arrivé par cas fortuit ou force majeure, ou par vice de construction.
Ou que le feu a été communiqué par une maison voisine.

Article 1734
(Loi du 5 janvier 1883 Journal Officiel du 7 janvier 1883)
S'il y a plusieurs locataires, tous sont responsables de l'incendie, proportionnellement à la valeur locative de la partie de l'immeuble qu'ils occupent;
A moins qu'ils ne prouvent que l'incendie a commencé dans l'habitation de l'un d'eux, auquel cas celui-là seul en est tenu;
Ou que quelques-uns ne prouvent que l'incendie n'a pu commencer chez eux, auquel cas ceux-là n'en sont pas tenus.

Article 1735
Le preneur est tenu des dégradations et des pertes qui arrivent par le fait des personnes de sa maison ou de ses sous-locataires.

Article 1736
Si le bail a été fait sans écrit, l'une des parties ne pourra donner congé à l'autre qu'en observant les délais fixés par l'usage des lieux.

Article 1737
Le bail cesse de plein droit à l'expiration du terme fixé, lorsqu'il a été fait par écrit, sans qu'il soit nécessaire de donner congé.

Article 1738
Si, à l'expiration des baux écrits, le preneur reste et est laissé en possession, il s'opère un nouveau bail dont l'effet est réglé par l'article relatif aux locations faites sans écrit.

Article 1739
Lorsqu'il y a un congé signifié, le preneur quoiqu'il ait continué sa jouissance, ne peut invoquer la tacite reconduction.

Article 1740
Dans le cas des deux articles précédents, la caution donnée pour le bail ne s'étend pas aux obligations résultant de la prolongation.

Article 1741
Le contrat de louage se résout par la perte de la chose louée, et par le défaut respectif du bailleur et du preneur de remplir leurs engagements.

Article 1742
Le contrat de louage n'est point résolu par la mort du bailleur ni par celle du preneur.

Article 1743
(Ordonnance n.° 45-2380 du 17 octobre 1945 Journal Officiel du 18 octobre 1945 rectificatif JORF 30 octobre 1945; Loi n.° 46-682 du 13 avril 1946 Journal Officiel du 14 avril 1946 rectificatif JORF 16, 24 avril 1946)

Si le bailleur vend la chose louée, l'acquéreur ne peut expulser le fermier, le colon partiaire ou le locataire qui a un bail authentique ou dont la date est certaine.

Il peut, toutefois, expulser le locataire de biens non ruraux s'il s'est réservé ce droit par le contrat de bail.

Article 1744
(Ordonnance n.° 45-2380 du 17 octobre 1945 Journal Officiel du 18 octobre 1945 rectificatif JORF 30 octobre 1945)

S'il a été convenu lors du bail qu'en cas de vente l'acquéreur pourrait expulser le locataire et qu'il n'ait été fait aucune stipulation sur les dommages-intérêts, le bailleur est tenu d'indemniser le locataire de la manière suivante.

Article 1745
S'il s'agit d'une maison, appartement ou boutique, le bailleur paye, à titre de dommages et intérêts, au locataire évincé, une somme égale au prix du loyer, pendant le temps qui, suivant l'usage des lieux, est accordé entre le congé et la sortie.

Article 1746
S'il s'agit de biens ruraux, l'indemnité que le bailleur doit payer au fermier est du tiers du prix du bail pour tout le temps qui reste à courir.

Article 1747
L'indemnité se réglera par experts, s'il s'agit de manufactures, usines, ou autres établissements qui exigent de grandes avances.

Article 1748
(Ordonnance n.° 45-2380 du 17 octobre 1945 Journal Officiel du 18 octobre 1945 rectificatif JORF 30 octobre 1945)

L'acquéreur qui veut user de la faculté réservée par le bail d'expulser le locataire en cas de vente est, en outre, tenu de l'avertir au temps d'avance usité dans le lieu pour les congés.

Article 1749
(Ordonnance n.° 45-2380 du 17 octobre 1945 Journal Officiel du 18 octobre 1945 rectificatif JORF 30 octobre 1945)

Les locataires ne peuvent être expulsés qu'ils ne soient payés par le bailleur ou, à son défaut, par le nouvel acquéreur, des dommages et intérêts ci-dessus expliqués.

Article 1750
Si le bail n'est pas fait par acte authentique, ou n'a point de date certaine, l'acquéreur n'est tenu d'aucuns dommages et intérêts.

Article 1751
(Loi n.° 62-902 du 4 août 1962 Journal Officiel du 7 août 1962 rectificatif JORF 15 août)

(Loi n.° 2001-1135 du 3 décembre 2001 art. 14 I Journal Officiel du 4 décembre 2001 en vigueur le 1er juillet 2002)

Le droit au bail du local, sans caractère professionnel ou commercial, qui sert effectivement à l'habitation de deux époux est, quel que soit leur régime matrimonial et non obstant toute convention contraire, et même si le bail a été conçu avant le mariage, réputé appartenir à l'un et à l'autre des époux.

En cas de divorce ou de séparation de corps, ce droit pourra être attribué, en considération des intérêts sociaux et familiaux en cause, par la juridiction saisie de la demande en divorce ou en séparation de corps, à l'un des époux, sous réserve des droits à récompense ou à indemnité au profit de l'autre époux.

En cas de décès d'un des époux, le conjoint survivant cotitulaire du bail dispose d'un droit exclusif sur celui-ci sauf s'il y renonce expressément.

SECTION 2. *Des règles particulières aux baux à loyer*

Article 1752
Le locataire qui ne garnit pas la maison de meubles suffisants, peut être expulsé, à moins qu'il ne donne des sûretés capables de répondre du loyer.

Article 1753
Le sous-locataire n'est tenu envers le propriétaire que jusqu'à concurrence du prix de sa sous-location dont il peut être débiteur au moment de la saisie, et sans qu'il puisse opposer des paiements faits par anticipation.

Les paiements faits par le sous-locataire, soit en vertu d'une stipulation portée en son bail, soit en conséquence de l'usage des lieux, ne sont pas réputés faits par anticipation.

Article 1754
Les réparations locatives ou de menu entretien dont le locataire est tenu, s'il n'y a clause contraire, sont celles désignées comme telles par l'usage des lieux, et, entre autres, les réparations à faire:

Aux âtres, contre-coeurs, chambranles et tablettes de cheminées;

Au recrépiment du bas des murailles des appartements et autres lieux d'habitation à la hauteur d'un mètre;

Aux pavés et carreaux des chambres, lorsqu'il y en a seulement quelques-uns de cassés;

Aux vitres, à moins qu'elles ne soient cassées par la grêle ou autres accidents extraordinaires et de force majeure, dont le locataire ne peut être tenu;

Aux portes, croisées, planches de cloison ou de fermeture de boutiques, gonds, targettes et serrures.

Article 1755
Aucune des réparations réputées locatives n'est à la charge des locataires quand elles ne sont occasionnées que par vétusté ou force majeure.

Article 1756
Le curement des puits et celui des fosses d'aisances sont à la charge du bailleur s'il n'y a clause contraire.

Article 1757
Le bail des meubles fournis pour garnir une maison entière, un corps de logis entier, une boutique, ou tous autres appartements, est censé fait pour la durée ordinaire des baux de maison, corps de logis, boutiques ou autres appartements, selon l'usage des lieux.

Article 1758
Le bail d'un appartement meublé est censé fait à l'année, quand il a été fait à tant par an;

Au mois, quand il a été fait à tant par mois;

Au jour, quand il a été fait à tant par jour.

Si rien ne constate que le bail soit fait à tant par an, par mois ou par jour, la location est censée faite suivant l'usage des lieux.

Article 1759
Si le locataire d'une maison ou d'un appartement continue sa jouissance après l'expiration du bail par écrit, sans opposition de la part du bailleur, il sera censé les occuper aux mêmes conditions, pour le terme fixé par l'usage des lieux, et ne pourra plus en sortir ni en être expulsé qu'après un congé donné suivant le délai fixé par l'usage des lieux.

Article 1760
En cas de résiliation par la faute du locataire, celui-ci est tenu de payer le prix du bail pendant le temps nécessaire à la relocation, sans préjudice des dommages et intérêts qui ont pu résulter de l'abus.

Article 1761
Le bailleur ne peut résoudre la location, encore qu'il déclare vouloir occuper par lui-même la maison louée, s'il n'y a eu convention contraire.

Article 1762
S'il a été convenu, dans le contrat de louage, que le bailleur pourrait venir occuper la maison, il est tenu de signifier d'avance un congé aux époques déterminées par l'usage des lieux.

SECTION 3. Des règles particulières aux baux à ferme

(... articles 1764.°/1778.° – 1763.° abrogé par L. n.° 46-682 du 13 avr. 1946)

CHAPITRE III. **Du louage d'ouvrage et d'industrie**

(Articles 1779/1799-1)

CHAPITRE IV. **Du bail à cheptel**

(Articles 1800/1831) (...)

3.5.2. *LOI N.° 89-462 DU 6 JUILLET 1989*

(Publication au JORF du 8 juillet 1989)
Loi tendant à améliorer les rapports locatifs et portant modification de la Loi n.° 86-1290 du 23 décembre 1986
(version consolidée au 7 mars 2007 – version JO initiale)

TITRE Ier. **Des rapports entre bailleurs et locataires**

CHAPITRE Ier. **Dispositions générales**

Article 1
Modifié par Loi n.° 2002-73 du 17 janvier 2002 art. 158 (JORF 18 janvier 2002).
Le droit au logement est un droit fondamental; il s'exerce dans le cadre des lois qui le régissent.

L'exercice de ce droit implique la liberté de choix pour toute personne de son mode d'habitation grâce au maintien et au développement d'un secteur locatif et d'un secteur d'accession à la propriété ouverts à toutes les catégories sociales.

Aucune personne ne peut se voir refuser la location d'un logement en raison de son origine, son patronyme, son apparence physique, son sexe, sa situation de famille, son état de santé, son handicap, ses mœurs, son orientation sexuelle, ses opinions politiques, ses activités syndicales ou son appartenance ou sa non-appartenance vraie ou supposée à une ethnie, une nation, une race ou une religion déterminée.

En cas de litige relatif à l'application de l'alinéa précédent, la personne s'étant vu refuser la location d'un logement présente des éléments de fait laissant supposer l'existence d'une discrimination directe ou indirecte. Au vu de ces éléments, il incombe à la partie défenderesse de prouver que sa décision est justifiée. Le juge forme sa conviction après avoir ordonné, en cas de besoin, toutes les mesures d'instruction qu'il estime utiles.

Les droits et obligations réciproques des bailleurs et des locataires doivent être équilibrés dans leurs relations individuelles comme dans leurs relations collectives.

Article 2

Modifié par Ordonnance n.° 2005-655 du 8 juin 2005 art. 22 I (JORF 9 juin 2005).
Les dispositions du présent titre sont d'ordre public. Elles s'appliquent aux locations de locaux à usage d'habitation principale ou à usage mixte professionnel et d'habitation principale ainsi qu'aux garages, places de stationnement, jardins et autres locaux, loués accessoirement au local principal par le même bailleur.

Toutefois, elles ne s'appliquent ni aux locations à caractère saisonnier, à l'exception de l'article 3-1, ni aux logements foyers, à l'exception des deux premiers alinéas de l'article 6 et de l'article 20-1. Elles ne s'appliquent pas non plus, à l'exception de l'article 3-1, des deux premiers alinéas de l'article 6 et de l'article 20-1, aux locaux meublés, aux logements attribués ou loués en raison de l'exercice d'une fonction ou de l'occupation d'un emploi, aux locations consenties aux travailleurs saisonniers.

Article 3

Modifié par Ordonnance n.° 2005-655 du 8 juin 2005 art. 22 II (JORF 9 juin 2005).
Le contrat de location est établi par écrit. Il doit préciser:
- le nom ou la dénomination du bailleur et son domicile ou son siège social, ainsi que, le cas échéant, ceux de son mandataire;
- la date de prise d'effet et la durée;
- la consistance et la destination de la chose louée;
- la désignation des locaux et équipements d'usage privatif dont le locataire a la jouissance exclusive et, le cas échéant, l'énumération des parties, équipements et accessoires de l'immeuble qui font l'objet d'un usage commun;
- le montant du loyer, ses modalités de paiement ainsi que ses règles de révision éventuelle;
- le montant du dépôt de garantie, si celui-ci est prévu.

Un état des lieux, établi contradictoirement par les parties lors de la remise et de la restitution des clés ou, à défaut, par huissier de justice, à l'initiative de la partie la plus diligente et à frais partagés par moitié, est joint au contrat. Lorsque l'état des lieux doit être établi par huissier de justice, les parties en sont avisées par lui au moins sept jours à l'avance par lettre recommandée avec demande d'avis de réception. A défaut d'état des lieux, la présomption établie par l'article 1731 du code civil ne peut être invoquée par celle des parties qui a fait obstacle à l'établissement de l'état des lieux.

Pendant le premier mois de la période de chauffe, le locataire peut demander que l'état des lieux soit complété par l'état des éléments de chauffage.

Lorsque la détermination du montant du loyer est subordonnée à la présentation par le bailleur de références aux loyers habituellement pratiqués dans le voisinage pour des logements comparables dans les conditions prévues à l'article 19, ces références sont jointes au contrat ainsi que les termes dudit article.

Lorsque l'immeuble est soumis au statut de la copropriété, le copropriétaire bailleur est tenu de communiquer au locataire les extraits du règlement de copropriété concernant la destination de l'immeuble, la jouissance et l'usage des parties privatives et communes et précisant la quote-part afférente au lot loué dans chacune des catégories de charges.

Le bailleur ne peut pas se prévaloir de la violation des dispositions du présent article.

Chaque partie peut exiger, à tout moment, de l'autre partie, l'établissement d'un contrat conforme aux dispositions du présent article. En cas de mutation à titre gratuit ou onéreux des locaux, le nouveau bailleur est tenu de notifier au locataire son nom ou sa dénomination et son domicile ou son siège social, ainsi que, le cas échéant, ceux de son mandataire.

Article 3-1

Créé par Ordonnance n.° 2005-655 du 8 juin 2005 art. 22 III (JORF 9 juin 2005).

Un dossier de diagnostic technique, fourni par le bailleur, est annexé au contrat de location lors de sa signature ou de son renouvellement et comprend:
- a) A compter du 1er juillet 2007, le diagnostic de performance énergétique prévu à l'article L. 134-1 du code de la construction et de l'habitation;
- b) A compter du 12 août 2008, le constat de risque d'exposition au plomb prévu à l'article L. 1334-5 et L. 1334-7 du code de la santé publique.

Dans les zones mentionnées au I de l'article L. 125-5 du code de l'environnement et à compter de la date fixée par le décret prévu au VI du même article, le dossier de diagnostic technique est complété à chaque changement de locataire par l'état des risques naturels et technologiques.

Le locataire ne peut se prévaloir à l'encontre du bailleur des informations contenues dans le diagnostic de performance énergétique qui n'a qu'une valeur informative.

A compter du 1er juillet 2007, le propriétaire bailleur tient le diagnostic de performance énergétique à la disposition de tout candidat locataire.

Article 3-2

Créé par Loi n.° 2007-309 du 5 mars 2007 art. 12 (JORF 7 mars 2007).

Une information sur les modalités de réception des services de télévision dans l'immeuble est fournie par le bailleur et annexée au contrat de location lors de sa signature ou de son renouvellement. Elle comprend:
- a) Une information sur la possibilité ou non de recevoir les services de télévision par voie hertzienne;
- b) Lorsqu'un réseau de communications électroniques interne à l'immeuble distribue des services de télévision, une information qui précise si l'installation permet ou non l'accès aux services nationaux en clair de télévision par voie hertzienne terrestre en mode numérique ou s'il faut s'adresser au distributeur de services pour bénéficier du "service antenne" numérique, tel que prévu au deuxième ali-

néa de l'article 34-1 de la loi n.° 86-1067 du 30 septembre 1986 relative à la liberté de communication;

c) Dans le dernier cas prévu par le b, une information qui précise les coordonnées du distributeur de services auquel le locataire doit s'adresser pour bénéficier du "service antenne" numérique, tel que prévu au deuxième alinéa de l'article 34-1 de la loi n.° 86-1067 du 30 septembre 1986 précitée.

Le locataire ne peut se prévaloir à l'encontre du bailleur de ces informations qui n'ont qu'une valeur informative.

Article 4

Modifié par Loi n.° 2007-297 du 5 mars 2007 art. 18 II 1.° (JORF 7 mars 2007).
Est réputée non écrite toute clause:
a) Qui oblige le locataire, en vue de la vente ou de la location du local loué, à laisser visiter celui-ci les jours fériés ou plus de deux heures les jours ouvrables;
b) Par laquelle le locataire est obligé de souscrire une assurance auprès d'une compagnie choisie par le bailleur;
c) Qui impose comme mode de paiement du loyer l'ordre de prélèvement automatique sur le compte courant du locataire ou la signature par avance de traites ou de billets à ordre;
d) Par laquelle le locataire autorise le bailleur à prélever ou à faire prélever les loyers directement sur son salaire dans la limite cessible;
e) Qui prévoit la responsabilité collective des locataires en cas de dégradation d'un élément commun de la chose louée;
f) Par laquelle le locataire s'engage par avance à des remboursements sur la base d'une estimation faite unilatéralement par le bailleur au titre des réparations locatives;
g) Qui prévoit la résiliation de plein droit du contrat en cas d'inexécution des obligations du locataire pour un motif autre que le non-paiement du loyer, des charges, du dépôt de garantie, la non-souscription d'une assurance des risques locatifs ou le non-respect de l'obligation d'user paisiblement des locaux loués, résultant de troubles de voisinage constatés par une décision de justice passée en force de chose jugée;
h) Qui autorise le bailleur à diminuer ou à supprimer, sans contrepartie équivalente, des prestations stipulées au contrat;
i) Qui autorise le bailleur à percevoir des amendes en cas d'infraction aux clauses d'un contrat de location ou d'un règlement intérieur à l'immeuble;
j) Qui interdit au locataire l'exercice d'une activité politique, syndicale, associative ou confessionnelle;
k) Qui impose au locataire la facturation de l'état des lieux dès lors que celui-ci n'est pas établi par un huissier de justice dans le cas prévu par l'article 3;
l) Qui prévoit le renouvellement du bail par tacite reconduction pour une durée inférieure à celle prévue à l'article 10;
m) Qui interdit au locataire de rechercher la responsabilité du bailleur ou qui exonère le bailleur de toute responsabilité;
n) Qui interdit au locataire d'héberger des personnes ne vivant pas habituellement avec lui;

o) Qui impose au locataire le versement, lors de l'entrée dans les lieux, de sommes d'argent en plus de celles prévues aux articles 5 et 22;
p) Qui fait supporter au locataire des frais de relance ou d'expédition de la quittance ainsi que les frais de procédure en plus des sommes versées au titre des dépens et de l'article 700 du nouveau code de procédure civile;
q) Qui prévoit que le locataire est automatiquement responsable des dégradations constatées dans le logement;
r) Qui interdit au locataire de demander une indemnité au bailleur lorsque ce dernier réalise des travaux d'une durée supérieure à quarante jours;
s) Qui permet au bailleur d'obtenir la résiliation de plein droit du bail au moyen d'une simple ordonnance de référé insusceptible d'appel.

Article 5

La rémunération des personnes qui se livrent ou prêtent leur concours à l'établissement d'un acte de location d'un immeuble appartenant à autrui tel que défini à l'article 2 est partagée par moitié entre le bailleur et le locataire.

Article 6

Modifié par Loi n.° 2006-872 du 13 juillet 2006 art. 48 III (JORF 16 juillet 2006).

Le bailleur est tenu de remettre au locataire un logement décent ne laissant pas apparaître de risques manifestes pouvant porter atteinte à la sécurité physique ou à la santé et doté des éléments le rendant conforme à l'usage d'habitation.

Les caractéristiques correspondantes sont définies par décret en Conseil d'Etat pour les locaux à usage d'habitation principale ou à usage mixte mentionnés au premier alinéa de l'article 2 et les locaux visés au deuxième alinéa du même article, à l'exception des logements-foyers et des logements destinés aux travailleurs agricoles qui sont soumis à des règlements spécifiques.

Le bailleur est obligé:
a) De délivrer au locataire le logement en bon état d'usage et de réparation ainsi que les équipements mentionnés au contrat de location en bon état de fonctionnement; toutefois, les parties peuvent convenir par une clause expresse des travaux que le locataire exécutera ou fera exécuter et des modalités de leur imputation sur le loyer; cette clause prévoit la durée de cette imputation et, en cas de départ anticipé du locataire, les modalités de son dédommagement sur justification des dépenses effectuées; une telle clause ne peut concerner que des logements répondant aux caractéristiques définies en application des premier et deuxième alinéas;
b) D'assurer au locataire la jouissance paisible du logement et, sans préjudice des dispositions de l'article 1721 du code civil, de le garantir des vices ou défauts de nature à y faire obstacle hormis ceux qui, consignés dans l'état des lieux, auraient fait l'objet de la clause expresse mentionnée au a ci-dessus;
c) D'entretenir les locaux en état de servir à l'usage prévu par le contrat et d'y faire toutes les réparations, autres que locatives, nécessaires au maintien en état et à l'entretien normal des locaux loués;
d) De ne pas s'opposer aux aménagements réalisés par le locataire, dès lors que ceux-ci ne constituent pas une transformation de la chose louée.

Article 6-1
Créé par Loi n.° 2007-297 du 5 mars 2007 art. 18 II 2° (JORF 7 mars 2007).

Après mise en demeure dûment motivée, les propriétaires des locaux à usage d'habitation doivent, sauf motif légitime, utiliser les droits dont ils disposent en propre afin de faire cesser les troubles de voisinage causés à des tiers par les personnes qui occupent ces locaux.

Article 7
Modifié par Loi n.° 94-624 du 21 juillet 1994 art. 12 (JORF 24 juillet 1994).

Le locataire est obligé:
a) De payer le loyer et les charges récupérables aux termes convenus; le paiement mensuel est de droit lorsque le locataire en fait la demande;
b) D'user paisiblement des locaux loués suivant la destination qui leur a été donnée par le contrat de location;
c) De répondre des dégradations et pertes qui surviennent pendant la durée du contrat dans les locaux dont il a la jouissance exclusive, à moins qu'il ne prouve qu'elles ont eu lieu par cas de force majeure, par la faute du bailleur ou par le fait d'un tiers qu'il n'a pas introduit dans le logement;
d) De prendre à sa charge l'entretien courant du logement, des équipements mentionnés au contrat et les menues réparations ainsi que l'ensemble des réparations locatives définies par décret en Conseil d'Etat, sauf si elles sont occasionnées par vétusté, malfaçon, vice de construction, cas fortuit ou force majeure;
e) De laisser exécuter dans les lieux loués les travaux d'amélioration des parties communes ou des parties privatives du même immeuble, ainsi que les travaux nécessaires au maintien en état et à l'entretien normal des locaux loués; les dispositions des deuxième et troisième alinéas de l'article 1724 du code civil sont applicables à ces travaux;
f) De ne pas transformer les locaux et équipements loués sans l'accord écrit du propriétaire; à défaut de cet accord, ce dernier peut exiger du locataire, à son départ des lieux, leur remise en l'état ou conserver à son bénéfice les transformations effectuées sans que le locataire puisse réclamer une indemnisation des frais engagés; le bailleur a toutefois la faculté d'exiger aux frais du locataire la remise immédiate des lieux en l'état lorsque les transformations mettent en péril le bon fonctionnement des équipements ou la sécurité du local;
g) De s'assurer contre les risques dont il doit répondre en sa qualité de locataire et d'en justifier lors de la remise des clés puis, chaque année, à la demande du bailleur. La justification de cette assurance résulte de la remise au bailleur d'une attestation de l'assureur ou de son représentant.

Toute clause prévoyant la résiliation de plein droit du contrat de location pour défaut d'assurance du locataire ne produit effet qu'un mois après un commandement demeuré infructueux. Ce commandement reproduit, à peine de nullité, les dispositions du présent paragraphe.

Article 8
Le locataire ne peut ni céder le contrat de location, ni sous-louer le logement sauf avec l'accord écrit du bailleur, y compris sur le prix du loyer. Le prix du loyer au mètre

carré de surface habitable des locaux sous-loués ne peut excéder celui payé par le locataire principal.

En cas de cessation du contrat principal, le sous-locataire ne peut se prévaloir d'aucun droit à l'encontre du bailleur ni d'aucun titre d'occupation.

Les autres dispositions de la présente loi ne sont pas applicables au contrat de sous-location.

Article 9

Lorsque deux locataires occupant deux logements appartenant au même propriétaire et situés dans un même ensemble immobilier demandent à procéder à un échange de logements entre eux, cet échange est de droit dès lors que l'une des deux familles concernées comporte au moins trois enfants et que l'échange a pour conséquence d'accroître la surface du logement occupé par la famille la plus nombreuse.

Dans les contrats en cours, chaque locataire se substitue de plein droit à celui auquel il succède et ne peut être considéré comme un nouvel entrant.

Ces dispositions ne sont pas applicables lorsque l'un des deux ou les deux logements sont soumis aux dispositions du chapitre III du titre Ier de la loi n.° 48-1360 du 1er septembre 1948 portant modification et codification de la législation relative aux rapports des bailleurs et locataires ou occupants des locaux à usage d'habitation ou à usage professionnel et instituant des allocations de logement.

Article 9-1

Modifié par Loi n.° 2000-1208 du 13 décembre 2000 art. 189 (JORF 14 décembre 2000).

Non obstant les dispositions des articles 515-4 et 1751 du code civil, les notifications ou significations faites en application du présent titre par le bailleur sont de plein droit opposables au partenaire lié par un pacte civil de solidarité au locataire ou au conjoint du locataire si l'existence de ce partenaire ou de ce conjoint n'a pas été préalablement portée à la connaissance du bailleur.

CHAPITRE II. De la durée du contrat de location

Article 10

Modifié par Loi n.° 94-624 du 21 juillet 1994 art. 14 I, II (JORF 24 juillet 1994).

Le contrat de location est conclu pour une durée au moins égale à trois ans pour les bailleurs personnes physiques ainsi que pour les bailleurs définis à l'article 13 et à six ans pour les bailleurs personnes morales.

Si le bailleur ne donne pas congé dans les conditions de forme et de délai prévues à l'article 15, le contrat de location parvenu à son terme est soit reconduit tacitement, soit renouvelé.

En cas de reconduction tacite, la durée du contrat reconduit est de trois ans pour les bailleurs personnes physiques ainsi que pour les bailleurs définis à l'article 13, et de six ans pour les bailleurs personnes morales.

En cas de renouvellement, la durée du contrat renouvelé est au moins égale à celles définies au premier alinéa du présent article. L'offre de renouvellement est présentée dans les conditions de forme et de délai prévues pour le congé, à l'article 15. Le loyer du contrat renouvelé est défini selon les modalités prévues au c de l'article 17.

Article 11
Quand un événement précis justifie que le bailleur personne physique ait à reprendre le local pour des raisons professionnelles ou familiales, les parties peuvent conclure un contrat d'une durée inférieure à trois ans mais d'au moins un an. Le contrat doit mentionner les raisons et l'événement invoqués.

Par dérogation aux conditions de délai prévues à l'article 15, le bailleur confirme, deux mois au moins avant le terme du contrat, la réalisation de l'événement.

Dans le même délai, le bailleur peut proposer le report du terme du contrat si la réalisation de l'événement est différée. Il ne peut user de cette faculté qu'une seule fois.

Lorsque l'événement s'est produit et est confirmé, le locataire est déchu de plein droit de tout titre d'occupation du local au terme prévu dans le contrat.

Lorsque l'événement ne s'est pas produit ou n'est pas confirmé, le contrat de location est réputé être de trois ans.

Si le contrat prévu au présent article fait suite à un contrat de location conclu avec le même locataire pour le même local, le montant du nouveau loyer ne peut être supérieur à celui de l'ancien éventuellement révisé conformément au deuxième alinéa du d de l'article 17.

Article 11-1
Modifié par Loi n.° 2006-685 du 13 juin 2006 art. 4 (JORF 14 juin 2006).

Quand un congé pour vente conforme aux dispositions de l'article 15 est délivré par un bailleur relevant de secteurs locatifs définis aux quatrième et cinquième alinéas de l'article 41 ter de la loi n.° 86-1290 du 23 décembre 1986 précitée, dans le cadre d'une vente par lots de plus de dix logements dans le même immeuble, le bail peut être expressément reconduit pour une durée inférieure à celle prévue par l'article 10. Quand ce congé pour vente intervient moins de deux ans avant le terme du bail, la reconduction du bail est de droit, à la demande du locataire, afin de lui permettre, dans tous les cas, de disposer du logement qu'il occupe pendant une durée de deux ans à compter de la notification du congé pour vente.

La reconduction du bail est établie par écrit entre les parties au plus tard quatre mois avant l'expiration du bail en cours. A l'expiration de la durée fixée par les parties pour le bail reconduit, celui-ci est résilié de plein droit.

Article 12
Le locataire peut résilier le contrat de location à tout moment, dans les conditions de forme et de délai prévues au deuxième alinéa du paragraphe I de l'article 15.

Article 13
Les dispositions de l'article 11 et de l'article 15 peuvent être invoquées:
a) Lorsque le bailleur est une société civile constituée exclusivement entre parents et alliés jusqu'au quatrième degré inclus, par la société au profit de l'un des associés;
b) Lorsque le logement est en indivision, par tout membre de l'indivision.

Article 14
Modifié par Loi n.° 2001-1135 du 3 décembre 2001 art. 14 II (JORF 4 décembre 2001 en vigueur le 1er juillet 2002).
En cas d'abandon du domicile par le locataire, le contrat de location continue:
- au profit du conjoint sans préjudice de l'article 1751 du code civil;
- au profit des descendants qui vivaient avec lui depuis au moins un an à la date de l'abandon du domicile;
- au profit du partenaire lié au locataire par un pacte civil de solidarité;
- au profit des ascendants, du concubin notoire ou des personnes à charge, qui vivaient avec lui depuis au moins un an à la date de l'abandon du domicile.

Lors du décès du locataire, le contrat de location est transféré:
- au conjoint survivant qui ne peut se prévaloir des dispositions de l'article 1751 du code civil;
- aux descendants qui vivaient avec lui depuis au moins un an à la date du décès;
- au partenaire lié au locataire par un pacte civil de solidarité;
- aux ascendants, au concubin notoire ou aux personnes à charge, qui vivaient avec lui depuis au moins un an à la date du décès.

En cas de demandes multiples, le juge se prononce en fonction des intérêts en présence.

A défaut de personnes remplissant les conditions prévues au présent article, le contrat de location est résilié de plein droit par le décès du locataire ou par l'abandon du domicile par ce dernier.

Article 15
Modifié par Loi n.° 2006-685 du 13 juin 2006 art. 5 I (JORF 14 juin 2006).
I – Lorsque le bailleur donne congé à son locataire, ce congé doit être justifié soit par sa décision de reprendre ou de vendre le logement, soit par un motif légitime et sérieux, notamment l'inexécution par le locataire de l'une des obligations lui incombant. A peine de nullité, le congé donné par le bailleur doit indiquer le motif allégué et, en cas de reprise, les nom et adresse du bénéficiaire de la reprise qui ne peut être que le bailleur, son conjoint, le partenaire auquel il est lié par un pacte civil de solidarité enregistré à la date du congé, son concubin notoire depuis au moins un an à la date du congé, ses ascendants, ses descendants ou ceux de son conjoint, de son partenaire ou de son concubin notoire.

Le délai de préavis applicable au congé est de trois mois lorsqu'il émane du locataire et de six mois lorsqu'il émane du bailleur. Toutefois, en cas d'obtention d'un premier emploi, de mutation, de perte d'emploi ou de nouvel emploi consécutif à une perte d'emploi, le locataire peut donner congé au bailleur avec un délai de préavis d'un mois. Le délai est également réduit à un mois en faveur des locataires âgés de plus de soixante ans dont l'état de santé justifie un changement de domicile ainsi que des bénéficiaires du revenu minimum d'insertion. Le congé doit être notifié par lettre recommandée avec demande d'avis de réception ou signifié par acte d'huissier. Ce délai court à compter du jour de la réception de la lettre recommandée ou de la signification de l'acte d'huissier.

Pendant le délai de préavis, le locataire n'est redevable du loyer et des charges que pour le temps où il a occupé réellement les lieux si le congé a été notifié par le bailleur. Il est redevable du loyer et des charges concernant tout le délai de préavis si c'est lui qui a notifié le congé, sauf si le logement se trouve occupé avant la fin du préavis par un autre locataire en accord avec le bailleur.

A l'expiration du délai de préavis, le locataire est déchu de tout titre d'occupation des locaux loués.

II – Lorsqu'il est fondé sur la décision de vendre le logement, le congé doit, à peine de nullité, indiquer le prix et les conditions de la vente projetée. Le congé vaut offre de vente au profit du locataire: l'offre est valable pendant les deux premiers mois du délai de préavis. Les dispositions de l'article 46 de la loi n.° 65-557 du 10 juillet 1965 fixant le statut de la copropriété des immeubles bâtis ne sont pas applicables au congé fondé sur la décision de vendre le logement.

A l'expiration du délai de préavis, le locataire qui n'a pas accepté l'offre de vente est déchu de plein droit de tout titre d'occupation sur le local.

Le locataire qui accepte l'offre dispose, à compter de la date d'envoi de sa réponse au bailleur, d'un délai de deux mois pour la réalisation de l'acte de vente. Si, dans sa réponse, il notifie son intention de recourir à un prêt, l'acceptation par le locataire de l'offre de vente est subordonnée à l'obtention du prêt et le délai de réalisation de la vente est porté à quatre mois. Le contrat de location est prorogé jusqu'à l'expiration du délai de réalisation de la vente. Si, à l'expiration de ce délai, la vente n'a pas été réalisée, l'acceptation de l'offre de vente est nulle de plein droit et le locataire est déchu de plein droit de tout titre d'occupation.

Dans le cas où le propriétaire décide de vendre à des conditions ou à un prix plus avantageux pour l'acquéreur, le notaire doit, lorsque le bailleur n'y a pas préalablement procédé, notifier au locataire ces conditions et prix à peine de nullité de la vente. Cette notification est effectuée à l'adresse indiquée à cet effet par le locataire au bailleur; si le locataire n'a pas fait connaître cette adresse au bailleur, la notification est effectuée à l'adresse des locaux dont la location avait été consentie. Elle vaut offre de vente au profit du locataire. Cette offre est valable pendant une durée d'un mois à compter de sa réception. L'offre qui n'a pas été acceptée dans le délai d'un mois est caduque.

Le locataire qui accepte l'offre ainsi notifiée dispose, à compter de la date d'envoi de sa réponse au bailleur ou au notaire, d'un délai de deux mois pour la réalisation de l'acte de vente. Si, dans sa réponse, il notifie son intention de recourir à un prêt, l'acceptation par le locataire de l'offre de vente est subordonnée à l'obtention du prêt et le délai de réalisation de la vente est porté à quatre mois. Si, à l'expiration de ce délai, la vente n'a pas été réalisée, l'acceptation de l'offre de vente est nulle de plein droit.

Les termes des cinq alinéas précédents sont reproduits à peine de nullité dans chaque notification.

Ces dispositions ne sont pas applicables aux actes intervenant entre parents jusqu'au quatrième degré inclus, sous la condition que l'acquéreur occupe le logement pendant une durée qui ne peut être inférieure à deux ans à compter de l'expiration du délai de préavis, ni aux actes portant sur les immeubles mentionnés au deuxième alinéa de l'article L. 111-6-1 du code de la construction et de l'habitation.

Dans les cas de congés pour vente prévus à l'article 11-1, l'offre de vente au profit du locataire est dissociée du congé. En outre, le non-respect de l'une des obligations relatives au congé pour vente d'un accord conclu en application de l'article 41 ter de la loi n.° 86-1290 du 23 décembre 1986 tendant à favoriser l'investissement locatif, l'accession à la propriété de logements sociaux et le développement de l'offre foncière, et rendu obligatoire par décret, donne lieu à l'annulation du congé.

Est nul de plein droit le congé pour vente délivré au locataire en violation de l'engagement de prorogation des contrats de bail en cours, mentionné au premier alinéa du A du I de l'article 10-1 de la loi n.° 75-1351 du 31 décembre 1975 relative à la protection des occupants de locaux à usage d'habitation.

III – Le bailleur ne peut s'opposer au renouvellement du contrat en donnant congé dans les conditions définies au paragraphe I ci-dessus à l'égard de tout locataire âgé de plus de soixante-dix ans et dont les ressources annuelles sont inférieures à une fois et demie le montant annuel du salaire minimum de croissance, sans qu'un logement correspondant à ses besoins et à ses possibilités lui soit offert dans les limites géographiques prévues à l'article 13 bis de la loi n.° 48-1360 du 1er septembre 1948 précitée.

Toutefois, les dispositions de l'alinéa précédent ne sont pas applicables lorsque le bailleur est une personne physique âgée de plus de soixante ans ou si ses ressources annuelles sont inférieures à une fois et demie le montant annuel du salaire minimum de croissance.

L'âge du locataire et celui du bailleur sont appréciés à la date d'échéance du contrat; le montant de leurs ressources est apprécié à la date de notification du congé.

CHAPITRE III. **Du loyer, des charges et du règlement des litiges**

Article 16

Modifié par Loi n.° 2000-1208 du 13 décembre 2000 art. 188 (JORF 14 décembre 2000).

Les données statistiques nécessaires à la détermination des références mentionnées aux articles 17 et 19 peuvent être recueillies et diffusées, pour chaque département, par des observatoires des loyers agréés à cette fin par le ministre chargé du logement. Cet agrément peut également être accordé à des observatoires des loyers exerçant leur activité pour l'ensemble d'une agglomération.

L'agrément mentionné à l'alinéa précédent n'est accordé, dans des conditions fixées par décret, qu'aux observatoires dont les statuts assurent la représentation équitable des bailleurs, des locataires, des gestionnaires au sein de leurs organes dirigeants.

Les observatoires des loyers fournissent aux commissions départementales de conciliation et aux juges qui en font la demande les éléments d'information en leur possession permettant à ceux-ci de favoriser la conciliation des parties ou de trancher un litige.

Le Gouvernement dépose tous les deux ans, sur le bureau des assemblées, au cours du deuxième trimestre, un rapport sur l'évolution des loyers.

Article 17

Modifié par Loi n.° 2006-872 du 13 juillet 2006 art. 48 III (JORF 16 juillet 2006).
   a) Le loyer:
   – des logements neufs;
   – des logements vacants ayant fait l'objet de travaux de mise ou de remise en conformité avec les caractéristiques définies en application des premier et deuxième alinéas de l'article 6;

– des logements conformes aux normes définies par ledit décret, faisant l'objet d'une première location ou, s'ils sont vacants, ayant fait l'objet depuis moins de six mois de travaux d'amélioration portant sur les parties privatives ou communes, d'un montant au moins égal à une année du loyer antérieur, est fixé librement entre les parties.

b) Le loyer des logements vacants ou faisant l'objet d'une première location qui ne sont pas visés au a ci-dessus est fixé par référence aux loyers habituellement constatés dans le voisinage pour des logements comparables dans les conditions définies à l'article 19, s'il est supérieur au dernier loyer exigé du précédent locataire.

Les dispositions de l'alinéa précédent sont applicables jusqu'au 31 juillet 1997. Avant cette date, le Gouvernement présentera au Parlement un rapport d'exécution permettant d'établir la comparaison entre l'évolution des loyers des logements vacants selon qu'ils relèvent du a ou du b du présent article.

Toutefois, le Gouvernement présentera au Parlement, dans un délai d'un an à compter de la promulgation de la loi n.° 92-722 du 29 juillet 1992 portant adaptation de la loi n.° 88-1088 du 1er décembre 1988 relative au minimum d'insertion et relative à la lutte contre la pauvreté et l'exclusion sociale et professionnelle, un rapport d'information sur les logements vacants dans les agglomérations de plus de 200 000 habitants au sens du recensement général de la population, spécifiant, entre autres, les motifs et la durée de la vacance.

En cas de non-respect par le bailleur des dispositions de l'article 19, le locataire dispose, sans qu'il soit porté atteinte à la validité du contrat en cours, d'un délai de deux mois pour contester le montant du loyer auprès de la commission de conciliation.

A défaut d'accord constaté par la commission, le juge, saisi par l'une ou l'autre des parties, fixe le loyer.

c) Lors du renouvellement du contrat, le loyer ne donne lieu à réévaluation que s'il est manifestement sous-évalué.

Dans ce cas, le bailleur peut proposer au locataire, au moins six mois avant le terme du contrat et dans les conditions de forme prévues à l'article 15, un nouveau loyer fixé par référence aux loyers habituellement constatés dans le voisinage pour des logements comparables dans les conditions définies à l'article 19.

Lorsque le bailleur fait application des dispositions du présent c, il ne peut donner congé au locataire pour la même échéance du contrat.

La notification reproduit intégralement, à peine de nullité, les dispositions des alinéas du présent c et mentionne le montant du loyer ainsi que la liste des références ayant servi à le déterminer.

En cas de désaccord ou à défaut de réponse du locataire quatre mois avant le terme du contrat, l'une ou l'autre des parties saisit la commission de conciliation. A défaut d'accord constaté par la commission, le juge est saisi avant le terme du contrat. A défaut de saisine, le contrat est reconduit de plein droit aux conditions antérieures du loyer éventuellement révisé. Le contrat dont le loyer est fixé judiciairement est réputé renouvelé pour la durée définie à l'article 10, à compter de la date d'expiration du contrat. La décision du juge est exécutoire par provision.

La hausse convenue entre les parties ou fixée judiciairement s'applique par tiers ou par sixième selon la durée du contrat.

Toutefois, cette hausse s'applique par sixième annuel au contrat renouvelé, puis lors du renouvellement ultérieur, dès lors qu'elle est supérieure à 10 p. 100 si le premier renouvellement avait une durée inférieure à six ans.

La révision éventuelle résultant du d ci-dessous s'applique à chaque valeur ainsi définie.

d) Lorsque le contrat de location prévoit la révision du loyer, celle-ci intervient chaque année à la date convenue entre les parties ou, à défaut, au terme de chaque année du contrat.

L'augmentation du loyer qui en résulte ne peut excéder la variation d'un indice de référence des loyers publié par l'Institut national de la statistique et des études économiques, dont les modalités de calcul et de publication sont fixées par décret en Conseil d'Etat. Ces modalités de calcul s'appuient notamment sur l'évolution des prix à la consommation, du coût des travaux d'entretien et d'amélioration du logement à la charge des bailleurs et de l'indice du coût de la construction. A défaut de clause contractuelle fixant la date de référence, cette date est celle du dernier indice publié à la date de signature du contrat de location.

e) Lorsque les parties sont convenues, par une clause expresse, de travaux d'amélioration du logement que le bailleur fera exécuter, le contrat de location ou un avenant à ce contrat fixe la majoration du loyer consécutive à la réalisation de ces travaux.

Article 18

Modifiié par Loi n.° 2000-1208 du 13 décembre 2000 art. 188 (JORF 14 décembre 2000).

Dans la zone géographique où le niveau et l'évolution des loyers comparés à ceux constatés sur l'ensemble du territoire révèlent une situation anormale du marché locatif, un décret en Conseil d'Etat, pris après avis de la Commission nationale de concertation, peut fixer le montant maximum d'évolution des loyers des logements vacants définis au b de l'article 17 et des contrats renouvelés définis au c du même article.

Ce décret précise sa durée de validité qui ne peut excéder un an et peut prévoir des adaptations particulières, notamment en cas de travaux réalisés par les bailleurs ou de loyers manifestement sous-évalués.

Article 19

Modifié par Loi n.° 2000-1208 du 13 décembre 2000 art. 188 (JORF 14 décembre 2000).

Pour l'application de l'article 17, les loyers servant de références doivent être représentatifs de l'ensemble des loyers habituellement constatés dans le voisinage pour des logements comparables, situés soit dans le même groupe d'immeubles, soit dans tout autre groupe d'immeubles comportant des caractéristiques similaires et situé dans la même zone géographique. Un décret en Conseil d'Etat définit les éléments constitutifs de ces références.

Le nombre minimal des références à fournir par le bailleur est de trois. Toutefois, il est de six dans les communes, dont la liste est fixée par décret, faisant partie d'une agglomération de plus d'un million d'habitants.

Les références notifiées par le bailleur doivent comporter, au moins pour deux tiers, des références de locations pour lesquelles il n'y a pas eu de changement de locataire depuis trois ans.

Article 20
Modifié par Loi n.° 2006-872 du 13 juillet 2006 art. 86 1.° (JORF 16 juillet 2006).

Il est créé auprès du représentant de l'Etat dans chaque département une commission départementale de conciliation composée de représentants d'organisations de bailleurs et d'organisations de locataires en nombre égal, dont la compétence porte sur les litiges résultant de l'application des dispositions de l'article 17 de la présente loi et des articles 30 et 31 de la loi n.° 86-1290 du 23 décembre 1986 précitée. La commission rend un avis dans le délai de deux mois à compter de sa saisine et s'efforce de concilier les parties.

En outre, sa compétence est étendue à l'examen:
– des litiges portant sur les caractéristiques du logement mentionnées aux premier et deuxième alinéas de l'article 6;
– des litiges relatifs à l'état des lieux, au dépôt de garantie, aux charges locatives et aux réparations;
– des difficultés résultant de l'application des accords collectifs nationaux ou locaux prévus aux articles 41 ter et 42 de la loi n.° 86-1290 du 23 décembre 1986 précitée, de l'application du plan de concertation locative prévu à l'article 44 bis de la même loi et des modalités de fonctionnement de l'immeuble ou du groupe d'immeubles.

Pour le règlement de ces litiges, la commission départementale de conciliation peut être saisie par le bailleur ou le locataire. Pour le règlement de ces difficultés, elle peut être saisie par le bailleur, plusieurs locataires ou une association représentative de locataires. A défaut de conciliation entre les parties, elle rend un avis qui peut être transmis au juge saisi par l'une ou l'autre des parties.

La composition de la commission départementale de conciliation, le mode de désignation de ses membres, son organisation et ses règles de fonctionnement sont fixés par décret.

Article 20-1
Modifié par Loi n.° 2007-290 du 5 mars 2007 art. 34 (JORF 6 mars 2007).

Si le logement loué ne satisfait pas aux dispositions des premier et deuxième alinéas de l'article 6, le locataire peut demander au propriétaire leur mise en conformité sans qu'il soit porté atteinte à la validité du contrat en cours. A défaut d'accord entre les parties ou à défaut de réponse du propriétaire dans un délai de deux mois, la commission départementale de conciliation peut être saisie et rendre un avis dans les conditions fixées à l'article 20. La saisine de la commission ou la remise de son avis ne constitue pas un préalable à la saisine du juge par l'une ou l'autre des parties.

Le juge saisi par l'une ou l'autre des parties détermine, le cas échéant, la nature des travaux à réaliser et le délai de leur exécution. Il peut réduire le montant du loyer ou suspendre, avec ou sans consignation, son paiement et la durée du bail jusqu'à l'exécution de ces travaux. Le juge peut transmettre au représentant de l'Etat dans le département l'ordonnance ou le jugement constatant que le logement loué ne satisfait pas aux dispositions des premier et deuxième alinéas de l'article 6.

Article 21
Modifié par Loi n.° 2000-1208 du 13 décembre 2000 art. 188 (JORF 14 décembre 2000).

Le bailleur est tenu de remettre gratuitement une quittance au locataire qui en fait la demande. La quittance porte le détail des sommes versées par le locataire en distinguant le loyer, le droit de bail et les charges.

Si le locataire effectue un paiement partiel, le bailleur est tenu de délivrer un reçu.

Article 22
Modifié par Loi n.° 2000-1208 du 13 décembre 2000 art. 188 (JORF 14 décembre 2000).

Lorsqu'un dépôt de garantie est prévu par le contrat de location pour garantir l'exécution de ses obligations locatives par le locataire, il ne peut être supérieur à deux mois de loyer en principal.

Un dépôt de garantie ne peut être prévu lorsque le loyer est payable d'avance pour une période supérieure à deux mois; toutefois, si le locataire demande le bénéfice du paiement mensuel du loyer, par application de l'article 7, le bailleur peut exiger un dépôt de garantie.

Il est restitué dans un délai maximal de deux mois à compter de la restitution des clés par le locataire, déduction faite, le cas échéant, des sommes restant dues au bailleur et des sommes dont celui-ci pourrait être tenu, aux lieu et place du locataire, sous réserve qu'elles soient dûment justifiées.

Le montant de ce dépôt de garantie ne porte pas intérêt au bénéfice du locataire. Il ne doit faire l'objet d'aucune révision durant l'exécution du contrat de location, éventuellement renouvelé.

A défaut de restitution dans le délai prévu, le solde du dépôt de garantie restant dû au locataire, après arrêté des comptes, produit intérêt au taux légal au profit du locataire.

Article 22-1
Modifié par Loi n.° 2006-872 du 13 juillet 2006 art. 87 (JORF 16 juillet 2006).

Lorsqu'un cautionnement pour les sommes dont le locataire serait débiteur dans le cadre d'un contrat de location conclu en application du présent titre est exigé par le bailleur, celui-ci ne peut refuser la caution présentée au motif qu'elle ne possède pas la nationalité française ou qu'elle ne réside pas sur le territoire métropolitain.

Lorsque le cautionnement d'obligations résultant d'un contrat de location conclu en application du présent titre ne comporte aucune indication de durée ou lorsque la durée du cautionnement est stipulée indéterminée, la caution peut le résilier unilatéralement. La résiliation prend effet au terme du contrat de location, qu'il s'agisse du contrat initial ou d'un contrat reconduit ou renouvelé, au cours duquel le bailleur reçoit notification de la résiliation.

La personne qui se porte caution fait précéder sa signature de la reproduction manuscrite du montant du loyer et des conditions de sa révision tels qu'ils figurent au contrat de location, de la mention manuscrite exprimant de façon explicite et non équivoque la connaissance qu'elle a de la nature et de l'étendue de l'obligation qu'elle contracte et de la reproduction manuscrite de l'alinéa précédent. Le bailleur remet à la caution un exemplaire du contrat de location. Ces formalités sont prescrites à peine de nullité du cautionnement.

Article 22-1-1
Créé par Ordonnance n.° 2006-346 du 23 mars 2006 art. 53 (JORF 24 mars 2006).

La garantie autonome prévue à l'article 2321 du code civil ne peut être souscrite qu'en lieu et place du dépôt de garantie prévu à l'article 22 et que dans la limite du montant résultant des dispositions du premier alinéa de cet article.

Article 22-2
Modifié par Loi n.° 2007-290 du 5 mars 2007 art. 35 (JORF 6 mars 2007).

En préalable à l'établissement du contrat de location, le bailleur ne peut demander au candidat à la location de produire les documents suivants:
- photographie d'identité, hormis celle de la pièce justificative d'identité;
- carte d'assuré social;
- copie de relevé de compte bancaire ou postal;
- attestation de bonne tenue de compte bancaire ou postal;
- attestation d'absence de crédit en cours;
- autorisation de prélèvement automatique;
- jugement de divorce, à l'exception du paragraphe commençant par l'énoncé: "Par ces motifs";
- attestation du précédent bailleur indiquant que le locataire est à jour de ses loyers et charges, dès lors que le locataire peut présenter d'autres justificatifs;
- attestation de l'employeur dès lors qu'il peut être fourni le contrat de travail et les derniers bulletins de salaire;
- contrat de mariage;
- certificat de concubinage;
- chèque de réservation de logement;
- dossier médical personnel, sauf en cas de demande de logement adapté ou spécifique;
- extrait de casier judiciaire;
- remise sur un compte bloqué de biens, d'effets, de valeurs ou d'une somme d'argent correspondant à plus de deux mois de loyer en principal en l'absence du dépôt de garantie ou de la souscription de la garantie autonome prévue à l'article 2321 du code civil;
- production de plus de deux bilans pour les travailleurs indépendants.

Article 23
Modifié par Loi n.° 2006-872 du 13 juillet 2006 art. 88 I (JORF 16 juillet 2006).

Les charges récupérables, sommes accessoires au loyer principal, sont exigibles sur justification en contrepartie:
1.° Des services rendus liés à l'usage des différents éléments de la chose louée;
2.° Des dépenses d'entretien courant et des menues réparations sur les éléments d'usage commun de la chose louée. Sont notamment récupérables à ce titre les dépenses engagées par le bailleur dans le cadre d'un contrat d'entretien relatif aux ascenseurs et répondant aux conditions de l'article L. 125-2-2 du code de la construction et de l'habitation, qui concernent les opérations et les vérifications périodiques minimales et la réparation et le remplacement de petites pièces présentant des signes d'usure excessive ainsi que les interventions pour dégager les

personnes bloquées en cabine et le dépannage et la remise en fonctionnement normal des appareils;
3.° Des impositions qui correspondent à des services dont le locataire profite directement.

La liste de ces charges est fixée par décret en Conseil d'Etat. Il peut y être dérogé par accords collectifs locaux portant sur l'amélioration de la sécurité ou la prise en compte du développement durable, conclus conformément à l'article 42 de la loi n.° 86-1290 du 23 décembre 1986 précitée.

Les charges locatives peuvent donner lieu au versement de provisions et doivent, en ce cas, faire l'objet d'une régularisation au moins annuelle. Les demandes de provisions sont justifiées par la communication de résultats antérieurs arrêtés lors de la précédente régularisation et, lorsque l'immeuble est soumis au statut de la copropriété ou lorsque le bailleur est une personne morale, par le budget prévisionnel.

Un mois avant cette régularisation, le bailleur en communique au locataire le décompte par nature de charges ainsi que, dans les immeubles collectifs, le mode de répartition entre les locataires. Durant un mois à compter de l'envoi de ce décompte, les pièces justificatives sont tenues à la disposition des locataires.

Pour l'application du présent article, le coût des services assurés dans le cadre d'un contrat d'entreprise correspond à la dépense, toutes taxes comprises, acquittée par le bailleur.

Article 24
Modifié par Loi n.° 2005-32 du 18 janvier 2005 art. 100 (JORF 19 janvier 2005).

Toute **clause prévoyant la résiliation de plein droit du contrat de location** pour défaut de paiement du loyer ou des charges aux termes convenus ou pour non-versement du dépôt de garantie ne produit effet que deux mois après un commandement de payer demeuré infructueux.

A peine d'irrecevabilité de la demande, l'assignation aux fins de constat de la résiliation est notifiée à la diligence de l'huissier de justice au représentant de l'Etat dans le département, par lettre recommandée avec demande d'avis de réception, au moins deux mois avant l'audience, afin qu'il saisisse, en tant que de besoin, les organismes dont relèvent les aides au logement, le Fonds de solidarité pour le logement ou les services sociaux compétents.

Le juge peut, même d'office, accorder des délais de paiement, dans les conditions prévues aux articles 1244-1 (premier alinéa) et 1244-2 du code civil, au locataire en situation de régler sa dette locative.

Pendant le cours des délais ainsi accordés, les effets de la clause de résiliation de plein droit sont suspendus; ces délais et les modalités de paiement accordés ne peuvent affecter l'exécution du contrat de location et notamment suspendre le paiement du loyer et des charges.

Si le locataire se libère dans le délai et selon les modalités fixés par le juge, la clause de résiliation de plein droit est réputée ne pas avoir joué; dans le cas contraire, elle reprend son plein effet.

Le commandement de payer reproduit, à peine de nullité, les dispositions des alinéas précédents ainsi que du premier alinéa de l'article 6 de la loi n.° 90-449 du 31 mai 1990 visant la mise en oeuvre du droit au logement, en mentionnant la faculté pour le locataire de saisir le fonds de solidarité pour le logement dont l' adresse est précisée.

Lorsque les obligations résultant d'un contrat de location conclu en application du présent titre sont garanties par un cautionnement, le commandement de payer est signifié à la caution dans un délai de quinze jours à compter de la signification du commandement au locataire. A défaut, la caution ne peut être tenue au paiement des pénalités ou intérêts de retard.

Les dispositions du deuxième alinéa sont applicables aux assignations tendant au prononcé de la résiliation du bail lorsqu'elle est motivée par l'existence d'une dette locative du preneur. Elles sont également applicables aux demandes reconventionnelles aux fins de constat ou de prononcé de la résiliation motivées par l'existence d'une dette locative, la notification au représentant de l'Etat incombant au bailleur.

Article 24-1

Modifié par Loi n.° 2006-872 du 13 juillet 2006 art. 86 3.° (JORF 16 juillet 2006).

Lorsqu'un locataire a avec son bailleur un litige locatif ou lorsque plusieurs locataires ont avec un même bailleur un litige locatif ayant une origine commune, ils peuvent donner par écrit mandat d'agir en justice en leur nom et pour leur compte à une association siégeant à la Commission nationale de concertation et agréée à cette fin; si le litige porte sur les caractéristiques du logement mentionnées aux premier et deuxième alinéas de l'article 6, ce mandat peut être donné en outre à une association dont l'un des objets est l'insertion ou le logement des personnes défavorisées ou à une association de défense des personnes en situation d'exclusion par le logement mentionnées à l'article 3 de la loi n.° 90-449 du 31 mai 1990 visant à la mise en oeuvre du droit au logement, et agréée par le représentant de l'Etat dans le département. Une association agréée dans les conditions prévues au présent alinéa peut assister ou représenter, selon les modalités définies à l'article 828 du nouveau code de procédure civile, un locataire en cas de litige portant sur le respect des caractéristiques de décence de son logement.

Les dispositions de l'alinéa précédent sont applicables aux locataires des locaux mentionnés au deuxième alinéa de l'article 2 lorsque le litige locatif porte sur la décence du logement.

Article 25.°

Modifié par Loi n.° 2000-1208 du 13 décembre 2000 art. 188 (JORF 14 décembre 2000).

I – Les chapitres Ier à IV du titre Ier de la loi n.° 86-1290 du 23 décembre 1986 tendant à favoriser l'investissement locatif, l'accession à la propriété des logements sociaux et le développement de l'offre foncière sont abrogés.

II – Jusqu'à leur terme, les contrats de location en cours à la date de la publication de la présente loi demeurent soumis aux dispositions qui leur étaient applicables. Toutefois, les dispositions des deux derniers alinéas de l'article 10, des articles 15, 17, 18, 19 et 24 s'appliquent à ces contrats dès la publication de la présente loi.

Pour les contrats conclus postérieurement au 23 décembre 1986, pour lesquels le propriétaire a délivré congé en application de l'article 9 et de l'article 14 de la loi n.° 86--1290 du 23 décembre 1986 précitée avant la date de publication de la présente loi, le congé est nul et sans effet. Le propriétaire peut délivrer un nouveau congé dans les formes et conditions prévues à l'article 15; toutefois, le délai de préavis applicable à ce congé est réduit à trois mois.

III – Pour les contrats arrivant à échéance après le 22 mai 1989, ou pour lesquels une instance judiciaire est en cours, pour lesquels le propriétaire a formulé, avant la publication de la présente loi, une proposition de nouveau loyer en application de l'article 21 de la loi n.° 86-1290 du 23 décembre 1986 précitée, le locataire dispose d'un délai d'un mois à compter de ladite publication pour demander au bailleur, par lettre recommandée avec demande d'avis de réception ou par acte d'huissier, de formuler à nouveau une propositition de loyer; dans ce cas, le bailleur peut présenter, dans un délai d'un mois à compter de la demande du locataire et dans les mêmes formes, une nouvelle proposition, faute de quoi le contrat initial est reconduit, à compter de sa date normale d'échéance, pour la durée prévue à l'article 10 et au loyer antérieur éventuellement révisé.

Les dispositions du c de l'article 17 sont applicables à ladite proposition, sous les réserves suivantes: le délai de préavis qui est fixé pour la formulation de la proposition n'est pas applicable; la commission départementale de conciliation est saisie au plus tard deux mois après la proposition du bailleur; le juge doit être saisi au plus tard deux mois après la saisine de la commission; le nouveau loyer, fixé à la suite de cette seconde proposition, prend effet à la date normale d'échéance du contrat. Jusqu'à la fixation de ce loyer, il n'est pas porté atteinte à la validité du loyer éventuellement fixé en application de l'article 21 de la loi n.° 86-1290 du 23 décembre 1986 précitée.

Pour les contrats conclus postérieurement au 23 décembre 1986 et pour lesquels le bailleur a formulé une proposition de renouvellement assortie d'un nouveau loyer en application de l'article 9 de la loi n.° 86-1290 du 23 décembre 1986 précitée, avant la date de publication de la présente loi, la proposition est nulle et sans effet. Le bailleur peut formuler dans un délai d'un mois à compter de la publication de la présente loi une proposition de nouveau loyer conformément au c de l'article 17, sous les réserves prévues à l'alinéa précédent; toutefois, jusqu'à la fixation du nouveau loyer, le loyer antérieur éventuellement révisé demeure applicable.

IV – Les dispositions du paragraphe III ci-dessus ne sont pas applicables lorsque la proposition du bailleur ou le congé ont donné lieu à une décision de justice passée en force de chose jugée.

V – Les décrets pris en application des articles 7, 18, 21, 23 et 24 abrogés et des articles 25 et 29 modifiés de la loi n.° 86-1290 du 23 décembre 1986 restent en vigueur pour l'application de la présente loi, jusqu'à l'intervention des décrets correspondants pris en application de la présente loi.

Article 25-1
Modifié par Loi n.° 2006-872 du 13 juillet 2006 art. 48 III (JORF 16 juillet 2006).
A l'exception du troisième alinéa de l'article 9, des articles 16 à 20, du deuxième alinéa de l'article 24 et de l'article 25, les dispositions du présent titre sont applicables en Polynésie française sous réserve des adaptations suivantes:
    1.° Au quatrième alinéa de l'article 3, les mots: "prévues à l'article 19" sont remplacés par les mots: "prévues par délibération de l'assemblée locale";
    2.° A la fin du a de l'article 6, les mots: "en application des premier et deuxième alinéas" sont remplacés par les mots: "par la réglementation territoriale";
    3.° A l'article 15:
        a) Dans le septième alinéa du II, les mots: "ni aux actes portant sur les immeu-

bles mentionnés au deuxième alinéa de l'article L. 111-6-1 du code de la construction et de l'habitation" ne sont pas applicables;
b) Aux premier et deuxième alinéas du III, les mots: "salaire minimum de croissance" sont remplacés par les mots: "salaire minimum interprofessionnel garanti";
c) Au premier alinéa du III, les mots: "dans les limites géographiques prévues à l'article 13 bis de la loi n.° 48-1360 du 1er septembre 1948" sont remplacés par les mots: "à une distance au plus égale à 5 kilomètres";

4.° Le sixième alinéa de l'article 24 est remplacé par les dispositions suivantes:
Le commandement de payer reproduit, à peine de nullité, les dispositions des alinéas précédents.

Article 25-2
Modifié par Loi n.° 2000-1208 du 13 décembre 2000 art. 188 (JORF 14 décembre 2000).

Jusqu'à leur terme, les contrats de location en cours en Polynésie française à la date du 15 septembre 1998 demeurent soumis aux dispositions qui leur étaient applicables.

Article 26
a modifié les dispositions suivantes:

Article 27
a modifié les dispositions suivantes:

Article 28
a modifié les dispositions suivantes:

Article 29
a modifié les dispositions suivantes:

Article 30
a modifié les dispositions suivantes:

Article 31
a modifié les dispositions suivantes:

Article 32
a modifié les dispositions suivantes:

Article 33
a modifié les dispositions suivantes:

Article 34
a modifié les dispositions suivantes:

Article 35
a modifié les dispositions suivantes:

Article 36
a modifié les dispositions suivantes:

TITRE II. **Dispositions diverses**

Article 37

L'article 57 de la loi n.° 86-1290 du 23 décembre 1986 précitée est abrogé.

Les bénéficiaires des dispositions de l'article susvisé sont réputés, à la date de publication de la présente loi, titulaires à titre personnel, pour le local en cause, d'une autorisation d'usage professionnel, à la condition d'en faire la déclaration à la préfecture du lieu du local dans un délai de trois mois à compter de la même date.

Article 38

a modifié les dispositions suivantes:

Article 39

a modifié les dispositions suivantes:

Article 40

Modifié par Loi n.° 2004-809 du 13 août 2004 art. 63 III (JORF 17 août 2004 en vigueur le 1er janvier 2005).

I – Les dispositions des articles 8, 10 à 12, 15 à 19, du premier alinéa de l'article 20, du premier alinéa de l'article 22, des cinq premiers alinéas de l'article 23 ne sont pas applicables aux logements appartenant aux organismes d'habitations à loyer modéré et ne faisant pas l'objet d'une convention passée en application de l'article L. 351-2 du code de la construction et de l'habitation. Les dispositions de l'article 14 sont applicables à la condition que le bénéficiaire du transfert du contrat remplisse les conditions d'attribution dudit logement.

Toutefois, les dispositions des deuxième et troisième alinéas du paragraphe I de l'article 15 leur sont applicables lorsque le congé émane du locataire.

II – Les dispositions des articles 3, 8 à 20, du premier alinéa de l'article 22 et de l'article 24 ne sont pas applicables aux logements dont le loyer est fixé en application des dispositions du chapitre III de la loi n.° 48-1360 du 1er septembre 1948 précitée.

III – Les dispositions des articles 8, 10 à 12, 15, du paragraphe e de l'article 17 et du premier alinéa de l'article 22 ne sont pas applicables aux logements régis par une convention conclue en application de l'article L. 351-2 du code de la construction et de l'habitation.

Toutefois, les dispositions des deuxième et troisième alinéas du paragraphe I de l'article 15 leur sont applicables lorsque le congé émane du locataire.

Les dispositions de l'article 14 leur sont applicables à la condition que le bénéficiaire du transfert remplisse les conditions d'attribution desdits logements.

En outre, les dispositions de l'article 16, des paragraphes a, b, c et d de l'article 17, des articles 18 et 19, du premier alinéa de l'article 20 et des cinq premiers alinéas de l'article 23 ne sont pas applicables aux logements régis par une convention conclue en application de l'article L. 353-14 du code de la construction et de l'habitation.

IV – Les dispositions des cinq premiers alinéas de l'article 23 ne sont pas applicables aux logements dont les conditions sont réglementées en contrepartie de primes ou prêts spéciaux à la construction consentis par le Crédit foncier de France ou la Caisse centrale de coopération économique.

V – Les dispositions de l'article 10, de l'article 15 à l'exception des deuxième, troisième et quatrième alinéas du paragraphe I et des paragraphes b et c de l'article 17 ne sont pas applicables aux logements donnés en location à titre exceptionnel et transitoire par les collectivités locales.

VI – Les loyers fixés en application de l'article 17 ou négociés en application des articles 41 ter et 42 de la loi n.° 86-1290 du 23 décembre 1986 précitée ne peuvent ni excéder, pour les logements ayant fait l'objet de conventions passées en application de l'article L. 351-2 du code de la construction et de l'habitation, les loyers plafonds applicables à ces logements, ni déroger, pour les logements ayant fait l'objet de primes ou de prêts spéciaux à la construction du Crédit foncier de France ou de la Caisse centrale de coopération économique, aux règles applicables à ces logements.

Les accords conclus en application des articles 41 ter et 42 de la loi n.° 86-1290 du 23 décembre 1986 précitée ne peuvent conduire à déroger, pour les logements dont le loyer est fixé en application du chapitre III de la loi n.° 48-1360 du 1er septembre 1948 précitée, aux règles de fixation de ce loyer ni, pour les logements gérés par les organismes d'habitations à loyer modéré, aux règles de fixation et d'évolution des loyers prévues à l'article L. 442-1 du code de la construction et de l'habitation.

VII – A compter du 1er janvier 1997, les dispositions des articles 17 à 20 ne sont pas applicables aux logements auxquels s'appliquent les dispositions de l'article L. 472-1-3 du code de la construction et de l'habitation.

Les dispositions des a, b, c et d de l'article 17, des articles 18, 19 et du premier alinéa de l'article 20 ne sont pas applicables aux sociétés d'économie mixte pour les logements régis par un cahier des charges en application du chapitre V du titre IV du code de la construction et de l'habitation.

Article 41

Pour la période du 13 novembre 1982 au 31 décembre 1986, les services rendus liés à l'usage des différents éléments de la chose louée prévus par l'article L. 442-3 du code de la construction et de l'habitation, dans sa rédaction tirée du paragraphe I de l'article 9 de la loi n.° 81-1161 du 30 décembre 1981 relative à la modération des loyers, n'incluent pas les dépenses du personnel chargé de l'entretien des parties communes et de l'élimination des rejets. La présente disposition, qui est interprétative, a un caractère d'ordre public.

Article 41-1

Créé par Loi n.° 2000-1208 du 13 décembre 2000 art. 187 (JORF 14 décembre 2000).

Les dispositions de l'article 20-1 sont applicables aux contrats en cours.

Article 42

a modifié les dispositions suivantes:

(…)

4. LEGISLAÇÃO PORTUGUESA MAIS RELEVANTE NO DOMÍNIO DO ARRENDAMENTO URBANO

- **LEI N.º 46/85, DE 20 DE SETEMBRO**
  (Regimes de renda livre, condicionada e apoiada nos contratos de arrendamentos para habitação)

- **DEC.-LEI N.º 13/86, DE 23.01**
  (define o **regime jurídico dos contratos de arrendamento de renda condicionada**) – sendo que os arts. 4.º a 13.º e 20.º foram substituídos pelo Dec.-Lei n.º 329-A/2000, de 22.12 (cfr. art. 10.º deste diploma). Este diploma procedeu, ainda, à revogação do Dec.-Lei n.º 188/1976, de 12.03, e art. 5.º do Dec.-Lei n.º 375/74, de 20 de Agosto

- **DEC.-LEI N.º 68/86, DE 27 DE MARÇO**
  (define o **regime de atribuição do subsídio de renda de casa**)

- **DISPOSIÇÕES DO RAU (DEC.-LEI N.º 321-B/90, DE 15 DE OUTUBRO)** sobre **regimes de renda condicionada e da renda apoiada** – Sec. II do Capítulo II (arts. 77.º a 82.º)

- **DEC.-LEI N.º 166/93, DE 7 DE MAIO**
  (estabelece o **regime de renda apoiada**)

- **DEC.-LEI N.º 329-A/2000, DE 22.12**
  (**alterou o regime de renda condicionada** que constava do Dec.-Lei n.º 13//1986, de 23.01)

- **LEI N.º 7/2001, DE 11 DE MAIO**
  (Uniões de Facto)

- **DEC.-LEI N.º 287/2003, DE 12 DE NOVEMBRO**
  (IMI – Código do Imposto Municipal sobre Imóveis)

- **PORTARIA N.º 1282/03, DE 13 DE NOVEMBRO**
  (... inscrição de prédios e a avaliação e inscrição de prédios urbanos na matriz predial)

- **PORTARIA N.º 1337/03, DE 5 DE DEZEMBRO**
  (... Actualização do valor patrimonial tributário dos prédios urbanos não arrendados)

- **DEC.-LEI N.º 156/2006, DE 8 DE AGOSTO**
  (aprova o **regime de determinação e verificação do coeficiente de conservação**)

- **DL 157/2006, DE 8 DE AGOSTO**
  (aprova o **regime jurídico das obras em prédios arrendados**)

- **DEC.-LEI N.º 158/2006, DE 8.8**
  (aprova os **regimes de determinação de rendimento anual bruto corrigido e a atribuição do subsídio de renda**)

- **DL N.º 159/2006, DE 8 DE AGOSTO**
  (aprova a **definição do conceito de prédio devoluto**)

- **DL N.º 160/2006, DE 8 DE AGOSTO**
  (aprova os **elementos do contrato de arrendamento e os requisitos a que obedece a sua celebração**)

- **DL N.º 161/2006, DE 8 DE AGOSTO**
  (aprova as **comissões arbitrais municipais**)

- **DECLARAÇÃO DE RECTIFICAÇÃO N.º 67/06** (In DR-I Série, n.º 91, de 3.10.06)
  (Corrige inexactidões do Decreto-Lei n.º 158/2006, publicado no *Diário da República*, I.ª Série, n.º 152, de 8 de Agosto de 2006)

- **PORTARIA N.º 1192-A/06, DE 3 DE NOVEMBRO**

- **PORTARIA N.º 1192-B/06, DE 3 DE NOVEMBRO**
  (Aprova a ficha de avaliação, publicada em anexo, a qual integra os elementos do locado relevantes para a **determinação do nível de conservação**, nos termos do n.º 2 do artigo 33.º)

- **CÓDIGO DO REGISTO PREDIAL**
  (Arts. 1.º, 2.º-1-*m*) e 5.º)

- **EXPOSIÇÃO DE MOTIVOS DA PROPOSTA DE LEI DO ARRENDAMENTO URBANO**
  (Esta *Proposta de Lei do Arrendamento Urbano* foi aprovada, na generalidade, no Conselho de Ministros do dia 23.06.2005, sendo o seu texto final – após as alterações e aditamentos que se julgaram necessários – aprovado, na especialidade, no dia 22.07.2005 e remetido à Assembleia da República (**Proposta de Lei n.º 34/X**), com aprovação por esta, na generalidade, no dia 19.10.2005 e aprovação final, na especialidade, no dia 21.12.2005)

- **LEI N.º 6/2006, DE 27 DE DEZEMBRO (*NRAU*)** – já com as alterações introduzidas pela Declaração de Rectificação n.º 24/2006, *in* DR-I Série, n.º 75, de 17 de Abril de 2006
  Aprova o Novo Regime do Arrendamento Urbano (NRAU), que estabelece um regime especial de actualização das rendas antigas, e altera o Código Civil, o Código de Processo Civil, o Decreto-Lei n.º 287/2003, de 12 de Novembro, o Código do Imposto Municipal sobre Imóveis e o Código do Registo Predial

- **DEC-LEI N.º 308/2007, DE 3 DE SETEMBRO** (Cria o programa de apoio financeiro Porta 65 – Arrendamento por Jovens)...

LEI N.º 6/2006, DE 27 DE DEZEMBRO (*NRAU*)

Já com as alterações introduzidas pela Declaração de Rectificação n.º 24/2006, in DR-I Série, n.º 75, de 17 de Abril de 2006

Aprova o Novo Regime do Arrendamento Urbano (NRAU), que estabelece um regime especial de actualização das rendas antigas, e altera o Código Civil, o Código de Processo Civil, o Decreto-Lei n.º 287/2003, de 12 de Novembro, o Código do Imposto Municipal sobre Imóveis e o Código do Registo Predial

A Assembleia da República decreta, nos termos da alínea *c*) do artigo 161.º da Constituição, o seguinte:

TÍTULO I. Novo Regime do Arrendamento Urbano

ARTIGO 1.º Objecto
A presente lei aprova o Novo Regime do Arrendamento Urbano (NRAU).

CAPÍTULO I. Alterações legislativas

ARTIGO 2.º Alteração ao Código Civil
1. São revogados os artigos 655.º e 1029.º do Código Civil.
2. Os artigos 1024.º, 1042.º, 1047.º, 1048.º, 1051.º, 1053.º a 1055.º, 1417.º e 1682.º-B do Código Civil, aprovado pelo Decreto-Lei n.º 47344, de 25 de Novembro de 1966, passam a ter a seguinte redacção:

«Artigo 1024.º [...]
1. ...
2. O arrendamento de prédio indiviso feito pelo consorte ou consortes administradores só é válido quando os restantes comproprietários manifestem, por escrito e antes ou depois do contrato, o seu assentimento.

Artigo 1042.º Cessação da mora
1. O locatário pode pôr fim à mora oferecendo ao locador o pagamento das rendas ou alugueres em atraso, bem como a indemnização fixada no n.º 1 do artigo anterior.

2. Perante a recusa do locador em receber as correspondentes importâncias, pode o locatário recorrer à consignação em depósito.

Artigo 1047.º Resolução

A resolução do contrato de locação pode ser feita judicial ou extrajudicialmente.

Artigo 1048.º [...]

1. O direito à resolução do contrato por falta de pagamento da renda ou aluguer caduca logo que o locatário, até ao termo do prazo para a contestação da acção declarativa ou para a oposição à execução, destinadas a fazer valer esse direito, pague, deposite ou consigne em depósito as somas devidas e a indemnização referida no n.º 1 do artigo 1041.º.

2. Em fase judicial, o locatário só pode fazer uso da faculdade referida no número anterior uma única vez, com referência a cada contrato.

3. O regime previsto nos números anteriores aplica-se ainda à falta de pagamento de encargos e despesas que corram por conta do locatário.

Artigo 1051.º [...]

O contrato de locação caduca:
a) ...
b) ...
c) ...
d) ...
e) ...
f) Pela expropriação por utilidade pública, salvo quando a expropriação se compadeça com a subsistência do contrato;
g) Pela cessação dos serviços que determinaram a entrega da coisa locada.

Artigo 1053.º [...]

Em qualquer dos casos de caducidade previstos nas alíneas b) e seguintes do artigo 1051.º, a restituição do prédio, tratando-se de arrendamento, só pode ser exigida passados seis meses sobre a verificação do facto que determina a caducidade ou, sendo o arrendamento rural, no fim do ano agrícola em curso no termo do referido prazo.

Artigo 1054.º [...]

1. Findo o prazo do arrendamento, o contrato renova-se por períodos sucessivos se nenhuma das partes se tiver oposto à renovação no tempo e pela forma convencionados ou designados na lei.

2. ...

Artigo 1055.º Oposição à renovação

1. A oposição à renovação tem de ser comunicada ao outro contraente com a antecedência mínima seguinte:
a) ...
b) ...
c) ...
d) ...
2. ...

Artigo 1417.º [...]
1. A propriedade horizontal pode ser constituída por negócio jurídico, usucapião, decisão administrativa ou decisão judicial, proferida em acção de divisão de coisa comum ou em processo de inventário.
2. ...

Artigo 1682.º-B [...]
Relativamente à casa de morada de família, carecem do consentimento de ambos os cônjuges:
a) A resolução, a oposição à renovação ou a denúncia do contrato de arrendamento pelo arrendatário;
b) ...
c) ...
d) ...»

ARTIGO 3.º **Aditamento ao Código Civil**
Os artigos 1064.º a 1113.º do Código Civil, incluindo as correspondentes secções e subsecções, são repostos com a seguinte redacção:

«*SECÇÃO VII. Arrendamento de prédios urbanos*
SUBSECÇÃO I. Disposições gerais
Artigo 1064.º Âmbito
A presente secção aplica-se ao arrendamento, total ou parcial, de prédios urbanos e, ainda, a outras situações nela previstas.

Artigo 1065.º Imóveis mobilados e acessórios
A locação de imóveis mobilados e seus acessórios presume-se unitária, originando uma única renda e submetendo-se à presente secção.

Artigo 1066.º Arrendamentos mistos
1. O arrendamento conjunto de uma parte urbana e de uma parte rústica é havido por urbano quando essa seja a vontade dos contratantes.
2. Na dúvida, atende-se, sucessivamente, ao fim principal do contrato e à renda que os contratantes tenham atribuído a cada uma delas.
3. Na falta ou insuficiência de qualquer dos critérios referidos no número anterior, o arrendamento tem-se por urbano.

Artigo 1067.º Fim do contrato
1. O arrendamento urbano pode ter fim habitacional ou não habitacional.
2. Quando nada se estipule, o local arrendado pode ser gozado no âmbito das suas aptidões, tal como resultem da licença de utilização.
3. Na falta de licença de utilização, o arrendamento vale como habitacional se o local for habitável ou como não habitacional se o não for, salvo se outro destino lhe tiver vindo a ser dado.

Artigo 1068.º Comunicabilidade
O direito do arrendatário comunica-se ao seu cônjuge, nos termos gerais e de acordo com o regime de bens vigente.

SUBSECÇÃO II. Celebração

Artigo 1069.º Forma

O contrato de arrendamento urbano deve ser celebrado por escrito desde que tenha duração superior a seis meses.

Artigo 1070.º Requisitos de celebração

1. O arrendamento urbano só pode recair sobre locais cuja aptidão para o fim do contrato seja atestada pelas entidades competentes, designadamente através de licença de utilização, quando exigível.

2. Diploma próprio regula o requisito previsto no número anterior e define os elementos que o contrato de arrendamento urbano deve conter.

SUBSECÇÃO III. Direitos e obrigações das partes

DIVISÃO I. Obrigações não pecuniárias

Artigo 1071.º Limitações ao exercício do direito

Os arrendatários estão sujeitos às limitações impostas aos proprietários de coisas imóveis, tanto nas relações de vizinhança como nas relações entre arrendatários de partes de uma mesma coisa.

Artigo 1072.º Uso efectivo do locado

1. O arrendatário deve usar efectivamente a coisa para o fim contratado, não deixando de a utilizar por mais de um ano.

2. O não uso pelo arrendatário é lícito:
   a) Em caso de força maior ou de doença;
   b) Se a ausência, não perdurando há mais de dois anos, for devida ao cumprimento de deveres militares ou profissionais do próprio, do cônjuge ou de quem viva com o arrendatário em união de facto;
   c) Se a utilização for mantida por quem, tendo direito a usar o locado, o fizesse há mais de um ano.

Artigo 1073.º Deteriorações lícitas

1. É lícito ao arrendatário realizar pequenas deteriorações no prédio arrendado quando elas se tornem necessárias para assegurar o seu conforto ou comodidade.

2. As deteriorações referidas no número anterior devem, no entanto, ser reparadas pelo arrendatário antes da restituição do prédio, salvo estipulação em contrário.

Artigo 1074.º Obras

1. Cabe ao senhorio executar todas as obras de conservação, ordinárias ou extraordinárias, requeridas pelas leis vigentes ou pelo fim do contrato, salvo estipulação em contrário.

2. O arrendatário apenas pode executar quaisquer obras quando o contrato o faculte ou quando seja autorizado, por escrito, pelo senhorio.

3. Exceptuam-se do disposto no número anterior as situações previstas no artigo 1036.º, caso em que o arrendatário pode efectuar a compensação do crédito pelas despesas com a realização da obra com a obrigação de pagamento da renda.

4. O arrendatário que pretenda exercer o direito à compensação previsto no número anterior comunica essa intenção aquando do aviso da execução da obra e junta os comprovativos das despesas até à data do vencimento da renda seguinte.

5. Salvo estipulação em contrário, o arrendatário tem direito, no final do contrato, a compensação pelas obras licitamente feitas, nos termos aplicáveis às benfeitorias realizadas por possuidor de boa fé.

DIVISÃO II. Renda e encargos

Artigo 1075.º Disposições gerais

1. A renda corresponde a uma prestação pecuniária periódica.

2. Na falta de convenção em contrário, se as rendas estiverem em correspondência com os meses do calendário gregoriano, a primeira vencer-se-á no momento da celebração do contrato e cada uma das restantes no 1.º dia útil do mês imediatamente anterior àquele a que diga respeito.

Artigo 1076.º Antecipação de rendas

1. O pagamento da renda pode ser antecipado, havendo acordo escrito, por período não superior a três meses.

2. As partes podem caucionar, por qualquer das formas legalmente previstas, o cumprimento das obrigações respectivas.

Artigo 1077.º Actualização de rendas

1. As partes estipulam, por escrito, a possibilidade de actualização da renda e o respectivo regime.

2. Na falta de estipulação, aplica-se o seguinte regime:
a) A renda pode ser actualizada anualmente, de acordo com os coeficientes de actualização vigentes;
b) A primeira actualização pode ser exigida um ano após o início da vigência do contrato e as seguintes, sucessivamente, um ano após a actualização anterior;
c) O senhorio comunica, por escrito e com a antecedência mínima de 30 dias, o coeficiente de actualização e a nova renda dele resultante;
d) A não actualização prejudica a recuperação dos aumentos não feitos, podendo, todavia, os coeficientes ser aplicados em anos posteriores, desde que não tenham passado mais de três anos sobre a data em que teria sido inicialmente possível a sua aplicação.

Artigo 1078.º Encargos e despesas

1. As partes estipulam, por escrito, o regime dos encargos e despesas, aplicando-se, na falta de estipulação em contrário, o disposto nos números seguintes.

2. Os encargos e despesas correntes respeitantes ao fornecimento de bens ou serviços relativos ao local arrendado correm por conta do arrendatário.

3. No arrendamento de fracção autónoma, os encargos e despesas referentes à administração, conservação e fruição de partes comuns do edifício, bem como o pagamento de serviços de interesse comum, correm por conta do senhorio.

4. Os encargos e despesas devem ser contratados em nome de quem for responsável pelo seu pagamento.
5. Sendo o arrendatário responsável por um encargo ou despesa contratado em nome do senhorio, este apresenta, no prazo de um mês, o comprovativo do pagamento feito.
6. No caso previsto no número anterior, a obrigação do arrendatário vence-se no final do mês seguinte ao da comunicação pelo senhorio, devendo ser cumprida simultaneamente com a renda subsequente.
7. Se as partes acordarem uma quantia fixa mensal a pagar por conta dos encargos e despesas, os acertos são feitos semestralmente.

SUBSECÇÃO IV. Cessação

DIVISÃO I. Disposições comuns

Artigo 1079.º Formas de cessação

O arrendamento urbano cessa por acordo das partes, resolução, caducidade, denúncia ou outras causas previstas na lei.

Artigo 1080.º Imperatividade

O disposto nesta subsecção tem natureza imperativa, salvo disposição legal em contrário.

Artigo 1081.º Efeitos da cessação

1. A cessação do contrato torna imediatamente exigível, salvo se outro for o momento legalmente fixado ou acordado pelas partes, a desocupação do local e a sua entrega, com as reparações que incumbam ao arrendatário.
2. Com antecedência não superior a três meses sobre a obrigação de desocupação do local, o senhorio pode exigir ao arrendatário a colocação de escritos, quando correspondam aos usos da terra.
3. O arrendatário deve, em qualquer caso, mostrar o local a quem o pretender tomar de arrendamento durante os três meses anteriores à desocupação, em horário acordado com o senhorio.
4. Na falta de acordo, o horário é, nos dias úteis, das 17 horas e 30 minutos às 19 horas e 30 minutos e, aos sábados e domingos, das 15 às 19 horas.

DIVISÃO II. Cessação por acordo entre as partes

Artigo 1082.º Revogação

1. As partes podem, a todo o tempo, revogar o contrato, mediante acordo a tanto dirigido.
2. O acordo referido no número anterior é celebrado por escrito, quando não seja imediatamente executado ou quando contenha cláusulas compensatórias ou outras cláusulas acessórias.

DIVISÃO III. Resolução

Artigo 1083.º Fundamento da resolução

1. Qualquer das partes pode resolver o contrato, nos termos gerais de direito, com base em incumprimento pela outra parte.

2. É fundamento de resolução o incumprimento que, pela sua gravidade ou consequências, torne inexigível à outra parte a manutenção do arrendamento, designadamente, quanto à resolução pelo senhorio:
   a) A violação reiterada e grave de regras de higiene, de sossego, de boa vizinhança ou de normas constantes do regulamento do condomínio;
   b) A utilização do prédio contrária à lei, aos bons costumes ou à ordem pública;
   c) O uso do prédio para fim diverso daquele a que se destina;
   d) O não uso do locado por mais de um ano, salvo nos casos previstos no n.º 2 do artigo 1072.º;
   e) A cessão, total ou parcial, temporária ou permanente e onerosa ou gratuita, quando ilícita, inválida ou ineficaz perante o senhorio.

3. É inexigível ao senhorio a manutenção do arrendamento em caso de mora superior a três meses no pagamento da renda, encargos ou despesas, ou de oposição pelo arrendatário à realização de obra ordenada por autoridade pública, sem prejuízo do disposto nos n.ºs 3 e 4 do artigo seguinte.

4. É fundamento de resolução pelo arrendatário, designadamente, a não realização pelo senhorio de obras que a este caibam, quando tal omissão comprometa a habitabilidade do locado.

Artigo 1084.º Modo de operar

1. A resolução pelo senhorio quando fundada em causa prevista no n.º 3 do artigo anterior bem como a resolução pelo arrendatário operam por comunicação à contraparte, onde fundamentadamente se invoque a obrigação incumprida.

2. A resolução pelo senhorio com fundamento numa das causas previstas no n.º 2 do artigo anterior é decretada nos termos da lei de processo.

3. A resolução pelo senhorio, quando opere por comunicação à contraparte e se funde na falta de pagamento da renda, fica sem efeito se o arrendatário puser fim à mora no prazo de três meses.

4. Fica igualmente sem efeito a resolução fundada na oposição pelo arrendatário à realização de obra ordenada por autoridade pública se no prazo de três meses cessar essa oposição.

Artigo 1085.º Caducidade do direito de resolução

1. A resolução deve ser efectivada dentro do prazo de um ano a contar do conhecimento do facto que lhe serve de fundamento, sob pena de caducidade.

2. Quando se trate de facto continuado ou duradouro, o prazo não se completa antes de decorrido um ano da sua cessação.

Artigo 1086.º Cumulações

1. A resolução é cumulável com a denúncia ou com a oposição à renovação, podendo prosseguir a discussão a ela atinente mesmo depois da cessação do contrato, com a finalidade de apurar as consequências que ao caso caibam.

2. A resolução é igualmente cumulável com a responsabilidade civil.

Artigo 1087.º Desocupação

A desocupação do locado, nos termos do artigo 1081.º, é exigível no final do 3.º mês seguinte à resolução, se outro prazo não for judicialmente fixado ou acordado pelas partes.

SUBSECÇÃO V. Subarrendamento

Artigo 1088.º Autorização do senhorio

1. A autorização para subarrendar o prédio deve ser dada por escrito.
2. O subarrendamento não autorizado considera-se, todavia, ratificado pelo senhorio se ele reconhecer o subarrendatário como tal.

Artigo 1089.º Caducidade

O subarrendamento caduca com a extinção, por qualquer causa, do contrato de arrendamento, sem prejuízo da responsabilidade do sublocador para com o sublocatário, quando o motivo da extinção lhe seja imputável.

Artigo 1090.º Direitos do senhorio em relação ao subarrendatário

1. Sendo total o subarrendamento, o senhorio pode substituir-se ao arrendatário, mediante notificação judicial, considerando-se resolvido o primitivo arrendamento e passando o subarrendatário a arrendatário directo.
2. Se o senhorio receber alguma renda do subarrendatário e lhe passar recibo depois da extinção do arrendamento, é o subarrendatário havido como arrendatário directo.

SUBSECÇÃO VI. Direito de preferência

Artigo 1091.º Regra geral

1. O arrendatário tem direito de preferência:
   a) Na compra e venda ou dação em cumprimento do local arrendado há mais de três anos;
   b) Na celebração de novo contrato de arrendamento, em caso de caducidade do seu contrato por ter cessado o direito ou terem findado os poderes legais de administração com base nos quais o contrato fora celebrado.
2. O direito previsto na alínea b) existe enquanto não for exigível a restituição do prédio, nos termos do artigo 1053.º
3. O direito de preferência do arrendatário é graduado imediatamente acima do direito de preferência conferido ao proprietário do solo pelo artigo 1535.º
4. É aplicável, com as necessárias adaptações, o disposto nos artigos 416.º a 418.º e 1410.º

SUBSECÇÃO VII. Disposições especiais do arrendamento para habitação

DIVISÃO I. Âmbito do contrato

Artigo 1092.º Indústrias domésticas

1. No uso residencial do prédio arrendado inclui-se, salvo cláusula em contrário, o exercício de qualquer indústria doméstica, ainda que tributada.
2. É havida como doméstica a indústria explorada na residência do arrendatário que não ocupe mais de três auxiliares assalariados.

Artigo 1093.º Pessoas que podem residir no local arrendado

1. Nos arrendamentos para habitação podem residir no prédio, além do arrendatário:
   a) Todos os que vivam com ele em economia comum;
   b) Um máximo de três hóspedes, salvo cláusula em contrário.

2. Consideram-se sempre como vivendo com o arrendatário em economia comum a pessoa que com ele viva em união de facto, os seus parentes ou afins na linha recta ou até ao 3.º grau da linha colateral, ainda que paguem alguma retribuição, e bem assim as pessoas relativamente às quais, por força da lei ou de negócio jurídico que não respeite directamente à habitação, haja obrigação de convivência ou de alimentos.

3. Consideram-se hóspedes as pessoas a quem o arrendatário proporcione habitação e preste habitualmente serviços relacionados com esta, ou forneça alimentos, mediante retribuição.

DIVISÃO II. Duração

Artigo 1094.º Tipos de contratos

1. O contrato de arrendamento urbano para habitação pode celebrar-se com prazo certo ou por duração indeterminada.

2. No contrato com prazo certo pode convencionar-se que, após a primeira renovação, o arrendamento tenha duração indeterminada.

3. No silêncio das partes, o contrato tem-se como celebrado por duração indeterminada.

SUBDIVISÃO I. Contrato com prazo certo

Artigo 1095.º Estipulação de prazo certo

1. O prazo deve constar de cláusula inserida no contrato.

2. O prazo referido no número anterior não pode, contudo, ser inferior a 5 nem superior a 30 anos, considerando-se automaticamente ampliado ou reduzido aos referidos limites mínimo e máximo quando, respectivamente, fique aquém do primeiro ou ultrapasse o segundo.

3. O limite mínimo previsto no número anterior não se aplica aos contratos para habitação não permanente ou para fins especiais transitórios, designadamente por motivos profissionais, de educação e formação ou turísticos, neles exarados.

Artigo 1096.º Renovação automática

1. Excepto se celebrado para habitação não permanente ou para fim especial transitório, o contrato celebrado com prazo certo renova-se automaticamente no seu termo e por períodos mínimos sucessivos de três anos, se outros não estiverem contratualmente previstos.

2. Qualquer das partes se pode opor à renovação, nos termos dos artigos seguintes.

Artigo 1097.º Oposição à renovação deduzida pelo senhorio

O senhorio pode impedir a renovação automática mediante comunicação ao arrendatário com uma antecedência não inferior a um ano do termo do contrato.

Artigo 1098.º Oposição à renovação ou denúncia pelo arrendatário

1. O arrendatário pode impedir a renovação automática mediante comunicação ao senhorio com uma antecedência não inferior a 120 dias do termo do contrato.

2. Após seis meses de duração efectiva do contrato, o arrendatário pode denunciá-lo a todo o tempo, mediante comunicação ao senhorio com uma ante-

cedência não inferior a 120 dias do termo pretendido do contrato, produzindo essa denúncia efeitos no final de um mês do calendário gregoriano.

3. A inobservância da antecedência prevista nos números anteriores não obsta à cessação do contrato, mas obriga ao pagamento das rendas correspondentes ao período de pré-aviso em falta.

SUBDIVISÃO II. Contrato de duração indeterminada

Artigo 1099.° Princípio geral

O contrato de duração indeterminada cessa por denúncia de uma das partes, nos termos dos artigos seguintes.

Artigo 1100.° Denúncia pelo arrendatário

1. O arrendatário pode denunciar o contrato, independentemente de qualquer justificação, mediante comunicação ao senhorio com antecedência não inferior a 120 dias sobre a data em que pretenda a cessação, produzindo essa denúncia efeitos no final de um mês do calendário gregoriano.

2. À denúncia pelo arrendatário é aplicável, com as necessárias adaptações, o disposto no n.° 3 do artigo 1098.°

Artigo 1101.° Denúncia pelo senhorio

O senhorio pode denunciar o contrato de duração indeterminada nos casos seguintes:
  a) Necessidade de habitação pelo próprio ou pelos seus descendentes em 1.° grau;
  b) Para demolição ou realização de obra de remodelação ou restauro profundos;
  c) Mediante comunicação ao arrendatário com antecedência não inferior a cinco anos sobre a data em que pretenda a cessação.

Artigo 1102.° Denúncia para habitação

1. O direito de denúncia para habitação do senhorio depende do pagamento do montante equivalente a um ano de renda e da verificação dos seguintes requisitos:
  a) Ser o senhorio proprietário, comproprietário ou usufrutuário do prédio há mais de cinco anos ou, independentemente deste prazo, se o tiver adquirido por sucessão;
  b) Não ter o senhorio, há mais de um ano, na área dos concelhos de Lisboa ou do Porto e seus limítrofes, ou no respectivo concelho quanto ao resto do País, casa própria ou arrendada que satisfaça as necessidades de habitação própria ou dos seus descendentes em 1.° grau.

2. O senhorio que tiver diversos prédios arrendados só pode denunciar o contrato relativamente àquele que, satisfazendo as necessidades de habitação própria e da família, esteja arrendado há menos tempo.

3. O direito de denúncia para habitação do descendente está sujeito à verificação do requisito previsto na alínea *a*) do n.° 1 relativamente ao senhorio e do da alínea *b*) do mesmo número para o descendente.

Artigo 1103.° Denúncia justificada

1. A denúncia pelo senhorio com qualquer dos fundamentos previstos nas alíneas *a*) e *b*) do artigo 1101.° é feita nos termos da lei de processo, com antecedência não inferior a seis meses sobre a data pretendida para a desocupação.

2. O senhorio que haja invocado o fundamento referido na alínea *a*) do artigo 1101.º deve dar ao local a utilização invocada no prazo de seis meses e por um período mínimo de três anos.

3. A invocação do disposto na alínea *b*) do artigo 1101.º obriga o senhorio, mediante acordo e em alternativa:
   a) Ao pagamento de todas as despesas e danos, patrimoniais e não patrimoniais, suportados pelo arrendatário, não podendo o valor da indemnização ser inferior ao de dois anos de renda;
   b) A garantir o realojamento do arrendatário no mesmo concelho, em condições análogas às que este já detinha;
   c) A assegurar o realojamento temporário do arrendatário no mesmo concelho com vista a permitir a reocupação do prédio, em condições análogas às que este já detinha.

4. No caso do número anterior, na falta de acordo entre as partes aplica-se o disposto na alínea *a*).

5. A indemnização devida pela denúncia deve ser paga no mês seguinte ao trânsito em julgado da decisão que a determine.

6. Salvo caso de força maior, o não cumprimento do disposto no n.º 2, bem como o não início da obra no prazo de seis meses, torna o senhorio responsável por todas as despesas e demais danos, patrimoniais e não patrimoniais, ocasionados ao arrendatário, não podendo o valor da indemnização ser inferior ao de dois anos de renda, e confere ao arrendatário o direito à reocupação do locado.

7. Da denúncia não pode resultar uma duração total do contrato inferior a cinco anos.

8. A denúncia do contrato para demolição ou realização de obra de remodelação ou restauro profundos é objecto de legislação especial.

Artigo 1104.º Confirmação da denúncia

No caso previsto na alínea *c*) do artigo 1101.º, a denúncia deve ser confirmada, sob pena de ineficácia, por comunicação com a antecedência máxima de 15 meses e mínima de um ano relativamente à data da sua efectivação.

DIVISÃO III. Transmissão

Artigo 1105.º Comunicabilidade e transmissão em vida para o cônjuge

1. Incidindo o arrendamento sobre casa de morada de família, o seu destino é, em caso de divórcio ou de separação judicial de pessoas e bens, decidido por acordo dos cônjuges, podendo estes optar pela transmissão ou pela concentração a favor de um deles.

2. Na falta de acordo, cabe ao tribunal decidir, tendo em conta a necessidade de cada um, os interesses dos filhos e outros factores relevantes.

3. A transferência ou a concentração acordadas e homologadas pelo juiz ou pelo conservador do registo civil ou a decisão judicial a elas relativa são notificadas oficiosamente ao senhorio.

Artigo 1106.º Transmissão por morte

1. O arrendamento para habitação não caduca por morte do arrendatário quando lhe sobreviva:

a) Cônjuge com residência no locado ou pessoa que com o arrendatário vivesse no locado em união de facto e há mais de um ano;
b) Pessoa que com ele residisse em economia comum e há mais de um ano.

2. No caso referido no número anterior, a posição do arrendatário transmite-se, em igualdade de circunstâncias, sucessivamente para o cônjuge sobrevivo ou pessoa que, com o falecido, vivesse em união de facto, para o parente ou afim mais próximo ou de entre estes para o mais velho ou para o mais velho de entre as restantes pessoas que com ele residissem em economia comum há mais de um ano.

3. A morte do arrendatário nos seis meses anteriores à data da cessação do contrato dá ao transmissário o direito de permanecer no local por período não inferior a seis meses a contar do decesso.

Artigo 1107.º Comunicação

1. Por morte do arrendatário, a transmissão do arrendamento, ou a sua concentração no cônjuge sobrevivo, deve ser comunicada ao senhorio, com cópia dos documentos comprovativos e no prazo de três meses a contar da ocorrência.

2. A inobservância do disposto no número anterior obriga o transmissário faltoso a indemnizar por todos os danos derivados da omissão.

SUBSECÇÃO VIII. *Disposições especiais do arrendamento para fins não habitacionais*

Artigo 1108.º Âmbito

As regras da presente subsecção aplicam-se aos arrendamentos urbanos para fins não habitacionais, bem como, com as necessárias adaptações e em conjunto com o regime geral da locação civil, aos arrendamentos rústicos não sujeitos a regimes especiais.

Artigo 1109.º Locação de estabelecimento

1. A transferência temporária e onerosa do gozo de um prédio ou de parte dele, em conjunto com a exploração de um estabelecimento comercial ou industrial nele instalado, rege-se pelas regras da presente subsecção, com as necessárias adaptações.

2. A transferência temporária e onerosa de estabelecimento instalado em local arrendado não carece de autorização do senhorio, mas deve ser-lhe comunicada no prazo de um mês.

Artigo 1110.º Duração, denúncia ou oposição à renovação

1. As regras relativas à duração, denúncia e oposição à renovação dos contratos de arrendamento para fins não habitacionais são livremente estabelecidas pelas partes, aplicando-se, na falta de estipulação, o disposto quanto ao arrendamento para habitação.

2. Na falta de estipulação, o contrato considera-se celebrado com prazo certo, pelo período de 10 anos, não podendo o arrendatário denunciá-lo com antecedência inferior a um ano.

Artigo 1111.º Obras

1. As regras relativas à responsabilidade pela realização das obras de conservação ordinária ou extraordinária, requeridas por lei ou pelo fim do contrato, são livremente estabelecidas pelas partes.

2. Se as partes nada convencionarem, cabe ao senhorio executar as obras de conservação, considerando-se o arrendatário autorizado a realizar as obras exigidas por lei ou requeridas pelo fim do contrato.

Artigo 1112.º Transmissão da posição do arrendatário

1. É permitida a transmissão por acto entre vivos da posição do arrendatário, sem dependência da autorização do senhorio:
   a) No caso de trespasse de estabelecimento comercial ou industrial;
   b) A pessoa que no prédio arrendado continue a exercer a mesma profissão liberal, ou a sociedade profissional de objecto equivalente.
2. Não há trespasse:
   a) Quando a transmissão não seja acompanhada de transferência, em conjunto, das instalações, utensílios, mercadorias ou outros elementos que integram o estabelecimento;
   b) Quando a transmissão vise o exercício, no prédio, de outro ramo de comércio ou indústria ou, de um modo geral, a sua afectação a outro destino.
3. A transmissão deve ser celebrada por escrito e comunicada ao senhorio.
4. O senhorio tem direito de preferência no trespasse por venda ou dação em cumprimento, salvo convenção em contrário.
5. Quando, após a transmissão, seja dado outro destino ao prédio, ou o transmissário não continue o exercício da mesma profissão liberal, o senhorio pode resolver o contrato.

Artigo 1113.º Morte do arrendatário

1. O arrendamento não caduca por morte do arrendatário, mas os sucessores podem renunciar à transmissão, comunicando a renúncia ao senhorio no prazo de três meses, com cópia dos documentos comprovativos da ocorrência.
2. É aplicável o disposto no artigo 1107.º, com as necessárias adaptações.»

ARTIGO 4.º **Alteração ao Código de Processo Civil**

Os artigos 678.º, 930.º e 930.º-A do Código de Processo Civil, aprovado pelo Decreto-Lei n.º 44129, de 28 de Dezembro de 1961, passam a ter a seguinte redacção:

«Artigo 678.º [...]

1. ...
2. ...
3. ...
4. ...
5. Independentemente do valor da causa e da sucumbência, é sempre admissível recurso para a Relação nas acções em que se aprecie a validade, a subsistência ou a cessação de contratos de arrendamento, com excepção dos arrendamentos para habitação não permanente ou para fins especiais transitórios.
6. ...

Artigo 930.º [...]

1. ...
2. ...

3. ...
4. ...
5. ...
6. Tratando-se da casa de habitação principal do executado, é aplicável o disposto nos n.os 3 a 6 do artigo 930.°-B, e caso se suscitem sérias dificuldades no realojamento do executado, o agente de execução comunica antecipadamente o facto à câmara municipal e às entidades assistenciais competentes.

Artigo 930.°-A Execução para entrega
de coisa imóvel arrendada

À execução para entrega de coisa imóvel arrendada são aplicáveis as disposições anteriores do presente subtítulo, com as alterações constantes dos artigos 930.°-B a 930.°-E.»

ARTIGO 5.° **Aditamento ao Código de Processo Civil**
São aditados ao Código de Processo Civil os artigos 930.°-B a 930.°-E, com a seguinte redacção:

«Artigo 930.°-B Suspensão da execução
1. A execução suspende-se nos seguintes casos:
a) Se for recebida a oposição à execução, deduzida numa execução que se funde em título executivo extrajudicial;
b) Se o executado requerer o diferimento da desocupação do local arrendado para habitação, motivada pela cessação do respectivo contrato, nos termos do artigo 930.°-C.

2. O agente de execução suspende as diligências executórias sempre que o detentor da coisa, que não tenha sido ouvido e convencido na acção declarativa, exibir algum dos seguintes títulos, com data anterior ao início da execução:
a) Título de arrendamento ou de outro gozo legítimo do prédio, emanado do exequente;
b) Título de subarrendamento ou de cessão da posição contratual, emanado do executado, e documento comprovativo de haver sido requerida no prazo de 15 dias a respectiva notificação ao exequente, ou de o exequente ter especialmente autorizado o subarrendamento ou a cessão, ou de o exequente ter conhecido o subarrendatário ou cessionário como tal.

3. Tratando-se de arrendamento para habitação, o agente de execução suspende as diligências executórias, quando se mostre, por atestado médico que indique fundamentadamente o prazo durante o qual se deve suspender a execução, que a diligência põe em risco de vida a pessoa que se encontra no local, por razões de doença aguda.

4. Nos casos referidos nos n.os 2 e 3, o agente de execução lavra certidão das ocorrências, junta os documentos exibidos e adverte o detentor, ou a pessoa que se encontra no local, de que a execução prossegue, salvo se, no prazo de 10 dias, solicitar ao juiz a confirmação da suspensão, juntando ao requerimento os documentos disponíveis, dando do facto imediato conhecimento ao exequente ou ao seu representante.

5. No prazo de 15 dias, o juiz de execução, ouvido o exequente, decide manter a execução suspensa ou ordena a imediata prossecução dos autos.

6. O exequente pode requerer, à sua custa, o exame do doente por dois médicos nomeados pelo juiz, decidindo este da suspensão, segundo a equidade.

Artigo 930.°-C Diferimento da desocupação de imóvel arrendado para habitação

1. No caso de imóvel arrendado para habitação, dentro do prazo de oposição à execução, o executado pode requerer o diferimento da desocupação, por razões sociais imperiosas, devendo logo oferecer as provas disponíveis e indicar as testemunhas a apresentar, até ao limite de três.

2. O diferimento de desocupação do local arrendado para habitação é decidido de acordo com o prudente arbítrio do tribunal, desde que se alegue algum dos seguintes fundamentos:

a) Que a desocupação imediata do local causa ao executado um prejuízo muito superior à vantagem conferida ao exequente;

b) Que, tratando-se de resolução por não pagamento de rendas, a falta do mesmo se deve a carência de meios do executado, o que se presume relativamente ao beneficiário de subsídio de desemprego ou de rendimento social de inserção;

c) Que o executado é portador de deficiência com grau comprovado de incapacidade superior a 60%.

3. No diferimento, decidido com base:

a) Na alínea *a)* do número anterior, pode o executado, a pedido do exequente, ser obrigado a caucionar as rendas vincendas, sob pena de perda de benefício;

b) Na alínea *b)* do número anterior, cabe ao Fundo de Socorro Social do Instituto de Gestão Financeira da Segurança Social indemnizar o exequente pelas rendas não pagas, acrescidas de juros de mora e ficando sub-rogado nos direitos daquele.

Artigo 930.°-D Termos do diferimento da desocupação

1. A petição de diferimento da desocupação assume carácter de urgência e é indeferida liminarmente quando:

a) Tiver sido deduzida fora do prazo;
b) O fundamento não se ajustar a algum dos referidos no artigo anterior;
c) For manifestamente improcedente.

2. Se a petição for recebida, o exequente é notificado para contestar, dentro do prazo de 10 dias, devendo logo oferecer as provas disponíveis e indicar as testemunhas a apresentar, até ao limite de três.

3. Na sua decisão, o juiz deve ainda ter em conta as exigências da boa fé, a circunstância de o executado não dispor imediatamente de outra habitação, o número de pessoas que habitam com o executado, a sua idade, o seu estado de saúde e, em geral, a situação económica e social das pessoas envolvidas.

4. O juiz deve decidir do pedido de diferimento da desocupação por razões sociais no prazo máximo de 30 dias a contar da sua apresentação, sendo a decisão

oficiosamente comunicada, com a sua fundamentação, ao Fundo de Socorro Social do Instituto de Gestão Financeira da Segurança Social.

5. O diferimento não pode exceder o prazo de 10 meses a contar da data do trânsito em julgado da decisão que o conceder.

Artigo 930.°-E Responsabilidade do exequente

Procedendo a oposição à execução que se funde em título extrajudicial, o exequente responde pelos danos culposamente causados ao executado e incorre em multa correspondente a 10% do valor da execução, mas não inferior a 10 UC nem superior ao dobro do máximo da taxa de justiça, quando não tenha agido com a prudência normal, sem prejuízo da responsabilidade criminal em que possa também incorrer.»

ARTIGO 6.° **Alteração ao Decreto-Lei n.° 287/2003, de 12 de Novembro**

1. É revogado o artigo 18.° do Decreto-Lei n.° 287/2003, de 12 de Novembro, que aprova o Código do Imposto Municipal sobre Imóveis e o Código do Imposto Municipal sobre as Transmissões Onerosas de Imóveis, altera o Código do Imposto do Selo, altera o Estatuto dos Benefícios Fiscais e os Códigos do IRS e do IRC e revoga o Código da Contribuição Predial e do Imposto sobre a Indústria Agrícola, o Código da Contribuição Autárquica e o Código do Imposto Municipal de Sisa e do Imposto sobre as Sucessões e Doações.

2. Os artigos 15.° a 17.° do diploma referido no número anterior passam a ter a seguinte redacção:

«Artigo 15.° Avaliação de prédios já inscritos na matriz

1. Enquanto não se proceder à avaliação geral, os prédios urbanos já inscritos na matriz serão avaliados, nos termos do CIMI, aquando da primeira transmissão ocorrida após a sua entrada em vigor.

2. ...
3. ...
4. ...
5. ...

Artigo 16.° Actualização do valor patrimonial tributário

1. Enquanto não se proceder à avaliação geral, o valor patrimonial tributário dos prédios urbanos, para efeitos de IMI, é actualizado com base em coeficientes de desvalorização da moeda ajustados pela variação temporal dos preços no mercado imobiliário nas diferentes zonas do País.

2. ...
3. ...
4. ...
5. ...

Artigo 17.° Regime transitório para os prédios urbanos arrendados

1. Para efeitos exclusivamente de IMI, o valor patrimonial tributário de prédio ou parte de prédio urbano arrendado é determinado nos termos do artigo anterior, com excepção do previsto nos números seguintes.

2. Quando se proceder à avaliação de prédio arrendado, o IMI incidirá sobre o valor patrimonial tributário apurado nos termos do artigo 38.° do CIMI, ou, caso

haja lugar a aumento da renda de forma faseada, nos termos do artigo 38.º da Lei n.º 6/2006, de 27 de Fevereiro, que aprova o Novo Regime do Arrendamento Urbano, sobre a parte desse valor correspondente a uma percentagem igual à da renda actualizada prevista nos artigos 39.º, 40.º, 41.º e 53.º da referida lei sobre o montante máximo da nova renda.

3. Quando o senhorio requeira a avaliação do imóvel para efeitos de actualização da renda e não possa proceder a actualização devido ao nível de conservação do locado, o IMI passa a incidir sobre o valor patrimonial tributário apurado nos termos do artigo 38.º do CIMI no 3.º ano posterior ao da avaliação.

4. Não tendo sido realizada a avaliação nos termos do n.º 2, no ano da entrada em vigor da Lei n.º 6/2006, de 27 de Fevereiro, que aprova o Novo Regime do Arrendamento Urbano, o valor patrimonial tributário de prédio ou parte de prédio urbano arrendado, por contrato ainda vigente e que tenha dado lugar ao pagamento de rendas até 31 de Dezembro de 2001, é o que resultar da capitalização da renda anual pela aplicação do factor 12, se tal valor for inferior ao determinado nos termos do artigo anterior.

5. A partir do ano seguinte ao da entrada em vigor da Lei n.º 6/2006, 27 de Fevereiro, que aprova o Novo Regime do Arrendamento Urbano, e enquanto não existir avaliação nos termos do artigo 38.º do CIMI, o valor patrimonial tributário do prédio, para efeitos de IMI, é determinado nos termos do artigo anterior.»

ARTIGO 7.º **Alteração ao Código do Imposto Municipal sobre Imóveis**
Os artigos 61.º e 112.º do Código do Imposto Municipal sobre Imóveis passam a ter a seguinte redacção:

«Artigo 61.º Constituição da CNAPU
1. A CNAPU é constituída por:
a) ...
b) ...
c) ...
d) ...
e) ...
f) ...
g) Um vogal indicado pelas associações de inquilinos;
h) [Anterior alínea g).]
i) [Anterior alínea h).]
j) [Anterior alínea i).]
2. ...
3. ...

Artigo 112.º [...]
1. ...
2. ...
3. As taxas previstas nas alíneas b) e c) do n.º 1 são elevadas ao dobro nos casos de prédios urbanos que se encontrem devolutos há mais de um ano, considerando-se devolutos os prédios como tal definidos em diploma próprio.

4. (Anterior n.º 3.)
5. (Anterior n.º 4.)
6. (Anterior n.º 5.)
7. (Anterior n.º 6.)
8. (Anterior n.º 7.)
9. (Anterior n.º 11.)
10. (Anterior n.º 12.)»

ARTIGO 8.º **Alteração ao Código do Registo Predial**
O artigo 5.º do Código do Registo Predial, aprovado pelo Decreto-Lei n.º 224//84, de 6 de Julho, passa a ter a seguinte redacção:

«Artigo 5.º [...]
1. ...
2. ...
3. ...
4. ...
5. Não é oponível a terceiros a duração superior a seis anos do arrendamento não registado.»

CAPÍTULO II. **Disposições gerais**

SECÇÃO I. Comunicações

ARTIGO 9.º **Forma da comunicação**
1. Salvo disposição da lei em contrário, as comunicações legalmente exigíveis entre as partes, relativas a cessação do contrato de arrendamento, actualização da renda e obras, são realizadas mediante escrito assinado pelo declarante e remetido por carta registada com aviso de recepção.
2. As cartas dirigidas ao arrendatário, na falta de indicação deste em contrário, devem ser remetidas para o local arrendado.
3. As cartas dirigidas ao senhorio devem ser remetidas para o endereço constante do contrato de arrendamento ou da sua comunicação imediatamente anterior.
4. Não existindo contrato escrito nem comunicação anterior do senhorio, as cartas dirigidas a este devem ser remetidas para o seu domicílio ou sede.
5. Qualquer comunicação deve conter o endereço completo da parte que a subscreve, devendo as partes comunicar mutuamente a alteração daquele.
6. O escrito assinado pelo declarante pode, ainda, ser entregue em mão, devendo o destinatário apor em cópia a sua assinatura, com nota de recepção.
7. A comunicação pelo senhorio destinada à cessação do contrato por resolução, nos termos do n.º 1 do artigo 1084.º do Código Civil, é efectuada mediante notificação avulsa, ou mediante contacto pessoal de advogado, solicitador ou solicitador de execução, sendo neste caso feita na pessoa do notificando, com entrega de duplicado da comunicação e cópia dos documentos que a acompanhem, devendo o notificando assinar o original.

ARTIGO 10.º **Vicissitudes**
   1. A comunicação prevista no n.º 1 do artigo anterior considera-se realizada ainda que:
   a) A carta seja devolvida por o destinatário se ter recusado a recebê-la ou não a ter levantado no prazo previsto no regulamento dos serviços postais;
   b) O aviso de recepção tenha sido assinado por pessoa diferente do destinatário.
   2. O disposto no número anterior não se aplica às cartas que constituam iniciativa do senhorio para actualização de renda, nos termos do artigo 34.º, ou integrem ou constituam título executivo para despejo, nos termos do artigo 15.º
   3. Nas situações previstas no número anterior, o senhorio deve remeter nova carta registada com aviso de recepção decorridos que sejam 30 a 60 dias sobre a data do envio da primeira carta.
   4. Se a nova carta voltar a ser devolvida, nos termos da alínea a) do n.º 1, considera-se a comunicação recebida no 10.º dia posterior ao do seu envio.

ARTIGO 11.º **Pluralidade de senhorios ou de arrendatários**
   1. Havendo pluralidade de senhorios, as comunicações devem, sob pena de ineficácia, ser subscritas por todos, ou por quem a todos represente, devendo o arrendatário dirigir as suas comunicações ao representante, ou a quem em comunicação anterior tenha sido designado para as receber.
   2. Na falta da designação prevista no número anterior, o arrendatário dirige as suas comunicações ao primeiro signatário e envia a carta para o endereço do remetente.
   3. Havendo pluralidade de arrendatários, a comunicação do senhorio é dirigida ao que figurar em primeiro lugar no contrato, salvo indicação daqueles em contrário.
   4. A comunicação prevista no número anterior é, contudo, dirigida a todos os arrendatários nos casos previstos no n.º 2 do artigo anterior.
   5. Se a posição do destinatário estiver integrada em herança indivisa, a comunicação é dirigida ao cabeça-de-casal, salvo indicação de outro representante.
   6. Nas situações previstas nos números anteriores, a pluralidade de comunicações de conteúdo diverso por parte dos titulares das posições de senhorio ou de arrendatário equivale ao silêncio.

ARTIGO 12.º **Casa de morada de família**
   1. Se o local arrendado constituir casa de morada de família, as comunicações previstas no n.º 2 do artigo 10.º devem ser dirigidas a cada um dos cônjuges.
   2. As comunicações do arrendatário podem ser subscritas por ambos ou por um só dos cônjuges.
   3. Devem, no entanto, ser subscritas por ambos os cônjuges as comunicações que tenham por efeito algum dos previstos no artigo 1682.º-B do Código Civil.

SECÇÃO II. Associações

ARTIGO 13.º **Legitimidade**
   1. As associações representativas das partes, quando expressamente autorizadas pelos interessados, gozam de legitimidade para assegurar a defesa judicial dos seus membros em questões relativas ao arrendamento.

2. Gozam do direito referido no número anterior as associações que, cumulativamente:
   a) Tenham personalidade jurídica;
   b) Não tenham fins lucrativos;
   c) Tenham como objectivo principal proteger os direitos e interesses dos seus associados, na qualidade de senhorios, inquilinos ou comerciantes;
   d) Tenham, pelo menos, 3 000, 500 ou 100 associados, consoante a área a que circunscrevam a sua acção seja de âmbito nacional, regional ou local, respectivamente.

SECÇÃO III. Despejo

ARTIGO 14.º **Acção de despejo**
1. A acção de despejo destina-se a fazer cessar a situação jurídica do arrendamento, sempre que a lei imponha o recurso à via judicial para promover tal cessação, e segue a forma de processo comum declarativo.
2. Quando o pedido de despejo tiver por fundamento a falta de residência permanente do arrendatário e quando este tenha na área dos concelhos de Lisboa ou do Porto e limítrofes, ou no respectivo concelho quanto ao resto do País, outra residência ou a propriedade de imóvel para habitação adquirido após o início da relação de arrendamento, com excepção dos casos de sucessão mortis causa, pode o senhorio, simultaneamente, pedir uma indemnização igual ao valor da renda determinada nos termos dos artigos 30.º a 32.º desde o termo do prazo para contestar até à entrega efectiva da habitação.
3. Na pendência da acção de despejo, as rendas vencidas devem ser pagas ou depositadas, nos termos gerais.
4. Se o arrendatário não pagar ou depositar as rendas, encargos ou despesas, vencidos por um período superior a três meses, é notificado para, em 10 dias, proceder ao seu pagamento ou depósito e ainda da importância de indemnização devida, juntando prova aos autos, sendo, no entanto, condenado nas custas do incidente e nas despesas de levantamento do depósito, que são contadas a final.
5. Se, dentro daquele prazo, os montantes referidos no número anterior não forem pagos ou depositados, o senhorio pode pedir certidão dos autos relativa a estes factos, a qual constitui título executivo para efeitos de despejo do local arrendado, na forma de processo executivo comum para entrega de coisa certa.

ARTIGO 15.º **Título executivo**
1. Não sendo o locado desocupado na data devida por lei ou convenção das partes, podem servir de base à execução para entrega de coisa certa:
   a) Em caso de cessação por revogação, o contrato de arrendamento, acompanhado do acordo previsto no n.º 2 do artigo 1082.º do Código Civil;
   b) Em caso de caducidade pelo decurso do prazo, não sendo o contrato renovável por ter sido celebrado para habitação não permanente ou para fim especial transitório, o contrato escrito donde conste a fixação desse prazo;
   c) Em caso de cessação por oposição à renovação, o contrato de arrendamento, acompanhado do comprovativo da comunicação prevista no artigo 1097.º do Código Civil;

d) Em caso de denúncia por comunicação, o contrato de arrendamento, acompanhado dos comprovativos das comunicações previstas na alínea c) do artigo 1101.° do Código Civil e no artigo 1104.° do mesmo diploma;
e) Em caso de resolução por comunicação, o contrato de arrendamento, acompanhado do comprovativo da comunicação prevista no n.° 1 do artigo 1084.° do Código Civil, bem como, quando aplicável, do comprovativo, emitido pela autoridade competente, da oposição à realização da obra;
f) Em caso de denúncia pelo arrendatário, nos termos do n.° 5 do artigo 37.° ou do n.° 5 do artigo 43.°, o comprovativo da comunicação da iniciativa do senhorio e o documento de resposta do arrendatário.

2. O contrato de arrendamento é título executivo para a acção de pagamento de renda quando acompanhado do comprovativo de comunicação ao arrendatário do montante em dívida.

SECÇÃO IV. Justo impedimento

ARTIGO 16.° **Invocação de justo impedimento**

1. Considera-se justo impedimento o evento não imputável à parte em contrato de arrendamento urbano que obste à prática atempada de um acto previsto nesta lei ou à recepção das comunicações que lhe sejam dirigidas.

2. O justo impedimento deve ser invocado logo após a sua cessação, por comunicação dirigida à outra parte.

3. Compete à parte que o invocar a demonstração dos factos em que se funda.

4. Em caso de desacordo entre as partes, a invocação do justo impedimento só se torna eficaz após decisão judicial.

SECÇÃO V. Consignação em depósito

ARTIGO 17.° **Depósito das rendas**

1. O arrendatário pode proceder ao depósito da renda quando ocorram os pressupostos da consignação em depósito, quando lhe seja permitido fazer cessar a mora e ainda quando esteja pendente acção de despejo.

2. O previsto na presente secção é aplicável, com as necessárias adaptações, ao depósito do valor correspondente a encargos e despesas a cargo do arrendatário.

ARTIGO 18.° **Termos do depósito**

1. O depósito é feito em qualquer agência de instituição de crédito, perante um documento em dois exemplares, assinado pelo arrendatário, ou por outrem em seu nome, e do qual constem:
   a) A identidade do senhorio e do arrendatário;
   b) A identificação do locado;
   c) O quantitativo da renda, encargo ou despesa;
   d) O período de tempo a que ela respeita;
   e) O motivo por que se pede o depósito.

2. Um dos exemplares do documento referido no número anterior fica em poder da instituição de crédito, cabendo o outro ao depositante, com o lançamento de ter sido efectuado o depósito.

3. O depósito fica à ordem do tribunal da situação do prédio ou, quando efectuado na pendência de processo judicial, do respectivo tribunal.

ARTIGO 19.° **Notificação do senhorio**

1. O arrendatário deve comunicar ao senhorio o depósito da renda.

2. A junção do duplicado ou duplicados das guias de depósito à contestação, ou figura processual a ela equivalente, de acção baseada na falta de pagamento produz os efeitos da comunicação.

ARTIGO 20.° **Depósitos posteriores**

1. Enquanto subsistir a causa do depósito, o arrendatário pode depositar as rendas posteriores, sem necessidade de nova oferta de pagamento nem de comunicação dos depósitos sucessivos.

2. Os depósitos posteriores são considerados dependência e consequência do depósito inicial, valendo quanto a eles o que for decidido em relação a este.

ARTIGO 21.° **Impugnação do depósito**

1. A impugnação do depósito deve ocorrer no prazo de 20 dias contados da comunicação, seguindo-se, depois, o disposto na lei de processo sobre a impugnação da consignação em depósito.

2. Quando o senhorio pretenda resolver judicialmente o contrato por não pagamento de renda, a impugnação deve ser efectuada em acção de despejo a intentar no prazo de 20 dias contados da comunicação do depósito ou, estando a acção já pendente, na resposta à contestação ou em articulado específico, apresentado no prazo de 10 dias contados da comunicação em causa, sempre que esta ocorra depois da contestação.

3. O processo de depósito é apensado ao da acção de despejo, em cujo despacho saneador se deve conhecer da subsistência do depósito e dos seus efeitos, salvo se a decisão depender da prova ainda não produzida.

ARTIGO 22.° **Levantamento do depósito pelo senhorio**

1. O senhorio pode levantar o depósito mediante escrito em que declare que não o impugnou nem pretende impugnar.

2. O escrito referido no número anterior é assinado pelo senhorio ou pelo seu representante, devendo a assinatura ser reconhecida por notário, quando não se apresente o bilhete de identidade respectivo.

3. O depósito impugnado pelo senhorio só pode ser levantado após decisão judicial e de harmonia com ela.

ARTIGO 23.° **Falsidade da declaração**

Quando a declaração referida no artigo anterior seja falsa, a impugnação fica sem efeito e o declarante incorre em multa equivalente ao dobro da quantia depositada, sem prejuízo da responsabilidade penal correspondente ao crime de falsas declarações.

SECÇÃO VI. Determinação da renda

ARTIGO 24.º Coeficiente de actualização

1. O coeficiente de actualização anual de renda dos diversos tipos de arrendamento é o resultante da totalidade da variação do índice de preços no consumidor, sem habitação, correspondente aos últimos 12 meses e para os quais existam valores disponíveis à data de 31 de Agosto, apurado pelo Instituto Nacional de Estatística.

2. O aviso com o coeficiente referido no número anterior é publicado no Diário da República até 30 de Outubro de cada ano.

ARTIGO 25.º Arredondamento

1. A renda resultante da actualização referida no artigo anterior é arredondada para a unidade euro imediatamente superior.

2. O mesmo arredondamento se aplica nos demais casos de determinação da renda com recurso a fórmulas aritméticas.

TÍTULO II. Normas transitórias

CAPÍTULO I. Contratos habitacionais celebrados na vigência do Regime do Arrendamento Urbano e contratos não habitacionais celebrados depois do Decreto-Lei n.º 257/95, de 30 de Setembro

ARTIGO 26.º Regime

1. Os contratos celebrados na vigência do Regime do Arrendamento Urbano (RAU), aprovado pelo Decreto-Lei n.º 321-B/90, de 15 de Outubro, passam a estar submetidos ao NRAU, com as especificidades dos números seguintes.

2. À transmissão por morte aplica-se o disposto nos artigos 57.º e 58.º.

3. Os contratos de duração limitada renovam-se automaticamente, quando não sejam denunciados por qualquer das partes, no fim do prazo pelo qual foram celebrados, pelo período de três anos, se outro superior não tiver sido previsto, sendo a primeira renovação pelo período de cinco anos no caso de arrendamento para fim não habitacional.

4. Os contratos sem duração limitada regem-se pelas regras aplicáveis aos contratos de duração indeterminada, com as seguintes especificidades:
   a) Continua a aplicar-se o artigo 107.º do RAU;
   b) O montante previsto no n.º 1 do artigo 1102.º do Código Civil não pode ser inferior a um ano de renda, calculada nos termos dos artigos 30.º e 31.º;
   c) Não se aplica a alínea c) do artigo 1101.º do Código Civil.

5. Em relação aos arrendamentos para habitação, cessa o disposto nas alíneas a) e b) do número anterior após transmissão por morte para filho ou enteado ocorrida depois da entrada em vigor da presente lei.

6. Em relação aos arrendamentos para fins não habitacionais, cessa o disposto na alínea c) do n.º 4 quando:
   a) Ocorra trespasse ou locação do estabelecimento após a entrada em vigor da presente lei;

b) Sendo o arrendatário uma sociedade, ocorra transmissão inter vivos de posição ou posições sociais que determine a alteração da titularidade em mais de 50% face à situação existente aquando da entrada em vigor da presente lei.

CAPÍTULO II. Contratos habitacionais celebrados antes da vigência do RAU e contratos não habitacionais celebrados antes do Decreto-Lei n.º 257/95, de 30 de Setembro

SECÇÃO I. Disposições gerais

ARTIGO 27.º **Âmbito**

As normas do presente capítulo aplicam-se aos contratos de arrendamento para habitação celebrados antes da entrada em vigor do RAU, aprovado pelo Decreto-Lei n.º 321-B/90, de 15 de Outubro, bem como aos contratos para fins não habitacionais celebrados antes da entrada em vigor do Decreto-Lei n.º 257/95, de 30 de Setembro.

ARTIGO 28.º **Regime**

Aos contratos a que se refere o presente capítulo aplica-se, com as devidas adaptações, o previsto no artigo 26.º.

ARTIGO 29.º **Benfeitorias**

1. Salvo estipulação em contrário, a cessação do contrato dá ao arrendatário direito a compensação pelas obras licitamente feitas, nos termos aplicáveis às benfeitorias realizadas por possuidor de boa fé.

2. A denúncia dos contratos de arrendamento prevista no n.º 5 do artigo 37.º ou ocorrida no seguimento das notificações para actualização faseada da renda previstas nos artigos 39.º, 40.º e 41.º confere ao arrendatário direito a compensação pelas obras licitamente feitas, independentemente do estipulado no contrato de arrendamento.

3. Tem aplicação o disposto no número anterior, nos arrendamentos para fins não habitacionais, quando haja cessação de contrato em consequência da aplicação do disposto no n.º 6 do artigo 26.º.

SECÇÃO II. Actualização de rendas

SUBSECÇÃO I. Arrendamento para habitação

ARTIGO 30.º **Rendas passíveis de actualização**

As rendas dos contratos a que se refere o presente capítulo podem ser actualizadas até ao limite de uma renda determinada nos termos previstos no artigo seguinte.

ARTIGO 31.º **Valor máximo da renda actualizada**

A renda actualizada nos termos da presente secção tem como limite máximo o valor anual correspondente a 4% do valor do locado.

ARTIGO 32.º **Valor do locado**

1. O valor do locado é o produto do valor da avaliação realizada nos termos dos artigos 38.º e seguintes do Código do Imposto Municipal sobre Imóveis (CIMI), reali-

zada há menos de três anos, multiplicado pelo coeficiente de conservação previsto no artigo seguinte.

2. Se a avaliação fiscal tiver sido realizada mais de um ano antes da fixação da nova renda, o valor previsto no artigo anterior é actualizado de acordo com os coeficientes de actualização das rendas que tenham entretanto vigorado.

ARTIGO 33.º **Coeficiente de conservação**

1. Ao locado edificado com mais de 10 anos de construção, avaliado nos termos referidos no n.º 1 do artigo anterior, é aplicado o coeficiente de conservação (Cc) constante da tabela seguinte:

Nível	Estado de conservação	Coeficiente
5	Excelente	1,2
4	Bom	1,0
3	Médio	0,9
2	Mau	0,7
1	Péssimo	0,5

2. Os níveis previstos na tabela anterior reflectem o estado de conservação do locado e a existência de infra-estruturas básicas, constando de diploma próprio as directrizes para a sua fixação.

3. A determinação do estado de conservação do locado é realizada por arquitecto ou engenheiro inscrito na respectiva ordem profissional.

4. Ao locado aplica-se o coeficiente imediatamente inferior ao correspondente ao seu estado de conservação quando o arrendatário demonstre que o estado do prédio se deve a obras por si realizadas, sendo aplicado um coeficiente intermédio, determinado de acordo com a equidade, caso o senhorio demonstre ter também efectuado obras de conservação.

5. O disposto no número anterior não implica atribuição de distinto nível de conservação, nomeadamente para efeitos da alínea *b*) do artigo 35.º.

ARTIGO 34.º **Iniciativa do senhorio**

1. A actualização da renda depende de iniciativa do senhorio.

2. O senhorio que deseje a actualização da renda comunica ao arrendatário o montante da renda futura, o qual não pode exceder o limite fixado no artigo 31.º

ARTIGO 35.º **Pressupostos da iniciativa do senhorio**

O senhorio apenas pode promover a actualização da renda quando, cumulativamente:

a) Exista avaliação do locado, nos termos do CIMI;
b) O nível de conservação do prédio não seja inferior a 3.

ARTIGO 36.º **Colaboração do arrendatário**

1. O arrendatário tem o dever de prestar a sua colaboração na realização dos actos necessários à avaliação fiscal e à determinação do coeficiente de conservação.

2. Quando, para os efeitos previstos no número anterior, se revele necessário o acesso ao locado e o arrendatário não o possa facultar na data prevista, este indica uma data alternativa, a qual não pode distar mais de 30 dias da data inicial.

3. A oposição pelo arrendatário à realização dos actos necessários à avaliação fiscal ou à determinação do coeficiente de conservação é fundamento de resolução do contrato pelo senhorio.

ARTIGO 37.° **Resposta do arrendatário**

1. O prazo para a resposta do arrendatário é de 40 dias.

2. Quando termine em dias diferentes o prazo de vários sujeitos, a resposta pode ser oferecida até ao termo do prazo que começou a correr em último lugar.

3. O arrendatário, na sua resposta, pode invocar uma das seguintes circunstâncias:
   a) Rendimento anual bruto corrigido (RABC) do agregado familiar inferior a cinco retribuições mínimas nacionais anuais (RMNA);
   b) Idade igual ou superior a 65 anos ou deficiência com grau comprovado de incapacidade superior a 60%.

4. A falta de resposta do arrendatário vale como declaração de inexistência das circunstâncias previstas no número anterior.

5. O arrendatário pode, em alternativa e no mesmo prazo, denunciar o contrato, devendo desocupar o locado no prazo de seis meses, não existindo então alteração da renda.

6. O arrendatário pode, no mesmo prazo de 40 dias, requerer a realização de nova avaliação do prédio ao serviço de finanças competente, dando disso conhecimento ao senhorio.

7. No caso previsto no número anterior, o arrendatário, para os efeitos do artigo 76.° do CIMI, ocupa a posição do sujeito passivo, sendo o senhorio notificado para, querendo, integrar a comissão prevista no n.° 2 daquele artigo ou para nomear o seu representante.

8. Se da nova avaliação resultar valor diferente para a nova renda, os acertos devidos são feitos com o pagamento da renda subsequente.

9. O RABC é definido em diploma próprio.

ARTIGO 38.° **Actualização faseada do valor da renda**

1. A actualização do valor da renda é feita de forma faseada ao longo de cinco anos, sem prejuízo do disposto nos números seguintes.

2. A actualização é feita ao longo de dois anos:
   a) Quando o senhorio invoque que o agregado familiar do arrendatário dispõe de um RABC superior a 15 RMNA, sem que o arrendatário invoque qualquer das alíneas do n.° 3 do artigo anterior;
   b) Nos casos previstos no artigo 45.°.

3. A actualização é feita ao longo de 10 anos quando o arrendatário invoque uma das alíneas do n.° 3 do artigo anterior.

4. A comunicação do senhorio prevista no artigo 34.° contém, sob pena de ineficácia:
   a) Cópia do resultado da avaliação do locado nos termos do CIMI e da determinação do nível de conservação;

b) Os valores da renda devida após a primeira actualização correspondentes a uma actualização em 2, 5 ou 10 anos;
c) O valor em euros do RABC que, nesse ano, determina a aplicação dos diversos escalões;
d) A indicação de que a invocação de alguma das circunstâncias previstas no n.º 3 do artigo anterior deve ser realizada em 40 dias, mediante apresentação de documento comprovativo;
e) A indicação das consequências da não invocação de qualquer das circunstâncias previstas no n.º 3 do artigo anterior.

5. A comunicação do senhorio contém ainda, sendo caso disso, a invocação de que o agregado familiar do arrendatário dispõe de RABC superior a 15 RMNA, com o comprovativo previsto no n.º 3 do artigo 44.º, sendo então referido nos termos da alínea *a*) do número anterior apenas o valor da renda devido após a actualização a dois anos.

ARTIGO 39.º **Actualização em dois anos**

A actualização faseada do valor da renda, ao longo de dois anos, faz-se nos termos seguintes:
a) 1.º ano: à renda vigente aquando da comunicação do senhorio acresce metade da diferença entre esta e a renda comunicada;
b) 2.º ano: aplica-se a renda comunicada pelo senhorio, actualizada de acordo com os coeficientes de actualização que entretanto tenham vigorado.

ARTIGO 40.º **Actualização em cinco anos**

1. A actualização faseada do valor da renda, ao longo de cinco anos, faz-se nos termos seguintes:
a) 1.º ano: à renda vigente aquando da comunicação do senhorio acresce um quarto da diferença entre esta e a renda comunicada;
b) 2.º ano: à renda vigente aquando da comunicação do senhorio acrescem dois quartos da diferença entre esta e a renda comunicada;
c) 3.º ano: à renda vigente aquando da comunicação do senhorio acrescem três quartos da diferença entre esta e a renda comunicada;
d) 4.º ano: aplica-se a renda comunicada pelo senhorio;
e) 5.º ano: a renda devida é a comunicada pelo senhorio, actualizada de acordo com os coeficientes de actualização que entretanto tenham vigorado.

2. O limite máximo de actualização da renda é de € 50 mensais no 1.º ano e de € 75 mensais nos 2.º a 4.º anos, excepto quando tal valor for inferior ao valor que resultaria da actualização anual prevista no n.º 1 do artigo 24.º, caso em que é este o aplicável.

ARTIGO 41.º **Actualização em 10 anos**

1. A actualização faseada do valor da renda, ao longo de 10 anos, faz-se nos termos seguintes:
a) 1.º ano: à renda vigente aquando da comunicação do senhorio acresce um nono da diferença entre esta e a renda comunicada;
b) 2.º ano: à renda vigente aquando da comunicação do senhorio acrescem dois nonos da diferença entre esta e a renda comunicada;

c) 3.° ano: à renda vigente aquando da comunicação do senhorio acrescem três nonos da diferença entre esta e a renda comunicada;
d) 4.° ano: à renda vigente aquando da comunicação do senhorio acrescem quatro nonos da diferença entre esta e a renda comunicada;
e) 5.° ano: à renda vigente aquando da comunicação do senhorio acrescem cinco nonos da diferença entre esta e a renda comunicada;
f) 6.° ano: à renda vigente aquando da comunicação do senhorio acrescem seis nonos da diferença entre esta e a renda comunicada;
g) 7.° ano: à renda vigente aquando da comunicação do senhorio acrescem sete nonos da diferença entre esta e a renda comunicada;
h) 8.° ano: à renda vigente aquando da comunicação do senhorio acrescem oito nonos da diferença entre esta e a renda comunicada;
i) 9.° ano: aplica-se a renda comunicada pelo senhorio;
j) 10.° ano: a renda devida é a renda máxima inicialmente proposta pelo senhorio, actualizada de acordo com coeficientes de actualização que entretanto tenham vigorado.

2. O limite máximo de actualização da renda é de € 50 mensais no 1.° ano e de € 75 mensais nos 2.° a 9.° anos, excepto quando tal valor for inferior ao valor que resultaria da actualização anual prevista no n.° 1 do artigo 24.°, caso em que é este o aplicável.

ARTIGO 42.° **Comunicação do senhorio ao serviço de finanças**

1. No prazo de 30 dias a contar da data em que a avaliação patrimonial se tornar definitiva, nos termos dos artigos 75.° e 76.° do CIMI, ou do fim do prazo de resposta do arrendatário, se este for mais longo, o senhorio comunica, mediante declaração a aprovar por portaria conjunta dos Ministros de Estado e da Administração Interna e de Estado e das Finanças, ao serviço de finanças competente o período de faseamento de actualização do valor da renda ou a sua não actualização.

2. Na falta de comunicação do senhorio, presume-se que a actualização faseada do valor da renda se faz ao longo de cinco anos, sem prejuízo dos poderes de inspecção e correcção da administração fiscal e da sanção aplicável à falta de entrega da declaração.

ARTIGO 43.° **Aplicação da nova renda**

1. Não tendo o arrendatário optado pela denúncia do contrato, a nova renda é devida no 3.° mês seguinte ao da comunicação do senhorio.

2. As actualizações seguintes são devidas, sucessivamente, um ano após a actualização anterior.

3. O senhorio deve comunicar por escrito ao arrendatário, com a antecedência mínima de 30 dias, o novo valor da renda.

4. A não actualização da renda não pode dar lugar a posterior recuperação dos aumentos de renda não feitos, mas o senhorio pode, em qualquer ano, exigir o valor a que teria direito caso todas as actualizações anteriores tivessem ocorrido.

5. Nos 30 dias seguintes à comunicação de um novo valor, o arrendatário pode denunciar o contrato, devendo desocupar o locado no prazo de seis meses.

6. Existindo a denúncia prevista no número anterior, não há actualização da renda.

ARTIGO 44.° **Comprovação da alegação**
1. O arrendatário que invoque a circunstância prevista na alínea *a*) do n.° 3 do artigo 37.° faz acompanhar a sua resposta de documento comprovativo emitido pelo serviço de finanças competente.
2. O arrendatário que não disponha, à data da sua resposta, do documento referido no número anterior, faz acompanhar a resposta do comprovativo de ter o mesmo sido já requerido, devendo juntá-lo no prazo de 15 dias após a sua obtenção.
3. O senhorio que pretenda invocar que o agregado familiar do arrendatário dispõe de RABC superior a 15 RMNA requer ao serviço de finanças competente o respectivo comprovativo.
4. O RABC refere-se ao ano civil anterior ao da comunicação.
5. O arrendatário que invoque a circunstância prevista na alínea *b*) do n.° 3 do artigo 37.° faz acompanhar a sua resposta, conforme o caso, de documento comprovativo de ter completado 65 anos à data da comunicação pelo senhorio, ou de documento comprovativo da deficiência alegada, sob pena de se lhe passar a aplicar o faseamento ao longo de cinco anos.

ARTIGO 45.° **Regime especial de faseamento**
1. A actualização efectua-se nos termos do artigo 39.° quando o arrendatário não tenha no locado a sua residência permanente, habite ou não outra casa, própria ou alheia.
2. Não se aplica o disposto no número anterior:
a) Em caso de força maior ou doença;
b) Se a falta de residência permanente, não perdurando há mais de dois anos, for devida ao cumprimento de deveres militares ou profissionais do próprio, do cônjuge ou de quem viva com o arrendatário em união de facto;
c) Se permanecer no local o cônjuge ou pessoa que tenha vivido em economia comum com o arrendatário por prazo não inferior a um ano.
3. Em caso de actualização nos termos do n.° 1, o senhorio deve mencionar a circunstância que a justifica na comunicação a que se refere o artigo 34.° e tem direito à renda assim actualizada enquanto não for decidido o contrário, caso em que deve repor os montantes indevidamente recebidos.

ARTIGO 46.° **Subsídio de renda**
1. Tem direito a um subsídio de renda, em termos definidos em diploma próprio, o arrendatário:
a) Cujo agregado familiar receba um RABC inferior a três RMNA;
b) Com idade igual ou superior a 65 anos e cujo agregado familiar receba um RABC inferior a cinco RMNA.
2. O pedido de atribuição do subsídio, quando comunicado ao senhorio, determina que o aumento seguinte do valor da renda só vigore a partir do mês subsequente ao da comunicação, pelo arrendatário ou pela entidade competente, da concessão do subsídio de renda, embora com recuperação dos montantes em atraso.
3. O arrendatário comunica a decisão sobre a concessão de subsídio ao senhorio no prazo de 15 dias após dela ter conhecimento, sob pena de indemnização pelos danos causados pela omissão.
4. A renda a que se refere o artigo anterior não é susceptível de subsídio.

ARTIGO 47.º **Alteração de circunstâncias**

1. O arrendatário que tenha invocado que o seu agregado familiar dispõe de um RABC inferior a cinco RMNA deve fazer prova anual do rendimento perante o senhorio no mês correspondente àquele em que a invocação foi feita e pela mesma forma.

2. Se os rendimentos auferidos ultrapassarem o limite invocado, o senhorio tem o direito de, nas actualizações subsequentes da renda, utilizar o escalonamento correspondente ao novo rendimento.

3. Também se passa a aplicar actualização mais longa ao arrendatário que, tendo recebido a comunicação pelo senhorio do novo valor da renda resultante de actualização anual, demonstre ter auferido no ano anterior RABC que a ela confira direito.

4. Falecendo o arrendatário que tenha invocado alguma das circunstâncias previstas no n.º 3 do artigo 37.º, e transmitindo-se a sua posição contratual para quem não reúna qualquer dessas circunstâncias, passa a aplicar-se o faseamento adequado à nova situação.

5. A transição entre regimes faz-se aplicando à nova renda o valor que, no escalonamento de actualização correspondente ao regime para que se transita, for imediatamente superior à renda em vigor, seguindo-se, nos anos posteriores, as actualizações desse regime, de acordo com o escalonamento respectivo.

6. Quando da regra constante do número anterior resulte que a passagem para regime de actualização mais célere dá origem a aumento igual ou inferior ao que seria devido sem essa passagem, aplica-se à actualização o escalão seguinte.

ARTIGO 48.º **Direito a obras**

1. No caso de o senhorio não tomar a iniciativa de actualizar a renda, o arrendatário pode solicitar à comissão arbitral municipal (CAM) que promova a determinação do coeficiente de conservação do locado.

2. Caso o nível de conservação seja de classificação inferior a 3, o arrendatário pode intimar o senhorio à realização de obras.

3. O direito de intimação previsto no número anterior bem como as consequências do não acatamento da mesma são regulados em diploma próprio.

4. Não dando o senhorio início às obras, pode o arrendatário:
   a) Tomar a iniciativa de realização das obras, dando disso conhecimento ao senhorio e à CAM;
   b) Solicitar à câmara municipal a realização de obras coercivas;
   c) Comprar o locado pelo valor da avaliação feita nos termos do CIMI, com obrigação de realização das obras, sob pena de reversão.

5. Caso as obras sejam realizadas pelo arrendatário, pode este efectuar compensação com o valor da renda.

6. As obras coercivas ou realizadas pelo arrendatário, bem como a possibilidade de este adquirir o locado, são reguladas em diploma próprio.

ARTIGO 49.º **Comissão arbitral municipal**

1. São constituídas CAM com a seguinte finalidade:
   a) Acompanhar a avaliação dos prédios arrendados
   b) Coordenar a verificação dos coeficientes de conservação dos prédios;
   c) Estabelecer os coeficientes intermédios a aplicar nos termos do n.º 4 do artigo 33.º;

d) Arbitrar em matéria de responsabilidade pela realização de obras, valor das mesmas e respectivos efeitos no pagamento da renda;
e) Desempenhar quaisquer outras competências atribuídas por lei.

2. As CAM são compostas por representantes da câmara municipal, do serviço de finanças competente, dos senhorios e dos inquilinos.

3. O funcionamento e as competências das CAM são regulados em diploma próprio.

SUBSECÇÃO II. Arrendamento para fim não habitacional

ARTIGO 50.º Regime aplicável

Aos arrendamentos para fim diverso de habitação aplicam-se as normas constantes da subsecção anterior, com as necessárias adaptações, bem como o disposto nos artigos seguintes.

ARTIGO 51.º Rendas passíveis de actualização

Podem ser actualizadas as rendas relativas a contratos celebrados antes da entrada em vigor do Decreto-Lei n.º 257/95, de 30 de Setembro.

ARTIGO 52.º Pressupostos da iniciativa do senhorio

A renda pode ser actualizada independentemente do nível de conservação.

ARTIGO 53.º Actualização faseada do valor da renda

1. A actualização do valor da renda é feita de forma faseada, podendo decorrer durante 5 ou 10 anos, nos termos dos artigos 40.º e 41.º.
2. A actualização é feita em 10 anos quando:
   a) Existindo no locado um estabelecimento comercial aberto ao público, o arrendatário seja uma microempresa ou uma pessoa singular;
   b) O arrendatário tenha adquirido o estabelecimento por trespasse ocorrido há menos de cinco anos;
   c) Existindo no locado um estabelecimento comercial aberto ao público, aquele esteja situado em área crítica de recuperação e reconversão urbanística (ACRRU);
   d) A actividade exercida no locado tenha sido classificada de interesse nacional ou municipal.
3. Microempresa é a que tem menos de 10 trabalhadores e cujos volume de negócios e balanço total não ultrapassam € 2 000 000 cada.
4. São ACRRU as assim declaradas nos termos do artigo 41.º da Lei dos Solos, aprovada pelo Decreto-Lei n.º 794/76, de 5 de Novembro.

ARTIGO 54.º Comunicação do senhorio

A comunicação do senhorio prevista no artigo 34.º contém, além do valor da renda actualizada, sob pena de ineficácia:
   a) O valor da renda devida após a primeira actualização, calculada nos termos correspondentes a uma actualização faseada em 10 anos, quando se verifique alguma das circunstâncias previstas no n.º 2 do artigo anterior;

b) O valor da renda devida após a primeira actualização, calculada nos termos correspondentes a uma actualização faseada em cinco anos, quando não se verifiquem as referidas circunstâncias;
c) A indicação de que não há lugar a faseamento da actualização, por se verificar alguma das circunstâncias previstas no artigo 56.º.

ARTIGO 55.º **Resposta do arrendatário**
Quando a comunicação do senhorio indique uma actualização em cinco anos, o arrendatário pode, na sua resposta, alegar a verificação de circunstância prevista no n.º 2 do artigo 53.º, devendo a resposta fazer-se acompanhar dos correspondentes comprovativos.

ARTIGO 56.º **Actualização imediata da renda**
Não há faseamento da actualização da renda, tendo o senhorio imediatamente direito à renda actualizada, quando:
a) O arrendatário conserve o local encerrado ou sem actividade regular há mais de um ano, salvo caso de força maior ou ausência forçada, que não se prolongue há mais de dois anos, aplicando-se o disposto no n.º 3 do artigo 45.º;
b) Ocorra trespasse ou locação do estabelecimento após a entrada em vigor da presente lei;
c) Sendo o arrendatário uma sociedade, ocorra transmissão inter vivos de posição ou posições sociais que determine a alteração da titularidade em mais de 50% face à situação existente aquando da entrada em vigor da presente lei.

SECÇÃO III. Transmissão

ARTIGO 57.º **Transmissão por morte no arrendamento para habitação**
1. O arrendamento para habitação não caduca por morte do primitivo arrendatário quando lhe sobreviva:
a) Cônjuge com residência no locado;
b) Pessoa que com ele vivesse em união de facto, com residência no locado;
c) Ascendente que com ele convivesse há mais de um ano;
d) Filho ou enteado com menos de 1 ano de idade ou que com ele convivesse há mais de um ano e seja menor de idade ou, tendo idade inferior a 26 anos, frequente o 11.º ou 12.º ano de escolaridade ou estabelecimento de ensino médio ou superior;
e) Filho ou enteado maior de idade, que com ele convivesse há mais de um ano, portador de deficiência com grau comprovado de incapacidade superior a 60%.

2. Nos casos do número anterior, a posição do arrendatário transmite-se, pela ordem das respectivas alíneas, às pessoas nele referidas, preferindo, em igualdade de condições, sucessivamente, o ascendente, filho ou enteado mais velho.

3. Quando ao arrendatário sobreviva mais de um ascendente, há transmissão por morte entre eles.

4. A transmissão a favor dos filhos ou enteados do primitivo arrendatário, nos termos dos números anteriores, verifica-se ainda por morte daquele a quem tenha sido transmitido o direito ao arrendamento nos termos das alíneas *a)*, *b)* e *c)* do n.º 1 ou nos termos do número anterior.

ARTIGO 58.º **Transmissão por morte no arrendamento para fins não habitacionais**
1. O arrendamento para fins não habitacionais termina com a morte do arrendatário, salvo existindo sucessor que, há mais de três anos, explore, em comum com o arrendatário primitivo, estabelecimento a funcionar no local.
2. O sucessor com direito à transmissão comunica ao senhorio, nos três meses posteriores ao decesso, a vontade de continuar a exploração.

TÍTULO III. Normas finais

ARTIGO 59.º **Aplicação no tempo**
1. O NRAU aplica-se aos contratos celebrados após a sua entrada em vigor, bem como às relações contratuais constituídas que subsistam nessa data, sem prejuízo do previsto nas normas transitórias.
2. A aplicação da alínea *a*) do n.º 1 do artigo 1091.º do Código Civil não determina a perda do direito de preferência por parte de arrendatário que dele seja titular aquando da entrada em vigor da presente lei.
3. As normas supletivas contidas no NRAU só se aplicam aos contratos celebrados antes da entrada em vigor da presente lei quando não sejam em sentido oposto ao de norma supletiva vigente aquando da celebração, caso em que é essa a norma aplicável.

ARTIGO 60.º **Norma revogatória**
1. É revogado o RAU, aprovado pelo Decreto-Lei n.º 321-B/90, de 15 de Outubro, com todas as alterações subsequentes, salvo nas matérias a que se referem os artigos 26.º e 28.º da presente lei.
2. As remissões legais ou contratuais para o RAU consideram-se feitas para os lugares equivalentes do NRAU, com as adaptações necessárias.

ARTIGO 61.º **Manutenção de regimes**
Até à publicação de novos regimes, mantêm-se em vigor os regimes da renda condicionada e da renda apoiada, previstos nos artigos 77.º e seguintes do RAU.

ARTIGO 62.º **Republicação**
O capítulo IV do título II do livro II do Código Civil, composto pelos artigos 1022.º a 1113.º, é republicado em anexo à presente lei.

ARTIGO 63.º **Autorização legislativa**
1. Fica o Governo autorizado a aprovar no prazo de 120 dias os diplomas relativos às seguintes matérias:
   a) Regime jurídico das obras coercivas;
   b) Definição do conceito fiscal de prédio devoluto.
2. Em relação ao regime jurídico das obras coercivas, a autorização tem os seguintes sentido e extensão:
   a) O diploma a aprovar tem como sentido permitir a intervenção em edifícios em mau estado de conservação, assegurando a reabilitação urbana nos casos em que o proprietário não queira ou não possa realizar as obras necessárias;

b) A extensão da autorização compreende a consagração, no diploma a aprovar, das seguintes medidas:
   i) Possibilidade de o arrendatário se substituir ao senhorio na realização das obras, com efeitos na renda;
   ii) Possibilidade de as obras serem efectuadas pela câmara municipal, ou por outra entidade pública ou do sector público empresarial, com compensação em termos de participação na fruição do prédio;
   iii) Possibilidade de o arrendatário adquirir o prédio, ficando obrigado à sua reabilitação, sob pena de reversão;
   iv) Limitações à transmissão do prédio adquirido nos termos da subalínea anterior;
   v) Possibilidade de o proprietário de fracção autónoma adquirir outras fracções do prédio para realização de obras indispensáveis de reabilitação.

3. Em relação à definição do conceito fiscal de prédio devoluto, a autorização tem os seguintes sentido e extensão:
   a) O diploma a aprovar tem como sentido permitir a definição dos casos em que um prédio é considerado devoluto, para efeitos de aplicação da taxa do imposto municipal sobre imóveis;
   b) A extensão da autorização compreende a consagração, no diploma a aprovar, dos seguintes critérios:
      i) Considerar devolutos os prédios urbanos ou as suas fracções autónomas que, durante um ano, se encontrem desocupados;
      ii) Ser indício de desocupação a inexistência de contratos em vigor com prestadores de serviços públicos essenciais, ou de facturação relativa a consumos de água, electricidade, gás e telecomunicações;
      iii) Não se considerarem devolutos, entre outros, os prédios urbanos ou fracções autónomas dos mesmos que forem destinados a habitação por curtos períodos em praias, campo, termas e quaisquer outros lugares de vilegiatura, para arrendamento temporário ou para uso próprio;
   c) A extensão da autorização compreende ainda a definição, no diploma a aprovar, dos meios de detecção da situação de devoluto, bem como a indicação da entidade que a ela procede e do procedimento aplicável.

ARTIGO 64.º **Legislação complementar**

1. O Governo deve aprovar, no prazo de 120 dias, decretos-leis relativos às seguintes matérias:
   a) Regime de determinação do rendimento anual bruto corrigido;
   b) Regime de determinação e verificação do coeficiente de conservação;
   c) Regime de atribuição do subsídio de renda.

2. O Governo deve aprovar, no prazo de 180 dias, iniciativas legislativas relativas às seguintes matérias:
   a) Regime do património urbano do Estado e dos arrendamentos por entidades públicas, bem como do regime das rendas aplicável;
   b) Regime de intervenção dos fundos de investimento imobiliário e dos fundos de pensões em programas de renovação e requalificação urbana;

c) Criação do observatório da habitação e da reabilitação urbana, bem como da base de dados da habitação;
d) Regime jurídico da utilização de espaços em centros comerciais.

ARTIGO 65.º **Entrada em vigor**

1. Os artigos 63.º e 64.º entram em vigor no dia seguinte ao da publicação da presente lei.

2. As restantes disposições entram em vigor 120 dias após a sua publicação.

Aprovada em 21 de Dezembro de 2005.

O Presidente da Assembleia da República, *Jaime Gama.*

Promulgada em 10 de Fevereiro de 2006.

Publique-se.

O Presidente da República, JORGE SAMPAIO.

Referendada em 13 de Fevereiro de 2006.

O Primeiro-Ministro, *José Sócrates Carvalho Pinto de Sousa.*

BIBLIOGRAFIA

ABREU, COUTINHO DE, *Do Abuso de Direito*, Coimbra, 1983.
ALARCÃO, RUI, *A Limitação da renda no subarrendamento*, Bol. da fac. de Direito, Coimbra, Vol. XXXVIII, n.° 2.
— *A Confirmação dos negócios anuláveis*, 1.°-178/179.
— *Bol. Min. Justiça*, 84.°.
ANDRADE, MANUEL DE, *Fontes de direito. Vigência, interpretação e aplicação da lei*, in BMJ, n.° 102 (Janeiro de 1961), pp. 141 e segs. (145).
— *Teoria Geral da relação Jurídica*, vol. II, 1960, 313, nota 1.
ASCENSÃO, JOSÉ DE OLIVEIRA, *Direito Civil, Reais*, 5.ª ed., Coimbra, Coimbra Editora, 1993.
— *"Subarrendamento e direitos de preferência no novo regime do arrendamento urbano"*, na ROA 51 (1991), 1, pp. 45-73.
— *Resolução do contrato com fundamento na realização de obras não autorizadas*, Dir. 125 (1993), III-IV, pp. 417 ss.
— Resolução do Contrato de Arrendamento, Anotação ao Ac. Rel. Lx de 18/3/1993, *Dir.* 125 (1993), III-IV, pp. 328 e ss.
CANO-RODRIGUES, RODRIGO BERCOVITZ, *COMENTARIOS AL CODIGO CIVIL*, Aranzadi Editorial, 2001.
CAPELO DE SOUSA, RABINDRANATH, *Acção de despejo, obras não autorizadas e deteriorações consideráveis*, CJ, 1987, V, pp 17 ss.
CARNEIRO DA FRADA, MANUELA, *"O regime dos Novos Arrendamentos Urbanos: nótula"*. O Direito, 2004, II, III, pp. 225 ss.
CARNEIRO, J.G. DE SÁ (*Rev. Trib.*, 94.°, p. 382).
CODE CIVIL, Edition 2005, Dalloz (Commentaire).
CÓDICE CIVILE, Coordinata con la dottrina, Milano, 2005.
COELHO, FRANCISCO MANUEL PEREIRA, *Arrendamento. Direito substantivo e processual*, Coimbra, polic., *1988*.
— *Arrendamento. Direito Substantivo e Processual*, João Abrantes, Coimbra, 1988, a pág. 202.
— *Direito Civil – Arrendamento e Filiação, Sumários das lições ao ciclo complementar de Cências Jurídicas em 1980-1981*.
CONTRERAS, L. MARTÍN, *Ley de Arrendamientos Urbanos*, Bosch, 2004.
CORDEIRO, ANTÓNIO MENEZES, *Da natureza do direito do locatário*, Lisboa, Separata da ROA, *1980*.

- *Tratado de Direito Civil Português, 1 – Parte Geral*, tomo *IV – Exercício Jurídico*, Coimbra, Almedina, 2005.
- "A aprovação do NRAU (Lei n.º 6/2006, de 27 de Fevereiro): primeiras notas", em *O Direito 138 (2006), II, pp. 229-242*.
- *O Direito*, Ano 2004, II-III e 2005-II e 2005, II, pp. 317 ss. (*O novo regime do arrendamento urbano*).
- «Acção de Despejo. Obras sem Autorização do Senhorio. Exercício do Direito de "Resolução»", Anotação ao Ac. Rel. Lx. de 19/11/1987, *Dir.* 120 (1988), 1-11, pp. 217 e ss.

CORDEIRO, ANTÓNIO MENEZES/FRAGA, FRANCISCO CASTRO, *Novo regime do arrendamento urbano*, com a colaboração de Ana Sousa Botelho e Maria Esperança Espadinha, Coimbra, Almedina, 1990.

COSTA, ALMEIDA, *Direito das Obrigações*, 9.ª ed., Almedina, 2001, pág. 296.

CUNHA, CAROLINA e RICARDO COSTA, "A Simplificação Formal do Trespasse de Estabelecimento Comercial – E o Novo Regime do Arrendamento Urbano", publicado, pela Editora Almedina, em Março de 2006.

DIAS PEREIRA, ALEXANDRE, *Da resolução de arrendamento comercial*, CJ (STJ), 1998, II, pp. 13 ss.

ENCICLOPEDIA JURÍDICA BÁSICA (en cuatro volúmenes) – EDITORIAL CIVITAS, 1995.

ENCICOPEDIA GIURIDICA – Instituto della Encoclopedia Italiana (Fondata da Giovanni Treccani), ROMA, Vols. XXVII (*Risoluzione del contratto...*) e XIX (*Locazione...*).

FERREIRA, CARDONA, "*Breves apontamentos acerca de alguns aspectos da acção de despejo urbano*", em ANTÓNIO MENEZES CORDEIRO/LUÍS MENEZES LEITÃO/JANUÁRIO DA COSTA GOMES (org.), *Estudos em Homenagem ao Professor Doutor Inocêncio Galvão Telles, III – Direito do Arrendamento Urbano*, Coimbra, Almedina, 2002, pp. 593-611.

FRAGA, FRANCISCO CASTRO, "*O regime do novo arrendamento urbano – As normas transitórias* (Título II da Lei 6/2006), na ROA 66 (2006), 1. pp. 51-77.

FRAGA, FRANCISCO DE CASTRO e CRISTINA GOUVEIA DE CARVALHO, "*As normas transitórias*", in revista *O Direito*, ano 137.º, 2005, II, págs. 407 a 436 e 2004, II, III, pp. 355 ss.

FURTADO, JORGE HENRIQUE DA CRUZ PINTO, *Manual do Arrendamento Urbano*. 3.ª ed., Coimbra, Almedina, 2001.
- *Arrendamentos Comerciais*, Almedina, 2.ª ed., pp. 224 e segs.
- *Curso de direito dos arrendamentos vinculísticos*, 2.ª ed., págs. 487-488.
- *Do arrendamento para comércio ou indústria no Novo Regime dos Arrendamento Urbanos*, O Direito, 2004, II, III, pp. 335 ss.

GARCIA, MARIA OLINDA, "*Transmissão do direito ao arrendamento habitacional por morte do arrendatário* (alterações introduzidas pelas Leis n.ºs 6/2001 e 7/2001, ambas de 11 de Maio)", no BFD 78 (2002), pp. 629-637.
- *A nova disciplina do arrendamento urbano*, 2.ª ed., Coimbra Editora, 2006.
- *A acção executiva para entrega de imóvel arrendado*, Coimbra Editora, 2006.
- *Arrendamentos para comércio e fins equiparados*, Coimbra Editora, 2006.

GEMAS, LAURINDA/PEDROSO, ALBERTINA/JORGE, JOÃO CALDEIRA, *Arrendamento Urbano*, Lisboa, Quid Juris, 2006.

GIURISPRUDENZA ITALIANA (*Locazione di cose* – anos de 2001 a 2006).
GOMES, MANUEL JANUÁRIO DA COSTA, *Constituição da relação de arrendamento urbano*, Coimbra, Almedina, *1980*.
– *Arrendamentos para habitação*, 2.ª ed., Coimbra, Almedina, *1996*.
– *Arrendamentos Comerciais*, 2.ª ed., Remodelada (reimp.), Coimbra, 1993.
– «Resolução do Arrendamento em Consequência da Feitura de Obras Alteram Substancialmente a Disposição Interna das Divisões do Prédio», *Dir.* 125 – IIII e IV, pp. 439 e ss.
GONÇALVES, LUÍS DA CUNHA, *Tratado de Direito Civil em Comentário ao Código Civil Português, VIII*, Coimbra, Coimbra Editora, *1934 – Dos contratos em especial*, Lisboa, Ática, *1953*.
GRAVE, MARGARIDA, *Novo regime do arrendamento urbano. Anotações e comentários, 3.ª* ed., Lisboa, ed. autor, *2006*.
IL FORO ITALIANO, Giurisprudenza (*Locazione* — Anos de 1998 a meados de 2007).
INFANTE, CARLOS MELON, *CÓDIGO CIVIL ALEMAN (BGB)*, tradicción derecta del alemán al castellano acompañada de notas aclaratórias, Barcelona.
LEITÃO, LUÍS MENEZES – *"Primeiras observações sobre as disposições preliminares do Regime dos Novos Arrendamentos Urbanos e sobre os novos artigos 1064.° a 1069.° do Código Civil"* em *O Direito 136.° (2004), II-II, pp. 263-272*.
– *Direito das Obrigações, I – Introdução. Da constituição das obrigações, 5.ª* ed., Coimbra, Almedina, *2006* e *III – Contratos em especial, 3.ª* ed., Coimbra, Almedina, *2005*.
– *"Arrendamento Urbano"*, 2.ª ed., Almedina.
LIMA, CARLOS, *Arrendamento Urbano. Caducidade do Direito de resolução*, ROA, 62 (2002), I, pp. 71 ss.
LIMA, FERNANDO ANDRADE PIRES DE/VARELA, JOÃO DE MATOS ANTUNES, *Código civil Anotado, 11, 4.ª* ed., Coimbra, Coimbra Editora, *1997*.
LOBO XAVIER, RITA, *O Regime dos Novos Arrendamentos Urbanos e a perspectiva do Direito da Família, O Direito*, 2004, II, III, pp. 315 ss.
LÓPEZ, JOSÉ LUIS ALBÁCER, *LAU 1994, Código Civil, Del Contrato de Arrendamiento, 1996*.
LOUREIRO, JOSÉ PINTO, *Tratado da locação, 3* vols., Coimbra, Coimbra Editora, *1946*.
MACHADO, JOÃO BAPTISTA, *"Resolução do contrato de arrendamento comercial. Uso do prédio para ramo de negócio diferente* (Parecer)*"*, na *CJ 9 (1984), 2, pp. 16-22*.
– *Obras Dispersas*, vol. I.
– *Tutela da Confiança e Venire Contra Factum Propriunm*, in *Obras Dispersas*, vol. I, Braga, 1991.
MARTINEZ, PEDRO ROMANO, *O subcontrato*, Coimbra, Almedina, *1989*.
– *Direito das Obrigações (Parte especial). Contratos. Compra e venda. Locação. Empreitada*, 2.ª ed., Coimbra, Almedina, *2001*
– *Cumprimento Defeituoso, em especial na Compra e Venda e na Empreitada*, Coimbra, 1994.
– Da Cessação do Contrato, Almedina, 2.ª ed., Coimbra, 2006.
– *Celebração e execução do contrato de arrendamento segundo o Regime dos Novos Arrendamentos Urbanos, O Direito*, 2004, II, III, pp. 273 ss.

- *"Regime da locação civil e contrato de arrendamento urbano"*, em ANTÓNIO MENEZES CORDEIRO/LUÍS MENEZES LEITÃO/JANUÁRIO DA COSTA GOMES, *Estudos em homenagem ao Prof. Doutor Inocêncio Galvão Telles, III – Direito do Arrendamento Urbano*, Coimbra, Almedina, *2002, pp. 7-32*.
MARTINS, MANTEIGAS/SUBTIL, A. RAPOSO/CARVALHO, LUÍS FILIPE, *O novo regime do arrendamento urbano*, Lisboa, Vida Económica, *2006*.
MATOS, JOÃO DE, *Manual do Arrendamento e do Aluguer, 2 vols.*, Porto, Fernando Machado, *1968*.
MANSO, LUÍS DUARTE E NUNO TEODÓSIO OLIVEIRA, *Casos Práticos resolvidos*.
MENDES, CASTRO, *Direito Civil, Teoria Geral* 1979, III-40.
MENDES, RIBEIRO, «*Acção de Resolução de Arrendamento (art. 1093.°, n.° 1, al. d) do Código Civil): Construção de uma Dependência no Jardim Excepção de Caducidade da Acção, nos Termos do art. 1094.° C. Civil e Excepção de Caducidade do Direito de Resolução por Cessação da Causa, ...*», TJ, n.° 45, IV (1988), pp. 3 e ss.
MESQUITA, MANUEL HENRIQUE, *Obrigações reais e ónus reais*, Colecção Teses, Coimbra, 2.ª reimpressão, Almedina, 2000 (em especial a págs. 131 e segs. e 184/185 – sobre a natureza do direito do locatário).
- *Direitos reais*, lições dactilografadas, n.° 33.
- Parecer in *RLJ* Ano 130 (1997-1998), págs. 187 ss., em anotação ao Ac. de 25/2/1997.
- Anotação ao Ac. Rel. de Lisboa, de 25.11.1994, *RLJ*, Ano 128.°, n.ºs 3849, pp. 382 ss., n.° 3850, pp. 57 ss.
- Anotação ao Ac. Rel. de Coimbra, de 24.06.1997, *RLJ*, Ano 131.°, n.ºs 3890, pp. 152 ss.
- Sobre *Resolução ou modificação do contrato por alteração das circunstâncias*, in *CJ*, ano VII, tomo II, p. 7, ss. (juntamente com ANTUNES VARELA).
MILLER, RUI VIEIRA, *Arrendamento Urbano. Breves notas às correspondentes disposições do Código Civil*, Coimbra, Almedina, *1967*.
MONTEIRO, ANTÓNIO PINTO – *Contrato de Agência, Anotação ao Decreto-Lei n.° 178/86, de 3 de Julho*, 2.ª ed., Coimbra, a págs. 98.
- *A cessação do contrato no Regime dos Novos Arrendamentos Urbanos*, O Direito, 2004, II, III, pp. 289 ss. (juntamente com VIDEIRA HENRIQUES, PAULO).
- *O Regime dos Novos Arrendamentos Urbanos sob uma perspectiva de Direito Comparado*, O Direito, 2004, II-III, pp. 407 ss.
MORAIS, FERNANDO DE GRAVATO, *Novo Regime do Arrendamento Comercial*, Coimbra, Almedina, *2006*.
OLIVEIRA, GUILHERME DE, *Alteração das circunstâncias, risco e abuso de direito, a propósito de um crédito de tornas (Parecer), in CJ*, ano XIV, tomo V, págs. 19 e segs.
PINTO, CARLOS MOTA, *Cessão da posição contratual* (reimp.), Coimbra, Almedina, *1982*.
- *Teoria Gera do Direito Civil*, 3.ª *ed.*, Coimbra, 1985, pág. 603 e ed. de 1980, 421.
PINTO OLIVEIRA, NUNO MANUEL, *Cláusulas acessórias ao contrato. Cláusulas de exclusão e de limitação do dever de indemnizar. Cláusulas penais*, 2.ª ed., Coimbra, 2005.
PIres DE LIMA e ANTUNES VARELA, *Cód. Civ. Anotado*, vol. III, 2.ª ed., Ver. e Act. (com a colaboração de HENRIQUE MESQUITA), Coimbra, 1987.

PROENÇA, JOSÉ CARLOS BRANDÃO, *A resolução do contrato no direito civil*, 2.ª ed., Coimbra Editora, 1996, a pág. 129.
RIBEIRO, JOAQUIM SOUSA, *"O novo regime do arrendamento urbano: contributos para uma análise"*, in Cadernos de Direito privado, n.° 14.
ROCHA, ISABEL e PAULO ESTIMA – *Arrendamento Urbano, Novo Regime.*
ROMANO, SALVATORE, em *"Enciclopédia del Diritto"*, Milão, 1959, – *"Buona Fede"*, págs. 667 e segs.
RUGGIERO, *Instituições de Direito Civil*, II, pág. 113.
RUPERTO, CESARE, *CODICE CIVILE, La Giurisprudenza sul.*
SÁ, FERNANDO AUGUSTO CUNHA DE/COUTINHO, LEONOR, *Arrendamento Urbano 2006*, Coimbra, Almedina, *2006.*
SÁ, FERNANDO AUGUSTO CUNHA DE, *Caducidade do contrato de arrendamento, 2 vols.*, Lisboa, CEF, *1969.*
SANTANA, CABOZ *«A Resolução do Contrato de Arrendamento Urbano: Fundamentação Taxativa?»*, Lusíada, 1 (1991), págs. 245 segs.
SANTORO-PASSARELLI, *Giusta causa*, NssDi 7 (1961), 1108-1111 (1110).
SANTOS JUNIOR, E., *Sobre o trespasse e a cessação da exploração do estabelecimento comercial*, As Operações Comerciais, Coimbra, 1998, pp. 397 ss.
SEIA, JORGE ALBERTO ARAGÃO, *Arrendamento Urbano, 7.ª* ed., Coimbra, Almedina, *2003.*
SERENS, NOGUEIRA, *trespasse de estabelecimento comercial, CJ (STJ)*, 2001, II, pp. 5 ss.
SERRA, VAZ, Resolução *do contrato – estudo para a reforma do Código Civil, in BMJ*, n.° 68.° RLJ, ano 112.°, pág. 29.
SOUSA, ANTÓNIO PAIS DE, *"Obras no locado e sua repercussão nas rendas"*, em ANTÓNIO MENEZES CORDEIRO/LUÍS MENEZES LEITÃO/JANUÁRIO DA COSTA GOMES, *Estudos em homenagem ao Prof. Doutor Inocêncio Galvão Telles, III – Direito do Arrendamento Urbano*, Coimbra, Almedina, 2002, pp. 159-176.
– *Anotação ao Regime do Arrendamento Urbano*, Lisboa, 1996, pág. 176.
– *Extinção do Arrendamento Urbano*, 1980, p. 182 e 1985, pp. 207-208.
SOUSA, MIGUEL TEIXEIRA DE, *A acção de despejo, 2.ª* ed., Lisboa, Lex, *1995.*
TELLES, INOCÊNCIO GALVÃO, *Arrendamento. Lições ao Curso do 5.° ano jurídico no ano lectivo de 1944/1945,* publicadas pelos alunos Bento Garcia Domingues e Manuel A. Ribeiro, Lisboa, Pro Domo, *1945/1946.*
– *Bol. M.J.*, n.° 83.°.
– *Manual dos Contratos em Geral*, 3.ª ed., págs. 396 e 397.
– *Contratos Civil*, Projecto, *in Revista da faculdade de Direito da Universidade e Lisboa*, vol. X (1954), págs. 161 ss. (194).
– *Arrendamento*, págs. 168-169.
TORRES PAULO, ARMANDO – *Boa Fé nos Contratos*, pág. 124.
VARELA, ANTUNES, *Das Obrigações em Geral,* II, 5.ª ed..
VERMELLE, *Droit Civil. Les Contrats Spéciaux*, Paris, 1996, pág. 92.
XAVIER, BERNARDO, *Da justa causa de despedimento no contrato de trabalho* (1966).
XAVIER, VASCO, *Alteração das circunstâncias e risco (Parecer), in CJ,* ano VIII, tomo V. pp. 17 ss.
XAVIER VASCO, e MENEZES CORDEIRO, *Da alteração das circunstâncias, cit., pp. 39 ss.,* n.° 8.

ÍNDICE ANALÍTICO

(Os algarismos remetem para o texto da respectiva página; quando seguidos da letra n remetem para o rodapé)

A

Abandono do locado por falta de obras pelo senhorio – 331
Abertura fortuita ou ocasional – 338
Abuso de direito – 70n, 112n, 141, 51n, 68n, 70n, 265, 268, 270, 275, 276, 283, 295, 296 (obras de conservação extraordinária), 305 (caducidade do dt.° de pedir a resolução), 323, 345 (degradação), 368 (realização de reparações), 375 (uso da excepção da caducidade da acção)
Acção de despejo – 19, 41, 83, 85, 87, 119, 122, 130, 131, 133, 134, 163, 164, 181, 22n, 82n, 98n, 101n, 125n, 131n, 87n
Acessoriedade – 66
Actividade adicional – 261, 166
Actividade comercial ou industrial – 266, 267
Actividade de escassa importância – 266
Actividade meramente acessória – 63n, 65n, 68, 139, 268
Actividades inmorales – 46, 59n, 61n
Actividades insalubres – 49n
Actividades molestas – 28n, 45n, 47n, 48n, 57n, 58n, 189, 196
Actividades peligrosas – 57n, 58n, 60n
Actualização de renda – 74, 217, 192
Administrador – 123, 198n

Almacenamiento de petróleo – 58n
Almacenamiento de gas butano – 58n
Alteração anormal das circunstâncias – 301
Alteração da estutura do prédio – 298, 299, 361, 363, 365, 366, 369, 370 (fundamento da resolução do contrato)
Alteração das montras – 299
Alteração do fim do contrato – 64
Alteração substancial – 290, 291, 292, 361
Alterações de pequena importância – 293
Aluguer – 19n, 125n
Ameaça de ruína ou desabamento – 331, 339 (falta de residência permanente)
Ampliação – 309
Animais de companhia (cheiro e ruído) – 43, 313
Aplicação da lei no tempo – 291, 308 (arrend. Rural), 309
Aplicação do art. 1048.°/1 CC à resolução extrajudicial – 126-128
Aplicação do NRAU – 173
Aplicação do prédio a práticas ilícitas – 52n
Arrematação em execução por dívidas de impostos – 276, 303, 304
Arrematação (mudança do fuim) – 318
Arrendamento da casa de morada de família – 149

Arrendamento por usucapião – 170n
Atraso superior a três meses no pagamento de uma renda – 81
Ausência – 72n
Ausência forçada – 79
Autorização – 180, 215, 101n, 165n
Autorização da sublocação pelo primitivo senhorio – 373, 84n, 174, 175, 177, 187, 197, 198, 208, 225, 229, 230
Avaliação – 41, 91, 29n
Aviso de recepção – 13n, 82

B

Benfeitorias – 170, 251
Bens comuns do casal – 311
Boa fé / Bons costumes – 6, 26, 32, 33, 53, 54, 68n, 69, 55, 66, 109, 111, 114, 122, 32n, 33n, 36n, 63n, 68n, 69n, 81n, 126n, 101n, 266, 268, 363, 367
Boa vizinhança – 42n
Bons costumes – 42n, 53-55, 98, 314, 341n
Bonus pater familias – 37, 38

C

Caducidade do direito de acção – 166
Caducidade do direito de resolução – 163-166, 101n, 163, 164n, 373, 374, 375 (dois senhorios), 376 (oponibilidade ao cônjuge do senhorio), 376 (lei aplicável), 378 (lei aplicável), 376-378 (prédio de vários comproprietários), 376 (co-senhorios), 377 (uso do prédio para mais de um fim diferente), 375 e 377 (conhecimento oficioso), 377 (venda do prédio hipotecado, em execução), 378 (mudança de ramo)
Carácter duradouro do uso diferente – 320
Casa da sogra – 166
Casa de morada de família – 116

Casamento da companheira do arrendatário, que fica no arrendado – 343
Caso fortuito – 101n, 102n, 125n
Cessação de pagamentos – 328
Cessação do contrato – do contrato – 117, 118, 119, 135, 159, 167, 168, 182, 205, 207, 217, 218
Cessão da posição contratual – 33n, 78, 217
Cessão da posição contratual do arrendatário para a sociedade de que ele é sócio – 276
Cessão de parte do locado a terceiros – 275, 279
Cessão de exploração de estab. comercial / Locação de estabelecimento – 350, 351
Cessão de quotas / Substituição da firma social – 347
Cessão do gozo do prédio – 78
Chaminé (abertura) – 48n, 365, 369
Cheque devolvido por fala de provisão – 355
CIRE – 123
Cláusula a rejeitar indemnização por benfeitorias – 272
Cláusula acessória – 307 (prova)
Cláusula contratual – 298 (despesas de conservação), 338 (indemnização ao inquilino por obras que faça...)
Cláusula resolutiva convencional – 305
Clausola risolutiva – 136-140
Cláusulas acessórias – 115n
Cláusulas compensatórias – 115n, 116n
Cláusulas resolutivas – 135-140
Clausola arbitrale – 292n
Clausola risolutiva expressa – 151n
Cobrança ao subarrendatário de renda superior à permitida – 373
Comissão de serviço – 332, 341 (destacamento), 342
Comodidade – 97n, 99n, 299 (obras)
Compropriedade – 164, 164n, 282, 288, 306, 308, 309, 376 (caducidade do dt.º de resolução), 377 (comp.º não

dá a conhecer aos outros o incumprimento)
Comunicabilidade – 149
Comunicação ao arrendatário – 19, 119, 122, 129, 98n, 124n, 125n
Comunicação ao senhorio – 78, 79, 82n, 94n
Comunicação da cedência – 346
Comunicação do trespasse – 276
Comunicação do trespasse só à mulher do senhorio – 279
Comunicação para preferência – 276
Comunicação resolutiva do arrendatário – 152
Comunicação resolutiva do senhorio – 151, 152
Conceito de resolução – 14-15, 155n
Conceitos indeterminados – 36
Condição resolutiva expressa – 129, 305
Conforto ou comodidade (obras) – 367
Conexão – 66
Confusão – 173, 174, 128n
Conhecimento / Reconhecimento da cedência – 349, 350
Conhecimento do facto – 163, 164
Conhecimento do facto gerador da caducidade pelo anterior senhorio – 374
Conhecimento pelo arrendatário dos defeitos à data do contrato – 270, 344 (vícios das canalizações)
Cônjuge – 194
Conluio das partes – 288
Conoscenza dei vizi da parte del locatore – 220, 393n
Consentimento do primitivo senhorio para a utilização por terceiros – 280
Consignação em depósito – 86, 134
Contagem do prazo de três meses do art. 1084.°/3 CC – 121
Construção de pequenas divisórias interiores – 289
Conteúdo da comunicação resolutiva – 153
Conteúdo da relação contratual – 26n

Contitularidade da posição do locatário – 351
Convivência entre vizinhos – 44
Critério de predominância – 67
Critério de razoabilidade – 363, 370 (deteriorações)
Culpa na não recepção da declaração – 155

D

Dano pela restituição tardia – 233n
Dano substancial – 50
Declaração de resolução – 154
Declaratário normal – 277
Deferimento de desocupação – 168, 171n, 182
Demolição de instalações sanitárias por razões d salubridade – 289, 290
Depósito – 86, 134
Depósito apenas das rendas do último ano – 284
Depósito condicional – 307, 357
Depósito da renda em conta bancária do senhorio / Efeitos – 309, 356
Depósito da renda em agência da CGD diferente do local de pagamento – 287
Depósito e seu conteúdo – 284, 285, 355
Depósito em conta bancária com atraso – 361
Depósito em singelo – 359
Desabitado – 336, 337
Desintegração do agregado familiar – 272, 333
Deslocações ao estrangeiro (estágios, doutoramentos, etc.) – 332
Desocupação do locado – 76n, 77n, 167
Desonestidade do arrendatário – 314 (nota)
Despesas – 88, 134
Desproporção entre o valor das obras e o das rendas – 270, 296
Deteriorações – 101n
Deteriorações consideráveis – 364, 365

Deteriorações praticadas por terceiros – 289, 290
Diferença entre resolução e denúncia – 15n
Direito à vida, à integridade física, à honra, à saúde, ao bom nome, à intimidade, à inviolabilidade de domicílio e de correspondência – 260
Direito ao repouso – 312
Direito de transformação do imóvel – 370
Direitos de personalidade – 42-43, 312
Documento escrito – 308
Doença – 331, 331 (sogra doente), 333 (doença crónica), 337
Dois senhorios / Não pagamento de rendas / Despejo – 357
Duas residências permanentes – 330

E

Economia comum – 107, 107n, 270, 343
Economia processual – 117
Efeito da caducidade (art. 1048.° CC) – 262
Efeito da resolução (retroactividade) – 340
Embargo (conclusão de obras embargadas) – 366
Emigrante – 334
Empresa ocupada por trabalhadores – 284
Encerramento do prédio – 272, 273 e 274 (para comércio), 326
Enriquecimento sem causa – 302, 303
Equidade – 111
Equivalência (renda) – 309
Escritura pública – 277, 282
Estrutura externa – 361, 370
Exceptio non adimpleti contractus – 285, 286, 309, 331 (senhorio não faz obras), 339 (ameaça de ruína), 357 (reparações urgentes pelo locatário)
Explosiones, combustibiles, radiciones – 58n

F

Facto continuado ou duradouro / Caducidade – 374, 311
Facto notório – 296
Falência do arrendatário – 328
Falta de fundamento para a resolução – 154n, 156n
Falta de pagamento de encargos ou despesas – 88-90, 120n
Falta de pagamento de rendas de modo interpolado – 87, 125n
Falta de residência permanente – 336 (do sublocatário)
Feirantes – 323
Férias no arrendado (apenas) – 340
Filmes pornográficos (exibição) – 313
Fim à mora – 86
Força maior ou caso fortuito – 102n, 269, 274, 308, 309, 328 (chuva no estabelecimento), 337, 338, 339, 340 (alegação), 342 (não faz obras), 345 (obras)
Forma escrita / Falta / Nulidade do subarrendamento verbal – 447
Forma / Falta / Nulidade / Abuso de direito – 309
Forma da comunicação resolutiva – 153
Forma da revogação – 117n
Fumos – 49n
Fusão de sociedades / Transmissão do direito ao arrendamento – 352

G

Gáz butano – 313 (trasfega), 324 (armazém de)
Gazes – 49n, 58n

H

Herdeiros-Responsabilidade – Herança vaga – 308
Hospedagem – 372

I

Ignoranza dei vizi da parte del locatore – 226n, 337
Impedimento – 311
Imperatividade das normas – 21, 136
Incêndio / Resolução / Presunção de culpa – 236, 300, 366, 367
Indemnização pelo atraso na restituição – 169-170
Indemnização por falta de fundamento para a resolução extrajudicial – 156n
Indemnização por prejuízos sofridos pelo senhorio – 299, 300
Indústria doméstica – 62, 63
Indústria transformadora – 308
Interesse público – 21
Interpretação da condição resolutiva – 305
Interpretação do negócio jurídico – 65, 305
Irrilevanza del danno – 232n, 400n
Intuito personae – 326, 353

J

Juros – 357 (cumulação com indemnização de 50%), 359 (sobre as rendas vencidas)
Justa causa – 31-41, 136,
Justa causa objectiva – 142
Justa causa subjectiva – 142

L

Liberdade contratual – 73, 88, 99
Licença camarária (falta) – 307
Licença de utilização – 64, 148, 311
Limite da acessoriedade ou da conexão – 262
Limite de tolerância – 50
Lixo – 44, 312 (acumulação / Cheiro nauseabundo)

Locação financeira – 348, 353
Local de pagamento / provas – 309, 357 (alteração-deslocação do senhorio...)

M

Momento da efectiva desocupação na resolução extrajudicial – 171
Mora – 285, 287, 311 (do redor), 356
Mora do arrendatário – 89, 234n
Mora do credor – 317, 359 (consignação em depósito), 360
Mora inferior a três meses – 82-84
Mora na entrega da coisa – 160
Mora superior a três meses – 80-81
Moral social – 54, 314
Mudança do fim (cafés, bares, restaurantes, tabernas, etc...) – 320
Muros – 370 (destruição)
Música ruidosa – 43, 49n, 312

N

Não pagamento da renda actualizada – 361
Não pagamento da renda por carecimento de obras – 354
Não restituição da coisa locada – 160, 161 e nota
Não tem dinheiro para pagar a renda... – 355
Natura contrattuale della responsabilità – 223n, 233n, 401n
Nexo de instrumentalidade – 263
Nulidade das cláusulas contratuais – 22
Nulidade do contrato – 277, 347 (consequências)

O

Obras de conservação extraordinária – 295, 296, 368

Obras de conservação ordinária – 295, 298
Obras ilícitas – 371
Obras no arrendado – 101n
Obras urgentes – 295
Obrigação de recurso à resolução extrajudicial – 129, 130
Ocupação parcial do arrendado por parte de terceiros – 245, 277, 283
Oficina – 217
Onere probatório – 237-239
Ónus da prova – 70, 237n, 277. 278, 281 (da autorização ou do reconhecimento do subarrendamento), 295 (reparações urgentes), 302 (da não autorização do subarrendamento), 306 (caducidade / art. 1048.°-1 CC), 317 (actos ilícitos no estabelecimento), 331(doença), 336 (economia comum) 346 (não autorização do empréstimo), 348 (empréstimo), 367 (que a perda da coisa ocoreu sem culpa)
Ónus da prova do pagamento da renda – 286, 289, 311
Oportunidades para pagar ou depositar a renda – 125-128
Ordem pública – 55

P

Pagamento de renda por terceiro – 354, 358, 62n, 65n, 66n, 65-68, 105n, 108, 113n, 114n, 115, 137, 180-183, 198, 226-228,
Penhora – 284 (do direito ao arrendamento em execução fiscal), 303-304 e 355 (do direito ao arrend. e trespasse)
Pequenas deteriorações – 364
Permanência de familiares ou parentes – 333, 336, 339, 340 (cônjuge), 341 (filho e genro), 342, 343 (sogra)
Permanência de parentes ou familiares – 270
Perturbqción de hecho – 146n
Perturbación de derecho – 167n

Prática reiterada – 56
Práticas ilícitas – 54
Práticas imorais – 54, 55, 316
Prazo adicional para o pagamento – 85
Prejuízo estético – 292
Presunção de culpa do arrendatário – 39n, 291 (pela deterioração da coisa locada)
Princípio da boa fé – 263, 289, 293
Princípio da equivalência das actividades patrimoniais – 270
Propriedade horizontal – 44, 49n
Prostituição – 59n, 61n, 313
Prova per presunzioni – 238n, 405n
Prova testemunhal – documento escrito – interpretação – 308, 309
Publicidade – 55, 267 (luminosa)
Purgação da mora – 119, 124n

Q

Quantia devida – 311

R

Razoabilidade – 321 (boa fé)
Recibos – 284 (à sociedade), 285 (recusa), 289 (recusa), 309 (documento-provas)
Reconstituição natural / Indemnização em dinheiro – 369
Reconvenção – 266
Recusa – 311, 358 (de receber a renda de terceiro)
Recusa da entrega do arrendado – 169, 172
Regulamento do condomínio – 45
Reivindicação – 308
Relação contratual de facto – 160
Relação de acessoriedade – 263, 265
Relações sexuais / aluguer de quartos – 317
Relações sexuais extramatrimoniais – 314, 315, 316

Índice Analítico

Renda condicionada / actualização da renda – 308
Rendas em dívida quando o senhorio adquiriu o prédio / Resolução – 354
Renúncia ao direito às rendas (recebimento parcial) – 358
Reparação das obras feitas, antes da restiução – 369
Residência habitual e questões conexas / / resid. Alternadas – Falta de resid. Permanente – 344
Residência ocasional – 345
Residência permanente – 72n, 72-75, 268, 271, 273, 329
Residências alternadas – 269, 271, 275, 344
Resolução convencional – 305
Resolução extrajudicial – 19
Responsabilità del locatore per danni – 225n
Responsabilidade do locador – 142n
Restituição da coisa locada – 160, 161
Rinovazione tacita del contrattato – 242n, 244-247 (nota)
Risoluzione del contratto – 224, 226n, 223n, 233n, 239n
Ruído – 311
Ruídos excessivos – 57
Ruídos insuportáveis – 52
Ruídos o vibraciones – 47n, 48n

S

Serviço doméstico – 308
Simples conhecimento pelo senhorio – 281
Simulação – 283
Sossego – 52, 42
Subcontrato / Cessão da posição contratual – 349

Suspensão do pagamento da renda por privação do gozo do imóvel – 354

T

Telhado – 267
Teoria da impressão do destinatário – 305
Terraço / Substituição por clarabóia – 371
Título executivo – 87, 169
Toria da impressão do destinatário – 154
Transmissão para a nova sociedade do património da sociedade cindida – 275
Trespasse – 93n
Trespasse após nascer o direito à resolução – 355

U

União de contratos – 103-105
Unidade arquitectónica – 332, 370
Uniões de facto – 56
Uso anormal do prédio – 51
Uso da faculdade do art. 1048.°/CC – 86
Utilização esporádica do estabelecimento – 327
Utilização imprudente do prédio – 302
Usucapião – 170

V

Venda da posição do arrendatário – 350
Venire contra factum proprium – 297
Vício da coisa locada – 220n

ÍNDICE GERAL

DEDICATÓRIA	5
PREFÁCIO	7
NOTA INTRODUTÓRIA	9
ABREVIATURAS	11
1. DA FIGURA JURÍDICA DA RESOLUÇÃO	13
2. DOS MODOS DE EXERCÍCIO DA RESOLUÇÃO	17
3. DAS CAUSAS DE RESOLUÇÃO DO CONTRATO DE ARRENDAMENTO URBANO	21
3.1. Generalidades: do RAU ao NRAU	21
3.2. Das causas de resolução especificadamente previstas no NRAU	26
3.2.1. Da análise do artigo 1083.º do CC (NRAU)	26
3.2.1.1. Da análise da cláusula geral de resolução do contrato de arrendamento prevista no n.º 2 do artigo 1083.º do Código Civil: *"Justa Causa"* resolutiva – amplitude (o princípio da *boa* fé) e sentido – âmbito de aplicação – requisitos e confronto com outras figuras	26
3.2.1.2. Das causas de resolução do contrato de arrendamento previstas nas alíneas do n.º 2 do art. 1083.º do CC	41
3.2.1.2.1. Da alínea a): *violação reiterada e grave de regras de higiene, de sossego, de boa vizinhança ou de normas constantes do regulamento do condomínio*	42
3.2.1.2.2. Da alínea b): *utilização do prédio contrária à lei, aos bons costumes ou à ordem pública*	53
3.2.1.2.3. Da alínea c): *uso do prédio para fim diverso daquele a que se destina*	62
3.2.1.2.4. Da alínea d): *não uso do locado por mais de um ano, salvo nos casos previstos no n.º 2 do art. 1072.º*	71
3.2.1.2.5. Da alínea e): *cessão, total ou parcial, temporária ou permanente e onerosa ou gratuita, quando ilícita, inválida ou ineficaz perante o senhorio*	77

3.2.2. Outras causas de resolução, previstas no NRAU 80
    3.2.2.1. Mora superior a três meses no pagamento da renda (n.º 3 do art. 1083.º do CC) 80
    3.2.2.2. Falta de pagamento de encargos ou despesas (cit. art. 1083.º/3).... 88
    3.2.2.3. Oposição do arrendatário à efectivação dos actos necessários à avaliação fiscal ou à determinação do coeficiente de conservação   91
    3.2.2.4. Dar ao prédio objecto de trespasse destino diferente do que lhe vinha sendo dado anteriormente em conformidade com o contratado (art. 1112.º, n.º 5, do CC)....................................... 92
3.3. Outras causas de resolução, mas não especificadamente previstas no NRAU   96
    3.3.1. Obras não autorizadas e deteriorações consideráveis....................... 96
    3.3.2. Falta de prestação ao proprietário ou ao senhorio os serviços pessoais que determinaram a ocupação do prédio 103
    3.3.3. Dar hospedagem a número superior ao permitido por lei 106
    3.3.4. Cobrança ao subarrendatário de renda superior à permitida pelo art. 1062.º do CC.. 107
    3.3.5. Da resolução por alteração das circunstâncias (art. 437.º do CC) 109
    3.3.6. Doutros fundamentos para a resolução do contrato......................... 113

4. DO ARTIGO 1084.º DO CC... 115
    4.1. Continuando na análise do art. 1084.º do CC 118
    4.2. Um reparo ao art. 1084.º, n.º 3 do CC 124

5. DA FALTA DE PAGAMENTO DE RENDAS VENCIDAS NA PENDÊNCIA DA ACÇÃO DE DESPEJO 133

6. DA (POSSÍVEL?) INSERÇÃO DE *CLÁUSULAS RESOLUTIVAS* NO CONTRATO DE ARRENDAMENTO 135

7. DA RESOLUÇÃO PELO ARRENDATÁRIO: FUNDAMENTOS DE RESOLUÇÃO PREVISTOS NOS ARTS. 1050.º E 1083.º, N.º 4, DO CC, BEM ASSIM NOS ARTS. 36.º, N.º 3 DA LEI N.º 6/2006 E 5.º, N.º 7, DO DEC.-LEI N.º 160/2006, DE 8 DE AGOSTO, E NOUTRAS DISPOSIÇÕES LEGAIS 141

8. DO CONTEÚDO DA DECLARAÇÃO RESOLUTIVA EXTRAJUDICIAL.... 151

9. DOS EFEITOS DA RESOLUÇÃO... 159

10. DA CADUCIDADE DO DIREITO DE RESOLUÇÃO................................ 163

11. DA DESOCUPAÇÃO DO LOCADO E ENTREGA DO IMÓVEL............. 167

12. DO ÂMBITO DE APLICAÇÃO DO NRAU 173

APÊNDICE

1. **DIREITO COMPARADO** 177
   1.1. **Nota prévia** 177
   1.2. **Análise de diversos regimes jurídicos** 180
      1.2.1. Regime jurídico brasileiro 180
      1.2.2. Regime jurídico espanhol 183
      1.2.3. Regime jurídico francês 205
      1.2.4. Regime jurídico italiano 213
      1.2.5. Regime jurídico alemão 248

2. **JURISPRUDÊNCIA** 257
   2.1. **Jurisprudência citada no texto** 257
      2.1.1. Supremo Tribunal de Justiça 257
      2.1.2. Da Relação de Lisboa 258
      2.1.3. Da Relação do Porto 259
      2.1.4. Da Relação de Coimbra 259
      2.1.5. Relação de Évora 260
   2.2. **Outra Jurisprudência relevante (no domínio da resolução do contrato de arrendamento urbano)** 260
      2.2.1. Do Supremo Tribunal de Justiça 260
         - *"Violação da regras de sossego e de boa vizinhança"* (al. *a*) do n.º 2 do art. 1083.º do CC) 260
         - Uso do prédio para fim diverso 261
         - Não uso do arrendado por mais de um ano / Encerramento do estabelecimento / Falta de residência permanente (…) 268
         - Cessão (…) ilícita, inválida ou ineficaz do locado ou da posição contratual (…) 275
         - Falta de pagamento de renda / Mora / Caducidade do direito de resolução do contrato por falta de pagamento da renda 283
         - Falta de pagamento de encargos 289
         - Obras não autorizadas e deteriorações consideráveis 289
         - Alteração anormal das circunstâncias 301
         - Outras situações 302
         - Caducidade do direito de pedir a resolução 305
      2.2.2. Das Relações 307
         2.2.2.1. Sumariados no *Boletim de "Sumários de Acórdãos"* da Relação do Porto 307
         2.2.2.2. Outros, por temas 311
            - *"Violação (…) das regras de higiene, sossego, boa vizinhança, de normas de condomínio, …"* (al. *a*) do n.º 2 do art. 1083.º do CC) 311

- Utilização do prédio com práticas ilícitas, imorais, contrárias à lei, aos bons costumes ou à ordem pública 313
- Uso do prédio arrendado para fim ou ramo de negócio diferente 317
- Não uso do locado por mais de um ano (...) / Encerramento do estabelecimento / Falta de residência permanente (...) 326
- Cessão ilícita, inválida ou ineficaz do locado e cessão da posição contratual 345
- Falta de pagamento de renda e não realização de depósito liberatório 353
- Obras não autorizadas e deteriorações consideráveis 361
- Dar hospedagem a número superior ao permitido por lei 372
- Cobrança ao subarrendatário de renda superior à permitida pelo artigo 1062.º do CC 373
- Caducidade do direito de pedir a resolução 373

3. **LEGISLAÇÃO ESTRANGEIRA (vigente) MAIS RELEVANTE NO DOMÍNIO DO ARRENDAMENTO URBANO** 379

   3.1. **Lei Espanhola do Arrendamento** 379
      3.1.1. Código Civil Español (Aprobado por R.D. del 24 de julio de 1.889) 379
      3.1.2. Anterior *LAU* – autorizada pela Lei de 11.06.1964, aprovada pelo Decreto 4104/1964, de 24.12.1964, que passou a constituir o assento fundamental da disciplina dos arrendamentos de *viviendas* e *locales de negocio* 384
      3.1.3. Actual Lei do Arrendamento Urbano – *Ley 29/1994, de 24 de noviembre, de Arrendamientos Urbanos* – *LAU* (inclui-se um sumário do diploma, seguindo-se o preâmbulo do diploma e sua transcrição integral) 396

   3.2. **Lei Brasileira do Arrendamento Urbano** – Lei n.º 8.245, de 18 de Outubro de 1991 (Dispõe sobre as locações dos imóveis urbanos e os procedimentos a elas pertinentes) 431

   3.3. **Legislação Alemã do Arrendamento Urbano** (no *BGB*) 450

   3.4. **Legislação Italiana do Arrendamento Urbano** 473
      3.4.1. Il Codice Civile Italiano 473
      3.4.2. Legge 9 diciembre 1998 n. 431 – *Disciplina delle locazione e del rilascio degli immobili adibiti ad uso abitativo* 480
      3.4.3. Legge 27 luglio 1978 n. 392 – *Disciplina delle locazioni di immobili urbani* 491

   3.5. **Legislação Francesa do Arrendamento Urbano** 500
      3.5.1. No Code Civil 500
      3.5.2. Loi n.º 89-462 du 6 juillet 1989 507

Índice Geral

4. LEGISLAÇÃO PORTUGUESA MAIS RELEVANTE NO DOMÍNIO DO ARRENDAMENTO URBANO 529

- **LEI N.º 46/85, DE 20 DE SETEMBRO**
  (Regimes de renda livre, condicionada e apoiada nos contratos de arrendamentos para habitação) 529

- **DEC.-LEI N.º 13/86, DE 23.01**
  (define o **regime jurídico dos contratos de arrendamento de renda condicionada**) – sendo que os arts. 4.º a 13.º e 20.º foram substituídos pelo Dec.-Lei n.º 329-A/2000, de 22.12 (cfr. art. 10.º deste diploma). Este diploma procedeu, ainda, à revogação do Dec.-Lei n.º 188/1976, de 12.03, e art. 5.º do Dec.-Lei n.º 375/74, de 20 de Agosto 529

- **DEC.-LEI N.º 68/86, DE 27 DE MARÇO**
  (define o **regime de atribuição do subsídio de renda de casa**) 529

- **DISPOSIÇÕES DO RAU (DEC.-LEI N.º 321-B/90, DE 15 DE OUTUBRO)**
  sobre **regimes de renda condicionada e da renda apoiada** – Sec. II do Capítulo II (arts. 77.º a 82.º) 529

- **DEC.-LEI N.º 166/93, DE 7 DE MAIO**
  (estabelece o **regime de renda apoiada**) 529

- **DEC.-LEI N.º 329-A/2000, DE 22.12**
  (**alterou o regime de renda condicionada** que constava do Dec.-Lei n.º 13//1986, de 23.01) 529

- **LEI N.º 7/2001, DE 11 DE MAIO**
  (Uniões de Facto) 530

- **DEC.-LEI N.º 287/2003, DE 12 DE NOVEMBRO**
  (IMI – Código do Imposto Municipal sobre Imóveis) 530

- **PORTARIA N.º 1282/03, DE 13 DE NOVEMBRO**
  (... inscrição de prédios e a avaliação e inscrição de prédios urbanos na matriz predial) 530

- **PORTARIA N.º 1337/03, DE 5 DE DEZEMBRO**
  (... Actualização do valor patrimonial tributário dos prédios urbanos não arrendados) 530

- **DEC.-LEI N.º 156/2006, DE 8 DE AGOSTO**
  (aprova o **regime de determinação e verificação do coeficiente de conservação**) 530

- **DL 157/2006, DE 8 DE AGOSTO**
  (aprova o **regime jurídico das obras em prédios arrendados**) 530

- **DEC.-LEI N.º 158/2006, DE 8.8**
  (aprova os **regimes de determinação de rendimento anual bruto corrigido e a atribuição do subsídio de renda**) 530

- **DL N.º 159/2006, DE 8 DE AGOSTO**
  (aprova a **definição do conceito de prédio devoluto**) 530

- **DL N.º 160/2006, DE 8 DE AGOSTO**
  (aprova os **elementos do contrato de arrendamento e os requisitos a que obedece a sua celebração**) 530

- **DL N.º 161/2006, DE 8 DE AGOSTO**
  (aprova as **comissões arbitrais municipais**) 530

- **DECLARAÇÃO DE RECTIFICAÇÃO N.º 67/06 (In DR-I Série, n.º 91, de 3.10.06)**
  (**Corrige inexactidões do Decreto-Lei n.º 158/2006,** publicado no *Diário da República*, I.ª Série, n.º 152, de 8 de Agosto de 2006) 531

- **PORTARIA N.º 1192-A/06, DE 3 DE NOVEMBRO** 531

- **PORTARIA N.º 1192-B/06, DE 3 DE NOVEMBRO**
  (Aprova a ficha de avaliação, publicada em anexo, a qual integra os elementos do locado relevantes para a **determinação do nível de conservação**, nos termos do n.º 2 do artigo 33.º) 531

- **CÓDIGO DO REGISTO PREDIAL**
  (Arts. 1.º, 2.º-1-*m*) e 5.º) 531

- **EXPOSIÇÃO DE MOTIVOS DA PROPOSTA DE LEI DO ARRENDAMENTO URBANO**
  (Esta *Proposta de Lei do Arrendamento Urbano* foi aprovada, na generalidade, no Conselho de Ministros do dia 23.06.2005, sendo o seu texto final – após as alterações e aditamentos que se julgaram necessários – aprovado, na especialidade, no dia 22.07.2005 e remetido à Assembleia da República (**Proposta de Lei n.º 34/X**), com aprovação por esta, na generalidade, no dia 19.10.2005 e aprovação final, na especialidade, no dia 21.12.2005) 531

- **LEI N.º 6/2006, DE 27 DE DEZEMBRO** (*NRAU*) – já com as alterações introduzidas pela Declaração de Rectificação n.º 24/2006, *in* DR-I Série, n.º 75, de 17 de Abril de 2006
  Aprova o Novo Regime do Arrendamento Urbano (NRAU), que estabelece um regime especial de actualização das rendas antigas, e altera o Código

Civil, o Código de Processo Civil, o Decreto-Lei n.º 287/2003, de 12 de Novembro, o Código do Imposto Municipal sobre Imóveis e o Código do Registo Predial 531

- **DEC-LEI N.º 308/2007, DE 3 DE SETEMBRO (Cria o programa de apoio financeiro Porta 65 – Arrendamento por Jovens)**……............................ 531

BIBLIOGRAFIA.. 569

ÍNDICE ANALÍTICO.. 575

ÍNDICE GERAL 583